MATLAB®
examples

FRM金融风险管理师零基础编程

MATLAB金融风险管理师FRM（高阶实战）

姜伟生　涂升　李蓉　著

清華大学出版社
北　京

内容简介

金融风险管理已经成为各个金融机构必备的职能部门。特别是随着全球金融一体化不断发展深入，金融风险管理愈发重要，也日趋复杂。金融风险管理师（FRM）就是在这个大背景下推出的认证考试，FRM现在已经是金融风险管理领域权威的国际认证考试。丛书以FRM考试第一、二级考纲内容为中心，并且突出介绍实际工作所需的金融建模风险管理知识。丛书将金融风险建模知识和MATLAB编程有机地结合在一起，配合丰富的彩色图表，由浅入深地将各种金融概念和计算结果可视化，帮助读者理解金融风险建模核心知识，提高数学和编程水平。

本书是本系列图书的第四本，共分12章。在丛书前三册数学内容基础之上，本书前四章继续深入探讨金融建模常用的数学知识。第1章介绍MATLAB重要的功能之一，符号数学运算，这部分内容对之后的数学学习和建模尤为重要。第2章介绍切向量、法向量、线性相关、数据矩阵、投影和正定性等内容。第3章以向量和矩阵运算为基础，继续深入探讨梯度向量、直线、曲线、平面、切面、空间梯度等概念。第4章探讨了常用的圆锥曲线、二次曲线、椭圆、抛物线、双曲线等。这些内容对丛书后续的优化方法、投资组合优化、回归分析、因素分析、因素投资、机器学习等内容至关重要。第5～7章探讨各种优化概念和方法，比如极值、梯度下降、线性规划、拉格朗日乘子法、二次规划、遗传算法、粒子群优化等。这部分内容为之后的投资组合优化三章打下坚实的基础。第8～10章介绍投资组合优化问题。第8章用简单的两个风险资产构成的投资组合介绍各种投资组合优化的核心概念。第9章深入介绍投资组合优化与矩阵运算的结合。第10章探讨MATLAB提供的Portfolio面向对象编程。本书最后两章从优化角度再次深挖几种常见的回归方法，比如最小二乘法、正交回归、主成分分析、主元回归和偏最小二乘回归等。这些内容对丛书后续因素分析、因素投资和人工智能等话题提供理论支撑。

本书适合所有金融从业者阅读，特别适合金融编程零基础读者参考学习。本书适合FRM考生备考参考学习，也可以帮助FRM持证者实践金融建模，另外本书也是巩固金融知识、应对金融笔试面试的利器。

图书在版编目(CIP)数据

MATLAB金融风险管理师FRM. 高阶实战 / 姜伟生，涂升，李蓉著. —北京：清华大学出版社，2020.12
（FRM金融风险管理师零基础编程）
ISBN 978-7-302-56439-3

Ⅰ. ①M… Ⅱ. ①姜… ②涂… ③李… Ⅲ. ①Matlab软件－应用－金融风险－风险管理－资格考试－自学参考资料 Ⅳ. ①F830.9-39

中国版本图书馆CIP数据核字(2020)第178266号

责任编辑：栾大成
封面设计：姜伟生　涂　升
责任校对：徐俊伟
责任印制：杨　艳

出版发行：清华大学出版社
网　　址：http://www.tup.com.cn，http://www.wqbook.com
地　　址：北京清华大学学研大厦A座　　**邮　　编：**100084
社 总 机：010-62770175　　**邮　　购：**010-83470235
投稿与读者服务：010-62776969，c-service@tup.tsinghua.edu.cn
质 量 反 馈：010-62772015，zhiliang@tup.tsinghua.edu.cn
印 装 者：涿州汇美亿浓印刷有限公司
经　　销：全国新华书店
开　　本：188mm×260mm　　**印　　张：**28.75　　**字　　数：**832千字
版　　次：2020年12月第1版　　**印　　次：**2020年12月第1次印刷
定　　价：199.00元

产品编号：087358-01

Preface

前言

人以“血”为“气之母”。金融之于一个国家，亦犹如血液之于人的身体。风险管理作为必不可少的金融行业之一，时时刻刻都在管理金融“血液”的流动，监控“血液”的各项指标，预防各类“血液”问题的发生。

现代金融风险管理是由西方世界在二战以后系统性地提出、研究和发展起来的。一开始，还只是简单地使用保险产品来规避个人或企业由于意外事故而遭受的损失。到了20世纪50年代，此类保险产品不仅难以面面俱到而且费用昂贵，风险管理开始以其他的形式出现。例如，利用金融衍生品来管理风险，在70年代开始崭露头角，至80年代已风靡一时。再到90年代，金融机构开始开发内部的风险管理模型，全球性的风险监管陆续介入并扮演起管理者的角色。如今，风险管理在不断完善的过程中，已经成为了各个金融机构的必备职能部门，在有效地分析、理解和管理风险的同时，也创造了大量的就业机会。

金融风险管理的进化还与量化金融的发展息息相关。量化金融最大的特点就是利用模型来解释金融活动和现象，并对未来进行合理的预测。1827年，当英国植物学家罗伯特•布朗 (Robert Brown) 盯着水中做无规则运动的花粉颗粒时，他不会想到几十年后的1863年，法国人朱尔斯•雷诺特 (Jules Regnault) 根据自己多年股票经纪人的经验，首次提出股票价格也服从类似的运动。到了1990年，法国数学家路易斯•巴切里尔 (Louis Bachelier) 发表了博士论文“投机理论 (The theory of speculation)”。从此，布朗运动被正式引入和应用到了金融领域，树立了量化金融史上的首座里程碑。

而同样历史性的时刻，直到1973年和1974年才再次出现。美国经济学家费希尔•布莱克 (Fischer Black)、美加经济学家迈伦•斯科尔斯 (Myron Scholes) 和美国经济学家罗伯特•默顿 (Robert Merton) 分别于这两年提出并建立了Black-Scholes-Merton模型。该模型不仅仅实现了对期权产品的定价，其思想和方法还被拓展应用到了其他的各类金融产品和领域中，影响极其深远。除了对随机过程的应用，量化金融更是将各类统计模型、时间序列模型、数值计算技术等其他五花八门的神兵利器都招致麾下，大显其威。而这些广泛应用的模型、工具和方法，无疑都为金融风险管理提供了巨大的养分和能量，也成为了金融风险管理的重要手段。例如，损益分布、风险价值VaR、波动率、投资组合、风险对冲、违约概率、信用评级等等这些重要的概念，就是在这肥沃的土壤上结出的果实。

纵观我国历史，由西周至唐，历经银本位的宋元明，清之后近代至今，中华文明本身就是一段璀璨瑰丽的金融史，并曾在很长一段时间位于世界前列。在当今变幻莫测的国际局势中，金融更是一国重器，金融风险管理人才更是核心资源。特别是随着全球一体化的深入，金融风险管理愈发重要，也日趋复杂。

金融风险管理师 (FRM) 就是在这样的大背景下应运而生的国际专业资质认证。本丛书以FRM考试第一、二级考纲为中心，突出介绍实际工作所需的金融风险建模和管理知识，并且将MATLAB编程有机地结合到内容中。就形式而言，本丛书另一大特点是通过丰富多彩的图表和生动贴切的实例，深入浅出地将烦琐的金融概念和复杂的计算结果进行了可视化，能有效地帮助读者领会知识要点并提高编程水平。

贸易战、金融战、货币战这些非传统意义的战争，虽不见炮火硝烟，但所到之处哀鸿遍野。安得广厦千万间，风雨不动安如山。笔者希望这一套丛书，能为推广金融风险管理的知识尽一份微薄之力，为国内从事该行业的读者提供一点助益。在这变化莫测的全球金融浪潮里，为一方平安保驾护航，为盛世永驻尽心尽力。

在这里，笔者衷心感谢清华大学出版社的栾大成老师，以及其他几位编辑老师对丛书的大力支持，感谢身边好友们的倾情协助和辛苦工作。感谢MathWorks中国Lynn Ye女士对丛书的大力支持。感谢MathWorks Book Program对丛书的技术支持。最后，借清华大学校训和大家共勉——天行健，君子以自强不息；地势坤，君子以厚德载物。

> ***Nothing and no one can destroy the Chinese people. They are relentless survivors. They are the oldest civilized people on earth. Their civilization passes through phases but its basic characteristics remain the same. They yield, they bend to the wind, but they never break.***
>
> ——赛珍珠 (Pearl S. Buck)

About Authors and Reviewers

作者和审稿人

(按姓氏字母先后顺序)

安然

博士，现就职于道明金融集团道明证券 (TD Securities)，从事交易对手风险模型建模，在金融模型的设计与开发以及金融风险的量化分析等领域具有丰富的经验。曾在密歇根大学、McMaster大学、Sunnybrook健康科学中心从事飞秒激光以及聚焦超声波的科研工作。

姜伟生

博士，FRM，现就职于MSCI，负责为美国对冲基金客户提供金融分析产品RiskMetrics RiskManager的咨询和技术支持服务。MATLAB建模实践超过10年。跨领域著作丰富，在语言教育、新能源汽车等领域出版中英文图书超过15种。

李蓉

财经专业硕士，现就职于某央企金融机构，从事财务管理、资金运营超过15年，深度参与多个金融项目的运作。

梁健斌

博士，现就职于McMaster Automotive Resource Center，MATLAB使用时间超过10年。曾参与过CRC Taylor & Francis图书作品出版工作，发表多篇英文学术期刊。深度参与本丛书的创作，对MATLAB代码进行了多轮查验和调试，完成了图书大部分核心代码甄选工作。

芦苇

博士，硕士(金融数学方向)，现就职于加拿大五大银行之一的丰业银行(Scotiabank)，从事金融衍生品定价建模和风险管理工作。编程建模时间超过十年。曾在密歇根州立大学、多伦多大学，从事中尺度气候模型以及碳通量反演的科研工作。

邵航

金融数学博士，CFA，博士论文题目《系统性风险的市场影响、博弈论和随机金融网络模型》。现就职于OTPP (Ontario Teachers' Pension Plan，安大略省教师退休基金会)，从事投资业务。曾在加拿大丰业银行从事交易对手风险模型建模和管理工作。MATLAB建模实践超过10年。

涂升

博士，FRM，现就职于CMHC (Canada Mortgage and Housing Corporation，加拿大抵押贷款和住房管理公司，加拿大第一大皇家企业)，从事金融模型审查与风险管理工作。曾就职于加拿大丰业银行，从事IFRS9信用风险模型建模，执行监管要求的压力测试等工作。MATLAB使用时间超过10年。

王伟仲

博士，现就职于美国哥伦比亚大学，从事研究工作，参与哥伦比亚大学多门研究生级别课程教学工作，MATLAB建模实践超过10年，发表多篇英文期刊杂志论文。参与本书的代码校对工作，并对本书信息可视化提供了很多宝贵意见。

张丰

金融数学硕士，CFA，FRM，现就职于OTPP，从事一级市场等投资项目的风险管理建模和计算，包括私募股权投资、并购和风投基金、基础建设、自然资源和地产类投资。曾就职于加拿大蒙特利尔银行，从事交易对手风险建模。MATLAB建模实践超过10年。

Acknowledgement
致谢

To our parents.
谨以此书献给我们的母亲父亲。

Book Reviews

推荐语

本书作者结合MATLAB编程将复杂的金融风险管理的基本概念用大量图形展现出来，使读者能用最直观的方式学习和理解知识点。书中提供的大量源代码使得读者可以亲自实现书中的具体实例。真的是市场上少有的、非常实用的金融风险管理资料。

——张旭萍 | 资本市场部门主管 | 蒙特利尔银行

投资与风险并存，但投资不是投机，如何在投资中做好风险管理一直是值得探索的课题。一级市场中更多的是通过法律手段来控制风险，而二级市场还可以利用量化手段来控制风险。本书基于MATLAB从实操上教给读者如何量化并控制投资风险的方法，这“术”的背后更是让读者在进行案例实践的过程中更好地理解风险控制之“道”，更深刻地理解风控的思想。

——杜雨 | 风险投资人 | 红杉资本中国基金

作为具有十多年FRM培训经验的专业讲师，我深刻感受到，每一位FRM考生都希望能将理论与实践结合，希望用计算机语言亲自实现FRM中学习到的各种产品定价和金融建模理论知识。而MATLAB又是金融建模设计与分析等领域的权威软件。本丛书将MATLAB编程和金融风险建模知识有机地结合在一起，配合丰富的彩色图表，由浅入深地将各种金融概念和计算结果可视化，帮助读者理解金融风险建模核心知识。本丛书特别适合FRM备考考生和通过FRM考试的金融风险管理从业人员，同时也是金融风险管理岗位笔试和面试的葵花宝典，甚至可以作为金融领域之外的数据可视化相关岗位的绝佳参考书，非常值得学习和珍藏。

——Cate程黄维 | 高级合伙人兼金融项目学术总监 | 中博教育

千变万化的金融创新中，风险是一个亘古不变的议题。坚守风险底线思维，严把风险管理关口，是一个金融机构得以长期生存之本，也是每一个员工需要学习掌握的基础能力。丛书由浅入深、图文生动、内容翔实、印刷精美，是一套不可多得的量化金融百科；不论作为金融普及读物，还是FRM应试图书，乃至工作后常备手边的工具书，丛书都是一套不可多得的良作。

——单硕 | 风险管理部风险经理 | 建信信托

How to Use the Book

使用本书

欢迎读者订阅本书微信公众号，获取图书配套代码源文件，以及更多风控资讯。

本书的重要特点

- 以FRM一、二级考纲为基础，和读者探讨更多金融建模实践内容；
- 由浅入深，突出FRM考试和实际工作的联系；
- 强调理解，绝不一味罗列金融概念和数学公式；
- 将概念、公式变成简单的MATLAB代码；
- 全彩色印刷，赏心悦目地将各种金融概念和数据结果可视化；
- 中英对照，扩充个人行业术语库。

本书适用读者群体

- 如果你是FRM备考考生，本书帮助你更好地理解FRM核心考点；
- 如果你是FRM持证者，本书是FRM证书和实际工作的桥梁；
- 如果你要准备金融类面试，本书帮助你巩固金融知识，应对复杂面试题目；
- 如果你并非金融科班出身，有志在金融行业发展，本书可能是金融MATLAB编程最适合零基础入门、最实用的图书。

获得正版MATLAB软件

- 如果读者是学生或者教职员工，学校可能已提供无试用限期的MATLAB。如下网址可以用来检查是否已有校园许可证。
  https://ww2.mathworks.cn/academia/tah-support-program/eligibility.html
- 如果读者是在职员工，可通过公司邮箱申请下载为期30天的试用软件。如下网址是申请入口。
  https://ww2.mathworks.cn/campaigns/products/trials.html

丛书公开课视频资源

- 本书代码请扫码下载，下载平台不定期提供更多资源：
- 作者专门为丛书读者开设公开课，讲授图书主要内容。请读者登录https://www.bilibili.com/或https://www.zhihu.com网站或App，搜索“生姜DrGinger”频道。丛书公开课陆续在频道推出，欢迎读者订阅转载。

请读者注意

- 本书为了方便读者学习，在围绕FRM考纲的基础上对内容设计有所调整；
- 本书的MATLAB代码是在2018a版本环境中编写。虽然本书的代码也使用2016a版本运行检查，但笔者并不确定任何其他低版本MATLAB都可以运行本书代码；
- 本书采用的内容、算法和数据均来自公共领域，包括公开出版发行的论文、网页、图书、杂志等；本书不包括任何知识产权保护内容；本书观点不代表任何组织立场；水平所限，本书作者并不保证书内提及的算法及数据的完整性和正确性；
- 本书所有内容仅用于教学，代码错误难免；任何读者使用本书任何内容进行投资活动，本书笔者不为任何亏损和风险负责。

Contents

目录

第 1 章

Symbolic Math Operations

符号数学运算

在数学中，你不能理解事物，你只能习惯它们。

In mathematics you don't understand things. You just get used to them.

——约翰·冯·诺伊曼 (John Von Neumann)

从丛书第一册一路走到这里，感谢读者朋友们支持。随着丛书建模实践不断深入，丛书对数学知识的要求也不断提高。虽然很多人可能认为金融建模即编写代码，但本书读者已经注意到，建模不在乎使用哪一种具体编程语言，建模核心是对问题的理解以及对数学知识的运用。

本丛书对数学内容的介绍立足于实际：建模用到哪，我们就讲到哪，而且要讲得生动活泼、浅显易懂。丛书在内容编排上也尽可能地做到知识点极致可视化。此外，丛书还强调各种数学知识之间的联系，如微积分、线性代数、矩阵论、概率统计、空间几何、解析几何、随机数学、数值分析、优化方法等，不是一个个毫无联系的孤岛。丛书结合金融实践，不断深入挖掘这些数学知识间千丝万缕的联系，提供丰富编程建模案例、全彩可视化方案等，试图以直观方式将重点展现给读者，帮助大家理解。

再次感谢大家支持，下面我们开始丛书第四册的旅程。

Core Functions and Syntaxes

本章核心命令代码

- `assume()` 设置符号变量假定条件。
- `assumeAlso()` 追加假设条件。
- `assumptions` 返回符号变量假设条件。
- `cell()` 转换为元胞数组。
- `char()` 转换为字符串。
- `class()` 确定变量类。
- `coeffs()` 提取多项式系数。
- `collect()` 对符号项合并同类项；多个符号变量构成表达式，按指定某个符号合并同类项。
- `compose()` 构造复合函数。
- `diff()` 求解符号表达微分式。
- `double()` 转换为双精度浮点数，即 8 个字节（64 位）浮点值。
- `eval()` 计算字符向量或者函数数值。
- `expand()` 将符号表达展开为多项式表达。
- `ezpolar()` 在极坐标中绘制符号表达图像。
- `factor()` 对数字做质因数分解，对符号表达式做因式分解。
- `fcontour()` 在平面绘制符号表达等高线图，结果类似 `contour()`。
- `fimplicit(f)` 在默认区间 [-5 5]（对于 x 和 y）上绘制 $f(x,y)=0$ 定义隐函数。
- `fimplicit3(f)` 在默认区间 [-5 5] 上绘制 $f(x,y,z)=0$ 定义三维隐函数。
- `finverse()` 求解反函数。

- fmesh() 在三维空间绘制符号表达网格，结果类似mesh()。
- fplot() 在二维平面绘制符号表达图像，结果类似plot()。
- fplot3() 在三维空间绘制符号表达图像，结果类似plot3()。
- fsurf() 在三维空间绘制符号表达曲面图像，结果类似surf()。
- gradient() 计算多元函数梯度。
- hessian() 计算多元函数Hessian矩阵。
- hilb() 函数返回Hilbert矩阵。
- int() 求解符号函数不定积分和定积分。
- int16() 将数据转换为2个字节(16位)有符号整数。
- int32() 将数据转换为4个字节(32位)有符号整数。
- int64() 将数据转换为8个字节(64位)有符号整数。
- int8() 将数据转换为1个字节(8位)有符号整数。
- integral() 求解函数积分。
- jacobian() 计算多元函数Jacobian矩阵。
- latex(f) 函数f变成Latex字符串。
- limit() 求解符号表达极限值。
- linsolve() 求解线性方程。
- logical() 数值转换为逻辑值。
- matlabFunction() 将符号代数式转换为函数。
- numden() 提取符号数值和表达式中分子和分母。
- poly2sym() 用系数构造多项式。
- polyder() 计算多项式微分。
- polyfit() 以最小二乘方式与一组数据拟合多项式系数。
- polyint() 计算多项式积分。
- polyval() 计算多项式在每个点处的值。
- polyvalm() 按照矩阵预算规则计算多项式值。
- roots() 求解多项式根。
- simplify() 化简表达式。
- single() 转换为单精度浮点数，即4个字节(32 位)浮点值。
- solve() 求解代数式。
- struct() 转换为结构体类型。
- subs() 将符号或者数值代入符号表达式。
- sym() 定义符号变量、数值、代数表达式、方程和矩阵。
- sym2poly() 提取符号多项式各项系数。
- symprod() 符号表达求乘积。
- syms 创建符号变量和函数。
- symsum() 符号表达求和。
- taylor() 求解符号表达泰勒展开。
- uint16() 将数据转换为2个字节(16位)无符号整数。
- uint32() 将数据转换为4个字节(32位)无符号整数。
- uint64() 将数据转换为8个字节(64位)无符号整数。
- uint8() 将数据转换为1个字节(8位)无符号整数。
- whos 罗列workspace当前变量。

从书前三册不同章节中都用到了符号数学运算。这一章将简单总结之前使用过的符号数学运算函数，同时介绍更多其他常用符号运算。从书后续的数学和优化章节将大量使用这些符号运算。这一章做好铺垫，读者在具体运算环境中需要掌握这些方程。

1.1 符号数值

符号数值，是用符号表达数值。符号数值常用sym() 函数来定义。比如下例中1.5为一个双精度数。

```
class(1.5)
ans =
    'double'
```

1.5本身为**双精度浮点数** (double-precision)。所谓双精度浮点数指的是用8个字节(64位)来存储的一个数据，它表达十进制15或16位有效数字，表达正数范围大概是 [2.23×10^{-308}, 1.79×10^{308}]。class() 函数用于判定1.5的数据类型。

用sym() 函数将1.5转化成符号数值，如下。同样用class() 函数判断sym(1.5) 的类型。符号数值精度要高于双精度数值。

```
sym(1.5)
% 3/2
class(sym(1.5))
ans =
    'sym'
```

更多有关MATLAB单精度和双精度浮点数的信息，请参考链接：

https://www.mathworks.com/help/matlab/matlab_prog/floating-point-numbers.html

一个符号数值与双精度值计算结果仍是符号数值，如下。

```
1/2 + 1/3
% 0.8333

% 0.833333333333333
sym(1/2) + 1/3
% 5/6
sym(1/2)-(1/3)
% 1/6
sym(1/2)*(1/3)
% 1/6
```

符号数值定义有四种格式，如表1.1所示。

表1.1 sym() 定义符号数值四种格式

参数	描述
r	用分数式、指数式等表达数值，具体形式举例p/q, p*pi/q, sqrt(p), 2^q, and 10^q (p和q为整数)
d	用十进制表达符号数值，默认显示精度为32位
e	用带有机器浮点误差格式表达符号数值，eps一项为数值理论有理式和浮点数之差
f	用浮点数格式表达符号数值

下面用四个值举例说明如何使用sym() 定义符号数值。第一个例子是：

$$x_1 = \sqrt{2} \tag{1.1}$$

代码如下：

```
x1 = sqrt(2)
% 1.4142
x1 = sym(sqrt(2),'r')
% sqr_2 = 2^(1/2)
x1 = sym(sqrt(2),'d')
% 1.4142135623730951454746218587388
x1 = sym(sqrt(2),'e')
% (64*eps)/147 + 2^(1/2)
x1 = sym(sqrt(2),'f')
% 6369051672525773/4503599627370496
```

第二个例子是：

$$x_2 = \pi \tag{1.2}$$

代码如下：

```
x2 = pi
% 3.1416
x2 = sym(pi)
% pi
x2 = sym(pi,'r')
% pi
x2 = sym(pi,'d')
% 3.1415926535897931159979634685442
x2 = sym(pi,'e')
% pi - (198*eps)/359
x2 = sym(pi,'f')
% 884279719003555/281474976710656
```

第三个例子是：

$$x_3 = \frac{1}{7} \tag{1.3}$$

代码如下：

```
x3 = 1/7
```

```
% 0.1429
x3 = sym(1/7)
% 1/7
x3 = sym(1/7,'r')
% 1/7
x3 = sym(1/7,'d')
% 0.14285714285714284921269268124888
x3 = sym(1/7,'e')
% 1/7 - eps/28
x3 = sym(1/7,'f')
% 2573485501354569/18014398509481984
```

第四个例子是：

$$x_4 = \ln 2 \tag{1.4}$$

代码如下：

```
x4 = log(2)
% 0.6931
x4 = sym(log(2))
% 6243314768165359/9007199254740992
x4 = sym(log(2),'r')
% 6243314768165359/9007199254740992
x4 = sym(log(2),'d')
% 0.69314718055994528622676398299518
x4 = sym(log(2),'e')
% 6243314768165359/9007199254740992
x4 = sym(log(2),'f')
% 6243314768165359/9007199254740992
```

double() 和eval() 把符号数值变成浮点数数值，例如：

```
eval(sym(1/7))

double(sym(1/7))
```

表1.2总结了更多数据转换函数。

表1.2 数据类型转换函数

函数	用途
logical()	数值转换为逻辑值
char()	转换为字符串
int8()	将数据转换为1个字节 (8位) 有符号整数，范围为 $[-2^7, 2^7-1]$；超出范围 $[-2^7, 2^7-1]$ 值映射到最近端点；比如，int8(−3.69) 运算结果为−4
uint8()	将数据转换为1个字节 (8位) 无符号整数，范围为 $[0, 2^8-1]$；超出范围 $[0, 2^8-1]$值映射到最近端点；uint8(−3.69) 运算结果为0
int16()	将数据转换为2个字节 (16位) 有符号整数，范围为 $[-2^{15}, 2^{15}-1]$；超出范围$[-2^{15}, 2^{15}-1]$ 值映射到最近端点

续表

函数	用途
uint16()	将数据转换为2个字节（16位）无符号整数，范围为 $[0, 2^{16}-1]$；超出范围 $[0, 2^{16}-1]$ 值映射到最近端点
int32()	将数据转换为4个字节（32位）有符号整数，范围为 $[-2^{31}, 2^{31}-1]$；超出范围 $[-2^{31}, 2^{31}-1]$ 值映射到最近端点
uint32()	将数据转换为4个字节（32位）无符号整数，范围为 $[0, 2^{32}-1]$；超出范围 $[0, 2^{32}-1]$ 值映射到最近端点
int64()	将数据转换为8个字节（64位）有符号整数，范围为 $[-2^{63}, 2^{63}-1]$；超出范围 $[-2^{63}, 2^{63}-1]$ 值映射到最近端点
uint64()	将数据转换为8个字节（64位）无符号整数，范围为 $[0, 2^{64}-1]$；超出范围 $[0, 2^{64}-1]$ 值映射到最近端点
single()	转换为单精度浮点数，即4个字节（32 位）浮点值
double()	转换为双精度浮点数，即8个字节（64位）浮点值；这个数据类型为大多数计算任务提供足够精度
cell()	转换为元胞数组；元胞；数组为一种包含名为元胞索引数据容器的数据类型，其中每个元胞都包含任意类型数据
struct()	转换为结构体类型；结构体数组是使用名为字段的数据容器将相关数据组合在一起的数据类型

format long设置命令行窗口输出显示格式，而并不影响MATLAB计算或者保存具体数值。long为众多数据显示样式中的一种。表1.3列出了几种常见数据显示格式。

表1.3　数据显示格式

样式	结果	示例
short	短固定十进制小数点格式，小数点后包含 4 位数	3.1416
long	长固定十进制小数点格式，double 值小数点后包含 15 位数，single 值小数点后包含7位数	3.141593
shortE	短科学记数法，小数点后包含 4 位数	3.14E+00
longE	长科学记数法，double 值小数点后包含 15 位数，single 值小数点后包含 7 位数	3.14E+00
shortG	短固定十进制小数点格式或科学记数法(取更紧凑一个)，总共 5 位	3.1416
longG	长固定十进制小数点格式或科学记数法(取更紧凑一个)，对于 double 值，总共 15 位；对于 single 值，总共 7 位	3.141593
shortEng	短工程记数法，小数点后包含 4 位数，指数为 3 倍数	3.14E+00
longEng	长工程记数法，包含 15 位有效位数，指数为 3 倍数	3.14E+00
+	正/负格式，对正、负和零元素分别显示 +、- 和空白字符	+
bank	货币格式，小数点后包含 2 位数	3.14
hex	二进制双精度数字十六进制表示形式	400921fb54442d18
rat	小整数比率	355/113

1.2 符号变量

MATLAB定义符号变量有两个函数sym() 和 syms()。比如下例，用sym() 创建x和y两个符号变量，相应代码如下：

```
x = sym('x');
y = sym('y');
```

syms() 也可以创建这两个符号变量：

```
syms x y
```

另外，符号变量可以创建表达式。比如下例，首先创建a、b、c和x这四个符号变量，然后用它们构造一个一元二次多项式，并赋值给f。latex() 函数将f变成Latex字符串。symvar() 在表达式中查找符号变量。旧版MATLAB曾采用findsym()函数来查找符号变量，新版已经停止更新支持。

```
syms a b c x
f = a*x^2 + b*x + c
latex(f) % converted to a Latex string
% 'a\,x^2+b\,x+c'
symvar(f)
% [ a, b, c, x]
```

除了简单多项式，符号变量还能构造复杂符号多项式。比如下例，先构建了符号变量t，后定义f_1和f_2两个三角函数，并且用expand() 展开。

```
syms t
f1 = sin(2*t)
expand(f1)
% 2*cos(t)*sin(t)

f2 = cos(2*t)
expand(f2)
% 2*cos(t)^2 - 1
```

sym() 和 syms() 函数在定义符号变量时，还可以设置这些变量的假定条件，比如下例：

```
x = sym('x','real');
y = sym('y','positive');
z = sym('z','rational');
assumptions
% [ in(x, 'real'), in(z, 'rational'), 0 < y]



syms x y integer
syms z rational
assumptions
```

```
% ans =
% [ in(x, 'integer'), in(y, 'integer'), in(z, 'rational')]
```

另外，MATLAB有专门函数assume() 设置符号变量假定条件，assumeAlso() 追加假设条件，assumptions() 函数返回这些条件，比如下例：

```
%% multiple assumptions
syms x
assume(x > 5)
assumeAlso(x < 10)
% assume(x>5 & x<10)
assumeAlso(x,'integer')

assumptions
% [ in(x, 'integer'), 5 < x, x < 10]
```

通过如下代码给x设置若干假设。

```
assume(in(x,'integer') & x>2 & x<10)
```

配合solve() 函数，下例测试假设条件。

```
syms x
assume(x/2,'integer')
solve(x>0,x<10,x)
% ans =
%
%   2
%   4
%   6
%   8

assume((x-1)/2,'integer')
solve(x>0,x<10,x)
% ans =
%
%   1
%   3
%   5
%   7
%   9
```

如下代码清除有关x的所有假设条件。

```
assume(x,'clear')
```

表1.4给出了利用assume() 函数设定符号变量假定条件的一些例子。

表1.4　用assume() 给符号变量假设条件

假设条件	语句
假设x为实数	assume(x,'real')
假设x为有理数	assume(x,'rational')
假设x为正数	assume(x,'positive')
假设x为整数	assume(x,{'positive','integer'})
假设$x < -1$ 或 $x > 1$	assume(x<−1 | x>1)
假设x为 $2 < x < 10$ 整数	assume(in(x,'integer') & x>2 & x<10)
假设x不是整数	assume(~in(x,'integer'))
假设x不等于0	assume(x~= 0)
假设x为偶数	assume(x/2,'integer')
假设x为3的倍数	assume(x/3,'integer')
假设x为奇数	assume((x −1)/2,'integer')
假设x在0和2π之间	assume(x>0 & x<2*pi)
假设x为π倍数	assume(x/pi,'integer')

另外，whos() 函数把workspace当前变量列出来，比如下例：

```
clc; clear all;
syms a x
b = 2;
c = 1;
f = a*x^2 + b*x + c
latex(f) % converted to a Latex string
% 'a\,x^2+b\,x+c'
symvar(f)
% [ a, b, c, x]
whos
```

运行代码，函数whos() 得到结果如下：

```
  ans          1x2                    8   sym
  b            1x1                    8   double
  c            1x1                    8   double
  f            1x1                    8   sym
  x            1x1                    8   sym
```

与普通运算相比较，MATLAB符号运算一般较慢。请大家比较下列加法运算时间：

```
a = 1/2; b = 1/3;
c = sym(a); d = sym(b);

tic
a + b
toc

tic
c + d
toc
```

新版MATLAB sym()函数不再支持表达式输入，比如f1 = sym('x + 1') 在新版MATLAB不合法。解决这个问题有如下几种方式。第一种方法是先用syms定义符号变量x，然后再定义函数，即：

```
syms x
f1 = x + 1
```

或者：

```
syms f1(x)
f1(x) = x + 1;
```

再或者：

```
f1 = sym('x') + 1;
```

加、减、乘、**右除** (forward slash, /)、**左除** (backward slash, \) 和乘幂均可用在符号表达式上。

```
f1 + f2
% x^3 + 2*x^2 + 2*x + 2
f1 - f2
% x^3
f1*f2
% (x^2 + x + 1)*(x^3 + x^2 + x + 1)
f1/f2
% (x^3 + x^2 + x + 1)/(x^2 + x + 1)
f1\f2
% (x^2 + x + 1)/(x^3 + x^2 + x + 1)
f1^2
% (x^3 + x^2 + x + 1)^2
```

MATLAB函数numden() 提取符号数值和表达式中的**分子** (numerator) 和**分母** (denominator)，比如下面三个例子：

```
[n, d] = numden(sym(4/5))
% n = 4
% d = 5

syms x y
[n,d] = numden(x/y + y/x)
% n = x^2 + y^2
% d = x*y

f = (x^2 + 1)/(x + 1) + x/(x - 1);
[n,d] = numden(f)
% n = x^3 + 2*x - 1
% d = (x - 1)*(x + 1)
```

compose() 函数构造复合函数。例如下面两个函数：

$$\begin{gathered} f(x)=\frac{1}{x+1} \\ g(y)=\sin(y) \end{gathered} \tag{1.5}$$

如下代码定义上式：

```
syms x y t
f = 1/(x + 1);
g = sin(y);
```

compose(f, g)将返回复合函数$f(g(\cdot))$。

$$f\left(g(y)\right)=\frac{1}{g(y)+1}=\frac{1}{\sin\left(y\right)+1} \tag{1.6}$$

如下代码构造上式。

```
f1 = compose(f,g)
% returns f(g(y)) where f = f(x) and g = g(y)
% f1 = 1/(sin(y) + 1)
```

compose(f, g, t)则返回复合函数$f(g(t))$。

$$f\left(g(t)\right)=\frac{1}{g(t)+1}=\frac{1}{\sin\left(t\right)+1} \tag{1.7}$$

如下代码构造上式。

```
f2 = compose(f,g,t)
% returns f(g(z))
% f2 = 1/(sin(t) + 1)
```

compose()函数的更多用法请参考链接：

https://www.mathworks.com/help/symbolic/compose.html

函数finverse()用来求解反函数，比如下例：

```
syms x
f(x) = 1/tan(x);
g = finverse(f)
% g(x) = atan(1/x)
```

本丛书经常用matlabFunction() 把符号表达转换成函数句柄，比如函数：

$$\begin{aligned}&f_1\left(x,y\right)=\sqrt{x^2+y^2}\\&f_2\left(a,b,c,x\right)=ax^2+bx+c\end{aligned} \tag{1.8}$$

下例用matlabFunction() 将符号表达式转换为函数句柄cone() 和quadratic()。

```
syms a b c x y
f1 = sqrt(x^2 + y^2);
cone = matlabFunction(f1)
% @(x,y)sqrt(x.^2+y.^2)
cone(1,1)
```

```
f2 = a*x^2 + b*x + c
quadratic = matlabFunction(f2)
% f2 = @(a,b,c,x)c+b.*x+a.*x.^2
% anonymous function
quadratic(1,1,1,1)
% 3
quadratic(1,1,1,sym('x'))
% x^2 + x + 1
```

更多有关matlabFunction() 函数的用法，请参考链接：

https://ww2.mathworks.cn/help/symbolic/matlabfunction.html

MATLAB提供solve() 求解符号方程解。请读者注意，新版本的solve() 已经不再支持字符向量或字符串输入，比如 solve('x^2 -1')或 solve('x^2 -1 = 0') 或 solve('x^2 -1 = 0', 'x') 均不合法。

比如求解如下一元二次方程：

$$x^2 + x - 2 = 0 \tag{1.9}$$

可这样使用solve()函数：

```
syms x
eqn = x^2 + x - 2 == 0
S = solve(eqn)
```

结果如下：

```
S =

 -2
  1
```

又如，求解符号一元二次方程：

$$ax^2 + bx + c = 0 \tag{1.10}$$

以下代码求解该一元二次等式：

```
syms a b c x
eqn = a*x^2 + b*x + c == 0
S = solve(eqn)
```

结果如下：

```
S =

 -(b + (b^2 - 4*a*c)^(1/2))/(2*a)
 -(b - (b^2 - 4*a*c)^(1/2))/(2*a)
```

请读者注意，solve() 默认以x为未知量。而solve(eqn, a)则会以a为未知量，比如下例：

```
syms a b c x
eqn = a*x^2 + b*x + c == 0
```

```
S = solve(eqn, a)
```

结果如下：

```
S =

-(c + b*x)/x^2
```

solve()函数还可以用于求解方程组，比如如下二元一次方程组：

$$\begin{cases} x+y=1 \\ 2x-y=5 \end{cases} \tag{1.11}$$

求解代码如下：

```
syms x y
eqns = [x + y == 1, 2*x - y == 5];
vars = [x, y];
[sol_x, sol_y] = solve(eqns,vars)
```

结果如下：

```
sol_x =
2

sol_y =
-1
```

solve() 函数也可以这样用：

```
S = solve(eqns,vars)
S.x
S.y
```

solve()函数的更多用法，请参考链接：

https://ww2.mathworks.cn/help/symbolic/solve.html

本丛书中经常使用MATLAB函数subs()，它将符号或数值代入符号表达式，如以下几个例子：

```
syms x y a b

subs(x + y, a)
% ans =
% a + y

subs(x + y, x, a)
% ans =
% a + y

subs(x + y, y, a)
% ans =
% a + x
```

```
subs(a + b, a, 4)
% ans =
% b + 4

subs(a*b^2, a*b, 5)
% ans =
% 5*b
```

1.3 多项式运算

丛书第一册和第三册讲过**多项式** (polynomial) 函数；特别地泰勒展开经常使用**线性函数** (linear function) 和**二次函数** (parabola)。

一元多项式函数基本形式为：

$$f(x)=a_1x^{n-1}+a_2x^{n-2}+\cdots+a_{n-2}x^2+a_{n-1}x+a_n \tag{1.12}$$

poly2sym() 函数可以构造符号多项式，比如：

```
syms a b c d x y t
y1 = poly2sym([1, 2, 3, 4])
% y1
% = x^3 + 2*x^2 + 3*x + 4
y2 = poly2sym([a, b, c, d])
% y2 =
%  a*x^3 + b*x^2 + c*x + d
y3 = poly2sym([a, b, c, d], t)
% y3 =
% a*t^3 + b*t^2 + c*t + d
y4 = subs(y3, t, y^2 + 1)
% y4 =
% d + a*(y^2 + 1)^3 + b*(y^2 + 1)^2 + c*(y^2 + 1)
```

函数sym2poly()可以提取符号多项式各项系数，比如下例：

```
syms x
coeff_1 = sym2poly(x^3 + 2*x^2 + 3*x + 4)
% coeff_1 =
%      1      2      3      4
```

coeffs() 函数也可以提取符号多项式成分，但值得注意的是，这个函数输出各项系数的顺序和sym2poly()的结果相反，比如下例。fliplr()函数左右颠倒行向量。

```
syms x
coeff_1 = coeffs(x^3 + 2*x^2 + 3*x + 4)
```

```
% coeff_1 =
% [ 4, 3, 2, 1]
% Reverse the ordering of coefficients by using fliplr.
c = fliplr(coeff_1)
% c =
% [ 1, 2, 3, 4]
```

coeffs() 不但可以获得系数，也能获得对应项，比如下例。请读者注意系数的先后顺序。

```
syms x
[coeff_1,terms_x] = coeffs(x^3 + 2*x^2 + 3*x + 4)
% coeff_1 =
% [ 1, 2, 3, 4]
%
% terms_x =
% [ x^3, x^2, x, 1]
```

如果在输入加入指令符'All'，coeffs()会输出所有项系数，哪怕该项系数为零。

```
syms x
c = coeffs(3*x^2)
% c =
% 3

c_all = coeffs(3*x^2, 'All')
% c_all =
% [ 3, 0, 0]
```

coeffs()还可以针对某一个变量，输出它的系数。比如对下式，用coeffs()可以分别获得它关于x或y的系数。

$$f(x,y)=x^3+2x^2y+3xy^2+4y^3 \tag{1.13}$$

具体代码如下：

```
cx = coeffs(x^3 + 2*x^2*y + 3*x*y^2 + 4*y^3, x)
% cx =
% [ 4*y^3, 3*y^2, 2*y, 1]

cy = coeffs(x^3 + 2*x^2*y + 3*x*y^2 + 4*y^3, y)
% cy =
% [ x^3, 2*x^2, 3*x, 4]
```

coeffs() 还可以获得多元函数变量，比如获得上例中x和y的系数。

```
syms x y
cxy = coeffs(x^3 + 2*x^2*y + 3*x*y^2 + 4*y^3, [x y])
% cxy =
% [ 4, 3, 2, 1]
cyx = coeffs(x^3 + 2*x^2*y + 3*x*y^2 + 4*y^3, [y x])
% cyx =
```

```
% [ 1, 2, 3, 4]
```

类似地，coeffs()可以输出多元函数变量和对应项，如下：

```
syms x y
[cxy,terms_xy] = coeffs(x^3 + 2*x^2*y + 3*x*y^2 + 4*y^3, [x y])
% cxy =
% [ 1, 2, 3, 4]
%
% terms_xy =
% [ x^3, x^2*y, x*y^2, y^3]
[cyx,terms_yx] = coeffs(x^3 + 2*x^2*y + 3*x*y^2 + 4*y^3, [y x])
% cyx =
% [ 4, 3, 2, 1]
%
% terms_yx =
% [ y^3, x*y^2, x^2*y, x^3]
```

另外，coeffs()还能获取符号系数，而sym2poly()函数暂时没有这个功能。

```
syms a b c x
[c_x, terms_x] = coeffs(a*x^2 + b*x + c, [x], 'All')
% c_x =
% [ a, b, c]
%
% terms_x =
% [ x^2, x, 1]
```

对于多项式，MATLAB还提供了一系列函数来处理多项式符号表达式。感兴趣的读者可阅读帮助文件学习如下函数：

- collect()　对符号项合并同类项，多个符号变量构成表达式，按指定某个符号合并同类项。
- expand()　将符号表达展开为多项式表达。
- factor()　对数字做质因数分解，对符号表达式做因式分解。
- polyder()　计算多项式微分。
- polyfit()　以最小二乘方式与一组数据拟合多项式系数。
- polyint()　计算多项式积分。
- polyval()　计算多项式每个点处的值。
- polyvalm()　按照矩阵预算规则计算多项式值。
- roots()　求解多项式根。
- simplify()　化简表达式。

1.4 符号微积分

这一节讨论一些微积分符号计算，先从级数计算开始。symsum() 函数实现符号表达求和。比如，求解如下级数之和：

$$1+\frac{1}{2}+\frac{1}{4}+\frac{1}{8}+\frac{1}{16}+\cdots=\sum_{n=0}^{\infty}\frac{1}{2^n} \tag{1.14}$$

如下代码实现求和运算：

```
syms n
sum_1 = symsum(1/2^n,n,0,Inf)

% sum_1 =
% 2
```

再如求解下列级数之和：

$$1-\frac{1}{2}+\frac{1}{3}-\frac{1}{4}+\frac{1}{5}-\cdots=\sum_{n=1}^{\infty}\frac{(-1)^{n-1}}{n} \tag{1.15}$$

具体代码如下：

```
syms n
sum_2 = symsum((-1)^(n-1)/n,n,1,Inf)

% sum_2 =
% log(2)
```

和symsum() 函数类似的还有symprod()。symprod() 可求解级数乘积。MATLAB帮助文档提供了两个例子：

$$\begin{aligned} P_1&=\prod_{k=2}^{\infty}1-\frac{1}{k^2} \\ P_2&=\prod_{k=2}^{\infty}\frac{k^2}{k^2-1} \end{aligned} \tag{1.16}$$

对应代码如下：

```
syms k
P1 = symprod(1 - 1/k^2, k, 2, Inf)
% P1 = 1/2
P2 = symprod(k^2/(k^2 - 1), k, 2, Inf)
% P1 = 2
```

在丛书第一册数学部分使用过limit() 求解极限，本节再简单介绍一下。表1.5总结了limit() 函数求解极限的典型情况。

表1.5　limit() 求解极限

表达式	代码	说明
$\lim_{x\to 0} f(x)$	limit (*f*)	默认，求x趋近于0，$f(x)$ 极限

续表

表达式	代码	说明
$\lim\limits_{x \to a} f(x)$	limit (*f*, *x*, *a*)	求*x*趋近于*a*，*f*(*x*) 极限。当左右极限不同时，极限值不存在
$\lim\limits_{x \to \infty} f(x)$	limit (*f*, *x*, Inf)	求*x*趋近于正无穷，*f*(*x*) 极限
$\lim\limits_{x \to -\infty} f(x)$	limit (*f*, *x*, -Inf)	求*x*趋近于负无穷，*f*(*x*) 极限
$\lim\limits_{x \to a+} f(x)$	limit (*f*, *x*, *a*, 'right')	求*x*右趋近于*a*，*f*(*x*) 极限
$\lim\limits_{x \to a-} f(x)$	limit (*f*, *x*, *a*, 'left')	求*x*左趋近于*a*，*f*(*x*) 极限

下列代码实现了表1.5中的一部分极限运算：

```
syms x
f1 = sin(x)/x;
limit(f1,x,0)
% ans =
% 1

f2 = 1/x;

limit(f2,x,Inf)
% ans =
% 0

limit(f2,x,0,'right')
% ans =
% Inf

limit(f2,x,0,'left')
% ans =
% -Inf
```

从书前文经常使用泰勒展开函数taylor()，下面展开讲解下这个函数。该函数默认前五阶展开，默认展开点为0，比如以下三个例子：

```
syms x
T1 = taylor(exp(x))
% T1 =
% x^5/120 + x^4/24 + x^3/6 + x^2/2 + x + 1
%
T2 = taylor(sin(x))
% T2 =
% x^5/120 - x^3/6 + x
%
T3 = taylor(cos(x))
% T3 =
```

```
% x^4/24 - x^2/2 + 1
```

通过 'ExpansionPoint' 可修改taylor() 展开点，而用 'Order'则可修改taylor() 展开阶数。

```
syms x
T1 = taylor(exp(x), x, , 1, 'Order', 9)

T2 = taylor(sin(x), x, 'ExpansionPoint', 1, 'Order', 9)

T3 = taylor(cos(x), x, 'ExpansionPoint', 1, 'Order', 9)
```

taylor() 还可以对多元函数进行泰勒展开，比如以下二元函数的例子：

```
syms x y
f = x^2 + y^2 + x*y;
T = taylor(f, [x, y], [1, 1], 'Order', 4)

% T =
% 3*x + 3*y + (x - 1)*(y - 1) + (x - 1)^2 + (y - 1)^2 - 3
```

丛书前文还经常用到diff()函数，这个函数用于求解符号微分式。这里也展开介绍一下diff()，比如下例：

$$\begin{gathered} f(x)=\sin\left(x^2\right) \\ \Rightarrow \frac{\mathrm{d}f(x)}{\mathrm{d}x}=f'(x)=2x\cos\left(x^2\right) \end{gathered} \tag{1.17}$$

如下代码获得上式结果。

```
syms f(x)
f(x) = sin(x^2);
df = diff(f,x)
% df(x) =
% 2*x*cos(x^2)
```

$x=2$时，$f(x)$ 的一阶导数值计算如下：

```
syms f(x)
format long
f(x) = sin(x^2);
df = diff(f,x);

df_x2 = df(2)
% df_x2 =
% 4*cos(4)

double(df_x2)
% -2.614574483454448
eval(df_x2)
% -2.614574483454448
```

diff() 还可求解不同阶数导数，比如下面几个例子。

```
syms f(x,t)
f(x,t) = sin(x*t^2);
diff(f(x,t),2) % diff(f,2)
% ans =
% -t^4*sin(t^2*x)

diff(f(x,t),3) % diff(f,3)
% ans =
% -t^6*cos(t^2*x)

diff(f(x,t),2,t) % diff(f,2,t)
% ans =
% 2*x*cos(t^2*x) - 4*t^2*x^2*sin(t^2*x)

diff(f(x,t),3,t) % diff(f,3,t)
% ans =
% - 8*t^3*x^3*cos(t^2*x) - 12*t*x^2*sin(t^2*x)
```

与diff() 函数类似的还有functionalDerivative()。

int() 函数求解符号函数的不定积分和定积分。比如，用int() 计算下列积分式的不定积分、定积分和二重积分等：

$$\begin{aligned} & f(x)=\cos(x) \\ & \Rightarrow F(x)=\int f(x)\mathrm{d}x=\int\cos(x)\mathrm{d}x \end{aligned} \tag{1.18}$$

具体代码如下：

```
syms f(x)
f(x) = cos(x);

indefinite_integral = int(f)
% indefinite_integral(x) =
% sin(x)

definite_integral = int(f,0,pi/3)
% definite_integral =
% 3^(1/2)/2

definite_integral2 = int(f,a,b)
% definite_integral2 =
% sin(b) - sin(a)

indefinite_integral_int = int(int(f))
% indefinite_integral_int(x) =
% -cos(x)
```

对于多元函数，int()可对不同变量积分，比如下例可用int()对变量x，t分别积分。

$$
\begin{aligned}
& f(x,t)=\frac{x}{1+t^2} \\
& \Rightarrow F(x)=\int f(x,t)\mathrm{d}x \\
& \Rightarrow F(t)=\int f(x,t)\mathrm{d}t
\end{aligned}
\tag{1.19}
$$

具体代码如下：

```
syms f(x,t)
f(x,t) = x/(1+t^2);
Fx = int(f,x)
% Fx(x, t) =
% x^2/(2*(t^2 + 1))

Ft = int(f,t)
% Ft(x, t) =
% x*atan(t)
```

MATLAB还有一个专门计算积分的函数integral()。注意，integral() 的输入为函数句柄；如果函数表达式以符号表达定义，则需要用matlabFunction() 将符号表达转换为函数句柄。

```
syms x
f_sym = exp(-x.^2).*log(x).^2; % Symbolic
fun = matlabFunction(f_sym);
Fx1 = integral(fun,0,Inf)
% Fx1 =
%     1.947522220295560
%%
fun2 = @(x,t) x/(1+t^2);

Fx2 = integral(@(x)fun2(x,5),0,5)
% Fx =
%     0.480769230769231

Ft = integral(@(t)fun2(t,2),0,2)
% Ft =
%     0.400000000000000
```

类似这样的积分函数还有integral2() 和integral3()。

1.5 符号矩阵与运算

符号运算也应用于矩阵中。下例先用MATLAB的hilb() 函数返回Hilbert矩阵***A***，产生数值矩阵。接着通过sym()函数，把***A***变成符号数值矩阵。第二个例子先用 magic(4) 生成4 × 4方阵，然后用sym() 将其转化为符号数值矩阵。

```
format long

A = hilb(3)
% A =
%
%    1.000000000000000   0.500000000000000   0.333333333333333
%    0.500000000000000   0.333333333333333   0.250000000000000
%    0.333333333333333   0.250000000000000   0.200000000000000

A_sym = sym(A)
% A_sym =
%
% [   1, 1/2, 1/3]
% [ 1/2, 1/3, 1/4]
% [ 1/3, 1/4, 1/5]

A_magic = magic(4)/10
% A_magic =
%
%    1.600000000000000   0.200000000000000   0.300000000000000
1.300000000000000
%    0.500000000000000   1.100000000000000   1.000000000000000
0.800000000000000
%    0.900000000000000   0.700000000000000   0.600000000000000
1.200000000000000
%    0.400000000000000   1.400000000000000   1.500000000000000
0.100000000000000

A_magic_sym = sym(A_magic)
% A_magic_sym =
%
% [  8/5,   1/5, 3/10, 13/10]
% [  1/2, 11/10,    1,   4/5]
% [ 9/10,  7/10,  3/5,   6/5]
% [  2/5,   7/5,  3/2,  1/10]
```

使用sym() 也可以定义向量和矩阵。下例用sym() 的符号变量构造向量：

```
array_an = sym('a',[1 4])
% 1 row, 4 columns
```

```
% array_an =
% [ a1, a2, a3, a4]

array_x_n = sym('x_%d',[1 4])
% 1 row, 4 columns
% array_x_n =
% [ x_1, x_2, x_3, x_4]
```

如下代码用sym() 函数定义一定形状的矩阵：

```
matrix_A34 = sym('A',[3 4])
% 3 rows, 4 columns
% matrix_A34 =
% [ A1_1, A1_2, A1_3, A1_4]
% [ A2_1, A2_2, A2_3, A2_4]
% [ A3_1, A3_2, A3_3, A3_4]

matrix_x44 = sym('x_%d_%d',4)
% 4 rows, 4 columns
% matrix_x44 =
% [ x_1_1, x_1_2, x_1_3, x_1_4]
% [ x_2_1, x_2_2, x_2_3, x_2_4]
% [ x_3_1, x_3_2, x_3_3, x_3_4]
% [ x_4_1, x_4_2, x_4_3, x_4_4]
```

sym() 函数也能构造三维符号矩阵，比如下例：

```
matrix_B222 = sym('B',[2 2 2])

% matrix_B222(:,:,1) =
% [ B1_1_1, B1_2_1]
% [ B2_1_1, B2_2_1]
%
% matrix_B222(:,:,2) =
% [ B1_1_2, B1_2_2]
% [ B2_1_2, B2_2_2]
```

sym() 还可以通过匿名函数产生符号矩阵，比如下例：

```
h_matrix = @(x)(x*hilb(3));
sym_matrix = sym(h_matrix)
% sym_matrix =
%
% [   x, x/2, x/3]
% [ x/2, x/3, x/4]
% [ x/3, x/4, x/5]
```

此外，sym() 也可以给符号矩阵设定前提条件，比如下例：

```
matrix_A = sym('A%d%d',[2 2],'positive')
% matrix_A =
```

```
% [ A11, A12]
% [ A21, A22]

assumptions(matrix_A)
% ans =
% [ 0 < A11, 0 < A12, 0 < A21, 0 < A22]
```

请读者注意，新版本MATLAB中的sym() 不再支持如下操作：

```
A = sym('[a, b; c, d]')
```

符号矩阵有助于公式推导。符号矩阵的运算规则与数值矩阵相同，比如以下运算：

```
syms a b c d

A = [a, b; c, d]
% A =
% [ a, b]
% [ c, d]

B = [d, c; b, a]
% B =
% [ d, c]
% [ b, a]

A + B
% ans =
% [ a + d, b + c]
% [ b + c, a + d]

A - B
% ans =
% [ a - d, b - c]
% [ c - b, d - a]

transpose(A)
% ans =
% [ a, c]
% [ b, d]

inv(A)
% ans =
% [  d/(a*d - b*c), -b/(a*d - b*c)]
% [ -c/(a*d - b*c),  a/(a*d - b*c)]

A^2 %A*A
% ans =
% [ a^2 + b*c, a*b + b*d]
% [ a*c + c*d, d^2 + b*c]
```

```
A*B
% ans =
% [ b^2 + a*d, a*b + a*c]
% [ b*d + c*d, c^2 + a*d]

A/B
% ans =
% [ (a^2 - b^2)/(a*d - b*c), -(a*c - b*d)/(a*d - b*c)]
% [ (a*c - b*d)/(a*d - b*c), -(c^2 - d^2)/(a*d - b*c)]

A\B
% ans =
% [ -(b^2 - d^2)/(a*d - b*c), -(a*b - c*d)/(a*d - b*c)]
% [  (a*b - c*d)/(a*d - b*c),  (a^2 - c^2)/(a*d - b*c)]

A.*B
% ans =
% [ a*d, b*c]
% [ b*c, a*d]

A./B
% ans =
% [ a/d, b/c]
% [ c/b, d/a]

A.\B
% ans =
% [ d/a, c/b]
% [ b/c, a/d]

A.^2
% ans =
% [ a^2, b^2]
% [ c^2, d^2]


det(A)
% ans =
% a*d - b*c

diag(A)
% ans =
%  a
%  d

eig(A)
% ans =
%  a/2 + d/2 - (a^2 - 2*a*d + d^2 + 4*b*c)^(1/2)/2
```

```
% a/2 + d/2 + (a^2 - 2*a*d + d^2 + 4*b*c)^(1/2)/2
```

可以把具体数值代入由符号定义的矩阵，比如下例：

```
syms x

M_x = [x x^2; 1/x cos(x)];
f(x) = M_x;
f(2)
% ans =
% [   2,       4]
% [ 1/2, cos(2)]
```

另外，MATLAB有专门整理和求解线性方程组的函数equationsToMatrix() 和 linsolve()。

```
syms x y z
eqns = [x+y-2*z == 0,
        x+y+z == 1,
        2*y-z == -5];
[A,b] = equationsToMatrix(eqns)
% A =
% [ 1, 1, -2]
% [ 1, 1,  1]
% [ 0, 2, -1]
%
% b =
%  0
%  1
% -5

X = linsolve(A,b)
% X =
%    3
% -7/3
%  1/3
```

diff() 也可以用在矩阵函数上。比如要求解如下的f偏导数：

$$
\begin{gathered}
f=\begin{bmatrix} ax^n & t^3x^3 \\ t\sin(x) & \ln(x)t \end{bmatrix} \\
\frac{\partial f}{\partial x},\frac{\partial^2 f}{\partial t^2},\frac{\partial^2 f}{\partial x\partial t}
\end{gathered}
\tag{1.20}
$$

具体代码如下：

```
syms a x n t

f = [a*x^2 t^3*x^3; t*sin(x) log(x)*t];

dfdx = diff(f,x) % diff(f)
```

```
% dfdx =
% [     2*a*x, 3*t^3*x^2]
% [ t*cos(x),         t/x]

dfdt2 = diff(f,t,2)
% dfdt2 =
% [ 0, 6*t*x^3]
% [ 0,       0]

dfdxdt = diff(diff(f,x),t)
% dfdxdt =
% [       0, 9*t^2*x^2]
% [ cos(x),        1/x]
```

gradient() 函数可用于求取函数梯度。多元函数$f(\boldsymbol{x})$对于向量$\boldsymbol{x}$的梯度定义如下：

$$\nabla f = \begin{bmatrix} \dfrac{\partial f}{\partial x_1} & \dfrac{\partial f}{\partial x_2} & \cdots & \dfrac{\partial f}{\partial x_n} \end{bmatrix} \tag{1.21}$$

如下代码用gradient() 函数计算f梯度向量。

```
syms x y z
f = 2*y*z*sin(x) + 3*x*sin(z)*cos(y);
gradient(f, [x, y, z])
% ans =
%  3*cos(y)*sin(z) + 2*y*z*cos(x)
%  2*z*sin(x) - 3*x*sin(y)*sin(z)
%  2*y*sin(x) + 3*x*cos(y)*cos(z)
```

jacobian() 函数可计算多元函数向量的Jacobian矩阵。若f定义如下：

$$f = \begin{bmatrix} f_1(x_1,\cdots,x_n) & f_2(x_1,\cdots,x_n) & \cdots & f_n(x_1,\cdots,x_n) \end{bmatrix} \tag{1.22}$$

则其Jacobian矩阵为：

$$J(\boldsymbol{x}) = \begin{bmatrix} \dfrac{\partial f_1}{\partial x_1} & \dfrac{\partial f_1}{\partial x_2} & \cdots & \dfrac{\partial f_1}{\partial x_n} \\ \dfrac{\partial f_2}{\partial x_1} & \dfrac{\partial f_2}{\partial x_2} & \cdots & \dfrac{\partial f_2}{\partial x_n} \\ \vdots & \vdots & & \vdots \\ \dfrac{\partial f_n}{\partial x_1} & \dfrac{\partial f_n}{\partial x_2} & \cdots & \dfrac{\partial f_n}{\partial x_n} \end{bmatrix} \tag{1.23}$$

如何使用jacobian() 函数请参考下例。

```
syms x y
jacobian([x^2*y, x*sin(y)])
% ans =
% [  2*x*y,       x^2]
% [ sin(y), x*cos(y)]
```

此外，hessian()函数用于获得Hessian矩阵，例如：

```
syms x1 x2 x3
f = x1*x2 + 2*x3*x1;
hessian(f,[x1,x2,x3])

% ans =
%
% [ 0, 1, 2]
% [ 1, 0, 0]
% [ 2, 0, 0]
```

1.6 符号绘图

针对符号表达式，MATLAB专门提供了如下几个绘图函数。

- fplot()　在二维平面绘制符号表达图像，结果类似plot()。
- fplot3()　在三维空间绘制符号表达图像，结果类似plot3()。
- ezpolar()　在极坐标中绘制符号表达图像。
- fsurf()　在三维空间绘制符号表达曲面图像，结果类似surf()。
- fcontour()　在平面绘制符号表达等高线图，结果类似contour()。
- fmesh()　在三维空间绘制符号表达网格，结果类似mesh()。
- fimplicit(*f*)　在默认区间 [-5 5] (对于 x 和 y) 上绘制 $f(x,y) = 0$ 定义隐函数。
- fimplicit3(*f*)　在默认区间 [-5 5] (对于 x、y和z) 上绘制 $f(x,y,z) = 0$ 定义三维隐函数。

MATLAB旧版本的ezmesh()、ezplot()、ezsurf()、ezcontour() 等函数已经不推荐使用。这一节介绍几个常用符号表达绘图函数。图1.1展示了fplot() 绘制线图。syms定义了符号表达函数$f(x) = \sin(x)$，fplot() 函数输入为f和变量x范围。

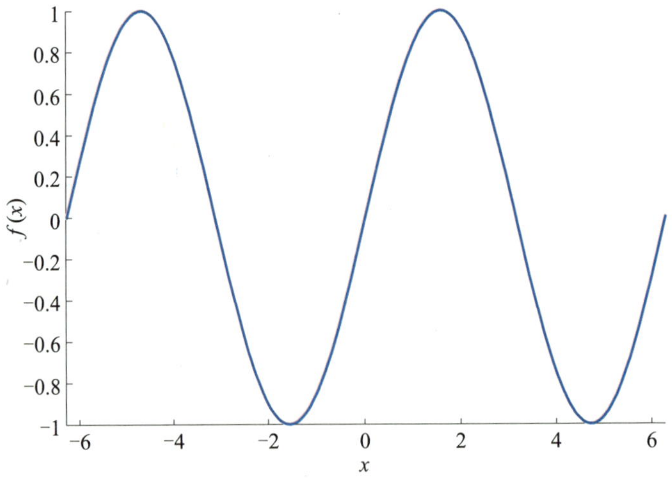

图1.1　fplot() 绘制线图

图1.1可由如下代码绘制：

```
syms f(x)
f(x) = sin(x);
figure(1)
fplot(f,[-2*pi 2*pi],'LineWidth',1)
grid off; box off
xlabel('x'); ylabel('f(x)');
```

图1.2和图1.3所示为fcontour() 函数绘制的等高线图和fmesh() 函数绘制的三维网格图。

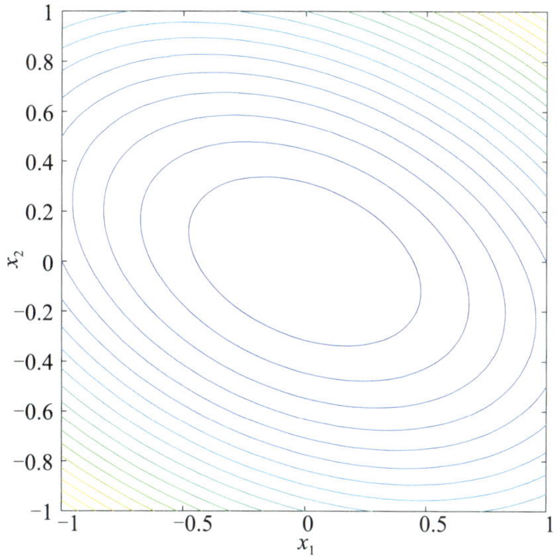

图1.2　fcontour() 绘制等高线图

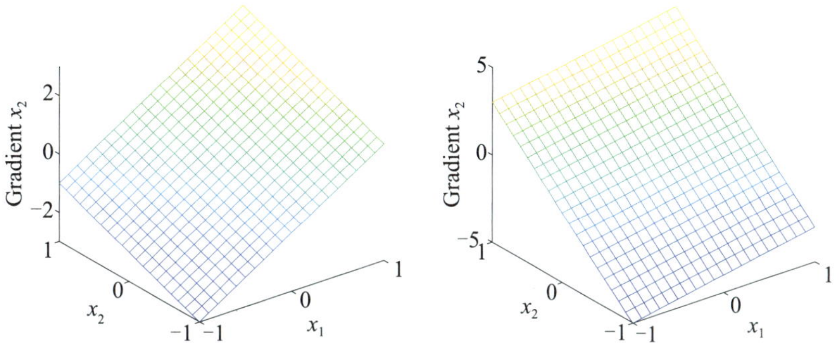

图1.3　fmesh() 绘制三维网格图

以下代码绘制图1.2和图1.3。

```
syms x1 x2
f = x1^2 + 2*x2^2 + x1*x2;
g = gradient(f, [x1 x2])

figure(1)
fcontour(f, [-1,1,-1,1],'LevelList',[-2:0.2:4])
% [xmin xmax ymin ymax]
```

```
xlabel('x_1'); ylabel('x_2')
axis equal

figure(2)
subplot(1,2,1)
fmesh(g(1),[-1,1,-1,1])
xlabel('x_1'); ylabel('x_2'); zlabel('Gradient x_1')
grid off; box off

subplot(1,2,2)
fmesh(g(2),[-1,1,-1,1])
xlabel('x_1'); ylabel('x_2'); zlabel('Gradient x_2')
grid off; box off
```

另外，读者可以采用subs() 函数将符号表达转换为具体数据矩阵，并配合可视化函数绘制图像。如下代码会同样绘制图1.2和图1.3。

```
syms x1 x2
f = x1^2 + 2*x2^2 + x1*x2;
g = gradient(f, [x1 x2])
[X1, X2] = meshgrid(-1:.1:1,-1:.1:1);

F  = subs(f, [x1 x2], {X1,X2});
G1 = subs(g(1), [x1 x2], {X1,X2});
G2 = subs(g(2), [x1 x2], {X1,X2});
F = double(F);
figure(1)
contour(X1,X2,F,'LevelList',[-2:0.2:4])
% [xmin xmax ymin ymax]
xlabel('x1'); ylabel('x2')
axis equal

G1 = double(G1);
G2 = double(G2);

figure(2)
subplot(1,2,1)
mesh(X1,X2,G1)
xlabel('x1'); ylabel('x2'); zlabel('Gradient x1')
grid off; box off

subplot(1,2,2)
mesh(X1,X2,G2)
xlabel('x1'); ylabel('x2'); zlabel('Gradient x2')
grid off; box off
```

图1.4则展示了用subs() 配合contour() 及quiver() 绘图的效果。

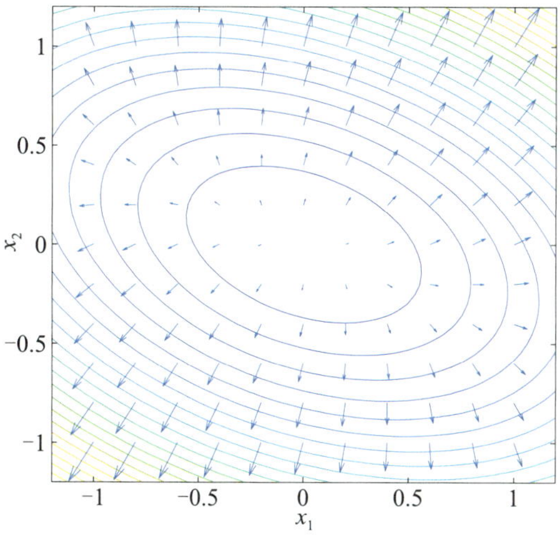

图1.4　subs() 配合contour() 及quiver() 绘图

具体代码如下：

```
syms x1 x2
f = x1^2 + 2*x2^2 + x1*x2;
g = gradient(f, [x1 x2])

[X1, X2] = meshgrid(-1:.2:1,-1:.2:1);
[XX1, XX2] = meshgrid(-1.2:.05:1.2,-1.2:.05:1.2);
F  = subs(f, [x1 x2], {XX1,XX2});
G1 = subs(g(1), [x1 x2], {X1,X2});
G2 = subs(g(2), [x1 x2], {X1,X2});

% F = double(F);
% G1 = double(G1);
% G2 = double(G2);

figure(1)
contour(XX1,XX2,F,20); hold on
quiver(X1, X2, G1, G2)
xlabel('x_1'); ylabel('x_2')
```

这里要特别介绍一下fimplicit() 函数。fimplicit() 函数可以绘制$f(x, y) = 0$这样的隐函数。图1.5所示为用fimplicit()绘制的二次曲线和椭圆。

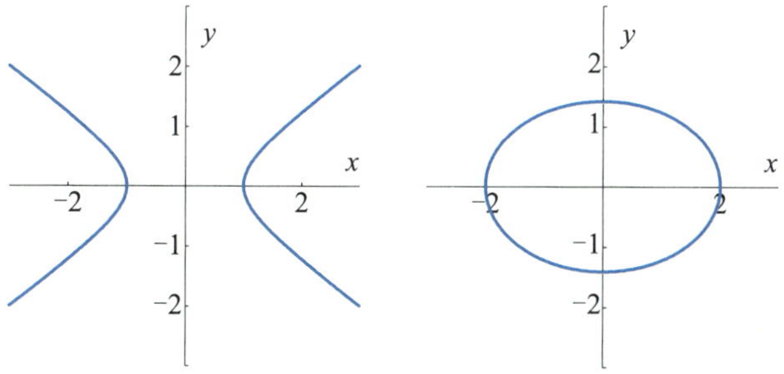

图1.5　fimplicit() 绘制二次曲线和椭圆

绘制图1.5的具体代码如下：

```
syms x y
f1 =  x.^2 - 2*y.^2 - 1;
f2 =  x.^2 + 2*y.^2 - 4;

figure(1)
subplot(1,2,1)
% fimplicit(@(x,y) x.^2 - 2*y.^2 - 1, [-3 3 -3 3])
fimplicit(f1, [-3 3 -3 3])
axis equal
xlabel('x'); ylabel('y'); box off
set(gca, 'XAxisLocation', 'origin')
set(gca, 'YAxisLocation', 'origin')

subplot(1,2,2)
% fimplicit(@(x,y) x.^2 + 2*y.^2 - 4, [-3 3 -3 3])
fimplicit(f2, [-3 3 -3 3])
axis equal
xlabel('x'); ylabel('y'); box off
set(gca, 'XAxisLocation', 'origin')
set(gca, 'YAxisLocation', 'origin')
```

与fimplicit()类似，fimplicit3()可以绘制$f(x, y, z) = 0$ 这样的三元隐函数。图1.6展示了用fimplicit3()绘制的对顶圆锥三维网格。

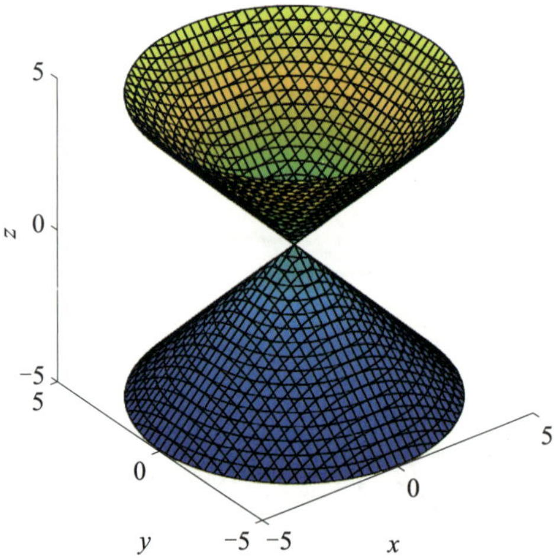

图1.6　fimplicit3() 绘制对顶圆锥三维风格

以下代码绘制图1.6。

```
syms f(x,y,z)
f(x,y,z) = x.^2 + y.^2 - z.^2;
% f = @(x,y,z) x.^2 + y.^2 - z.^2;
figure(1)
fimplicit3(f)
axis equal
```

```
xlabel('x'); ylabel('y'); zlabel('z')
grid off; box off
set(gca, 'FontName', 'Times New Roman','fontsize',8)
```

这一章介绍了MATLAB常用的符号运算函数，本书下文的数学和优化内容将大量使用这些函数。更多符号数学运算内容，请参考MATLAB文件*Symbolic Math Toolbox*，相应PDF文件下载地址如下：

https://www.mathworks.com/help/symbolic/

本书后文将大量使用矩阵运算，为了方便读者查询和回顾，表1.6总结了丛书目前为止介绍过的主要矩阵运算法则。

表1.6　常用矩阵运算

运算规则	算式
加法结合律	$A+B+C=A+(B+C)=(A+B)+C$
乘法结合律	$ABC=A(BC)=(AB)C$ $k(AB)=(kA)B=A(kB)=(AB)k$ $AB\neq BA$ (一般情况)
分配率	$A(B+C)=AB+AC$
转置法则 ' 复共轭 (complex-conjugate) 转置 .' 一般转置运算 transpose() 一般转置运算	$(A^{T})^{T}=A$ $(A+B)^{T}=A^{T}+B^{T}$ $(kA)^{T}=kA^{T}$ $(AB)^{T}=B^{T}A^{T}$ $(ABC)^{T}=C^{T}B^{T}A^{T}$
逆运算法则 inv(*A*) 一般逆运算 *A* ^(-1) 一般逆运算	$(A^{T})^{-1}=(A^{-1})^{T}$ $(AB)^{-1}=B^{-1}A^{-1}$ $(A+B)^{-1}\neq A^{-1}+B^{-1}$ (一般情况) $(ABC)^{-1}=C^{-1}B^{-1}A^{-1}$ (假设*A*, *B*, *C*, *AB*, *ABC*逆运算存在) $\begin{bmatrix} a & b \\ c & d \end{bmatrix}^{-1}=\frac{1}{\det A}\begin{bmatrix} d & -b \\ -c & a \end{bmatrix}=\frac{1}{ad-bc}\begin{bmatrix} d & -b \\ -c & a \end{bmatrix}$
乘幂法则	$A^{0}=I$ $A^{1}=A$ $(kA)^{-1}=\frac{1}{k}A^{-1}$
特征值和特征向量 [*V*, LAMBDA] = eig(*A*)	$Av=\lambda v$ $A=V\Lambda V^{-1}$

运算规则	算式
行列式运算法则 det(*A*) 计算行列式	$\lvert\boldsymbol{A}\rvert=\begin{vmatrix}a & b\\ c & d\end{vmatrix}=ad-bc$ $\lvert\boldsymbol{A}\rvert=\begin{vmatrix}a & b & c\\ d & e & f\\ g & h & i\end{vmatrix}=a\begin{vmatrix}e & f\\ h & i\end{vmatrix}-b\begin{vmatrix}d & f\\ g & i\end{vmatrix}+c\begin{vmatrix}d & e\\ g & h\end{vmatrix}$ $=aei+bfg+cdh-ceg-bdi-afh$ $\det(\boldsymbol{A})=\prod_{i}^{n}\lambda_i \quad \lambda_i=\text{eig}(\boldsymbol{A})$ $\det(\boldsymbol{A}-\lambda\boldsymbol{I})=0$ $\det(c\boldsymbol{A})=c^n\det(\boldsymbol{A})=c^n\prod_{i}^{n}\lambda_i$ $\det(\boldsymbol{AB})=\det(\boldsymbol{A})\cdot\det(\boldsymbol{B})$ $\det(\boldsymbol{A}^{\mathrm{T}})=\det(\boldsymbol{A})$ $\det(\boldsymbol{A}^n)=\det(\boldsymbol{A})^n$ $\det(\boldsymbol{A}^{-1})=\dfrac{1}{\det(\boldsymbol{A})}$
欧几里得范数 norm() 输出向量范数和矩阵范数	$\lVert\boldsymbol{x}\rVert_2=\sqrt{x_1^2+\cdots+x_n^2}=\sqrt{\boldsymbol{x}^{\mathrm{T}}\boldsymbol{x}}$ (***x***为列向量)
点积、内积，标量积 dot(***A***,***B***) 计算标量点积	$\boldsymbol{a}\cdot\boldsymbol{b}=\sum_{i=1}^{n}a_ib_i=a_1b_1+a_2b_2+\cdots+a_nb_n$
向量夹角 subspace(***a***,***b***) 计算列向量***a***和***b***夹角，夹角范围为 [0, pi/2]	$\boldsymbol{a}\cdot\boldsymbol{b}=\lVert\boldsymbol{a}\rVert\lVert\boldsymbol{b}\rVert\cos\theta$ $\cos\theta=\dfrac{\boldsymbol{a}\cdot\boldsymbol{b}}{\lVert\boldsymbol{a}\rVert\lVert\boldsymbol{b}\rVert}=\dfrac{\boldsymbol{a}^{\mathrm{T}}\boldsymbol{b}}{\sqrt{\boldsymbol{a}^{\mathrm{T}}\boldsymbol{a}\boldsymbol{b}^{\mathrm{T}}\boldsymbol{b}}}$
标量投影	$\lVert\boldsymbol{a}\rVert\cos\theta=\lVert\boldsymbol{a}\rVert\dfrac{\boldsymbol{a}\cdot\boldsymbol{v}}{\lVert\boldsymbol{a}\rVert\lVert\boldsymbol{v}\rVert}=\dfrac{\boldsymbol{a}\cdot\boldsymbol{v}}{\lVert\boldsymbol{v}\rVert}=\dfrac{\boldsymbol{a}^{\mathrm{T}}\boldsymbol{v}}{\lVert\boldsymbol{v}\rVert}$
向量投影 dot(***a***,***v***)/dot(***v***,***v***)****v***	$\lVert\boldsymbol{a}\rVert\cos\theta\dfrac{\boldsymbol{v}}{\lVert\boldsymbol{v}\rVert}=\lVert\boldsymbol{a}\rVert\dfrac{\boldsymbol{a}\cdot\boldsymbol{v}}{\lVert\boldsymbol{a}\rVert\lVert\boldsymbol{v}\rVert}\dfrac{\boldsymbol{v}}{\lVert\boldsymbol{v}\rVert}=\dfrac{\boldsymbol{a}\cdot\boldsymbol{v}}{\boldsymbol{v}\cdot\boldsymbol{v}}\boldsymbol{v}=\dfrac{\boldsymbol{a}^{\mathrm{T}}\boldsymbol{v}}{\lVert\boldsymbol{v}\rVert^2}\boldsymbol{v}$
元素乘积 ***x***.****y*** ***X***.****Y***	$\boldsymbol{x}\odot\boldsymbol{y}=\begin{bmatrix}x_1y_1 & x_2y_2 & \cdots & x_ny_n\end{bmatrix}^{\mathrm{T}}$ (***x***和***y***为等长度列向量) $\boldsymbol{x}\odot\boldsymbol{y}=\begin{bmatrix}x_1y_1 & x_2y_2 & \cdots & x_ny_n\end{bmatrix}$ (***x***和***y***为等长度行向量) $\boldsymbol{X}\odot\boldsymbol{Y}=\begin{bmatrix}x_{1,1}y_{1,1} & x_{1,2}y_{1,2} & \cdots & x_{1,q}y_{1,q}\\ x_{2,1}y_{2,1} & x_{2,2}y_{2,2} & \cdots & x_{2,q}y_{2,q}\\ \vdots & \vdots & & \vdots\\ x_{n,1}y_{n,1} & x_{n,2}y_{n,2} & \cdots & x_{n,q}y_{n,q}\end{bmatrix}$ (***X***和***Y***为相同形状矩阵)
平方和 (即内积运算) dot(***x***, ***x***) ***x***.'****x***	$\sum_{i=1}^{n}x_i^2=\boldsymbol{x}^{\mathrm{T}}\boldsymbol{x}=\boldsymbol{x}\cdot\boldsymbol{x}$

运算规则	算式
先乘积后求和 (即内积运算) dot (**x**,**y**) **x**.'***y**	$\sum_{i=1}^{n} x_i y_i = \boldsymbol{x}^{\mathrm{T}}\boldsymbol{y} = \boldsymbol{y}^{\mathrm{T}}\boldsymbol{x} = \boldsymbol{x}\cdot\boldsymbol{y} = \boldsymbol{y}\cdot\boldsymbol{x}$ $\boldsymbol{x} = \begin{bmatrix} x_1 & x_2 & \cdots & x_n \end{bmatrix}^{\mathrm{T}}$，$\boldsymbol{y} = \begin{bmatrix} y_1 & y_2 & \cdots & y_n \end{bmatrix}^{\mathrm{T}}$
向量垂直	$\boldsymbol{x}^{\mathrm{T}}\boldsymbol{y} = \boldsymbol{y}^{\mathrm{T}}\boldsymbol{x} = \boldsymbol{x}\cdot\boldsymbol{y} = \boldsymbol{y}\cdot\boldsymbol{x} = 0 \quad \Leftrightarrow \quad \boldsymbol{x}\perp\boldsymbol{y}$ (**x**和**y**均非零向量)
缩放	$\begin{bmatrix} X & Y \end{bmatrix} = \begin{bmatrix} x & y \end{bmatrix}\begin{bmatrix} a & 0 \\ 0 & b \end{bmatrix}$ $\begin{bmatrix} X \\ Y \end{bmatrix} = \begin{bmatrix} a & 0 \\ 0 & b \end{bmatrix}\begin{bmatrix} x \\ y \end{bmatrix}$
顺时针旋转θ	$\begin{bmatrix} X & Y \end{bmatrix} = \begin{bmatrix} x & y \end{bmatrix}\begin{bmatrix} \cos\theta & -\sin\theta \\ \sin\theta & \cos\theta \end{bmatrix}$ $\begin{bmatrix} X \\ Y \end{bmatrix} = \begin{bmatrix} \cos\theta & \sin\theta \\ -\sin\theta & \cos\theta \end{bmatrix}\begin{bmatrix} x \\ y \end{bmatrix}$
LU分解 [**L**, **U**] = lu(**A**)	$\boldsymbol{A} = \boldsymbol{L}\boldsymbol{U}$ (**L**为下三角矩阵，**U**为上三角矩阵)
SVD奇异值分解 [**U**, **S**, **V**] = svd(**A**)	$\boldsymbol{A} = \boldsymbol{U}\boldsymbol{S}\boldsymbol{V}^{\mathrm{T}}$ (**U**为$\boldsymbol{A}\boldsymbol{A}^{\mathrm{T}}$特征向量构成矩阵；**S**主对角线元素为$\boldsymbol{A}^{\mathrm{T}}\boldsymbol{A}$特征值平方根；**V**为$\boldsymbol{A}^{\mathrm{T}}\boldsymbol{A}$特征向量构成矩阵)
Cholesky分解 **R**= chol(**A**) **R**为上三角矩阵 **L** = chol(**A**, 'lower') **L**为下三角矩阵	$\boldsymbol{A} = \boldsymbol{L}\boldsymbol{L}^{\mathrm{T}} = \boldsymbol{R}^{\mathrm{T}}\boldsymbol{R}$ (**A**为正定矩阵，**L**为下三角矩阵，**R**为上三角矩阵)
求和 sum()求和 nansum()忽略NaN求和	$\sum_{i=1}^{n} x_i = \boldsymbol{x}^{\mathrm{T}}\boldsymbol{l} = \boldsymbol{l}^{\mathrm{T}}\boldsymbol{x} = \boldsymbol{x}\cdot\boldsymbol{l} = \boldsymbol{l}\cdot\boldsymbol{x}$ $\boldsymbol{x} = \begin{bmatrix} x_1 & x_2 & \cdots & x_n \end{bmatrix}^{\mathrm{T}}$，$\boldsymbol{l} = \begin{bmatrix} 1 & 1 & \cdots & 1 \end{bmatrix}^{\mathrm{T}}$
列向量期望值 mean()求平均数 nanmean()忽略NaN求和	$\mathrm{E}(\boldsymbol{x}) = \frac{\sum_{i=1}^{n} x_i}{n} = \frac{\boldsymbol{x}^{\mathrm{T}}\boldsymbol{l}}{n} = \frac{\boldsymbol{l}^{\mathrm{T}}\boldsymbol{x}}{n} = \frac{\boldsymbol{x}\cdot\boldsymbol{l}}{n} = \frac{\boldsymbol{l}\cdot\boldsymbol{x}}{n}$ (**l**为n × 1全1列向量)
矩阵列方向期望值 mean(**X**)，mean(**X**, 1) 求列方向平均数 mean(**X**, 2) 求行方向平均数	$\mathrm{E}(\boldsymbol{X}) = \begin{bmatrix} 1/n \\ 1/n \\ \vdots \\ 1/n \end{bmatrix}^{\mathrm{T}}\begin{bmatrix} x_{1,1} & x_{1,2} & \cdots & x_{1,q} \\ x_{2,1} & x_{2,2} & \cdots & x_{2,q} \\ \vdots & \vdots & & \vdots \\ x_{n,1} & x_{n,2} & \cdots & x_{n,q} \end{bmatrix} = \frac{\boldsymbol{l}^{\mathrm{T}}\boldsymbol{X}}{n}$ $= \begin{bmatrix} \frac{\sum_{i=1}^{n} x_{i,1}}{n} & \frac{\sum_{i=1}^{n} x_{i,2}}{n} & \cdots & \frac{\sum_{i=1}^{n} x_{i,q}}{n} \end{bmatrix}$ $= \begin{bmatrix} \mathrm{E}(\boldsymbol{x}_1) & \mathrm{E}(\boldsymbol{x}_2) & \cdots & \mathrm{E}(\boldsymbol{x}_q) \end{bmatrix}$

续表

运算规则	算式
中心化数据 (去均值) $\boldsymbol{x}$ - mean($\boldsymbol{x}$) 列向量中心化 bsxfun(@minus, $\boldsymbol{x}$, mean($\boldsymbol{x}$, 1)) 列向量中心化 $\boldsymbol{x}$ - mean($\boldsymbol{x}$, 2) 行向量中心化 bsxfun(@minus, $\boldsymbol{x}$, mean($\boldsymbol{x}$, 2)) 行向量中心化	$\boldsymbol{x}_{\text{centered}} = \boldsymbol{x} - \boldsymbol{l}\mathrm{E}(\boldsymbol{x}) = \left(\boldsymbol{I} - \frac{\boldsymbol{l}\boldsymbol{l}^{\mathrm{T}}}{n}\right)\boldsymbol{x}$ $\boldsymbol{X}_{\text{centered}} = \begin{bmatrix} x_{1,1} - \mathrm{E}(\boldsymbol{x}_1) & x_{1,2} - \mathrm{E}(\boldsymbol{x}_2) & \cdots & x_{1,q} - \mathrm{E}(\boldsymbol{x}_q) \\ x_{2,1} - \mathrm{E}(\boldsymbol{x}_1) & x_{2,2} - \mathrm{E}(\boldsymbol{x}_2) & \cdots & x_{2,q} - \mathrm{E}(\boldsymbol{x}_q) \\ \vdots & \vdots & & \vdots \\ x_{n,1} - \mathrm{E}(\boldsymbol{x}_1) & x_{n,2} - \mathrm{E}(\boldsymbol{x}_2) & \cdots & x_{n,q} - \mathrm{E}(\boldsymbol{x}_q) \end{bmatrix}$ $= \begin{bmatrix} \boldsymbol{x}_1 - \mathrm{E}(\boldsymbol{x}_1) & \boldsymbol{x}_2 - \mathrm{E}(\boldsymbol{x}_2) & \cdots & \boldsymbol{x}_q - \mathrm{E}(\boldsymbol{x}_q) \end{bmatrix}$ $= \left(\boldsymbol{I} - \frac{1}{n}\boldsymbol{l}\boldsymbol{l}^{\mathrm{T}}\right)\boldsymbol{X}$ 其中，$\boldsymbol{I}$为$n \times n$单位矩阵；$\boldsymbol{l}$为$n \times 1$列向量
总体方差	$\mathrm{var}(\boldsymbol{x}) = \mathrm{E}(\boldsymbol{x} \odot \boldsymbol{x}) - \mathrm{E}(\boldsymbol{x})^2$ $\mathrm{var}(\boldsymbol{x}) = \frac{1}{n}(\boldsymbol{x} - \mathrm{E}(\boldsymbol{x}))^{\mathrm{T}}(\boldsymbol{x} - \mathrm{E}(\boldsymbol{x}))$ $= \frac{\boldsymbol{x}^{\mathrm{T}}\boldsymbol{x}}{n} - \left(\frac{1}{n}\boldsymbol{x}^{\mathrm{T}}\boldsymbol{l}\right)^2 = \frac{n\boldsymbol{x}^{\mathrm{T}}\boldsymbol{x} - \boldsymbol{x}^{\mathrm{T}}\boldsymbol{l}\boldsymbol{x}^{\mathrm{T}}\boldsymbol{l}}{n^2}$ $\mathrm{var}(\boldsymbol{x}) = \frac{\sum_{i=1}^{n}(x_i - \mathrm{E}(\boldsymbol{x}))^2}{n} = \frac{n\left(\sum_{i=1}^{n}x_i^2\right) - \left(\sum_{i=1}^{n}x_i\right)^2}{n^2}$
样本方差 var($\boldsymbol{x}$)计算样本方差 nanvar($\boldsymbol{x}$) 忽略NaN计算样本方差 std($\boldsymbol{x}$) 计算样本标准差 nanstd($\boldsymbol{x}$) 忽略NaN计算样本标准差	$\mathrm{var}(\boldsymbol{x}) = \frac{\sum_{i=1}^{n}(x_i - \mathrm{E}(\boldsymbol{x}))^2}{n-1}$
总体协方差	$\mathrm{cov}(\boldsymbol{x}, \boldsymbol{y}) = \mathrm{E}(\boldsymbol{x} \odot \boldsymbol{y}) - \mathrm{E}(\boldsymbol{x})\mathrm{E}(\boldsymbol{y})$ $\mathrm{cov}(\boldsymbol{x}, \boldsymbol{y}) = \frac{\boldsymbol{x}^{\mathrm{T}}\boldsymbol{y}}{n} - \frac{1}{n}\boldsymbol{x}^{\mathrm{T}}\boldsymbol{l}\frac{1}{n}\boldsymbol{y}^{\mathrm{T}}\boldsymbol{l} = \frac{n\boldsymbol{x}^{\mathrm{T}}\boldsymbol{y} - \boldsymbol{x}^{\mathrm{T}}\boldsymbol{l}\boldsymbol{y}^{\mathrm{T}}\boldsymbol{l}}{n^2}$ $\mathrm{cov}(\boldsymbol{x}, \boldsymbol{y}) = \frac{\sum_{i=1}^{n}(x_i - \mathrm{E}(\boldsymbol{x}))(y_i - \mathrm{E}(\boldsymbol{y}))}{n}$ $= \frac{n\left(\sum_{i=1}^{n}x_i y_i\right) - \left(\sum_{i=1}^{n}x_i\right)\left(\sum_{i=1}^{n}y_i\right)}{n^2}$ $\mathrm{cov}(\boldsymbol{x}, \boldsymbol{y}) = \frac{\sum_{i=1}^{n}(x_i - \mathrm{E}(\boldsymbol{x}))(y_i - \mathrm{E}(\boldsymbol{y}))}{n-1}$ (样本协方差)
总体方差和	$ss_{xx} = \left(\sum_{i=1}^{n}(x_i - \mathrm{E}(\boldsymbol{x}))\right)^2 = \left(\sum_{i=1}^{n}x_i^2\right) - n\mathrm{E}(\boldsymbol{x})^2 = n \cdot \mathrm{var}(\boldsymbol{x})$
总体协方差和	$ss_{xy} = \sum_{i=1}^{n}((y_i - \mathrm{E}(\boldsymbol{y}))(x_i - \mathrm{E}(\boldsymbol{x})))$ $= \left(\sum_{i=1}^{n}x_i y_i\right) - n\mathrm{E}(\boldsymbol{x})\mathrm{E}(\boldsymbol{y}) = n \cdot \mathrm{cov}(\boldsymbol{x}, \boldsymbol{y})$

运算规则	算式
方差-协方差矩阵 cov(***x***, ***y***)计算样本协方差矩阵 nancov()忽略NaN计算样本协方差矩阵	$\boldsymbol{\Sigma}=\frac{(\boldsymbol{X}_{\text{centered}})^{\mathrm{T}}\boldsymbol{X}_{\text{centered}}}{n}$ (***X***为总体，*n*为数据行数) $\boldsymbol{\Sigma}=\frac{(\boldsymbol{X}_{\text{centered}})^{\mathrm{T}}\boldsymbol{X}_{\text{centered}}}{n-1}$ (***X***为样本)
正规化数据 normalize(***x***) 标准化数据 (均值为0，标准差为1) normalize(***x***) 标准化列向量数据 normalize(***x***, 2) 标准化行向量数据	$\boldsymbol{X}_{\text{normmalized}}=\begin{bmatrix}\frac{x_{1,1}-\mathrm{E}(\boldsymbol{x}_1)}{\sigma_{x1}} & \frac{x_{1,2}-\mathrm{E}(\boldsymbol{x}_2)}{\sigma_{x2}} & \cdots & \frac{x_{1,q}-\mathrm{E}(\boldsymbol{x}_q)}{\sigma_{xq}}\\ \frac{x_{2,1}-\mathrm{E}(\boldsymbol{x}_1)}{\sigma_{x1}} & \frac{x_{2,2}-\mathrm{E}(\boldsymbol{x}_2)}{\sigma_{x2}} & \cdots & \frac{x_{2,q}-\mathrm{E}(\boldsymbol{x}_q)}{\sigma_{xq}}\\ \vdots & \vdots & & \vdots\\ \frac{x_{n,1}-\mathrm{E}(\boldsymbol{x}_1)}{\sigma_{x1}} & \frac{x_{n,2}-\mathrm{E}(\boldsymbol{x}_2)}{\sigma_{x2}} & \cdots & \frac{x_{n,q}-\mathrm{E}(\boldsymbol{x}_q)}{\sigma_{xq}}\end{bmatrix}$ $=\begin{bmatrix}\frac{\boldsymbol{x}_1-\mathrm{E}(\boldsymbol{x}_1)}{\sigma_{x1}} & \frac{\boldsymbol{x}_2-\mathrm{E}(\boldsymbol{x}_2)}{\sigma_{x2}} & \cdots & \frac{\boldsymbol{x}_q-\mathrm{E}(\boldsymbol{x}_q)}{\sigma_{xq}}\end{bmatrix}$ $=\left(\boldsymbol{I}-\frac{1}{n}\boldsymbol{l}\boldsymbol{l}^{\mathrm{T}}\right)\boldsymbol{X}\sqrt{(\mathrm{diag}(\boldsymbol{\Sigma}))^{-1}}$ (diag() 提取对角线元素)
矩阵微分 (***x***为行向量)	$\frac{\partial(\boldsymbol{A}\boldsymbol{x}^{\mathrm{T}})}{\partial\boldsymbol{x}}=\boldsymbol{A}$ $\frac{\partial(\boldsymbol{x}\boldsymbol{x}^{\mathrm{T}})}{\partial\boldsymbol{x}}=2\boldsymbol{x}$ $\frac{\partial(\boldsymbol{x}\boldsymbol{A}\boldsymbol{x}^{\mathrm{T}})}{\partial\boldsymbol{x}}=\boldsymbol{x}\boldsymbol{A}+\boldsymbol{x}\boldsymbol{A}^{\mathrm{T}}$ $\frac{\partial(\boldsymbol{x}\boldsymbol{A}\boldsymbol{x}^{\mathrm{T}})}{\partial\boldsymbol{x}}=2\boldsymbol{x}\boldsymbol{A}$ (***A***为对称阵)
矩阵微分 (***x***为列向量)	$\frac{\partial(\boldsymbol{b})}{\partial\boldsymbol{x}}=\boldsymbol{0}$ (***b***为列向量) $\frac{\partial(\boldsymbol{x})}{\partial\boldsymbol{x}}=\boldsymbol{I}$ $\frac{\partial(\boldsymbol{b}^{\mathrm{T}}\boldsymbol{x})}{\partial\boldsymbol{x}}=\frac{\partial(\boldsymbol{x}^{\mathrm{T}}\boldsymbol{b})}{\partial\boldsymbol{x}}=\boldsymbol{b}^{\mathrm{T}}$ $\frac{\partial(\boldsymbol{x}^{\mathrm{T}}\boldsymbol{x})}{\partial\boldsymbol{x}}=2\boldsymbol{x}^{\mathrm{T}}$ $\frac{\partial(\boldsymbol{x}^{\mathrm{T}}\boldsymbol{b})^2}{\partial\boldsymbol{x}}=2\boldsymbol{x}^{\mathrm{T}}\boldsymbol{b}\boldsymbol{b}^{\mathrm{T}}$ $\frac{\partial(\boldsymbol{B}\boldsymbol{x})}{\partial\boldsymbol{x}}=\boldsymbol{B}$ $\frac{\partial(\boldsymbol{x}^{\mathrm{T}}\boldsymbol{B})}{\partial\boldsymbol{x}}=\boldsymbol{B}^{\mathrm{T}}$ $\frac{\partial(\boldsymbol{x}^{\mathrm{T}}\boldsymbol{B}\boldsymbol{x})}{\partial\boldsymbol{x}}=\boldsymbol{x}^{\mathrm{T}}(\boldsymbol{B}+\boldsymbol{B}^{\mathrm{T}})$

续表

运算规则	算式
矩阵微分 ($\boldsymbol{x}$为列向量)	$\dfrac{\partial\left(\boldsymbol{x}^{\mathrm{T}}\boldsymbol{B}\boldsymbol{x}\right)}{\partial\boldsymbol{x}\partial\boldsymbol{x}^{\mathrm{T}}}=\boldsymbol{B}+\boldsymbol{B}^{\mathrm{T}}$ $\dfrac{\partial\left(\boldsymbol{x}^{\mathrm{T}}\boldsymbol{B}\boldsymbol{x}\right)}{\partial\boldsymbol{x}}=2\boldsymbol{x}^{\mathrm{T}}\boldsymbol{B}$ ($\boldsymbol{B}$为对称阵) $\dfrac{\partial^2\left(\boldsymbol{x}^{\mathrm{T}}\boldsymbol{B}\boldsymbol{x}\right)}{\partial\boldsymbol{x}\partial\boldsymbol{x}^{\mathrm{T}}}=2\boldsymbol{B}$ ($\boldsymbol{B}$为对称阵)
梯度向量和黑塞矩阵 ($\boldsymbol{x}$为列向量)	$f=\dfrac{1}{2}\boldsymbol{x}^{\mathrm{T}}\boldsymbol{Q}\boldsymbol{x}+\boldsymbol{b}^{\mathrm{T}}\boldsymbol{x}=\dfrac{1}{2}\boldsymbol{x}^{\mathrm{T}}\boldsymbol{Q}\boldsymbol{x}+\boldsymbol{x}^{\mathrm{T}}\boldsymbol{b}$ $\dfrac{\partial f}{\partial\boldsymbol{x}}=\boldsymbol{x}^{\mathrm{T}}\boldsymbol{Q}+\boldsymbol{b}^{\mathrm{T}}=\left(\boldsymbol{Q}\boldsymbol{x}+\boldsymbol{b}\right)^{\mathrm{T}}$ $\dfrac{\partial^2 f}{\partial\boldsymbol{x}\partial\boldsymbol{x}^{\mathrm{T}}}=\boldsymbol{Q}$ ($\boldsymbol{Q}$为对称阵)

第2章

Elements of Mathematics for Finance

数学基础 V

> 不懂几何，勿入斯门。
>
> ***Let no one destitute of geometry enter my doors.***
>
> —— 柏拉图 (Plato)

目前为止，丛书已经和读者一起讨论了大量向量矩阵运算。从这一章开始的三章会将向量、矩阵、数据、直线、平面、空间等概念联系在一起，讨论向量几何本质。这三章将大量使用上一章介绍的符号数学运算内容，这些数学知识主要服务于本丛书的优化方法、回归分析、机器学习、神经网络、深度学习等话题。

Core Functions and Syntaxes

本章核心命令代码

- `all(A)` 沿着大小不为1的数组 **A** 的第一维测试所有元素为非零还是逻辑值1(`true`)。实际上，`all()`是逻辑AND运算符的原生扩展。
- `caxis()` 设置当前坐标区颜色图范围。
- `chol()` 进行Cholesky分解运算。**R**=`chol(`**A**`)` 将对称正定矩阵 **A** 分解成满足 **A**=**R**'***R** 的上三角R。如果 **A** 是非对称矩阵，则`chol()`将矩阵视为对称矩阵，并且只使用 **A** 对角线和上三角形。
- `cross()` 计算向量叉乘。
- `deg2rad()` 将角以度为单位转换为以弧度为单位。
- `diff()` 求解符号表达微分式。
- `diff(X)` 当 **X** 为向量时计算相邻元素之间的差值；当 **X** 为矩阵时，计算相邻行对应元素之间的差值。
- `double()` 转换为双精度浮点数，即8个字节（64位）浮点值。
- `eig()` 计算特征值和特征向量。[**V**, **D**]=`eig(`**A**`)` 返回特征值对角矩阵 **D** 和矩阵 **V**，其列是对应右特征向量，使得 **A*****V**=**V*****D**。
- `ellipsoid()` 得到椭球表面数据。
- `eval()` 计算字符向量或者函数数值。
- `fcontour()` 在平面绘制符号表达等高线图，结果类似`contour()`。
- `feval(f_x,x_p,y_p)` 根据函数`f_x`和输入`x_p`和`y_p`计算函数数值。
- `fill3()` 填充三维多边形。
- `fimplicit(f)` 在默认区间[-5 5]（对于 x 和 y）上绘制 `f(`x,y`)=0` 定义的隐函数。
- `fimplicit3(f)` 在默认区间上绘制 `f(`x,y,z`)=0` 定义的三维隐函数。
- `fmesh()` 在三维空间绘制符号表达网格，结果类似`mesh()`。
- `fplot()` 在二维平面绘制符号表达图像，结果类似`plot()`。
- `fplot3()` 在三维空间绘制符号表达图像，结果类似`plot3()`。

◀ fsurf() 在三维空间绘制符号表达曲面图像，结果类似surf()。
◀ gradient() 计算多元函数梯度。
◀ islocalmax() 计算局部最大值。
◀ islocalmin() 计算局部最小值。
◀ issymmetric() 确定矩阵是对称矩阵还是斜对称矩阵。如果方阵 ***A*** 是对称，则 tf = issymmetric(***A***) 返回逻辑值1(true)；否则返回逻辑值0(false)。
◀ matlabFunction() 将符号代数式转换为函数。
◀ quiver(x,y,u,v) 绘制箭头图将速度向量显示为箭头，其中分量 (u,v) 位于点 (x,y) 处。
◀ simplify() 用来化简表达式。
◀ subs() 将符号或者数值代入符号表达式。
◀ syms 创建符号变量和函数。

2.1 切向量和法向量

向量又称作**欧几里得向量** (Euclidean vector)、**空间向量** (spatial vector) 或者**几何向量** (geometric vector)。向量通常由**大小** (magnitude) 和**方向** (direction) 两个元素构成。向量大小又叫作**欧几里得距离** (Euclidean distance)、**欧几里得范数** (Euclidean norm) 或**2范数** (2-norm)，MATLAB对应函数为norm()和vecnorm()。

和起点无关的向量叫作**自由向量** (free vector)，如图2.1(a) 所示；和起点有关的向量被称作**固定向量** (fixed vector)，如图2.1(b) 所示；方向上沿着某一条特定直线的向量，称之为**滑动向量** (sliding vector)，如图2.1(c) 所示。

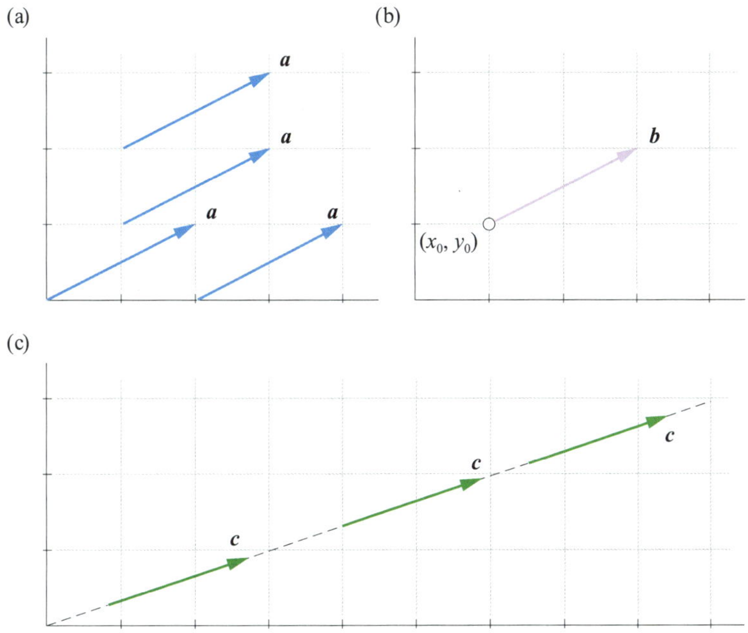

图2.1　自由向量、固定向量和滑动向量

直线的**法向量** (normal vector) 为垂直于该直线的非零向量，如图2.2(a) 所示。光滑曲线上某点的法向量垂直于曲线上该点处的切线，如图2.2(b) 所示。**平面法向量** (a normal line to a surface) 垂直于平面内任意直线，如图2.2(c) 所示。光滑连续曲面内某点的法向量为曲面该点处**切平面** (tangent plane) 的法向量，如图2.2(d) 所示。

本章用$\boldsymbol{n}$来表达法向量，而**单位法向量** (unit normal vector) $\boldsymbol{N}$通过下式获得：

$$\boldsymbol{N} = \frac{\boldsymbol{n}}{\|\boldsymbol{n}\|} \tag{2.1}$$

单位法向量$\boldsymbol{N}$模为1。

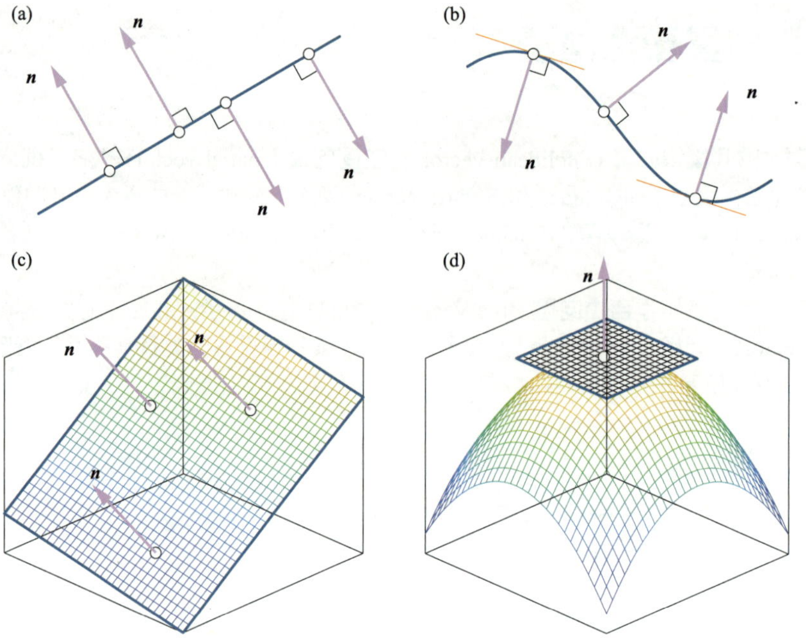

图2.2　直线、平面和光滑曲面法向量

直线上任意一点的**切向量** (tangent vector) 是和直线相切的非零向量，如图2.3(a) 所示。直线某点处切向量和法向量垂直，即两者内积为0。图2.3(b) 所示为光滑曲线的切线。三维空间平面上某点的切线有无数条，如图2.3(c) 所示。同样，如图2.3(d) 所示，光滑曲面上某点的切线有无数条，且都在曲面该点的切平面内。本书一般用$\boldsymbol{\tau}$来表达切向量。**单位切向量** (unit tangent vector) $\boldsymbol{T}$通过下式获得：

$$\boldsymbol{T}=\frac{\boldsymbol{\tau}}{\|\boldsymbol{\tau}\|} \tag{2.2}$$

单位切向量$\boldsymbol{T}$模为1。

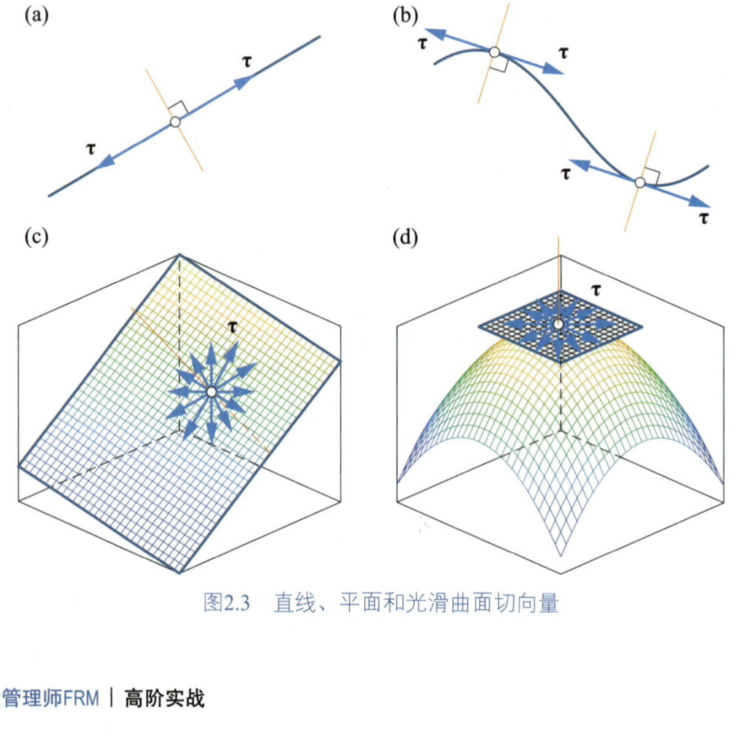

图2.3　直线、平面和光滑曲面切向量

向量外积，也叫**叉乘** (cross product) 或**向量积** (vector product)。**向量内积** (inner product) 或**标量积** (scalar product) 为标量，而向量叉乘结果为向量。$\boldsymbol{a}$和$\boldsymbol{b}$的向量积，记作 $\boldsymbol{a} \times \boldsymbol{b}$。$\boldsymbol{a} \times \boldsymbol{b}$方向分别垂直于向量$\boldsymbol{a}$和$\boldsymbol{b}$，即$\boldsymbol{a} \times \boldsymbol{b}$垂直于向量$\boldsymbol{a}$和$\boldsymbol{b}$构成的平面。向量$\boldsymbol{a}$和$\boldsymbol{b}$以及$\boldsymbol{a} \times \boldsymbol{b}$构成右手法则，如图2.4所示，同时在图中可以看到$\boldsymbol{a} \times \boldsymbol{b}$和$\boldsymbol{b} \times \boldsymbol{a}$方向相反。

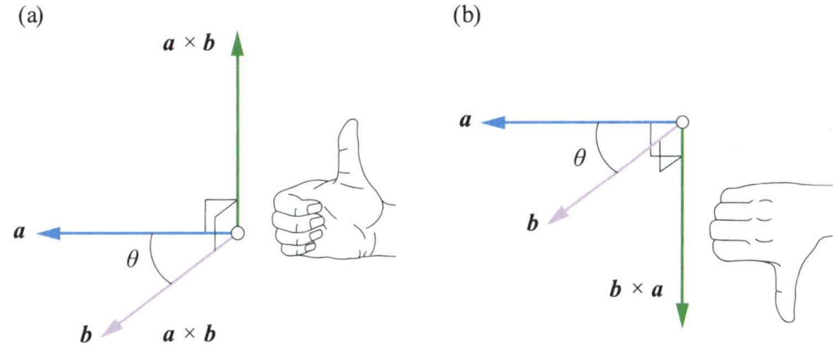

图2.4　向量叉乘右手法则

$\boldsymbol{a} \times \boldsymbol{b}$的模通过下式获得：

$$\|\boldsymbol{a} \times \boldsymbol{b}\| = \|\boldsymbol{a}\|\|\boldsymbol{b}\|\sin(\theta) \tag{2.3}$$

其中，θ为向量$\boldsymbol{a}$和$\boldsymbol{b}$的夹角。

如图2.5(a) 所示，空间直角坐标系中三个正交基底向量$\boldsymbol{i}$ (x轴正方向)、$\boldsymbol{j}$ (y轴正方向) 和$\boldsymbol{k}$ (z轴正方向) 之间满足向量叉乘关系，如下：

$$\boldsymbol{i} \times \boldsymbol{j} = \boldsymbol{k}, \quad \boldsymbol{j} \times \boldsymbol{k} = \boldsymbol{i}, \quad \boldsymbol{k} \times \boldsymbol{i} = \boldsymbol{j} \tag{2.4}$$

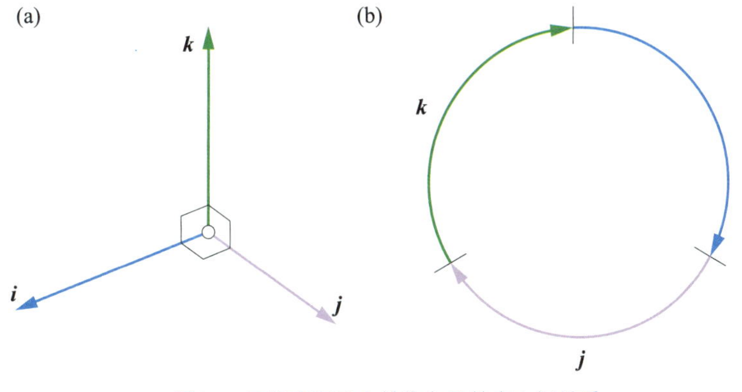

图2.5　三维空间正交单位向量基底之间关系

图2.5(b) 展示了以上三个等式中$\boldsymbol{i}$、$\boldsymbol{j}$和$\boldsymbol{k}$的前后顺序关系。若调换它们的顺序，会得到以下三个运算式：

$$\boldsymbol{j} \times \boldsymbol{i} = -\boldsymbol{k}, \quad \boldsymbol{k} \times \boldsymbol{j} = -\boldsymbol{i}, \quad \boldsymbol{i} \times \boldsymbol{k} = -\boldsymbol{j} \tag{2.5}$$

向量与自身叉乘等于$\boldsymbol{0}$向量，如下：

$$\boldsymbol{i} \times \boldsymbol{i} = \boldsymbol{0}, \quad \boldsymbol{j} \times \boldsymbol{j} = \boldsymbol{0}, \quad \boldsymbol{k} \times \boldsymbol{k} = \boldsymbol{0} \tag{2.6}$$

叉乘运算的常见性质如下：

$$
\begin{aligned}
&\boldsymbol{a}\times\boldsymbol{a}=\boldsymbol{0}\\
&\boldsymbol{a}\times(\boldsymbol{b}+\boldsymbol{c})=\boldsymbol{a}\times\boldsymbol{b}+\boldsymbol{a}\times\boldsymbol{c}\\
&(\boldsymbol{a}+\boldsymbol{b})\times\boldsymbol{c}=\boldsymbol{a}\times\boldsymbol{b}+\boldsymbol{a}\times\boldsymbol{c}\\
&\boldsymbol{a}\times(\boldsymbol{b}\times\boldsymbol{c})\neq(\boldsymbol{a}\times\boldsymbol{b})\times\boldsymbol{c}\\
&k(\boldsymbol{a}\times\boldsymbol{b})=k(\boldsymbol{a})\times\boldsymbol{b}=\boldsymbol{a}\times(k\boldsymbol{b})\\
&\boldsymbol{a}\cdot(\boldsymbol{b}\times\boldsymbol{c})=(\boldsymbol{a}\times\boldsymbol{b})\cdot\boldsymbol{c}
\end{aligned}
\tag{2.7}
$$

若用基底向量$\boldsymbol{i}$、$\boldsymbol{j}$和$\boldsymbol{k}$表达向量$\boldsymbol{a}$和$\boldsymbol{b}$：

$$
\begin{aligned}
\boldsymbol{a}=a_1\boldsymbol{i}+a_2\boldsymbol{j}+a_3\boldsymbol{k}\\
\boldsymbol{b}=b_1\boldsymbol{i}+b_2\boldsymbol{j}+b_3\boldsymbol{k}
\end{aligned}
\tag{2.8}
$$

整理向量$\boldsymbol{a}$和$\boldsymbol{b}$的叉乘，如下：

$$
\begin{aligned}
\boldsymbol{a}\times\boldsymbol{b}&=(a_1\boldsymbol{i}+a_2\boldsymbol{j}+a_3\boldsymbol{k})\times(b_1\boldsymbol{i}+b_2\boldsymbol{j}+b_3\boldsymbol{k})\\
&=a_1b_1(\boldsymbol{i}\times\boldsymbol{i})+a_1b_2(\boldsymbol{i}\times\boldsymbol{j})+a_1b_3(\boldsymbol{i}\times\boldsymbol{k})\\
&\quad+a_2b_1(\boldsymbol{j}\times\boldsymbol{i})+a_2b_2(\boldsymbol{j}\times\boldsymbol{j})+a_2b_3(\boldsymbol{j}\times\boldsymbol{k})\\
&\quad+a_3b_1(\boldsymbol{k}\times\boldsymbol{i})+a_3b_2(\boldsymbol{k}\times\boldsymbol{j})+a_3b_3(\boldsymbol{k}\times\boldsymbol{k})\\
&=(a_2b_3-a_3b_2)\boldsymbol{i}+(a_3b_1-a_1b_3)\boldsymbol{j}+(a_1b_2-a_2b_1)\boldsymbol{k}
\end{aligned}
\tag{2.9}
$$

则结果为以下行列式值：

$$
\begin{aligned}
\boldsymbol{a}\times\boldsymbol{b}&=\begin{vmatrix}\boldsymbol{i}&\boldsymbol{j}&\boldsymbol{k}\\a_1&a_2&a_3\\b_1&b_2&b_3\end{vmatrix}\\
&=\begin{vmatrix}a_2&a_3\\b_2&b_3\end{vmatrix}\boldsymbol{i}-\begin{vmatrix}a_1&a_3\\b_1&b_3\end{vmatrix}\boldsymbol{j}+\begin{vmatrix}a_1&a_2\\b_1&b_2\end{vmatrix}\boldsymbol{k}\\
&=(a_2b_3-a_3b_2)\boldsymbol{i}+(a_3b_1-a_1b_3)\boldsymbol{j}+(a_1b_2-a_2b_1)\boldsymbol{k}
\end{aligned}
\tag{2.10}
$$

下面结合代码计算两个向量的叉乘：

$$
\begin{aligned}
\boldsymbol{a}=-2\boldsymbol{i}+\boldsymbol{j}+\boldsymbol{k}\\
\boldsymbol{b}=\boldsymbol{i}-2\boldsymbol{j}-\boldsymbol{k}
\end{aligned}
\tag{2.11}
$$

$\boldsymbol{a}\times\boldsymbol{b}$结果如下：

$$
\begin{aligned}
\boldsymbol{a}\times\boldsymbol{b}&=\begin{vmatrix}\boldsymbol{i}&\boldsymbol{j}&\boldsymbol{k}\\-2&1&1\\1&-2&-1\end{vmatrix}\\
&=\begin{vmatrix}1&1\\-2&-1\end{vmatrix}\boldsymbol{i}-\begin{vmatrix}-2&1\\1&-1\end{vmatrix}\boldsymbol{j}+\begin{vmatrix}-2&1\\1&-2\end{vmatrix}\boldsymbol{k}\\
&=\boldsymbol{i}-\boldsymbol{j}+3\boldsymbol{k}
\end{aligned}
\tag{2.12}
$$

$\boldsymbol{b}\times\boldsymbol{a}$结果如下：

$$
\boldsymbol{b}\times\boldsymbol{a}=-\boldsymbol{a}\times\boldsymbol{b}=-\boldsymbol{i}+\boldsymbol{j}-3\boldsymbol{k}
\tag{2.13}
$$

MATLAB计算叉乘函数为cross()，图2.6展示cross()计算叉乘$\boldsymbol{a} \times \boldsymbol{b}$和$\boldsymbol{b} \times \boldsymbol{a}$，并用quiver3() 绘制结果。此外，图2.6用fill3()函数绘制$\boldsymbol{a}$和$\boldsymbol{b}$构造平面。

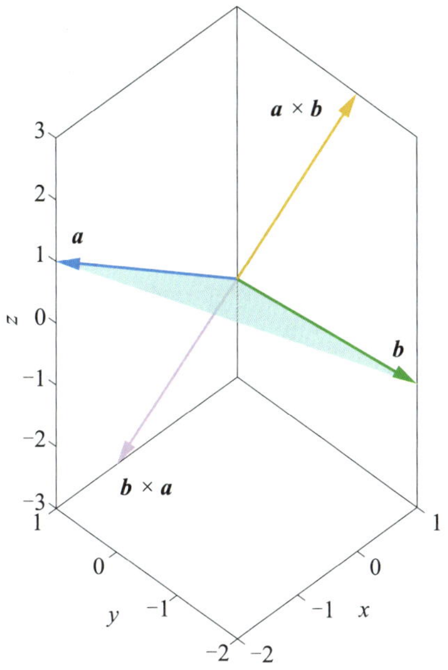

图2.6　向量$\boldsymbol{a}$和$\boldsymbol{b}$叉乘

以下代码获得图2.6。

B4_Ch1_1.m

```
clear all; close all; clc

O = [0, 0, 0];
A = [-2,1,1];
B = [1,-2,-1];
AO = A-O;
BO = B-O;
cross_prod1 = cross(AO,BO)
cross_prod2 = cross(BO,AO)

figure(1)

points=[A' B' O'];
h5 = fill3(points(1,:),points(2,:),points(3,:),'b');
h5.EdgeColor = [1 1 1];
h5.FaceAlpha = 0.4;   hold on

h1 = quiver3(O(1),O(2),O(3),AO(1),AO(2),AO(3));
h2 = quiver3(O(1),O(2),O(3),BO(1),BO(2),BO(3));
h1.AutoScale = 'off'; h2.AutoScale = 'off';
h1.LineWidth = 1; h2.LineWidth = 1;
h3 =
```

```
quiver3(O(1),O(2),O(3),cross_prod1(1),cross_prod1(2),cross_prod1(3)); hold on
h4 = quiver3(O(1),O(2),O(3),cross_prod2(1),cross_prod2(2),cross_prod2(3));
h3.AutoScale = 'off'; h4.AutoScale = 'off';
h3.LineWidth = 1; h4.LineWidth = 1;

daspect([1,1,1]); box on; grid off; view(-45,45)
xlabel('x'); ylabel('y'); zlabel('z')
hAxis = gca;
hAxis.XRuler.FirstCrossoverValue  = 0; % X crossover with Y axis
hAxis.YRuler.FirstCrossoverValue  = 0; % Y crossover with X axis
hAxis.ZRuler.FirstCrossoverValue  = 0; % Z crossover with X axis
hAxis.ZRuler.SecondCrossoverValue = 0; % Z crossover with Y axis
hAxis.XRuler.SecondCrossoverValue = 0; % X crossover with Z axis
hAxis.YRuler.SecondCrossoverValue = 0; % Y crossover with Z axis
```

2.2 线性相关

给定向量组$\boldsymbol{V}=[\boldsymbol{v}_1, \boldsymbol{v}_2,\cdots, \boldsymbol{v}_q]$，如果存在不全为零$b_1$、$b_2$、…、$b_q$使得下式成立：

$$b_1\boldsymbol{v}_1+b_2\boldsymbol{v}_2+b_3\boldsymbol{v}_3+\cdots+b_q\boldsymbol{v}_q=\boldsymbol{0} \tag{2.14}$$

则称向量组$\boldsymbol{V}$**线性相关** (linear dependence)；否则，$\boldsymbol{V}$**线性无关** (linear independence)。如图2.7(a) 所示，线性无关$\boldsymbol{v}_1$和$\boldsymbol{v}_2$构造一个二维平面H，$\boldsymbol{v}_1$和$\boldsymbol{v}_2$常被称作**基底向量** (basis vector)。

在二维平面H内，$\hat{\boldsymbol{a}}$用$\boldsymbol{v}_1$和$\boldsymbol{v}_2$表示，从而$\boldsymbol{v}_1$、$\boldsymbol{v}_2$和$\hat{\boldsymbol{a}}$线性相关。图2.7(b) 中，$\boldsymbol{a}$不能用$\boldsymbol{v}_1$和$\boldsymbol{v}_2$表示，从而$\boldsymbol{v}_1$、$\boldsymbol{v}_2$和$\boldsymbol{a}$线性无关。如果，$\hat{\boldsymbol{a}}$是$\boldsymbol{a}$在H平面内投影，$\boldsymbol{a}$中不能被$\boldsymbol{v}_1$和$\boldsymbol{v}_2$表达的部分，即$\boldsymbol{a}-\hat{\boldsymbol{a}}$，垂直于$H$平面。

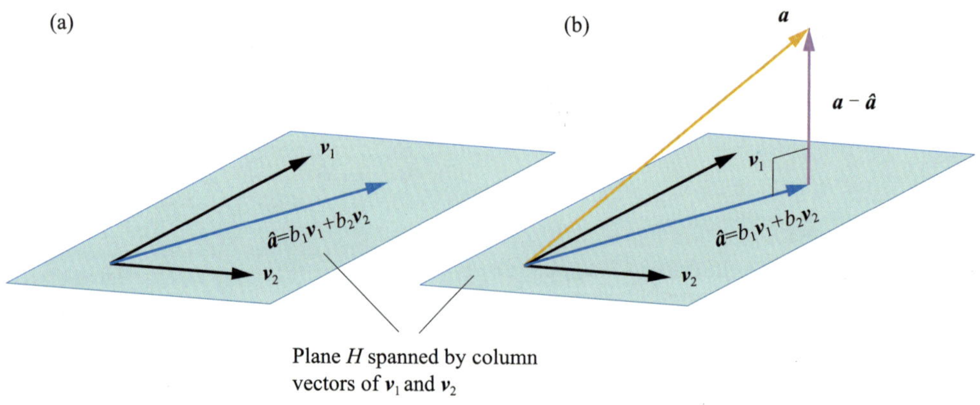

图2.7　线性相关与线性无关

图2.8(a) 给出的平面内，x方向单位向量为 $\boldsymbol{i}=[1, 0]^{\mathrm{T}}$，$y$方向单位向量为$\boldsymbol{j}=[0, 1]^{\mathrm{T}}$。图2.8(b) 给出空间中，$x$方向单位向量为$\boldsymbol{i}=[1, 0, 0]^{\mathrm{T}}$，$y$方向单位向量为$\boldsymbol{j}=[0, 1, 0]^{\mathrm{T}}$，$z$方向单位向量为$\boldsymbol{k}=[0, 0, 1]^{\mathrm{T}}$。$\boldsymbol{i}$、$\boldsymbol{j}$和$\boldsymbol{k}$这三个向量为相互垂直基底向量，也叫作**正交基** (orthogonal basis)；因为$\boldsymbol{i}$、$\boldsymbol{j}$和$\boldsymbol{k}$这三个向量正

交且模为1，因此它们也叫作标准正交基。如图2.8(c) 和 (d) 所示，在平面内、三维空间中，数据可以通过这些空间基底向量表达。

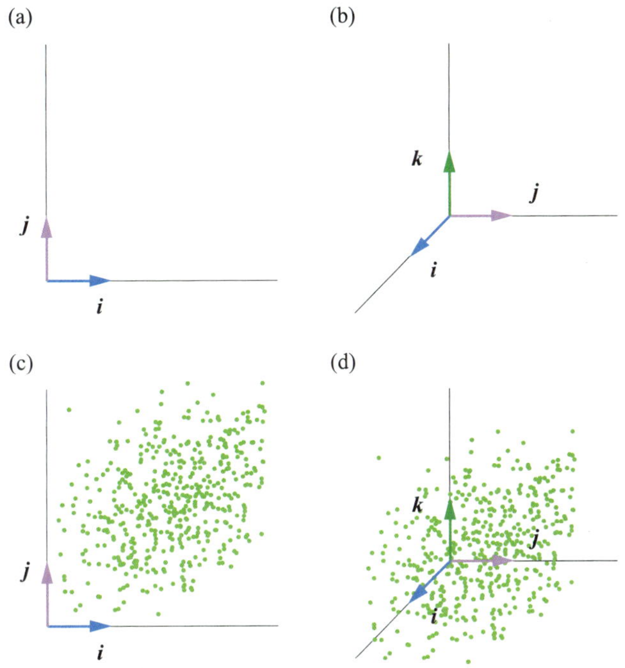

图2.8　向量直角坐标系

下面举个例子，RGB (red green blue) 三原色模型中任意一个颜色看成是以下三个基底向量构成线性组合。$\boldsymbol{v}_1$代表红色，$\boldsymbol{v}_2$代表绿色，$\boldsymbol{v}_3$代表蓝色。

$$\boldsymbol{v}_1=\begin{bmatrix}1\\0\\0\end{bmatrix},\quad \boldsymbol{v}_2=\begin{bmatrix}0\\1\\0\end{bmatrix},\quad \boldsymbol{v}_3=\begin{bmatrix}0\\0\\1\end{bmatrix} \tag{2.15}$$

$\boldsymbol{v}_1$、$\boldsymbol{v}_2$和$\boldsymbol{v}_3$这三个基底向量，模均为1，而且相互垂直，如图2.9(a) 所示。

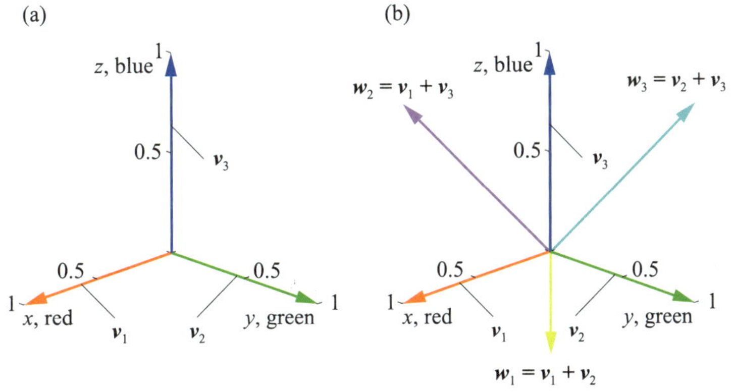

图2.9　三原色空间

图2.9(b) 展示，$\boldsymbol{v}_1$([1, 0, 0] red)、$\boldsymbol{v}_2$([0, 1, 0] green) 和$\boldsymbol{v}_3$([0, 0, 1] blue) 这三个基底向量任意两个组合构造向量$\boldsymbol{w}_1$([1, 1, 0] yellow)、$\boldsymbol{w}_2$([1, 0, 1] magenta) 和$\boldsymbol{w}_3$([0, 1, 1] cyan)。$\boldsymbol{w}_1$、$\boldsymbol{w}_2$和$\boldsymbol{w}_3$也可以是三维空间

基底向量；印刷四分色模式 (CMYK color model) 就引入$\boldsymbol{w}_1$、$\boldsymbol{w}_2$和$\boldsymbol{w}_3$这三个基底向量。此外，CMYK还有一个维度，灰度。

$$\boldsymbol{w}_1=\boldsymbol{v}_1+\boldsymbol{v}_2=\begin{bmatrix}1\\1\\0\end{bmatrix},\quad \boldsymbol{w}_2=\boldsymbol{v}_1+\boldsymbol{v}_3=\begin{bmatrix}1\\0\\1\end{bmatrix},\quad \boldsymbol{w}_3=\boldsymbol{v}_2+\boldsymbol{v}_3=\begin{bmatrix}0\\1\\1\end{bmatrix} \tag{2.16}$$

从RGB模式向CMYK模式转换是一种基底转换。图2.10展示$\boldsymbol{v}_1$、$\boldsymbol{v}_2$和$\boldsymbol{v}_3$这三个基底向量构造更多空间向量。

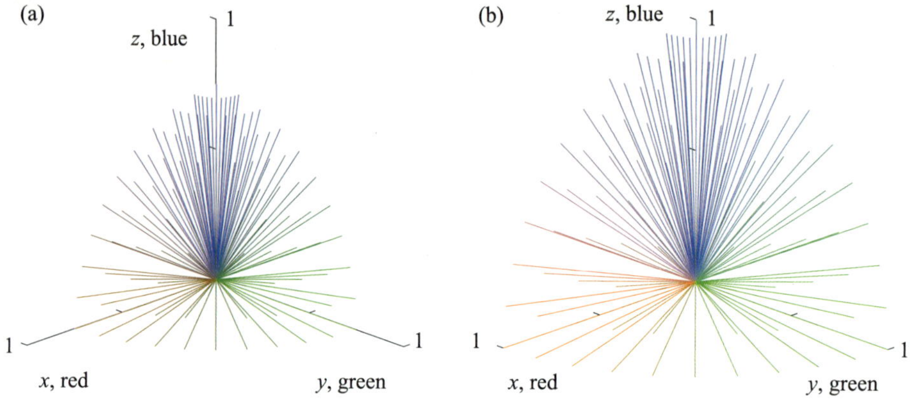

图2.10　三原色空间向量分布

除向量以外，在$\boldsymbol{v}_1$、$\boldsymbol{v}_2$和$\boldsymbol{v}_3$这三个正交向量构造空间中，数据点也是一种重要数据展现形式，图2.11中数据点颜色对应即空间点位置。有这一节内容作为基础，本章下两节要从数据和向量投影两个角度研究数据矩阵。以下代码获得图2.9～图2.11。

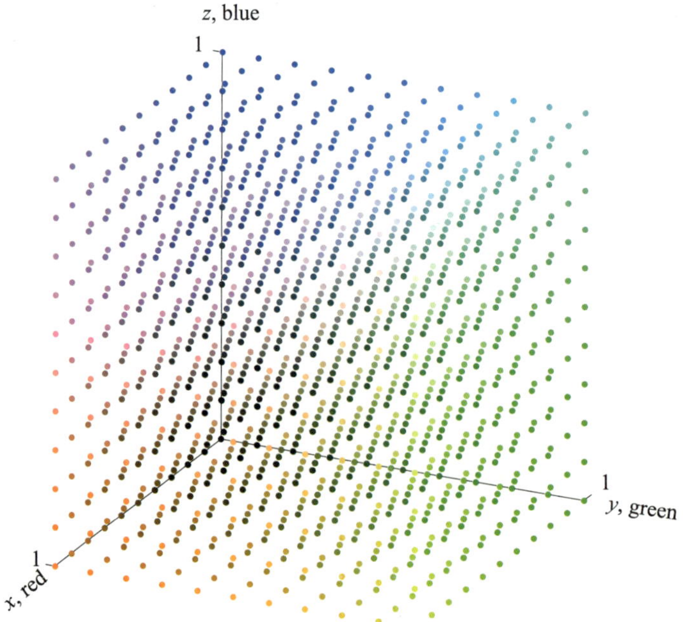

图2.11　$\boldsymbol{v}_1$、$\boldsymbol{v}_2$和$\boldsymbol{v}_3$这三个基底向量构造空间数据点

B4_Ch1_2.m

```
close all; clear all; clc

loc = [0,0,0];

figure(1)
x_i = [1,0,0]; y_j = [0,1,0]; z_k = [0,0,1];
plot_vector(loc,x_i); hold on
plot_vector(loc,y_j);
plot_vector(loc,z_k);
fig_dec

figure(2)
plot_vector(loc,x_i); hold on
plot_vector(loc,y_j);
plot_vector(loc,z_k);
plot_vector(loc,x_i+y_j); hold on
plot_vector(loc,x_i+z_k);
plot_vector(loc,y_j+z_k);

fig_dec

figure(3)
r       = 0.75;
[x,y,z] = Spherical_grid(r);

subplot(1,2,1)
x = x(:); y = y(:); z = z(:);
hold on
for i = 1:length(x)
    plot_vector(loc,[x(i),y(i),z(i)])
end
fig_dec

r       = 1;
[x,y,z] = Spherical_grid(r);

subplot(1,2,2)
x = x(:);
y = y(:);
z = z(:);
hold on
for i = 1:length(x)
    plot_vector(loc,[x(i),y(i),z(i)])
end
fig_dec
```

```
steps = [0:0.1:1];
[X,Y,Z] = meshgrid(steps,steps,steps);
figure(4)
scatter3(X(:),Y(:),Z(:),8,[X(:),Y(:),Z(:)],'filled'); hold on
fig_dec
view(115,20);


function [x_grid,y_grid,z_grid] = Spherical_grid(r)

theta = 0:pi/25:pi/2;
phi   = 0:pi/25:pi/2;
[theta,phi] = meshgrid(theta,phi);
x_grid = r.*sin(theta).*cos(phi);
y_grid = r.*sin(theta).*sin(phi);
z_grid = r.*cos(theta);

end
function plot_vector(loc,vec)
h = quiver3(loc(1),loc(2),loc(3),...
    vec(1),vec(2),vec(3),'color',vec);
h.AutoScale = 'off';
h.ShowArrowHead = 'off';
end

function fig_dec

daspect([1,1,1])
box off; view(135,20); axis tight; grid on
xticks([0:0.5:1]); yticks([0:0.5:1]); zticks([0:0.5:1])
xlabel('x, red'); ylabel('y, green'); zlabel('z, blue')
xlim([0,1]);ylim([0,1]);zlim([0,1]);
grid off
hAxis = gca;
hAxis.XRuler.FirstCrossoverValue  = 0; % X crossover with Y axis
hAxis.YRuler.FirstCrossoverValue  = 0; % Y crossover with X axis
hAxis.ZRuler.FirstCrossoverValue  = 0; % Z crossover with X axis
hAxis.ZRuler.SecondCrossoverValue = 0; % Z crossover with Y axis
hAxis.XRuler.SecondCrossoverValue = 0; % X crossover with Z axis
hAxis.YRuler.SecondCrossoverValue = 0; % Y crossover with Z axis

end
```

2.3 数据矩阵

列方向数据矩阵$\boldsymbol{X}$ (n行，q列) 每一行看作是一个观察点，每一列代表一个维度；即$\boldsymbol{X}$数据矩阵为q元随机数矩阵，有n个观察点。图2.12展示三维直角坐标系中三维数据 (q = 3)。必须指出，虽然数据在直角坐标系中呈现，但这并不意味着数据列向量正交，即列方向线性相关性为0。数据列向量之间相关性要借助统计学工具来确定。

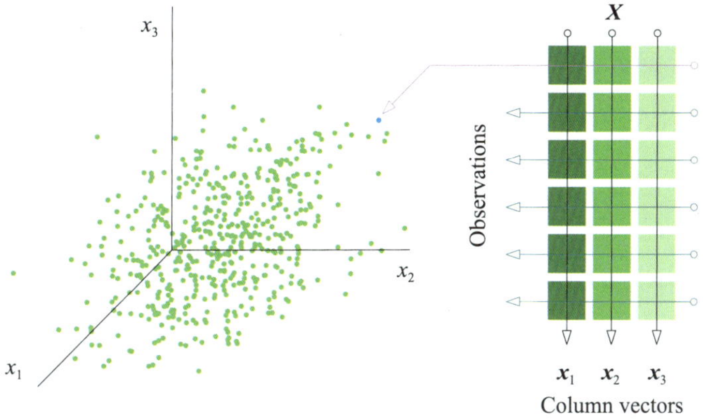

图2.12　在三维直角坐标系表达$\boldsymbol{X}$

为配合MATLAB矩阵运算，本书一般采用列方向数据矩阵形式。请读者注意，很多文献采用行方向数据矩阵$\boldsymbol{X}$，将每一行代表一个维度，而每一列代表一个观察点。列方向数据矩阵$\boldsymbol{X}$ (n行，q列) 转置便得到行方向数据矩阵$\boldsymbol{X}^\mathrm{T}$ (q行，n列)。

一元数据$\boldsymbol{x}_1$均值 (中位数或众数)、方差 (或均方差)、分位点、偏度和峰度为常见的几个统计学特征，如图2.13所示。

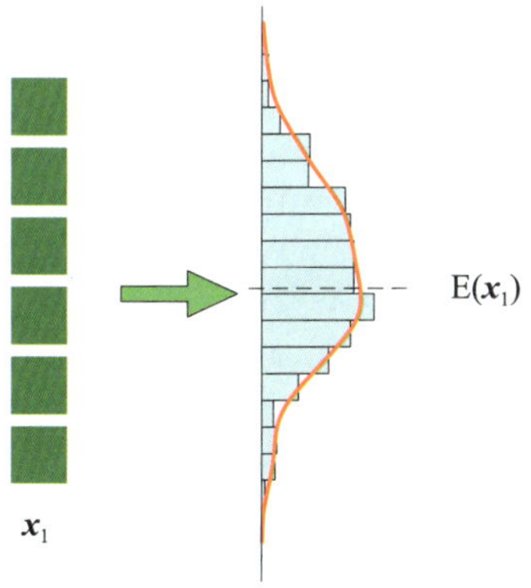

图2.13　数据$\boldsymbol{x}_1$统计学特点

数据$\boldsymbol{x}_1$期望值$\mathrm{E}(\boldsymbol{x}_1)$，即均值，可以通过下式求得：

$$\mathrm{E}(\boldsymbol{x}_1)=\frac{\sum_{i=1}^{n} x_{i,1}}{n}=\frac{\boldsymbol{x}_1^\mathrm{T}\boldsymbol{l}}{n}=\frac{\boldsymbol{l}^\mathrm{T}\boldsymbol{x}_1}{n}=\frac{\boldsymbol{x}_1\cdot\boldsymbol{l}}{n}=\frac{\boldsymbol{l}\cdot\boldsymbol{x}_1}{n} \tag{2.17}$$

其中，$\boldsymbol{l}$为全1列向量，列数和$\boldsymbol{x}_1$一致；E() 计算期望。$\boldsymbol{x}_1$期望值$\mathrm{E}(\boldsymbol{x}_1)$ 便是$\boldsymbol{x}_1$数据中心，去中心化列向量通过下式获得：

$$\boldsymbol{x}_{\text{centered\_1}} = \boldsymbol{x}_1 - \boldsymbol{l}\,\mathrm{E}(\boldsymbol{x}_1) = \boldsymbol{x}_1 - \boldsymbol{l}\frac{\boldsymbol{l}^{\mathrm{T}}\boldsymbol{x}_1}{n} = \left(\boldsymbol{I} - \frac{1}{n}\boldsymbol{l}\boldsymbol{l}^{\mathrm{T}}\right)\boldsymbol{x}_1 \tag{2.18}$$

其中，$\boldsymbol{l}\boldsymbol{l}^{\mathrm{T}}$为$\boldsymbol{l}$向量和其转置$\boldsymbol{l}^{\mathrm{T}}$乘积；$\left(\boldsymbol{I} - \frac{1}{n}\boldsymbol{l}\boldsymbol{l}^{\mathrm{T}}\right)$为中心化计算矩阵。

如果$\boldsymbol{x}_1$为总体，数据$\boldsymbol{x}_1$方差通过下式获得：

$$\mathrm{var}(\boldsymbol{x}_1) = \frac{1}{n}\left(\boldsymbol{x}_1 - \mathrm{E}(\boldsymbol{x}_1)\right)^{\mathrm{T}}\left(\boldsymbol{x}_1 - \mathrm{E}(\boldsymbol{x}_1)\right) \tag{2.19}$$

如果$\boldsymbol{x}_1$为样本，数据$\boldsymbol{x}_1$方差通过下式获得：

$$\mathrm{var}(\boldsymbol{x}_1) = \frac{1}{n-1}\left(\boldsymbol{x}_1 - \mathrm{E}(\boldsymbol{x}_1)\right)^{\mathrm{T}}\left(\boldsymbol{x} - \mathrm{E}(\boldsymbol{x}_1)\right) \tag{2.20}$$

多列向量数据矩阵$\boldsymbol{X}$期望值$\mathrm{E}(\boldsymbol{X})$ 通过下式计算获得：

$$\mathrm{E}(\boldsymbol{X}) = \left[\mathrm{E}(\boldsymbol{x}_1) \quad \mathrm{E}(\boldsymbol{x}_2) \quad \cdots \quad \mathrm{E}(\boldsymbol{x}_q)\right] = \frac{\boldsymbol{l}^{\mathrm{T}}\boldsymbol{X}}{n} \tag{2.21}$$

整理上式得到两个等式：

$$\boldsymbol{l}^{\mathrm{T}}\boldsymbol{X} = n\mathrm{E}(\boldsymbol{X}) \quad \Leftrightarrow \quad \boldsymbol{X}^{\mathrm{T}}\boldsymbol{l} = n\mathrm{E}(\boldsymbol{X})^{\mathrm{T}}$$

对于列方向数据矩阵$\boldsymbol{X}$，下式获得去中心化数据矩阵：

$$\begin{aligned}\boldsymbol{X}_{\text{centered}} &= \begin{bmatrix} x_{1,1} - \mathrm{E}(\boldsymbol{x}_1) & x_{1,2} - \mathrm{E}(\boldsymbol{x}_2) & \cdots & x_{1,q} - \mathrm{E}(\boldsymbol{x}_q) \\ x_{2,1} - \mathrm{E}(\boldsymbol{x}_1) & x_{2,2} - \mathrm{E}(\boldsymbol{x}_2) & \cdots & x_{2,q} - \mathrm{E}(\boldsymbol{x}_q) \\ \vdots & \vdots & & \vdots \\ x_{n,1} - \mathrm{E}(\boldsymbol{x}_1) & x_{n,2} - \mathrm{E}(\boldsymbol{x}_2) & \cdots & x_{n,q} - \mathrm{E}(\boldsymbol{x}_q) \end{bmatrix} \\ &= \left[\boldsymbol{x}_1 - \mathrm{E}(\boldsymbol{x}_1) \quad \boldsymbol{x}_2 - \mathrm{E}(\boldsymbol{x}_2) \quad \cdots \quad \boldsymbol{x}_q - \mathrm{E}(\boldsymbol{x}_q)\right] \\ &= \boldsymbol{X} - \boldsymbol{l}\mathrm{E}(\boldsymbol{X}) = \boldsymbol{X} - \boldsymbol{l}\frac{\boldsymbol{l}^{T}\boldsymbol{X}}{n} = \left(\boldsymbol{I} - \frac{1}{n}\boldsymbol{l}\boldsymbol{l}^{\mathrm{T}}\right)\boldsymbol{X}\end{aligned} \tag{2.22}$$

其中，$\boldsymbol{l}$为全1列向量，和$\boldsymbol{X}$有相同行数。

$\boldsymbol{X}$列向量总体方差-协方差矩阵通过下式计算获得：

$$\begin{aligned}\mathrm{var}(\boldsymbol{X}) = \boldsymbol{\Sigma}_X &= \mathrm{E}\left(\left(\boldsymbol{X} - \mathrm{E}(\boldsymbol{X})\right)^{\mathrm{T}}\left(\boldsymbol{X} - \mathrm{E}(\boldsymbol{X})\right)\right) \\ &= \frac{1}{n}\left(\boldsymbol{X} - \mathrm{E}(\boldsymbol{X})\right)^{\mathrm{T}}\left(\boldsymbol{X} - \mathrm{E}(\boldsymbol{X})\right)\end{aligned} \tag{2.23}$$

$\boldsymbol{X}$列向量样本方差-协方差矩阵通过下式计算获得：

$$\mathrm{var}(\boldsymbol{X}) = \boldsymbol{\Sigma}_X = \frac{1}{n-1}\left(\boldsymbol{X} - \mathrm{E}(\boldsymbol{X})\right)^{\mathrm{T}}\left(\boldsymbol{X} - \mathrm{E}(\boldsymbol{X})\right) \tag{2.24}$$

下面用两元数据来看一下几个常见数据统计学性质。对于两个维度数据，协方差研究它们之间线性相关性。比如图2.14中$\boldsymbol{x}_1$和$\boldsymbol{x}_2$这两例数据，下式计算获得两者总体协方差和样本协方差：

$$
\begin{aligned}
\operatorname{cov}(\boldsymbol{x}_1,\boldsymbol{x}_2) &= \frac{\sum_{i=1}^{n}\left(x_{i,1}-\mathrm{E}(\boldsymbol{x}_1)\right)\left(x_{i,2}-\mathrm{E}(\boldsymbol{x}_2)\right)}{n} = \rho_{x1,x2}\sigma_{x1}\sigma_{x2} \\
\operatorname{cov}(\boldsymbol{x}_1,\boldsymbol{x}_2) &= \frac{\sum_{i=1}^{n}\left(x_{i,1}-\mathrm{E}(\boldsymbol{x}_1)\right)\left(x_{i,2}-\mathrm{E}(\boldsymbol{x}_2)\right)}{n-1}
\end{aligned}
\tag{2.25}
$$

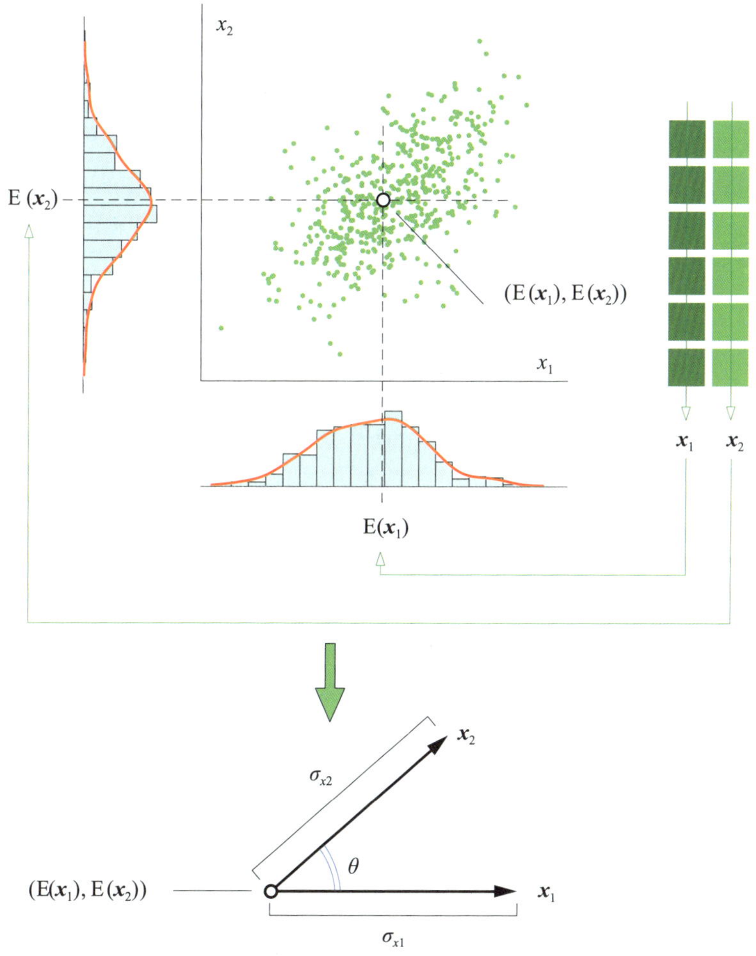

图2.14　数据$\boldsymbol{x}_1$和$\boldsymbol{x}_2$统计学特点

丛书第三册数学部分介绍过向量内积和数据方差、协方差存在诸多相似性，这种现象又叫作**余弦相似性** (cosine similarity)。$\boldsymbol{x}_1$和$\boldsymbol{x}_2$**方差-协方差矩阵** (variance-covariance matrix) 如下：

$$
\boldsymbol{\Sigma} = \begin{bmatrix} \sigma_{x1}^2 & \rho_{x1,x2}\sigma_{x1}\sigma_{x2} \\ \rho_{x1,x2}\sigma_{x1}\sigma_{x2} & \sigma_{x2}^2 \end{bmatrix} = \begin{bmatrix} \sigma_{x1} & 0 \\ 0 & \sigma_{x2} \end{bmatrix}\begin{bmatrix} 1 & \rho_{x1,x2} \\ \rho_{x1,x2} & 1 \end{bmatrix}\begin{bmatrix} \sigma_{x1} & 0 \\ 0 & \sigma_{x2} \end{bmatrix}
\tag{2.26}
$$

$\boldsymbol{\Sigma}$包含有关数据大量统计学信息，如图2.14所示。下面用之前讲到特征值分解和SVD分解对数据本身和方差-协方差矩阵做进一步分析。

方差-协方差矩阵$\boldsymbol{\Sigma}$特征值分解得到如下等式：

$$\boldsymbol{\Sigma} = \boldsymbol{V}\boldsymbol{\Lambda}\boldsymbol{V}^{\mathrm{T}} = \boldsymbol{V}\boldsymbol{\Lambda}^{\frac{1}{2}}\boldsymbol{\Lambda}^{\frac{1}{2}}\boldsymbol{V}^{\mathrm{T}} = \boldsymbol{V}\boldsymbol{\Lambda}^{\frac{1}{2}}\left(\boldsymbol{V}\boldsymbol{\Lambda}^{\frac{1}{2}}\right)^{\mathrm{T}} \tag{2.27}$$

$\boldsymbol{V}$包含着两个特征向量$\boldsymbol{v}_1$和$\boldsymbol{v}_2$，即 $\boldsymbol{V} = [\boldsymbol{v}_1, \boldsymbol{v}_2]$；$\boldsymbol{\Lambda}$为特征值矩阵，具体如下：

$$\boldsymbol{\Lambda} = \begin{bmatrix} \lambda_1 & 0 \\ 0 & \lambda_2 \end{bmatrix} = \begin{bmatrix} \sigma_{v1}^2 & 0 \\ 0 & \sigma_{v2}^2 \end{bmatrix} \tag{2.28}$$

$\boldsymbol{v}_1$和$\boldsymbol{v}_2$为正交系，λ_1和λ_2为数据在$\boldsymbol{v}_1$和$\boldsymbol{v}_2$方向上方差。若$\boldsymbol{x}_1$和$\boldsymbol{x}_2$线性相关系数为0，则$\boldsymbol{x}_1$和$\boldsymbol{x}_2$正交，如下例：

$$\boldsymbol{\Sigma} = \begin{bmatrix} 5 & 0 \\ 0 & 1 \end{bmatrix} \tag{2.29}$$

$\boldsymbol{x}_1$方差为5，$\boldsymbol{x}_2$方差为1。用mvnrnd() 函数生成1000个中心位于原点，满足如上方差-协方差关系二元随机数组，如图2.15所示。图2.15绘制$\boldsymbol{v}_1$和$\boldsymbol{v}_2$两个特征向量。图中$\boldsymbol{v}_1$和$\boldsymbol{v}_2$这两个向量长度正比于数据在这两个维度上均方差，即特征值平方根。请读者回顾丛书第三册第2章介绍的**马哈距离**(Mahalanobis distance, Mahal distance)。

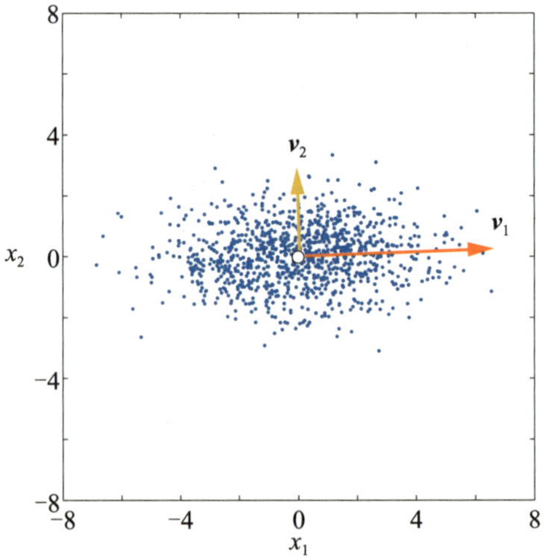

图2.15　二元随机数组 (方差-协方差矩阵为 [5, 0; 0, 1]，中心位于原点)

对二元随机数矩阵$\boldsymbol{X} = [\boldsymbol{x}_1, \boldsymbol{x}_2]$ 进行奇异值SVD分解：

$$\boldsymbol{X} = \boldsymbol{U}\boldsymbol{S}\boldsymbol{V}^{\mathrm{T}} \tag{2.30}$$

其中，矩阵$\boldsymbol{V}$形状为2×2。不考虑随机数数据数量影响，或特征值从大到小或者从小到大排列问题，SVD分解得到的方阵$\boldsymbol{V}$和特征值分解得到的$\boldsymbol{V}$一致。

若方差-协方差矩阵$\boldsymbol{\Sigma}$取值如下：

$$\boldsymbol{\Sigma} = \begin{bmatrix} 1 & 0 \\ 0 & 5 \end{bmatrix} \tag{2.31}$$

$\boldsymbol{x}_1$方差为1，$\boldsymbol{x}_2$方差为5，两者线性无关。图2.16展示用mvnrnd() 函数生成1000个中心位于原点，

满足如上方差-协方差关系二元随机数，以及$\boldsymbol{v}_1$和$\boldsymbol{v}_2$两个特征向量。

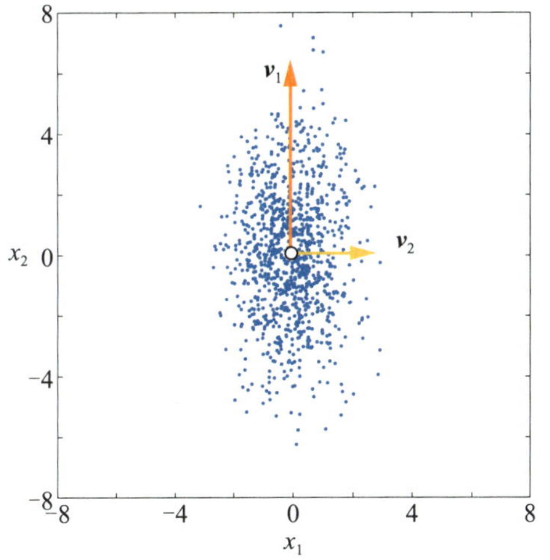

图2.16　二元随机数组 (方差-协方差矩阵为 [1, 0; 0, 5]，中心位于原点)

若方差-协方差矩阵$\boldsymbol{\Sigma}$取值如下：

$$\boldsymbol{\Sigma} = \begin{bmatrix} 3 & 2 \\ 2 & 3 \end{bmatrix} \tag{2.32}$$

$\boldsymbol{x}_1$和$\boldsymbol{x}_2$方差均为3，两者线性相关系数大于0。图2.17展示1000个二元随机数，中心位于原点，满足如上方差-协方差关系。图2.17同时给出$\boldsymbol{v}_1$和$\boldsymbol{v}_2$两个特征向量。特征值分解$\boldsymbol{\Sigma}$得到：

$$\begin{bmatrix} 3 & 2 \\ 2 & 3 \end{bmatrix} = \begin{bmatrix} -0.7071 & 0.7071 \\ 0.7071 & 0.7071 \end{bmatrix} \begin{bmatrix} 1 & 0 \\ 0 & 5 \end{bmatrix} \begin{bmatrix} -0.7071 & 0.7071 \\ 0.7071 & 0.7071 \end{bmatrix}^{\mathrm{T}} \tag{2.33}$$

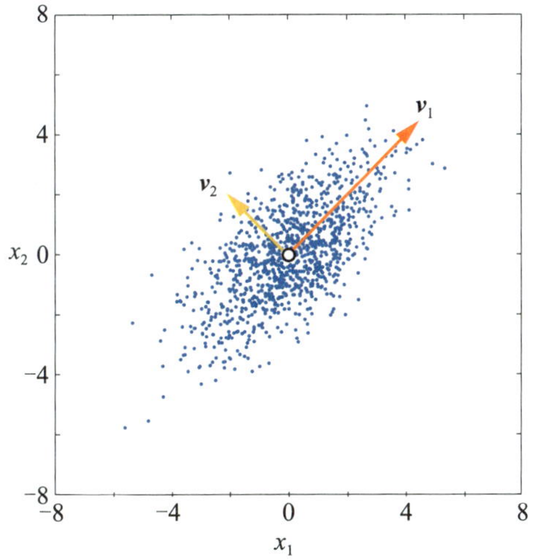

图2.17　二元随机数组 (方差-协方差矩阵为 [3, 2; 2, 3]，中心位于原点)

沿着$\boldsymbol{v}_2$ (= [−0.7071; 0.7071]) 和$\boldsymbol{v}_1$ (= [0.7071; 0.7071]) 两个特征向量方向，数据方差值分别为1和5；换句话说，以上特征值大小描述新正交空间中各个方向数据分散集中程度。

若方差-协方差矩阵$\boldsymbol{\Sigma}$取值如下：

$$\boldsymbol{\Sigma}=\begin{bmatrix} 3 & -2 \\ -2 & 3 \end{bmatrix} \tag{2.34}$$

x_1和x_2同样均为3，两者线性相关系数小于0。特征值分解$\boldsymbol{\Sigma}$得到：

$$\begin{bmatrix} 3 & -2 \\ -2 & 3 \end{bmatrix}=\begin{bmatrix} 0.7071 & 0.7071 \\ 0.7071 & -0.7071 \end{bmatrix}\begin{bmatrix} 1 & 0 \\ 0 & 5 \end{bmatrix}\begin{bmatrix} 0.7071 & 0.7071 \\ 0.7071 & -0.7071 \end{bmatrix}^{\mathrm{T}} \tag{2.35}$$

同样得到，沿着$\boldsymbol{v}_2$ (= [0.7071; 0.7071]) 和$\boldsymbol{v}_1$ (= [0.7071; −0.7071]) 两个特征向量方向，数据方差值分别为1和5，如图2.18所示。如下代码获得图2.15～图2.18：

B4_Ch1_3.m

```
clc; clear all; close all
SIGMA = [5,0;0,1];
% SIGMA = [1,0;0,5];
% SIGMA = [3,2;2,3];
% SIGMA = [3,-2;-2,3];

num   = 1000;
X = mvnrnd([0,0],SIGMA,num);
sigma = cov(X)
[V_eig_original,LAMBDA_eig_original] = eig(SIGMA)
[V_eig,LAMBDA_eig] = eig(sigma);
[V_pca,Z,LAMBDA_pca] = pca(X);
V_PC1 = V_pca(:,1)*sqrt(LAMBDA_pca(1));
V_PC2 = V_pca(:,2)*sqrt(LAMBDA_pca(2));
centers = mean(X);
center_x = centers(1); center_y = centers(2);

figure(1)
plot(X(:,1),X(:,2),'.'); hold on
plot(center_x,center_y,'ok')
h = quiver(center_x,center_y,V_PC1(1),V_PC1(2));
h.AutoScaleFactor = 3;
h = quiver(center_x,center_y,V_PC2(1),V_PC2(2));
h.AutoScaleFactor = 3;
daspect([1,1,1]); xlim([-8,8]); ylim([-8,8]);
xlabel('x_1'); ylabel('x_2')
```

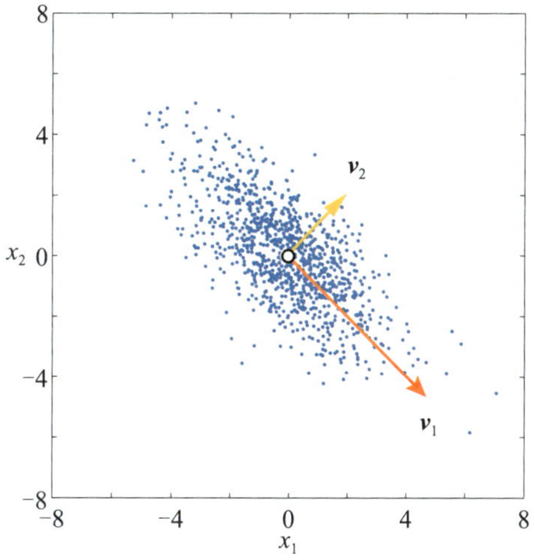

图2.18　二元随机数组，方差-协方差矩阵为 [3, 2; 2, 3]，中心位于原点

上述分析思路同样适用于多维数据。如图2.19所示，三维数据SVD分解或者PCA分析，相当于对原始数据进行**正交化** (orthogonalization)。这种正交化数据分析思路广泛应用在主元分析、正交回归、主元回归、因素分析等算法，丛书后文将会结合具体实例展开讲解。

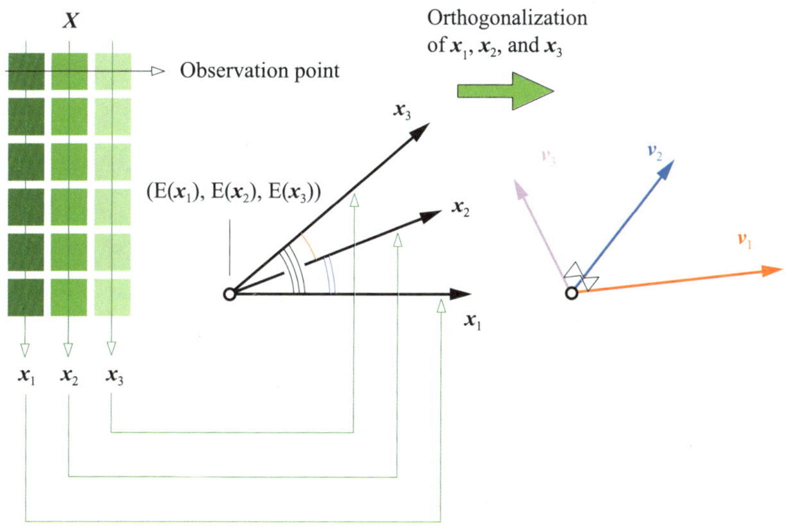

图2.19　三维数据相关性关系及正交化

这一小节最后，我们聊一聊数据矩阵**线性变换** (linear transformation)。$\boldsymbol{X}$为列方向数据矩阵，$f()$为线性变换方程，$\boldsymbol{X}$转化为列向量$\boldsymbol{y}$。

$$\boldsymbol{y} = f(\boldsymbol{X}) = \boldsymbol{X}\boldsymbol{v} + b \tag{2.36}$$

其中，$\boldsymbol{v}$为线性变换向量，b为常数。列向量$\boldsymbol{y}$期望值E($\boldsymbol{y}$) 和矩阵$\boldsymbol{X}$期望值E($\boldsymbol{X}$) 关系如下：

$$\mathrm{E}(\boldsymbol{y}) = \mathrm{E}(\boldsymbol{X}\boldsymbol{v} + b) = \mathrm{E}(\boldsymbol{X})\boldsymbol{v} + b \tag{2.37}$$

列向量$\boldsymbol{y}$方差var($\boldsymbol{y}$) 和矩阵$\boldsymbol{X}$方差 var($\boldsymbol{X}$) 关系为：

$$\begin{aligned}\operatorname{var}(\boldsymbol{y}) &= \mathrm{E}\left(\left(\boldsymbol{y}-\mathrm{E}(\boldsymbol{y})\right)^{\mathrm{T}}\left(\boldsymbol{y}-\mathrm{E}(\boldsymbol{y})\right)\right) \\ &= \mathrm{E}\left(\left(\boldsymbol{X}\boldsymbol{v}-\mathrm{E}(\boldsymbol{X}\boldsymbol{v})\right)^{\mathrm{T}}\left(\boldsymbol{X}\boldsymbol{v}-\mathrm{E}(\boldsymbol{X}\boldsymbol{v})\right)\right) \\ &= \boldsymbol{v}^{\mathrm{T}}\mathrm{E}\left(\left(\boldsymbol{X}-\mathrm{E}(\boldsymbol{X})\right)^{\mathrm{T}}\left(\boldsymbol{X}-\mathrm{E}(\boldsymbol{X})\right)\right)\boldsymbol{v} \\ &= \boldsymbol{v}^{\mathrm{T}}\operatorname{var}(\boldsymbol{X})\boldsymbol{v} = \boldsymbol{v}^{\mathrm{T}}\boldsymbol{\Sigma}_X\boldsymbol{v}\end{aligned} \tag{2.38}$$

var(**X**)，即方差-协方差矩阵$\boldsymbol{\Sigma}_X$。

X为列方向数据矩阵**X**，而*f*() 为线性变换方程将**X**转化为矩阵**Y**，具体如下：

$$\boldsymbol{Y} = f(\boldsymbol{X}) = \boldsymbol{X}\boldsymbol{V} + \boldsymbol{b} \tag{2.39}$$

其中，**V**为线性变换矩阵，**b**为常数向量。矩阵**Y**期望向量E(**Y**) 和矩阵**X**期望向量E(**X**) 之间关系如下：

$$\mathrm{E}(\boldsymbol{Y}) = \mathrm{E}(\boldsymbol{X}\boldsymbol{V} + \boldsymbol{b}) = \mathrm{E}(\boldsymbol{X})\boldsymbol{V} + \boldsymbol{b}$$

矩阵**Y**方差var(**Y**) 和矩阵**X**方差 var(**X**) 关系如下：

$$\begin{aligned}\operatorname{var}(\boldsymbol{Y}) = \boldsymbol{\Sigma}_Y &= \mathrm{E}\left(\left(\boldsymbol{Y}-\mathrm{E}(\boldsymbol{Y})\right)^{\mathrm{T}}\left(\boldsymbol{Y}-\mathrm{E}(\boldsymbol{Y})\right)\right) \\ &= \mathrm{E}\left(\left(\boldsymbol{X}\boldsymbol{V}-\mathrm{E}(\boldsymbol{X}\boldsymbol{V})\right)^{\mathrm{T}}\left(\boldsymbol{X}\boldsymbol{V}-\mathrm{E}(\boldsymbol{X}\boldsymbol{V})\right)\right) \\ &= \boldsymbol{V}^{\mathrm{T}}\mathrm{E}\left(\left(\boldsymbol{X}-\mathrm{E}(\boldsymbol{X})\right)^{\mathrm{T}}\left(\boldsymbol{X}-\mathrm{E}(\boldsymbol{X})\right)\right)\boldsymbol{V} \\ &= \boldsymbol{V}^{\mathrm{T}}\operatorname{var}(\boldsymbol{X})\boldsymbol{V} = \boldsymbol{V}^{\mathrm{T}}\boldsymbol{\Sigma}_X\boldsymbol{V}\end{aligned} \tag{2.40}$$

上述性质常被称作**期望线性性质** (linearity of expectation)。

若数据矩阵**X**，每一行定义为一个维度，而每一列代表一个观察点。这种情况下，线性变换方程*f*()将**X**转化为行向量**y**。

$$\boldsymbol{y} = f(\boldsymbol{X}) = \boldsymbol{v}^{\mathrm{T}}\boldsymbol{X} + b \tag{2.41}$$

其中，**v**为线性变换列向量，*b*为常数。行向量**y**期望E(**y**) 和矩阵**X**期望E(**X**) 之间关系如下：

$$\mathrm{E}(\boldsymbol{y}) = \boldsymbol{v}^{\mathrm{T}}\mathrm{E}(\boldsymbol{X}) + \boldsymbol{b} \tag{2.42}$$

行向量**y**方差var(**y**) 和矩阵**X**方差 var(**X**) 关系如下：

$$\operatorname{var}(\boldsymbol{y}) = \boldsymbol{v}^{\mathrm{T}}\operatorname{var}(\boldsymbol{X})\boldsymbol{v} = \boldsymbol{v}^{\mathrm{T}}\boldsymbol{\Sigma}_X\boldsymbol{v} \tag{2.43}$$

如果**X**和**Y**均为行方向数据矩阵，而*f*() 为线性变换方程将**X**转化为矩阵**Y**，具体如下：

$$\boldsymbol{Y} = f(\boldsymbol{X}) = \boldsymbol{V}\boldsymbol{X} + \boldsymbol{b} \tag{2.44}$$

其中，**V**为线性变换矩阵，**b**为常数向量。矩阵**Y**期望E(**Y**) 和矩阵**X**期望E(**X**) 之间关系如下：

$$\mathrm{E}(\boldsymbol{Y}) = \mathrm{E}(\boldsymbol{V}\boldsymbol{X} + \boldsymbol{b}) = \boldsymbol{V}\mathrm{E}(\boldsymbol{X}) + \boldsymbol{b} \tag{2.45}$$

矩阵**Y**方差var(**Y**) 和矩阵**X**方差var(**X**)，即方差-协方差矩阵$\boldsymbol{\Sigma}_X$，之间关系如下：

$$
\begin{aligned}
\operatorname{var}(\boldsymbol{Y})=\boldsymbol{\Sigma}_{Y} &= \mathrm{E}\left(\left(\boldsymbol{Y}-\mathrm{E}(\boldsymbol{Y})\right)\left(\boldsymbol{Y}-\mathrm{E}(\boldsymbol{Y})\right)^{\mathrm{T}}\right) \\
&= \mathrm{E}\left(\left(\boldsymbol{VX}-\mathrm{E}(\boldsymbol{VX})\right)\left(\boldsymbol{VX}-\mathrm{E}(\boldsymbol{VX})\right)^{\mathrm{T}}\right) \\
&= \boldsymbol{V}\,\mathrm{E}\left(\left(\boldsymbol{X}-\mathrm{E}(\boldsymbol{X})\right)\left(\boldsymbol{X}-\mathrm{E}(\boldsymbol{X})\right)^{\mathrm{T}}\right)\boldsymbol{V}^{\mathrm{T}} \\
&= \boldsymbol{V}\operatorname{var}(\boldsymbol{X})\boldsymbol{V}^{\mathrm{T}} = \boldsymbol{V}\boldsymbol{\Sigma}_{X}\boldsymbol{V}^{\mathrm{T}}
\end{aligned} \tag{2.46}
$$

很多读者可能会觉得这一部分内容过于理论化难于理解，事实确实如此，但是，这些线性性质和丛书之前讲到线性相关、Cholesky分解、特征值分解、SVD分解、PCA分析等内容之间有着密切联系。解开这些联系的钥匙将在下一节介绍。

2.4 投影

线性相关、**Cholesky分解** (Cholesky factorization)、**特征值分解** (eigen decomposition)、**SVD分解** (singular value decomposition)、**PCA分析** (principal component analysis)，以及上一节介绍的矩阵线性变换等概念之间关系千丝万缕。这一节通过**投影** (projection) 一探究竟。

举一个例子，主成分分析实际上寻找数据在主元空间内投影。图2.20所示杯子，它是一个3D物体。如果想要在一张图展示这只杯子，而且尽可能多地展示杯子的细节，就需要从空间多个角度观察杯子并找到合适角度。这个过程实际上是将三维数据投影到二维平面过程。这也是一个降维过程，即从三维变成二维。图2.21展示的是杯子六个平面上投影的结果。

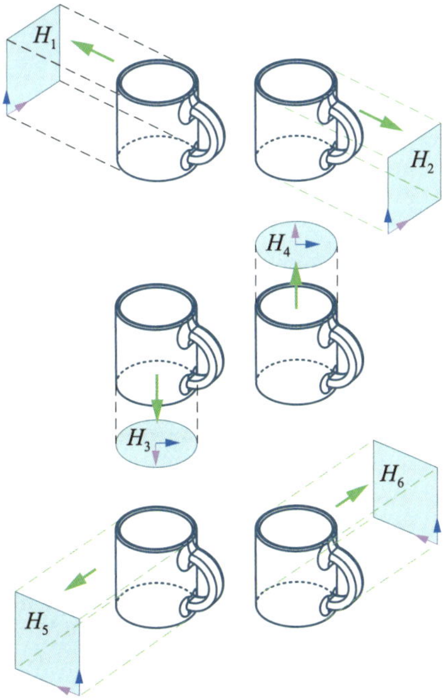

图2.20　咖啡杯六个投影方向

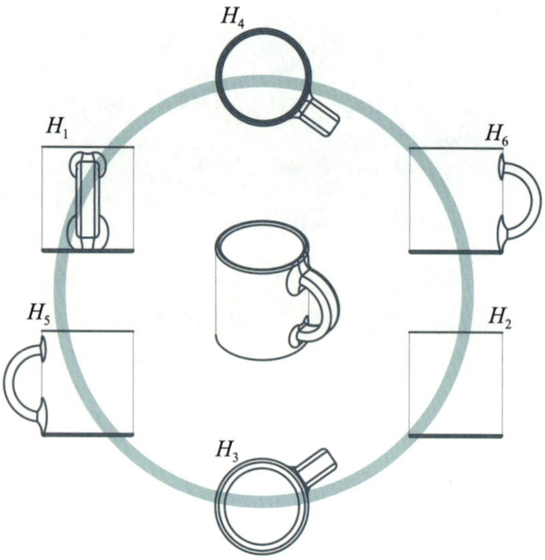

图2.21　咖啡杯在六个方向的投影图像

从书第三册数学部分介绍过向量投影运算。投影运算一般分两种：**标量投影** (scalar projection) 和**矢量投影** (vector projection)。首先用余弦解释标量投影，如图2.22(a) 所示，b为向量$\boldsymbol{a}$在$\boldsymbol{v}$方向标量投影。

$$b=\|\boldsymbol{a}\|\cos\theta=\|\boldsymbol{a}\|\frac{\boldsymbol{a}\cdot\boldsymbol{v}}{\|\boldsymbol{a}\|\|\boldsymbol{v}\|}=\frac{\boldsymbol{a}\cdot\boldsymbol{v}}{\|\boldsymbol{v}\|}=\frac{\boldsymbol{a}^{\mathrm{T}}\boldsymbol{v}}{\|\boldsymbol{v}\|} \tag{2.47}$$

下式同样用余弦解释矢量投影：

$$\hat{\boldsymbol{a}}=\operatorname{proj}_{\boldsymbol{v}}\boldsymbol{a}=\|\boldsymbol{a}\|\cos\theta\frac{\boldsymbol{v}}{\|\boldsymbol{v}\|}=\|\boldsymbol{a}\|\frac{\boldsymbol{a}\cdot\boldsymbol{v}}{\|\boldsymbol{a}\|\|\boldsymbol{v}\|}\frac{\boldsymbol{v}}{\|\boldsymbol{v}\|}=\frac{\boldsymbol{a}\cdot\boldsymbol{v}}{\boldsymbol{v}\cdot\boldsymbol{v}}\boldsymbol{v}=\frac{\boldsymbol{a}^{\mathrm{T}}\boldsymbol{v}}{\|\boldsymbol{v}\|^2}\boldsymbol{v} \tag{2.48}$$

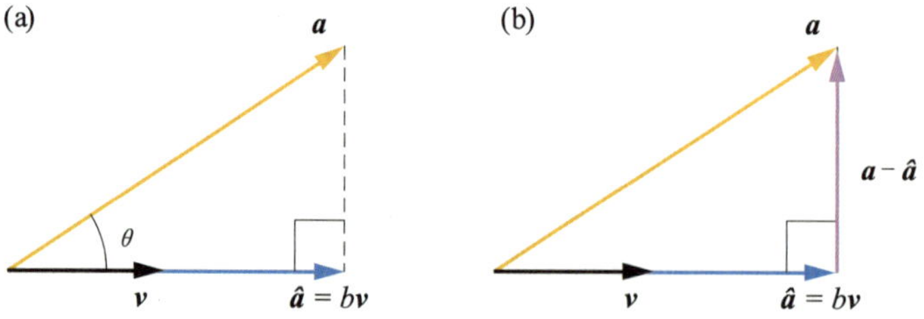

图2.22　向量投影和标量投影

图2.22 (b) 展示第二种计算投影方法。向量$\boldsymbol{a}$向$\boldsymbol{v}$投影得到向量投影$\hat{\boldsymbol{a}}$，而向量差$\boldsymbol{a}-\hat{\boldsymbol{a}}$ 垂直于$\boldsymbol{v}$；据此构造如下等式：

$$\begin{aligned}&(\boldsymbol{a}-\hat{\boldsymbol{a}})\perp\boldsymbol{v}\quad\Rightarrow\quad\boldsymbol{v}^{\mathrm{T}}(\boldsymbol{a}-\hat{\boldsymbol{a}})=0\\&\Rightarrow\quad\boldsymbol{v}^{\mathrm{T}}(\boldsymbol{a}-b\boldsymbol{v})=0\quad\Rightarrow\quad b=\left(\boldsymbol{v}^{\mathrm{T}}\boldsymbol{v}\right)^{-1}\boldsymbol{v}^{\mathrm{T}}\boldsymbol{a}\\&\Rightarrow\quad\hat{\boldsymbol{a}}=\boldsymbol{v}\left(\boldsymbol{v}^{\mathrm{T}}\boldsymbol{v}\right)^{-1}\boldsymbol{v}^{\mathrm{T}}\boldsymbol{a}\end{aligned} \tag{2.49}$$

上式中，$\boldsymbol{v}(\boldsymbol{v}^{\mathrm{T}}\boldsymbol{v})^{-1}\boldsymbol{v}^{\mathrm{T}}$常被称作**帽子矩阵** (hat matrix)。帽子矩阵和最小二乘回归有着紧密联系，本书回归部分会深入介绍。

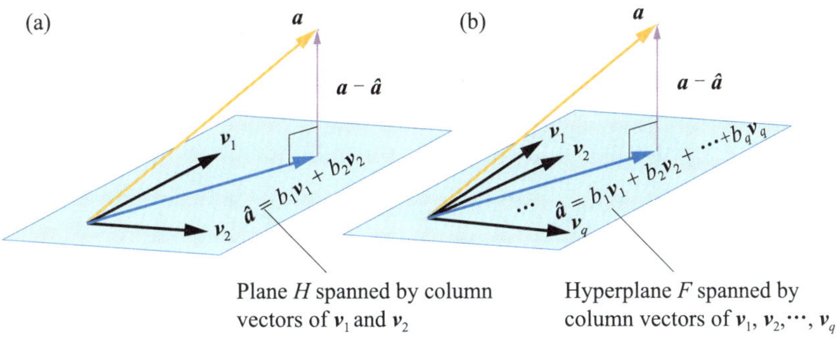

图2.23 向量向平面和超平面投影

如图2.23(a) 所示，两个线性无关向量$\boldsymbol{v}_1$和$\boldsymbol{v}_2$构造一个平面H；图2.23(b) 所示为，多个线性无关向量$\boldsymbol{v}_1$、$\boldsymbol{v}_2$、⋯、$\boldsymbol{v}_q$构造一个超平面F。向量$\boldsymbol{a}$向H平面投影得到向量$\hat{\boldsymbol{a}}$。向量$\hat{\boldsymbol{a}}$由$\boldsymbol{v}_1$和$\boldsymbol{v}_2$构造。

$$\hat{\boldsymbol{a}} = b_1\boldsymbol{v}_1 + b_2\boldsymbol{v}_2 = \begin{bmatrix}\boldsymbol{v}_1 & \boldsymbol{v}_2\end{bmatrix}\begin{bmatrix}b_1 \\ b_2\end{bmatrix} = \boldsymbol{V}\boldsymbol{b} \tag{2.50}$$

向量差$\boldsymbol{a}-\hat{\boldsymbol{a}}$垂直于$H$平面，因此垂直于平面内任何向量。

$$\begin{aligned} &(\boldsymbol{a}-\hat{\boldsymbol{a}})\perp \boldsymbol{V} \quad \Rightarrow \quad \boldsymbol{V}^{\mathrm{T}}(\boldsymbol{a}-\hat{\boldsymbol{a}})=\boldsymbol{0} \\ &\Rightarrow \quad \boldsymbol{V}^{\mathrm{T}}(\boldsymbol{a}-\boldsymbol{V}\boldsymbol{b})=\boldsymbol{0} \quad \Rightarrow \quad \boldsymbol{b}=\left(\boldsymbol{V}^{\mathrm{T}}\boldsymbol{V}\right)^{-1}\boldsymbol{V}^{\mathrm{T}}\boldsymbol{a} \\ &\Rightarrow \quad \hat{\boldsymbol{a}}=\boldsymbol{V}\left(\boldsymbol{V}^{\mathrm{T}}\boldsymbol{V}\right)^{-1}\boldsymbol{V}^{\mathrm{T}}\boldsymbol{a} \end{aligned} \tag{2.51}$$

以上结论也适用于图2.23(b) 展示超平面情况。

下面来看一看数据点投影。如图2.24所示，平面上一点$Q(4, 6)$和直线上不同位置点之间距离构成一系列线段，d表示这些线段长度。图2.24下两图展示d和d^2 (线段长度平方值) 随位置变化。这些线段中最短那条，即d^2最小，为Q和Q点在直线上投影点P之间距离，QP垂直于直线。寻找最短线段实际上就是优化过程。优化问题构建和求解将会在本书后文详细介绍。

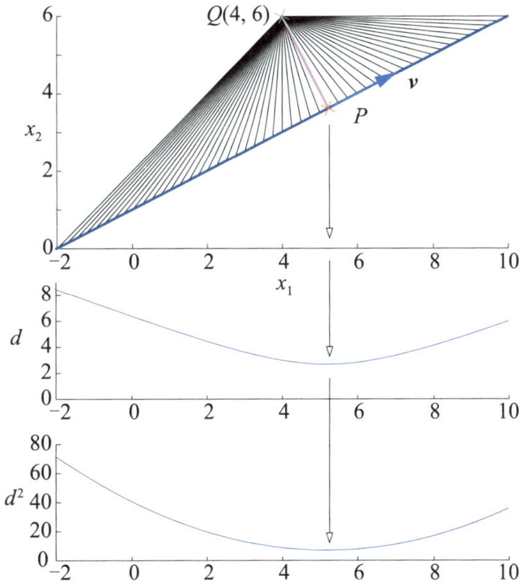

图2.24 平面上一点向直线投影

如图2.25所示，平面上多点投影到同一条直线上，获得一系列投影线段。当直线截距和斜率不断变化时，这些投影线段之和不断变化。可以想象，某个直线截距和斜率组合让投影线段和最小。以上思路即主成分分析和主成分回归核心。本书后面会展开讲解这两种重要分析方法。

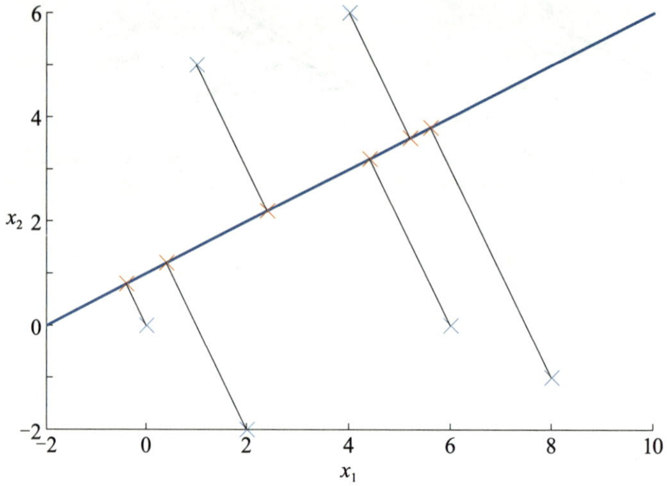

图2.25　平面上多点向直线投影

以下代码可完成图2.24和图2.25计算和绘图，还绘制出空间多点向空间直线投影图像。

B4_Ch1_4.m

```
clc; close all; clear all

v = [1;1/2];

center = [0,1];

t = -2:0.25:10;
x = v(1)*t + center(1);
y = v(2)*t + center(2);

X = [0,  0;
     1,  5;
     2, -2;
     4,  6;
     6,  0;
     8, -1;];

X_c = X - center;
b   = X_c*v/(v'*v);
X_h = b*v';
X_h = X_h + center;

fig_i = 1;
figure(fig_i)
```

```
fig_i = fig_i + 1;
plot(x,y); hold on
plot(X(4,1),X(4,2),'xb')
vectors = [x',y'] - [X(4,1),X(4,2)];
h = quiver(X(4,1)+0*vectors(:,1),X(4,2)+0*vectors(:,1)...
    ,vectors(:,1),vectors(:,2),'k');
h.ShowArrowHead = 'off';
h.AutoScale = 'off';

daspect([1,1,1])
box off; grid off

figure(fig_i)
fig_i = fig_i + 1;
subplot(2,1,1)
vector_length = vecnorm(vectors,2,2);
plot(x,vector_length)
ylim([0,9]); box off

subplot(2,1,2)
vector_length = vecnorm(vectors,2,2);
plot(x,vector_length.^2)
box off

figure(fig_i)
fig_i = fig_i + 1;
plot(x,y); hold on
plot(X(:,1),X(:,2),'xb')
plot(X_h(:,1),X_h(:,2),'xr')
plot([X(:,1),X_h(:,1)]',[X(:,2),X_h(:,2)]','k')

daspect([1,1,1])
box off; grid off

%% 3D, project points to a line in space

v = [1;1/2;2];

center = [0,1,2];

t = -2:1:4;
x = v(1)*t + center(1);
y = v(2)*t + center(2);
z = v(3)*t + center(3);

X = [0,  0,  0;
     1,  5,  2;
```

```
      2, -2,  5;
      4,  6, -1;
      6,  0,  3;
      8, -1,  1;];

X_c = X - center;
b   = X_c*v/(v'*v);
X_h = b*v';
X_h = X_h + center;

figure(fig_i)
fig_i = fig_i + 1;
plot3(x,y,z); hold on
plot3(X(:,1),X(:,2),X(:,3),'xb')
plot3(X_h(:,1),X_h(:,2),X_h(:,3),'xr')
plot3([X(:,1),X_h(:,1)]',[X(:,2),X_h(:,2)]',[X(:,3),X_h(:,3)]','k')

daspect([1,1,1])
box off; grid off
```

有了以上向量投影和点投影基础，下面讨论数据投影、特征值分解、SVD分解和Cholesky分解关系。图2.26展示原始数据$\boldsymbol{X}$，$\boldsymbol{X}$有2列 $[\boldsymbol{x}_1,\ \boldsymbol{x}_2]$，1000行，意味着$\boldsymbol{X}$有两个维度$\boldsymbol{x}_1$和$\boldsymbol{x}_2$，1000个观察点。观察图2.26，发现$\boldsymbol{x}_1$和$\boldsymbol{x}_2$这两个维度概率分布几乎一致。经过处理，数据矩阵$\boldsymbol{X}$已经列中心化。

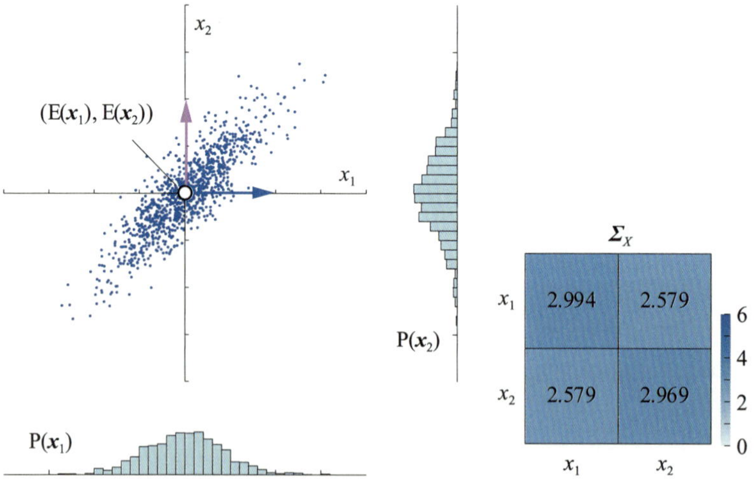

图2.26　原始数据$\boldsymbol{X}$统计学特点

回忆丛书第三册数学部分矩阵旋转内容。如图2.27所示，数据矩阵$\boldsymbol{X}$通过下式绕中心 (0, 0) 旋转15° 得到数据$\boldsymbol{Y}$。

$$\boldsymbol{Z}=\boldsymbol{X}\begin{bmatrix}\cos(15^\circ) & -\sin(15^\circ)\\ \sin(15^\circ) & \cos(15^\circ)\end{bmatrix} \tag{2.52}$$

从另外一个角度来看，$\boldsymbol{Z}$相当于$\boldsymbol{X}$向$\boldsymbol{v}_1$和$\boldsymbol{v}_2$这两个向量投影得到结果，即：

$$Z=[z_1 \quad z_2]=X[v_1 \quad v_2]=XV \tag{2.53}$$

其中，

$$v_1=\begin{bmatrix}\cos(15°)\\ \sin(15°)\end{bmatrix},\quad v_2=\begin{bmatrix}-\sin(15°)\\ \cos(15°)\end{bmatrix},\quad V=\begin{bmatrix}\cos(15°) & -\sin(15°)\\ \sin(15°) & \cos(15°)\end{bmatrix} \tag{2.54}$$

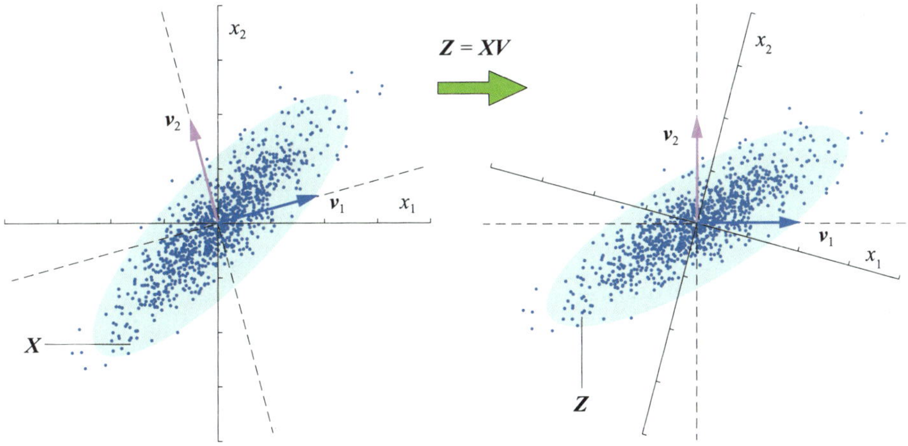

图2.27　数据X顺时针旋转15°得到数据Z

通过下列简单计算，知道v_1和v_2这两个向量正交。

$$v_1\cdot v_2=-\cos(15°)\sin(15°)+\sin(15°)\cos(15°)=0 \quad\Rightarrow\quad v_1\perp v_2 \tag{2.55}$$

且v_1和v_2这两个向量为单位向量：

$$\begin{aligned}\|v_1\|&=\sqrt{(\cos(15°))^2+(\sin(15°))^2}=1\\ \|v_2\|&=\sqrt{(-\sin(15°))^2+(\cos(15°))^2}=1\end{aligned} \tag{2.56}$$

观察V，发现如下等式成立：

$$\begin{aligned}&V^{\mathrm{T}}V=\begin{bmatrix}\cos(15°) & \sin(15°)\\ -\sin(15°) & \cos(15°)\end{bmatrix}\begin{bmatrix}\cos(15°) & -\sin(15°)\\ \sin(15°) & \cos(15°)\end{bmatrix}=\begin{bmatrix}1 & 0\\ 0 & 1\end{bmatrix}=I\\ &\Rightarrow\quad V^{\mathrm{T}}=V^{-1}\end{aligned} \tag{2.57}$$

X投影在任意正交坐标系中，该操作也常被称作**基底转换** (change of basis)。

图2.28展示从向量v_1和v_2角度观察数据分布情况。发现数据沿v_2方向要更为密集，方差更小；沿v_1方向更为松散，方差更大。由于数据已经中心化，矩阵Z第一列向量z_1方差即投影距离平方和平均数。

$$\operatorname{var}(z_1)=\frac{1}{n}(z_1-\mathrm{E}(z_1))^{\mathrm{T}}(z_1-\mathrm{E}(z_1)) \tag{2.58}$$

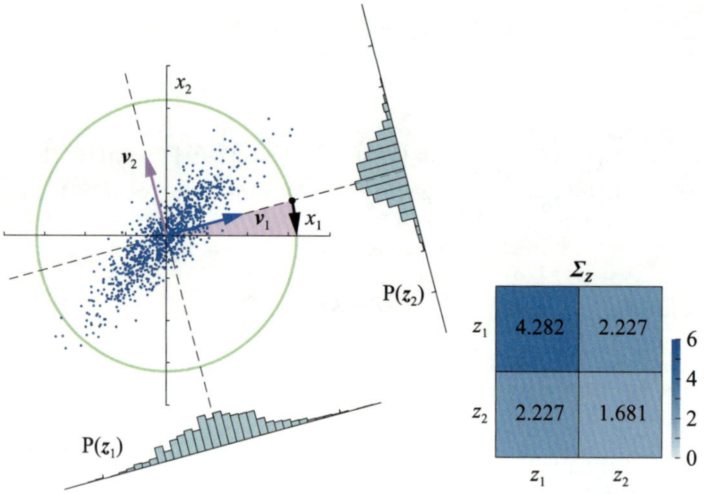

图2.28　数据$\boldsymbol{Z}$ ($\boldsymbol{X}$顺时针旋转 15°) 沿两个维度统计学特点

图2.29展示数据$\boldsymbol{X}$顺时针旋转 30° 得到数据$\boldsymbol{Z}$。如图2.30所示，发现数据$\boldsymbol{Z}$沿$\boldsymbol{v}_2$方向变得更为集中，方差进步一步减小；沿$\boldsymbol{v}_1$方向数据变得更为松散，方差进一步增大。如图2.31所示，当旋转角度增大到 45° 时，图2.32告诉我们$\boldsymbol{Z}$沿$\boldsymbol{v}_2$方向方差达到最小值，$\boldsymbol{Z}$沿$\boldsymbol{v}_1$方向方差达到最大值；并且，$\boldsymbol{Z}$两列数据$\boldsymbol{z}_1$和$\boldsymbol{z}_2$，相关性几乎为0。这种思路即PCA分析核心。

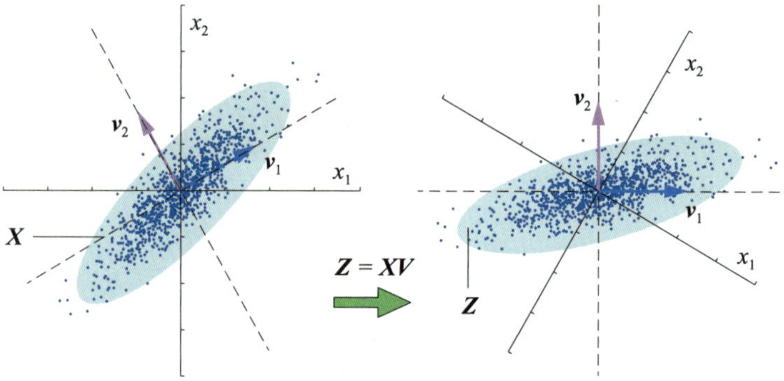

图2.29　数据$\boldsymbol{X}$顺时针旋转 30° 得到数据$\boldsymbol{Z}$

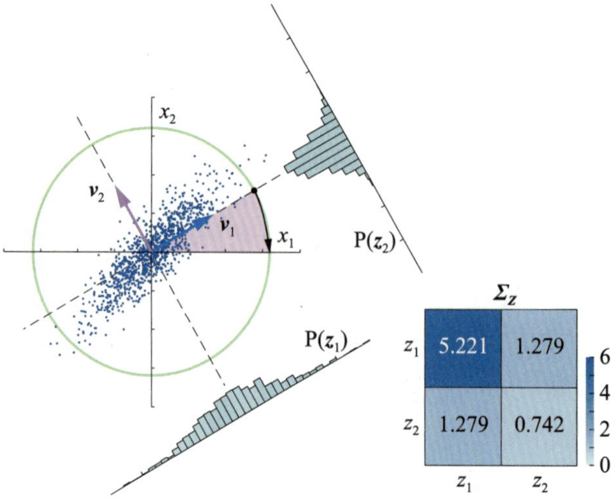

图2.30　数据$\boldsymbol{Z}$，$\boldsymbol{X}$顺时针旋转 30°，沿两个维度分布

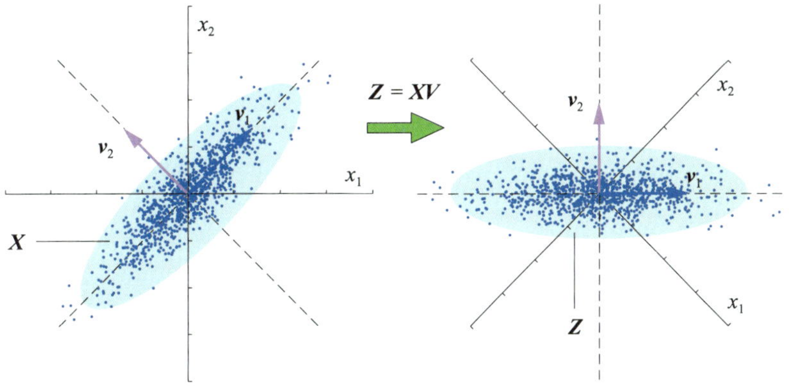

图2.31　数据$\boldsymbol{X}$顺时针旋转45°得到数据$\boldsymbol{Z}$

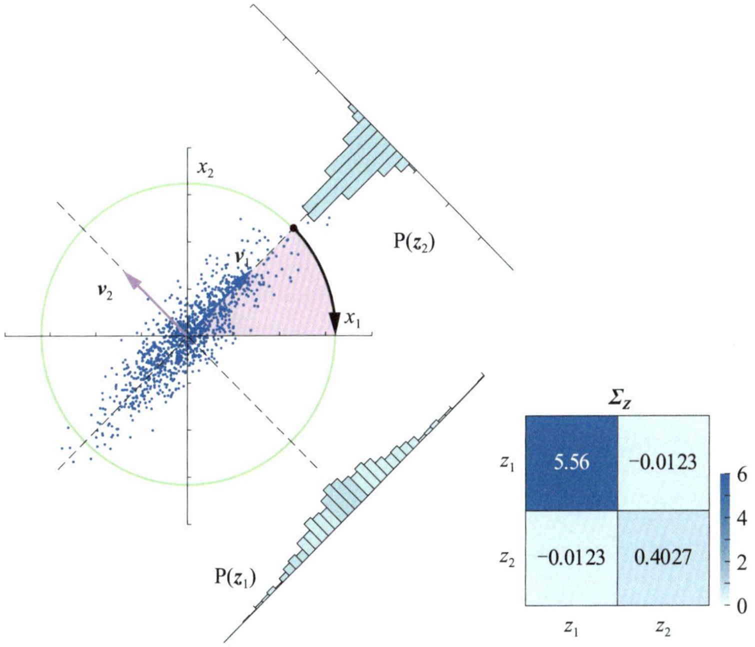

图2.32　数据$\boldsymbol{Z}$，$\boldsymbol{X}$顺时针旋转45°，沿两个维度分布

假设数据$\boldsymbol{X}$已经中心化，因此$\boldsymbol{X}$样本方差-协方差矩阵$\boldsymbol{\Sigma}_X$通过下式获得：

$$\boldsymbol{\Sigma}_X = \frac{\boldsymbol{X}^{\mathrm{T}}\boldsymbol{X}}{n-1} \tag{2.59}$$

其中，n为$\boldsymbol{X}$行数，即观察点数量；注意，总体方差-协方差矩阵，分母为n。对$\boldsymbol{\Sigma}_X$进行特征值分解得到：

$$\boldsymbol{\Sigma}_X = \boldsymbol{V}\boldsymbol{\Lambda}\boldsymbol{V}^{\mathrm{T}} = \boldsymbol{V}\boldsymbol{\Lambda}^{\frac{1}{2}}\boldsymbol{\Lambda}^{\frac{1}{2}}\boldsymbol{V}^{\mathrm{T}} = \frac{\boldsymbol{X}^{\mathrm{T}}\boldsymbol{X}}{n-1} \tag{2.60}$$

其中，$\boldsymbol{V}$列向量为特征向量，$\boldsymbol{\Lambda}$主对角线元素为特征值。因为$\boldsymbol{\Sigma}_X$为对称矩阵。因此$\boldsymbol{V}$列向量相互垂直。

同理，计算数据$\boldsymbol{Z}$方差-协方差矩阵$\boldsymbol{\Sigma}_Z$，并得到$\boldsymbol{\Sigma}_Z$和$\boldsymbol{\Sigma}_X$关系：

$$\Sigma_Z = \frac{Z^{\mathrm{T}} Z}{n-1} = \frac{(XV)^{\mathrm{T}} XV}{n-1} = \frac{VX^{\mathrm{T}}XV}{n-1} = V\Sigma_X V \tag{2.61}$$

而对X进行SVD分解，得到：

$$X = USV^{\mathrm{T}} \tag{2.62}$$

其中：

$$UU^{\mathrm{T}} = I \quad VV^{\mathrm{T}} = I \tag{2.63}$$

$X^{\mathrm{T}}X$通过下式获得：

$$X^{\mathrm{T}}X = \left(USV^{\mathrm{T}}\right)^{\mathrm{T}} USV^{\mathrm{T}} = VS^{\mathrm{T}}U^{\mathrm{T}}USV^{\mathrm{T}} = VS^{\mathrm{T}}SV^{\mathrm{T}} \tag{2.64}$$

观察Σ_X特征值分解和X的SVD分解结果，容易得到以下结论：

$$V\Lambda V^{\mathrm{T}} = \frac{VS^{\mathrm{T}}SV^{\mathrm{T}}}{n-1} \quad \Rightarrow \quad S^{\mathrm{T}}S = (n-1)\Lambda \tag{2.65}$$

从书第二册随机运动内容介绍过，通过Cholesky分解得到上三角矩阵，将相关性系数为0、服从正态分布多元随机数转化为服从一定相关性随机数数据。对Σ_X进行Cholesky分解，获得如下等式关系：

$$\begin{aligned} &\Sigma_X = LL^{\mathrm{T}} = V\Lambda V^{\mathrm{T}} = V\Lambda^{\frac{1}{2}}\Lambda^{\frac{1}{2}}V^{\mathrm{T}} = \left(V\Lambda^{\frac{1}{2}}\right)\left(V\Lambda^{\frac{1}{2}}\right)^{\mathrm{T}} \\ &\Rightarrow \quad L = V\Lambda^{\frac{1}{2}} \end{aligned} \tag{2.66}$$

L为下三角矩阵。回忆从书第三册介绍的矩阵转化内容，发现V对应旋转操作，$\Lambda^{\frac{1}{2}}$对应缩放操作。对Σ_X进行Cholesky分解，获得下式：

$$\begin{aligned} &\Sigma_X = R^{\mathrm{T}}R = \left(V\Lambda^{\frac{1}{2}}\right)\left(V\Lambda^{\frac{1}{2}}\right)^{\mathrm{T}} \\ &\Rightarrow \quad R = L^{\mathrm{T}} = \left(V\Lambda^{\frac{1}{2}}\right)^{\mathrm{T}} = \Lambda^{\frac{1}{2}}V^{\mathrm{T}} \end{aligned} \tag{2.67}$$

其中，为R上三角矩阵。

若$Y = [y_1, y_2]$为服从相关性系数为0标准正态分布（均值为0，方差为1）二元随机数矩阵。那么下式获得图2.26中数据矩阵X：

$$X = YR = Y\Lambda^{\frac{1}{2}}V^{\mathrm{T}} \tag{2.68}$$

下式验证X方差-协方差矩阵为Σ_X：

$$\mathrm{E}\left(X^{\mathrm{T}}X\right) = \mathrm{E}\left((YR)^{\mathrm{T}}YR\right) = R^{\mathrm{T}}\mathrm{E}\left(Y^{\mathrm{T}}Y\right)R = R^{\mathrm{T}}\mathrm{E}\left(Z^{\mathrm{T}}Z\right)R = R^{\mathrm{T}}IR = \Sigma_X \tag{2.69}$$

数据Z通过R（先缩放$\Lambda^{\frac{1}{2}}$，后旋转V^{T}）获得数据X。数据Y和数据X相互转换关系如图2.33所示。

而SVD分解实际上也是矩阵转化，$\boldsymbol{U}$和$\boldsymbol{V}$矩阵都对应旋转，而$\boldsymbol{S}$对应缩放。对矩阵转化不太熟悉读者，参考丛书第三册数学部分内容。

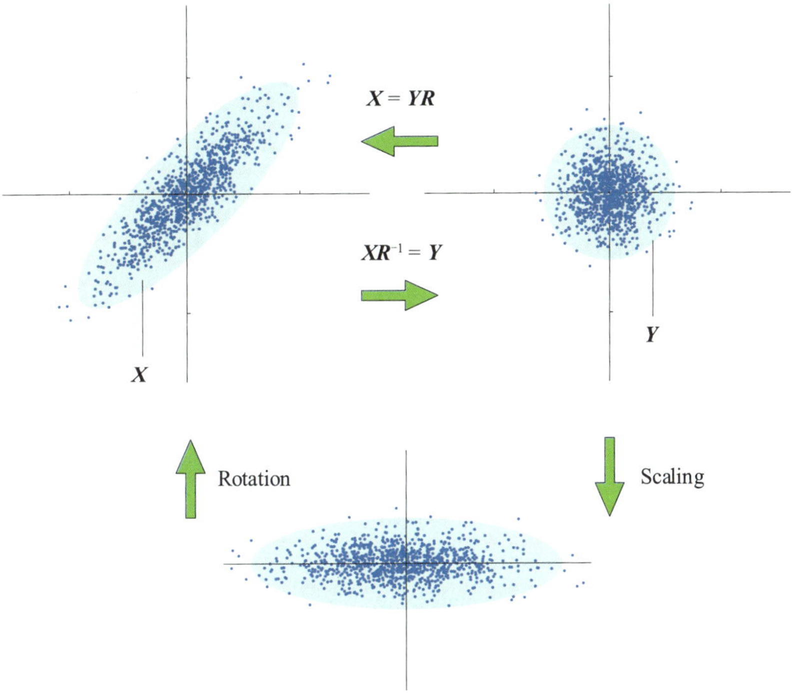

图2.33　数据$\boldsymbol{Y}$和数据$\boldsymbol{X}$相互转换

顺着上述思路，我们可以把**多元正态分布** (multivariate normal distribution) 收纳到以投影为核心知识网络中来。丛书第三册第2章介绍多元正态分布概率密度函数矩阵表达式，如下：

$$\operatorname{pdf}\left(\boldsymbol{x},\boldsymbol{\mu}_X,\boldsymbol{\Sigma}_X\right)=\frac{1}{\sqrt{\left|\boldsymbol{\Sigma}_X\right|(2\pi)^d}}\exp\left[-\frac{1}{2}\left(\boldsymbol{x}-\boldsymbol{\mu}_X\right)\boldsymbol{\Sigma}_X^{-1}\left(\boldsymbol{x}-\boldsymbol{\mu}_X\right)^{\mathrm{T}}\right] \tag{2.70}$$

其中，$\boldsymbol{X}=(\boldsymbol{x}_1, \boldsymbol{x}_2, \cdots, \boldsymbol{x}_q)$，代表服从多元正态分布随机数据矩阵，每一维度随机数为列向量 (如图2.12所示)；$\boldsymbol{x}$为行向量，代表一个观察点；$\boldsymbol{\mu}_X$ 同样为行向量，具体形式如下：

$$\boldsymbol{\mu}_X=\mathrm{E}(\boldsymbol{X})=\left[\mathrm{E}(\boldsymbol{x}_1)\quad \mathrm{E}(\boldsymbol{x}_2)\quad \cdots\quad \mathrm{E}(\boldsymbol{x}_q)\right] \tag{2.71}$$

观察多元正态分布矩阵表达式，发现如下看似熟悉的式子：

$$\left(\boldsymbol{x}-\boldsymbol{\mu}_X\right)\boldsymbol{\Sigma}_X^{-1}\left(\boldsymbol{x}-\boldsymbol{\mu}_X\right)^{\mathrm{T}} \tag{2.72}$$

将上式中$\boldsymbol{\Sigma}_X$替换为Cholesky分解式，得到下式：

$$\begin{aligned}
&\left(\boldsymbol{x}-\boldsymbol{\mu}_X\right)\boldsymbol{\Sigma}_X^{-1}\left(\boldsymbol{x}-\boldsymbol{\mu}_X\right)^{\mathrm{T}}=\left(\boldsymbol{x}-\boldsymbol{\mu}_X\right)\left(\boldsymbol{V}\boldsymbol{\Lambda}^{\frac{1}{2}}\boldsymbol{\Lambda}^{\frac{1}{2}}\boldsymbol{V}\right)^{-1}\left(\boldsymbol{x}-\boldsymbol{\mu}_X\right)^{\mathrm{T}}\\
&=\left(\boldsymbol{x}-\boldsymbol{\mu}_X\right)\left(\boldsymbol{V}^{\mathrm{T}}\right)^{-1}\boldsymbol{\Lambda}^{-\frac{1}{2}}\boldsymbol{\Lambda}^{-\frac{1}{2}}\left(\boldsymbol{V}\right)^{-1}\left(\boldsymbol{x}-\boldsymbol{\mu}_X\right)^{\mathrm{T}}\\
&=\left[\left(\boldsymbol{x}-\boldsymbol{\mu}_X\right)\boldsymbol{V}\boldsymbol{\Lambda}^{-\frac{1}{2}}\right]\left[\left(\boldsymbol{x}-\boldsymbol{\mu}_X\right)\boldsymbol{V}\boldsymbol{\Lambda}^{-\frac{1}{2}}\right]^{\mathrm{T}}
\end{aligned} \tag{2.73}$$

发现上式在图2.33旋转（V）和缩放（$\Lambda^{-\frac{1}{2}}$）操作之前加了一个中心平移操作 $(x-\mu_X)$。由此，得到x和y关系：

$$y=(x-\mu_X)V\Lambda^{-\frac{1}{2}} \quad\Rightarrow\quad x=y\Lambda^{\frac{1}{2}}V^{\mathrm{T}}+\mu_X \tag{2.74}$$

以上操作正是丛书第三册第2章中讨论椭圆变形过程，如图2.34所示。

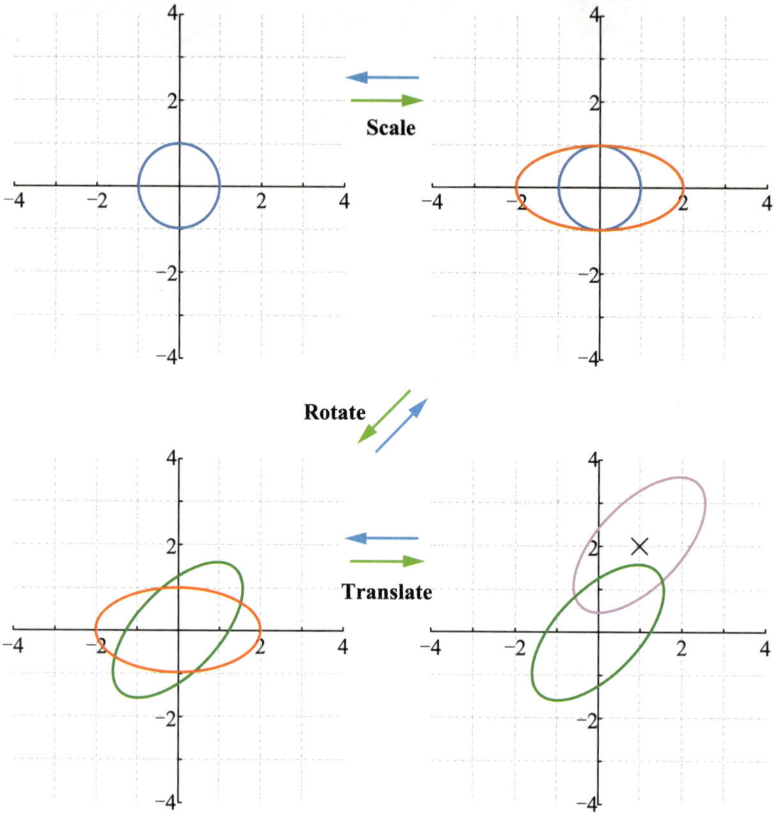

图2.34　椭圆变形过程（来自丛书第三册第2章）

若不考虑缩放步骤，即仅仅用旋转和平移构造y：

$$y=(x-\mu_X)V=(x-\mu_X)\begin{bmatrix} v_1 & v_2 & \cdots & v_q \end{bmatrix} \tag{2.75}$$

得到下式：

$$\begin{aligned}(x-\mu_X)\Sigma_X^{-1}(x-\mu_X)^{\mathrm{T}} &=\left[(x-\mu_X)V\right]\Lambda^{-1}\left[(x-\mu_X)V\right]^{\mathrm{T}}=y\Lambda^{-1}y^{\mathrm{T}}\\ &=\begin{bmatrix} y_1 & y_2 & \cdots & y_q \end{bmatrix}\begin{bmatrix} \lambda_1 & & & \\ & \lambda_2 & & \\ & & \ddots & \\ & & & \lambda_q \end{bmatrix}^{-1}\begin{bmatrix} y_1 & y_2 & \cdots & y_q \end{bmatrix}^{\mathrm{T}}\\ &=\sum_{i=1}^{q}\frac{y_i^2}{\lambda_i}\end{aligned} \tag{2.76}$$

上式取任意正数定值代表着一个多维空间椭球体。如当$q=2$时，得到平面内椭圆表达式：

$$\begin{bmatrix} y_1 & y_2 \end{bmatrix} \begin{bmatrix} \lambda_1 & \\ & \lambda_2 \end{bmatrix}^{-1} \begin{bmatrix} y_1 & y_2 \end{bmatrix}^{\mathrm{T}} = \frac{y_1^2}{\lambda_1} + \frac{y_2^2}{\lambda_2} = c \tag{2.77}$$

其中，c为任何大于0常数。

本书后面将详细介绍更多有关椭圆和其他双曲线内容。此外，若多元正态分布随机数据矩阵采用$\boldsymbol{X}=(\boldsymbol{x}_1, \boldsymbol{x}_2, \cdots, \boldsymbol{x}_q)^{\mathrm{T}}$形式，即每一维度随机数为行向量，观察点$\boldsymbol{x}$为列向量。则多元正态分布概率密度函数矩阵表达式如下：

$$\mathrm{pdf}(\boldsymbol{x}, \boldsymbol{\mu}_X, \boldsymbol{\Sigma}_X) = \frac{1}{\sqrt{|\boldsymbol{\Sigma}_X|(2\pi)^d}} \exp\left[-\frac{1}{2}(\boldsymbol{x}-\boldsymbol{\mu}_X)^{\mathrm{T}} \boldsymbol{\Sigma}_X^{-1} (\boldsymbol{x}-\boldsymbol{\mu}_X)\right] \tag{2.78}$$

以下代码获得图2.26～图2.33，并且获得特征值分解、SVD分解、PCA分析和Cholesky分解之间关系。

B4_Ch1_5.m

```
clc; clear all; close all

corr_rho = cos(pi/6);
SIGMA = 3*[1,0;0,1]*[1,corr_rho;corr_rho,1]*[1,0;0,1];
num   = 1000;


rng('default')
X = mvnrnd([0,0],SIGMA,num);
% R = chol(SIGMA)
% X = mvnrnd([0,0],[1,0;0,1],num);
% X = X*R;

X = X - mean(X);
theta = pi*1/12*3;
v1 = [cos(theta);
      sin(theta)];

v2 = [-sin(theta);
       cos(theta)];

V = [v1,v2];

figure(1)
plot(X(:,1),X(:,2),'.'); hold on
daspect([1,1,1])
xlim([-8,8]); ylim([-8,8]);
xlabel('x_1'); ylabel('x_2')
h = quiver(0,0,v1(1),v1(2));
```

```
h.AutoScaleFactor = 3;
h = quiver(0,0,v2(1),v2(2));
h.AutoScaleFactor = 3;
hAxis = gca;
hAxis.XAxisLocation = 'origin';
hAxis.YAxisLocation = 'origin';
box off


axes_x = [-8, 0;
           8, 0;]*V;
axes_y = [0,  8;
          0, -8;]*V;

Z = X*V;

figure(2)
plot(Z(:,1),Z(:,2),'.'); hold on
plot(axes_x(:,1)',axes_x(:,2)','k')
plot(axes_y(:,1)',axes_y(:,2)','k')
daspect([1,1,1])
xlim([-8,8]); ylim([-8,8]);
xlabel('y_1'); ylabel('y_2')
hAxis = gca;
hAxis.XAxisLocation = 'origin';
hAxis.YAxisLocation = 'origin';
box off
h = quiver(0,0,1,0);
h.AutoScaleFactor = 3;
h = quiver(0,0,0,1);
h.AutoScaleFactor = 3;

edges = [-8:0.4:8];

figure(3)

subplot(2,1,1)
histogram(Z(:,1),edges,'Normalization','probability')
xlim([-8,8]); ylim([0,0.35])
ylabel('Probability'); xlabel('y2')
box off; grid off

subplot(2,1,2)
histogram(Z(:,2),edges,'Normalization','probability')
xlim([-8,8]); ylim([0,0.35])
ylabel('Probability'); xlabel('y2')
box off; grid off
```

```
SIGMA_Z = cov(Z);
figure(4)
heatmapHandle = heatmap(SIGMA_Z);
caxis(heatmapHandle,[0 6]);
%% Conversions

[n,~] = size(X); % n, number of observations

SIGMA = (X.'*X)/(n-1)

cov(X)

[V_eig,LAMBDA] = eig(SIGMA)

[U,S,V_svd] = svd(X);

S([1,2],:)

S([1,2],:).^2/(n-1)

[coeff,score,latent] = pca(X);
% coeff, V
% score, Z
% latent, lambda

figure(5)
subplot(1,2,1)
plot(X(:,1),X(:,2),'.'); hold on
daspect([1,1,1])
xlim([-8,8]); ylim([-8,8]);
xlabel('x_1'); ylabel('x_2')
h = quiver(0,0,coeff(1,1),coeff(2,1));
h.AutoScaleFactor = 3;
h = quiver(0,0,coeff(1,2),coeff(2,2));
h.AutoScaleFactor = 3;
hAxis = gca;
hAxis.XAxisLocation = 'origin';
hAxis.YAxisLocation = 'origin';
box off

subplot(1,2,2)
plot(score(:,1),score(:,2),'.'); hold on
daspect([1,1,1])
xlim([-8,8]); ylim([-8,8]);
xlabel('z_1'); ylabel('z_2')
hAxis = gca;
```

```
hAxis.XAxisLocation = 'origin';
hAxis.YAxisLocation = 'origin';
box off


R = chol(SIGMA)
% X = mvnrnd([0,0],[1,0;0,1],num);
% X = X*R;
Z = X*R^(-1);
cov(Z)

figure(5)
subplot(1,2,1)
plot(X(:,1),X(:,2),'.'); hold on
daspect([1,1,1])
xlim([-8,8]); ylim([-8,8]);
xlabel('x_1'); ylabel('x_2')
h = quiver(0,0,v1(1),v1(2));
h.AutoScaleFactor = 3;
h = quiver(0,0,v2(1),v2(2));
h.AutoScaleFactor = 3;
hAxis = gca;
hAxis.XAxisLocation = 'origin';
hAxis.YAxisLocation = 'origin';
box off

subplot(1,2,2)
plot(Z(:,1),Z(:,2),'.'); hold on
daspect([1,1,1])
xlim([-8,8]); ylim([-8,8]);
xlabel('z_1'); ylabel('z_2')
hAxis = gca;
hAxis.XAxisLocation = 'origin';
hAxis.YAxisLocation = 'origin';
box off
```

2.5 正定性

正定性 (positive definiteness) 是凸优化问题经常出现的矩阵概念。这一小节简单了解矩阵正定性。矩阵正定性分为如下几种情况：

- 矩阵$\boldsymbol{A}$为**正定矩阵** (positive definite matrix)，则$\boldsymbol{x}^{\mathrm{T}}\boldsymbol{A}\boldsymbol{x} > 0, \boldsymbol{x} \neq \boldsymbol{0}$ ($\boldsymbol{x}$为非零列向量)。
- 矩阵$\boldsymbol{A}$为**负定矩阵** (negative definite matrix)，则$\boldsymbol{x}^{\mathrm{T}}\boldsymbol{A}\boldsymbol{x} < 0, \boldsymbol{x} \neq \boldsymbol{0}$ ($\boldsymbol{x}$为非零列向量)。

◀ 矩阵$\boldsymbol{A}$为**半正定矩阵** (positive semi-definite matrix)，则$\boldsymbol{x}^{\mathrm{T}}\boldsymbol{A}\boldsymbol{x} \geqslant 0, \boldsymbol{x} \neq \boldsymbol{0}$ ($\boldsymbol{x}$为非零列向量)。
◀ 矩阵$\boldsymbol{A}$为**半负定矩阵** (negative semi-definite matrix)，则$\boldsymbol{x}^{\mathrm{T}}\boldsymbol{A}\boldsymbol{x} \leqslant 0, \boldsymbol{x} \neq \boldsymbol{0}$ ($\boldsymbol{x}$为非零列向量)。
◀ 矩阵不属于以上任何一种情况，矩阵被称作**不定矩阵** (indefinite matrix)。

判断矩阵是否为正定矩阵，本册主要采用如下三种方法。

◀ 若矩阵为对称矩阵，并且所有特征值为正，则矩阵为正定矩阵。
◀ 若矩阵进行Cholesky分解，则矩阵为正定矩阵。
◀ 称矩阵$\boldsymbol{A}$**主子式** (principal minors) 均大于0。

前两种方法对应代码如下：

```
issymmetric(A)
lambdas = eig(A)
isposdef = all(lambdas > 0)

[~,positive_def_flag] = chol(A)
% positive_def_flag
% flag = 0, then the input matrix is symmetric positive definite
```

用主子式判断正定矩阵，用下例 3 × 3 方阵$\boldsymbol{A}$：

$$\boldsymbol{A} = \begin{bmatrix} 2 & -1 & 0 \\ -1 & 2 & -1 \\ 0 & -1 & 2 \end{bmatrix} \tag{2.79}$$

$\boldsymbol{A}$的三个顺序主子式如下：

$$D_1 = |2| > 0, \quad D_2 = \begin{vmatrix} 2 & -1 \\ -1 & 2 \end{vmatrix} > 0, \quad D_3 = \begin{vmatrix} 2 & -1 & 0 \\ -1 & 2 & -1 \\ 0 & -1 & 2 \end{vmatrix} > 0 \tag{2.80}$$

很容发现这三个顺序主子式均大于零，因此$\boldsymbol{A}$为正定矩阵。

若矩阵$\boldsymbol{A}$为负定矩阵，则$\boldsymbol{A}$的特征值均为负值。矩阵$\boldsymbol{A}$为半正定矩阵，则矩阵$\boldsymbol{A}$特征值为正值或0。矩阵$\boldsymbol{A}$为半负定矩阵，则矩阵特征值为负值或0。

下面简单说明一下矩阵特征值、特征向量和矩阵正定性关系。非零向量$\boldsymbol{x}$为矩阵$\boldsymbol{A}$特征向量，λ为对应特征值，则下式成立：

$$\boldsymbol{A}\boldsymbol{x} = \lambda\boldsymbol{x} \quad \Rightarrow \quad \boldsymbol{x}^{\mathrm{T}}\boldsymbol{A}\boldsymbol{x} = \lambda\boldsymbol{x}^{\mathrm{T}}\boldsymbol{x} \tag{2.81}$$

$\boldsymbol{x}$为非零向量，则$\boldsymbol{x}^{\mathrm{T}}\boldsymbol{x} > 0$；若特征值$\lambda$大于0，则$\lambda\boldsymbol{x}^{\mathrm{T}}\boldsymbol{x} > 0$，即$\boldsymbol{x}^{\mathrm{T}}\boldsymbol{A}\boldsymbol{x} > 0$。

$\boldsymbol{A}$进行Cholesky分解，$\boldsymbol{x}^{\mathrm{T}}\boldsymbol{A}\boldsymbol{x}$写成如下形式：

$$\boldsymbol{x}^{\mathrm{T}}\boldsymbol{A}\boldsymbol{x} = \boldsymbol{x}^{\mathrm{T}}\boldsymbol{R}^{\mathrm{T}}\boldsymbol{R}\boldsymbol{x} = \left(\boldsymbol{R}\boldsymbol{x}\right)^{\mathrm{T}}\boldsymbol{R}\boldsymbol{x} = \left\|\boldsymbol{R}\boldsymbol{x}\right\|^2 \tag{2.82}$$

$\boldsymbol{R}$中列向量线性无关，若$\boldsymbol{x}$为非零向量，则$\boldsymbol{R}\boldsymbol{x} \neq 0$，因此上式$\boldsymbol{x}^{\mathrm{T}}\boldsymbol{A}\boldsymbol{x} > 0$。值得注意，在一般情况，资产收益率方差-协方差矩阵都是正定矩阵，这一点在投资组合优化问题中很重要。为更直观地理解矩阵正定性，我们从几何角度来解释。

对于一个2 × 2对称矩阵$\boldsymbol{A}$，构造如下二元函数：

$$A=\begin{bmatrix} a & b \\ b & c \end{bmatrix} \Rightarrow z=f(x,y)=\begin{bmatrix} x & y \end{bmatrix}\begin{bmatrix} a & b \\ b & c \end{bmatrix}\begin{bmatrix} x \\ y \end{bmatrix}=ax^2+2bxy+cy^2 \tag{2.83}$$

在x-y-z正交空间中，当矩阵A正定性不同时，$z=f(x, y)$ 对应曲面会有不同性质，如图2.35所示。图2.35(a) 所示A为正定矩阵时，$z=f(x, y)$ 曲面为凸面；该曲面又叫作**椭圆抛物面** (elliptic paraboloid)。当A为负定矩阵时，$z=f(x, y)$ 曲面为凹面，如图2.35(b) 所示。图2.35(c) 和 (d) 分别展示A为半正定和半负定矩阵时，$z=f(x, y)$ 曲面形状；这两个曲面分别为**山谷面** (valley surface) 和**山脊面** (ridge surface)。图2.35(e) 和 (f) 展示矩阵A为不定条件下，$z=f(x, y)$ 曲面形状，该曲面形状叫作**双曲抛物面** (hyperbolic paraboloid)，又常被称作**马鞍面** (saddle surface)。本册数学部分和优化部分将会从不同角度研究这几种曲面。本节以实例讨论这几种正定性和对应曲面几何意义。

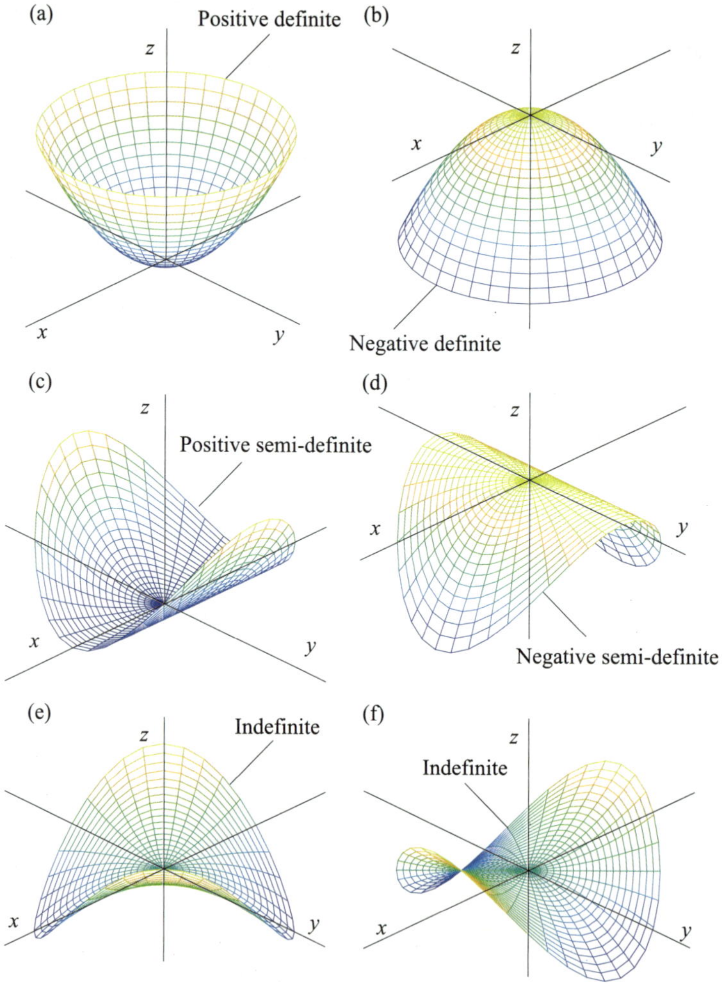

图2.35　矩阵正定性几何意义

先来看一个2 × 2正定矩阵例子。矩阵A具体值如下：

$$A=\begin{bmatrix} 1 & 0 \\ 0 & 2 \end{bmatrix} \Rightarrow f(x,y)=\begin{bmatrix} x & y \end{bmatrix}\begin{bmatrix} 1 & 0 \\ 0 & 2 \end{bmatrix}\begin{bmatrix} x \\ y \end{bmatrix}=x^2+2y^2 \tag{2.84}$$

容易求得A特征值分别为$\lambda_1=1$和$\lambda_2=2$，对应特征向量分别如下：

$$v_1 = \begin{bmatrix} 1 \\ 0 \end{bmatrix}, \quad v_2 = \begin{bmatrix} 0 \\ 1 \end{bmatrix} \tag{2.85}$$

图2.36展示$z = f(x, y)$ 曲面两个不同视角视图。在该曲面边缘任意一点放置一个小球，小球都会朝着曲面最低点滚动。图2.36中点A、B和C为三个例子；曲面坡度不同，因此不同点朝下滚动时初始“加速度”大小和方向都可能会有所不同，本章后文会用梯度向量来量化该“加速度”。

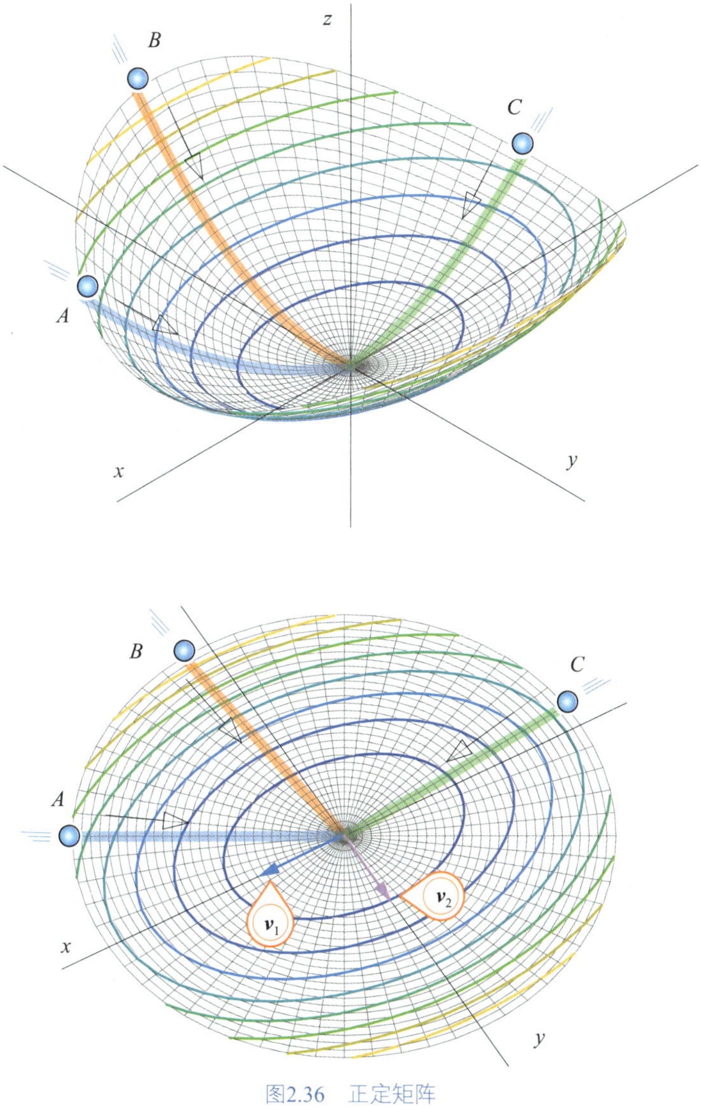

图2.36　正定矩阵

再看一个2 × 2旋转正定矩阵情况。A矩阵具体如下：

$$A = \begin{bmatrix} 1.5 & 0.5 \\ 0.5 & 1.5 \end{bmatrix} \Rightarrow f(x,y) = \begin{bmatrix} x & y \end{bmatrix} \begin{bmatrix} 1.5 & 0.5 \\ 0.5 & 1.5 \end{bmatrix} \begin{bmatrix} x \\ y \end{bmatrix} = 1.5x^2 + xy + 1.5y^2 \tag{2.86}$$

经过计算得到A特征值也是$\lambda_1 = 1$和$\lambda_2 = 2$，这两个特征值对应特征向量分别如下：

$$
\boldsymbol{v}_1 = \begin{bmatrix} -\frac{\sqrt{2}}{2} \\ \frac{\sqrt{2}}{2} \end{bmatrix}, \quad \boldsymbol{v}_2 = \begin{bmatrix} \frac{\sqrt{2}}{2} \\ \frac{\sqrt{2}}{2} \end{bmatrix} \tag{2.87}
$$

$z=f(x,y)$ 曲面对应图像如图2.37。借用坐标旋转，坐标点 (x, y) 绕原点**顺时针** (clockwise) 旋转θ到达 (X, Y)，通过下式获得：

$$
\begin{bmatrix} X & Y \end{bmatrix} = \begin{bmatrix} x & y \end{bmatrix} \begin{bmatrix} \cos\theta & -\sin\theta \\ \sin\theta & \cos\theta \end{bmatrix} \tag{2.88}
$$

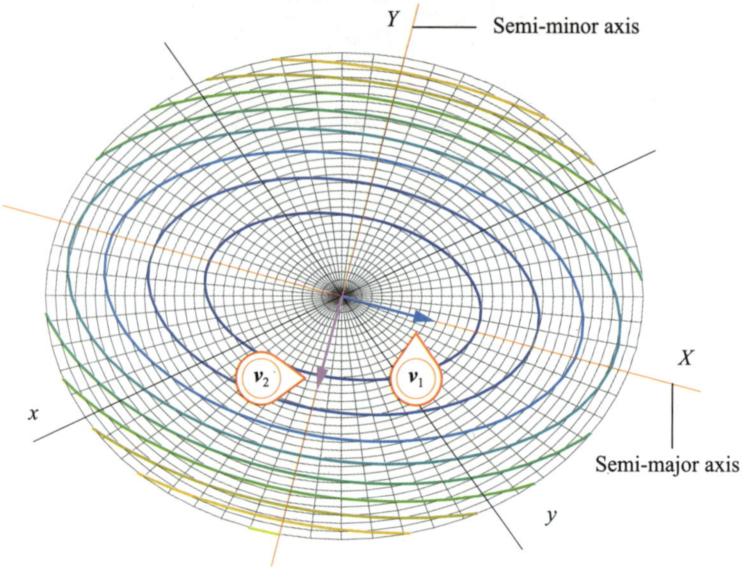

图2.37　旋转得到正定矩阵曲面

很容易发现，(x, y) 经过顺时针 45° 旋转到达 (X, Y) 点：

$$
\begin{bmatrix} x & y \end{bmatrix} \begin{bmatrix} 1.5 & 0.5 \\ 0.5 & 1.5 \end{bmatrix} \begin{bmatrix} x \\ y \end{bmatrix} = \begin{bmatrix} X & Y \end{bmatrix} \begin{bmatrix} 1 & 0 \\ 0 & 2 \end{bmatrix} \begin{bmatrix} X \\ Y \end{bmatrix} \tag{2.89}
$$

即

$$
1.5x^2 + xy + 1.5y^2 = X^2 + Y^2 \tag{2.90}
$$

当X和Y都不为零，即 $[X; Y]$ 为非零向量时，上式恒大于0。

特殊情况下，若特征值相等，椭圆抛物面为正圆抛物面：

$$
\boldsymbol{A} = \begin{bmatrix} 1 & 0 \\ 0 & 1 \end{bmatrix} \Rightarrow f(x,y) = \begin{bmatrix} x & y \end{bmatrix} \begin{bmatrix} 1 & 0 \\ 0 & 1 \end{bmatrix} \begin{bmatrix} x \\ y \end{bmatrix} = x^2 + y^2 \tag{2.91}
$$

在图2.38曲面最小值点放置一个小球，若小球受到任何扰动，小球仍然会回落到最低点。

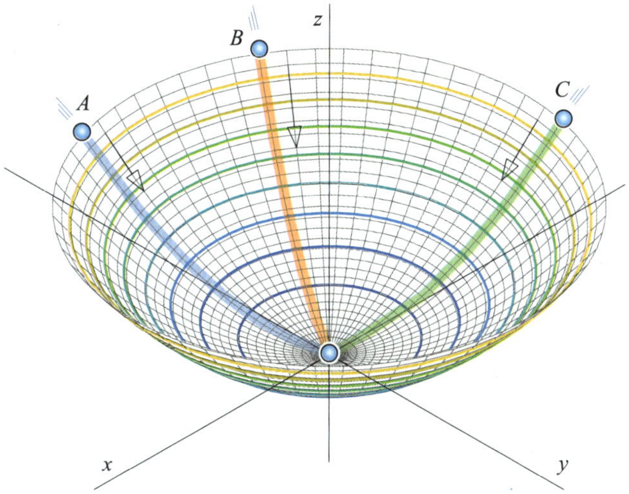

图2.38　特征值相等且大于零时，曲面形状

下面讨论一下负定矩阵情况。下式中，$\boldsymbol{A}$为负定矩阵：

$$\boldsymbol{A}=\begin{bmatrix}-1 & 0\\ 0 & -2\end{bmatrix}\Rightarrow f(x,y)=\begin{bmatrix}x & y\end{bmatrix}\begin{bmatrix}-1 & 0\\ 0 & -2\end{bmatrix}\begin{bmatrix}x\\ y\end{bmatrix}=-x^2-2y^2 \tag{2.92}$$

很容易求得$\boldsymbol{A}$特征值分别为$\lambda_1=-2$和$\lambda_2=-1$，对应特征向量分别如下：

$$\boldsymbol{v}_1=\begin{bmatrix}0\\ 1\end{bmatrix},\quad \boldsymbol{v}_2=\begin{bmatrix}1\\ 0\end{bmatrix} \tag{2.93}$$

图2.39展示负定矩阵对应曲面；发现$z=f(x,y)$ 对应曲面为凹面。在曲面最大值处放置一个小球，小球处于不稳定平衡状态。受到轻微扰动后，小球沿着任意方向运动，都会下落。

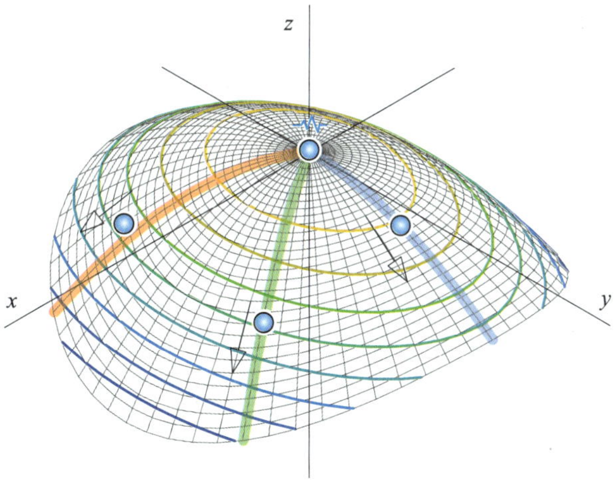

图2.39　负定矩阵对应曲面

下面来聊一聊半正定矩阵情况。矩阵$\boldsymbol{A}$取值如下：

$$\boldsymbol{A}=\begin{bmatrix}1 & 0\\ 0 & 0\end{bmatrix}\Rightarrow f(x,y)=\begin{bmatrix}x & y\end{bmatrix}\begin{bmatrix}1 & 0\\ 0 & 0\end{bmatrix}\begin{bmatrix}x\\ y\end{bmatrix}=x^2 \tag{2.94}$$

经过计算，矩阵$\boldsymbol{A}$特征值分别为$\lambda_1 = 0$和$\lambda_2 = 1$；这两个特征值对应特征向量分别如下：

$$\boldsymbol{v}_1 = \begin{bmatrix} 0 \\ 1 \end{bmatrix}, \quad \boldsymbol{v}_2 = \begin{bmatrix} 1 \\ 0 \end{bmatrix} \tag{2.95}$$

图2.40展示$z = f(x, y)$对应曲面；除了位于y轴上点以外，任意点处放置一个小球，小球都会滚动到山谷面谷底。谷底位置对应一条直线，这条直线上每一点都是函数$z = f(x, y)$最小值。小球在特征值为0对应特征向量方向运动，函数值没有任何变化。

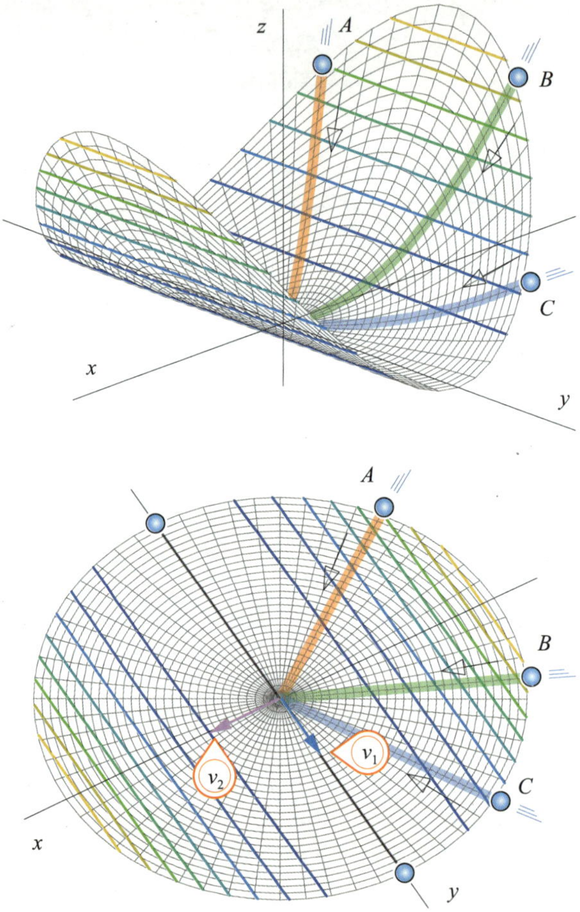

图2.40　半正定矩阵对应曲面

下式$\boldsymbol{A}$为半正定矩阵：

$$\boldsymbol{A} = \begin{bmatrix} 0.5 & -0.5 \\ -0.5 & 0.5 \end{bmatrix} \Rightarrow f(x,y) = \begin{bmatrix} x & y \end{bmatrix} \begin{bmatrix} 0.5 & -0.5 \\ -0.5 & 0.5 \end{bmatrix} \begin{bmatrix} x \\ y \end{bmatrix} = 0.5x^2 - xy + 0.5y^2 \tag{2.96}$$

矩阵$\boldsymbol{A}$特征值为$\lambda_1 = 0$和$\lambda_2 = 1$，对应特征向量如下：

$$\boldsymbol{v}_1 = \begin{bmatrix} -\frac{\sqrt{2}}{2} \\ -\frac{\sqrt{2}}{2} \end{bmatrix}, \quad \boldsymbol{v}_2 = \begin{bmatrix} -\frac{\sqrt{2}}{2} \\ \frac{\sqrt{2}}{2} \end{bmatrix} \tag{2.97}$$

图2.41展示旋转山谷面。同样，小球沿$\boldsymbol{v}_1$ (特征值为0对应特征向量) 方向运动，函数值没有任何变化。值得指出，x和y线性相关。

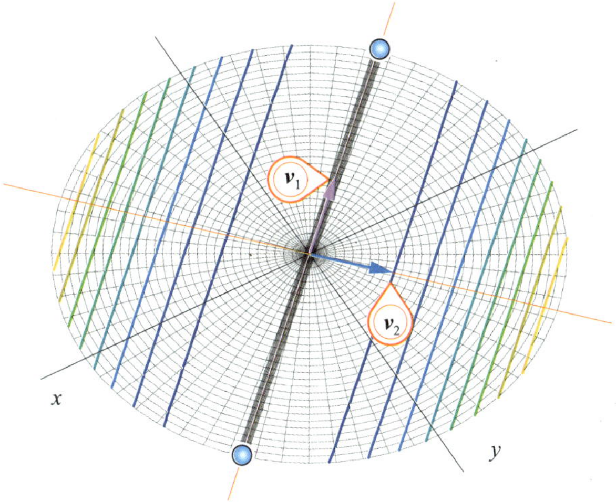

图2.41　旋转山谷面

下面看一个半负定矩阵情况，矩阵$\boldsymbol{A}$具体值如下：

$$\boldsymbol{A}=\begin{bmatrix}0 & 0\\0 & -1\end{bmatrix}\Rightarrow f(x,y)=\begin{bmatrix}x & y\end{bmatrix}\begin{bmatrix}0 & 0\\0 & -1\end{bmatrix}\begin{bmatrix}x\\y\end{bmatrix}=-y^2 \tag{2.98}$$

求得矩阵$\boldsymbol{A}$对应特征值为$\lambda_1=-1$和$\lambda_2=0$，对应特征向量如下：

$$\boldsymbol{v}_1=\begin{bmatrix}0\\1\end{bmatrix},\quad \boldsymbol{v}_2=\begin{bmatrix}1\\0\end{bmatrix} \tag{2.99}$$

图2.42展示半负定矩阵对应山脊面，发现曲面有无数个最大值。在任意最大值处放置一个小球，受到扰动后，小球会沿着曲面滚下。和山谷面一样，小球沿$\boldsymbol{v}_2$ (特征值为0对应特征向量) 方向运动，函数值没有任何变化。

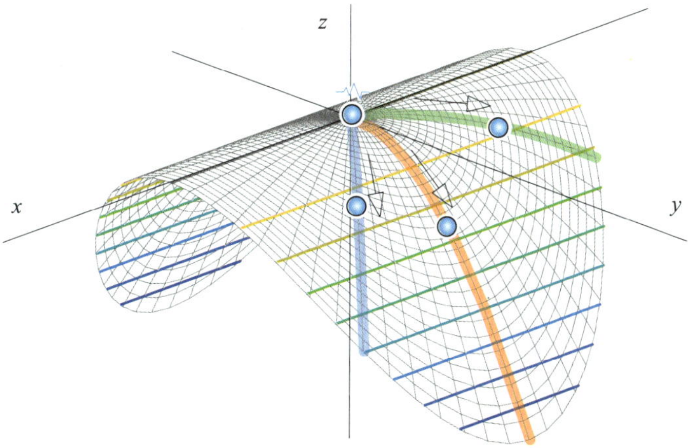

图2.42　半负定矩阵对应山脊面

本节最后看一下不定矩阵情况。$\boldsymbol{A}$为不定矩阵如下：

$$A = \begin{bmatrix} 1 & 0 \\ 0 & -1 \end{bmatrix} \Rightarrow f(x,y) = \begin{bmatrix} x & y \end{bmatrix} \begin{bmatrix} 1 & 0 \\ 0 & -1 \end{bmatrix} \begin{bmatrix} x \\ y \end{bmatrix} = x^2 - y^2 \tag{2.100}$$

求得矩阵$\boldsymbol{A}$对应特征值为$\lambda_1 = -1$和$\lambda_2 = 1$，对应特征向量如下：

$$\boldsymbol{v}_1 = \begin{bmatrix} 0 \\ 1 \end{bmatrix}, \quad \boldsymbol{v}_2 = \begin{bmatrix} 1 \\ 0 \end{bmatrix} \tag{2.101}$$

图2.43展示$z = f(x, y)$ 对应曲面。当z不为零时，曲面对应等高线为双曲线；当z为零时，曲面对应等高线是两条在x-y平面内直线 (图2.43中深色轨道)，这两条直线即双曲线渐近线。图2.43告诉我们，曲面边缘不同位置放置小球会有完全不同结果；A点和B点处松手小球会向中心方向滚动，C点小球会朝远离中心方向滚动。

图2.43所示马鞍面中心既不是极小值点 (如图2.36曲面)，也不是极大值点 (如图2.39曲面)；图2.43中马鞍面中心点被称作为**鞍点** (saddle point)。另外，沿着图2.43中深色轨道运动，小球高度没有任何变化。

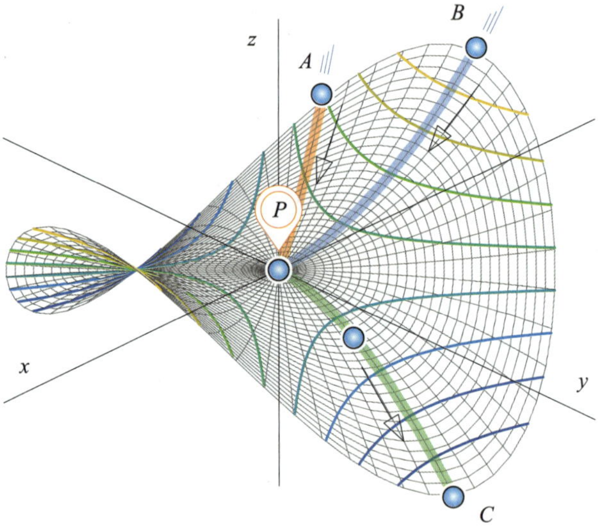

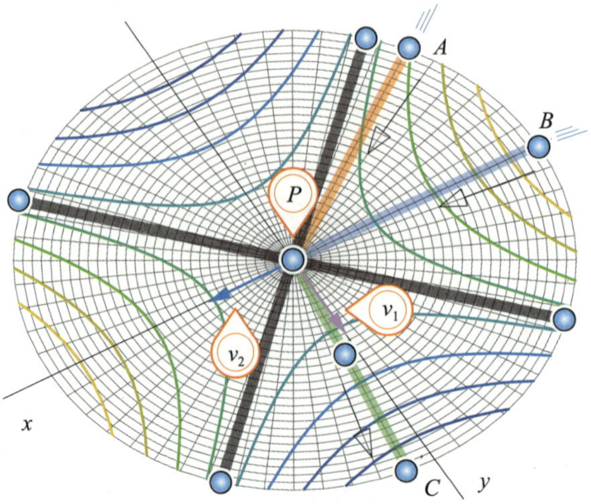

图2.43　不定矩阵对应曲面

图2.43中马鞍面顺时针旋转45°得到图2.44曲面。图2.44曲面对应矩阵$\boldsymbol{A}$如下：

$$\boldsymbol{A}=\begin{bmatrix} 0 & -1 \\ -1 & 0 \end{bmatrix} \Rightarrow f(x,y)=\begin{bmatrix} x & y \end{bmatrix}\begin{bmatrix} 0 & -1 \\ -1 & 0 \end{bmatrix}\begin{bmatrix} x \\ y \end{bmatrix}=-2xy \tag{2.102}$$

在$z=f(x,y)$为非零定值时，发现上式为反比例函数。

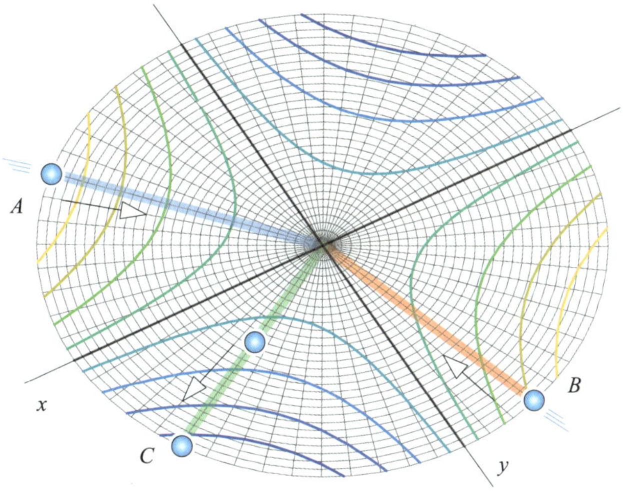

图2.44　旋转不定矩阵对应曲面

以下代码获得本节图像。

B4_Ch1_6.m

```
clc; clear all; close all
syms x y

x0 = 0; y0 = 0;
r = 2; num = 30;
[xx_fine,yy_fine] = mesh_circ(x0,y0,r,num);

A = [1, 0; 0, 1;];
% A = [1, 0; 0, 2;];
% % A = [-1, 0; 0, -2;];
% % A = [1, 0; 0, -1;];
% % A = [0, 1/2; 1/2, 0;];
% A = [1, 0; 0, -1;];
% % A = [0, 1/2; 1/2, 0;];
% % A = [1, 0; 0, 0;];
% % A = [0, 0; 0, -1;];
theta_deg = 0; % please update the theta
theta = deg2rad(theta_deg);
R = [cos(theta), -sin(theta);
     sin(theta),  cos(theta)]
inv_R = inv(R)
```

```
A_new = inv_R*A*R

f = [x, y]*A_new*[x; y];
simplify(f)
vpa(simplify(f),5)
issymmetric(A_new)
lambdas = eig(A_new)
isposdef = all(lambdas > 0)

[~,positive_def_flag] = chol(A_new)
% positive_def_flag
% flag = 0, then the input matrix is symmetric positive definite


ff_fine = double(subs(f, [x y], {xx_fine,yy_fine}));

figure(1)
c_levels =  min(ff_fine(:)):(max(ff_fine(:))-min(ff_fine(:)))/9:max(ff_fine(:));

h = mesh(xx_fine,yy_fine,ff_fine); hold on
h.EdgeColor = [1,1,1]/2;
[~,h2] = contour3(xx_fine,yy_fine,ff_fine)
h2.LevelList = c_levels;
h2.LineWidth = 1.25;
grid off; box off
hAxis = gca;
set(gca,'xtick',[])
set(gca,'ytick',[])
set(gca,'ztick',[])

xlabel('x');ylabel('y');zlabel('z');
hAxis.XRuler.FirstCrossoverValue  = 0; % X crossover with Y axis
hAxis.YRuler.FirstCrossoverValue  = 0; % Y crossover with X axis
hAxis.ZRuler.FirstCrossoverValue  = 0; % Z crossover with X axis
hAxis.ZRuler.SecondCrossoverValue = 0; % Z crossover with Y axis
hAxis.XRuler.SecondCrossoverValue = 0; % X crossover with Z axis
hAxis.YRuler.SecondCrossoverValue = 0; % Y crossover with Z axis
view(-45,60)
view(-30,90)
xlim([min(xx_fine(:))*1.2,max(xx_fine(:))*1.2])
ylim([min(yy_fine(:))*1.2,max(yy_fine(:))*1.2])
zlim([min(ff_fine(:))-1,max(ff_fine(:))+1])

function [xx,yy] = mesh_circ(x0,y0,r,num)

theta = [0:pi/num:2*pi];
r = [0:r/num:r];
```

```
[theta,r] = meshgrid(theta,r);

xx = cos(theta).*r + x0;
yy = sin(theta).*r + y0;

end
```

第3章

Elements of Mathematics for Finance

数学基础 VI

几何学在创世之前就存在了。它是永恒的，几何学为造物主提供了创世的模型。

Geometry existed before the creation. It is co-eternal with the mind of God...Geometry provided God with a model for the Creation.

——约翰内斯·开普勒 (Johannes Kepler)

Core Functions and Syntaxes

本章核心命令代码

- cross() 计算向量叉乘。
- daspect(ratio) 设置当前坐标区数据纵横比。数据纵横比是沿 x 轴、y 轴和 z 轴数据单位的相对长度。若要在所有方向上采用相同数据单位长度，请使用 [1 1 1]。
- diff() 求解符号表达微分式。
- dot($\boldsymbol{A}$,$\boldsymbol{B}$) 返回 $\boldsymbol{A}$ 和 $\boldsymbol{B}$ 标量点积。
- double() 转换为双精度浮点数，即8个字节(64位)浮点值。
- fills() 填充三维多边形。
- fimplicit(f) 在默认区间 [-5 5](对于 x 和 y) 上绘制 $f(x,y)=0$ 定义隐函数。
- fimplicit3(f) 在默认区间 [-5 5](对于 x) 和 y(对于 z) 上绘制 $f(x,y,z)=0$ 定义三维隐函数。
- gradient() 计算多元函数梯度。
- hessian() 计算多元函数Hessian矩阵。
- norm(v) 返回向量v的欧几里得范数。此范数也称为 2-范数、向量模或欧几里得长度。
- norm($\boldsymbol{v}$,$\boldsymbol{p}$) 返回广义向量 $\boldsymbol{p}$-范数。
- quiver(x,y,$\boldsymbol{u}$,$\boldsymbol{v}$) 在 x 和 y 中每个对应元素对组所指定坐标处将向量绘制为箭头。
- quiver3(x,y,z,$\boldsymbol{u}$,$\boldsymbol{v}$,$\boldsymbol{w}$) 在 ($\boldsymbol{x}$,$\boldsymbol{y}$,$\boldsymbol{z}$) 确定点处绘制向量，其方向由分量 ($\boldsymbol{u}$,$\boldsymbol{v}$,$\boldsymbol{w}$) 确定。
- solve() 求解代数式。
- subs() 将符号或者数值代入符号表达式。
- syms 创建符号变量和函数。
- view(az,el) 为当前坐标区设置照相机视线方位角和仰角。
- view(x, y, z) 函数输入为三元素数组时，其值是从图框中心点到照相机位置所形成向量的 x、y 和 z 坐标。

3.1 梯度向量

梯度 (gradient) 是优化问题中的重要概念，几乎所有优化方法都需要讨论梯度。本节首先用直观的方法介绍梯度。如图3.1所示，在坡面A点处放置一个小球，轻轻松开手的一瞬间，小球沿着坡面最陡峭方向滚下，瞬间滚动方向便是**梯度下降方向** (direction of gradient descent)。数学中，此方向的反方向即梯度方向，也称作**梯度上升方向**。

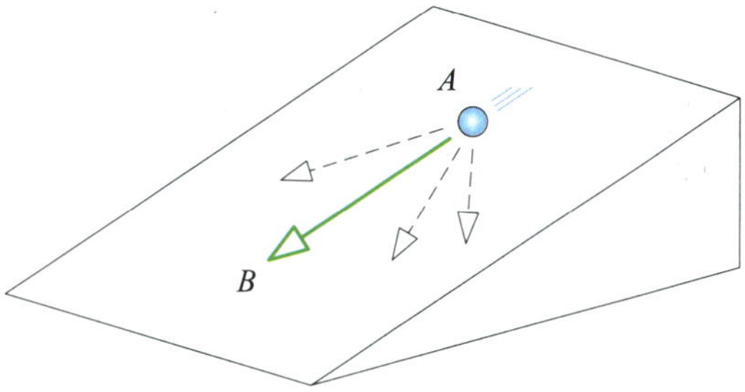

图3.1　梯度方向原理

丛书第一册第6章讲解**方向微分** (directional derivative) 时，简单聊过图3.2。曲面上，经过P点有无数条切线，l_{x1}和l_{x2}为P点处沿着x方向的微分方向，l_{y1}和l_{y2}为P点处沿着y方向的微分方向。l_{h2}为下降最快方向，l_{h1}为上升最快方向，即本节要讲的梯度方向。l_{c1}和l_{c2}方向是和等高线相切的方向，沿着这两个方向微小移动，在曲面上高度不会变化。在此基础上，本节要深入介绍梯度和一些简单应用。丛书第三册第12章引入过**倒三角微分算子** (Nabla symbol) ∇，它也叫Nabla算子。本节开始用∇来表达梯度运算：

$$\operatorname{grad} f = \nabla f \tag{3.1}$$

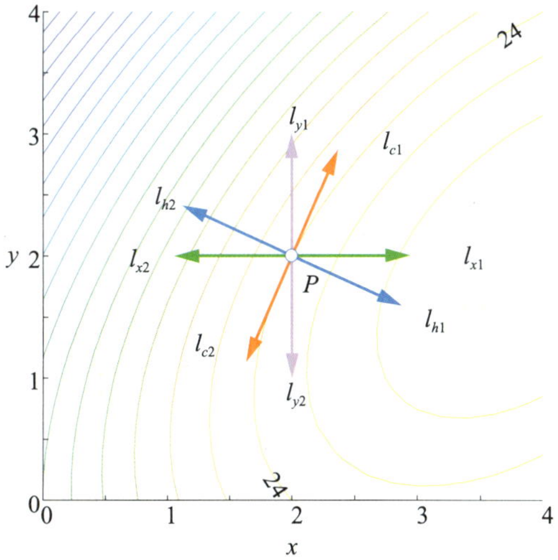

图3.2　曲面投影到x-y平面的等高线和P点的几条个性切线 (图像来自丛书第一册第6章)

这一小节，$[x_1, x_2]$ 表示 $[x, y]$，二元函数$f(x_1, x_2)$ 写作 $f(\boldsymbol{x})$。

$$f(\boldsymbol{x}) = f(x_1, x_2) \tag{3.2}$$

x_1-x_2平面上，P (x_{P1}, x_{P2}) 点处，任意偏离P点的微小移动 (Δx_1, Δx_2) 都导致 $f(\boldsymbol{x})$ 大小发生变化，对应等高线数值变化。

$$\begin{aligned}\Delta f &= f(\boldsymbol{x}_Q)-f(\boldsymbol{x}_P)\\&= f(\boldsymbol{x}_P+\Delta\boldsymbol{x})-f(\boldsymbol{x}_P)\\&= f(x_{P1}+\Delta x_1,x_{P2}+\Delta x_2)-f(x_{P1},x_{P2})\end{aligned}\tag{3.3}$$

比如，当前点位于P点，微小移动后到达Q点，如图3.3所示。

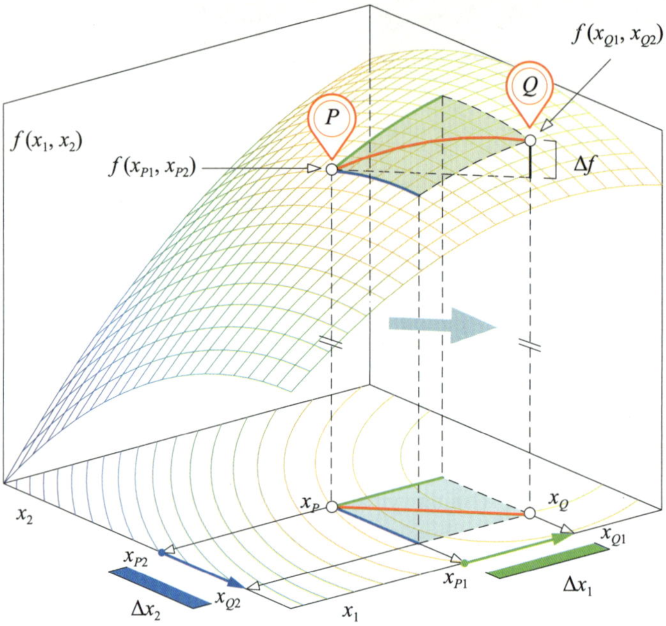

图3.3　曲面从P点移动到Q点对应位置变化

用一阶偏微分做近似求解Δf:

$$\begin{aligned}\Delta f &= f(\boldsymbol{x}_P+\Delta\boldsymbol{x})-f(\boldsymbol{x}_P)\\&\approx \left.\frac{\partial f(\boldsymbol{x})}{\partial x_1}\right|_P \Delta x_1+\left.\frac{\partial f(\boldsymbol{x})}{\partial x_2}\right|_P \Delta x_2\end{aligned}\tag{3.4}$$

上式便是丛书之前讲过的多元函数泰勒一阶展开。曲面上点P (x_{P1}, x_{P2}) 在x_1 和 x_2 两个维度上的偏微分，分别为该点处x_1-z平面和x_2-z平面内切线的斜率，如图3.4所示。

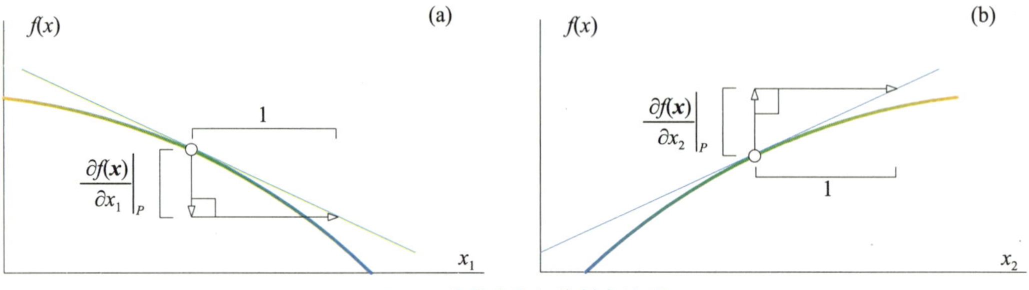

图3.4　偏微分和切线斜率关系

从几何角度来讲，P点处曲面切面替代曲面本身，估算函数值。图3.5给出这一过程。投影位移量

$(\Delta x_1, \Delta x_2)$ 一致情况下，沿着曲面，从P点运动到Q点；而沿着P点切面，移动到了R点。R点对应高度与Q点高度近似。R点和Q点的高度差是估算误差。图3.6为图3.5局部放大图，这张图更清晰地展示了估算过程。

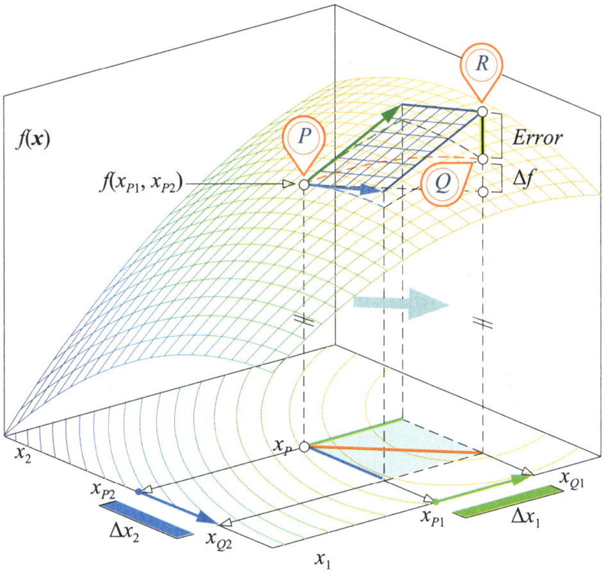

图3.5　曲面从P点线性移动到R点对应位置变化

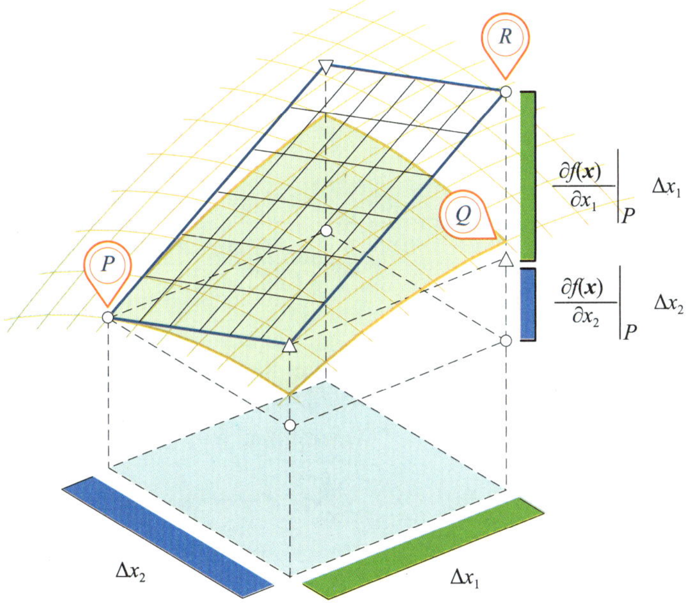

图3.6　二元函数一阶泰勒展开估算

这种估算实际上相当于两个向量内积关系，这两个向量分别如下：

$$\left(\left.\frac{\partial f(\boldsymbol{x})}{\partial x_1}\right|_P, \left.\frac{\partial f(\boldsymbol{x})}{\partial x_2}\right|_P \right), \quad (\Delta x_1, \Delta x_2) \tag{3.5}$$

向量 $(\Delta x_1, \Delta x_2)$决定了P点方向的微分方向，如图3.7所示。

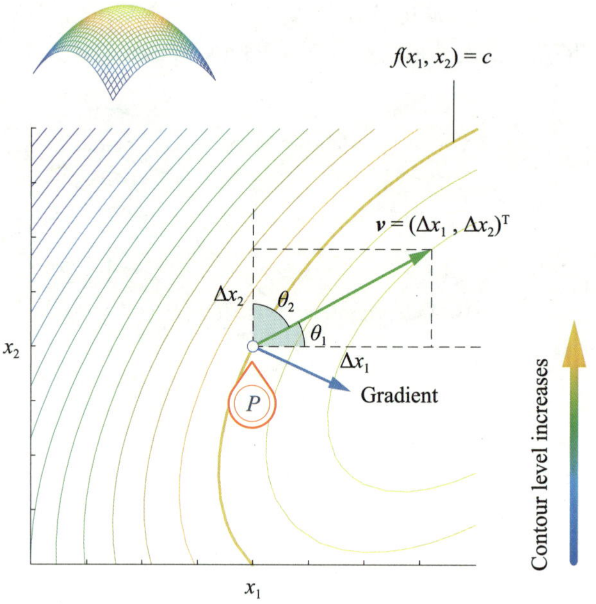

图3.7　x_1-x_2平面上方向微分

在没有特殊说明情况下，$f(x_1, x_2)$ 梯度一般表达为列向量：

$$\nabla f(\boldsymbol{x}) = \begin{bmatrix} \dfrac{\partial f(\boldsymbol{x})}{\partial x_1} & \dfrac{\partial f(\boldsymbol{x})}{\partial x_2} \end{bmatrix}^{\mathrm{T}} = \begin{bmatrix} \dfrac{\partial f(\boldsymbol{x})}{\partial x_1} \\ \dfrac{\partial f(\boldsymbol{x})}{\partial x_2} \end{bmatrix} \tag{3.6}$$

梯度也可用行向量表达，如下：

$$\nabla f(\boldsymbol{x}) = \begin{bmatrix} \dfrac{\partial f(\boldsymbol{x})}{\partial x_1} & \dfrac{\partial f(\boldsymbol{x})}{\partial x_2} \end{bmatrix} \tag{3.7}$$

$f(x_1, x_2)$ 某一点P处梯度为：

$$\nabla f(\boldsymbol{x}_P) = \begin{bmatrix} \dfrac{\partial f(\boldsymbol{x})}{\partial x_1} \\ \dfrac{\partial f(\boldsymbol{x})}{\partial x_2} \end{bmatrix}_{\boldsymbol{x}_P} \tag{3.8}$$

用另外一种方法解释。

x_1-x_2平面上，给定一个方向，用向量 $\boldsymbol{v}$ 表示：

$$\boldsymbol{v} = (v_1, v_2)^{\mathrm{T}} \tag{3.9}$$

沿着$\boldsymbol{v}$方向对$f(\boldsymbol{x})$ 求解方向微分：

$$\mathrm{grad}_{\boldsymbol{v}} f(\boldsymbol{x}) = \nabla_{\boldsymbol{v}} f(\boldsymbol{x}) = \lim_{h \to 0} \frac{f(\boldsymbol{x} + h\boldsymbol{v}) - f(\boldsymbol{x})}{h} \tag{3.10}$$

若$\boldsymbol{v}$为单位向量，即：

$$\|\boldsymbol{v}\| = \sqrt{v_1^2 + v_2^2} = 1 \tag{3.11}$$

且，令单位向量$\boldsymbol{v}$为：

$$\boldsymbol{v} = (\cos\theta_1, \cos\theta_2)^{\mathrm{T}} \tag{3.12}$$

图3.7给出了θ_1和θ_2角度定义。方向导数和偏导之间关系为：

$$\begin{aligned} \nabla_{\boldsymbol{v}} f(\boldsymbol{x}) &= \frac{\partial f(\boldsymbol{x})}{\partial \boldsymbol{v}} = \frac{\partial f(\boldsymbol{x})}{\partial x_1}\cos\theta_1 + \frac{\partial f(\boldsymbol{x})}{\partial x_2}\cos\theta_2 \\ &= \begin{bmatrix} \dfrac{\partial f(\boldsymbol{x})}{\partial x_1} & \dfrac{\partial f(\boldsymbol{x})}{\partial x_2} \end{bmatrix} \begin{bmatrix} \cos\theta_1 \\ \cos\theta_2 \end{bmatrix} \end{aligned} \tag{3.13}$$

三元函数 $f(x_1, x_2, x_3)$ 空间中，同样获得类似结论：

$$\begin{aligned} \nabla_{\boldsymbol{v}} f(\boldsymbol{x}) &= \frac{\partial f(\boldsymbol{x})}{\partial \boldsymbol{v}} = \frac{\partial f(\boldsymbol{x})}{\partial x_1}\cos\theta_1 + \frac{\partial f(\boldsymbol{x})}{\partial x_2}\cos\theta_2 + \frac{\partial f(\boldsymbol{x})}{\partial x_3}\cos\theta_3 \\ &= \begin{bmatrix} \dfrac{\partial f(\boldsymbol{x})}{\partial x_1} & \dfrac{\partial f(\boldsymbol{x})}{\partial x_2} & \dfrac{\partial f(\boldsymbol{x})}{\partial x_3} \end{bmatrix} \begin{bmatrix} \cos\theta_1 \\ \cos\theta_2 \\ \cos\theta_3 \end{bmatrix} \end{aligned} \tag{3.14}$$

多元函数也可得出类似结论。根据梯度和向量$\boldsymbol{v}$定义，这样表达$f(\boldsymbol{x})$ 在$\boldsymbol{v}$方向微分：

$$\nabla_{\boldsymbol{v}} f(\boldsymbol{x}) = \nabla f(\boldsymbol{x}) \cdot \boldsymbol{v} = \nabla f(\boldsymbol{x})^{\mathrm{T}} \boldsymbol{v} \tag{3.15}$$

根据向量点乘法则：

$$\begin{aligned} \nabla_{\boldsymbol{v}} f(\boldsymbol{x}) &= \nabla f(\boldsymbol{x}) \cdot \boldsymbol{v} = \|\nabla f(\boldsymbol{x})\| \cdot \|\boldsymbol{v}\| \cos\left(\nabla f(\boldsymbol{x}), \boldsymbol{v}\right) \\ &= \|\nabla f(\boldsymbol{x})\| \cos\left(\nabla f(\boldsymbol{x}), \boldsymbol{v}\right) \end{aligned} \tag{3.16}$$

若$\theta = 90°$，则说明方向导数沿着等高线切向方向，函数值不会有任何变化，如图3.8 (a) 和 (b) 所示。若$\theta = 180°$，如图3.8 (c)，则方向导数沿着梯度相反方向，这是函数值下降最快方向。

如图3.8 (d)，$\theta = 0°$，方向导数和梯度同向，这是函数值最快上升方向。这种情况，方向导数和梯度同向，因此向量$\boldsymbol{v}$ 用 $\nabla f\left(\boldsymbol{x}\right)$ 表达：

$$\boldsymbol{v} = \eta \nabla f\left(\boldsymbol{x}\right), \quad \eta > 0 \tag{3.17}$$

因此，

$$\begin{aligned} f(\boldsymbol{x}_P + \Delta \boldsymbol{x}) - f(\boldsymbol{x}_P) &= f(x_{P1} + \Delta x_1, x_{P2} + \Delta x_2) \\ &\approx \nabla f(\boldsymbol{x}) \cdot \boldsymbol{v} \\ &= \eta \nabla f(\boldsymbol{x}) \cdot \nabla f(\boldsymbol{x}) \\ &= \eta \|\nabla f(\boldsymbol{x})\|^2 > 0 \end{aligned} \tag{3.18}$$

本册优化部分还会继续深入讨论该性质。

当θ为锐角，函数变化大于0，函数值上升，如图3.8 (e)；当θ为钝角，函数变化小于0，函数值下降，如图3.8(f)。另外，$\nabla f(\boldsymbol{x})$ 和向量$\boldsymbol{v}$的关系，和本书上一章介绍的**投影** (projection) 几乎完全一致。

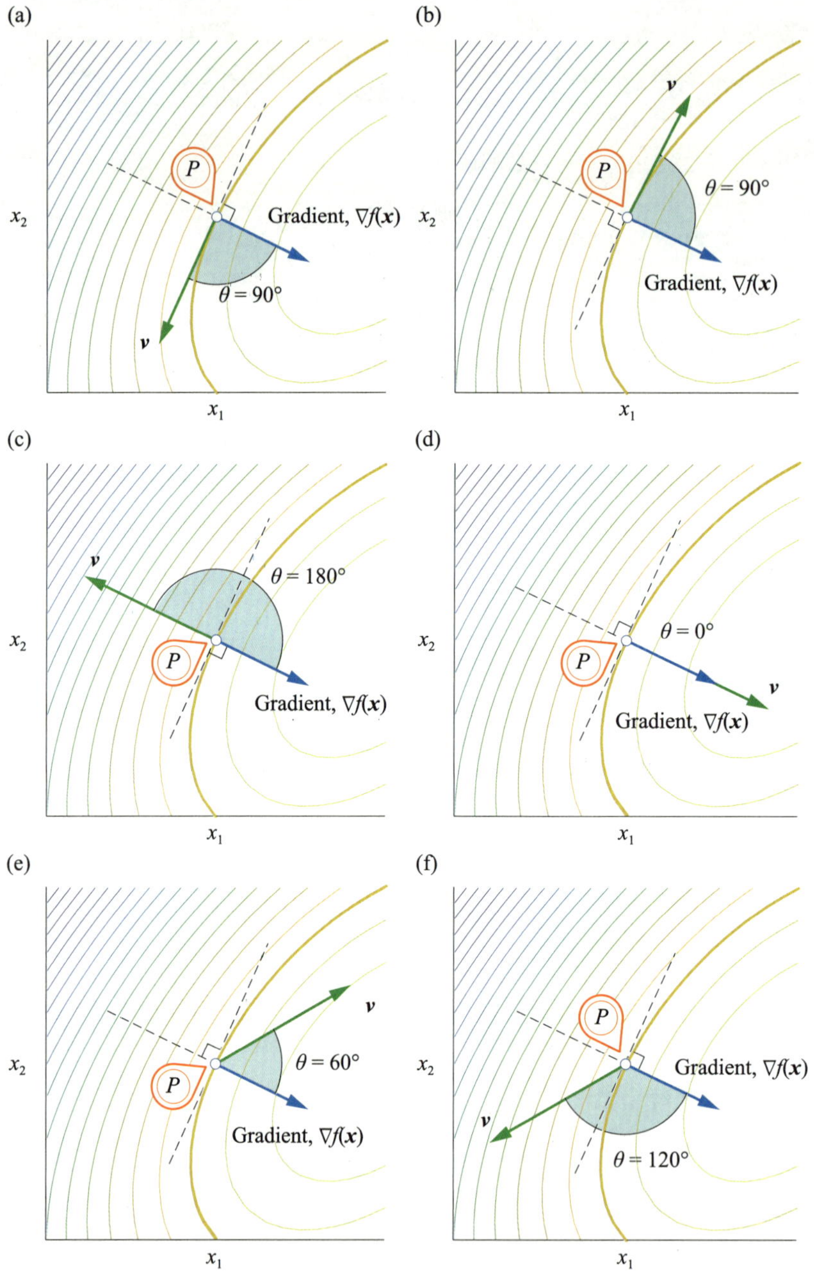

图3.8　x_1-x_2平面上六种方向微分情况

梯度向量模的大小决定了函数不同点上的最大变化率。换句话说，函数在不同点的最大变化率很可能不同。函数于该点处上升或者下降的幅度在下式限制范围之内：

$$-\|\nabla f(\boldsymbol{x})\| \leqslant \nabla_{\boldsymbol{v}} f(\boldsymbol{x}) = \|\nabla f(\boldsymbol{x})\| \cos(\nabla f(\boldsymbol{x}), \boldsymbol{v}) \leqslant \|\nabla f(\boldsymbol{x})\| \tag{3.19}$$

上式性质叫作Cauchy-Schwarz不等式。如图3.8所示，对于二元函数，x_1-x_2平面上，坐标轴刻度比例为1:1时，任意一点函数梯度方向和函数等高线切线方向相垂直。另外，优化问题中，一般采用**归一化梯度向量** (normalized gradient vector)：

$$\nabla f(\boldsymbol{x})_n = \frac{\nabla f(\boldsymbol{x})}{\|\nabla f(\boldsymbol{x})\|} \tag{3.20}$$

归一化向量模为1：

$$\|\nabla f(\boldsymbol{x})_n\| = 1 \tag{3.21}$$

函数梯度向量方向和大小随着位置变化，因此，在当前点上升或下降方向，一般不是相邻点上升或者下降最快方向。下面通过图像讲解这一点。图3.9展示了不同高度 (−2, −4, −6和 −8) 等高线上不同位置点梯度向量的大小和方向。如前文讨论内容，对于该二次曲面，越靠近极值点，梯度向量越小。但此结论不适用于锥面，锥面梯度向量的模，除极点外，完全相同。由图3.9看到，当等高线高度相同时，等高线密集处 (坡度越陡峭)，即梯度向量模较大位置。请读者注意，图3.9中四个分图中的梯度经过了同样比例缩放。以下代码获得图3.9。

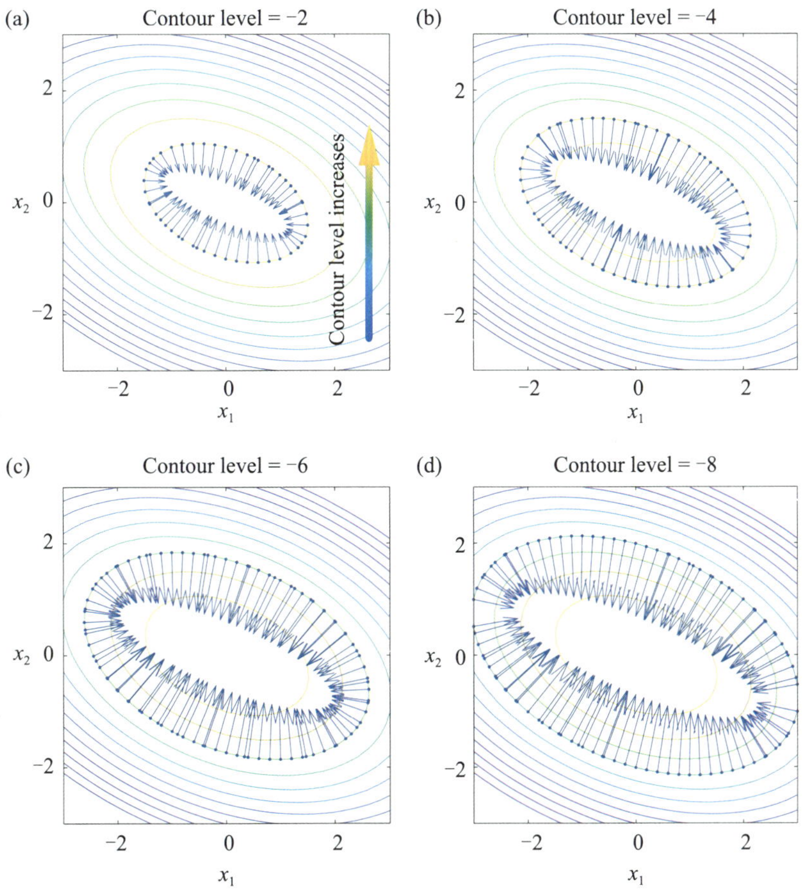

图3.9　不同高度等高线上梯度向量分布情况

B4_Ch3_1.m

```
clc; close all; clear all
```

```
syms x1 x2

f = -x1^2 - 2*x2^2 - x1*x2;
g = gradient(f, [x1, x2])

[XX1, XX2] = meshgrid(-3:0.4:3,-3:0.4:3);
[XX1_fine, XX2_fine] = meshgrid(-3:.2:3,-3:.2:3);

contour_f = subs(f, [x1 x2], {XX1_fine,XX2_fine});

figure(1)
% c_start = floor(min(double(contour_f(:))));
% c_end   = floor(max(double(contour_f(:))));
% c_levels = c_start:(c_end-c_start)/20:c_end;

c_start = -24; c_end   = 0;
c_levels = c_start:2:c_end;

ii = 1:4;

for i = ii

    subplot(2,2,i)
    plot_fig(g,XX1_fine,XX2_fine,contour_f,c_levels,i)

end

function plot_fig(g,XX1_fine,XX2_fine,contour_f,c_levels,i)
syms x1 x2
contour(XX1_fine,XX2_fine,double(contour_f),c_levels); hold on

c_level = c_levels(end-i); %  -1, -2, -3, - 4
[contour_loc,~] =
contour(XX1_fine,XX2_fine,double(contour_f),[c_level,c_level],'L
ineWidth',3);

x1_contour_c = contour_loc(1,2:end);
x2_contour_c = contour_loc(2,2:end);

dFF_dx1 = subs(g(1), [x1 x2], {x1_contour_c x2_contour_c});
dFF_dx2 = subs(g(2), [x1 x2], {x1_contour_c x2_contour_c});

scale_factor = 0.15;
h = quiver(x1_contour_c, x2_contour_c,
double(dFF_dx1)*scale_factor, double(dFF_dx2)*scale_factor);
h.AutoScale = 'off';
```

```
h.Color = [0,96,166]/255;
h.Marker = '.';
h.MarkerSize = 3;
h.MaxHeadSize = Inf;

xlabel('${x_1}$','Interpreter','latex');
ylabel('${x_2}$','Interpreter','latex');
zlabel('${f(x_1,x_2)}$','Interpreter','latex')
title(['Contour level = ',num2str(c_level)])
set(gca, 'FontName', 'Times New Roman','fontsize',10)
grid off; axis equal
xlim([-3,3]); ylim([-3,3]);
caxis([-18 0])
end
```

有了这些向量计算基础内容，下面几节讲解直线、曲线、平面和曲面法向量和切向量性质。

3.2 直线

丛书第一册第5章介绍了一次函数的几种定义方式，本节将采用向量方式定义一次函数。首先用法向量方法定义平面直线。

如图3.10所示，直线法向量为$\boldsymbol{n} = [a, b]^{\mathrm{T}}$，$A$点为直线上一个定点，它的坐标为 (x_0, y_0)。直线上任意一点$P(x, y)$ 和A构成向量 $[x-x_0, y-y_0]^{\mathrm{T}}$ 垂直于法向量$\boldsymbol{n}$；因此，两者内积为标量0，即：

$$\begin{bmatrix} a \\ b \end{bmatrix} \cdot \begin{bmatrix} x-x_0 \\ y-y_0 \end{bmatrix} = 0 \\ \Rightarrow a(x-x_0)+b(y-y_0)=0 \tag{3.22}$$

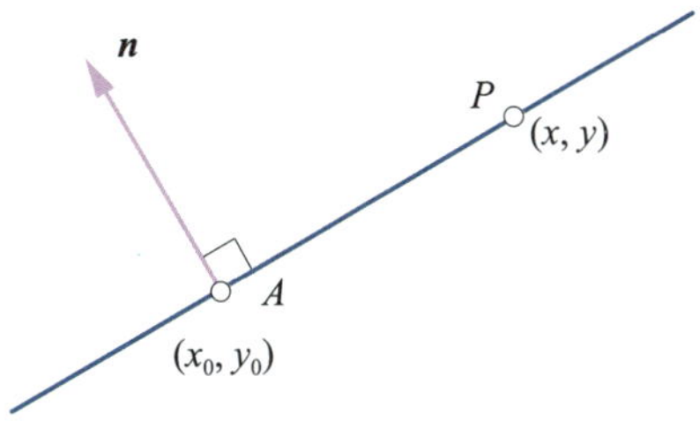

图3.10　用法向量和定点来定义平面直线

上式即直线法向量和直线上一点构造直线函数。

如图3.11所示，定点A (x_0, y_0) 位于直线上，P点为直线上任意一点。直线切向量为 $\boldsymbol{\tau} = [a, b]^{\mathrm{T}}$，平行于$A$和$P$构成的向量。

$$\begin{bmatrix} x-x_0 \\ y-y_0 \end{bmatrix} = t\begin{bmatrix} a \\ b \end{bmatrix}$$
$$\Rightarrow \begin{cases} x = x_0 + ta \\ y = y_0 + tb \end{cases} \tag{3.23}$$

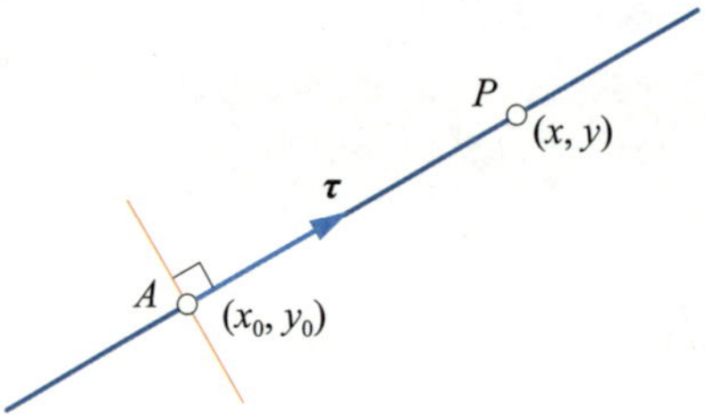

图3.11　用切向量和定点来定义平面直线

上式中，t为任意实数。上式实际上是一个**参数方程** (parametric equation)。x-y平面直角坐标系中，任意一点 (x, y) 横纵坐标都是t的函数。本册很多章节会使用参数方程绘制各种曲线，表3.1总结了常用圆锥曲线参数方程。

表3.1　常见圆锥曲线参数方程

形状	参数方程
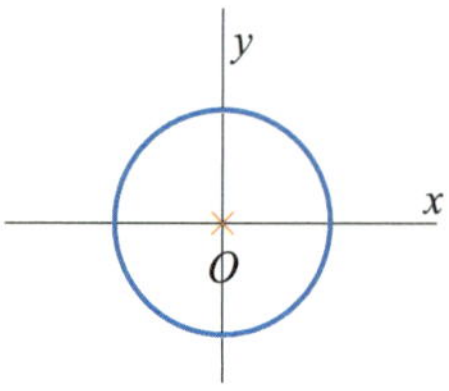	圆心在原点，半径为r圆形 $x = r\cos(t),\quad y = r\sin(t)$ $x = \frac{1-t^2}{1+t^2},\quad y = \frac{2t}{1+t^2}$
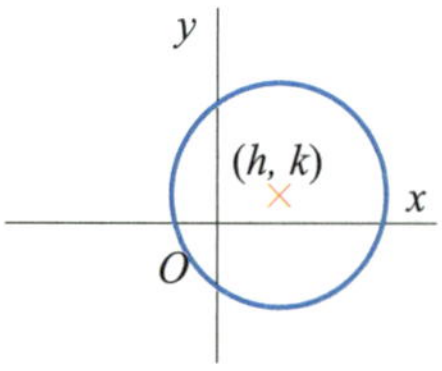	圆心在 (h, k)，半径为r圆形 $x = h + r\cos(t),\quad y = k + r\sin(t)$
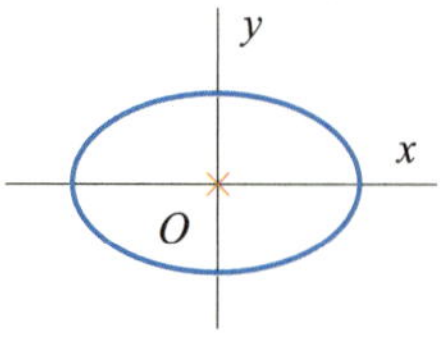	椭圆，中心在原点，半长轴为a，半短轴为b $x = a\cos(t),\quad y = b\sin(t)$ $x = a\frac{1-t^2}{1+t^2},\quad y = b\frac{2t}{1+t^2}$
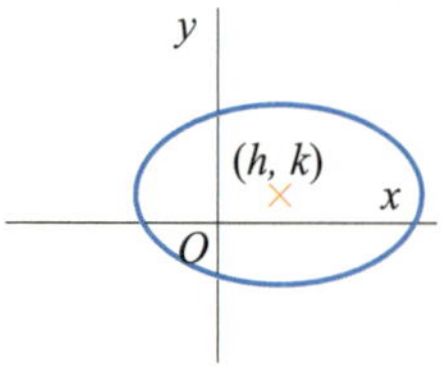	椭圆，中心在 (h, k)，半长轴为a，半短轴为b $x = h + a\cos(t),\quad y = k + b\sin(t)$

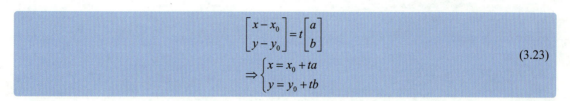

续表

形状	参数方程
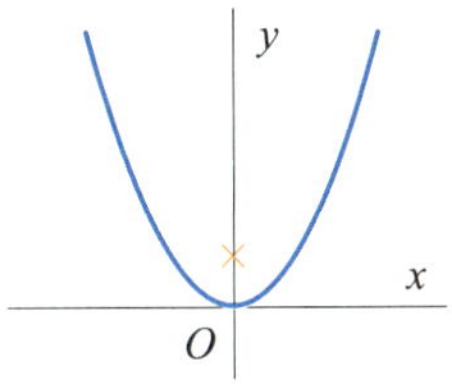	抛物线，焦点位于y轴 $x=t,\quad y=at^2$
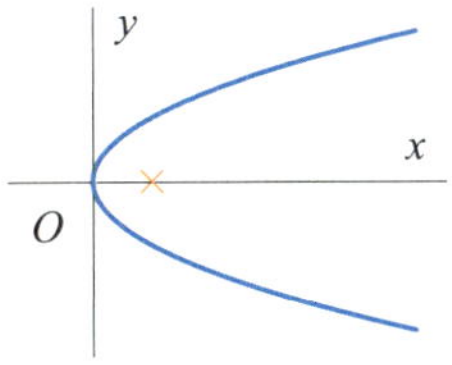	抛物线，焦点位于x轴 $x=at^2,\quad y=t$
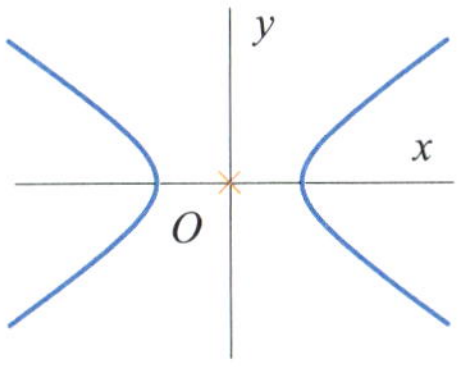	双曲线，焦点位于x轴 $x=a\sec(t),\quad y=b\tan(t)$ $x=a\dfrac{1+t^2}{1-t^2},\quad y=b\dfrac{2t}{1-t^2}$
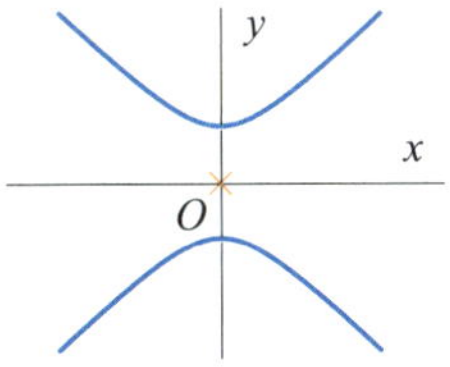	双曲线，焦点位于y轴 $x=a\tan(t),\quad y=b\sec(t)$ $x=a\dfrac{2t}{1-t^2},\quad y=b\dfrac{1+t^2}{1-t^2}$

参数方程用来绘制复杂平面或者空间曲线，如下例：

$$\begin{cases} x=\cos(at)-\cos(bt)^j \\ y=\sin(ct)-\sin(dt)^k \end{cases} \tag{3.24}$$

当a、b、c、d、j和k取不同值时，上述参数方程在平面上绘制各种复杂曲线，如图3.12所示。如下代码绘制图3.12。

B4_Ch3_2.m

```
figure(1)

subplot(3,2,1)
a = 1; b = 80; c = 1; d = 80; j = 3; k = 3;
plot_curve (a, b, c, d, j, k)

subplot(3,2,2)
a = 80; b = 1; c = 1; d = 80; j = 3; k = 3;
plot_curve (a, b, c, d, j, k)
```

```
subplot(3,2,3)
a = 1; b = 80; c = 1; d = 80; j = 3; k = 4;
plot_curve (a, b, c, d, j, k)

subplot(3,2,4)
a = 80; b = 1; c = 1; d = 80; j = 3; k = 4;
plot_curve (a, b, c, d, j, k)

subplot(3,2,5)
a = 1; b = 80; c = 80; d = 80; j = 3; k = 4;
plot_curve (a, b, c, d, j, k)

subplot(3,2,6)
a = 1; b = 80; c = 80; d = 1; j = 3; k = 4;
plot_curve (a, b, c, d, j, k)


function plot_curve (a, b, c, d, j, k)

t = 0:0.001:2*pi;
x = cos(a*t) - cos(b*t).^j;
y = sin(c*t) - sin(d*t).^k;
plot(x,y)
daspect([1,1,1])
set(gca,'xtick',[])
set(gca,'ytick',[])
set(gca,'ztick',[])
axis off
xlabel('x');ylabel('y');zlabel('z');
title({['a = ',num2str(a),'; b = ',num2str(b),...
    '; c = ',num2str(c),'; d = ',num2str(d),';'],...
    ['j = ',num2str(j),'; k = ',num2str(k)]})
end
```

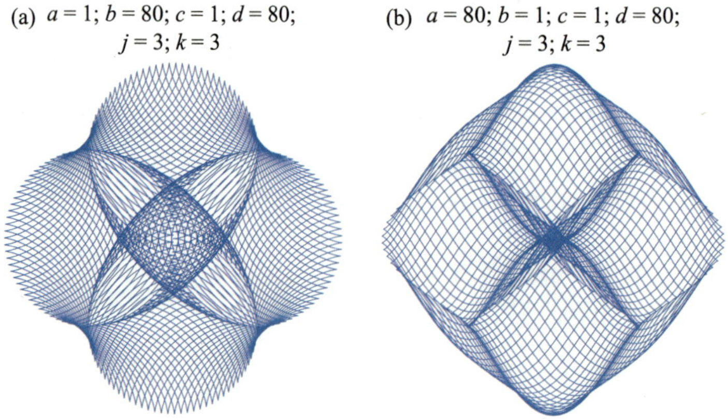

图3.12　平面参数方程绘制复杂曲线

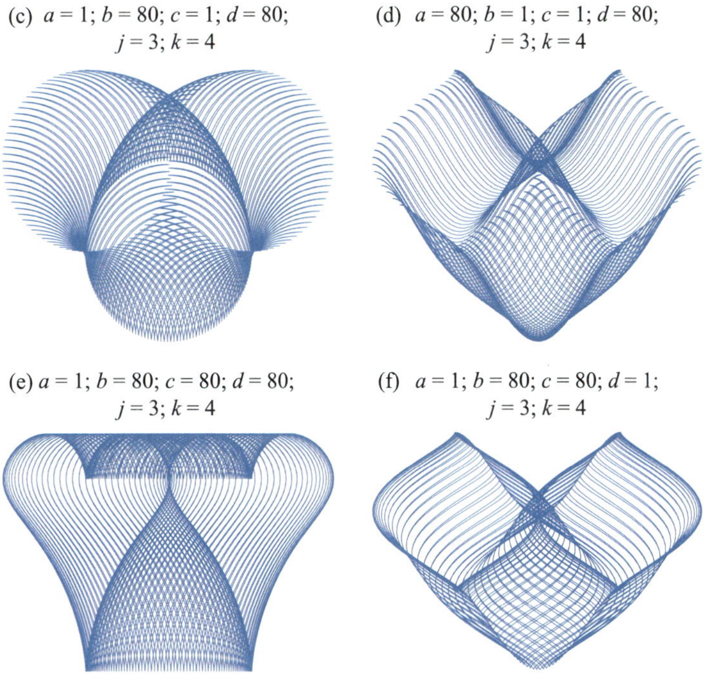

图3.12 (续)

一元一次函数 $y = f(x) = kx + c$，用其一阶导数构造函数法向量和切向量。首先，构造如下二元 $F(x, y)$ 函数：

$$F(x,y)=f(x)-y=0 \tag{3.25}$$

$F(x, y)$ 在 (x_0, y_0) 点处法向量，即平面上$f(x)$ 法向量$\boldsymbol{n}$通过下式求解：

$$\boldsymbol{n}_{(x_0,y_0)}=\begin{bmatrix}\dfrac{\partial F}{\partial x}\\ \dfrac{\partial F}{\partial y}\end{bmatrix}=\begin{bmatrix}\dfrac{\mathrm{d}f}{\mathrm{d}x}\\ -1\end{bmatrix}=\begin{bmatrix}k\\ -1\end{bmatrix} \tag{3.26}$$

如图3.13(a) 所示，发现法向量$\boldsymbol{n}$和点位置无关，因此，直线上任意一点法向量均可用上式表达。另外，法向量$\boldsymbol{n}$即$F(x, y)$ 梯度向量。

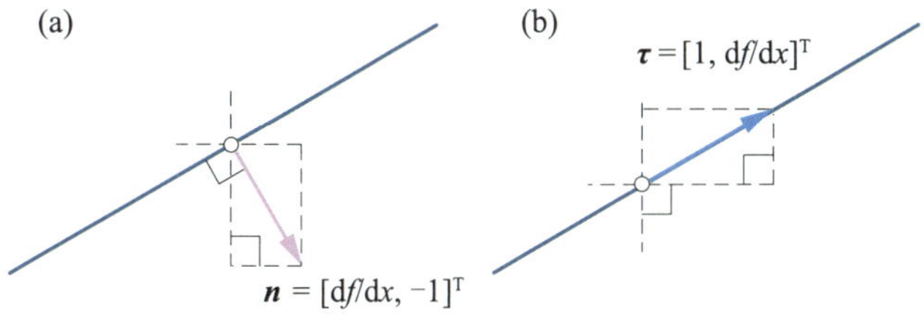

图3.13　平面直线法向量和切向量

已经知道函数$f(x)$ 一阶导数即切线斜率，因此，很容易用一阶导数$\mathrm{d}f/\mathrm{d}x$来表达直线切线向量：

$$\boldsymbol{\tau}_{(x_0,y_0)}=\begin{bmatrix}1\\ \dfrac{\mathrm{d}f}{\mathrm{d}x}\end{bmatrix}=\begin{bmatrix}1\\ k\end{bmatrix} \tag{3.27}$$

如图3.13(b) 所示，同样发现，直线切向量和直线具体点坐标无关。图3.14展示了另外一种法向量和切向量定义。图中向量方向和图3.13相反。

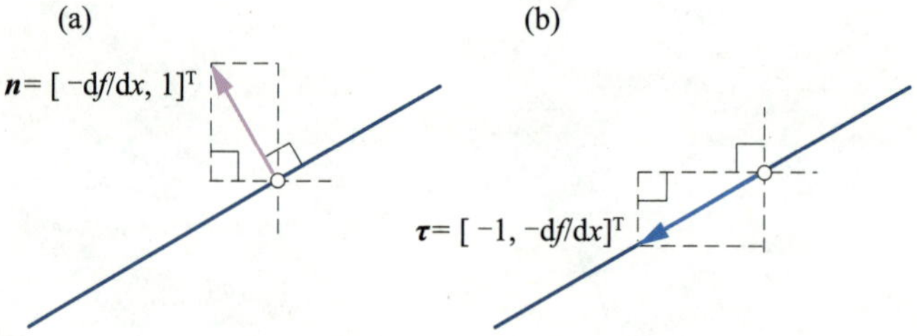

图3.14　平面直线法向量和切向量，另外一种定义

如图3.15所示，平面内任意一点$Q(x_Q, y_Q)$ 到直线$ax + by + c = 0$距离为d，d计算式如下：

$$d = \frac{\left|ax_Q + by_Q + c\right|}{\sqrt{a^2 + b^2}} \tag{3.28}$$

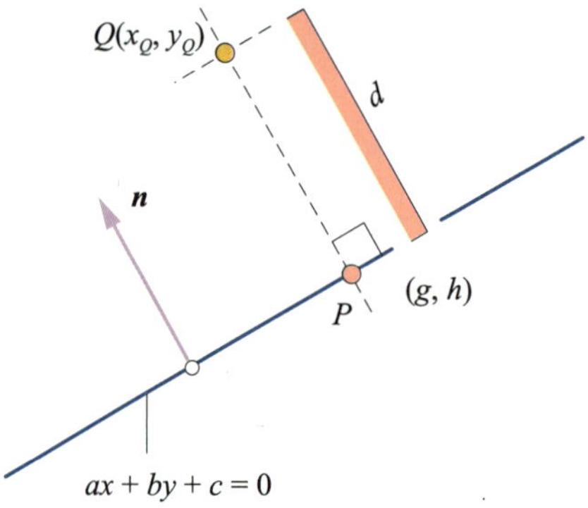

图3.15　平面任意一点到直线距离

有兴趣的读者用上一章投影内容介绍方法来推导得到上式。

过空间一点和已知直线平行直线唯一，即一点和空间向量确定一条直线。如图3.16给出空间点A坐标为 (x_0, y_0, z_0)，直线切线向量$\boldsymbol{\tau} = [m, n, p]^{\mathrm{T}}$。$P(x, y, z)$ 为直线上任意一点，向量$PA(x - x_0, y - y_0, z - z_0)^{\mathrm{T}}$ 平行于$\boldsymbol{\tau}$，由此得到下式：

$$\frac{x - x_0}{m} = \frac{y - y_0}{n} = \frac{z - z_0}{p} \quad m, n, p \neq 0 \tag{3.29}$$

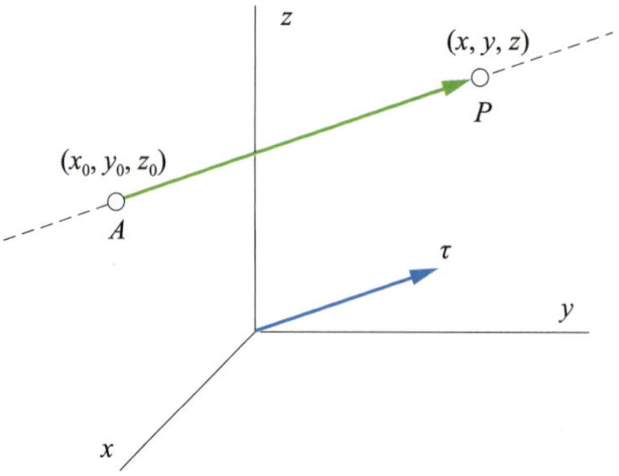

图3.16　空间直线定义

上式类似丛书第一册第5章中介绍空间直线定义方法。明显区别是，这里明确了直线方向向量和直线本身关系。引入比例系数t，可构造如下方程：

$$\begin{cases} x - x_0 = mt \\ y - y_0 = nt \\ z - z_0 = pt \end{cases} \tag{3.30}$$

上式，适用于m、n或p为0情况。比例系数t便是空间直线参数方程变量。

3.3 曲线

对于普通一元函数光滑 $y = f(x)$，在点$P(x_0, y_0)$ 处，利用$f(x)$ 一阶导数，得到P点处切线斜率。$f(x)$ 在P点切线方程如下：

$$y = y_0 + f'(x_0)(x - x_0) \tag{3.31}$$

如图3.17所示，很容易地得到$f(x)$ 在P点 (x_0, y_0) 切向量：

$$\boldsymbol{\tau}_{(x_0,y_0)} = \left(1, \frac{\mathrm{d}f}{\mathrm{d}x}\right)^{\mathrm{T}}\Bigg|_{(x_0,y_0)} \tag{3.32}$$

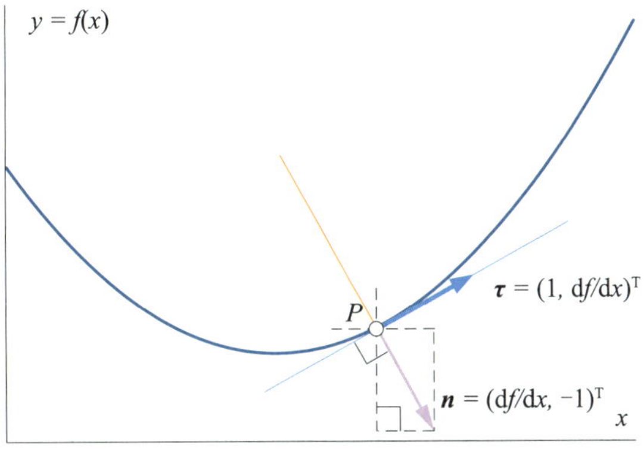

图3.17　函数$f(x)$ 上P点切向量和法向量

和平面直线不同，切向量随着P点位置变化而变化。和上一节平面直线一样，同样构造如下二元 $F(x, y)$ 函数：

$$F(x, y) = f(x) - y = 0 \tag{3.33}$$

P点 (x_0, y_0) 法向量：

$$\boldsymbol{n}_{(x_0,y_0)} = \left(\frac{\partial F}{\partial x}, \frac{\partial F}{\partial y}\right)^{\mathrm{T}}\Bigg|_{(x_0,y_0)} = \left(\frac{\mathrm{d}f}{\mathrm{d}x}, -1\right)^{\mathrm{T}}\Bigg|_{(x_0,y_0)} \tag{3.34}$$

同样，法向量随着P点位置变化而变化。以如下函数为例，用diff() 和quiver() 函数计算一阶导数，并绘制函数法向量和切向量：

$$f(x)=\cos(2x)x \tag{3.35}$$

$f(x)$ 一阶导数如下：

$$\frac{\mathrm{d}f(x)}{\mathrm{d}x}=\cos(2x)-2x\sin(2x) \tag{3.36}$$

P点 (x_0, y_0) 法向量表达式如下：

$$\boldsymbol{n}_{(x_0,y_0)}=\left(\frac{\partial F}{\partial x},\frac{\partial F}{\partial y}\right)^{\mathrm{T}}\Bigg|_{(x_0,y_0)}=\left(\cos(2x)-2x\sin(2x),-1\right)^{\mathrm{T}}\Big|_{(x_0,y_0)} \tag{3.37}$$

P点 (x_0, y_0) 切向量表达式如下：

$$\boldsymbol{\tau}_{(x_0,y_0)}=\left(1,\frac{\mathrm{d}f}{\mathrm{d}x}\right)^{\mathrm{T}}\Bigg|_{(x_0,y_0)}=\left(1,\cos(2x)-2x\sin(2x)\right)^{\mathrm{T}}\Big|_{(x_0,y_0)} \tag{3.38}$$

从书第一册第6章中，绘制过函数切线和法线位置图。当时采用gradient()、surfnorm() 和quiver() 等函数。本节采向量解析式和quiver()函数绘制切向量和法向量。图3.18展示x在 [−5, 5] 范围变化时，不同位置法向量和切向量大小和方向。

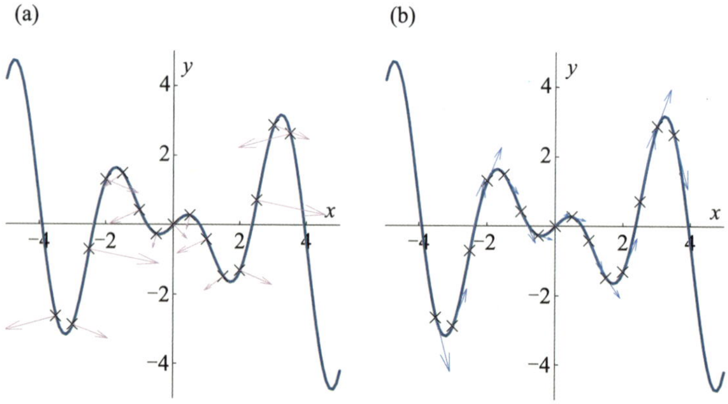

图3.18　函数$f(x)$ 不同点法向量和切向量

以下代码绘制图3.18。

B4_Ch3_3.m

```
clc; close all; clear all
syms f(x)
f(x) = cos(2*x)*x;
df = diff(f,x)

x_fine = -5:0.1:5; x_coarse = -3.5:0.5:3.5;
```

```
f_x_fine = double(subs(f,[x],{x_fine}));
f_x_coarse = double(subs(f,[x],{x_coarse}));
df_x_coarse = double(subs(df,[x],{x_coarse}));

figure(1)
subplot(1,2,1)
plot(x_fine,f_x_fine,'color',[0,96,166]/255); hold on
plot(x_coarse,f_x_coarse,'xk')
quiver(x_coarse,f_x_coarse,...
    df_x_coarse,-1 + 0*df_x_coarse,...
    'color',[255,153,255]/255)
decor

subplot(1,2,2)
plot(x_fine,f_x_fine,'color',[0,96,166]/255); hold on
plot(x_coarse,f_x_coarse,'xk')
quiver(x_coarse,f_x_coarse,...
    1 + 0*df_x_coarse, df_x_coarse,...
    'color',[0,153,255]/255)
decor

function decor()

daspect([1,1,1]); xlim([-5,5]); ylim([-5,5]);
ax = gca; box off; grid off
ax.XAxisLocation = 'origin'; ax.YAxisLocation = 'origin';
yticks([-4:2:4]); xticks([-4:2:4]); xlabel('x'); ylabel('y')

end
```

还有一类重要函数，叫作**隐函数** (implicit function)。通俗地说，因变量隐含在隐函数方程中。比如下式，圆心位于原点单位圆方程：

$$x^2 + y^2 = 1 \tag{3.39}$$

上式中，x为自变量，y为因变量；发现x和y并非一一映射关系。本书第1章符号数学运算部分讨论过fimplicit() 和fimplicit3() 函数绘制隐函数平面图形和空间图像。本节下面内容介绍隐函数法向量和法向量。以单位圆方程为例，先构造 $F(x, y)$ 函数，如下：

$$F(x,y) = x^2 + y^2 - 1 = 0 \tag{3.40}$$

x-y平面，圆上任意一点P点 (x_0, y_0) 法向量表达式如下：

$$\boldsymbol{n}_{(x_0,y_0)} = \left(\frac{\partial F}{\partial x}, \frac{\partial F}{\partial y}\right)^{\mathrm{T}}\Bigg|_{(x_0,y_0)} = (2x, 2y)^{\mathrm{T}}\Big|_{(x_0,y_0)} \tag{3.41}$$

P点 (x_0, y_0) 切向量表达式如下：

$$\boldsymbol{\tau}_{(x_0,y_0)} = \left(-\frac{\partial F}{\partial y}, \frac{\partial F}{\partial x}\right)^{\mathrm{T}}\Bigg|_{(x_0,y_0)} = (-2y, 2x)^{\mathrm{T}}\Big|_{(x_0,y_0)} \tag{3.42}$$

图3.19展示单位圆上不同位置切向量和法向量，可由以下代码获得。下列代码使用for循环，请读者尝试用向量运算代替for循环。

B4_Ch3_4.m

```
clc; close all; clear all
syms x y
f = x^2 + y^2 - 1;
g = gradient(f, [x, y])

[XX1, XX2] = meshgrid(-3:0.2:3,-3:0.2:3); % 0.4

[XX1_fine, XX2_fine] = meshgrid(-3:.2:3,-3:.2:3);

figure(1)
hold on

thetas = pi/12:pi/6:2*pi;

for ii = 1:length(thetas)
    theta = thetas(ii);
    x0 = cos(theta);
    y0 = sin(theta);
    plot(x0,y0,'xk')
    dFF_dx = subs(g(1), [x y], {x0,y0});
    dFF_dy = subs(g(2), [x y], {x0,y0});

    h1 = quiver(x0,y0,dFF_dx,dFF_dy,...
        'color',[255,153,255]/255)
    h1.AutoScaleFactor = 0.4;
    h2 = quiver(x0,y0,-dFF_dy,dFF_dx,...
        'color',[0,153,255]/255)
    h2.AutoScaleFactor = 0.4;
end

fimplicit(f, [-2 2 -2 2],'color',[0,96,166]/255,'LineWidth',1); hold on
daspect([1,1,1])
xlim([-2.1,2.1]); ylim([-2.1,2.1]);
ax = gca; box off; grid off
ax.XAxisLocation = 'origin';
ax.YAxisLocation = 'origin';
yticks([-2:1:2]); xticks([-2:1:2])
xlabel('x'); ylabel('y')
```

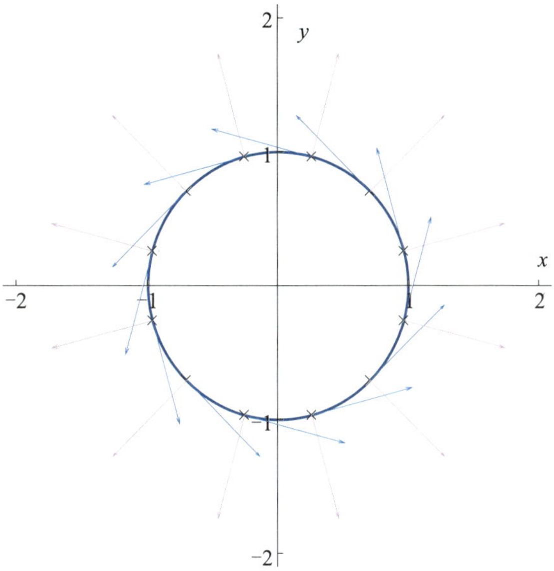

图3.19　单位圆不同点法向量和切向量

3.4 空间平面

过空间一点，与已知直线相垂直平面唯一，即平面上一点和平面法向量确定一个平面。

平面法向量为$\boldsymbol{n}$ = $[m, n, p]^{\mathrm{T}}$，定点A坐标为 (x_0, y_0, z_0)，平面任意点P坐标为 (x, y, z)。如图3.20所示，向量PA垂直于$\boldsymbol{n}$，得到如下平面解析式：

$$\begin{pmatrix} m & n & p \end{pmatrix}^{\mathrm{T}} \cdot \begin{pmatrix} x-x_0 & y-y_0 & z-z_0 \end{pmatrix}^{\mathrm{T}} = 0 \tag{3.43}$$

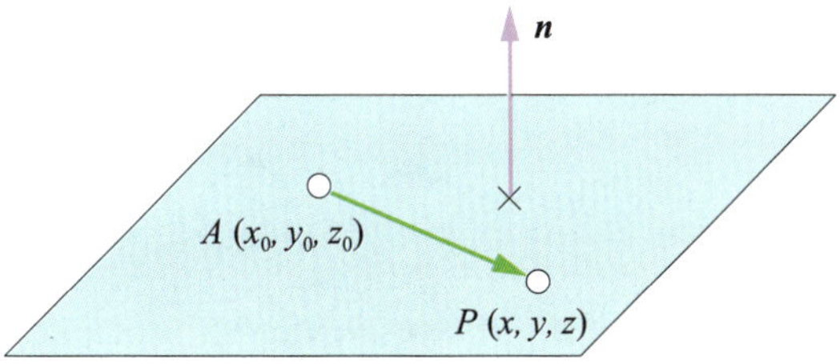

图3.20　空间平面定义

上式整理如下：

$$m(x-x_0)+n(y-y_0)+p(z-z_0)=0 \tag{3.44}$$

已知空间平面解析式如下：

$$ax+by+cz+d=0 \tag{3.45}$$

它的任意一点法向量求解用本章前文方法，首先定义一个函数$F(x, y, z)$ 如下：

$$F(x,y,z) = ax + by + cz + d = 0 \tag{3.46}$$

A点 (x_0, y_0, z_0) 法向量通过下式求得：

$$\boldsymbol{n} = \left[\frac{\partial F}{\partial x} \quad \frac{\partial F}{\partial x} \quad \frac{\partial F}{\partial z}\right]^{\mathrm{T}}\Bigg|_{(x_0, y_0, z_0)} = [a \quad b \quad c]^{\mathrm{T}} \tag{3.47}$$

从上式看到，平面各个点处法向量完全一致，和曲面上点具体位置无关。相信有些读者已经发现，上式$\boldsymbol{n}$法向量定义和在上一章中介绍梯度几乎一致：

$$\nabla F(x,y,z) = \left[\frac{\partial F}{\partial x} \quad \frac{\partial F}{\partial y} \quad \frac{\partial F}{\partial z}\right]^{\mathrm{T}} \tag{3.48}$$

读者可能会发现，定义平面时通常采用的都是$z = f(x, y)$ 形式，即x和y为自变量，$z = f(x, y)$ 为因变量。假设 $c = -1$，对平面方程式做一个整理，得到下式：

$$\begin{aligned} & ax + by - z + d = 0 \\ & \Rightarrow f(x,y) = z = ax + by + d \end{aligned} \tag{3.49}$$

$f(x, y)$ 在某一点处梯度通过下式表达：

$$\nabla f(x,y) = \left[\frac{\partial f}{\partial x} \quad \frac{\partial f}{\partial y}\right]^{\mathrm{T}} = \left[\frac{\partial F}{\partial x} \quad \frac{\partial F}{\partial y}\right]^{\mathrm{T}} \tag{3.50}$$

以上向量相当于空间法向量$\boldsymbol{n}$在平面投影，如图3.21所示。在本章末会结合曲面继续讨论这一话题。

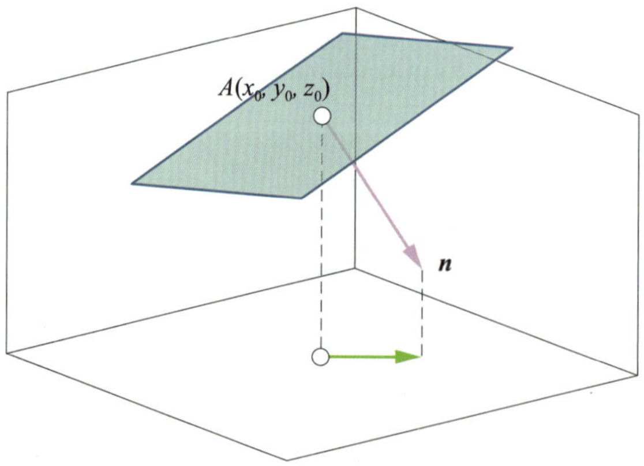

图3.21　空间法向量和平面投影

从书第一册第5章中，展示过四个空间平面。这里，用以上方法求解并绘制法向量，如图3.22所示，发现平面上任意一点法向量平行。从梯度角度来看，这些梯度向量大小相等，方向相同。

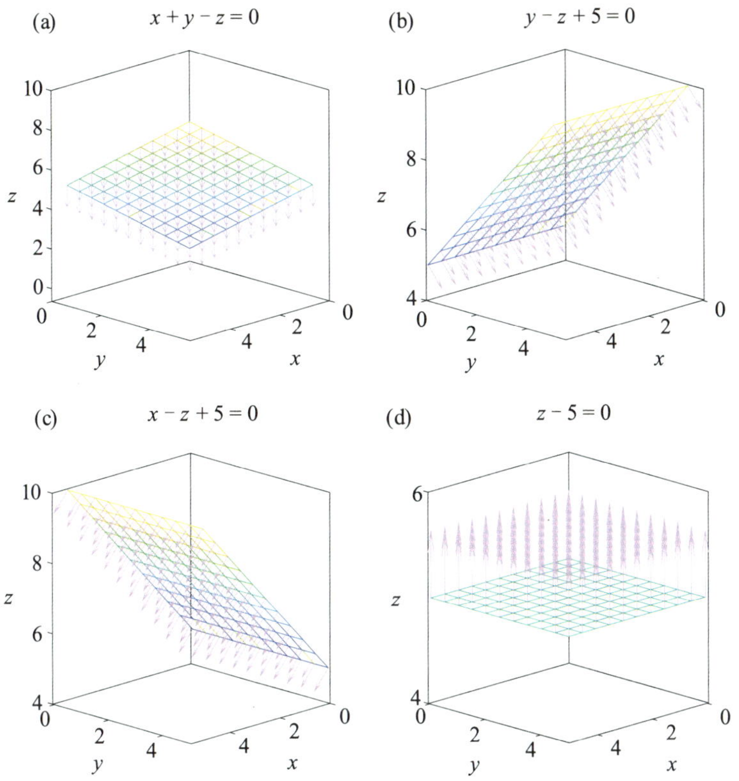

图3.22 三个平面及其法向量

以下代码获得图3.22。

B4_Ch3_5.m

```
syms x y z
f1 = x + y - z;
f2 = y - z + 5;
f3 = x - z + 5;
f4 = z - 5;

figure(1)
subplot(2,2,1)
plot_fig(f1)

subplot(2,2,2)
plot_fig(f2)

subplot(2,2,3)
plot_fig(f3)

subplot(2,2,4)
plot_fig(f4)

function plot_fig(f)
```

```
syms x y z

[xx,yy] = meshgrid([0:0.5:5,0:0.5:5]);

f_z = solve(f,z);
ff_z = double(subs(f_z, [x y], {xx,yy}));
g = gradient(f, [x, y z]);
mesh(xx,yy,ff_z); hold on

x0 = xx(1:2:end,1:2:end);
y0 = yy(1:2:end,1:2:end);
z0 = ff_z(1:2:end,1:2:end);

dFF_dx = subs(g(1), [x y z], {x0,y0,z0});
dFF_dy = subs(g(2), [x y z], {x0,y0,z0});
dFF_dz = subs(g(3), [x y z], {x0,y0,z0});

h1 = quiver3(x0,y0,z0,dFF_dx,dFF_dy,dFF_dz,...
    'color',[255,153,255]/255);
h1.AutoScaleFactor = 1;
view(135,15); grid off; box on
xlabel('x'); ylabel('y'); zlabel('z');
xticks([0:2:4]); yticks([0:2:4]); zticks([0:2:10])
end
```

如图3.23所示，空间内任意一点$Q(x_Q, y_Q, z_Q)$到平面$ax+by+cz+d=0$距离为d，d计算式如下：

$$d=\frac{\left|ax_Q+by_Q+cz_Q+d\right|}{\sqrt{a^2+b^2+c^2}} \tag{3.51}$$

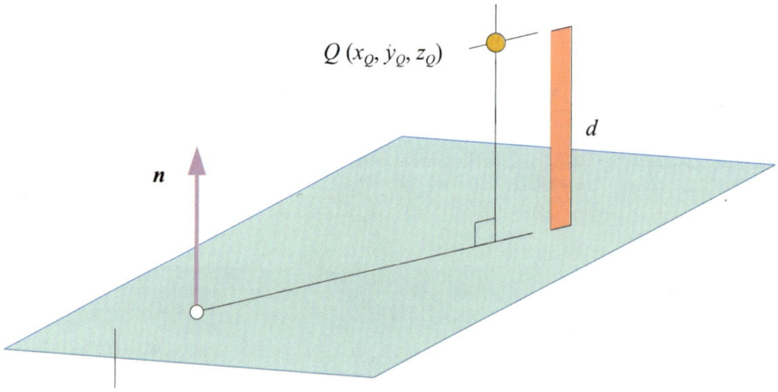

图3.23　空间任意一点到平面距离

上式可以推广到点到超平面距离；此外，这一公式的向量运算形式将出现在丛书第五本支持向量机 (Support Vector Machine, SVM) 内容中。

3.5 平面和曲面梯度分布

这一小节介绍常见三维平面和曲面梯度分布。图3.24展示一个垂直于x_1-z平面，具体解析式如下：

$$f(x_1,x_2)=x_1 \tag{3.52}$$

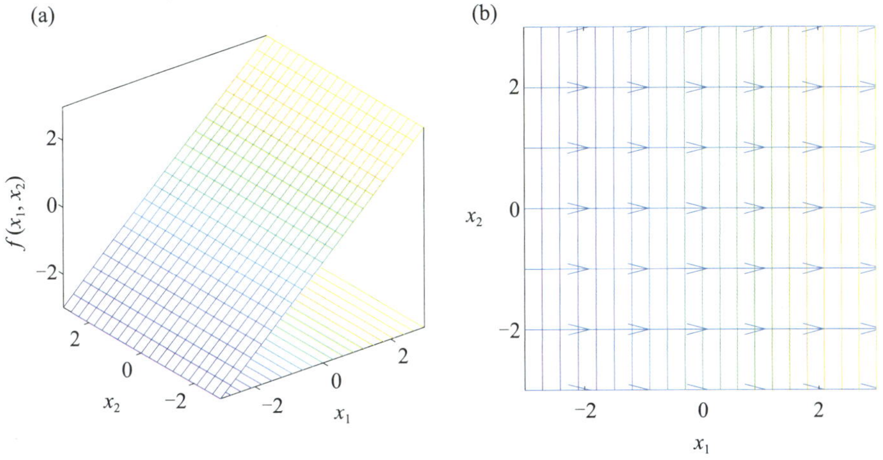

图3.24　垂直于x_1-z平面，梯度向量防线为x_1正方向

二元函数梯度向量如下：

$$\nabla f(\boldsymbol{x})=\begin{bmatrix}\frac{\partial f(\boldsymbol{x})}{\partial x_1} & \frac{\partial f(\boldsymbol{x})}{\partial x_2}\end{bmatrix}^{\mathrm{T}}=\begin{bmatrix}1 & 0\end{bmatrix}^{\mathrm{T}} \tag{3.53}$$

如图3.24所示，发现此梯度向量平行于x_1轴，方向为x_1正方向，向量方向和大小不随位置变化。沿着梯度方向运动，$f(x_1, x_2)$不断增大。

当改变符号x_1时：

$$f(x_1,x_2)=-x_1 \tag{3.54}$$

二元函数梯度如下：

$$\nabla f(\boldsymbol{x})=\begin{bmatrix}\frac{\partial f(\boldsymbol{x})}{\partial x_1} & \frac{\partial f(\boldsymbol{x})}{\partial x_2}\end{bmatrix}^{\mathrm{T}}=\begin{bmatrix}-1 & 0\end{bmatrix}^{\mathrm{T}} \tag{3.55}$$

图3.25告诉我们此梯度向量同样平行于x_1轴，方向为x_1负方向，向量方向和大小不随位置变化。

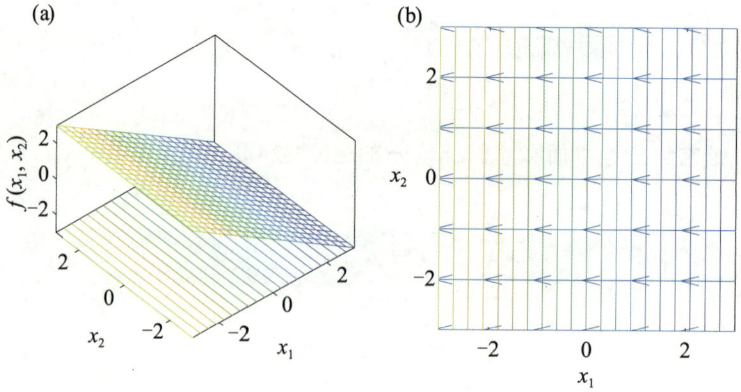

图3.25　垂直于x_1-z平面，梯度向量防线为x_1负方向

图3.26展示平面解析式如下：

$$f(x_1, x_2) = x_2 \tag{3.56}$$

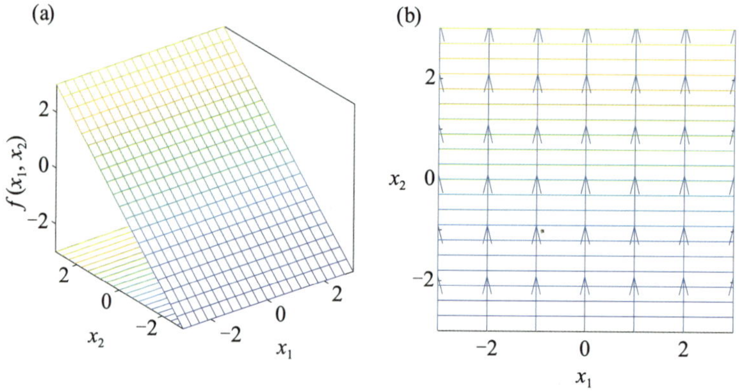

图3.26　垂直于x_2-z平面，梯度向量防线为x_2正方向

二元函数梯度如下：

$$\nabla f(\boldsymbol{x}) = \begin{bmatrix} \dfrac{\partial f(\boldsymbol{x})}{\partial x_1} & \dfrac{\partial f(\boldsymbol{x})}{\partial x_2} \end{bmatrix}^{\mathrm{T}} = \begin{bmatrix} 0 & 1 \end{bmatrix}^{\mathrm{T}} \tag{3.57}$$

通过观察图3.26，发现此梯度向量同样平行于x_2轴，方向为x_2正方向，向量方向和大小不随位置变化。

图3.27中平面解析式如下：

$$f(x_1, x_2) = x_1 + x_2 \tag{3.58}$$

该平面梯度也是一个固定向量，如下：

$$\nabla f(\boldsymbol{x}) = \begin{bmatrix} \dfrac{\partial f(\boldsymbol{x})}{\partial x_1} & \dfrac{\partial f(\boldsymbol{x})}{\partial x_2} \end{bmatrix}^{\mathrm{T}} = \begin{bmatrix} 1 & 1 \end{bmatrix}^{\mathrm{T}} \tag{3.59}$$

如图3.27所示，梯度向量和x_1轴正方向夹角为45°，指向右上方。沿着此梯度方向运动，$f(x_1, x_2)$不断增大。$f(x_1, x_2)$等高线相互平行，梯度向量和函数等高线垂直。

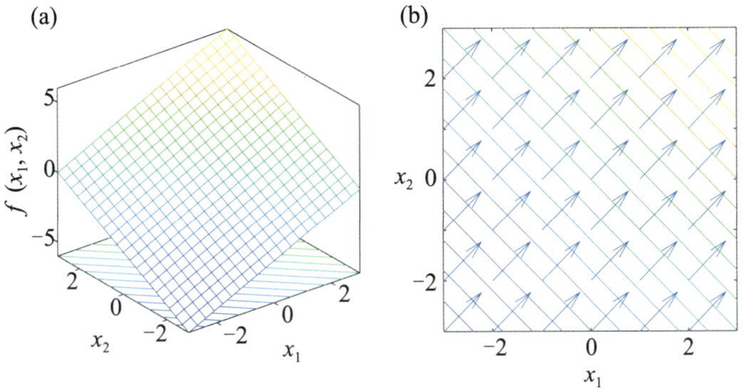

图3.27　$f(x_1, x_2) = x_1 + x_2$平面和梯度

图3.28中平面解析式如下：

$$f(x_1, x_2) = x_1 - x_2 \tag{3.60}$$

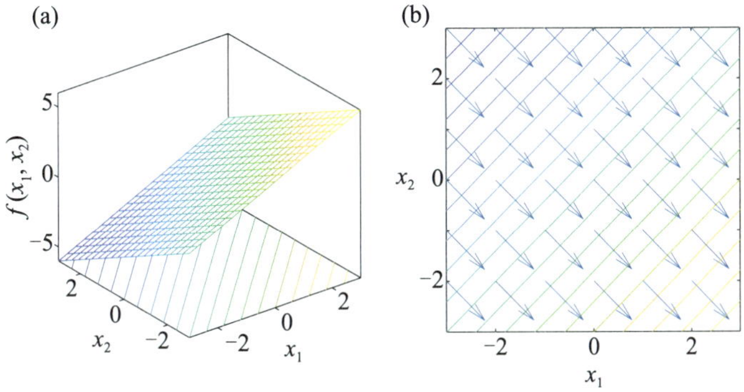

图3.28　$f(x_1, x_2) = x_1 - x_2$平面和梯度

观察图3.28，能发现此平面梯度不随位置变化：

$$\nabla f(\boldsymbol{x}) = \begin{bmatrix} \frac{\partial f(\boldsymbol{x})}{\partial x_1} & \frac{\partial f(\boldsymbol{x})}{\partial x_2} \end{bmatrix}^{\mathrm{T}} = \begin{bmatrix} 1 & -1 \end{bmatrix}^{\mathrm{T}} \tag{3.61}$$

该梯度向量和x_1轴正方向夹角为45°，指向右下方。

图3.29中开口朝上圆锥面解析式如下：

$$f(x_1, x_2) = \sqrt{x_1^2 + x_2^2} \tag{3.62}$$

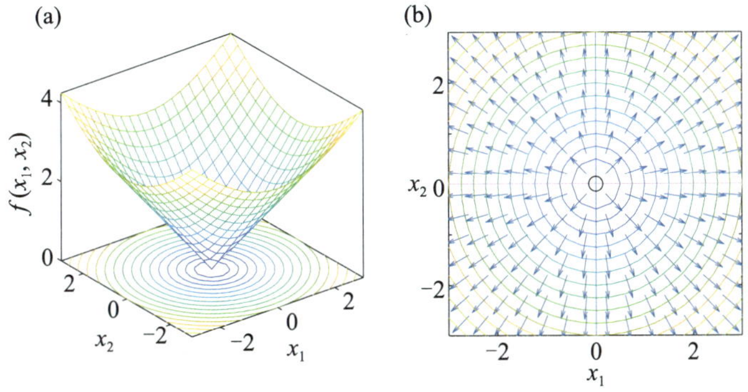

图3.29　开口朝上圆锥面

上述曲面梯度如下：

$$\nabla f(\boldsymbol{x})=\left[\frac{\partial f(\boldsymbol{x})}{\partial x_1} \quad \frac{\partial f(\boldsymbol{x})}{\partial x_2}\right]^{\mathrm{T}}=\left[\frac{x_1}{\sqrt{x_1^2+x_2^2}} \quad \frac{x_2}{\sqrt{x_1^2+x_2^2}}\right]^{\mathrm{T}} \tag{3.63}$$

该曲面梯度向量随着位置变化而变化。但是梯度向量模，即向量长度不变，具体计算如下：

$$\|\nabla f(\boldsymbol{x})\|=\sqrt{\left(\frac{x_1}{\sqrt{x_1^2+x_2^2}}\right)^2+\left(\frac{x_2}{\sqrt{x_1^2+x_2^2}}\right)^2}=1 \tag{3.64}$$

图3.29梯度向量指向极小值相反方向。另外，函数在 (0, 0) 点不可导，即梯度向量在该点没有定义。

图3.30中开口朝下圆锥面解析式如下：

$$f(x_1,x_2)=-\sqrt{x_1^2+x_2^2} \tag{3.65}$$

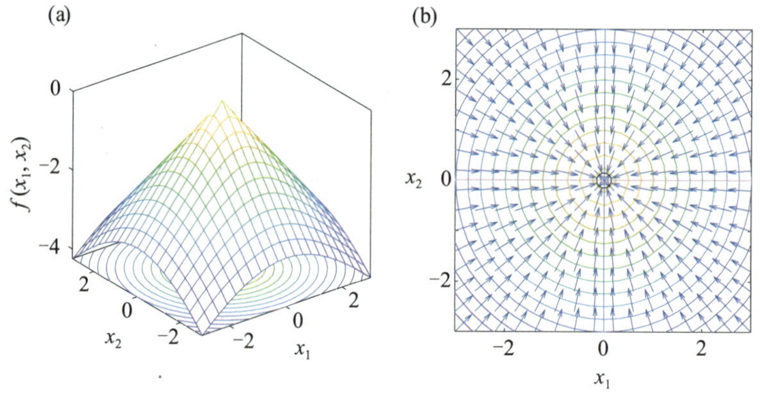

图3.30　开口朝下圆锥面

上述曲面梯度如下：

$$\nabla f(\boldsymbol{x})=\left[\frac{\partial f(\boldsymbol{x})}{\partial x_1} \quad \frac{\partial f(\boldsymbol{x})}{\partial x_2}\right]^{\mathrm{T}}=\left[\frac{-x_1}{\sqrt{x_1^2+x_2^2}} \quad \frac{-x_2}{\sqrt{x_1^2+x_2^2}}\right]^{\mathrm{T}} \tag{3.66}$$

容易得出结论，曲面不同位置梯度模一样大小。图3.30梯度向量指向极大值方向。同样，函数在 (0, 0) 点不可导。

图3.31展示开口朝上正圆抛物面解析式如下：

$$f(x_1,x_2)=\frac{x_1^2+x_2^2}{2} \tag{3.67}$$

上述曲面梯度如下：

$$\nabla f(\boldsymbol{x})=\left[\frac{\partial f(\boldsymbol{x})}{\partial x_1} \quad \frac{\partial f(\boldsymbol{x})}{\partial x_2}\right]^{\mathrm{T}}=\left[x_1 \quad x_2\right]^{\mathrm{T}} \tag{3.68}$$

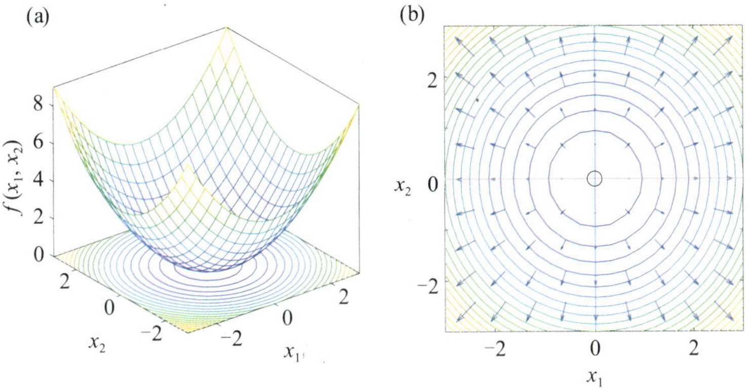

图3.31　开口朝上正圆抛物面

该曲面梯度大小和方向随着位置变化而变化。值得注意是，对于正圆抛物面，同一等高线上不同点梯度大小相同。图3.31所示，梯度向量方向背离最小值点。极小值点处，梯度向量模为0。

图3.32展示开口朝下正圆抛物面解析式如下：

$$f(x_1, x_2) = -\frac{x_1^2 + x_2^2}{2} \tag{3.69}$$

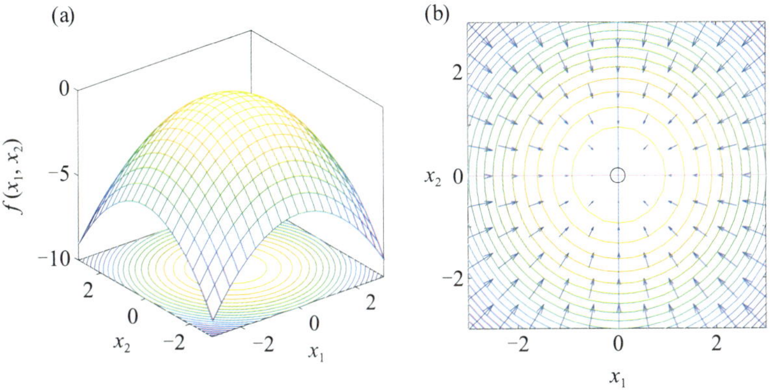

图3.32　开口朝下正圆抛物面

上述曲面梯度如下：

$$\nabla f(\boldsymbol{x}) = \left[\frac{\partial f(\boldsymbol{x})}{\partial x_1} \quad \frac{\partial f(\boldsymbol{x})}{\partial x_2}\right]^{\mathrm{T}} = \left[-x_1 \quad -x_2\right]^{\mathrm{T}} \tag{3.70}$$

图3.32中梯度向量方向指向最大值点。

图3.33展示双曲抛物面解析式如下：

$$f(x_1, x_2) = \frac{x_1^2 - x_2^2}{2} \tag{3.71}$$

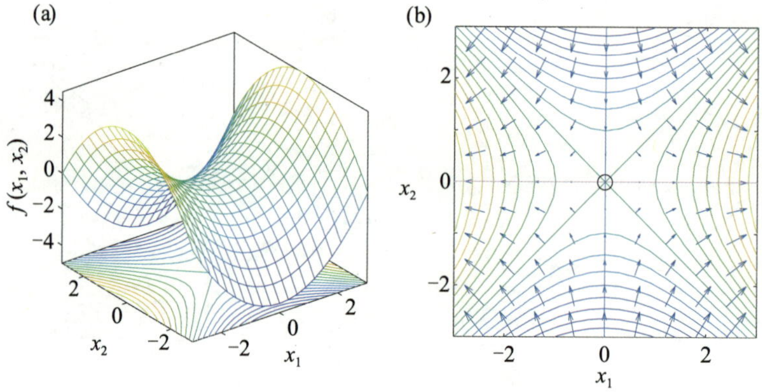

图3.33　双曲抛物面

以上曲面梯度如下：

$$\nabla f(\boldsymbol{x})=\begin{bmatrix}\dfrac{\partial f(\boldsymbol{x})}{\partial x_1} & \dfrac{\partial f(\boldsymbol{x})}{\partial x_2}\end{bmatrix}^{\mathrm{T}}=\begin{bmatrix}x_1 & -x_2\end{bmatrix}^{\mathrm{T}} \tag{3.72}$$

图3.33中，鞍点为 (0, 0)，在该点上有一些梯度向量指向 (0, 0)，另外一些梯度向量方向背离 (0, 0)。虽然在 (0, 0) 点，梯度向量为零向量，该点并非极值点。

图3.34展示旋转双曲抛物面解析式如下：

$$f(x_1,x_2)=x_1x_2 \tag{3.73}$$

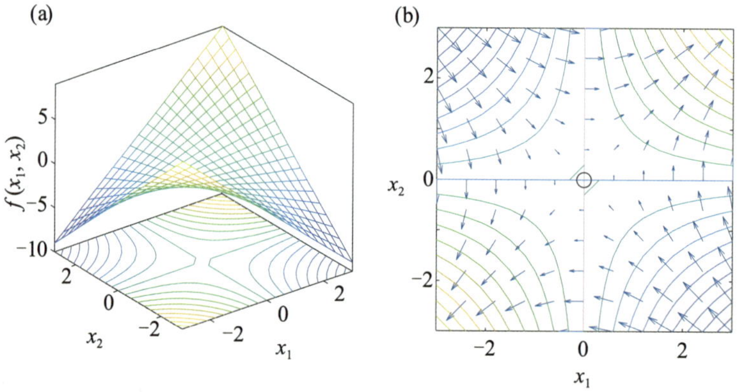

图3.34　旋转双曲抛物面

上式曲面梯度如下：

$$\nabla f(\boldsymbol{x})=\begin{bmatrix}\dfrac{\partial f(\boldsymbol{x})}{\partial x_1} & \dfrac{\partial f(\boldsymbol{x})}{\partial x_2}\end{bmatrix}^{\mathrm{T}}=\begin{bmatrix}x_2 & x_1\end{bmatrix}^{\mathrm{T}} \tag{3.74}$$

图3.34中，鞍点同样为 (0, 0)，同样一些梯度向量指向原点，另外一些梯度向量背离原点。

图3.35展示山谷面解析式如下：

$$f(x_1,x_2)=\frac{x_1^2}{2} \tag{3.75}$$

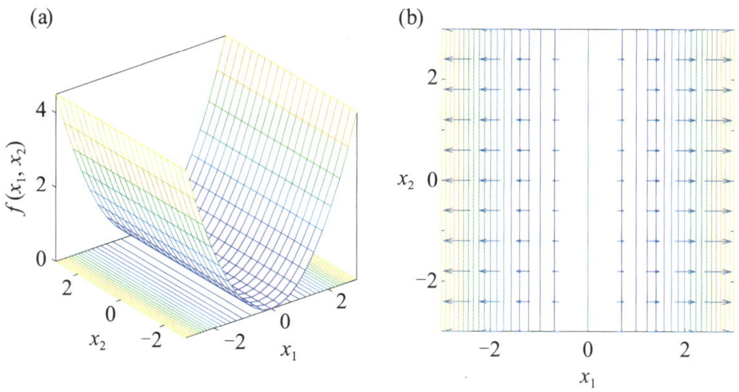

图3.35　山谷面

此曲面梯度如下：

$$\nabla f(\boldsymbol{x}) = \left[\frac{\partial f(\boldsymbol{x})}{\partial x_1} \quad \frac{\partial f(\boldsymbol{x})}{\partial x_2}\right]^{\mathrm{T}} = \left[x_1 \quad 0\right]^{\mathrm{T}} \tag{3.76}$$

如图3.35所示，曲面等高线平行于x_2轴，曲面梯度垂直于x_2轴。梯度向量平行，大小随着位置变化。曲面极小值点无穷多个，这些极小值点均在一条直线上；梯度向量均背离这条最小值所在直线。

图3.36展示山脊面解析式如下：

$$f(x_1, x_2) = -\frac{x_2^2}{2} \tag{3.77}$$

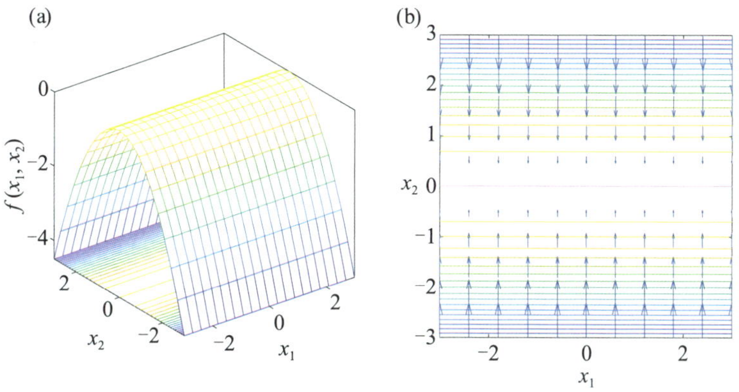

图3.36　山脊面

该曲面梯度如下：

$$\nabla f(\boldsymbol{x}) = \left[\frac{\partial f(\boldsymbol{x})}{\partial x_1} \quad \frac{\partial f(\boldsymbol{x})}{\partial x_2}\right]^{\mathrm{T}} = \left[0 \quad -x_2\right]^{\mathrm{T}} \tag{3.78}$$

如图3.36所示，曲面等高线 平行于x_1轴，曲面梯度垂直于x_1轴。曲面极大值点无穷多个，梯度向量方向均指向这条最小值所在直线。请读者根据本章代码自行编写代码绘制本节图像。

3.6 曲面切面

三维空间曲面用$z = f(x, y)$ 函数来表达。三维空间某一点$A(x_0, y_0, f(x_0, y_0))$ 处曲面$f(x, y)$ 切面解析式也通过法向量来构造。根据前文反复提到的方法，首先构造函数$F(x, y z)$ 如下：

$$F(x,y,z)=f(x,y)-z \tag{3.79}$$

A点 (x_0, y_0, z_0) 法向量通过下式求得：

$$\boldsymbol{n}=\left[\frac{\partial F}{\partial x} \quad \frac{\partial F}{\partial x} \quad \frac{\partial F}{\partial z}\right]^{\mathrm{T}}\Bigg|_{(x_0,y_0,z_0)}=\left[\frac{\partial f}{\partial x} \quad \frac{\partial f}{\partial x} \quad -1\right]^{\mathrm{T}}\Bigg|_{(x_0,y_0,z_0)} \tag{3.80}$$

类似上一节方法，用空间定点A和法向量$\boldsymbol{n}$来定义曲面在A点切面，如图3.37所示。

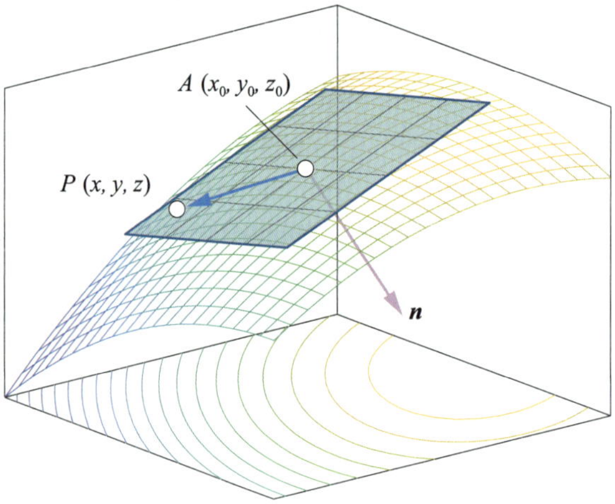

图3.37　曲面任意一点切面和法向量

A点切面解析式具体计算过程如下：

$$\begin{aligned}
&\boldsymbol{n}\cdot(x-x_0 \quad y-y_0 \quad z-z_0)=0\\
&\Rightarrow\left[\frac{\partial f}{\partial x} \quad \frac{\partial f}{\partial x} \quad -1\right]\Bigg|_{(x_0,y_0,z_0)}\cdot(x-x_0 \quad y-y_0 \quad z-z_0)=0\\
&\Rightarrow\frac{\partial f(x_0,y_0)}{\partial x}(x-x_0)+\frac{\partial f(x_0,y_0)}{\partial y}(y-y_0)-(z-z_0)=0\\
&\Rightarrow z=\frac{\partial f(x_0,y_0)}{\partial x}(x-x_0)+\frac{\partial f(x_0,y_0)}{\partial y}(y-y_0)+z_0
\end{aligned} \tag{3.81}$$

其中，上式z即切面函数$t(x, y)$，z_0即$f(x_0, y_0)$，替换得到下式：

$$t(x,y)=\frac{\partial f(x_0,y_0)}{\partial x}(x-x_0)+\frac{\partial f(x_0,y_0)}{\partial y}(y-y_0)+f(x_0,y_0) \tag{3.82}$$

这和丛书第一册第6章中采用切面解析式完全一致。上式即泰勒一阶展开矩阵表达式。

更一般情况，对于多元函数$f(\boldsymbol{x})$，当$\boldsymbol{x}$足够靠近$\boldsymbol{x}_p$时，$f(\boldsymbol{x})$ 函数值用泰勒一阶展开逼近，如下式：

$$
\begin{aligned}
f(\boldsymbol{x}) &\approx f(\boldsymbol{x}_p)+\nabla f(\boldsymbol{x}_p)(\boldsymbol{x}-\boldsymbol{x}_p)^{\mathrm{T}} \\
&= f(\boldsymbol{x}_p)+\nabla f(\boldsymbol{x}_p)\Delta\boldsymbol{x}^{\mathrm{T}}
\end{aligned} \tag{3.83}
$$

其中，$\boldsymbol{x}$为行向量，如下：

$$
\boldsymbol{x}=\begin{bmatrix} x_1 & x_2 & \cdots & x_N \end{bmatrix} \tag{3.84}
$$

$\boldsymbol{x}_p$为**泰勒级数展开点** (expansion point of Taylor series)；$\nabla f(\boldsymbol{x}_p)$为多元函数$f(\boldsymbol{x})$ 在$\boldsymbol{x}_p$处梯度行向量，如下：

$$
\nabla f(\boldsymbol{x}_p)=\left[\frac{\partial f}{\partial x_1} \quad \frac{\partial f}{\partial x_2} \quad \cdots \quad \frac{\partial f}{\partial x_N}\right]_{\boldsymbol{x}p} \tag{3.85}
$$

其中，$\boldsymbol{x}$为列向量，$f(\boldsymbol{x})$ 函数值用泰勒一阶展开逼近如下：

$$
\begin{aligned}
f(\boldsymbol{x}) &\approx f(\boldsymbol{x}_p)+\nabla f(\boldsymbol{x}_p)^{\mathrm{T}}(\boldsymbol{x}-\boldsymbol{x}_p) \\
&= f(\boldsymbol{x}_p)+\nabla f(\boldsymbol{x}_p)^{\mathrm{T}}\Delta\boldsymbol{x}
\end{aligned} \tag{3.86}
$$

也用标量点乘来表达泰勒一阶级数展开，如下：

$$
\begin{aligned}
f(\boldsymbol{x}) &\approx f(\boldsymbol{x}_p)+\nabla f(\boldsymbol{x}_p)\cdot(\boldsymbol{x}-\boldsymbol{x}_p) \\
&= f(\boldsymbol{x}_p)+\nabla f(\boldsymbol{x}_p)\cdot\Delta\boldsymbol{x}
\end{aligned} \tag{3.87}
$$

$\boldsymbol{x}$为行向量时，$f(\boldsymbol{x})$ 泰勒二阶级数展开式矩阵运算如下：

$$
\begin{aligned}
f(\boldsymbol{x}) &\approx f(\boldsymbol{x}_p)+\nabla f(\boldsymbol{x}_p)(\boldsymbol{x}-\boldsymbol{x}_p)^{\mathrm{T}}+\frac{1}{2}(\boldsymbol{x}-\boldsymbol{x}_p)\nabla^2 f(\boldsymbol{x}_p)(\boldsymbol{x}-\boldsymbol{x}_p)^{\mathrm{T}} \\
&= f(\boldsymbol{x}_p)+\nabla f(\boldsymbol{x}_p)\Delta\boldsymbol{x}^{\mathrm{T}}+\frac{1}{2}\Delta\boldsymbol{x}\nabla^2 f(\boldsymbol{x}_p)\Delta\boldsymbol{x}^{\mathrm{T}}
\end{aligned} \tag{3.88}
$$

其中，$\nabla^2 f(\boldsymbol{x}_p)$ 便是我们在丛书第三册第2章数学部分提到黑塞矩阵，表达式如下：

$$
\nabla^2 f(\boldsymbol{x}_p)=\begin{bmatrix}
\dfrac{\partial^2 f}{\partial x_1^2} & \dfrac{\partial^2 f}{\partial x_1 \partial x_2} & \cdots & \dfrac{\partial^2 f}{\partial x_1 \partial x_N} \\
\dfrac{\partial^2 f}{\partial x_2 \partial x_1} & \dfrac{\partial^2 f}{\partial x_2^2} & \cdots & \dfrac{\partial^2 f}{\partial x_2 \partial x_N} \\
\vdots & \vdots & & \vdots \\
\dfrac{\partial^2 f}{\partial x_N \partial x_1} & \dfrac{\partial^2 f}{\partial x_N \partial x_2} & \cdots & \dfrac{\partial^2 f}{\partial x_N^2}
\end{bmatrix}_{\boldsymbol{x}p} \tag{3.89}
$$

$\boldsymbol{x}$为列向量时，$f(\boldsymbol{x})$ 泰勒二阶级数展开式矩阵运算如下：

$$
\begin{aligned}
f(\boldsymbol{x}) &\approx f(\boldsymbol{x}_p)+\nabla f(\boldsymbol{x}_p)^{\mathrm{T}}(\boldsymbol{x}-\boldsymbol{x}_p)+\frac{1}{2}(\boldsymbol{x}-\boldsymbol{x}_p)^{\mathrm{T}}\nabla^2 f(\boldsymbol{x}_p)(\boldsymbol{x}-\boldsymbol{x}_p) \\
&= f(\boldsymbol{x}_p)+\nabla f(\boldsymbol{x}_p)^{\mathrm{T}}\Delta\boldsymbol{x}+\frac{1}{2}\Delta\boldsymbol{x}^{\mathrm{T}}\nabla^2 f(\boldsymbol{x}_p)\Delta\boldsymbol{x}
\end{aligned} \tag{3.90}
$$

下面用同样方法求解一个空间隐函数切面。圆心位于原点单位正球体解析式如下：

$$x^2+y^2+z^2=1 \tag{3.91}$$

以上球面定点A坐标如下：

$$A=\left(\frac{1}{2},\frac{1}{2},\frac{\sqrt{2}}{2}\right) \tag{3.92}$$

为了求解切面，先构造$F(x, y, z)$：

$$F\left(x,y,z\right)=x^2+y^2+z^2-1 \tag{3.93}$$

获得A点处法向量$\boldsymbol{n}$：

$$\boldsymbol{n}=\left[\frac{\partial F}{\partial x}\quad\frac{\partial F}{\partial x}\quad\frac{\partial F}{\partial z}\right]^{\mathrm{T}}\Bigg|_A=\left[2x\quad 2y\quad 2z\right]^{\mathrm{T}}\Big|_A=\left[1\quad 1\quad \sqrt{2}\right]^{\mathrm{T}}\Big|_A \tag{3.94}$$

然后就能获得球面A点切面解析式：

$$\begin{aligned}&\left[1\quad 1\quad \sqrt{2}\right]\cdot\left(x-\frac{1}{2}\quad y-\frac{1}{2}\quad z-\frac{\sqrt{2}}{2}\right)=0\\&\Rightarrow z=-\frac{\sqrt{2}}{2}\left(x+y\right)+\sqrt{2}\end{aligned} \tag{3.95}$$

图3.38 所示为球面在A点法向量 (按一定比例缩放) 和过A点球面切面。

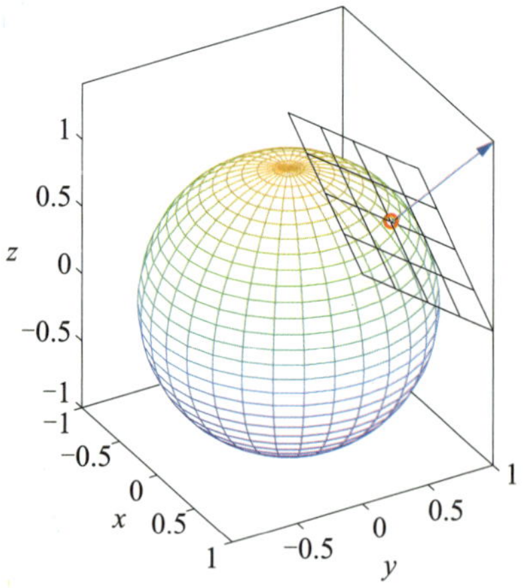

图3.38　球面某点处切面

以下代码获得图3.38。

B4_Ch3_6.m

```
clc; close all; clear all
syms x y z
[xx, yy, zz] = ellipsoid(0,0,0,1,1,1,30);
F = x^2 + y^2 + z^2 - 1;
```

```
x0 = 1/2; y0 = 1/2; z0 = sqrt(2)/2;
g = gradient(F, [x, y, z])

dF_dx = subs(g(1), [x y z], {x0,y0,z0});
dF_dy = subs(g(2), [x y z], {x0,y0,z0});
dF_dz = subs(g(3), [x y z], {x0,y0,z0});

n = [dF_dx, dF_dy, dF_dz];
P_vector = [x-x0, y-y0, z-z0];
eqn = dot(n, P_vector) == 0;
plane_f = solve(eqn,z);

[xx0,yy0] = meshgrid(x0-0.5:0.25:x0+0.5, y0-0.5:0.25:y0+0.5);
zz0 = double(subs(plane_f,[x,y],{xx0,yy0}));

figure(1)
plot3(x0,y0,z0,'ro'); hold on
mesh(xx, yy, zz)
h_vector = quiver3(x0,y0,z0,dF_dx,dF_dy,dF_dz)
h_vector.AutoScaleFactor = 0.5;

mesh(xx0,yy0,zz0,'edgecolor','k','FaceAlpha',0)

axis equal; box on; grid off
xlabel('x'); ylabel('y'); zlabel('z'); view(60,30)
```

下面用向量叉乘来解释曲面法向量。图3.39在第2章讨论梯度和方向性微分时已经了解过。下面从曲面切向量和法向量角度，再来挖掘一下这幅图。

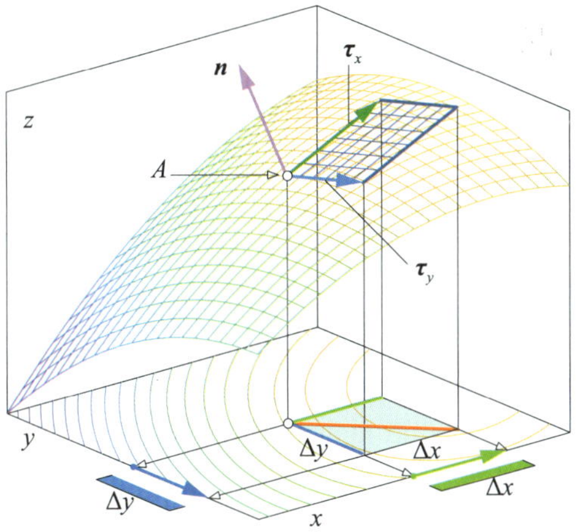

图3.39　曲面A点处两条切线和法线

图3.39曲面A点 $(x_0, y_0, f(x_0, y_0))$ 处有两个切向量，一个平行于y轴，τ_y；另一个平行于x轴，τ_x。向量τ_y在x轴方向分量为0，在y轴分量记作Δy，在z轴分量为$f_y\ \Delta y$。f_y为 $f(x, y)$ 沿y一阶偏微分。因此，向量τ_y记作：

$$\tau_y = \begin{bmatrix} 0 & \Delta x & \frac{\partial f(x_0, y_0)}{\partial y}\Delta x \end{bmatrix}^{\mathrm{T}} = \Delta x \begin{bmatrix} 0 & 1 & \frac{\partial f(x_0, y_0)}{\partial y} \end{bmatrix}^{\mathrm{T}} \tag{3.96}$$

令$\Delta x = 1$，向量$\boldsymbol{\tau}_y$记作：

$$\boldsymbol{\tau}_y = \begin{bmatrix} 0 & 1 & \dfrac{\partial f(x_0, y_0)}{\partial y} \end{bmatrix}^{\mathrm{T}} \tag{3.97}$$

同理，得到切向量$\boldsymbol{\tau}_x$表达式：

$$\boldsymbol{\tau}_x = \begin{bmatrix} 1 & 0 & \dfrac{\partial f(x_0, y_0)}{\partial x} \end{bmatrix}^{\mathrm{T}} \tag{3.98}$$

$\boldsymbol{\tau}_y$和$\boldsymbol{\tau}_x$两个向量叉乘结果即法向量$\boldsymbol{n}$方向：

$$\begin{aligned} \boldsymbol{\tau}_x \times \boldsymbol{\tau}_y &= \begin{vmatrix} \boldsymbol{i} & \boldsymbol{j} & \boldsymbol{k} \\ 1 & 0 & \dfrac{\partial f(x_0, y_0)}{\partial x} \\ 0 & 1 & \dfrac{\partial f(x_0, y_0)}{\partial y} \end{vmatrix} \\ &= -\frac{\partial f(x_0, y_0)}{\partial x}\boldsymbol{i} - \frac{\partial f(x_0, y_0)}{\partial y}\boldsymbol{j} + \boldsymbol{k} \end{aligned} \tag{3.99}$$

上式和之前推导法向量$\boldsymbol{n}$反向。同样得到下式法向量$\boldsymbol{n}$和之前推导同向：

$$\boldsymbol{\tau}_y \times \boldsymbol{\tau}_x = \frac{\partial f(x_0, y_0)}{\partial x}\boldsymbol{i} + \frac{\partial f(x_0, y_0)}{\partial y}\boldsymbol{j} - \boldsymbol{k} \tag{3.100}$$

然后，平面一个定点$A(x_0, y_0, f(x_0, y_0))$，和任意一点$P(x, y, z)$ 构成向量和法向量$\boldsymbol{n}$，两者内积为0，如下：

$$\left(\frac{\partial f(x_0, y_0)}{\partial x}\boldsymbol{i} + \frac{\partial f(x_0, y_0)}{\partial y}\boldsymbol{j} - \boldsymbol{k}\right) \cdot \left((x - x_0)\boldsymbol{i} + (y - y_0)\boldsymbol{j} + (z - z_0)\boldsymbol{k}\right) = 0 \tag{3.101}$$

同样也得到曲线A点切面解析式。此外，以上法向量随着A点坐标变化而变化；但法向量$\boldsymbol{n}$在z轴上分量不变。

3.7 法向量和梯度

本章前面已经提及平面法向量和梯度之间联系。图3.40所示为曲面$f(x, y)$ 在x-y平面上投影得到等高线。等高线上A点 (x_0, y_0, z_0) 处梯度向量用以下行向量表达：

$$\nabla f(x_0, y_0) = \begin{bmatrix} \dfrac{\partial f(x_0, y_0)}{\partial x} & \dfrac{\partial f(x_0, y_0)}{\partial y} \end{bmatrix}^{\mathrm{T}} \tag{3.102}$$

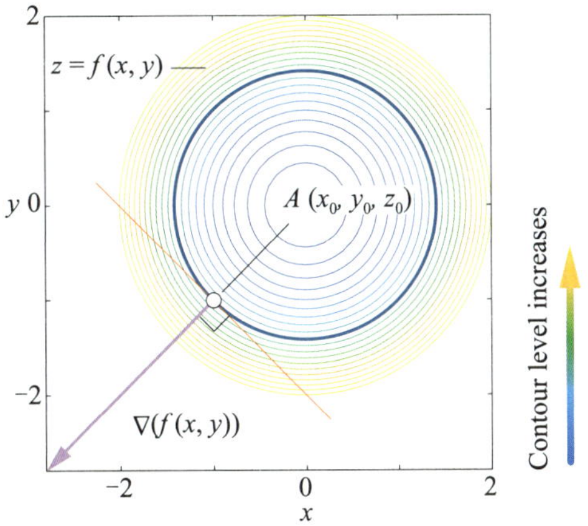

图3.40　凸函数$z = f(x, y)$曲面等高线

该梯度向量也通过下式表达：

$$\nabla f(x_0, y_0) = \frac{\partial f(x_0, y_0)}{\partial x}\boldsymbol{i} + \frac{\partial f(x_0, y_0)}{\partial y}\boldsymbol{j} \tag{3.103}$$

为求得曲面$z = f(x, y)$上A点处曲面法向量$\boldsymbol{n}$，首先构造函数$F(x, y, z)$，如下：

$$F(x, y, z) = f(x, y) - z \tag{3.104}$$

法向量$\boldsymbol{n}$表达式如下：

$$\begin{aligned} \boldsymbol{n} = \nabla f(x_0, y_0, z_0) &= \begin{bmatrix} \dfrac{\partial F}{\partial x} & \dfrac{\partial F}{\partial x} & \dfrac{\partial F}{\partial z} \end{bmatrix}^{\mathrm{T}} \Bigg|_{(x_0, y_0, z_0)} \\ &= \begin{bmatrix} \dfrac{\partial f(x_0, y_0)}{\partial x} & \dfrac{\partial f(x_0, y_0)}{\partial y} & -1 \end{bmatrix}^{\mathrm{T}} \end{aligned} \tag{3.105}$$

如图3.41所示，法向量$\boldsymbol{n}$向x-y平面投影得到$\nabla f(x_0, y_0)$。曲面$z = f(x, y)$为凸函数，在域内取得最小值。梯度向量方向指向背离最小值方向；在等高线图中沿着梯度向量方向移动，函数$f(x, y)$值增大。

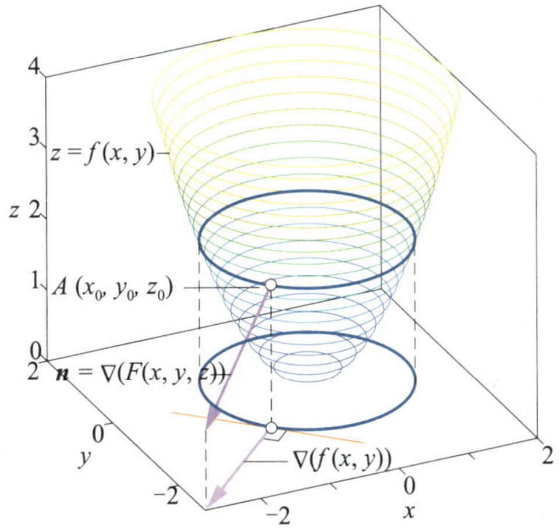

图3.41　凸函数$z = f(x, y)$曲面A点处法向量投影到x-y平面

上面介绍完凸函数情况，下面看一下凹函数情况。如图3.42所示，凹函数在域内取得最大值。由图可知，任意一点处梯度向量指向最大值点。图3.43展示在三维空间凹曲面形状和梯度向量指向。

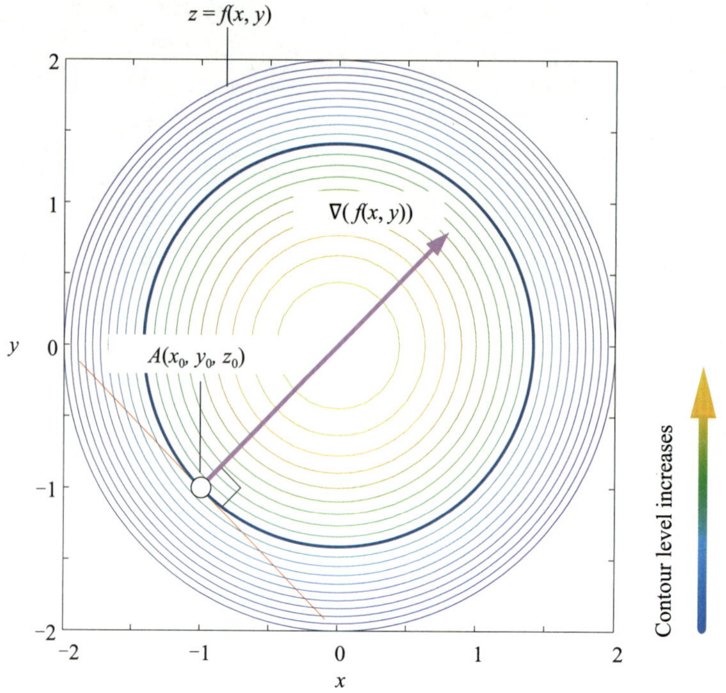

图3.42　凹函数$z = f(x, y)$ 曲面等高线

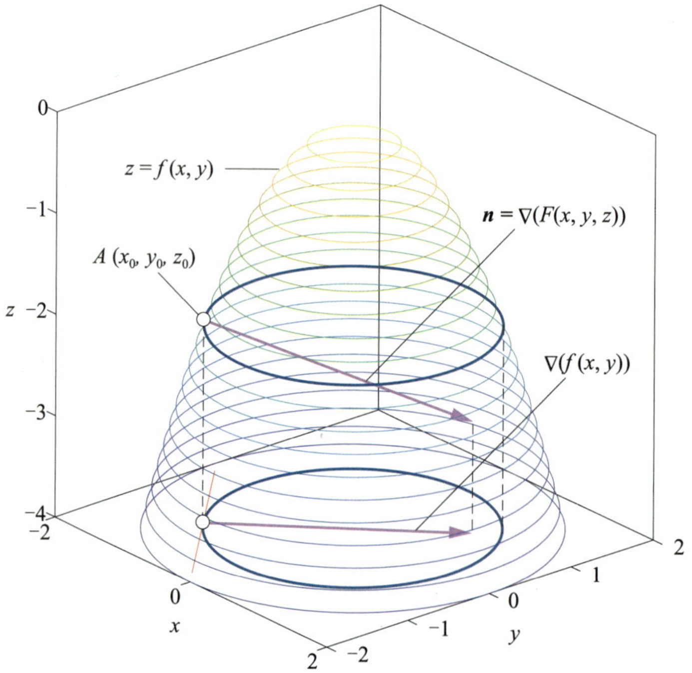

图3.43　凹函数$z = f(x, y)$ 曲面A点处法向量投影到x-y平面

如下代码获得图3.40和图3.41。请读者自行编写获得图3.42和图3.43的代码。

B4_Ch3_7.m

```
clc; clear all; close all
syms x y
f = -(x^2 + y^2);

g = gradient(f, [x, y])

[XX, YY] = meshgrid(-2:.1:2,-2:.1:2);


ZZ = double(subs(f,[x,y],{XX,YY}));
x0 = -1; y0= -1;
dF_dx = subs(g(1), [x y], {x0,y0});
dF_dy = subs(g(2), [x y], {x0,y0});
z0 = double(subs(f,[x,y],{x0,y0}));

figure(1)

contour(XX,YY,ZZ,[-4:0.2:0]); hold on
contour(XX,YY,ZZ,[z0,z0],'LineWidth',1.5,'color',[0,96,166]/255); hold on

quiver(x0,y0,dF_dx,dF_dy,'color',[255,102,255]/255,'LineWidth',1.5)

daspect([1 1 1]); grid off; box on
xlabel('x'); ylabel('y'); zlabel('z'); zlim([-4,0])

figure(2)
contour3(XX,YY,ZZ,[-4:0.2:0]); hold on
% mesh(XX,YY,ZZ); hold on
[C,h] = contour3(XX,YY,ZZ,[z0,z0],'LineWidth',1.5,'color',[0,96,166]/255); hold
on
plot3(C(1,2:end),C(2,2:end),-4+C(1,2:end)*0,'LineWidth',1.5,'col
or',[0,96,166]/255)

quiver3(x0,y0,z0,dF_dx,dF_dy,-1,'color',[255,102,255]/255,'LineWidth',1.5)
quiver3(x0,y0,-4,dF_dx,dF_dy,0,'color',[255,102,255]/255,'LineWidth',1.5)

daspect([1 1 1]); grid off; box on
xlabel('x'); ylabel('y'); zlabel('z')
zlim([-4,0]); view(-25,25)
```

表3.2总结了几种常见平面和曲面解析式和梯度分布情况；为了更好地研究优化问题，建议读者多观察几次表中图像，熟练掌握曲面形状、空间梯度、梯度投影，以及极值特点。请读者根据本章代码，自行绘制表中图像。

表3.2　常见三维形状和它们空间以及平面梯度分布

<table>
<tr><th>空间形状</th><th>空间梯度</th><th>梯度投影</th></tr>
<tr><td colspan="3">$f(x_1,x_2)=x_1,\quad \frac{\partial f}{\partial x_1}=1,\quad \frac{\partial f}{\partial x_2}=0$</td></tr>
<tr><td>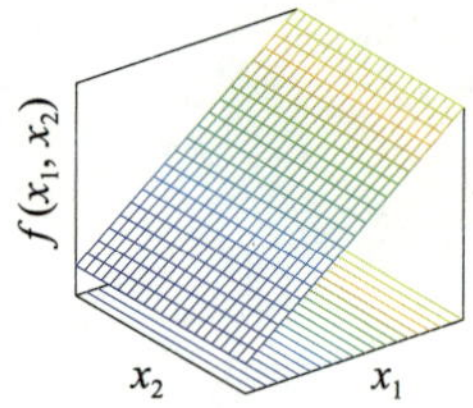</td><td>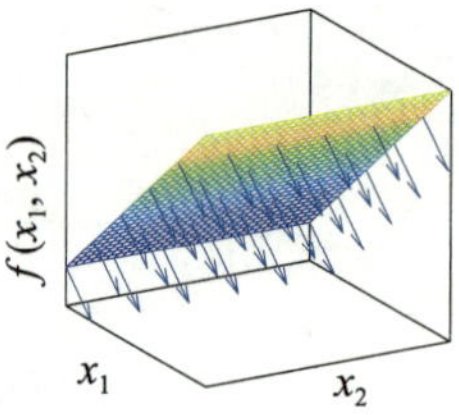</td><td>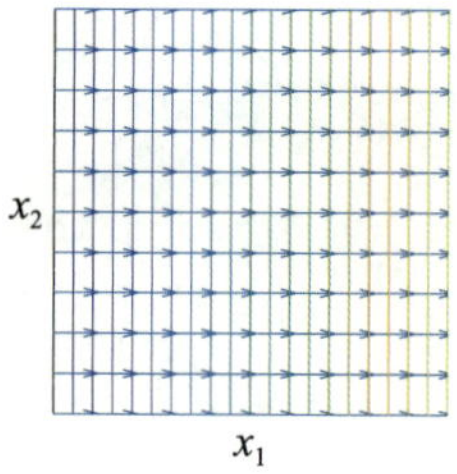</td></tr>
<tr><td colspan="3">$f(x_1,x_2)=x_2,\quad \frac{\partial f}{\partial x_1}=0,\quad \frac{\partial f}{\partial x_2}=1$</td></tr>
<tr><td>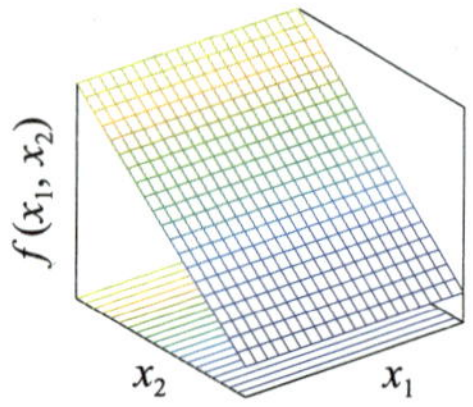</td><td>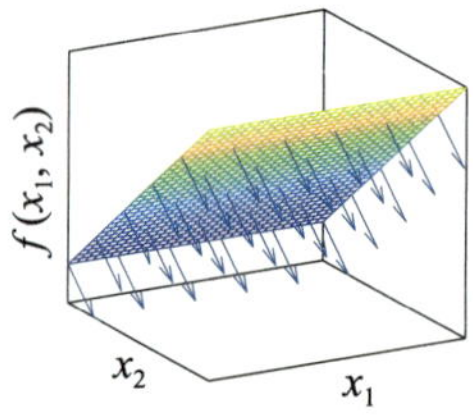</td><td>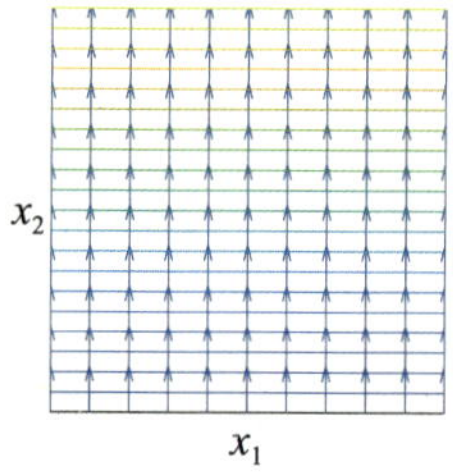</td></tr>
<tr><td colspan="3">$f(x_1,x_2)=x_1+x_2,\quad \frac{\partial f}{\partial x_1}=1,\quad \frac{\partial f}{\partial x_2}=1$</td></tr>
<tr><td>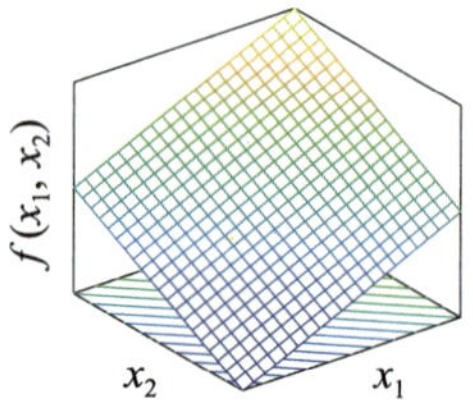</td><td>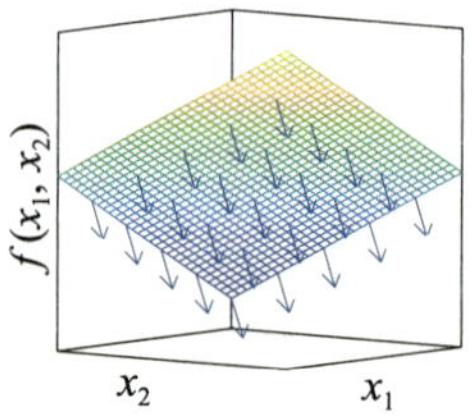</td><td>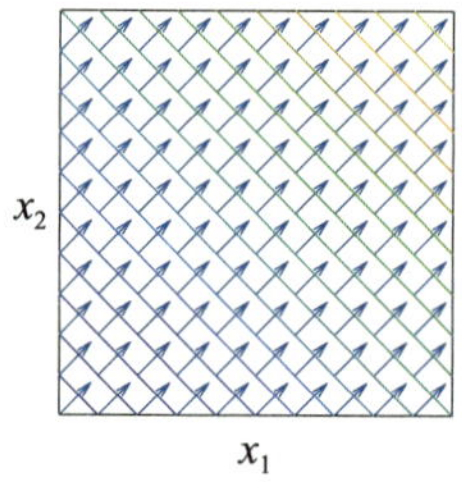</td></tr>
<tr><td colspan="3">$f(x_1,x_2)=x_1-2x_2,\quad \frac{\partial f}{\partial x_1}=1,\quad \frac{\partial f}{\partial x_2}=-2$</td></tr>
<tr><td>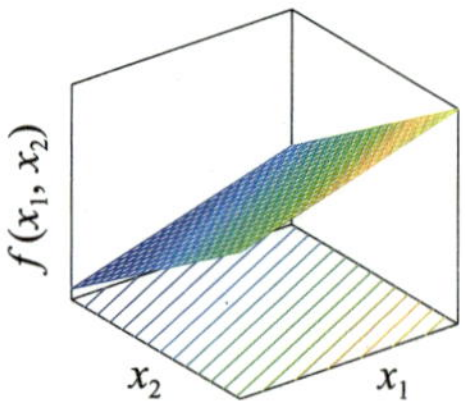</td><td>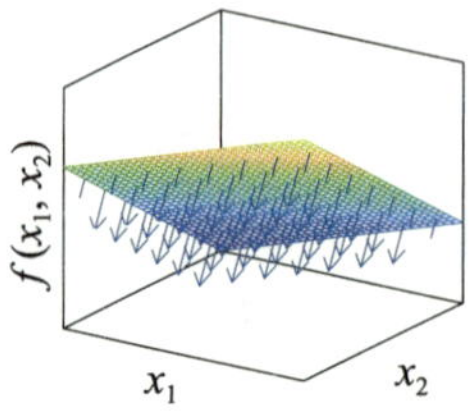</td><td>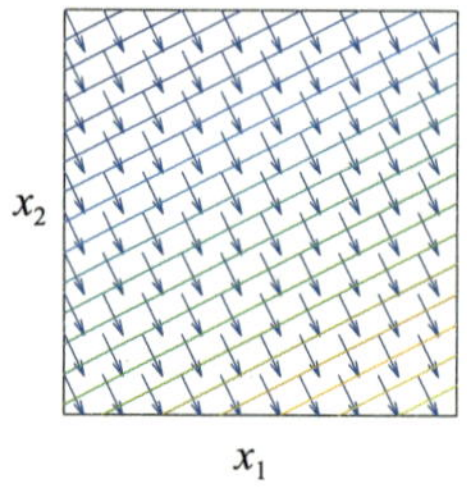</td></tr>
</table>

空间形状	空间梯度	梯度投影
$f(x_1,x_2)=-2x_1+x_2,\quad \dfrac{\partial f}{\partial x_1}=-2,\quad \dfrac{\partial f}{\partial x_2}=1$		
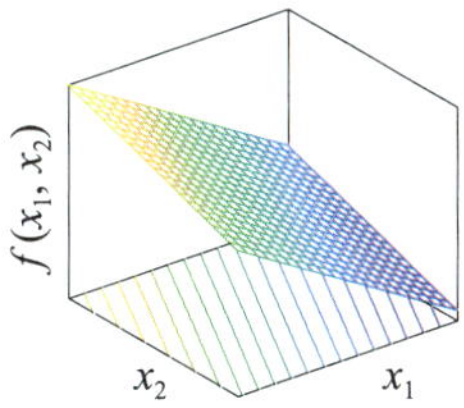	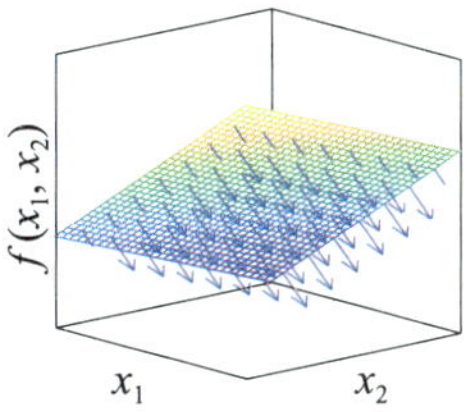	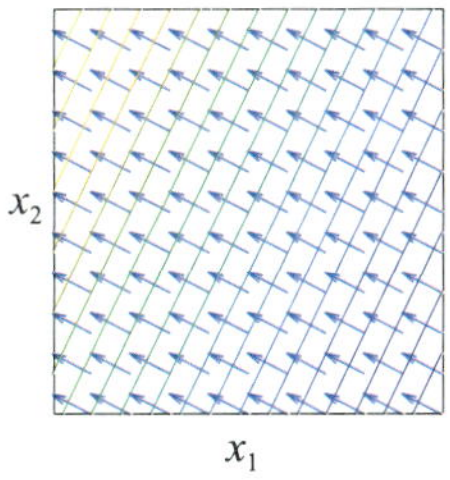
$f(x_1,x_2)=\sqrt{x_1^2+x_2^2},\quad \dfrac{\partial f}{\partial x_1}=\dfrac{x_1}{\sqrt{x_1^2+x_2^2}},\quad \dfrac{\partial f}{\partial x_2}=\dfrac{x_2}{\sqrt{x_1^2+x_2^2}}$		
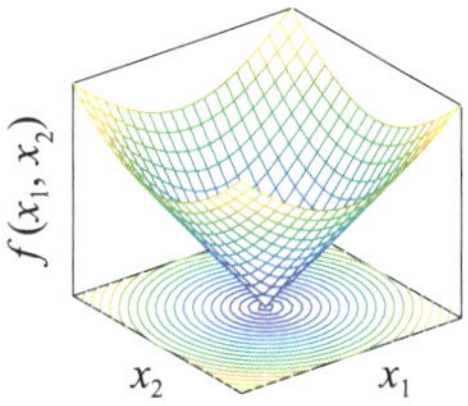	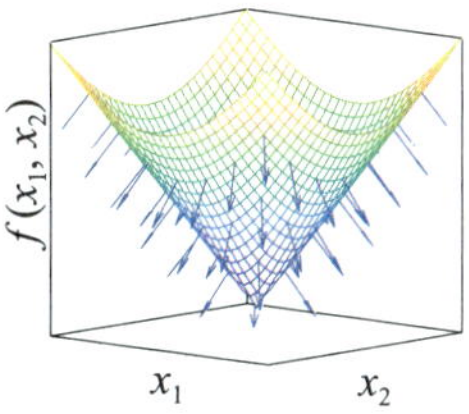	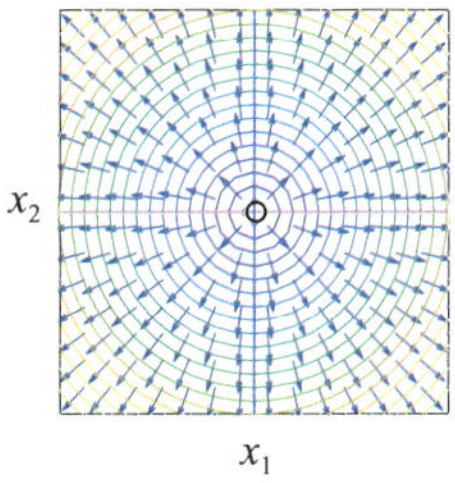
$f(x_1,x_2)=-\sqrt{x_1^2+x_2^2},\quad \dfrac{\partial f}{\partial x_1}=\dfrac{-x_1}{\sqrt{x_1^2+x_2^2}},\quad \dfrac{\partial f}{\partial x_2}=\dfrac{-x_2}{\sqrt{x_1^2+x_2^2}}$		
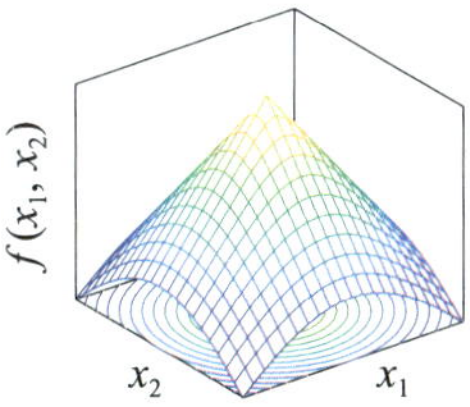	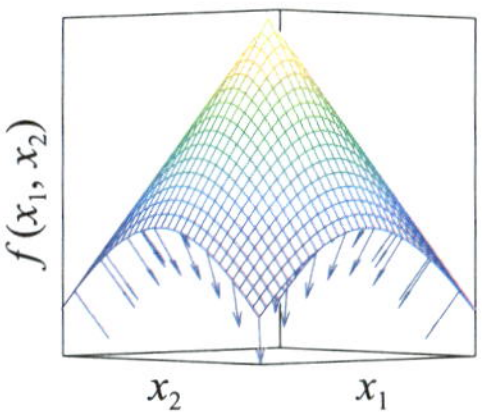	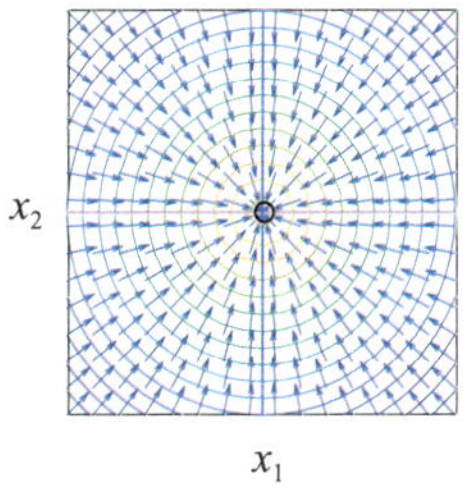
$f(x_1,x_2)=\dfrac{x_1^2+x_2^2}{2},\quad \dfrac{\partial f}{\partial x_1}=x_1,\quad \dfrac{\partial f}{\partial x_2}=x_2$		
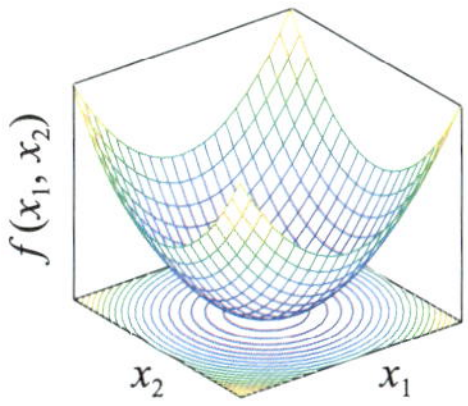	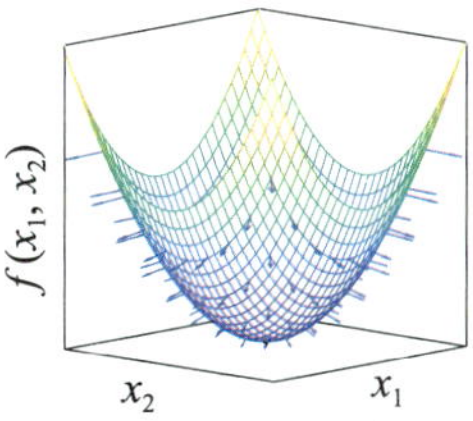	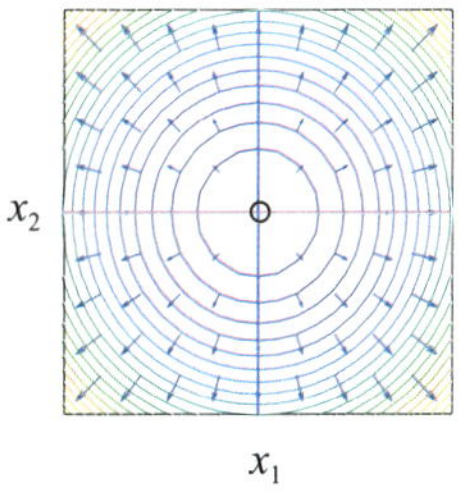

续表

<table>
<tr><th>空间形状</th><th>空间梯度</th><th>梯度投影</th></tr>
<tr><td colspan="3">$f\left(x_1,x_2\right)=-\dfrac{x_1^2+x_2^2}{2},\quad \dfrac{\partial f}{\partial x_1}=-x_1,\quad \dfrac{\partial f}{\partial x_2}=-x_2$</td></tr>
<tr><td>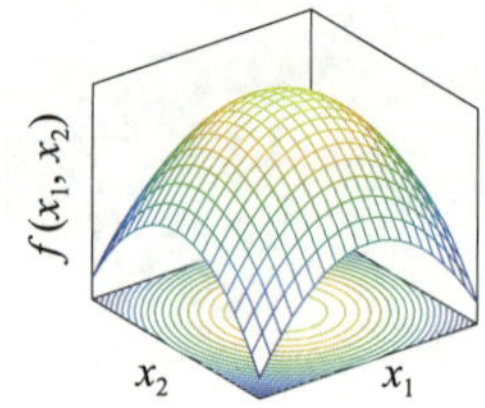</td><td>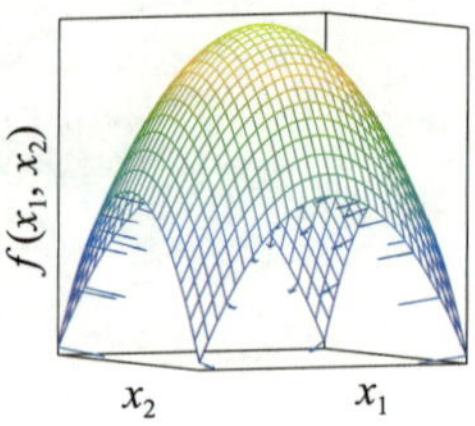</td><td>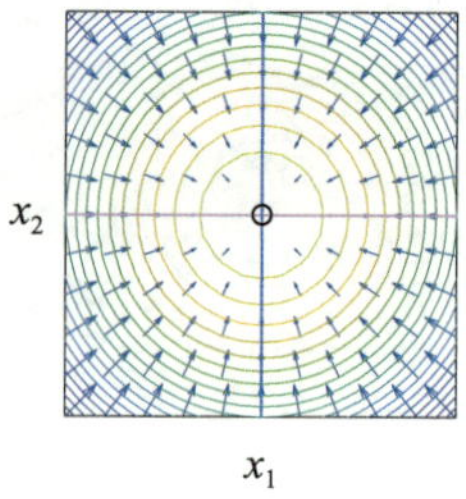</td></tr>
<tr><td colspan="3">$f\left(x_1,x_2\right)=\dfrac{4x_1^2+x_2^2}{2},\quad \dfrac{\partial f}{\partial x_1}=4x_1,\quad \dfrac{\partial f}{\partial x_2}=x_2$</td></tr>
<tr><td>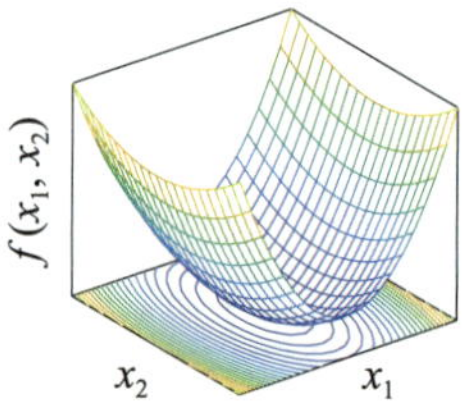</td><td>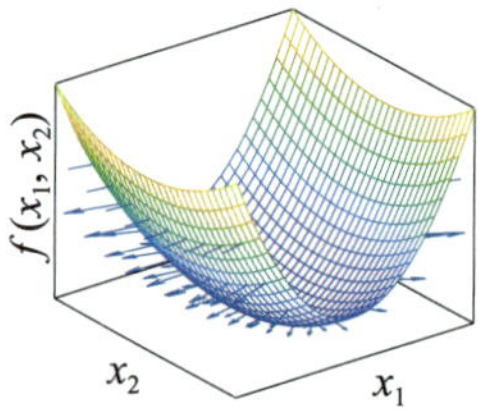</td><td>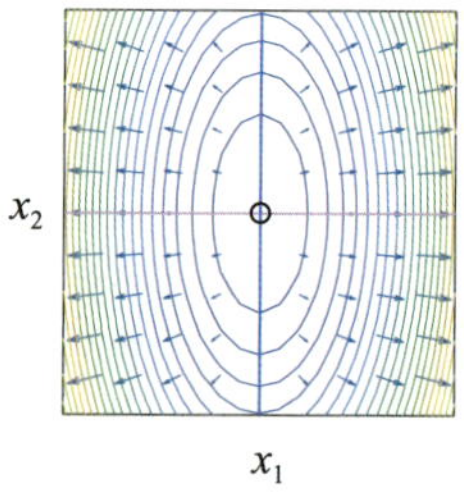</td></tr>
<tr><td colspan="3">$f\left(x_1,x_2\right)=\dfrac{3x_1^2+3x_2^2+4x_1x_2}{2},\quad \dfrac{\partial f}{\partial x_1}=3x_1+2x_2,\quad \dfrac{\partial f}{\partial x_2}=2x_1+3x_2$</td></tr>
<tr><td>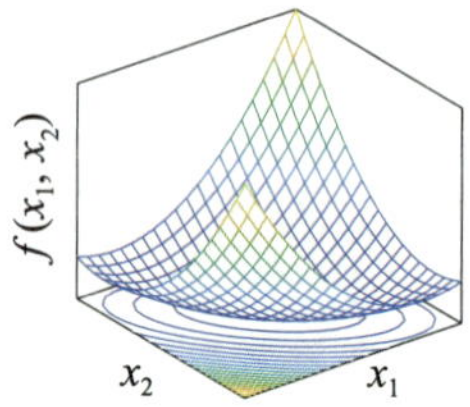</td><td>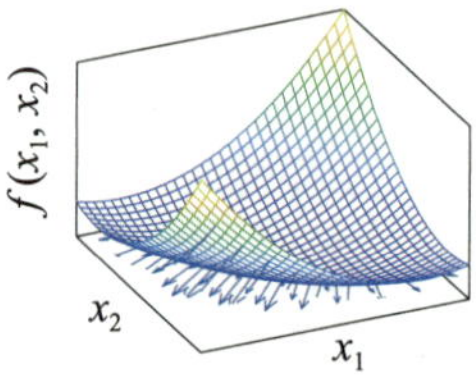</td><td>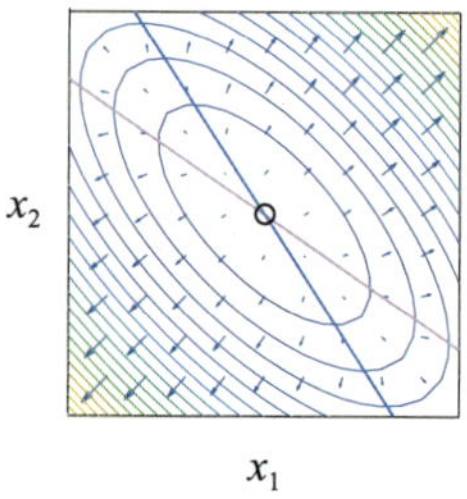</td></tr>
<tr><td colspan="3">$f\left(x_1,x_2\right)=-\dfrac{x_1^2+4x_2^2}{2},\quad \dfrac{\partial f}{\partial x_1}=-x_1,\quad \dfrac{\partial f}{\partial x_2}=-4x_2$</td></tr>
<tr><td>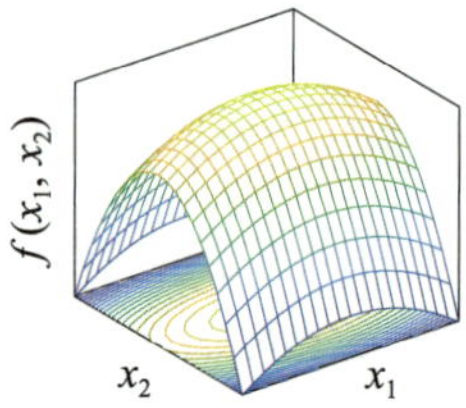</td><td>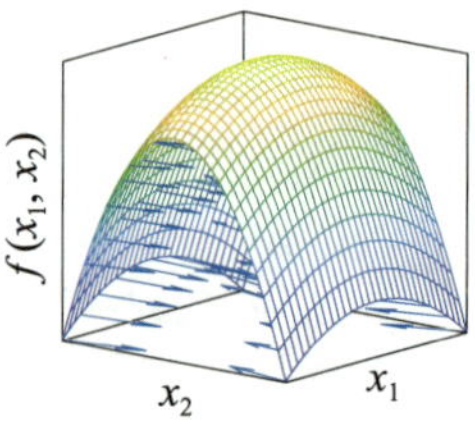</td><td>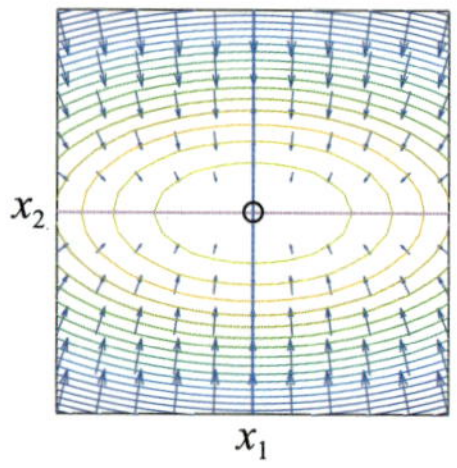</td></tr>
</table>

空间形状	空间梯度	梯度投影
$f(x_1,x_2)=-x_1^2-x_2^2-x_1x_2,\quad \frac{\partial f}{\partial x_1}=-2x_1-x_2,\quad \frac{\partial f}{\partial x_2}=-x_1-2x_2$		
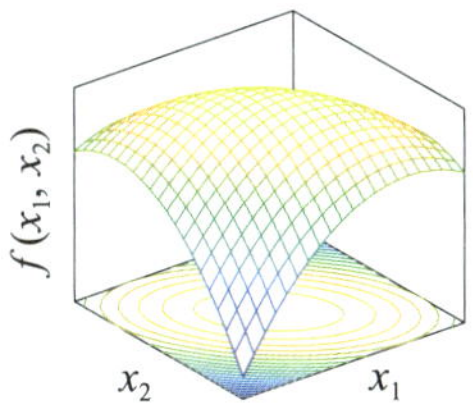	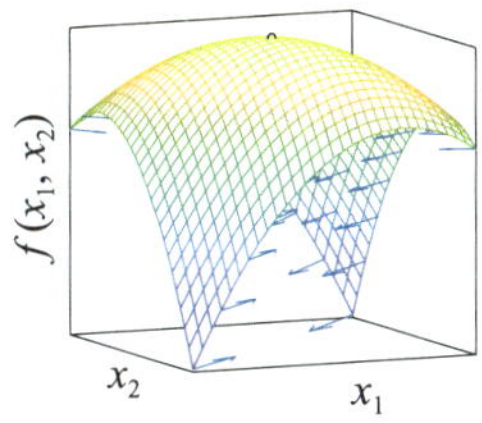	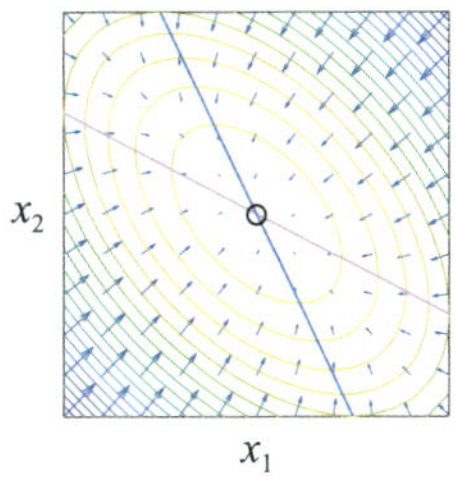
$f(x_1,x_2)=\frac{x_1^2-x_2^2}{2},\quad \frac{\partial f}{\partial x_1}=x_1,\quad \frac{\partial f}{\partial x_2}=-x_2$		
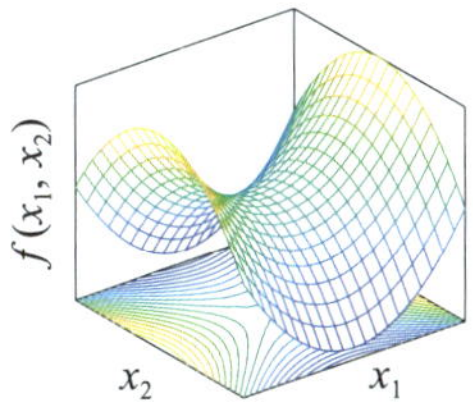	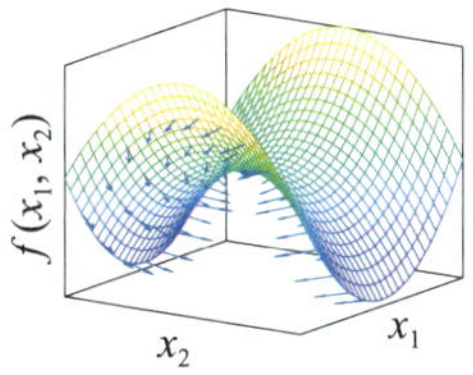	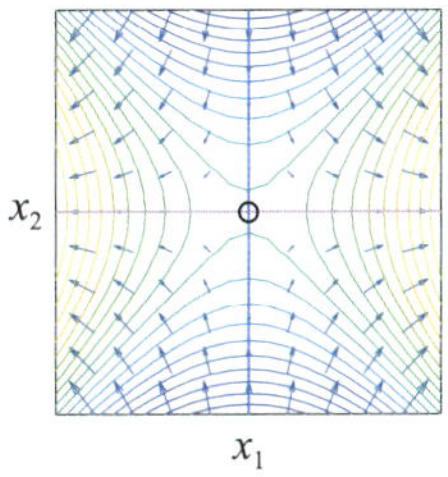
$f(x_1,x_2)=\frac{-x_1^2+x_2^2}{2},\quad \frac{\partial f}{\partial x_1}=-x_1,\quad \frac{\partial f}{\partial x_2}=x_2$		
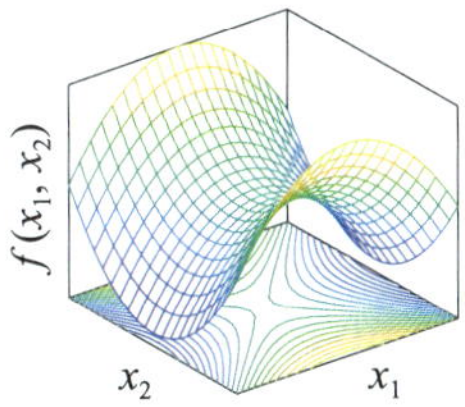	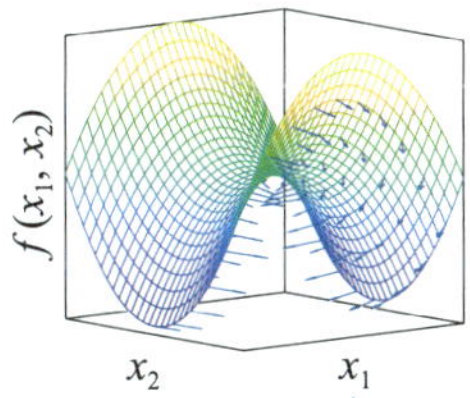	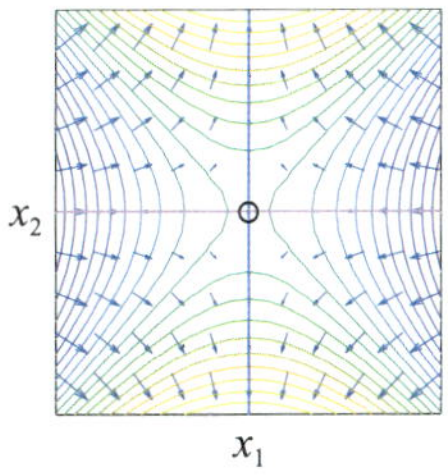
$f(x_1,x_2)=x_1^2-x_2^2+x_1x_2,\quad \frac{\partial f}{\partial x_1}=2x_1+x_2,\quad \frac{\partial f}{\partial x_2}=x_1-2x_2$		
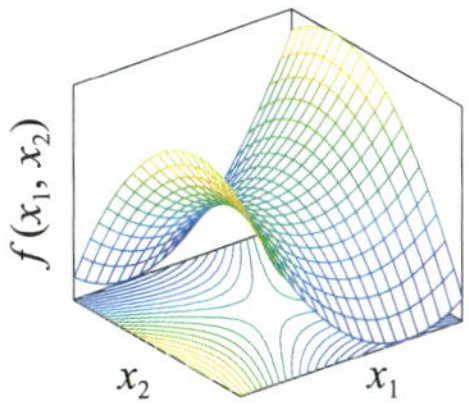	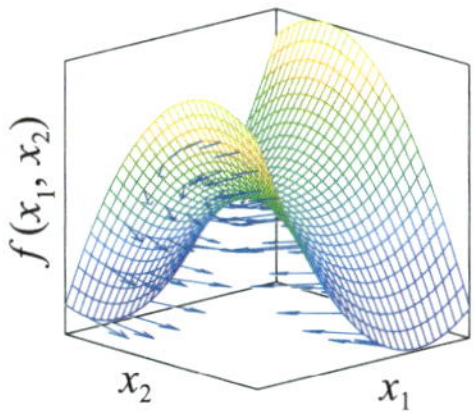	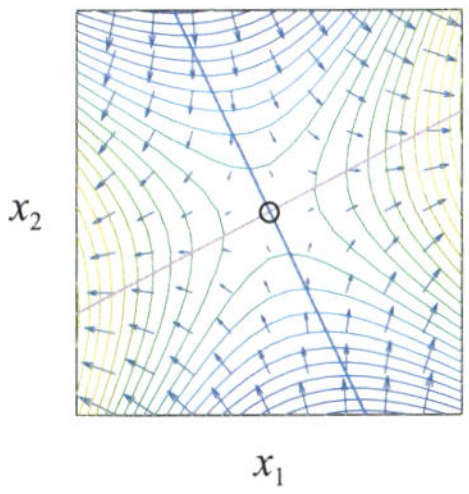

续表

<table>
<tr><th>空间形状</th><th>空间梯度</th><th>梯度投影</th></tr>
<tr><td colspan="3">$f(x_1,x_2)=x_1x_2,\quad \frac{\partial f}{\partial x_1}=x_2,\quad \frac{\partial f}{\partial x_2}=x_1$</td></tr>
<tr><td>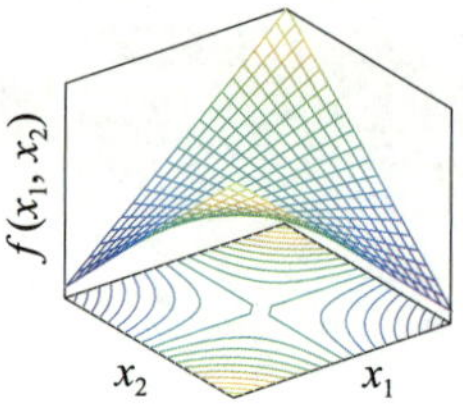</td><td>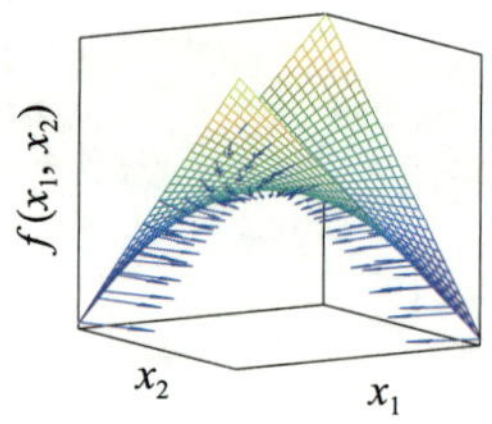</td><td>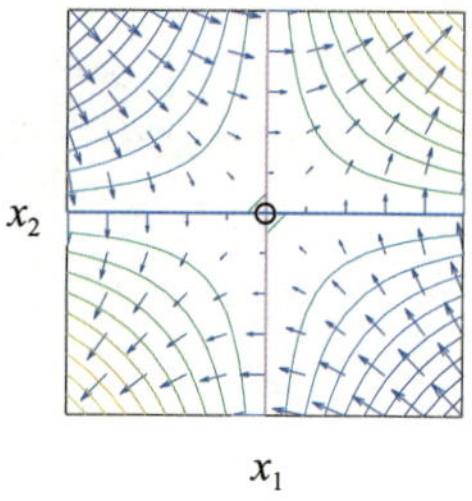</td></tr>
<tr><td colspan="3">$f(x_1,x_2)=\frac{x_1^2}{2},\quad \frac{\partial f}{\partial x_1}=x_1,\quad \frac{\partial f}{\partial x_2}=0$</td></tr>
<tr><td>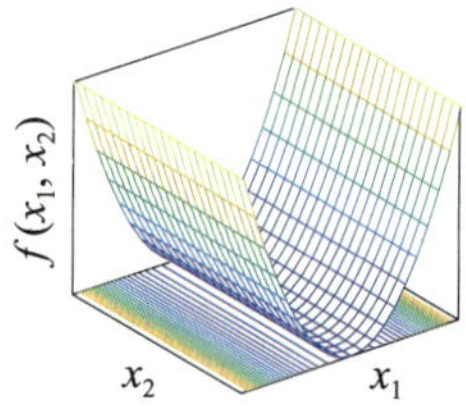</td><td>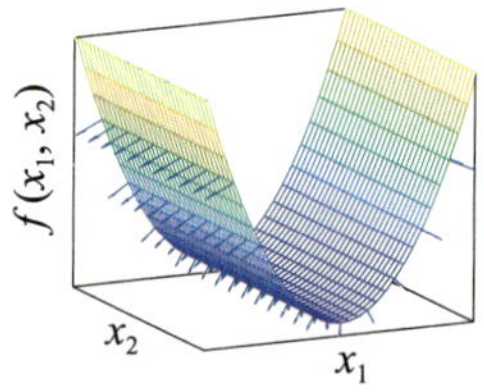</td><td>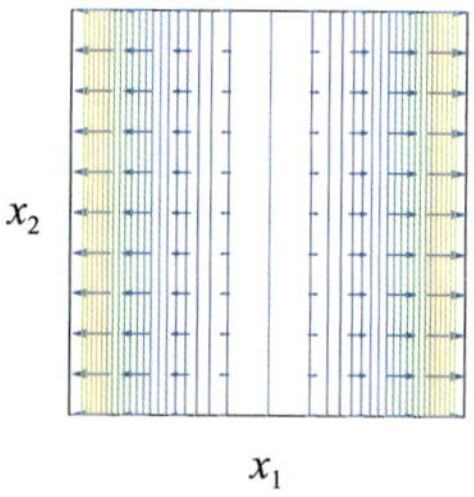</td></tr>
<tr><td colspan="3">$f(x_1,x_2)=-\frac{x_1^2}{2},\quad \frac{\partial f}{\partial x_1}=-x_1,\quad \frac{\partial f}{\partial x_2}=0$</td></tr>
<tr><td>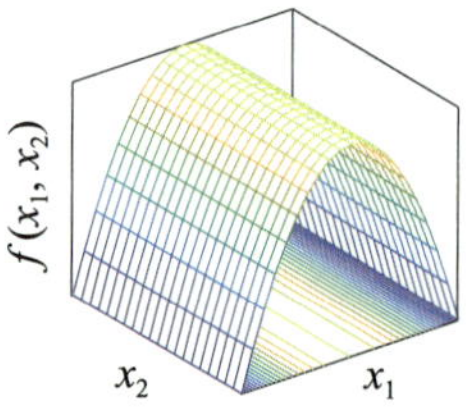</td><td>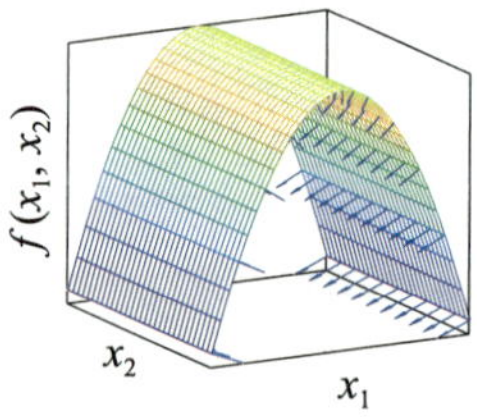</td><td>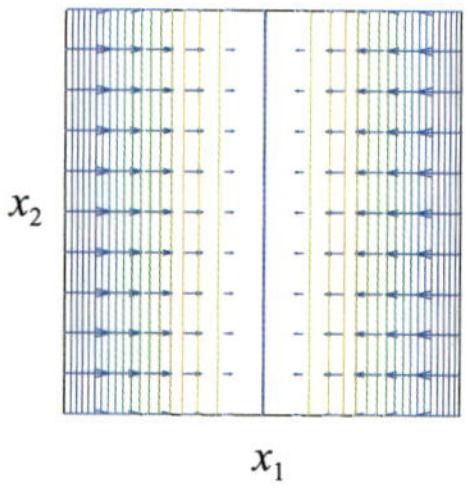</td></tr>
<tr><td colspan="3">$f(x_1,x_2)=\frac{x_2^2}{2},\quad \frac{\partial f}{\partial x_1}=0,\quad \frac{\partial f}{\partial x_2}=x_2$</td></tr>
<tr><td>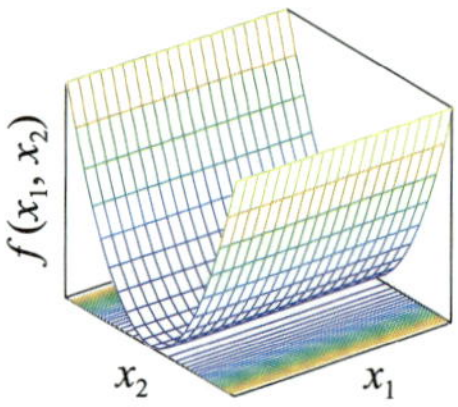</td><td>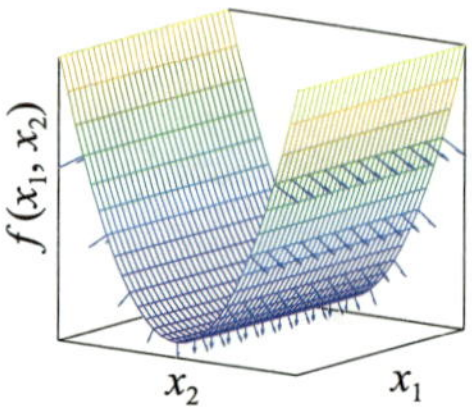</td><td>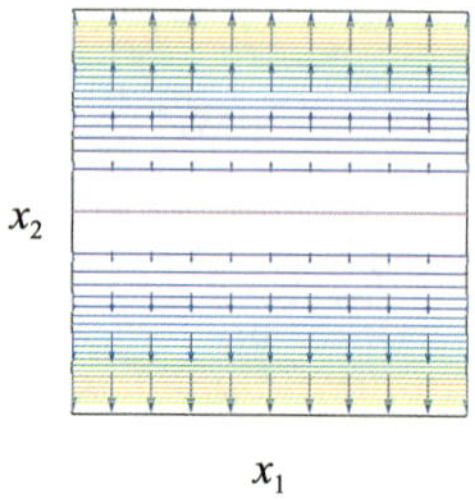</td></tr>
</table>

<table>
<tr><th>空间形状</th><th>空间梯度</th><th>梯度投影</th></tr>
<tr><td colspan="3">$f(x_1,x_2)=\dfrac{x_1^2+x_2^2+2x_1x_2}{2},\quad \dfrac{\partial f}{\partial x_1}=x_1+x_2,\quad \dfrac{\partial f}{\partial x_2}=x_1+x_2$</td></tr>
<tr><td>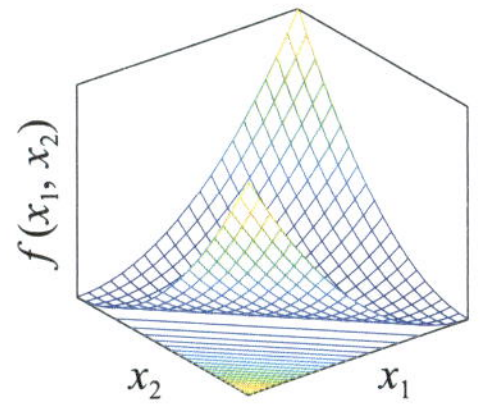
</td><td>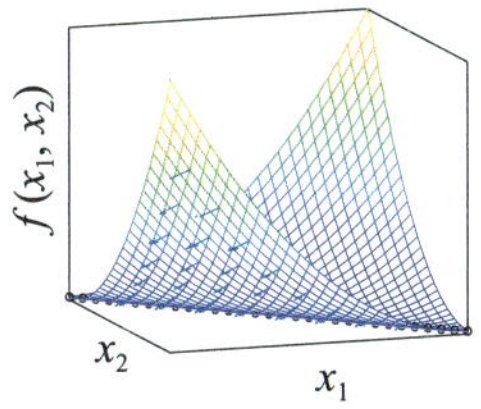
</td><td>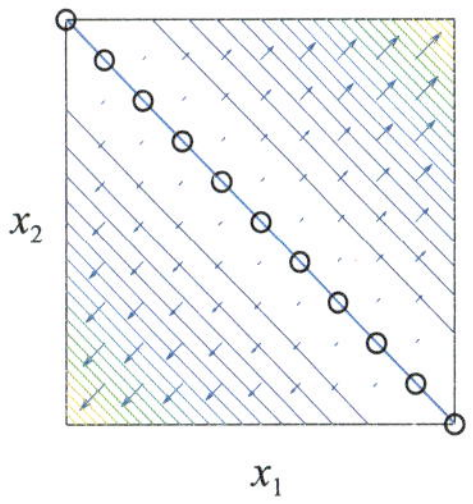
</td></tr>
<tr><td colspan="3">$f(x_1,x_2)=\dfrac{-4x_1^2-x_2^2+4x_1x_2}{2},\quad \dfrac{\partial f}{\partial x_1}=-4x_1+2x_2,\quad \dfrac{\partial f}{\partial x_2}=2x_1-x_2$</td></tr>
<tr><td>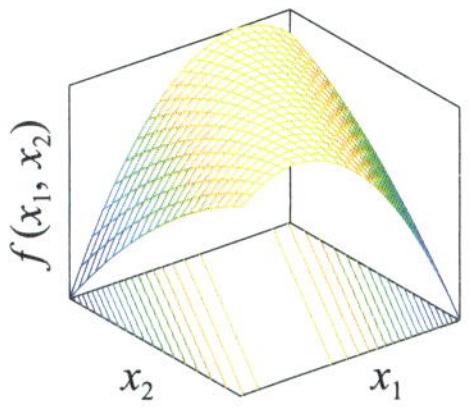
</td><td>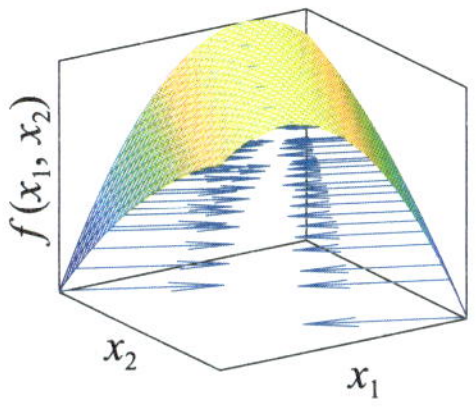
</td><td>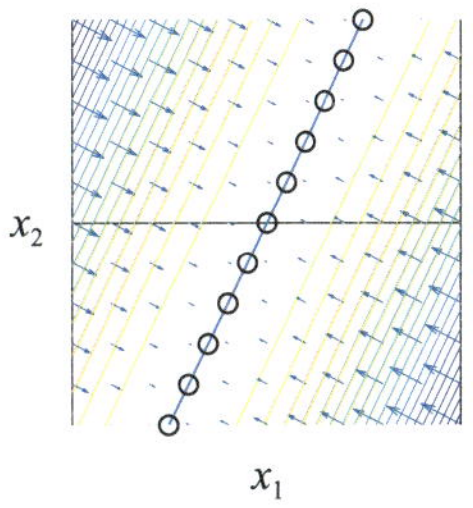
</td></tr>
</table>

Elements of Mathematics for Finance

第4章 数学基础 VII

前两章分别讨论了切向量、法向量、线性相关、投影、正定性、梯度向量、切线、切面等概念和运算；这一章将利用这些工具来研究圆锥曲线。本书投资组合优化将大量使用圆锥曲线性质。

> 等式只是数学中无聊的那部分，我试图用几何学的方式来看待事物。
>
> ***Equations are just the boring part of mathematics. I attempt to see things in terms of geometry.***
>
> ——史蒂芬·霍金 (Stephen Hawking)

Core Functions and Syntaxes

本章核心命令代码

- axis off 去掉坐标轴。
- cos(*X*) 返回*X* 每个元素余弦。
- cylinder() 函数获得圆柱面数据。
- eig() 求解特征值和特征向量。[***V***,***D***]=eig(***A***) 返回特征值对角矩阵***D***和矩阵***V***，其列是对应右特征向量，使得 ***A********V*** = ***V********D***。
- ellipsoid() 函数生成椭球表面。
- expand() 将表达式展开。
- feval(f_x,x_p,y_p) 根据函数f_x输入x_p和y_p计算函数值。
- fimplicit(*f*) 在默认区间[-5 5](对于 *x* 和 *y*)上绘制 $f(x,y)=0$ 定义隐函数。
- fimplicit3(*f*) 在默认区间[-5 5](对于*x*)和*y*(对于*z*)上绘制 $f(x,y,z)=0$ 定义三维隐函数。
- hessian() 计算多元函数Hessian矩阵。
- matlabFunction() 将符号代数式转换为函数。
- sec(*X*) 返回*X*元素正割。
- simplify() 用来化简表达式。
- sin(*X*) 返回*X*元素正弦。
- subs(original_fcn,*x*,*x*0) 将符合表达式original_fcn中变量*x*替换为*x*0。
- syms 创建符号变量和函数。
- tan(*X*) 返回*X* 每个元素正切。
- transpose(*A*) 是执行 *A*.'另一种方式。

4.1 圆锥曲线

圆锥曲线 (conic section)，又称二次曲线，主要分为以下几种。

- 椭圆 (ellipse)。
- 正圆 (circle)，看作是椭圆一种特殊情况。
- 抛物线 (parabola)。
- 双曲线 (hyperbola)。

顾名思义，圆锥曲线和圆锥有直接关系。图4.1展示了圆锥构造。这幅图中圆锥是正圆锥，相当于一个直角三角形 (图中蓝色阴影) 以**中轴** (axis) 所在直线旋转得到的形状。直角三角形斜边是圆锥**母线** (generatrix)。请读者使用本册符号数学部分讲解的fimplicit3() 函数绘制圆锥曲线。如图4.2所示，圆锥曲线是通过一个**对角圆锥面** (double cone) 和一个**截面** (cutting plane) 相交得到一系列曲线。图4.2(a)、(b)、(c) 和 (d) 分图交线分别是椭圆、正圆、抛物线和双曲线。

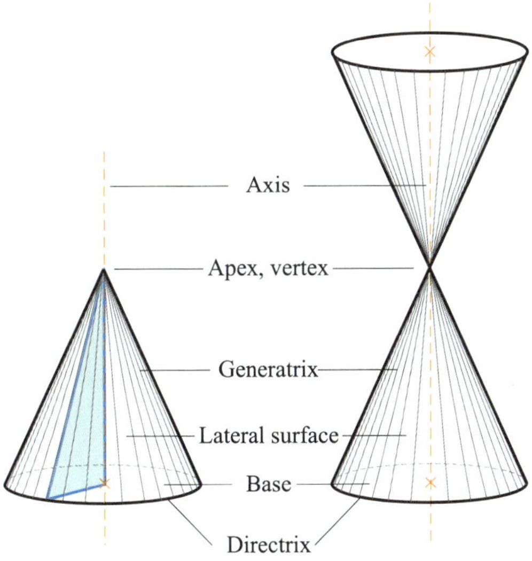

图4.1 圆锥构造

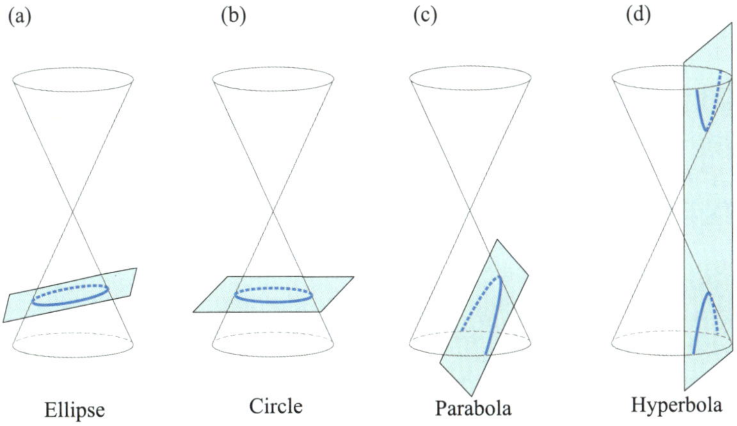

图4.2 四种圆锥曲线

当某一截面，与圆锥相交，交线闭合不过圆锥顶点，交线为椭圆，如图4.2(a) 所示。当截面仅与圆锥面一条母线平行，交线仅出现在圆锥面一侧，结果为抛物线，如图4.2(c) 所示。当截面与圆锥中心对称轴垂直，交线为正圆，如图4.2(b) 所示。圆心在原点正圆标准式写作：

$$x^2+y^2=r^2 \tag{4.1}$$

上式中，r为半径。当截面与两侧圆锥都相交，并且截面不通过圆锥顶点，得到结果是双曲线，如图4.2(d) 所示。在丛书第一册可视化部分，讨论交点和交线时，绘制过这四种圆锥曲线。

对于椭圆、正圆、抛物线和双曲线这四种圆锥曲线，它们通过同一个参数联系起来——**离心率**(eccentricity)。表4.1总结这四种圆锥曲线解析式和离心率计算公式。

表4.1　四种圆锥曲线解析式和它们的离心率计算

圆锥曲线	解析式	离心率(e)
正圆	$x^2+y^2=r^2$	$e=0$
椭圆	$\frac{x^2}{a^2}+\frac{y^2}{b^2}=1 \quad a>b>0$	$e=\sqrt{1-\frac{b^2}{a^2}},\ 0<e<1$
抛物线	$y^2=ax,\ y=ax^2$	$e=1$
双曲线	$\frac{x^2}{a^2}-\frac{y^2}{b^2}=1,\ \frac{y^2}{a^2}-\frac{x^2}{b^2}=1$	$e=\sqrt{1+\frac{b^2}{a^2}},\ e>1$

下式将离心率e和四个圆锥曲线联系在一起：

$$y^2=2px+(e^2-1)x^2,\quad e\geqslant 0 \tag{4.2}$$

这一组曲线共用 (0, 0) 为一个顶点。当p = 1时，离心率e取不同数值，得到一组圆锥曲线，如图4.3所示。以下代码获得图4.3：

B4_Ch4_1.m

```
clc; close all; close all
syms x y

ee = [0,0.4:0.1:1,1.2:0.2:3];
my_col = brewermap(length(ee),'RdYlBu');
figure(1)
hold on
for i = 1:length(ee)
    e = ee(i);
    f = y^2 - 2*x - (e^2 - 1)*x^2;
    fimplicit(f, [-3 3 -3 3],'color',my_col(i,:))
end

axis equal; grid off; box off
xlabel('x'); ylabel('y')
set(gca, 'XAxisLocation', 'origin')
set(gca, 'YAxisLocation', 'origin')
xlim([-3,3]); ylim([-3,3])
```

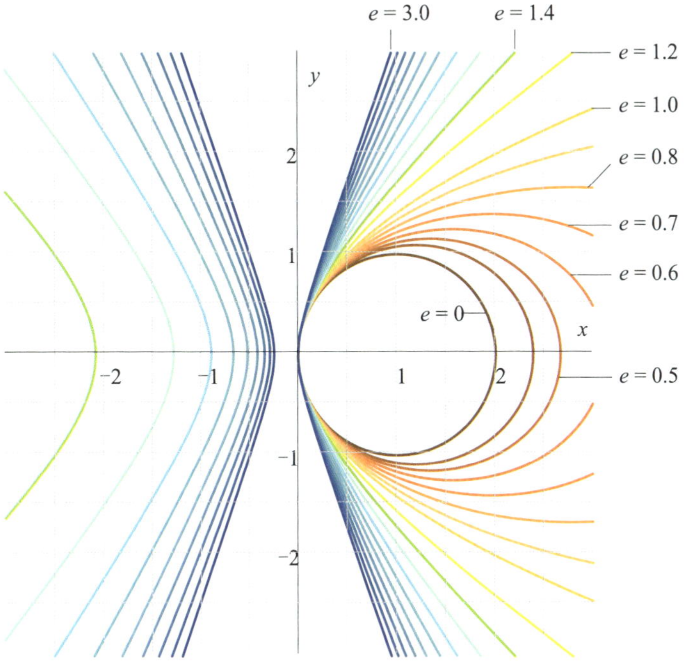

图4.3　离心率连续变化条件下一组圆锥曲线

这一节最后，要提及圆锥曲线常见一般表达式，如下：

$$Ax^2+Bxy+Cy^2+Dx+Ey+F=0 \tag{4.3}$$

矩阵式如下：

$$\begin{bmatrix} x & y \end{bmatrix}\begin{bmatrix} A & B/2 \\ B/2 & C \end{bmatrix}\begin{bmatrix} x \\ y \end{bmatrix}+\begin{bmatrix} D & E \end{bmatrix}\begin{bmatrix} x \\ y \end{bmatrix}+F=0 \tag{4.4}$$

或者如下：

$$\begin{bmatrix} x & y \end{bmatrix}\begin{bmatrix} A & B/2 \\ B/2 & C \end{bmatrix}\begin{bmatrix} x \\ y \end{bmatrix}+\begin{bmatrix} x & y \end{bmatrix}\begin{bmatrix} D \\ E \end{bmatrix}+F=0 \tag{4.5}$$

当$B^2-4AC<0$，上式为椭圆；当$A=C$且$B=0$如下，解析式为正圆。$B^2-4AC=0$时，解析式为抛物线。$B^2-4AC>0$时，解析式为双曲线。圆锥曲线另一种解析式如下：

$$\begin{bmatrix} x & y & 1 \end{bmatrix}\begin{bmatrix} A & B/2 & D/2 \\ B/2 & C & E/2 \\ D/2 & E/2 & F \end{bmatrix}\begin{bmatrix} x \\ y \\ 1 \end{bmatrix}=0 \tag{4.6}$$

对于二次曲线一般矩阵式。

$$f(x,y)=\begin{bmatrix} x & y \end{bmatrix}\begin{bmatrix} A & B/2 \\ B/2 & C \end{bmatrix}\begin{bmatrix} x \\ y \end{bmatrix}+\begin{bmatrix} D & E \end{bmatrix}\begin{bmatrix} x \\ y \end{bmatrix}+F=0 \tag{4.7}$$

当 B^2-4AC不等于0，圆锥曲线 (椭圆、正圆和双曲线) 存在其中心。$f(x, y)$ 对 $[x, y]$一阶导数为 $[0, 0]$ 时，(x, y) 为$f(x, y)$ 驻点，即双曲线中心。

$$\begin{bmatrix} \frac{\partial f}{\partial x} & \frac{\partial f}{\partial y} \end{bmatrix} = \begin{bmatrix} 0 & 0 \end{bmatrix} \tag{4.8}$$

推导圆锥曲线中心位置：

$$\begin{aligned} & 2 \cdot \begin{bmatrix} x & y \end{bmatrix} \begin{bmatrix} A & B/2 \\ B/2 & C \end{bmatrix} + \begin{bmatrix} D \\ E \end{bmatrix} = \boldsymbol{0} \Rightarrow \begin{bmatrix} x & y \end{bmatrix} = -\begin{bmatrix} 2A & B \\ B & 2C \end{bmatrix}^{-1} \begin{bmatrix} D \\ E \end{bmatrix} \\ & \Rightarrow \begin{bmatrix} x & y \end{bmatrix} = \frac{1}{B^2 - 4AC} \begin{bmatrix} 2CD - BE & 2AE - DB \end{bmatrix} \end{aligned} \tag{4.9}$$

上式为圆锥曲线中心所在位置；这一点对应梯度向量为$\boldsymbol{0}$向量。另外，**蜕化抛物线** (degenerate parabola) 可以是一条直线或者两条平行直线；**蜕化双曲线** (degenerate hyperbola) 为两条相交直线；**蜕化椭圆** (degenerate ellipse) 为一个点。

4.2 二次曲面

上一节x-y平面圆锥曲线基础之上增加一个维度z，得到在x-y-z正交空间中二次曲面一般式，具体形式如下：

$$Ax^2 + By^2 + Cz^2 + Dxy + Exz + Fyz + Gx + Hy + Jz + K = 0 \tag{4.10}$$

二次曲面种类有很多，不可能将它们一一列举。本节介绍几种常见二次曲面。

- **椭球体** (ellipsoid)；**圆球体** (sphere) 看作是椭球体特例。
- **椭圆抛物面** (elliptic paraboloid)；**正圆抛物面** (circular paraboloid) 是椭圆抛物面特例。
- **双曲抛物面** (hyperbolic paraboloid)，又叫作**马鞍面** (saddle surface)。
- **椭圆双锥面** (elliptic double cone)；**正圆双锥面** (circular double cone) 是椭圆锥面特例。
- **柱面** (cylinder)，又包括**圆锥面** (circular cylinder)、**椭圆柱面** (elliptic cylinder)、**抛物柱面** (parabolic cylinder) 和**双曲柱面** (hyperbolic cylinder)；**山谷面** (valley surface) 和**山脊面** (ridge surface) 是双曲柱面特例。
- **单叶双曲面** (hyperboloid of one sheet)。
- **双叶双曲面** (hyperboloid of two sheets)。

表4.2总结了几种常见二次曲面解释和空间形状。本章在讲解圆锥曲线性质同时会逐步介绍这些二次曲面。

表4.2　几种常见二次曲面

二次曲面类型	特殊情况解析式	图形
椭球体 (中心位于原点)	$\frac{x^2}{a^2} + \frac{y^2}{b^2} + \frac{z^2}{c^2} = 1$	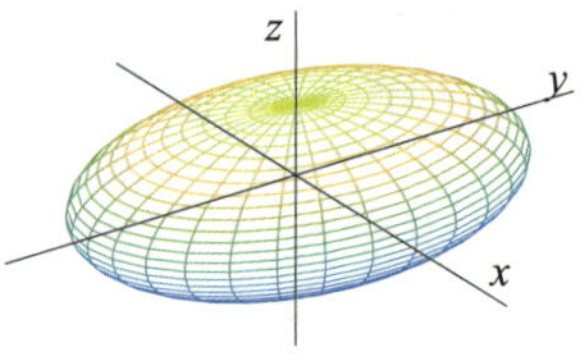

续表

二次曲面类型	特殊情况解析式	图形
圆球体 (中心位于原点)	$x^2+y^2+z^2=r^2$	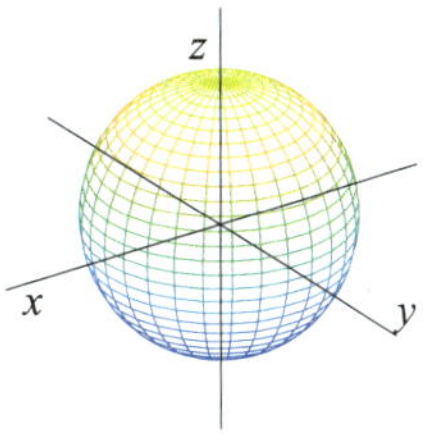
椭圆抛物面	$\frac{x^2}{a^2}+\frac{y^2}{b^2}=\frac{z}{c}$	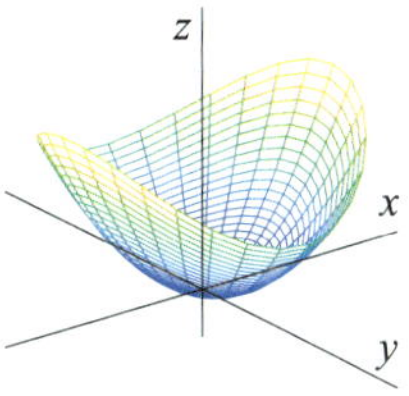
正圆抛物面	$x^2+y^2=\frac{z}{r}$	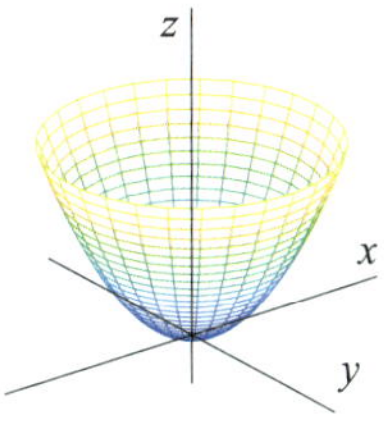
双曲抛物面	$\frac{x^2}{a^2}-\frac{y^2}{b^2}=\frac{z}{c}$	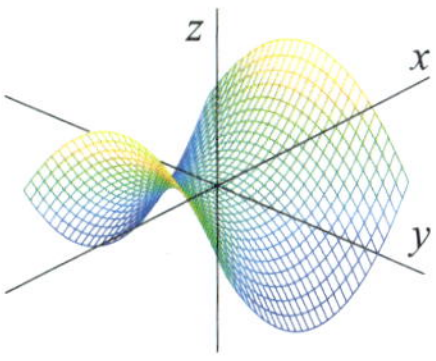
正圆双锥面 (顶点位于原点)	$x^2+y^2=\frac{z^2}{r^2}$	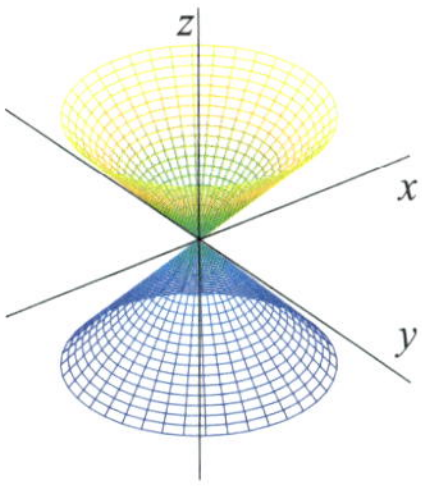
圆柱面 (z在一定范围内取值)	$x^2+y^2=r^2$	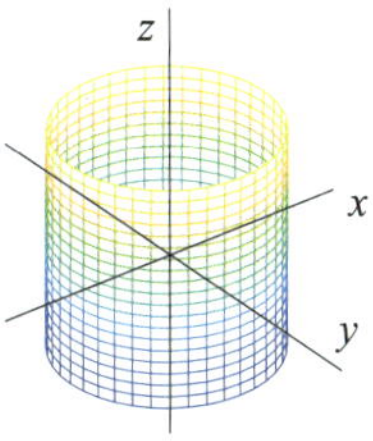

续表

二次曲面类型	特殊情况解析式	图形
椭圆柱面 (z在一定范围内取值)	$\frac{x^2}{a^2}+\frac{y^2}{b^2}=1$	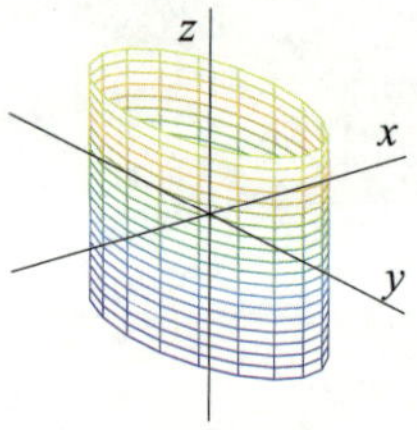
抛物柱面 (z在一定范围内取值)	$y^2=ax,\ y=ax^2$	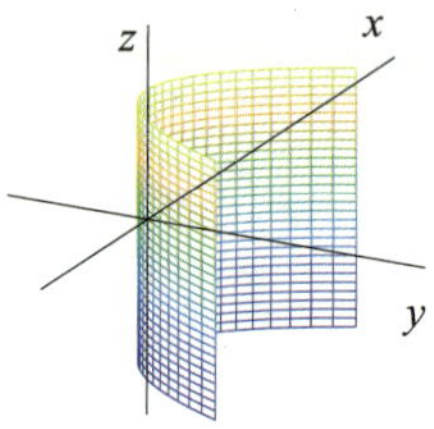
山谷面 (山脊面)	$z=ax^2$，$z=ay^2$	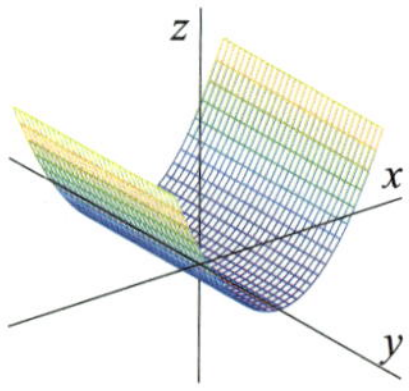
单叶双曲面	$\frac{x^2}{a^2}+\frac{y^2}{b^2}-\frac{z^2}{c^2}=1$	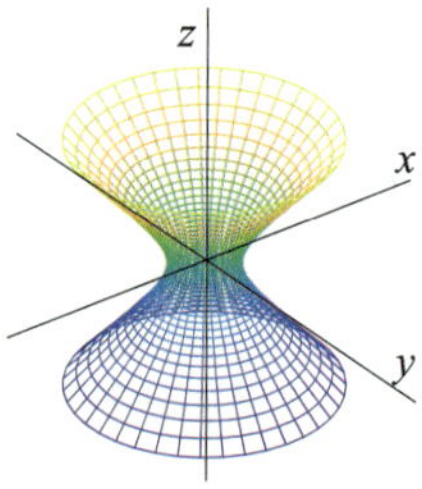
双叶双曲面	$\frac{x^2}{a^2}+\frac{y^2}{b^2}-\frac{z^2}{c^2}=-1$	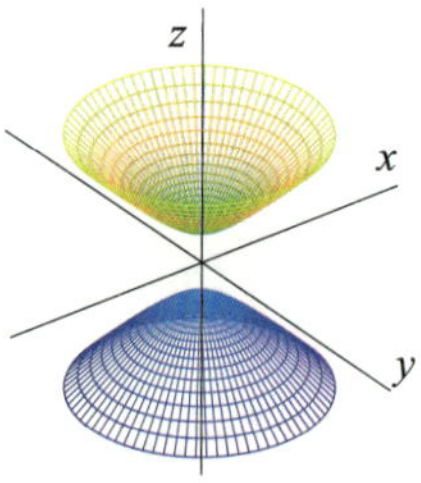

4.3 椭圆

丛书第三册第2章数学部分中介绍过椭圆一般形式，如下：

$$\frac{x^2}{a^2}+\frac{y^2}{b^2}=1,\quad a,b>0 \tag{4.11}$$

上式椭圆中心位于原点；若$a > b > 0$，椭圆**半长轴** (semi-major axis) 位于x轴，长度为a；**半短轴** (semi-minor axis) 位于y轴，长度为b。若$b > a > 0$，椭圆半长轴位于y轴。用矩阵形式表达，上式写作：

$$\begin{bmatrix} x & y \end{bmatrix}\begin{bmatrix} \frac{1}{a^2} & 0 \\ 0 & \frac{1}{b^2} \end{bmatrix}\begin{bmatrix} x \\ y \end{bmatrix}-1=0 \tag{4.12}$$

如图4.4 (a) 所示，平面内椭圆上任意一点到椭圆两个**焦点** (focus) 距离之和为定值2a，即：

$$|P_1F_1|+|P_1F_2|=2a \tag{4.13}$$

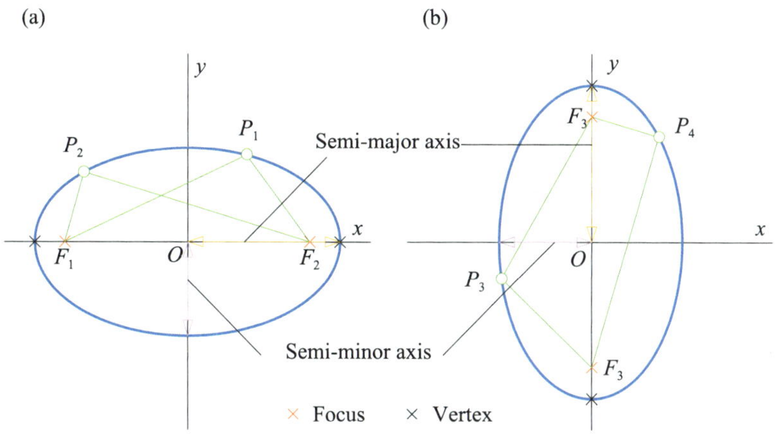

图4.4　椭圆焦点和焦距

焦点F_1坐标为 $(-c, 0)$，焦点F_2坐标为 $(c, 0)$，c通过下式计算得到：

$$c^2=a^2-b^2,\ c>0 \tag{4.14}$$

图4.4(b) 展示焦点位于y轴椭圆。举例，一个椭圆中心在原点，长半轴位于y轴，长度为2，短半轴位于x轴，长度为1。该椭圆矩阵表达式如下：

$$\begin{bmatrix} x & y \end{bmatrix}\begin{bmatrix} 1 & 0 \\ 0 & 1/4 \end{bmatrix}\begin{bmatrix} x \\ y \end{bmatrix}-1=0 \ \Rightarrow\ x^2+\frac{y^2}{4}=1 \tag{4.15}$$

用MATLAB符号数学表达式创建椭圆隐函数，并且用fimplicit() 函数绘制它的形状，如图4.5(a) 所示。

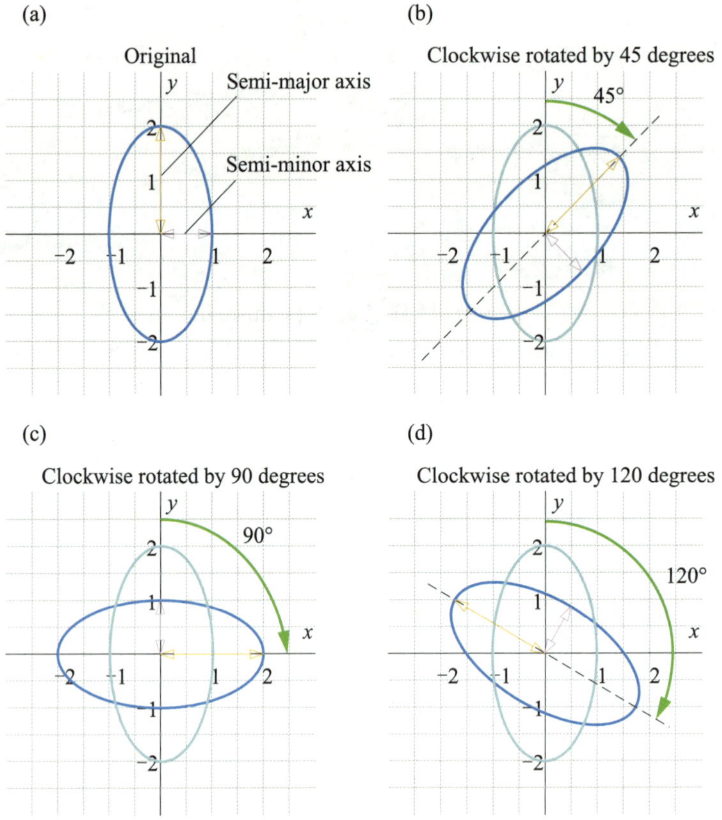

图4.5　椭圆旋转

丛书第三册数学部分介绍通过矩阵进行旋转操作，一个坐标点 (x, y) 绕原点**顺时针** (clockwise) 旋转 θ 到达 (X, Y)，通过以下算式获得：

$$[X \quad Y] = [x \quad y]\begin{bmatrix} \cos\theta & -\sin\theta \\ \sin\theta & \cos\theta \end{bmatrix} \tag{4.16}$$

即：

$$[x \quad y] = [X \quad Y]\begin{bmatrix} \cos\theta & -\sin\theta \\ \sin\theta & \cos\theta \end{bmatrix}^{-1} \tag{4.17}$$

另外，根据本册数学部分有关投影内容，旋转操作也看作是数据点向另外一个单位正交系投影。椭圆方程顺时针旋转后解析式，通过下式运算得到：

$$
\begin{aligned}
& [X \quad Y]\begin{bmatrix} \cos\theta & -\sin\theta \\ \sin\theta & \cos\theta \end{bmatrix}^{-1}\begin{bmatrix} 1 & 0 \\ 0 & 1/4 \end{bmatrix}\left([X \quad Y]\begin{bmatrix} \cos\theta & -\sin\theta \\ \sin\theta & \cos\theta \end{bmatrix}^{-1}\right)^{T} - 1 = 0 \\
\Rightarrow & [X \quad Y]\begin{bmatrix} \cos\theta & -\sin\theta \\ \sin\theta & \cos\theta \end{bmatrix}^{-1}\begin{bmatrix} 1 & 0 \\ 0 & 1/4 \end{bmatrix}\left(\begin{bmatrix} \cos\theta & -\sin\theta \\ \sin\theta & \cos\theta \end{bmatrix}^{-1}\right)^{T}\begin{bmatrix} X \\ Y \end{bmatrix} - 1 = 0 \\
\Rightarrow & [X \quad Y]\begin{bmatrix} \cos\theta & -\sin\theta \\ \sin\theta & \cos\theta \end{bmatrix}^{T}\begin{bmatrix} 1 & 0 \\ 0 & 1/4 \end{bmatrix}\begin{bmatrix} \cos\theta & -\sin\theta \\ \sin\theta & \cos\theta \end{bmatrix}\begin{bmatrix} X \\ Y \end{bmatrix} - 1 = 0
\end{aligned} \tag{4.18}
$$

图4.5(a) 椭圆绕原点顺时针旋转45°，通过下式运算得到解析式：

$$\begin{aligned}&\begin{bmatrix}X & Y\end{bmatrix}\begin{bmatrix}\cos 45° & -\sin 45°\\ \sin 45° & \cos 45°\end{bmatrix}^{\mathrm{T}}\begin{bmatrix}1 & 0\\ 0 & 1/4\end{bmatrix}\begin{bmatrix}\cos 45° & -\sin 45°\\ \sin 45° & \cos 45°\end{bmatrix}\begin{bmatrix}X\\ Y\end{bmatrix}-1=0\\ &\Rightarrow\begin{bmatrix}X & Y\end{bmatrix}\begin{bmatrix}\sqrt{2}/2 & \sqrt{2}/2\\ -\sqrt{2}/2 & \sqrt{2}/2\end{bmatrix}\begin{bmatrix}1 & 0\\ 0 & 1/4\end{bmatrix}\begin{bmatrix}\sqrt{2}/2 & -\sqrt{2}/2\\ \sqrt{2}/2 & \sqrt{2}/2\end{bmatrix}\begin{bmatrix}X\\ Y\end{bmatrix}-1=0\\ &\Rightarrow\begin{bmatrix}X & Y\end{bmatrix}\begin{bmatrix}5/8 & -3/8\\ -3/8 & 5/8\end{bmatrix}\begin{bmatrix}X\\ Y\end{bmatrix}-1=0\\ &\Rightarrow\quad\frac{5X^2}{8}-\frac{3XY}{4}+\frac{5Y^2}{8}=1\end{aligned}\tag{4.19}$$

图4.5(b) 展示图4.5(a) 椭圆绕原点顺时针旋转45°，得到椭圆形状。图4.5(a) 椭圆绕原点顺时针旋转90°得到椭圆解析式通过以下运算得到。图4.5(c) 所示为椭圆形状，它的长半轴在x轴上。

$$\begin{aligned}&\begin{bmatrix}X & Y\end{bmatrix}\begin{bmatrix}\cos 90° & -\sin 90°\\ \sin 90° & \cos 90°\end{bmatrix}^{\mathrm{T}}\begin{bmatrix}1 & 0\\ 0 & 1/4\end{bmatrix}\begin{bmatrix}\cos 90° & -\sin 90°\\ \sin 90° & \cos 90°\end{bmatrix}\begin{bmatrix}X\\ Y\end{bmatrix}-1=0\\ &\Rightarrow\begin{bmatrix}X & Y\end{bmatrix}\begin{bmatrix}0 & 1\\ -1 & 0\end{bmatrix}\begin{bmatrix}1 & 0\\ 0 & 1/4\end{bmatrix}\begin{bmatrix}0 & -1\\ 1 & 0\end{bmatrix}\begin{bmatrix}X\\ Y\end{bmatrix}-1=0\\ &\Rightarrow\begin{bmatrix}X & Y\end{bmatrix}\begin{bmatrix}1/4 & 0\\ 0 & 1\end{bmatrix}\begin{bmatrix}X\\ Y\end{bmatrix}-1=0\\ &\Rightarrow\frac{X^2}{4}+Y^2=1\end{aligned}\tag{4.20}$$

图4.5(d) 椭圆是图4.5(a) 椭圆绕原点顺时针旋转120°得到结果。椭圆解析式为：

$$\frac{7X^2}{16}+\frac{3\sqrt{3}XY}{8}+\frac{13Y^2}{16}=1\tag{4.21}$$

请读者自行完成获得上式计算过程。图4.5中椭圆**半长轴** (semi-major axis 或 major semi-axis) 和**半短轴** (semi-minor axis 或 minor semi-axis) 长度不随着椭圆旋转角度变化。以下代码获得图4.5。

B4_Ch4_2.m

```
syms x y
Q = [1 0; 0 1/4];
f1 = [x, y]*Q*[x; y] - 1;

figure(1)
subplot(2,2,1)

fimplicit(f1, [-3 3 -3 3])
axis equal; grid on
xlabel('x'); ylabel('y'); box off
set(gca, 'XAxisLocation', 'origin')
set(gca, 'YAxisLocation', 'origin')
title('Original')
```

```
subplot(2,2,2)
theta_deg = 45;
fimplicit(f1, [-3 3 -3 3],'color',[183, 222, 232]/255)
hold ond; plot_f2(Q,theta_deg)

subplot(2,2,3)
theta_deg = 90;
fimplicit(f1, [-3 3 -3 3],'color',[183, 222, 232]/255)
hold on; plot_f2(Q,theta_deg)

subplot(2,2,4)
theta_deg = 120;
fimplicit(f1, [-3 3 -3 3],'color',[183, 222, 232]/255)
hold on; plot_f2(Q,theta_deg)

function plot_f2(Q,theta_deg)
syms x y
theta = deg2rad(theta_deg);
R = [cos(theta), -sin(theta);
     sin(theta),  cos(theta)];
f2 = [x, y]*inv(R)*Q*R*[x; y] - 1;
simplify(f2)
fimplicit(f2, [-3 3 -3 3],'color',[0, 153, 255]/255)
axis equal; grid on; xlabel('x'); ylabel('y'); box off
set(gca, 'XAxisLocation', 'origin')
set(gca, 'YAxisLocation', 'origin')
title(['Clockwise rotated by ',num2str(theta_deg),' degrees'])

end
```

丛书第三册第2章数学部分，讨论过椭圆空间位置和形状矩阵操作，比如**平移** (translation)、**旋转** (rotation) 及**缩放** (scaling)。图4.6 即中心在平面任意位置椭圆转化为单位圆的过程。本书数学部分详细讨论这些操作和矩阵转化关系，本节不再赘述。下面看一下图4.6椭圆 (I、II和III) 解析式两者关系。

图4.6 中椭圆I解析式为圆锥曲线一般式：

$$f(x,y) = Ax^2 + Bxy + Cy^2 + Dx + Ey + F = 0 \tag{4.22}$$

$B^2 - 4AC < 0$条件下，上式为椭圆解析式。椭圆中心位置为 (h, k)，h和k通过下式计算得到：

$$\begin{cases} h = \dfrac{2CD - BE}{B^2 - 4AC} \\ k = \dfrac{2AE - BD}{B^2 - 4AC} \end{cases} \tag{4.23}$$

椭圆半长轴和x轴夹角θ，和椭圆参数关系如下：

$$\tan(2\theta)=\frac{B}{A-C} \tag{4.24}$$

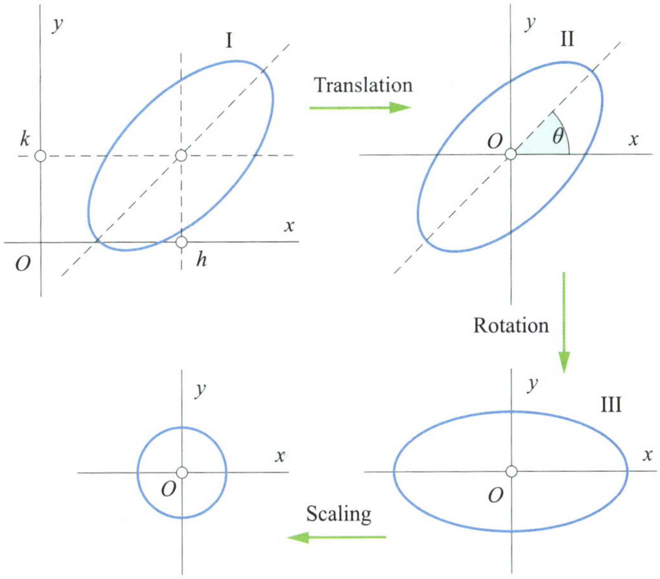

图4.6　平面形状平移、旋转和缩放

经过 $[h, k]$ 平移后，就得到中心在原点椭圆II。椭圆II，经过旋转后，得到椭圆III。椭圆III中心位于x轴，半长轴位于x轴。椭圆III解析式为：

$$\begin{aligned}&\left(A+C-\sqrt{(A-C)^2+B^2}\right)x^2+\\&\left(A+C+\sqrt{(A-C)^2+B^2}\right)y^2+\\&2\cdot\left(F-\frac{AE^2-BDE+CD^2}{4AC-B^2}\right)=0\end{aligned} \tag{4.25}$$

椭圆I、II和III拥有同样半长轴和半短轴长度，分别用a和b代表半长轴长度和半短轴长度：

$$\begin{cases}a=\sqrt{\dfrac{2\cdot\left(\dfrac{AE^2-BDE+CD^2}{4AC-B^2}-F\right)}{A+C-\sqrt{(A-C)^2+B^2}}}\\[2ex]b=\sqrt{\dfrac{2\cdot\left(\dfrac{AE^2-BDE+CD^2}{4AC-B^2}-F\right)}{A+C+\sqrt{(A-C)^2+B^2}}}\end{cases} \tag{4.26}$$

特殊情况会遇到如下这种形式椭圆解析式：

$$f(x,y)=Ax^2+Bxy+Cy^2-1=0 \tag{4.27}$$

椭圆解析式用矩阵形式表达如下：

$$\begin{bmatrix} x & y \end{bmatrix}\begin{bmatrix} A & B/2 \\ B/2 & C \end{bmatrix}\begin{bmatrix} x \\ y \end{bmatrix} - 1 = 0 \tag{4.28}$$

椭圆中心位于原点，绕原点旋转θ得到长轴位于x轴椭圆。椭圆解析式矩阵形式如下：

$$\begin{bmatrix} x & y \end{bmatrix}\begin{bmatrix} \lambda_1 & 0 \\ 0 & \lambda_2 \end{bmatrix}\begin{bmatrix} x \\ y \end{bmatrix} - 1 = 0 \tag{4.29}$$

通过特征值分解，求解得到λ_1和λ_2：

$$\begin{cases} \lambda_1 = \dfrac{A + C - \sqrt{(A - C)^2 + B^2}}{2} \\ \lambda_2 = \dfrac{A + C + \sqrt{(A - C)^2 + B^2}}{2} \end{cases} \tag{4.30}$$

椭圆半长轴长度a和半短轴长度b分别通过下式计算得到：

$$\begin{cases} a = \dfrac{1}{\sqrt{\lambda_1}} \\ b = \dfrac{1}{\sqrt{\lambda_2}} \end{cases} \tag{4.31}$$

风险资产收益率方差-协方差矩阵$\boldsymbol{\Sigma}$是本册一个重要矩阵。它联系着本书数学部分、优化问题、投资组合优化和回归分析。对两个资产构成的风险资产收益率方差-协方差$\boldsymbol{\Sigma}$进行特征矩阵分解：

$$\boldsymbol{\Sigma} = \boldsymbol{V\Lambda V}^{-1} \tag{4.32}$$

其中：

$$\boldsymbol{\Sigma} = \begin{bmatrix} \sigma_x^2 & \rho\sigma_x\sigma_y \\ \rho\sigma_x\sigma_y & \sigma_y^2 \end{bmatrix}, \quad \boldsymbol{\Lambda} = \begin{bmatrix} \lambda_1 & 0 \\ 0 & \lambda_2 \end{bmatrix} \tag{4.33}$$

两个特征值通过分解得到：

$$\begin{aligned} \lambda_1 &= \frac{\sigma_x^2 + \sigma_y^2}{2} + \sqrt{(\rho\sigma_x\sigma_y)^2 + \left(\frac{\sigma_x^2 - \sigma_y^2}{2}\right)^2} \\ \lambda_2 &= \frac{\sigma_x^2 + \sigma_y^2}{2} - \sqrt{(\rho\sigma_x\sigma_y)^2 + \left(\frac{\sigma_x^2 - \sigma_y^2}{2}\right)^2} \end{aligned} \tag{4.34}$$

这一组条件下，图4.6中θ通过下式求解：

$$\theta = \frac{1}{2}\arctan\left(\frac{2\rho\sigma_x\sigma_y}{\sigma_x^2 - \sigma_y^2}\right) \tag{4.35}$$

另外，MATLAB有关椭圆函数有ellipse1()、axes2ecc()、majaxis()、minaxis()等，请感兴趣的读者

自行了解，本书不做展开介绍。

这里，配合圆锥曲线展开讨论几种常见二次曲面。首先，中心位于原点**椭球** (ellipsoid) 解析式如下：

$$\frac{x^2}{a^2}+\frac{y^2}{b^2}+\frac{z^2}{c^2}=1 \tag{4.36}$$

ellipsoid() 函数生成椭球表面。

图4.7给出分别使用mesh() 和contour3() 绘制椭球。以下代码绘制图4.7。

```
clc; close all; clear all
[x, y, z] = ellipsoid(0,0,0,6,4,2,30);
figure
subplot(1,2,1)
mesh(x, y, z)
axis equal; box off; grid off
xlabel('x'); ylabel('y'); zlabel('z'); view(-35,25)

subplot(1,2,2)
contour3(x, y, z,20)
axis equal; box off; grid off
xlabel('x'); ylabel('y'); zlabel('z'); view(-35,25)
```

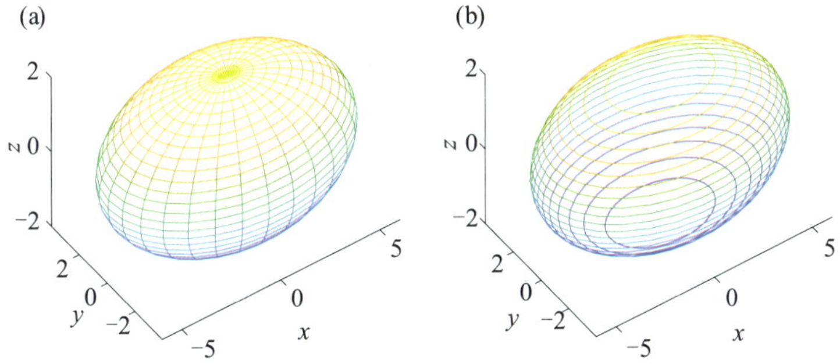

图4.7　椭球曲面和等高线

图4.7也可以通过椭球参数方程进行绘制，中心位于原点椭球参数方程如下：

$$\begin{cases} x=a\sin(u)\cos(v) \\ y=b\sin(u)\sin(v) \\ z=c\cos(u) \end{cases} \tag{4.37}$$

其中，u取值范围为 $[0, \pi]$，v取值范围为 $[0, 2\pi]$。以下代码也绘制图4.7，请读者自己试一试。

```
a=6; b=4; c=2;
u=linspace(0,pi,40);
v=linspace(0,2*pi,40);
[u,v]=meshgrid(u,v);

x = a*sin(u).*cos(v);
y = b*sin(u).*sin(v);
```

```
z = c*cos(u);

figure(1)
mesh(x,y,z); hold on

axis tight; daspect([1, 1, 1])
grid off; xlabel('x'); ylabel('y'); zlabel('z')
```

正如正圆是椭圆一种特殊形式，**正球体** (sphere) 也是椭球体一种特殊形式。中心位于原点，半径为r正球体解析式如下：

$$x^2+y^2+z^2=r^2 \tag{4.38}$$

图4.8展示用ellipsoid() 生成中心位于原点，半径为1正球体曲面和等高线图。

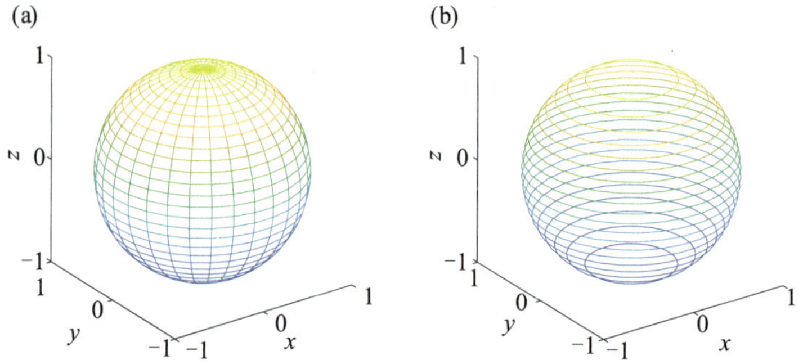

图4.8 正球体曲面和等高线

cylinder() 函数获得圆柱面数据。图4.9展示以下解析式的几何形状：

$$x^2+y^2=4,\ \ 0\leqslant z\leqslant 4 \tag{4.39}$$

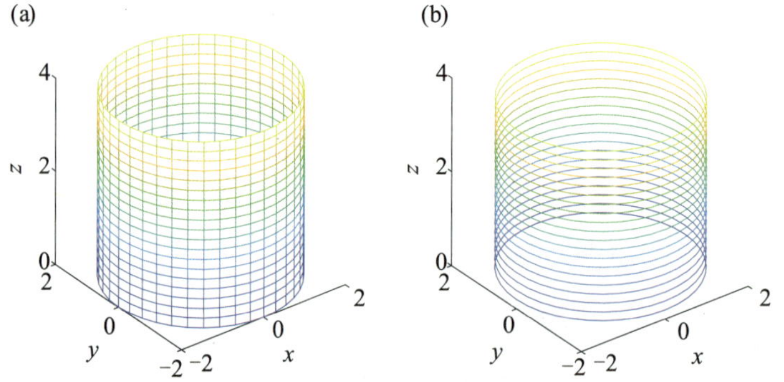

图4.9 圆锥面曲面和等高线

以下代码获得图4.9。

```
r = ones(1,20)*2;
[X,Y,Z] = cylinder(r,40);
h = 4; Z = Z*h;

figure(1)
```

```
subplot(1,2,1)
mesh(X,Y,Z); grid off; box off; axis equal
xlabel('x'); ylabel('y'); zlabel('z')

subplot(1,2,2)
contour3(X,Y,Z,20); grid off; box off; axis equal
xlabel('x'); ylabel('y'); zlabel('z')
```

4.4 抛物线

下式给出**顶点** (vertex) 在原点，**对称轴** (axis of symmetry) 在y轴，**开口向右** (opening to the right) 抛物线：

$$y^2 = ax, \quad a > 0 \tag{4.40}$$

如图4.10(a) 所示，这条抛物线**焦点** (focus) 位于 (0, 1/(4a))，**准线** (directrix) 位于$y = -1/(4a)$。平面上，抛物线上每一点与焦点之间距离等于点和准线之间距离；需要注意是，准线不能经过焦点。

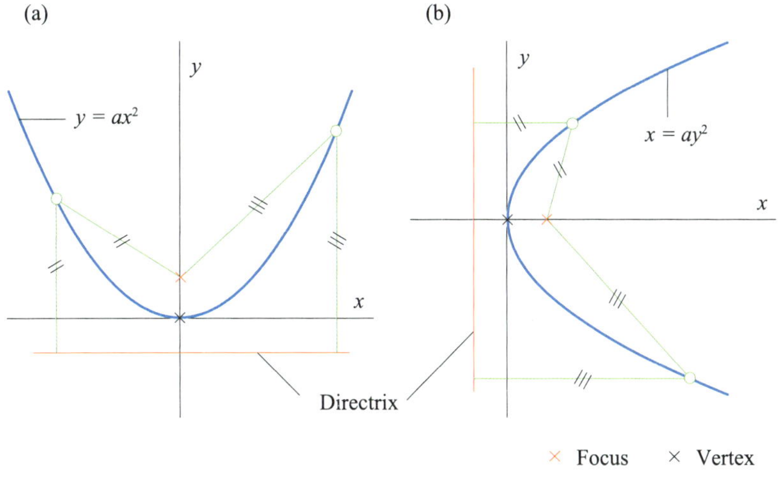

图4.10 抛物线准线和焦点

顶点在原点，对称轴位于x轴，**开口向上** (opening to the top) 抛物线解析式如下：

$$y = ax^2, \quad a > 0 \tag{4.41}$$

如图4.10(b) 所示，这条抛物线顶点位于 (0, 0)，对称轴为x轴，焦点位于 (1/(4a), 0)，准线位于$x = -1/(4a)$。图4.11分别展示开口向上、**开口向下** (opening to the bottom)、开口向右和开口向左抛物线。请读者参考图4.5代码，采用符号运算和空间旋转自行绘制图4.11图像。

从书第一册第5章中介绍的**二次函数** (quadratic function, quadratic polynomial, a polynomial of degree 2) 基本式是抛物线一种特例：

$$y = ax^2 + bx + c \quad a \neq 0 \tag{4.42}$$

上式配方后得到下式：

$$y = a\left(x + \frac{b}{2a}\right)^2 + \frac{4ac - b^2}{4a} \tag{4.43}$$

从该式中看出抛物线对称轴为：

$$x = -\frac{b}{2a} \tag{4.44}$$

顶点V位于：

$$V = \left(-\frac{b}{2a},\ c - \frac{b^2}{4a}\right) \tag{4.45}$$

焦点F位于：

$$F = \left(-\frac{b}{2a},\ c - \frac{b^2 - 1}{4a}\right) \tag{4.46}$$

抛物线准线平行于x轴：

$$y = c - \frac{b^2 + 1}{4a} \tag{4.47}$$

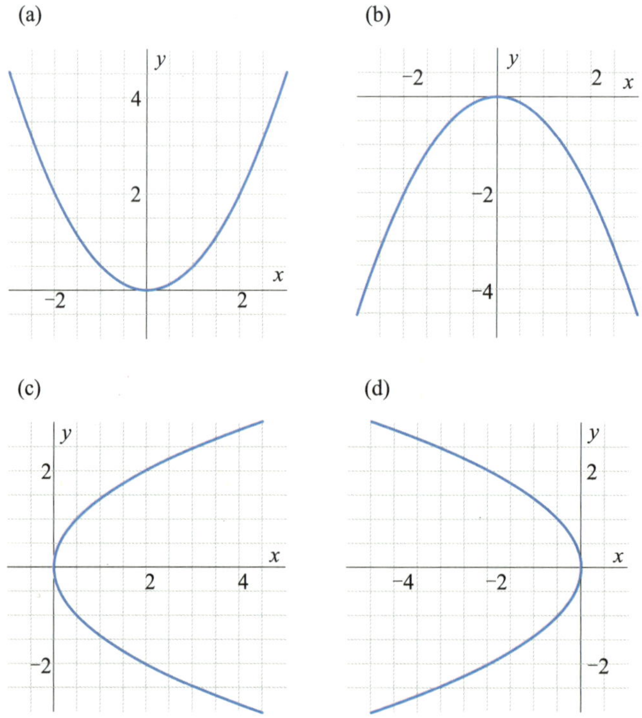

图4.11　抛物线四种开口方向

4.5 双曲线

下式为顶点在原点，焦点位于x轴，双曲线标准式：

$$\frac{x^2}{a^2}-\frac{y^2}{b^2}=1,\ \ a,b>0 \tag{4.48}$$

如图4.12(a) 所示，双曲线两个焦点分别位于F_1 $(-c, 0)$ 和F_2 $(c, 0)$，**左右开口** (open left and right)。双曲线上任意一点到两个焦点距离差值为$2a$。

$$|P_1F_1|-|P_1F_2|=\pm 2a \tag{4.49}$$

c通过下式计算得到：

$$c^2=a^2+b^2,\ \ c>0 \tag{4.50}$$

图4.12(b) 所示为焦点位于y轴双曲线，**上下开口** (open up and down)。这种双曲线标准式如下：

$$\frac{y^2}{b^2}-\frac{x^2}{a^2}=1,\ \ a,b>0 \tag{4.51}$$

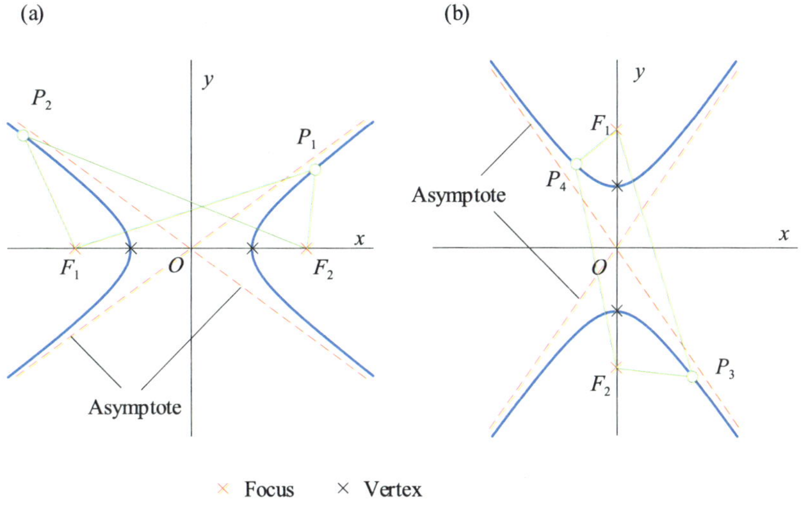

图4.12 抛物线准线和焦点

投资组合优化问题求解中将会涉及双曲线渐近线。这一节简单展开介绍双曲线渐近线。对于焦点位于x轴标准双曲线，它的两条**渐近线** (asymptote) 表达式如下：

$$\frac{y}{b}=\pm\frac{x}{a}\ \ \Rightarrow\ \ y=\pm\frac{b}{a}x,\ \ a,b>0 \tag{4.52}$$

图4.13展示双曲线右侧一条曲线几条切线。这些切线斜率都在 $[-b/a, b/a]$ 区间之外。换句话说，双曲线任何一条切线斜率要么大于b/a，要么小于 $-b/a$。之后，我们会求解双曲线切线，并且从代数角度再次解释以上结论。

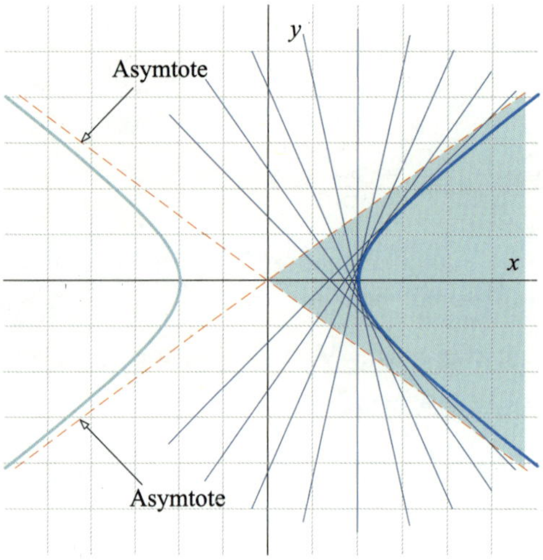

图4.13　双曲线右侧曲线切线

中心不在原点，左右开口双曲线解析式一般形式如下：

$$\frac{(x-h)^2}{a^2}-\frac{(y-k)^2}{b^2}=1,\ \ a,b>0 \tag{4.53}$$

如图4.14(a) 所示，双曲线中心位于 (h, k)，双曲线两个顶点分别为 $(h + a, k)$ 和 $(h - a, k)$。双曲线两条渐近线解析式如下：

$$y=k\pm\frac{b}{a}(x-h) \tag{4.54}$$

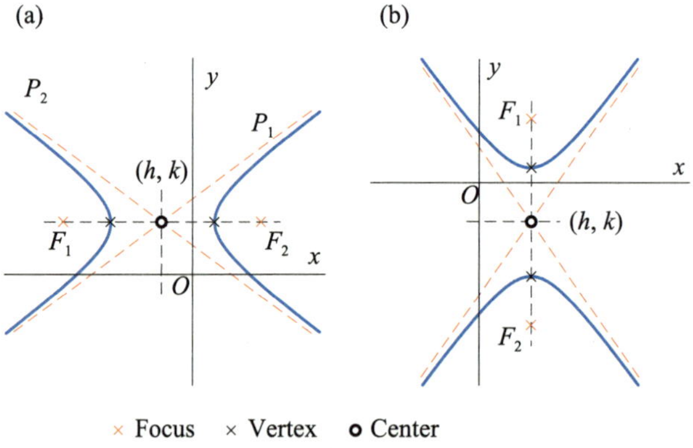

图4.14　中心不在原点双曲线

图4.14(b) 所示为，上下开口，中心位于 (h, k) 双曲线。双曲线解析式一般形式如下：

$$\frac{(y-k)^2}{b^2}-\frac{(x-h)^2}{a^2}=1,\ \ a,b>0 \tag{4.55}$$

双曲线两条渐近线解析式和左右开口双曲线相同：

$$y=k\pm\frac{b}{a}(x-h) \tag{4.56}$$

图4.15展示双曲线旋转。图4.15(a) 展示的双曲线表达式如下所示：

$$x^2 - y^2 = 1 \tag{4.57}$$

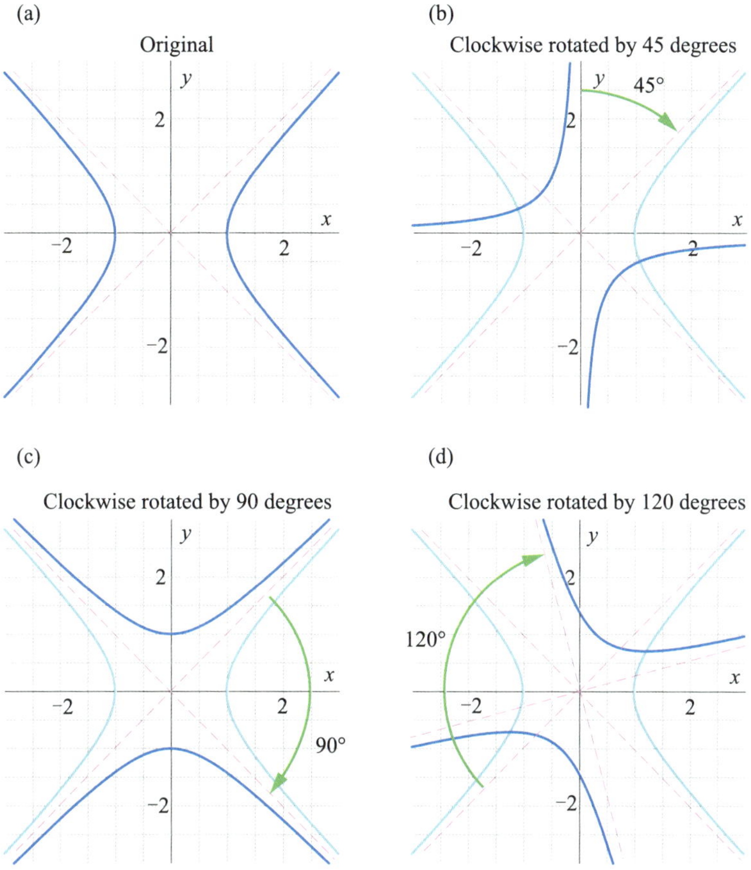

图4.15　双曲线旋转

图4.15所示为双曲线旋转情况，请读者根据本节前文椭圆旋转计算过程，获得每个分图双曲线表达式。从图4.15(b) 发现，反比例函数实际上是双曲线旋转。图4.15(c) 展示焦点位于y轴双曲线。

图4.16(a) 所示为**单叶双曲面** (hyperboloid of one sheet) 空间形状。在三维直角坐标系中，曲面解析式如下：

$$\frac{x^2}{a^2} + \frac{y^2}{b^2} - \frac{z^2}{c^2} = 1 \tag{4.58}$$

单叶双曲线参数方程如下：

$$\begin{cases} x = a \cdot \cosh(u) \cdot \cos(v) \\ y = b \cdot \cosh(u) \cdot \sin(v) \\ z = c \cdot \sinh(u) \end{cases} \tag{4.59}$$

上式中，u为任意实数，图4.16(a) 中u取值范围为 [−2, 2]；v取值范围为 [0, 2π]；sinh() 是双曲正弦函数；cosh() 是双曲余弦函数。

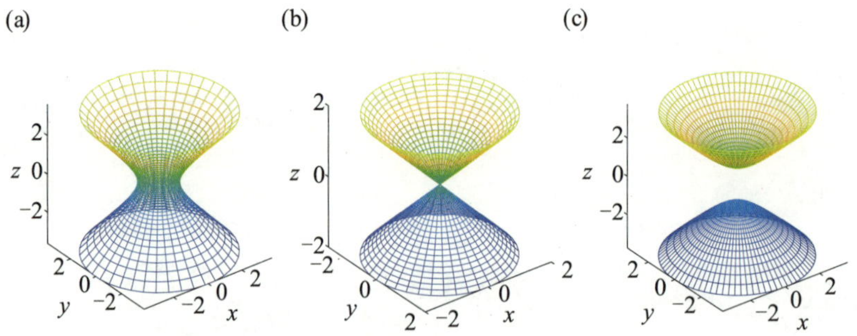

图4.16　和双曲线有关三维空间形状

图4.16(b) 所示为**椭圆锥面** (conical surface) 空间形状，它的一般解析式如下：

$$\frac{x^2}{a^2}+\frac{y^2}{b^2}-\frac{z^2}{c^2}=0 \tag{4.60}$$

当$a=b$时，曲面即前文介绍的圆锥面。椭圆锥面参数方程如下：

$$\begin{cases} x=a\cdot u\cdot\cos(v) \\ y=b\cdot u\cdot\sin(v) \\ z=u \end{cases} \tag{4.61}$$

上式中，u为任意实数，图4.16(b) 中u取值范围为 [−2, 2]；v取值范围为 [0, 2π]。

图4.16(c) 展示**双叶双曲面** (hyperboloid of two sheets) 空间形状。在三维直角坐标系中，它的解析式如下：

$$\frac{x^2}{a^2}+\frac{y^2}{b^2}-\frac{z^2}{c^2}=-1 \tag{4.62}$$

双叶双曲线参数方程如下：

$$\begin{cases} x=a\cdot\sinh(u)\cos(v) \\ y=b\cdot\sinh(u)\sin(v) \\ z=c\cdot\cosh(u) \end{cases} \tag{4.63}$$

上式中，u为任意实数，图4.16 (c) 中u取值范围为 [−2, 2]；v取值范围为 [0, 2π]；图4.16(c) 中c取值为±1；sinh() 是双曲正弦函数；cosh() 是双曲余弦函数。以下代码获得图4.16。

B4_Ch4_3.m

```
%% hyperboloid of one sheet

a=1; b=1; c=1;
u=linspace(-2,2,40);
v=linspace(0,2*pi,40);
[u,v]=meshgrid(u,v);

x=a*cosh(u).*cos(v);
```

```
y=b*cosh(u).*sin(v);
z=c*sinh(u);

figure(1)
mesh(x,y,z)
axis tight; daspect([1, 1, 1])
grid off; xlabel('x'); ylabel('y'); zlabel('z')

%% conical surface

x=a*u.*cos(v);
y=b*u.*sin(v);
z=u;

figure(2)
mesh(x,y,z); hold on

axis tight; daspect([1, 1, 1])
grid off; xlabel('x'); ylabel('y'); zlabel('z')

%% hyperboloid of two sheets
c=1;
x=a*sinh(u).*cos(v);
y=b*sinh(u).*sin(v);
z1=c*cosh(u);

figure(3)
mesh(x,y,z1); hold on

c=-1;
x=a*sinh(u).*cos(v);
y=b*sinh(u).*sin(v);
z2=c*cosh(u);

mesh(x,y,z2)
axis tight; daspect([1, 1, 1])
grid off; xlabel('x'); ylabel('y'); zlabel('z')
```

以下代码也可以绘制图4.16形状。代码采用fimplicit3() 函数绘制空间图像。

```
syms f(x,y,z)
f(x,y,z) = x.^2 + y.^2 - z.^2 + 1;
% f(x,y,z) = x.^2 + y.^2 - z.^2 - 1;
% f = @(x,y,z) x.^2 + y.^2 - z.^2;
% f = @(x,y,z) x.^2 - y.^2 - z;

figure(1)
fimplicit3(f)
```

```
xlabel('{\it x}'); ylabel('{\it y}'); zlabel('{\it z}')
h = gca; box off; grid off; axis equal
set(h, 'FontName', 'Times New Roman','fontsize',10)
h.XAxis.MinorTick = 'on';
h.XAxis.MinorTickValues = -5:1:5;
h.YAxis.MinorTick = 'on';
h.YAxis.MinorTickValues = -5:1:5;
h.ZAxis.MinorTick = 'on';
h.ZAxis.MinorTickValues = -5:1:5;
set(gcf,'color','white')
set(gcf,'Position',[300 300 320 320])
axis tight
```

4.6 圆锥曲线切线

这一节用前文讲到的法向量法来得到圆锥曲线切线解析式。首先求解椭圆切线。$y = f(x)$，标准椭圆解析式写作：

$$\frac{x^2}{a^2}+\frac{y^2}{b^2}=1 \Rightarrow \frac{x^2}{a^2}+\frac{f(x)^2}{b^2}=1 \tag{4.64}$$

第一种方法，先构造一个隐函数；上式对x求导，得到：

$$\frac{2x}{a^2}+\frac{2f(x)f'(x)}{b^2}=0 \tag{4.65}$$

整理上式，即可得到一阶导数$f'(x)$ 解析式：

$$f'(x)=-\frac{b^2x}{a^2f(x)} \tag{4.66}$$

椭圆上点$A(x_0, y_0)$ 一点处导数因此写作：

$$f'(x_0)=-\frac{b^2x_0}{a^2y_0} \tag{4.67}$$

带入切线方程：

$$y=y_0-\frac{b^2x_0}{a^2y_0}(x-x_0) \tag{4.68}$$

整理上式获得切线解析式：

$$\frac{xx_0}{a^2}+\frac{yy_0}{b^2}=\frac{x_0^2}{a^2}+\frac{y_0^2}{b^2} \tag{4.69}$$

第二种方法，先构造一个二元函数$f(x, y)$，如下：

$$f(x,y)=\frac{x^2}{a^2}+\frac{y^2}{b^2} \tag{4.70}$$

椭圆上 (x_0, y_0) 一点处梯度，即法向量$\boldsymbol{n}$为：

$$\boldsymbol{n}=\left(\frac{\partial f}{\partial x},\frac{\partial f}{\partial y}\right)\bigg|_{(x_0,y_0)}=\left(\frac{2x_0}{a^2},\frac{2y_0}{b^2}\right) \tag{4.71}$$

如图4.17所示，切线上任意一点P和点A构成向量，垂直于法向量$\boldsymbol{n}$，因此两者内积为0。

$$\left(\frac{2x_0}{a^2},\frac{2y_0}{b^2}\right)\cdot(x-x_0,y-y_0)=\frac{2x_0}{a^2}(x-x_0)+\frac{2y_0}{b^2}(y-y_0)=0 \tag{4.72}$$

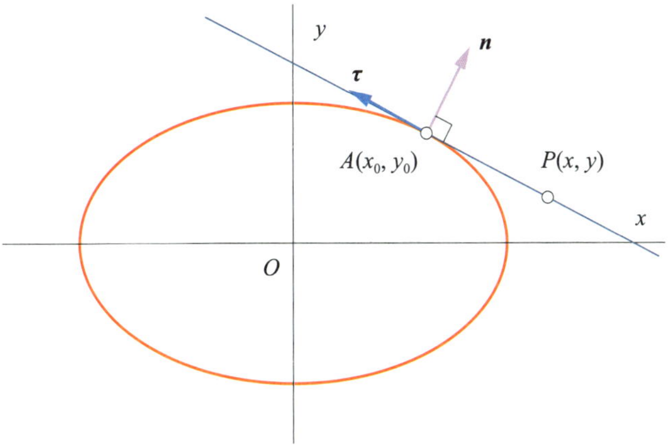

图4.17　椭圆切线

整理上式，得到之前结果。图4.18所示为某个椭圆外周切线分布。

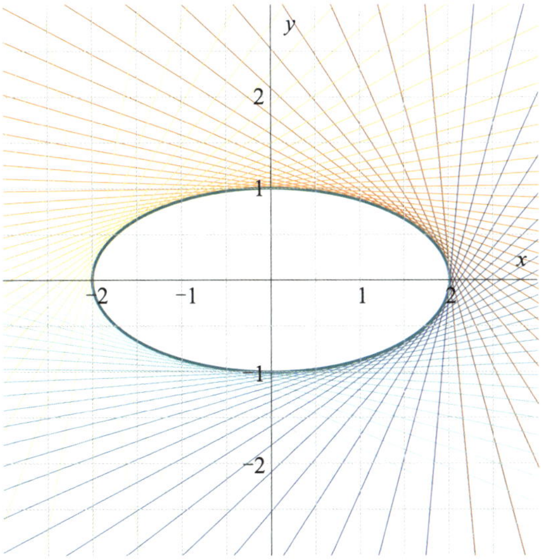

图4.18　椭圆外周切线分布

椭圆上 (x_0, y_0) 一点处梯度，即切向量$\boldsymbol{\tau}$为：

$$\boldsymbol{\tau} = \left(\frac{\partial f}{\partial y}, -\frac{\partial f}{\partial x} \right) \Bigg|_{(x_0, y_0)} = \left(\frac{2y_0}{b^2}, -\frac{2x_0}{a^2} \right) \tag{4.73}$$

得到过A点椭圆法线直线方程，如下：

$$\begin{aligned} &\left(\frac{2y_0}{b^2}, -\frac{2x_0}{a^2} \right) \cdot (x - x_0, y - y_0) = \frac{2y_0}{b^2}(x - x_0) - \frac{2x_0}{a^2}(y - y_0) = 0 \\ &\Rightarrow \frac{y_0}{b^2} x - \frac{x_0}{a^2} y = \frac{x_0 y_0}{b^2} - \frac{x_0 y_0}{a^2} \end{aligned} \tag{4.74}$$

图4.19展示椭圆法线分布。如前文所讲，正圆是椭圆特殊形式，将$a = b = r$ 带入上式，可获得圆心位于原点正圆上点切线解析式如下：

$$xx_0 + yy_0 = x_0^2 + y_0^2 = r^2 \tag{4.75}$$

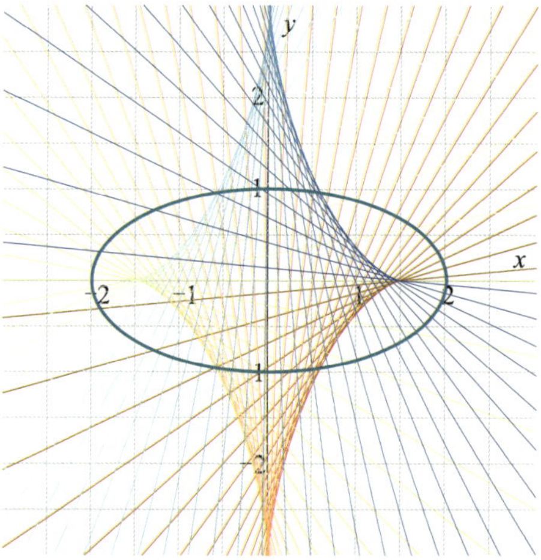

图4.19　椭圆法线分布

图4.20所示为中心位于原点单位圆切线分布图。

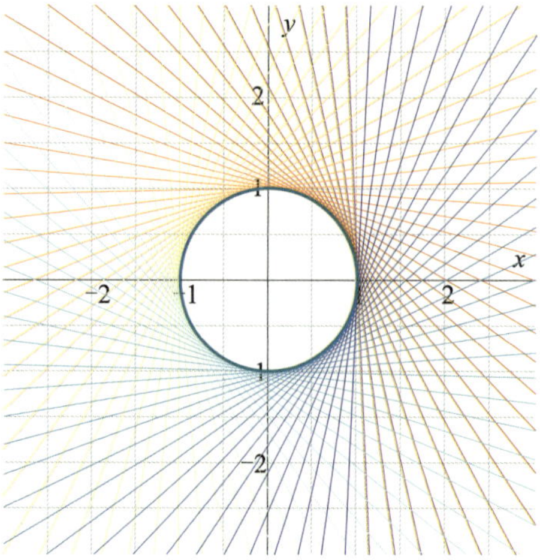

图4.20　单位圆切线分布

如图4.21所示为中心位于原点单位圆上的点法线分布图。

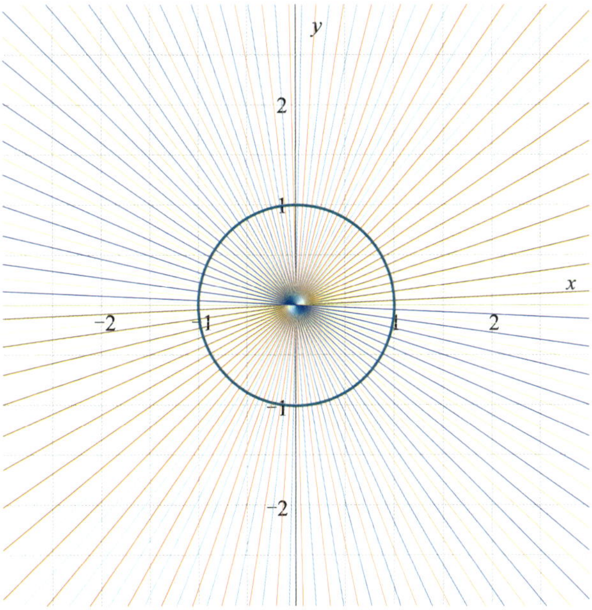

图4.21 单位圆法线分布

以下代码获得图4.18～图4.21。请读者自行修改代码，并给图形着色。

B4_Ch4_4.m

```
clc; close all; clear all
syms x y
a = 2; b = 1;

f1 = x^2/a^2 + y^2/b^2 - 1;

figure(1)

fimplicit(f1, [-3 3 -3 3],'color',[0, 0, 1],'LineWidth',1.5); hold on

for theta = pi/45:2*pi/45:2*pi

    x0 = cos(theta)*a;
    y0 = sin(theta)*b;
    plot_tangent(x0,y0,a,b)

end

figure(2)

fimplicit(f1, [-3 3 -3 3],'color',[0, 0, 1],'LineWidth',1.5);
hold on
```

```
for theta = pi/45:2*pi/45:2*pi

    x0 = cos(theta)*a;
    y0 = sin(theta)*b;
    plot_norm(x0,y0,a,b)

end

axis equal; % grid on
xlabel('x'); ylabel('y'); box off
set(gca, 'XAxisLocation', 'origin')
set(gca, 'YAxisLocation', 'origin')

function plot_tangent(x0,y0,a,b)

syms x y
f_tan = x*x0/a^2 + y*y0/b^2 - (x0^2/a^2 + y0^2/b^2);

fimplicit(f_tan, [-3 3 -3 3],'color',[0,96,166]/255,'LineWidth',0.25)

end

function plot_norm(x0,y0,a,b)

syms x y
f_norm = x*y0/b^2 - y*x0/a^2 - (x0*y0/b^2 - x0*y0/a^2);

fimplicit(f_norm, [-3 3 -3 3],'color',[0,96,166]/255,'LineWidth',0.25)

end
```

这里也可用两种方法求解双曲线切线。**第一种方法**同样是构造一元函数，令$y = f(x)$。如图4.22所示，中心位于原点，焦点位于x轴双曲线标准解析式写作：

$$\frac{x^2}{a^2}-\frac{y^2}{b^2}=1 \Rightarrow \frac{x^2}{a^2}-\frac{f(x)^2}{b^2}=1 \tag{4.76}$$

上式对x求导：

$$\frac{2x}{a^2}-\frac{2f(x)f'(x)}{b^2}=0 \tag{4.77}$$

整理上式，得到一阶导数$f'(x)$解析式如下：

$$f'(x)=\frac{b^2x}{a^2f(x)} \tag{4.78}$$

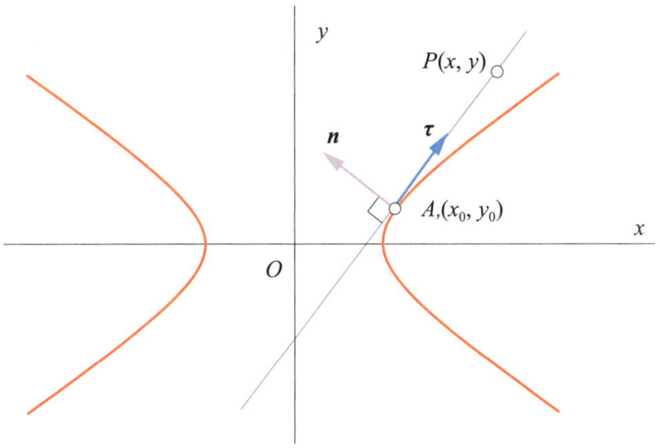

图4.22　双曲线切线

双曲线上点$A(x_0, y_0)$一点处导数因此写作：

$$f'(x_0)=\frac{b^2x_0}{a^2y_0} \tag{4.79}$$

带入切线方程：

$$y=y_0+f'(x_0)(x-x_0) \tag{4.80}$$

就有：

$$y=y_0+\frac{b^2x_0}{a^2y_0}(x-x_0) \tag{4.81}$$

整理上式得到：

$$\frac{xx_0}{a^2}-\frac{yy_0}{b^2}=\frac{x_0^2}{a^2}-\frac{y_0^2}{b^2} \tag{4.82}$$

第二种方法，同样构造一个二元函数$f(x, y)$，如下：

$$f(x,y)=\frac{x^2}{a^2}-\frac{y^2}{b^2} \tag{4.83}$$

双曲线上A点(x_0, y_0)处梯度，即法向量$\boldsymbol{n}$为：

$$\boldsymbol{n}=\left(\frac{\partial f}{\partial x},\frac{\partial f}{\partial y}\right)\bigg|_{(x_0,y_0)}=\left(\frac{2x_0}{a^2},-\frac{2y_0}{b^2}\right) \tag{4.84}$$

如图4.22所示，切线上任意一点P和点A构成向量，垂直于法向量$\boldsymbol{n}$，因此两者内积为0：

$$\left(\frac{2x_0}{a^2},-\frac{2y_0}{b^2}\right)\cdot(x-x_0,y-y_0)=\frac{2x_0}{a^2}(x-x_0)-\frac{2y_0}{b^2}(y-y_0)=0 \tag{4.85}$$

整理上式得到之前结果。图4.23展示单位双曲线外周切线分布。图像更清楚展示双曲线切线斜率绝对值均大于渐近线斜率绝对值。双曲线上A点(x_0, y_0)处切向量$\boldsymbol{\tau}$为：

$$\boldsymbol{\tau} = \left(\frac{\partial f}{\partial y}, -\frac{\partial f}{\partial x} \right)\Bigg|_{(x_0, y_0)} = \left(\frac{2y_0}{b^2}, \frac{2x_0}{a^2} \right) \tag{4.86}$$

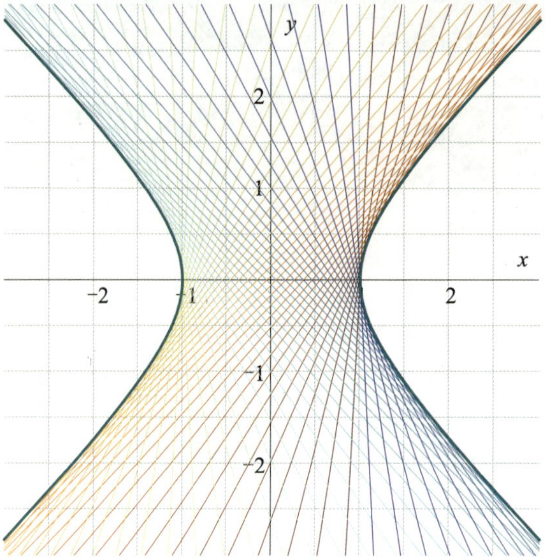

图4.23　双曲线左右两侧切线分布

如图4.22所示，法线上任意一点和点A构成向量，垂直于切向量$\boldsymbol{\tau}$，因此两者内积为0：

$$\begin{gathered}\left(\frac{2y_0}{b^2}, \frac{2x_0}{a^2} \right) \cdot (x - x_0, y - y_0) = \frac{2y_0}{b^2}(x - x_0) + \frac{2x_0}{a^2}(y - y_0) = 0 \\ \Rightarrow \frac{y_0}{b^2}x + \frac{x_0}{a^2}y = \frac{x_0 y_0}{b^2} + \frac{x_0 y_0}{a^2}\end{gathered} \tag{4.87}$$

图4.24所示为单位双曲线法线分布。

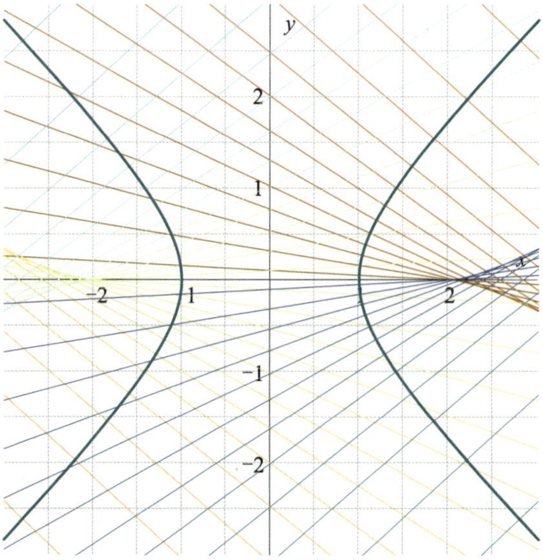

图4.24　双曲线左右两侧法线分布

以下代码获得图4.23和图4.24。

B4_Ch4_5.m

```
clc; close all; clear all
syms x y
a = 1; b = 1;

f1 = x^2/a^2 - y^2/b^2 - 1;

figure(1)

fimplicit(f1, [-3 3 -3 3],'color',[0, 0, 1],'LineWidth',1.5); hold on

for theta = pi/50:2*pi/50:2*pi

    x0 = sec(theta)*a;
    y0 = tan(theta)*b;
    plot_tangent(x0,y0,a,b)

end

axis equal; % grid on
xlabel('x'); ylabel('y'); box off
set(gca, 'XAxisLocation', 'origin')
set(gca, 'YAxisLocation', 'origin')

figure(2)

fimplicit(f1, [-3 3 -3 3],'color',[0, 0, 1],'LineWidth',1.5); hold on

for theta = pi/60:2*pi/60:2*pi

    x0 = sec(theta)*a;
    y0 = tan(theta)*b;
    plot_norm(x0,y0,a,b)

end

axis equal; % grid on
xlabel('x'); ylabel('y'); box off
set(gca, 'XAxisLocation', 'origin')
set(gca, 'YAxisLocation', 'origin')

function plot_tangent(x0,y0,a,b)
syms x y
f_tan = x*x0/a^2 - y*y0/b^2 - (x0^2/a^2 - y0^2/b^2);
```

```
fimplicit(f_tan, [-3 3 -3 3],'color',[0,96,166]/255,'LineWidth',0.25)

end

function plot_norm(x0,y0,a,b)

syms x y
f_norm = x*y0/b^2 + y*x0/a^2 - (x0*y0/b^2 + x0*y0/a^2);

fimplicit(f_norm, [-3 3 -3 3],'color',[0,96,166]/255,'LineWidth',0.25)

end
```

圆锥曲线常见一般表达式，如下：

$$Ax^2+Bxy+Cy^2+Dx+Ey+F=0 \tag{4.88}$$

同样地构造一个如下二元函数：

$$f(x,y)=Ax^2+Bxy+Cy^2+Dx+Ey+F=0 \tag{4.89}$$

圆锥曲线任意一点A点 (x_0, y_0) 处梯度，即法向量$\boldsymbol{n}$为：

$$\boldsymbol{n}=\left(\frac{\partial f}{\partial x},\frac{\partial f}{\partial y}\right)\bigg|_{(x_0,y_0)}=\left(2Ax_0+By_0+D,Bx_0+2Cy_0+E\right) \tag{4.90}$$

圆锥曲线A点处切线为：

$$\begin{aligned}&\left(2Ax_0+By_0+D,Bx_0+2Cy_0+E\right)\cdot\left(x-x_0,y-y_0\right)=0\\&\Rightarrow\left(2Ax_0+By_0+D\right)\left(x-x_0\right)+\left(Bx_0+2Cy_0+E\right)\left(y-y_0\right)=0\\&\Rightarrow\left(2Ax_0+By_0+D\right)x+\left(Bx_0+2Cy_0+E\right)y=2Ax_0^2+2Bx_0y_0+2Cy_0^2+Dx_0+Ey_0\end{aligned} \tag{4.91}$$

A点处切向量$\boldsymbol{\tau}$为：

$$\boldsymbol{\tau}=\left(\frac{\partial f}{\partial y},-\frac{\partial f}{\partial x}\right)\bigg|_{(x_0,y_0)}=\left(Bx_0+2Cy_0+E,-\left(2Ax_0+By_0+D\right)\right) \tag{4.92}$$

圆锥曲线A点处法线所在直线解析式为：

$$\begin{aligned}&\left(Bx_0+2Cy_0+E,-\left(2Ax_0+By_0+D\right)\right)\cdot\left(x-x_0,y-y_0\right)=0\\&\Rightarrow\left(Bx_0+2Cy_0+E\right)\left(x-x_0\right)-\left(2Ax_0+By_0+D\right)\left(y-y_0\right)=0\\&\Rightarrow\left(Bx_0+2Cy_0+E\right)x-\left(2Ax_0+By_0+D\right)y=B\left(x_0^2-y_0^2\right)+\left(2C-2A\right)x_0y_0+Ex_0-Dy_0\end{aligned} \tag{4.93}$$

图4.25～图4.30展示旋转椭圆、抛物线、双曲线的切线和法线分布。

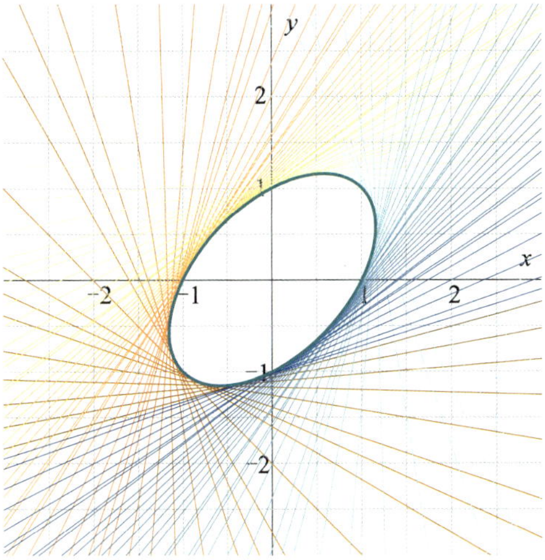

图4.25　旋转椭圆切线分布

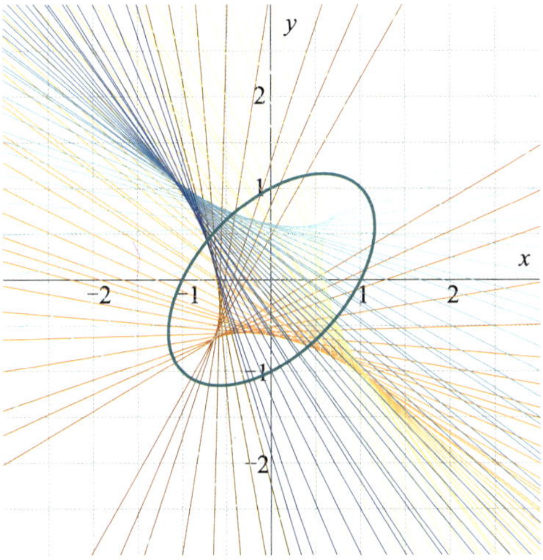

图4.26　旋转椭圆法线分布

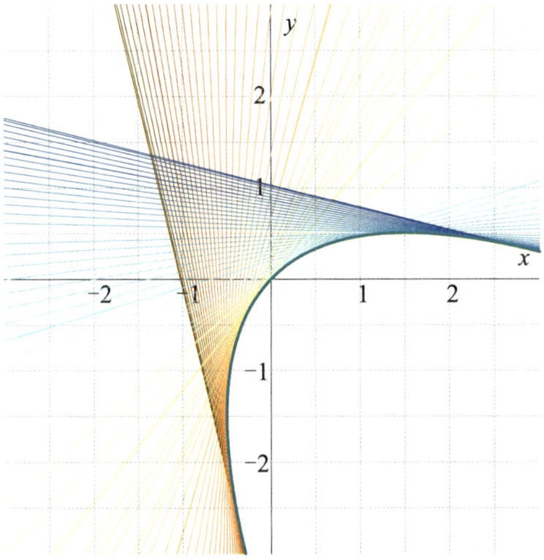

图4.27　旋转抛物线切线分布

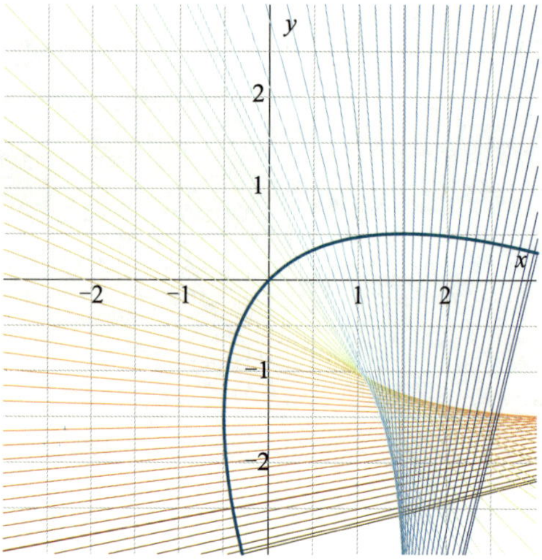

图4.28　旋转抛物线法线分布

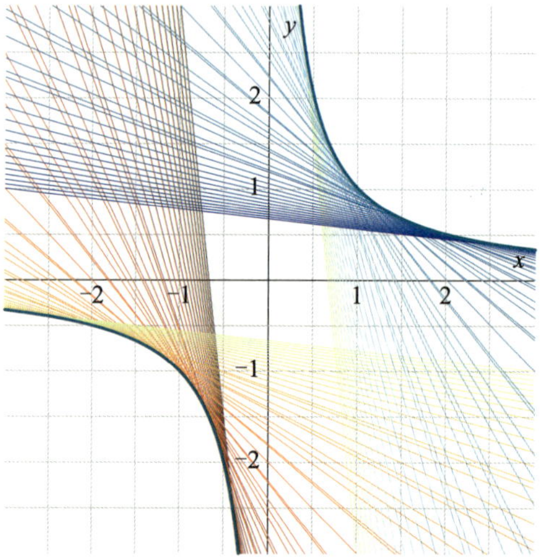

图4.29　旋转双曲线切线分布

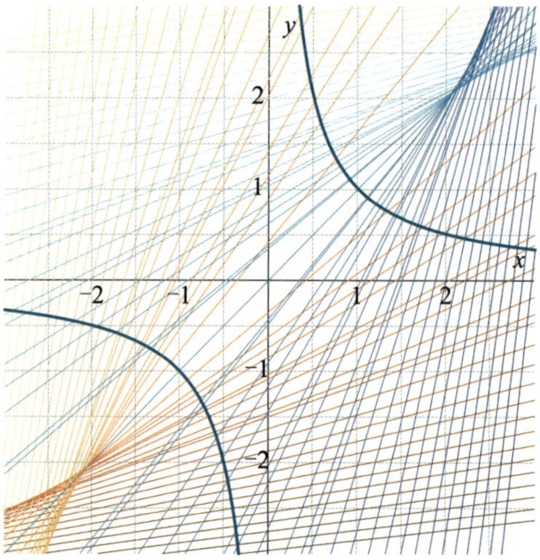

图4.30　旋转双曲线法线分布

以下代码获得图4.25～图4.30。

B4_Ch4_6.m

```
clc; close all; clear all
syms x y
% A = 1; B = -1; C = 1; D = 0; E = 0; F = -1;
% A = 1; B = 0; C = 0; D = 0; E = -4; F = 0;
% A = 1; B = 2; C = 1; D = -4; E = 4; F = 0;
A = 0; B = 1; C = 0; D = 0; E = 0; F = -1;
f1 = A*x^2 + B*x*y + C*y^2 + D*x + E*y + F;

figure(1)

fimplicit(f1, [-3 3 -3 3],'color',[0, 0, 1],'LineWidth',1.5); hold on

xx = [-3:0.1:3]; yy = xx;
[xx,yy] = meshgrid(xx,yy);
ff = subs(f1,[x,y],{xx,yy});

M = contour(xx,yy,ff,[0,0],'color',[0 0 0]);
xx0 = M(1,2:end); yy0 = M(2,2:end);


for ii = 1:length(xx0)

    x0 = xx0(ii);
    y0 = yy0(ii);
    plot_tangent(x0, y0, A, B, C, D, E, F)

end

axis equal; % grid on
xlabel('x'); ylabel('y'); box off
set(gca, 'XAxisLocation', 'origin')
set(gca, 'YAxisLocation', 'origin')


figure(2)

fimplicit(f1, [-3 3 -3 3],'color',[0, 0, 1],'LineWidth',1.5); hold on

for ii = 1:length(xx0)

    x0 = xx0(ii);
    y0 = yy0(ii);
    plot_norm(x0, y0, A, B, C, D, E, F)
```

```
end

axis equal; % grid on
xlabel('x'); ylabel('y'); box off
set(gca, 'XAxisLocation', 'origin')
set(gca, 'YAxisLocation', 'origin')

function plot_tangent(x0, y0, A, B, C, D, E, F)
syms x y
f_tan = (2*A*x0 + B*y0 + D)*(x - x0) + ...
    (B*x0 + 2*C*y0 + E)*(y - y0);

fimplicit(f_tan, [-3 3 -3 3],'color',[0,96,166]/255,'LineWidth',0.25)

end

function plot_norm(x0, y0, A, B, C, D, E, F)

syms x y
f_norm = (B*x0 + 2*C*y0 + E)*(x - x0) - ...
    (2*A*x0 + B*y0 + D)*(y - y0);

fimplicit(f_norm, [-3 3 -3 3],'color',[0,96,166]/255,'LineWidth',0.25)

end
```

4.7 二次曲面切面

本章最后讨论一下二次曲面在某点切平面 (切面)。采用圆锥曲线一般式，令 $z=f(x,y)$。

$$z=f(x,y)=Ax^2+Bxy+Cy^2+Dx+Ey+F \tag{4.94}$$

采用第3章方法，先构造如下函数：

$$F(x,y,z)=Ax^2+Bxy+Cy^2+Dx+Ey+F-z=0 \tag{4.95}$$

在三维空间x-y-z中一点 $A\ (x_0, y_0, z_0)$，曲面法向向量$\boldsymbol{n}$通过下式得到：

$$\begin{aligned}\boldsymbol{n}&=\left(\frac{\partial F}{\partial x},\frac{\partial F}{\partial y},\frac{\partial F}{\partial z}\right)^{\mathrm{T}}\Bigg|_{(x_0,y_0,z_0)}\\&=\begin{pmatrix}2Ax_0+By_0+D & Bx_0+2Cy_0+E & -1\end{pmatrix}\end{aligned} \tag{4.96}$$

曲面上任意一点和A点构成向量 $(x-x_0, y-y_0, z-z_0)$ 垂直于 $\boldsymbol{n}$，因此两者内积为0：

$$
\begin{aligned}
&\boldsymbol{n}\cdot\begin{pmatrix}x-x_0 & y-y_0 & z-z_0\end{pmatrix}=0\\
&\Rightarrow\begin{pmatrix}2Ax_0+By_0+D & Bx_0+2Cy_0+E & -1\end{pmatrix}\cdot\begin{pmatrix}x-x_0 & y-y_0 & z-z_0\end{pmatrix}=0\\
&\Rightarrow(2Ax_0+By_0+D)(x-x_0)+(Bx_0+2Cy_0+E)(y-y_0)-z+z_0=0\\
&\Rightarrow z=(2Ax_0+By_0+D)(x-x_0)+(Bx_0+2Cy_0+E)(y-y_0)+z_0
\end{aligned}
\tag{4.97}
$$

上式即过A点曲面$z=f(x, y)$切面解析式。下面以二次曲面为例，来讲解曲线某点处切面过程：

$$
z=f(x,y)=-4x^2-4y^2 \tag{4.98}
$$

构造一个函数 $F(x, y, z)$ 如下：

$$
F(x,y,z)=-4x^2-4y^2-z=0 \tag{4.99}
$$

在曲面上任意一点 (x_0, y_0, z_0) 法向向量$\boldsymbol{n}$通过下式得到：

$$
\begin{aligned}
\boldsymbol{n}&=\left.\left(\frac{\partial F}{\partial x},\frac{\partial F}{\partial y},\frac{\partial F}{\partial z}\right)^{\mathrm{T}}\right|_{(x_0,y_0,z_0)}\\
&=\begin{pmatrix}-8x & -8y & -1\end{pmatrix}
\end{aligned}
\tag{4.100}
$$

曲面上 (x_0, y_0, z_0) 点切平面解析式为：

$$
\begin{aligned}
z&=t(x,y)\\
&=-8x_0(x-x_0)-8y_0(y-y_0)+z_0\\
&=-8x_0x-8y_0y+8x_0^2+8y_0^2+z_0
\end{aligned}
\tag{4.101}
$$

用矩阵形式，上式写作：

$$
t(x,y)=f(x_0,y_0)+\nabla f(x_0,y_0)^{\mathrm{T}}\begin{bmatrix}x-x_0\\y-y_0\end{bmatrix}=z_0+\begin{bmatrix}-8x_0\\-8y_0\end{bmatrix}^{\mathrm{T}}\begin{bmatrix}x-x_0\\y-y_0\end{bmatrix}
\tag{4.102}
$$

图4.31所示为二次曲面，曲面上A点 (0, −1.5, −9) 切面，曲面解析式如下。将A点坐标带入上式，得到A点处曲面切面解析式，如下：

$$
t_A(x,y)=12y+9 \tag{4.103}
$$

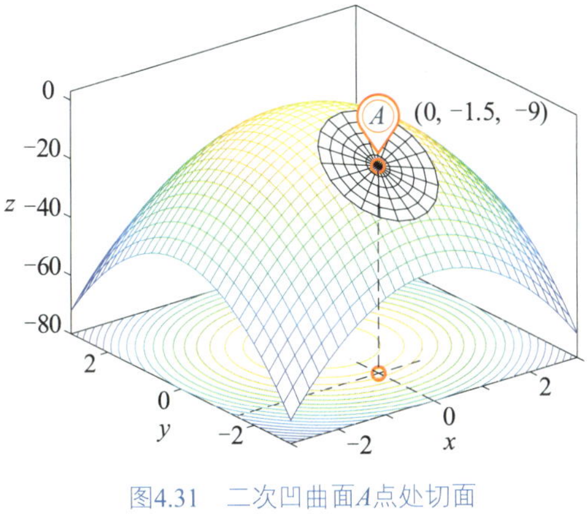

图4.31　二次凹曲面A点处切面

曲面上B点坐标为 (−1.5, 1.5, −18)，通过以上步骤获得曲面上B点切面解析式，如下：

$$t_B(x,y)=12x-12y+18 \tag{4.104}$$

图4.32展示曲面和B点切面。

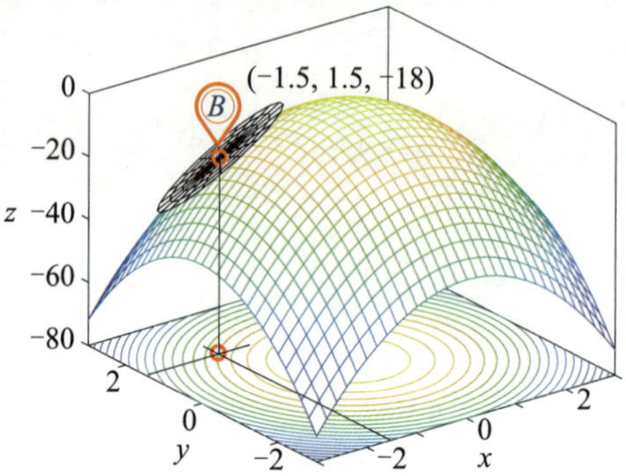

图4.32　二次凹曲面B点处切面

请读者尝试在曲面不同位置绘制切面，相信读者会发现这些曲面都位于曲面上方。从数学角度来解释，二次函数泰勒展开式有常数项、一阶和二阶三个成分，如下。其中，常数项和一次项构成切面函数。

$$\begin{aligned}f(x,y)&=f(x_0,y_0)+\nabla f(x_0,y_0)^{\mathrm{T}}\begin{bmatrix}x-x_0\\y-y_0\end{bmatrix}+\frac{1}{2}\begin{bmatrix}x-x_0\\y-y_0\end{bmatrix}^{\mathrm{T}}\nabla^2 f(x_0,y_0)\begin{bmatrix}x-x_0\\y-y_0\end{bmatrix}\\&=t(x,y)+\frac{1}{2}\begin{bmatrix}x-x_0\\y-y_0\end{bmatrix}^{\mathrm{T}}\nabla^2 f(x_0,y_0)\begin{bmatrix}x-x_0\\y-y_0\end{bmatrix}\end{aligned} \tag{4.105}$$

二次曲面 $f(x, y)$ 和切面 $t(x, y)$ 之间高低关系由泰勒展开二次项决定，如下：

$$f(x,y)-t(x,y)=\frac{1}{2}\begin{bmatrix}x-x_0\\y-y_0\end{bmatrix}^{\mathrm{T}}\nabla^2 f(x_0,y_0)\begin{bmatrix}x-x_0\\y-y_0\end{bmatrix} \tag{4.106}$$

根据在本册数学部分矩阵正定性内容讨论，泰勒展开二次项正负由黑塞矩阵正定性决定。

图4.31和图4.32中曲面是凹面，黑塞矩阵为负定矩阵，因此二次曲面$f(x, y)$ 低于切面$t(x, y)$。同样，如图4.33所示凸函数曲面任意一点切面位于曲面之下，这是因为函数黑塞矩阵为正定矩阵。同样，马鞍面黑塞矩阵为不定矩阵，因此如图4.34所示，马鞍面某点切面一部分位于曲面之上，一部分位于曲面下面。

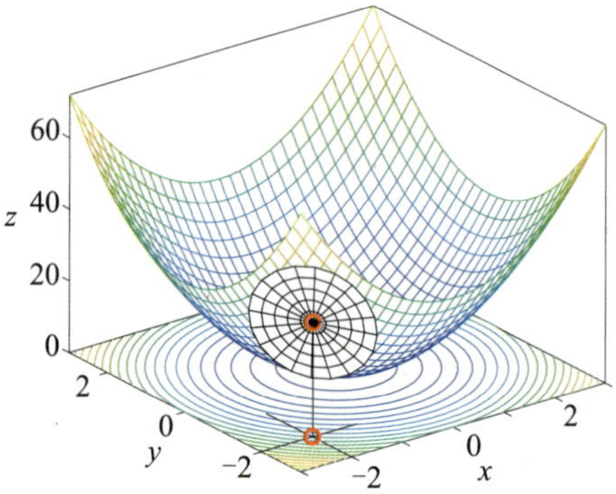

图4.33　二次凸曲面某点处切面

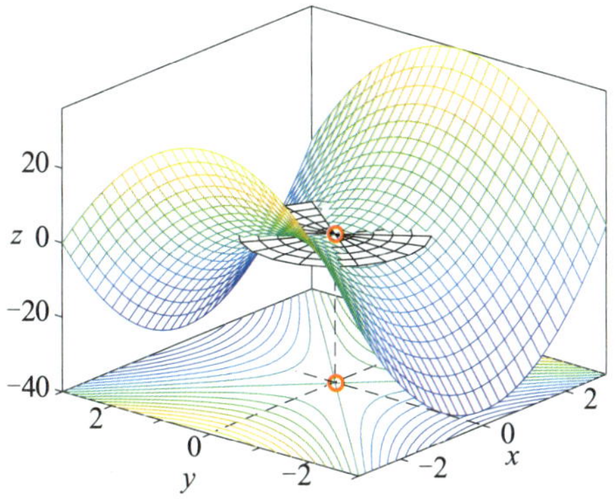

图4.34　马鞍面某点处切面

以下代码获得图4.31和图4.34。请读者修改代码，绘制不同二次曲面在不同点处切面，并研究这些切面和曲面之间关系，特别是凸曲面和凹曲面极点和双曲线抛物面鞍点处切面特点。

B4_Ch4_7.m

```
clc; close all; clear all
syms x y z

A = -4; B = 0; C = -4; D = 0; E = 0; F = 0;
A = 4; B = 0; C = 4; D = 0; E = 0; F = 0;
A = 4; B = 0; C = -4; D = 0; E = 0; F = 0;
f = A*x^2 + B*x*y + C*y^2 + D*x + E*y + F;
x0 = 0; y0 = 0;
r = 1.5; num = 10;
[xx_circ,yy_circ] = mesh_circ(x0,y0,r,num);

xx = [-3:0.2:3]; yy = xx;
[xx,yy] = meshgrid(xx,yy);
zz = double(subs(f,[x,y],{xx,yy}));

z0 = double(subs(f,[x,y],{x0,y0}));

g = gradient(f, [x, y])

[XX1_fine, XX2_fine] = meshgrid(-3:.4:3,-3:.4:3);
n_x0 = double(subs(g(1), [x,y], {x0,y0}));
n_y0 = double(subs(g(2), [x,y], {x0,y0}));
n_z0 = -1;
n = [n_x0, n_y0, n_z0];
P_vector = [x-x0, y-y0, z-z0];
eqn = dot(n, P_vector) == 0;
plane_f = solve(eqn,z);

zz_circ = double(subs(plane_f,[x,y],{xx_circ,yy_circ}));

figure(1)
```

```
h = meshc(xx,yy,zz); hold on
c_start = floor(min(double(zz(:))));
c_end   = ceil(max(double(zz(:))));

c_levels = c_start:(c_end-c_start)/20:c_end;

hContour=h(2);
hContour.LevelList = c_levels;

mesh(xx_circ,yy_circ,zz_circ,'edgecolor','k')
plot3(x0,y0,z0,'or','MarkerSize',10)
z_lim = zlim;
plot3(x0,y0,z_lim(1),'or','MarkerSize',10)
plot3([x0,x0],[y0,y0],[z0,z_lim(1)],'k')
% quiver3(x0,y0,z0,-n(1),-n(2),-n(3),2)

axis tight; box on; grid off
xlabel('x'); ylabel('y'); zlabel('z')

function [xx,yy] = mesh_circ(x0,y0,r,num)

theta = [0:pi/num:2*pi];
r = [0:r/num*2:r];

[theta,r] = meshgrid(theta,r);

xx = cos(theta).*r + x0;
yy = sin(theta).*r + y0;

end
```

有了这三章数学内容作为基础，从下一章将开始讨论优化方法，之后研究投资组合优化问题。

Fundamentals of Optimization

第5章 优化方法 I

优化问题无处不在，衣食住行方方面面都是优化运算的结果。优化也广泛应用于机器学习、神经网络、深度学习这些领域。金融建模当中，优化问题也是随处可见，比如各种随机过程模拟模型参数的获取。比如计算VaR的时候，选取怎样合适的置信度、回望窗口长度、收益率采样频率、EWMA衰减因子大小等，也都是优化问题。接下来几章要讨论的投资组合更是离不开对优化方法的掌握。从本章开始，本书将先用三章篇幅介绍优化方法的基础内容；然后，再用三章的篇幅讨论投资组合优化问题构建与求解。

> 约束优化是在相互冲突的目标之间达成妥协的艺术。这就是设计的意义。
>
> ***Constrained optimization is the art of compromise between conflicting objectives. This is what design is all about.***
>
> ——威廉·但布斯基 (William A. Dembski)

Core Functions and Syntaxes

本章核心命令代码

- `fcontour(f, [xmin xmax ymin ymax])` 绘制符号方程表达 *f* 等高线图。
- `fmesh(f, [xmin xmax ymin ymax])` 绘制符号方程表达 *f* 网格图。
- `gradient()` 求解数值梯度。
- `intlinprog()` 混合整数线性规划优化函数。
- `linprog()` 线性规划优化函数。
- `norm()` 求解矩阵或向量范数。
- `num2str(num)` 将数字 num 转化为字符串格式。
- `quadprog()` 二次规划优化函数。

5.1 有关优化

这一节先介绍一些有关优化方法的术语。简单地说，**优化问题** (optimization problem) 是在一定取值范围内改变**变量** (variables)，用特定的数学方法，寻找某个问题的**最优解** (optimized solution, optimal solution, optimum, optima (复数))。

优化问题好比在一定地理范围内 (比如，图5.1给出一个搜索域内)，徒步寻找最低的山谷或最高的山谷。而且也没有地图和定位设备辅助，四周还大雾弥漫，能见度极低。这个问题的**优化变量** (optimization variable) 是人的位置坐标，比如经纬度 (x_1 和 x_2的值)；优化的目标是**搜索域** (search domain) 海拔最大值或海拔最小值。图5.1搜索域内有三座山峰 (*A*、*B*和*C*)，即搜索域**极大值** (maxima)。其中，*A*是**全局极大值**，也称为**全局最大值** (global maximum)；*B*和*C*是**区域极大值**，也称为**区域极大值** (local maximum)。如图5.1所示，搜索域内有两个显著的**极小值** (*D*和*E*) (minima)，即两个山谷。其中，*E*是**全局极小值** (global minimum)，*D*是**局域极小值** (lobal minimum)。这五个点都是**极值点** (extrema)。爬山寻找最高山峰，相当于最大化优化过程；而寻找最深山谷，便是最小化优化过程。

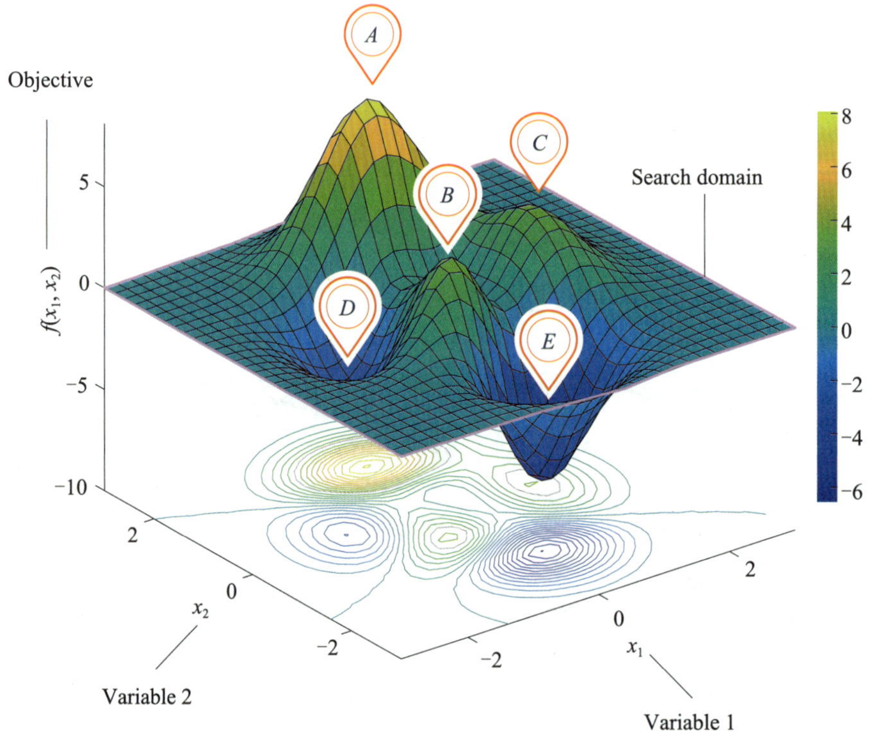

图5.1　搜索域内曲面高低趋势

再以**投资组合优化** (portfolio optimization) 为例，在一定**约束条件** (constraints) 前提下，需要找到满足条件的资产配置，比如**最大化** (maximize) 投资组合收益，**最小化** (minimize) 投资组合风险。

这里提到的，**最大化** (maximization) 和**最小化** (minimization) 具体对象被称作为**目标**、**目标函数** (objective, objective function, cost function, fitness function)。和目标函数相关的表达还有**代价函数** (cost function) 和**损失函数** (loss function)，这三者虽然经常混用，但实际意义却并不相同；三者具体差异将在丛书后文介绍。

优化变量值选取必须在一定范围之内，并非随心所欲。变量的范围叫作**定义域** (domain)，也叫作**搜索空间**、**选择集** (search space, choice set)，范围内的每一个点为一个**潜在解** (candidate solution, feasible solution)。

最大化优化问题写成：

$$\arg\max_{x} f(\boldsymbol{x}) \tag{5.1}$$

arg max的含义是argument of the maxima；$\boldsymbol{x}$为优化变量，优化变量可以是一元未知量，也可以是多元未知量向量；$f(\boldsymbol{x})$ 为优化目标，优化目标可以有一个或多个。

最小化优化问题写成：

$$\arg\min_{x} f(\boldsymbol{x}) \tag{5.2}$$

MATLAB优化函数通常都是求解最小值，求解最大值的问题取负号就变成求解最小值问题：

$$\arg\max_{x} f(\boldsymbol{x}) \quad \Leftrightarrow \quad \arg\min_{x} -f(\boldsymbol{x}) \tag{5.3}$$

图5.2所示为一个最大值优化问题转化为最小值优化问题的过程。

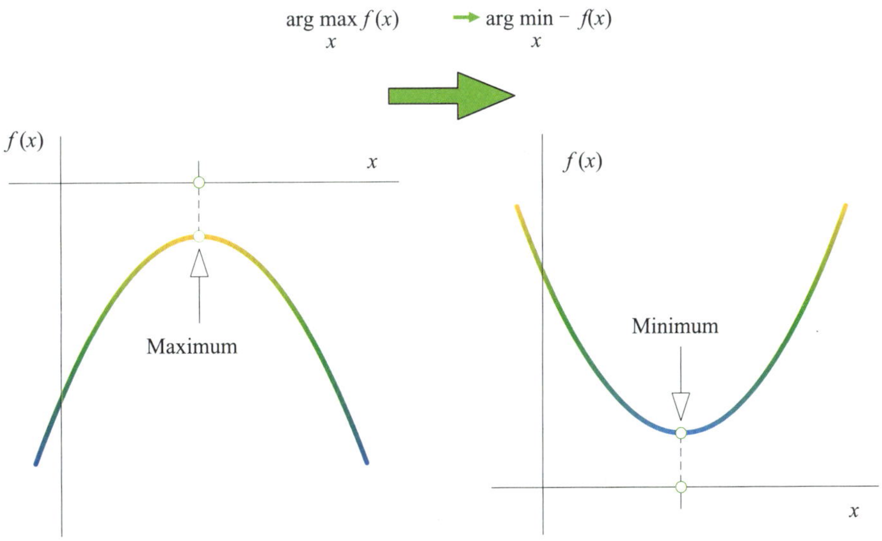

图5.2　优化问题求解最大值和最小值转换

优化问题变量数量有一个，这类优化叫作**单变量优化** (single-variable optimization)；如果优化问题有多个变量，优化问题叫作**多变量优化** (multi-variable optimization)。在投资组合优化问题中，每个资产配置的权重即优化变量。如果要优化100种资产配置，那么100即这个优化问题的**变量数** (number of variables)。

当只有一个自变量时候，目标函数 $f(x)$ 和自变量x的关系可以在平面上表达，如图5.3(a) 所示。当自变量为两个的时候，比如x_1和x_2，目标函数 $f(x_1, x_2)$、x_1和x_2的关系通过三维空间曲面来表达，如图5.3(b) 所示。二维平面等高线也可以展示两个自变量优化问题，如图5.3(c) 所示。当自变量数量不断增多，$\boldsymbol{x}$是一个向量 $(x_1, x_2, \cdots, x_n)$，$f(\boldsymbol{x})$ 在向量$\boldsymbol{x}$构成的多维空间中形成一个**超曲面** (hypersurface)。

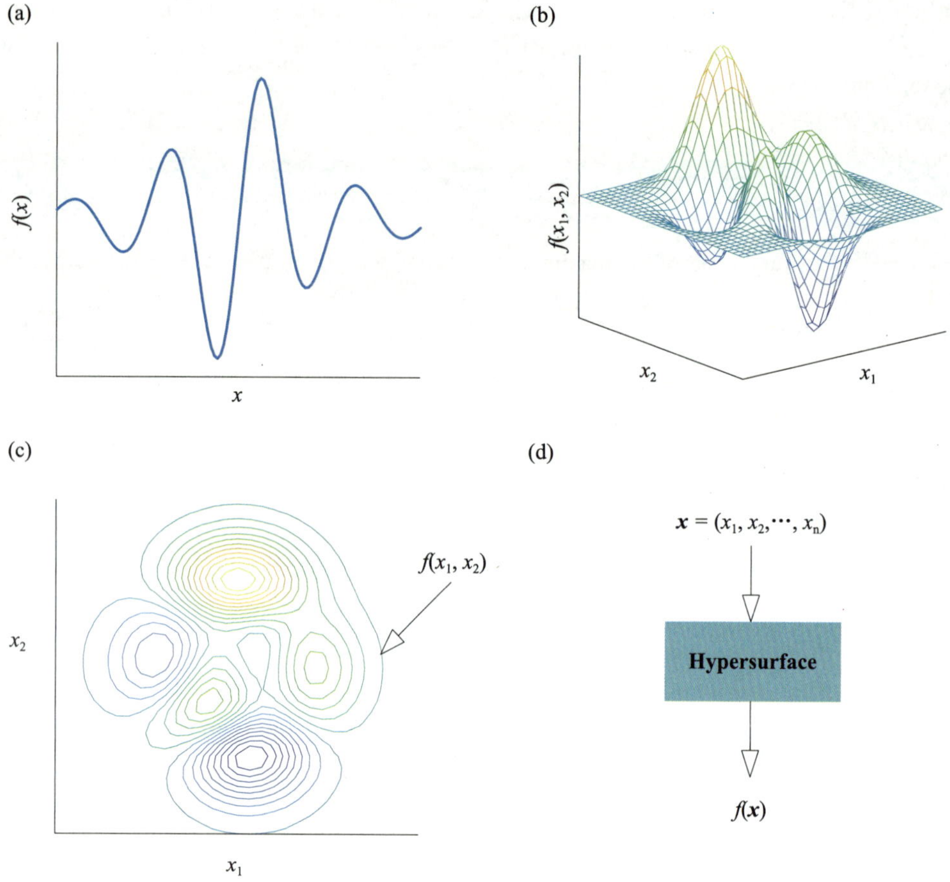

图5.3　目标函数随变量数量变化

根据目标函数中自变量次数及自身构造，又把优化问题分为以下几种：

◀ **线性规划** (linear programming)，如图5.4 (a)所示。
◀ **二次规划** (quadratic programming)，如图5.4 (b)所示。
◀ **非线性优化** (nonlinear optimization)，如图5.4 (c)所示。

线性规划的目标函数通过矩阵运算来表达，比如下式：

$$\arg\min_{\boldsymbol{x}} f(\boldsymbol{x}) = \boldsymbol{R}^{\mathrm{T}}\boldsymbol{x} = r_1x_1 + r_2x_2 +,\cdots,+ r_nx_n \tag{5.4}$$

其中，$\boldsymbol{R}$为常数列向量，$\boldsymbol{x}$为未知变量构成的列向量。发现$f(\boldsymbol{x})$ 和 $\boldsymbol{x}$的关系为线性关系；如图5.4 (a) 所示，x_1和x_2为变量，$f(x_1, x_2)$ 为目标函数，在三维空间中，三者构成的是平面。

二次规划，优化问题的目标函数是若干变量构成的二次函数。不考虑一次项，二次规划写作：

$$\arg\min_{\boldsymbol{x}} f(\boldsymbol{x}) = \frac{1}{2}\boldsymbol{x}^{\mathrm{T}}\boldsymbol{Q}\boldsymbol{x} \tag{5.5}$$

考虑一次项的二次规划为：

$$\arg\min_{\boldsymbol{x}} f(\boldsymbol{x}) = \frac{1}{2}\boldsymbol{x}^{\mathrm{T}}\boldsymbol{Q}\boldsymbol{x} + \boldsymbol{R}^{\mathrm{T}}\boldsymbol{x} \tag{5.6}$$

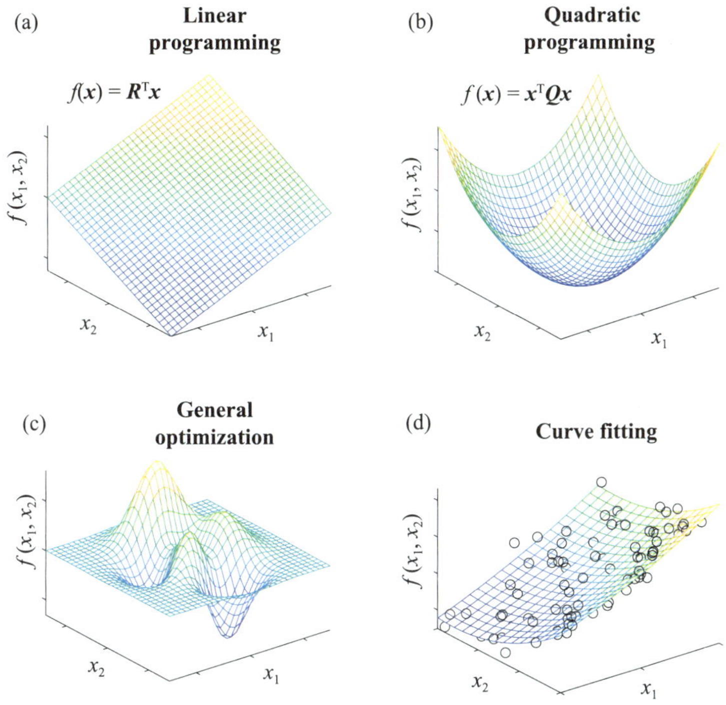

图5.4　四种常见优化问题

如图5.5所示，一个优化函数构成的曲线、曲面或者超曲面，可能存在多个极值点。多数优化问题都是非线性优化，而且是多极值优化问题。而并不是所有的优化方法都能求解非线性优化问题。另外，**曲线拟合** (curve fitting) 实际上也是优化问题，如图5.4(d)。丛书后文将会介绍从优化角度研究最小二乘法、正交回归等常见回归分析方法。另外，丛书第三册介绍的**最大似然估计** (maximum likelihood estimation) 也是基于优化方法的。

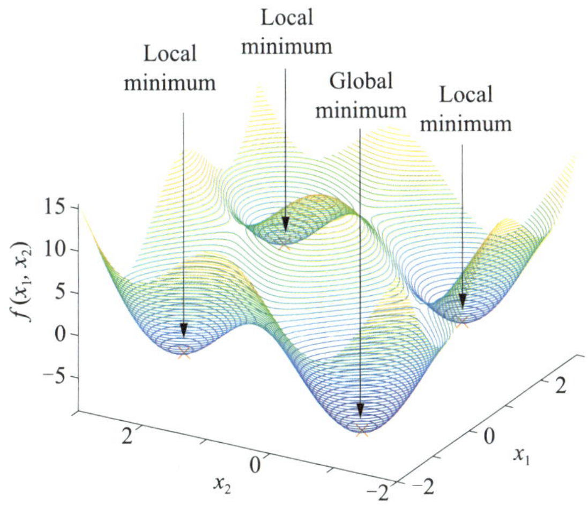

图5.5　多个极小值曲面

构建优化变量范围的条件被称作**约束条件** (constraints)。根据约束条件的有无，优化问题分为：

◀ **受约束优化问题** (constrained optimization)。
◀ **无约束优化问题** (unconstrained optimization)。

约束条件的种类有很多，简单来说约束条件分为线性和非线性两种。图5.6 (a) 和 (b) 所示为若干线性约束条件和目标函数的关系，如果x_1和x_2取值范围在黑色框线之内，目标函数取得和图1相同最大值和最小值；如果x_1和x_2取值范围在黑框之外，在这个约束条件下，目标函数的最大值和最小值就在边界上 (黑框)。此外，x_1和x_2取值范围还可以在黑框上，即约束条件为等式约束。图5.6 (c) 和 (d) 中圆形则是一个非线性约束。类似地，自变量取值范围可以在圆形之内、之外或圆形上。

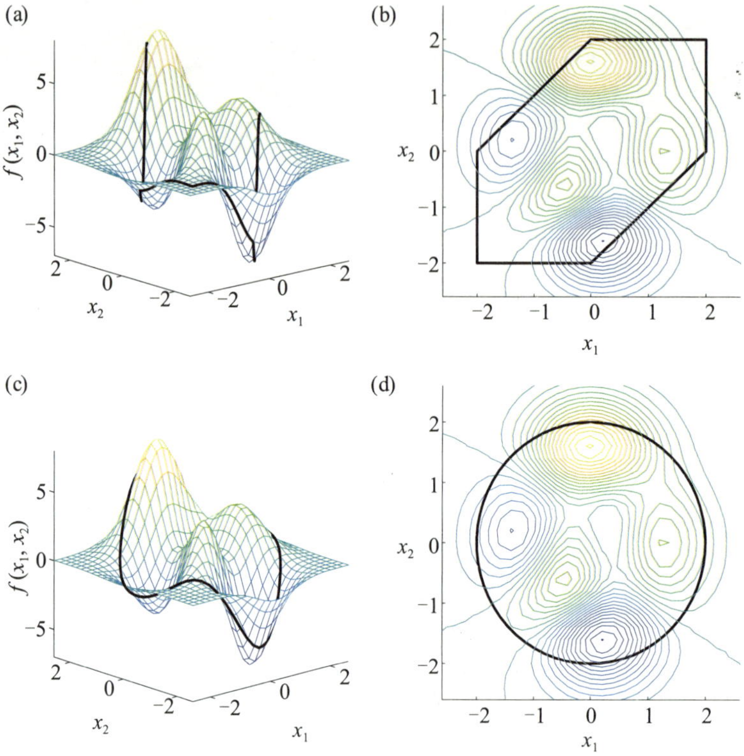

图5.6　线性和非线性约束条件

另外，变量可以是连续的，比如x的取值范围为-10到10范围内的任意数值；变量也可以是离散的，比如x的取值范围为-10到10范围内的整数。下一节深入讨论约束条件。

根据**优化目标数量** (number of objectives)，优化问题分为：

◀ **单目标优化** (single-objective optimization)。
◀ **多目标优化** (multi-objective optimization)。

比如，对于一个投资组合，优化问题唯一目标函数可以是最小化投资组合收益率方差 (arg min σ_p)，或最大化夏普比率。

很多优化问题，有两个甚至更多目标。还是以投资优化问题为例，它可以有两个优化目标——最小化投资组合收益率方差 (arg min σ_p)，同时最大化投资组合期望收益率 (arg max $E(r_p)$)。

当优化问题有两个优化目标时，比如最小化$f_1(x)$ 同时也要最小化 $f_2(x)$，则需要在这两个目标之间找到一个平衡。图5.7(a) 所示，仅有一个自变量，但是目标函数有两个——最小化$f_1(x)$ 同时最小化$f_2(x)$。容易发现，$f_1(x)$ 和$f_2(x)$ 最小值对应不同x；而这两个x之间，分散着**可行解** (feasible solutions)。图5.7(a) 中这些可行解绘制在$f_1(x)$-$f_2(x)$平面上，就构成**帕累托前沿** (Pareto front)，如图5.7(b) 所示。

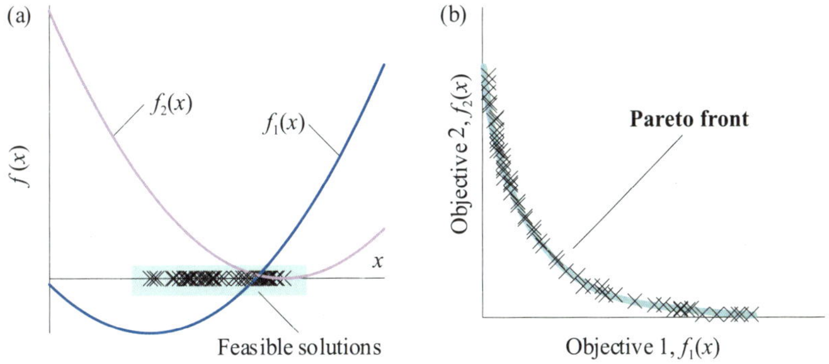

图5.7　优化问题的两个目标函数和有效前沿

Pareto前沿通常是一根曲线，Pareto前沿上的解叫作Pareto解。在Pareto前沿上选取合适解的过程叫作**决策过程** (decision-making process)。丛书第二册第9章讨论投资组合资产配置相关内容提到过**有效边界** (efficient frontier)，也叫马科维茨子弹头。其实这个有效边界上的每一个点都是Pareto解，如图5.8所示。

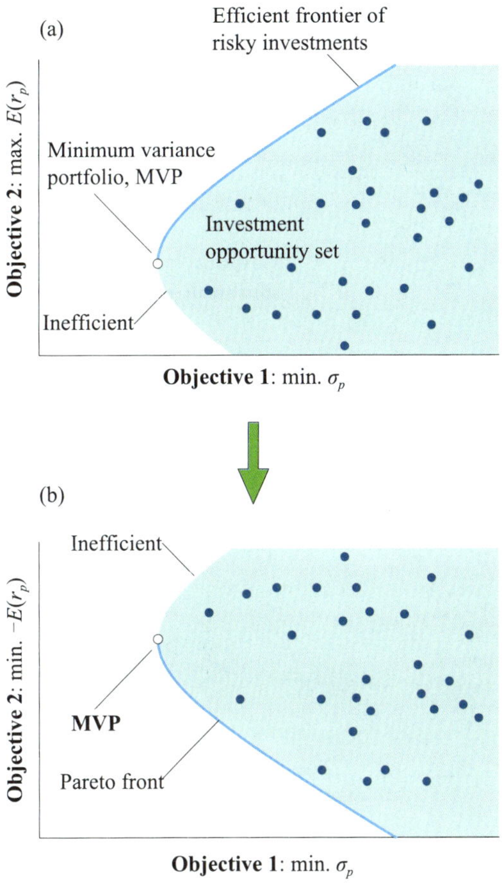

图5.8　投资组合的有效前沿和帕累托前沿的关系

图5.8(a) 展示两个目标函数——最小化投资组合收益方差 (arg min σ_p)和最大化投资组合期望收益率 (arg max $E(r_p)$)。将图5.8(a) 沿横轴镜像，得到另外一个优化问题，最小化投资组合收益方差 (arg min σ_p)，最小化投资组合期望收益率负值 (arg min $-E(r_p)$)。图5.8(a) 的蓝色线即有效前沿，图5.8(b) 蓝色线即类似图5.7(b) Pareto前沿。

从书后文讨论的优化方法主要有两大类：

- **梯度下降优化法** (gradient-based optimization method)。
- **进化优化算法** (evolutionary optimization method)，比如**遗传算法** (genetic algorithm) 和**粒子群优化算法** (particle swarm optimization)。

这一节涉及了许多的术语，接下来会配合实例一一给大家讲解。

5.2 一元函数极值

极值 (extrema) 是**极大值** (maxima) 和**极小值** (minima) 的统称。极大值是指在一定区域内，某个函数取得的最大值；极小值是指在一定区域内，某个函数取得的最小值。如果某个极值是整个函数定义域内的极大值或极小值，这个极值又被称作是**最大值** (maximum) 或者**最小值** (minimum)。因此，极值分为：

- **局部最大值** (local maximum)，图5.9中B、C和D点。
- **局部最小值** (local minimum)，图5.9中G、H和F点。
- **全局最大值** (global maximum)，图5.9中A点。
- **全局最小值** (global minimum)，图5.9中E点。

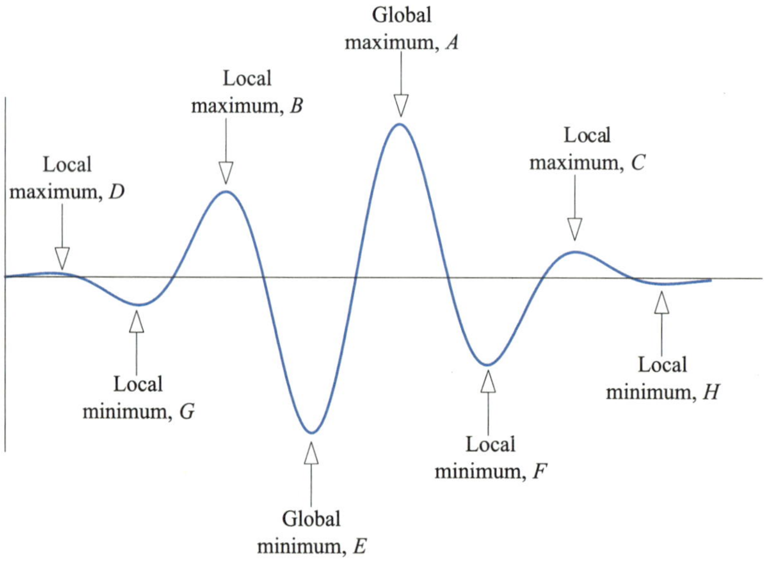

图5.9　几种极值

令一元函数$f(x)$ 在点x_0附近 $(x_0 - \Delta, x_0 + \Delta)$ 连续。如果，x在 $(x_0 - \Delta, x_0)$ 区间内，函数的一阶导数$f'(x) > 0$，而且，x在 $(x_0, x_0 + \Delta)$ 区间内，函数的一阶导数$f'(x) < 0$，则函数$f(x)$ 在x_0处取得极大值。x_0处函数的一阶导数$f'(x) = 0$，如图5.10所示。$f'(x) = 0$，即函数在该点的切线平行于x轴，斜率为0。另外，当$f(x)$ 在x_0处取得极大值时，函数的二阶导数 $f''(x) < 0$。

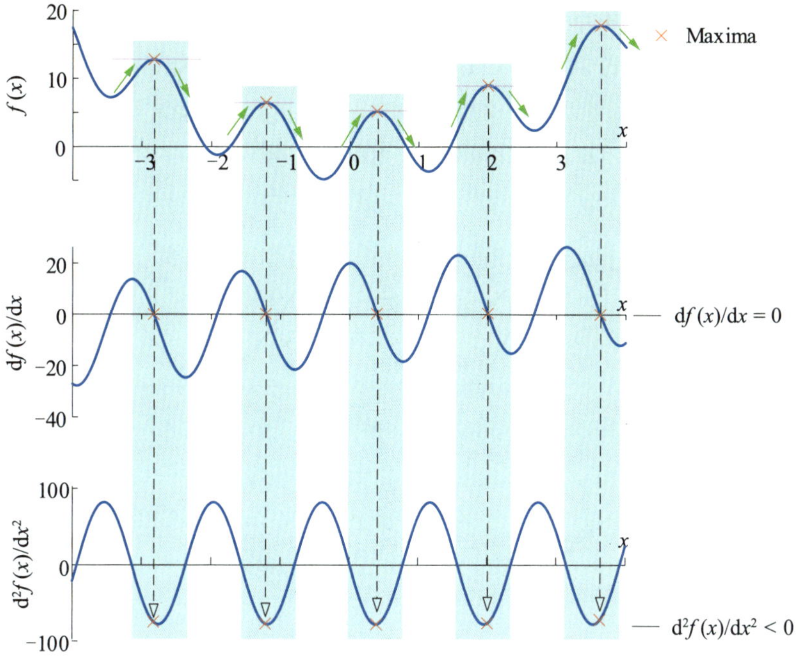

图5.10　极大值

如果，x在 $(x_0-\Delta, x_0)$ 区间内，函数的一阶导数$f'(x)<0$；而且，x在 $(x_0, x_0+\Delta)$ 区间内，函数的一阶导数$f'(x)>0$。则函数$f(x)$ 在x_0处取得极小值。在x_0处函数的一阶导数$f'(x)=0$，如图5.11所示。请读者注意，上述条件是取得极小值的**充分条件** (sufficient condition)，不是**必要条件** (necessary condition)。

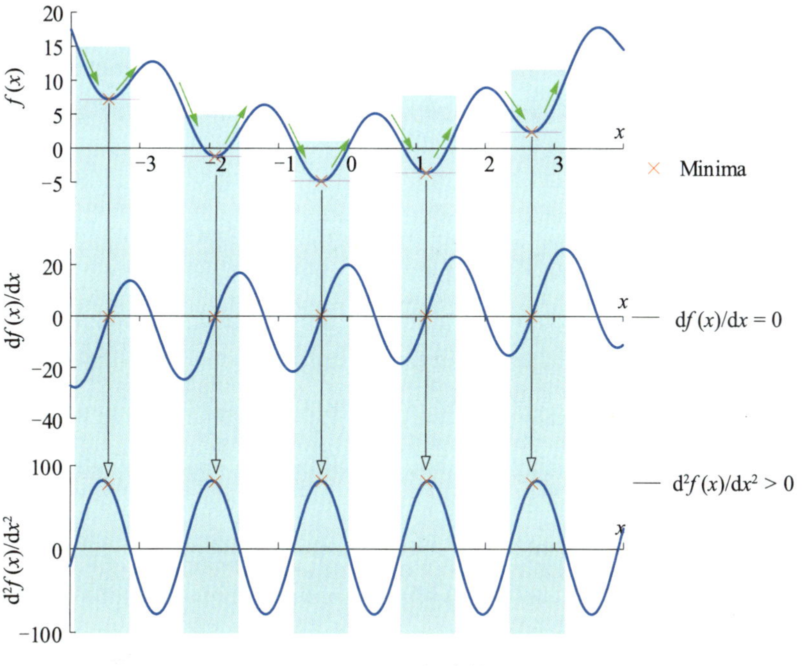

图5.11　极小值

设函数$f(x)$ 在 x_0 处一阶导数为0，$f'(x)=0$，且二阶导数不为0，$f''(x)\neq 0$。如果，当$f''(x)<0$，

函数 $f(x)$ 在x_0处取得极大值；如果当$f''(x)>0$，函数 $f(x)$ 在x_0处取得极小值。另外，当$f(x)$ 在x_0处取得极小值时，函数的二阶导数$f''(x)>0$。图5.12所示为最大值和最小值点处函数值、一阶导数和二阶导数变化的细节图。位于极大值点附近，当x增大，二阶导数值需要为负值才能保证一阶导数从正值穿越0点，到负值；而极小值点附近，二阶导数数值需要为正，这样x增大一阶导数从负值穿越0点，到正值。

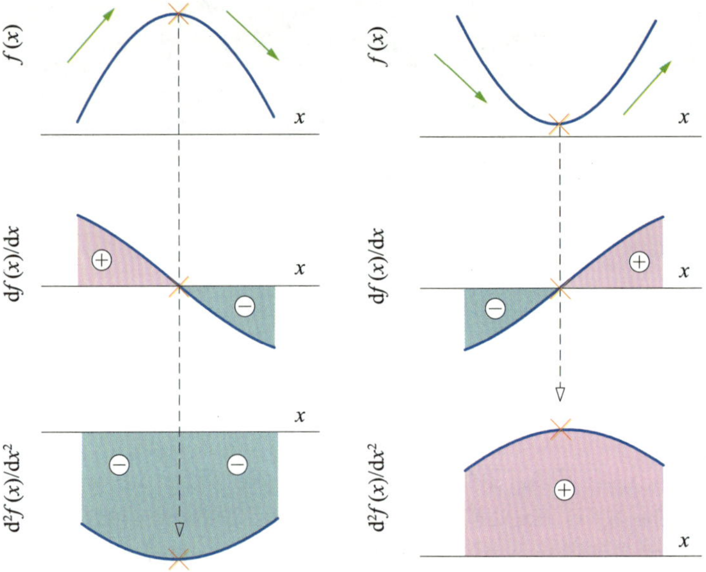

图5.12　极大值和极小值点局部

通过findpeaks() 函数可以寻找极大值点，如下链接给出几个例子，请读者学习使用findpeaks()。

https://www.mathworks.com/help/signal/examples/peak-analysis.html

以下代码绘制图5.10和图5.11。代码中特别使用了本册格外介绍的符号数学运算，以及丛书之前讲过的islocalmin() 和 islocalmax()函数。

B4_Ch5_1.m

```
clc; close all; clear all
syms f(x)
f(x) = x.^2 + 5*sin(4*x);

f_x = matlabFunction(f)
xx = -4:0.01:4;
ff = feval(f_x,xx);

figure(1)
subplot(3,1,1)
plot(xx,ff); hold on
box off; grid off; xlabel('x'); ylabel('f(x)')
local_min = islocalmin(ff);
plot(xx(local_min),ff(local_min),'rx')
```

```
set(gca, 'XAxisLocation', 'origin')

df_x = matlabFunction(diff(f,x))
ff_df_x = feval(df_x,xx);
subplot(3,1,2)
plot(xx,ff_df_x); hold on
plot(xx(local_min),ff_df_x(local_min),'rx')
box off; grid off; xlabel('x'); ylabel('df/dx')
set(gca, 'XAxisLocation', 'origin')

df_x2 = matlabFunction(diff(f,x,2))
ff_df_x2 = feval(df_x2,xx);
subplot(3,1,3)
plot(xx,ff_df_x2); hold on
plot(xx(local_min),ff_df_x2(local_min),'rx')
box off; grid off; xlabel('x'); ylabel('d^2f/dx^2')
set(gca, 'XAxisLocation', 'origin')

figure(2)
subplot(3,1,1)
plot(xx,ff); hold on
box off; grid off; xlabel('x'); ylabel('f(x)')
local_max = islocalmax(ff);
plot(xx(local_max),ff(local_max),'rx')
set(gca, 'XAxisLocation', 'origin')

df_x = matlabFunction(diff(f,x))
ff_df_x = feval(df_x,xx);
subplot(3,1,2)
plot(xx,ff_df_x); hold on
plot(xx(local_max),ff_df_x(local_max),'rx')
box off; grid off; xlabel('x'); ylabel('df(x)/dx')
set(gca, 'XAxisLocation', 'origin')

df_x2 = matlabFunction(diff(f,x,2))
ff_df_x2 = feval(df_x2,xx);
subplot(3,1,3)
plot(xx,ff_df_x2); hold on
plot(xx(local_max),ff_df_x2(local_max),'rx')
box off; grid off; xlabel('x'); ylabel('d^2f/dx^2')
set(gca, 'XAxisLocation', 'origin')
```

图5.13展示连续函数几种常见的极值情况以及其他情况。函数一阶导数为0的点，$f'(x)=0$，是函数的**驻点** (stationary point)，也叫作**临界点** (critical point)。极小值点 (图5.13 (a))、极大值点 (图5.13(b)) 都是驻点。

再次强调，$f'(x)=0$并不是极值的充分必要条件。如图5.13(c) 所示，$x=c$处，函数取得最小值；但是这一点函数不连续，其一阶导数并不存在。类似地，图5.13(d) 中，$x=c$处函数取得最大值，但是这一点一阶导数也不存在。

图5.13(e) 告诉我们，**鞍点** (saddle point) 也是一类驻点。$x = c$这一点处，$f'(x)=0$，但不是极值点。而图5.13(f) 中，$x=c$处，一阶导数不存在。

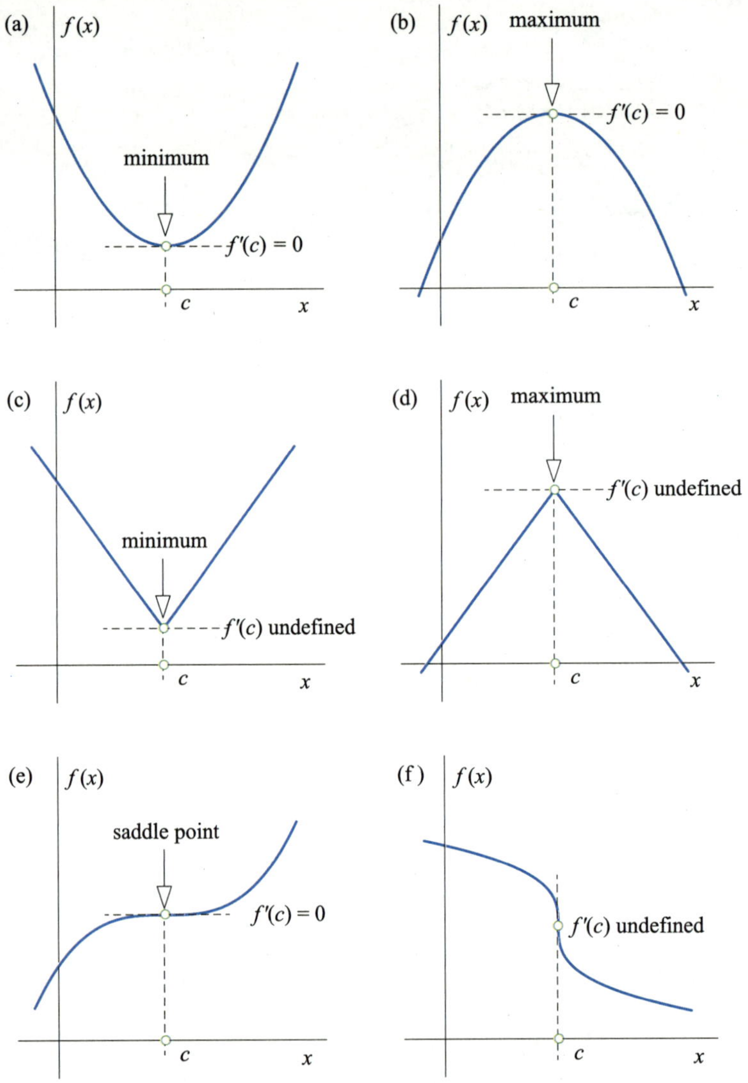

图5.13　一元函数几种常见极值和其他情况

5.3 二元函数极值

上一节有关一元函数极值结论也适用于二元甚至多元函数。从书第三册第2章，从矩阵的角度简单介绍了多元函数的微分。行向量自变量$\boldsymbol{x} = [x_1, x_2,\cdots, x_N]$，$f(\boldsymbol{x})$ 是一个标量函数，标量函数对于行向量自变量求一阶偏导定义为：

$$\frac{\partial f(\boldsymbol{x})}{\partial \boldsymbol{x}} = \boldsymbol{J} \stackrel{\text{def}}{=} \left[\frac{\partial f(\boldsymbol{x})}{\partial x_1} \quad \frac{\partial f(\boldsymbol{x})}{\partial x_2} \quad \cdots \quad \frac{\partial f(\boldsymbol{x})}{\partial x_N} \right] \tag{5.7}$$

同样，列向量自变量 $\boldsymbol{x} = [x_1, x_2, \cdots, x_N]^{\mathrm{T}}$，$f(\boldsymbol{x})$ 对$\boldsymbol{x}$求一阶偏导如下：

$$\frac{\partial f(\boldsymbol{x})}{\partial \boldsymbol{x}} = \boldsymbol{J} \stackrel{\text{def}}{=} \left[\frac{\partial f(\boldsymbol{x})}{\partial x_1} \quad \frac{\partial f(\boldsymbol{x})}{\partial x_2} \quad \cdots \quad \frac{\partial f(\boldsymbol{x})}{\partial x_N} \right]^{\mathrm{T}} \tag{5.8}$$

对于光滑函数，某一点处取得极值的条件是这一点在不同自变量的上的一阶偏导均为0。本章后文，除非特殊说明，自变量向量一般为列向量。

以如下二元函数$f(x_1, x_2)$ 为例：

$$f(x_1, x_2) = -x_1^2 - 2x_2^2 - x_1 x_2 \tag{5.9}$$

如图5.14所示，$f(x_1, x_2)$ 为凹函数，在 (0, 0) 处取得最大值，$f(x_1, x_2)$ 等高线图为椭圆。对$f(x_1, x_2)$ 求一阶偏导，得到：

$$\frac{\partial f(\boldsymbol{x})}{\partial \boldsymbol{x}} = \begin{bmatrix} \dfrac{\partial f(\boldsymbol{x})}{\partial x_1} \\ \dfrac{\partial f(\boldsymbol{x})}{\partial x_2} \end{bmatrix} = \begin{bmatrix} -2x_1 - x_2 \\ -4x_2 - x_1 \end{bmatrix} \tag{5.10}$$

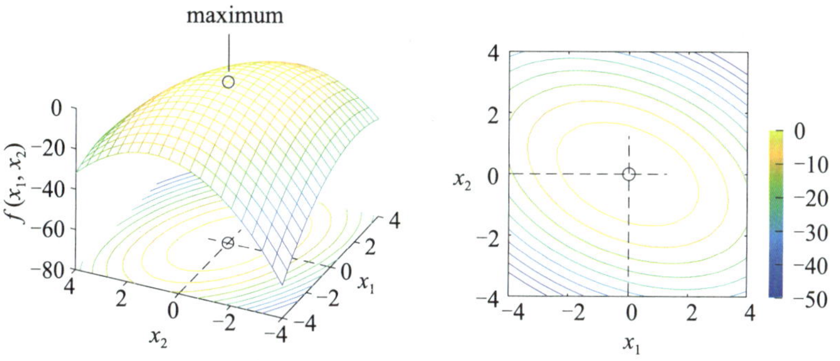

图5.14　二元函数$f(x_1, x_2)$ 的曲面

观察上式，得出结论$f(x_1, x_2)$ 对x_1偏导在三维空间中为一平面，如图5.15所示。图5.15中蓝色线是偏导数为0的位置；发现$f(x_1, x_2)$ 极值点 (0, 0) 在蓝色线上。

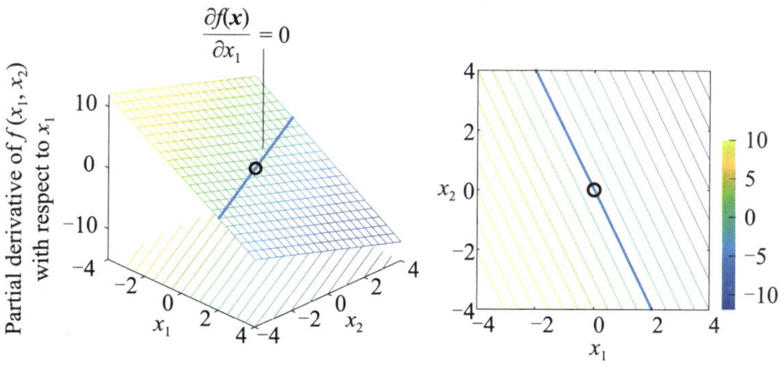

图5.15　二元函数$f(x_1, x_2)$ 对x_1求一阶偏导数的曲面

同样，图5.16所示为$f(x_1, x_2)$对x_2求偏导结果，图中的粉色线是偏导数为0的结果；同样发现$f(x_1, x_2)$极值点(0, 0)在粉色线上。将图5.15和图5.16的蓝色线和粉色线对应的坐标(x_1, x_2)绘制在图5.14曲面上，发现极值点(0, 0)恰好在蓝色线和粉色线的交点处，如图5.17所示。

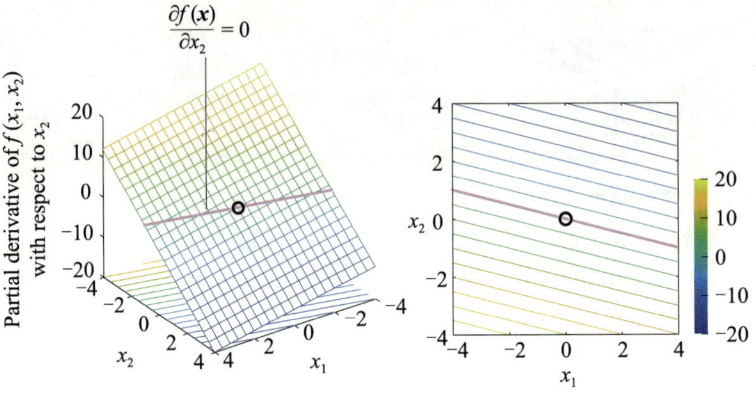

图5.16　二元函数$f(x_1, x_2)$对x_2求一阶偏导数的曲面

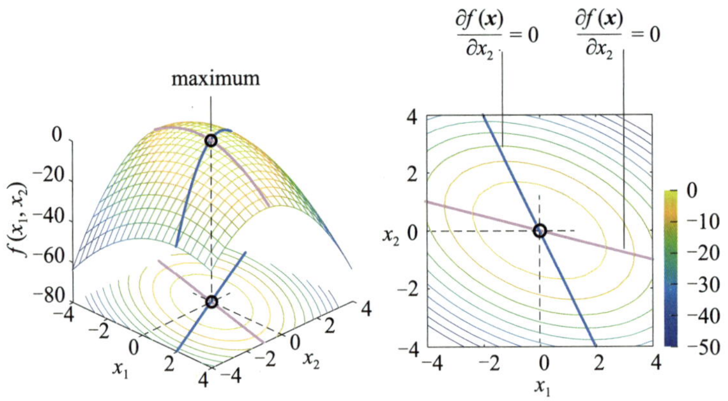

图5.17　二元函数$f(x_1, x_2)$的曲面和偏导数为零对应的空间位置

当固定x_1取值时，比如$x_1 = 3.2$，$f(x_1 = 3.2, x_2)$在曲面上对应一条开口向下的抛物线，如图5.18中黑色曲线所示。这条黑色曲线，和粉色线相交的交点为B。B点处，沿着x_2方向切线l_B斜率为0，也就沿着x_2方向的偏导数为0；但是，B点处，沿着x_1方向切线斜率不为0。显而易见，B点不是极值点。

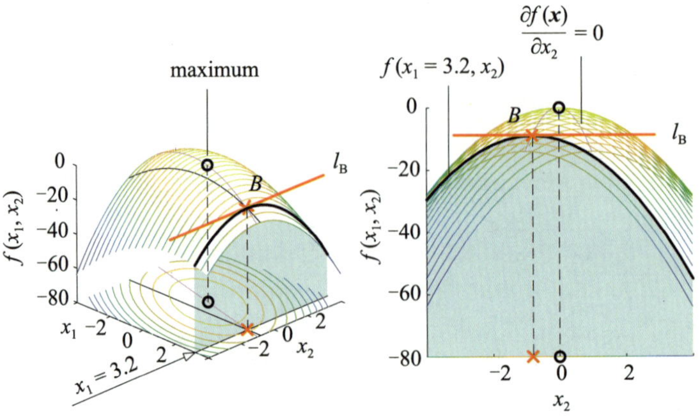

图5.18　$f(x_1 = 3.2, x_2)$曲线切线特点

类似地，当固定x_2取值，比如x_2 = −3.2，在$f(x_1, x_2)$ 曲面上得到一条抛物线，如图5.19中黑色曲线。这条抛物线也是开口向下，即凹函数。黑色曲线$f(x_1, x_2 = 3.2)$ 和蓝色线交点为A，A点处沿着x_1方向切线斜率l_A为0，但是沿着x_2方向的斜率不为0。

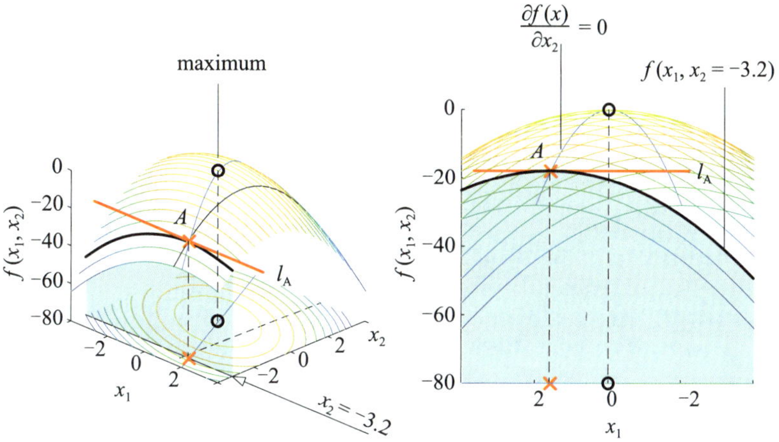

图5.19　$f(x_1, x_2 = -3.2)$ 曲线切线特点

结合梯度，回过头来再看图5.17中的蓝色线和粉色线。如图5.20所示，蓝色线和等高线交点处的梯度向量都平行于x_2轴，垂直于x_1轴；也就是说，这些梯度向量在x_1方向上的分量为0。越靠近极值点，这些梯度向量的长度越短。而粉色线代表$f(x_1, x_2)$ 对x_2偏导为0点的位置。在图5.20上，粉色线和等高线交点处的梯度方向都平行于x_1轴；同样，随着位置靠近极值点，这些梯度向量的模不断减小。梯度向量为$\boldsymbol{0}$向量，即梯度模为0的点对应极大值、极小值或者鞍点。

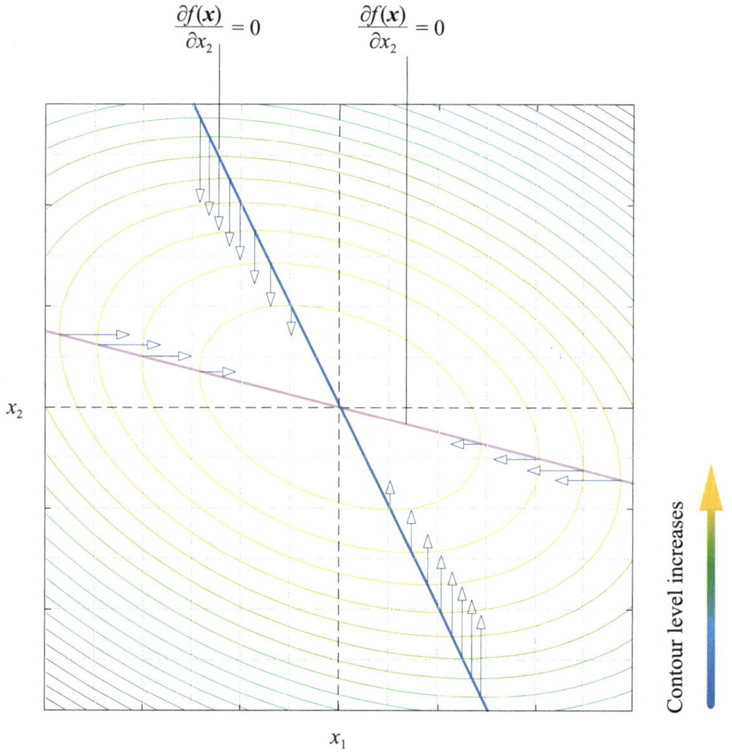

图5.20　蓝色线、粉色线和曲面等高线交点处的梯度特点

以下代码获得图5.14～图5.17。请读者修改代码计算得到极值点 (0, 0)，并且补齐代码绘制图5.18和图5.19。

B4_Ch5_2.m

```
clc; clear all; close all
syms x1 x2
f = -x1^2 - 2*x2^2 - x1*x2;
fx = matlabFunction(f)
xx1 = -4:0.4:4; xx2 = xx1;
[XX1,XX2] = meshgrid(xx1,xx2);
FF = feval(fx,XX1,XX2);

%% Surface and contour of the original function

figure(1)
set(gcf,'Position',[680 558 1178 420])

subplot(1,2,1)
h = meshc(XX1,XX2,FF); hold on
zlim_p = zlim;
plot3(0,0,0,'ok'); plot3(0,0,zlim_p(1),'ok')
levels = [-50:5:0];
hContour=h(2); hContour.LevelList = levels;
xlabel('${x_1}$','Interpreter','latex');
ylabel('${x_2}$','Interpreter','latex');
zlabel('${f(x_1,x_2)}$','Interpreter','latex')
grid off; box off; axis tight; view(-65,35)
set(gca, 'FontName', 'Times New Roman','fontsize',8)

subplot(1,2,2)
contour(XX1,XX2,FF,levels); hold on
plot(0,0,'ok')
axis equal; colorbar
xlabel('${x_1}$','Interpreter','latex');
ylabel('${x_2}$','Interpreter','latex');
set(gca, 'FontName', 'Times New Roman','fontsize',8)

%% First-order partial derivative with x1

df = gradient(f, [x1 x2]);
df_dx1 = matlabFunction(df(1))
df_dx2 = matlabFunction(df(2))

dFF_dx1 = feval(df_dx1,XX1,XX2);
dFF_dx2 = feval(df_dx2,XX1,XX2);

figure(2)
```

```
set(gcf,'Position',[680 558 1178 420])

subplot(1,2,1)
h = meshc(XX1,XX2,dFF_dx1); hold on
plot3(0,0,0,'ok'); levels = [-15:1:8];
hContour=h(2); hContour.LevelList = levels;
contour3(XX1,XX2,dFF_dx1,[0,0],...
    'color',[2,148,255]/255,'LineWidth',1)
xlabel('${x_1}$','Interpreter','latex');
ylabel('${x_2}$','Interpreter','latex');
zlabel('$\frac{\partial f}{\partial x_1}$','Interpreter','latex')
grid off; box off; axis tight; view(45,30)
set(gca, 'FontName', 'Times New Roman','fontsize',8)
grid off; box off; axis tight

subplot(1,2,2)
contour(XX1,XX2,dFF_dx1,levels); hold on
[df_dx1_0,~] = contour(XX1,XX2,dFF_dx1,[0,0],...
    'color',[2,148,255]/255,'LineWidth',1);
plot(0,0,'ok')
df_dx1_0_x1 = df_dx1_0(1,2:end); df_dx1_0_x2 = df_dx1_0(2,2:end);
axis equal; colorbar
xlabel('${x_1}$','Interpreter','latex');
ylabel('${x_2}$','Interpreter','latex');
set(gca, 'FontName', 'Times New Roman','fontsize',8)

%% First-order partial derivative with x2

figure(3)
set(gcf,'Position',[680 558 1178 420])

subplot(1,2,1)
h = meshc(XX1,XX2,dFF_dx2); hold on
plot3(0,0,0,'ok')
levels = [-20:2:20];
hContour=h(2); hContour.LevelList = levels;
contour3(XX1,XX2,dFF_dx2,[0,0],...
    'color',[255,153,255]/255,'LineWidth',1)
xlabel('${x_1}$','Interpreter','latex');
ylabel('${x_2}$','Interpreter','latex');
zlabel('$\frac{\partial f}{\partial x_2}$','Interpreter','latex')
grid off; box off; axis tight; view(145,30)
set(gca, 'FontName', 'Times New Roman','fontsize',8)
grid off; box off; axis tight

subplot(1,2,2)
contour(XX1,XX2,dFF_dx2,levels); hold on
```

```
[df_dx2_0,~] = contour(XX1,XX2,dFF_dx2,[0,0],...
    'color',[255,153,255]/255,'LineWidth',1);
plot(0,0,'ok')
df_dx2_0_x1 = df_dx2_0(1,2:end); df_dx2_0_x2 = df_dx2_0(2,2:end);
axis equal; colorbar
xlabel('${x_1}$','Interpreter','latex');
ylabel('${x_2}$','Interpreter','latex');
set(gca, 'FontName', 'Times New Roman','fontsize',8)
%%
figure(4)
set(gcf,'Position',[680 558 1178 420])

subplot(1,2,1)
h = meshc(XX1,XX2,FF); hold on
plot3(0,0,0,'ok')
zlim_p = zlim; plot3(0,0,zlim_p(1),'ok')
levels = [-50:5:0];
hContour=h(2); hContour.LevelList = levels;

plot3(df_dx1_0_x1,df_dx1_0_x2,...
    0*df_dx1_0_x2 + zlim_p(1),...
    'color',[2,148,255]/255,'LineWidth',1);
plot3(df_dx2_0_x1,df_dx2_0_x2,...
    0*df_dx2_0_x2 + zlim_p(1),...
    'color',[255,153,255]/255,'LineWidth',1);

xlabel('${x_1}$','Interpreter','latex');
ylabel('${x_2}$','Interpreter','latex');
zlabel('${f(x_1,x_2)}$','Interpreter','latex')
grid off; box off; axis tight; view(45,30)
set(gca, 'FontName', 'Times New Roman','fontsize',8)
grid off; box off; axis tight

subplot(1,2,2)
contour(XX1,XX2,FF,levels); hold on
plot(df_dx1_0_x1,df_dx1_0_x2,...
    'color',[2,148,255]/255,'LineWidth',1);
plot(df_dx2_0_x1,df_dx2_0_x2,...
    'color',[255,153,255]/255,'LineWidth',1);
plot(0,0,'ok')
xlabel('${x_1}$','Interpreter','latex');
ylabel('${x_2}$','Interpreter','latex');
axis equal; colorbar
set(gca, 'FontName', 'Times New Roman','fontsize',8)
```

图5.21这几幅图，本书的数学部分也已经介绍过。图5.21(a) 中，曲面为**凸** (convex)，曲面上存在极小值，也是最小值，并且极值点处曲面光滑；图5.21(a) 代表的是一类**凸优化问题** (convex optimization)。图5.21(b) 展示的曲面是**凹函数** (concave function)，曲面上存在极大值，也是最大值，而且最大值处曲面光滑。

另外，极值点处导数可能不存在，如图5.21(c) 和 (d) 所示，这类**锥面优化问题** (conic optimization) 有专门求解方法，请感兴趣的读者自行了解。另外，一阶导数为0的点可能并非极值点，可能是鞍点，如图5.21(e) 和 (f) 所示。下一节介绍如何用数学方法判定一阶导数为0点是否为极大值点、极小值点或者鞍点。

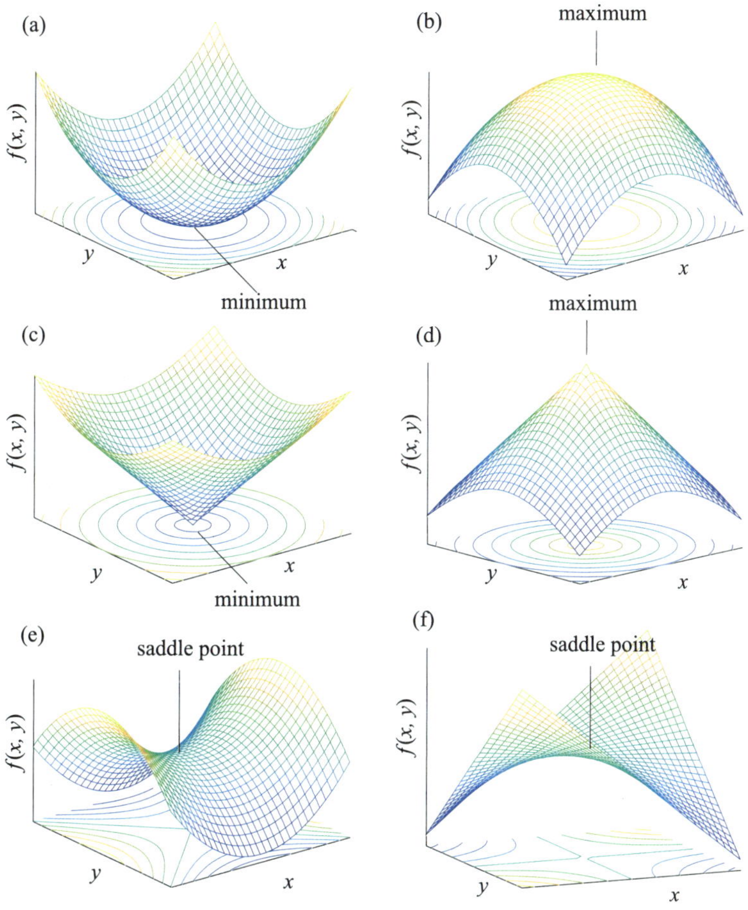

图5.21 二元函数的极值点和驻点

5.4 二次函数极值判定

这一节介绍几种简单二次曲面 (椭圆抛物面、双曲抛物面、山谷面和山脊面) 的极值判定。开始这节学习之前，希望读者已经阅读本书数学部分有关正定性和二次曲面的内容。

顶点位于原点的二次曲面$z = f(x, y)$ 如下式：

$$z=f(x,y)=\frac{1}{2}\begin{bmatrix}x & y\end{bmatrix}\begin{bmatrix}a & b\\ c & d\end{bmatrix}\begin{bmatrix}x\\ y\end{bmatrix} \tag{5.11}$$

这一节，$[x_1, x_2]^T$ 表达 $[x, y]^T$，$f(\boldsymbol{x})$ 表达$f(x, y)$。$f(\boldsymbol{x})$ 可以写成如下矩阵式：

$$f(\boldsymbol{x})=\frac{1}{2}\boldsymbol{x}^{\mathrm{T}}\boldsymbol{Q}\boldsymbol{x} \tag{5.12}$$

其中：

$$\boldsymbol{Q}=\begin{bmatrix}a & b\\ c & d\end{bmatrix},\ \boldsymbol{x}=\begin{bmatrix}x_1\\ x_2\end{bmatrix},\ b=c \tag{5.13}$$

通过简单的运算，证明$\boldsymbol{Q}$是对称矩阵：

$$f(\boldsymbol{x})=\left(f(\boldsymbol{x})\right)^{\mathrm{T}}\Rightarrow\frac{1}{2}\boldsymbol{x}^{\mathrm{T}}\boldsymbol{Q}\boldsymbol{x}=\left(\frac{1}{2}\boldsymbol{x}^{\mathrm{T}}\boldsymbol{Q}\boldsymbol{x}\right)^{\mathrm{T}}=\frac{1}{2}\boldsymbol{x}^{\mathrm{T}}\boldsymbol{Q}^{\mathrm{T}}\boldsymbol{x}\Rightarrow\boldsymbol{Q}=\boldsymbol{Q}^{\mathrm{T}} \tag{5.14}$$

$f(\boldsymbol{x})$ 展开写作：

$$f(\boldsymbol{x})=f(x_1,x_2)=\frac{1}{2}ax_1^2+\frac{1}{2}(b+c)x_1x_2+\frac{1}{2}dx_2^2 \tag{5.15}$$

回忆丛书第三册第2章讲到的**黑塞矩阵** (Hessian matrix)，$f(\boldsymbol{x})$ 黑塞矩阵记作：

$$\boldsymbol{H}=\begin{bmatrix}\dfrac{\partial^2 f}{\partial x_1^2} & \dfrac{\partial^2 f}{\partial x_1\partial x_2}\\ \dfrac{\partial^2 f}{\partial x_2\partial x_1} & \dfrac{\partial^2 f}{\partial x_2^2}\end{bmatrix}=\begin{bmatrix}a & b\\ c & d\end{bmatrix}=\boldsymbol{Q} \tag{5.16}$$

通过对$\boldsymbol{H}$ (即$\boldsymbol{Q}$) 的判定，可以确定曲面形状以及曲面的极值情况。比如，当$\boldsymbol{Q}$为正定矩阵，此时$\boldsymbol{Q}$两个特征值为正，$\boldsymbol{x}^{\mathrm{T}}\boldsymbol{Q}\boldsymbol{x}$存在最小值。根据两个特征值大小关系，二次曲面的等高线是正圆或者椭圆。当$\boldsymbol{Q}$为负定矩阵，$\boldsymbol{Q}$的两个特征均为负值，$\boldsymbol{x}^{\mathrm{T}}\boldsymbol{Q}\boldsymbol{x}$存在最大值。对正定性生疏的读者，请参考本书数学部分内容。表5.1总结了二次曲面形状及判定。下文就表5.1给出几种情况展开讨论。

表5.1　几种二次曲面形状及判定

曲面形状	Hessian matrix	$\boldsymbol{x}^{\mathrm{T}}\boldsymbol{Q}\boldsymbol{x}$符号	Eigenvalues	极值
正圆抛物面，凸	Positive definite	$\boldsymbol{x}^{\mathrm{T}}\boldsymbol{Q}\boldsymbol{x}>0, \boldsymbol{x}\neq\boldsymbol{0}$	$\lambda_1=\lambda_2>0$	最小值
正圆抛物面，凹	Negative definite	$\boldsymbol{x}^{\mathrm{T}}\boldsymbol{Q}\boldsymbol{x}<0, \boldsymbol{x}\neq\boldsymbol{0}$	$\lambda_1=\lambda_2<0$	最大值
椭圆抛物面，凸	Positive definite	$\boldsymbol{x}^{\mathrm{T}}\boldsymbol{Q}\boldsymbol{x}>0, \boldsymbol{x}\neq\boldsymbol{0}$	$\lambda_1>\lambda_2>0$	最小值
椭圆抛物面，凹	Negative definite	$\boldsymbol{x}^{\mathrm{T}}\boldsymbol{Q}\boldsymbol{x}<0, \boldsymbol{x}\neq\boldsymbol{0}$	$\lambda_1<\lambda_2<0$	最大值
山谷面	Positive semi-definite	$\boldsymbol{x}^{\mathrm{T}}\boldsymbol{Q}\boldsymbol{x}\geqslant 0, \boldsymbol{x}\neq\boldsymbol{0}$	$\lambda_1>\lambda_2=0$	无数极小值
山脊面	Negative semi-definite	$\boldsymbol{x}^{\mathrm{T}}\boldsymbol{Q}\boldsymbol{x}\leqslant 0, \boldsymbol{x}\neq\boldsymbol{0}$	$\lambda_1<\lambda_2=0$	无数极大值
马鞍面	Indefinite	$\boldsymbol{x}^{\mathrm{T}}\boldsymbol{Q}\boldsymbol{x}$符号不定	$\lambda_1>0>\lambda_2$	鞍点

首先讨论第一种情况，曲面为正圆抛物面。下式为一个例子：

$$\boldsymbol{Q}=\begin{bmatrix}1 & 0\\ 0 & 1\end{bmatrix}\Rightarrow f(x_1,x_2)=\frac{1}{2}x_1^2+\frac{1}{2}x_2^2 \tag{5.17}$$

$\boldsymbol{Q}$为正定矩阵，$\boldsymbol{Q}$的两个特征值相等且大于0，$\lambda_1 = \lambda_2 = 1$，判定$f(x_1, x_2)$ 曲面形状为凸 (图5.22(a) 所示)，二次曲面等高线图为正圆。不考虑约束情况下，$f(x_1, x_2)$ 在搜索域内取到最小值。

请读者注意，根据丛书第一册的讨论，很多国内的数学教材将图5.22(a) 曲面定义为凹。观察$f(x_1, x_2)$ 结构，当 x_1, x_2 不都为0时，即$\boldsymbol{x}$为非零向量，$f(x_1, x_2)$ 恒大于零。

$$x_1 \text{ or } x_2 \neq 0 \Rightarrow f(x_1, x_2) = \frac{1}{2}x_1^2 + \frac{1}{2}x_2^2 > 0 \tag{5.18}$$

如图5.22(b) 所示，$f(x_1, x_2)$ 等高线是一系列同心圆。如图5.22(c) 和 (d) 所示，x_1或x_2为定值时，$f(x_1, x_2)$ 是一系列**二次抛物线** (quadratic parabola)，这些二次抛物线开口朝上。

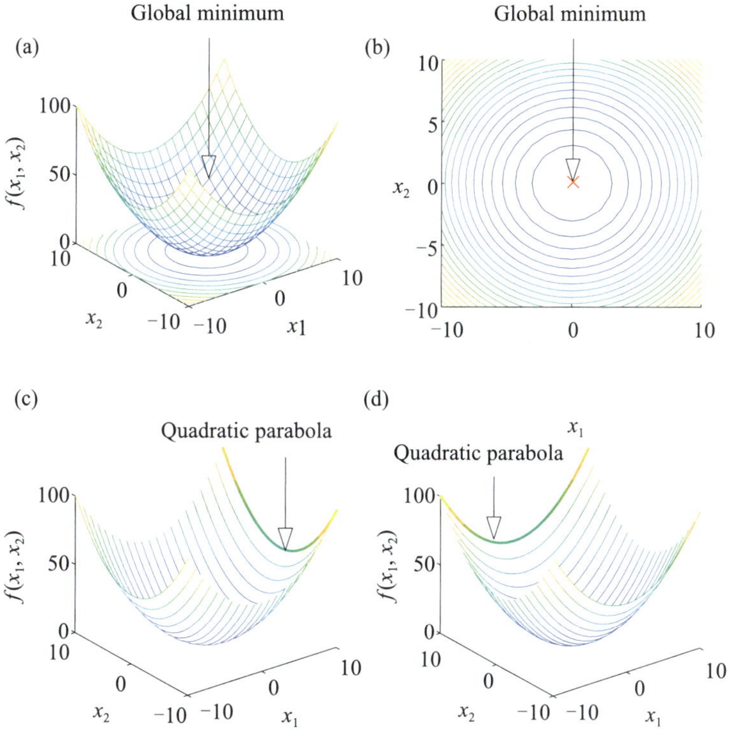

图5.22　正圆曲面，凸

$\boldsymbol{Q}$如下，$\boldsymbol{Q}$为负定矩阵，$\boldsymbol{Q}$的两个特征值相等，$\lambda_1 = \lambda_2 = -1$，均为负值。

$$\boldsymbol{Q} = \begin{bmatrix} -1 & 0 \\ 0 & -1 \end{bmatrix} \Rightarrow f(x_1, x_2) = -\frac{1}{2}x_1^2 - \frac{1}{2}x_2^2 \tag{5.19}$$

判定$f(x_1, x_2)$ 曲面形状为凹 (图5.23(a) 所示)。(0, 0) 处，$f(x_1, x_2)$ 取到最大值。观察$f(x_1, x_2)$ 结构，当 x_1, x_2 不都为0时，$f(x_1, x_2)$ 小于0。如图5.23(b) 所示，$f(x_1, x_2)$ 等高线也是一系列同心圆。x_1或x_2为定值时，$f(x_1, x_2)$ 是一系列开口朝下的二次抛物线，如图5.23(c) 和 (d) 所示。

下例，曲面为椭圆抛物面。

$$\boldsymbol{Q} = \begin{bmatrix} 4 & 0 \\ 0 & 1 \end{bmatrix} \Rightarrow f(x_1, x_2) = \frac{4}{2}x_1^2 + \frac{1}{2}x_2^2 \tag{5.20}$$

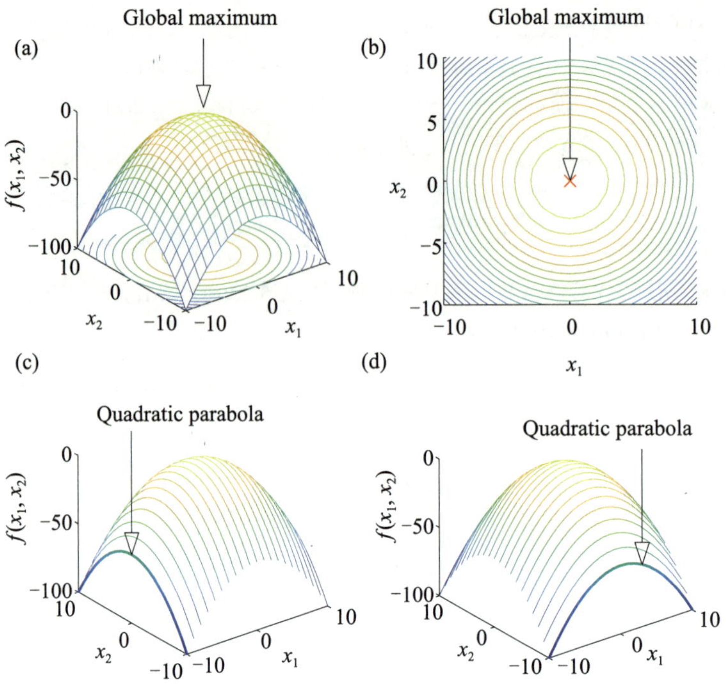

图5.23　正圆曲面，凹

上式，$\boldsymbol{Q}$为正定矩阵，$\boldsymbol{Q}$的两个特征值为$\lambda_1 = 4$，$\lambda_2 = 1$，均为正值。判定$f(x_1, x_2)$ 在无约束条件下取得全局最小值。$f(x_1, x_2)$ 等高线图为椭圆 (图5.24(b) 所示)。根据丛书第三册第2章的讨论，λ_1和λ_2平方根值之比 (2:1) 即椭圆半长轴和半短轴长度比值。

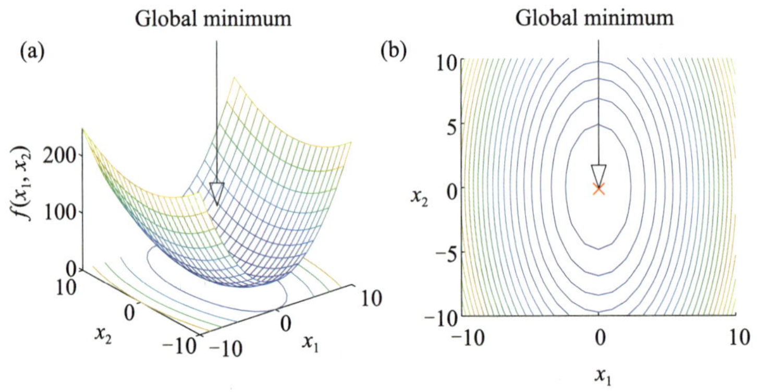

图5.24　椭圆曲面，凸

再看一个旋转椭圆曲面的情形，黑塞矩阵$\boldsymbol{Q}$具体如下：

$$\boldsymbol{Q}=\begin{bmatrix}3 & 2\\ 2 & 3\end{bmatrix} \Rightarrow f\left(x_1,x_2\right)=\frac{3}{2}x_1^2+2x_1x_2+\frac{3}{2}x_2^2 \tag{5.21}$$

$\boldsymbol{Q}$的两个特征值均为正且不等，$\lambda_1 = 5$，$\lambda_2 = 1$，判定为正定矩阵。当x_1和x_2 不都为0时，$f(x_1, x_2)$ 恒大于0。

$$x_1 \text{ or } x_2 \neq 0 \Rightarrow f\left(x_1,x_2\right)=\frac{3}{2}x_1^2+2x_1x_2+\frac{3}{2}x_2^2=\left(x_1+x_2\right)^2+\frac{1}{2}x_1^2+\frac{1}{2}x_2^2>0 \tag{5.22}$$

$f(x_1, x_2)$ 曲面形状为凸 (图5.25(a) 所示)，不考虑约束情况下在搜索域内取到最小值。如图5.25(b) 所示，$f(x_1, x_2)$ 的等高线图为旋转椭圆。

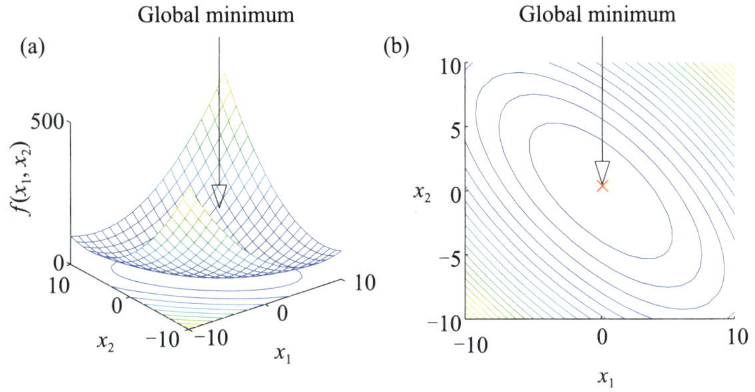

图5.25　旋转椭圆曲面，凸

看一个凹椭圆曲面例子：

$$Q = \begin{bmatrix} -1 & 0 \\ 0 & -4 \end{bmatrix} \Rightarrow f(x_1, x_2) = -\frac{1}{2}x_1^2 - \frac{4}{2}x_2^2 \tag{5.23}$$

$\boldsymbol{Q}$为负定矩阵，$\boldsymbol{Q}$的两个特征值均为负值且不等，$\lambda_1 = -4$，$\lambda_2 = -1$，判定$f(x_1, x_2)$ 曲面形状为凹 (图5.26(a) 所示)，不考虑约束情况下在搜索域内取到最大值。

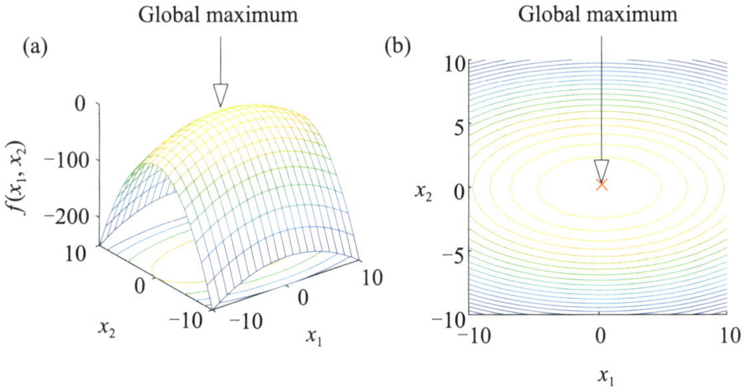

图5.26　椭圆曲面，凹

观察图5.26，发现当x_1取定值时，x_2和$f(x_1, x_2)$ 的关系为抛物线。当x_2取定值时，x_1和$f(x_1, x_2)$ 关系也是抛物线。当$f(x_1, x_2)$ 为定值时，如图5.26(b) 所示，$f(x_1, x_2)$ 的等高线图为椭圆。

当矩阵$\boldsymbol{Q}$取值如下，$\boldsymbol{Q}$的两个特征值均为负值且不等，$\lambda_1 = -3$，$\lambda_2 = -1$，判定$f(x_1, x_2)$ 曲面形状为凹，如图5.27(a) 所示。

$$Q = \begin{bmatrix} -2 & 1 \\ 1 & -2 \end{bmatrix} \Rightarrow f(x_1, x_2) = -\frac{2}{2}x_1^2 + x_1x_2 - \frac{2}{2}x_2^2 \tag{5.24}$$

不考虑约束情况下在搜索域内取到最大值。如图5.27(b) 所示，$f(x_1, x_2)$ 等高线图为旋转椭圆。

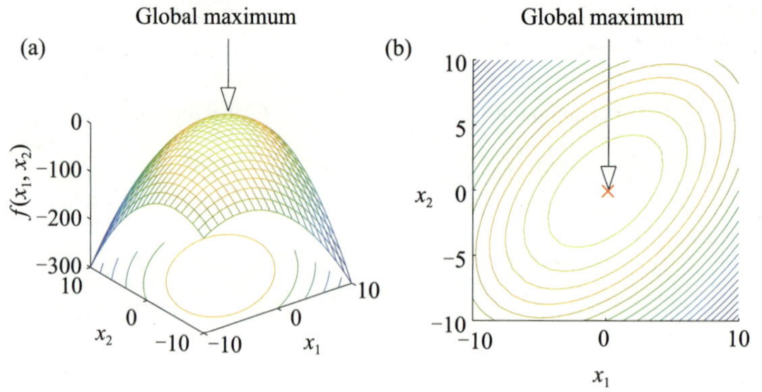

图5.27 旋转椭圆曲面，凹

下面再看三组特殊曲面：山谷面、山脊面和马鞍面。***Q***为下式时，二次曲面为**山谷面** (valley)。

$$\boldsymbol{Q}=\begin{bmatrix}1 & 0\\ 0 & 0\end{bmatrix}\Rightarrow f\left(x_1,x_2\right)=\frac{1}{2}x_1^2 \tag{5.25}$$

Q为半正定矩阵，***Q***的两个特征值一个为正值一个为0，$\lambda_1=1$，$\lambda_2=0$，$f(x_1, x_2)$ 曲面形状为凸(图5.28(a) 所示)，不考虑约束情况下在搜索域内取得无限数量极小值。

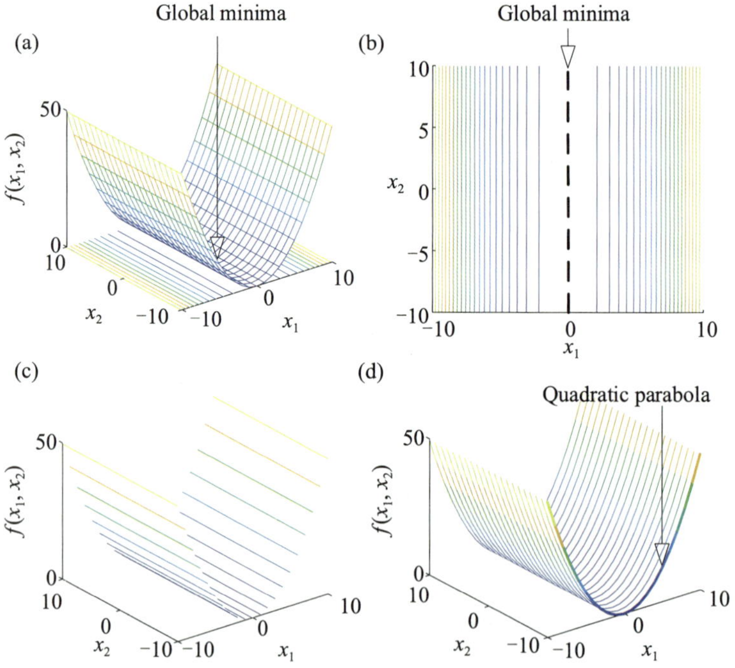

图5.28 山谷面

再看一个旋转山谷面，***Q***取值如下：

$$\boldsymbol{Q}=\begin{bmatrix}1 & 1\\ 1 & 1\end{bmatrix}\Rightarrow f\left(x_1,x_2\right)=\frac{1}{2}x_1^2+x_1x_2+\frac{1}{2}x_1^2 \tag{5.26}$$

上式，***Q***为半正定矩阵，***Q***的两个特征值一个为正值一个为0，$\lambda_1=2$，$\lambda_2=0$。图5.29所示为该旋转山谷面，谷底为一系列最小值。

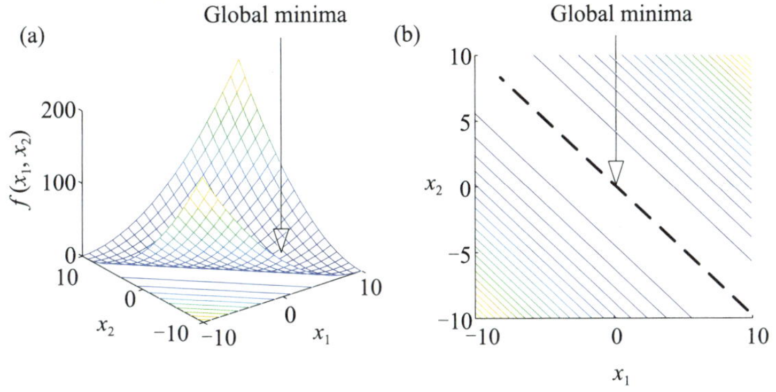

图5.29　旋转山谷面

$\boldsymbol{Q}$为下式时，二次曲面为**山脊面**。

$$\boldsymbol{Q}=\begin{bmatrix}-1 & 0\\ 0 & 0\end{bmatrix}\Rightarrow f\left(x_1,x_2\right)=-\frac{1}{2}x_1^2 \tag{5.27}$$

$\boldsymbol{Q}$为半负定矩阵，$\boldsymbol{Q}$的两个特征值一个为正值一个为0，$\lambda_1 = 0$，$\lambda_2 = -1$，$f(x_1, x_2)$ 曲面形状为凹 (图5.30(a) 所示)，不考虑约束情况下，$f(x_1, x_2)$ 在搜索域内有无限个极大值。

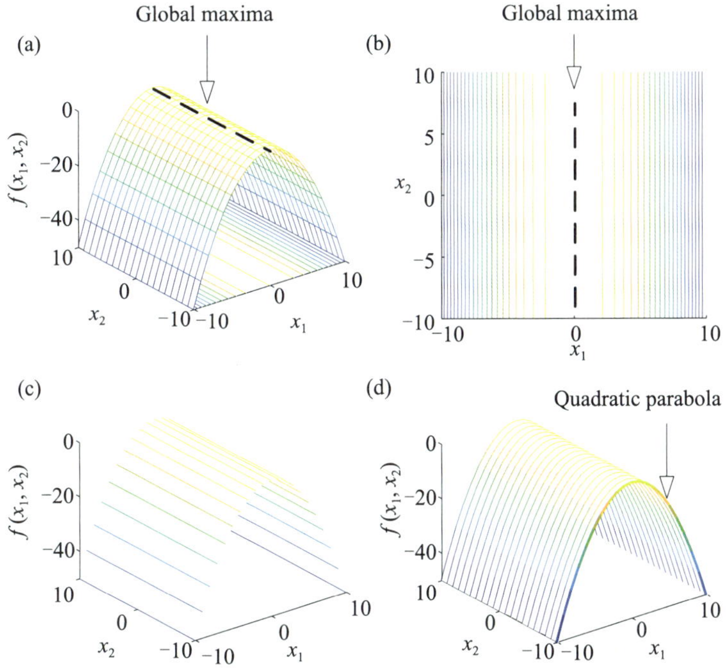

图5.30　山脊面

看一个旋转山脊面，$\boldsymbol{Q}$取值如下：

$$\boldsymbol{Q}=\begin{bmatrix}-4 & 2\\ 2 & -1\end{bmatrix}\Rightarrow f\left(x_1,x_2\right)=-\frac{4}{2}x_1^2+2x_1x_2-\frac{1}{2}x_2^2 \tag{5.28}$$

$\boldsymbol{Q}$为半负定矩阵，$\boldsymbol{Q}$的两个特征值一个为正值一个为0，$\lambda_1 = 0$，$\lambda_2 = -5$。如图5.31所示，不考虑约束情况下，$f(x_1, x_2)$ 在搜索域内有无限数量的极大值。

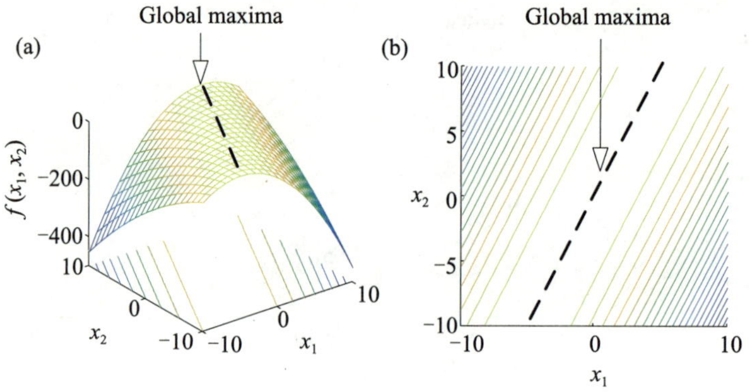

图5.31　旋转山脊面

本书前文提到过**马鞍面** (saddle)，这一节从优化角度再次讨论这种曲面。$f(x_1, x_2)$ 曲面形状如图5.32所示。对应$\boldsymbol{Q}$取值如下：

$$\boldsymbol{Q}=\begin{bmatrix}1 & 0\\0 & -1\end{bmatrix} \Rightarrow f\left(x_1,x_2\right)=\frac{1}{2}x_1^2-\frac{1}{2}x_2^2 \tag{5.29}$$

$\boldsymbol{Q}$为不定矩阵，$\boldsymbol{Q}$的两个特征值一个为正一个为负，$\lambda_1 = 1$，$\lambda_2 = -1$。图5.32没有极值点，图中箭头指示那一点叫作**鞍点** (saddle point)。图5.32(b) 所示等高线图是一系列**双曲线** (hyperbola)。如图5.32(c) 和 (d) 所示，当x_1或x_2取定值时，$f(x_1, x_2)$ 为抛物线，但是开口方向相反。

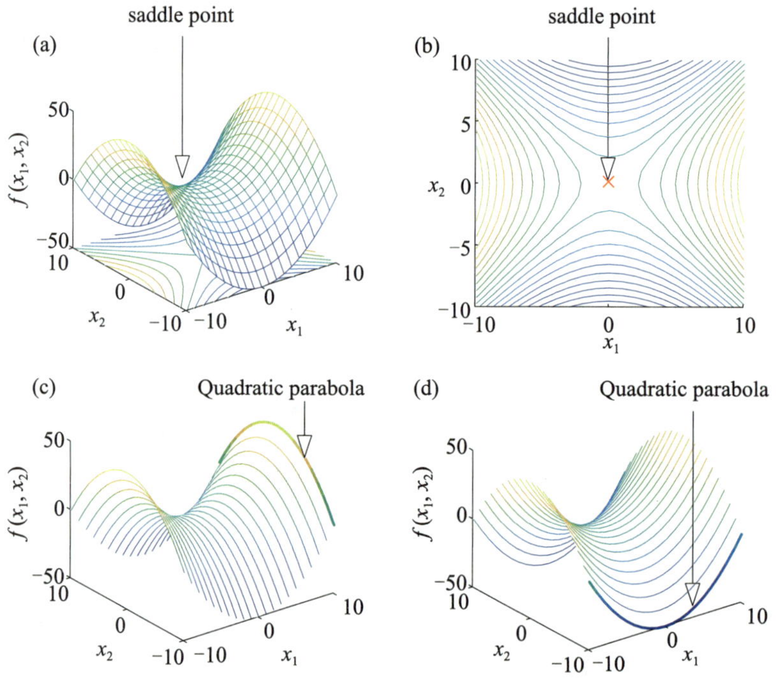

图5.32　马鞍面

$\boldsymbol{Q}$构造旋转的马鞍面，如下：

$$\boldsymbol{Q}=\begin{bmatrix}0 & 1\\1 & 0\end{bmatrix} \Rightarrow f\left(x_1,x_2\right)=x_1x_2 \tag{5.30}$$

Q为同样为不定矩阵，***Q***的两个特征值和上例一样，也是一个为正一个为负，$\lambda_1 = 1$，$\lambda_2 = -1$。图5.33所示的鞍马面和图5.32平面只是位置不同，本质是一样的。对比等高线图，在x_1-x_2平面，图5.32逆时针旋转45°便得到图5.33。如图5.33(c) 和 (d) 所示，当x_1或x_2取定值时，$f(x_1, x_2)$ 为直线，但是单调性不确定。

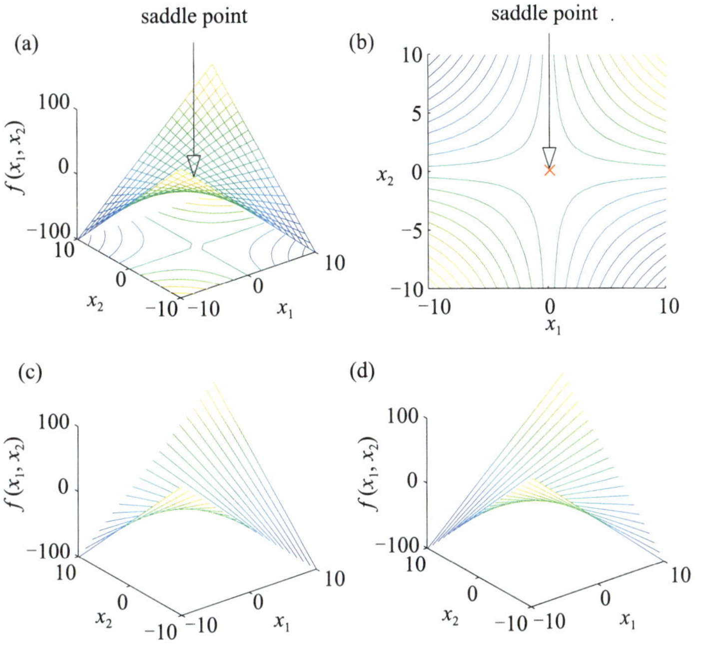

图5.33　旋转马鞍面

请读者提供***Q***具体取值，如下代码获得本节简单二次曲面图像。

B4_Ch5_3.m

```
syms f(x1, x2) a b c d
Q = [a, b; c, d];
X = [x1; x2];

FF = 1/2*transpose(X)*Q*X;
simplify(FF)
expand(FF)

hessian(FF, [x1;x2])

f(x1,x2) = FF
f_x = matlabFunction(f);

x1 = -10:1:10;
x2 = -10:1:10;
[xx1,xx2] = meshgrid(x1,x2);

Q_val = [3, 2;
    2, 3];
```

```
ff = feval(f_x,xx1,xx2,...
    Q_val(1,1),Q_val(1,2),...
    Q_val(2,1),Q_val(2,2));

% Q = [a, b;
%      c, d;] *Note: b = c
[V,LAMBDA] = eig(Q_val)

figure(1)
subplot(2,2,1)
meshc(xx1,xx2,ff)
decor

subplot(2,2,2)
contour(xx1,xx2,ff,20)
decor

subplot(2,2,3)
mesh(xx1,xx2,ff,'MeshStyle','column')
decor

subplot(2,2,4)
mesh(xx1,xx2,ff,'MeshStyle','row')
decor

function [] = decor()
xlabel('x_1'); ylabel('x_2'); zlabel('f(x_1,x_2)')
grid off; box off
end
```

以上结论也适于多元二次超曲面。考虑中心位置和常数项，一般二次超曲面矩阵式如下：

$$f(\boldsymbol{x})=\frac{1}{2}\boldsymbol{x}^{\mathrm{T}}\boldsymbol{Q}\boldsymbol{x}+\boldsymbol{R}^{\mathrm{T}}\boldsymbol{x}+S \tag{5.31}$$

其中，$\boldsymbol{x}$为多元变量构成的列向量，$\boldsymbol{Q}$为对称矩阵，$\boldsymbol{R}$为常数列向量，S为常数标量。这个二次曲面也可表达为：

$$f(\boldsymbol{x})=\frac{1}{2}\boldsymbol{x}^{\mathrm{T}}\boldsymbol{Q}\boldsymbol{x}+\boldsymbol{x}^{\mathrm{T}}\boldsymbol{R}+S \tag{5.32}$$

曲面鞍点满足下式：

$$\begin{gathered}\frac{\partial f(\boldsymbol{x})}{\partial \boldsymbol{x}}=\begin{bmatrix}\frac{\partial f(\boldsymbol{x})}{\partial x_1} & \frac{\partial f(\boldsymbol{x})}{\partial x_2} & \cdots & \frac{\partial f(\boldsymbol{x})}{\partial x_N}\end{bmatrix}^{\mathrm{T}}=\boldsymbol{0}\\ \frac{\partial f(\boldsymbol{x})}{\partial \boldsymbol{x}}=\boldsymbol{0}\ \Rightarrow\ \boldsymbol{x}^{\mathrm{T}}\boldsymbol{Q}+\boldsymbol{R}^{\mathrm{T}}=\boldsymbol{0}\ \Rightarrow\ \boldsymbol{Q}\boldsymbol{x}+\boldsymbol{R}=\boldsymbol{0}\\ \Rightarrow \boldsymbol{x}=-\boldsymbol{Q}^{-1}\boldsymbol{R}\end{gathered} \tag{5.33}$$

当$\boldsymbol{Q}$为正定矩阵时，函数取得最小值。

这里以如下三元二次函数为例讲解如何求解鞍点，并判定鞍点性质。

$$f(\boldsymbol{x}) = x_1^2 + x_2^2 + x_3^2 - x_1x_2 - x_2x_3 - 8x_1 - 4x_2 + 8x_3 \tag{5.34}$$

采用矩阵形式，上式整理为：

$$f(\boldsymbol{x}) = \frac{1}{2}\boldsymbol{x}^{\mathrm{T}}\boldsymbol{Q}\boldsymbol{x} + \boldsymbol{x}^{\mathrm{T}}\boldsymbol{R} + S \tag{5.35}$$

其中：

$$\boldsymbol{Q} = \begin{bmatrix} 2 & -1 & 0 \\ -1 & 2 & -1 \\ 0 & -1 & 2 \end{bmatrix}, \quad \boldsymbol{R} = \begin{bmatrix} -8 \\ -4 \\ 8 \end{bmatrix} \tag{5.36}$$

$f(\boldsymbol{x})$ 鞍点对应一阶偏导列向量为零向量，据此构造如下等式组：

$$\begin{aligned} &\frac{\partial f(\boldsymbol{x})}{\partial \boldsymbol{x}} = \boldsymbol{0} \quad \Rightarrow \quad \boldsymbol{Q}\boldsymbol{x} + \boldsymbol{R} = \boldsymbol{0} \\ &\Rightarrow \begin{bmatrix} 2 & -1 & 0 \\ -1 & 2 & -1 \\ 0 & -1 & 2 \end{bmatrix} \begin{bmatrix} x_1 \\ x_2 \\ x_3 \end{bmatrix} + \begin{bmatrix} -8 \\ -4 \\ 8 \end{bmatrix} = \begin{bmatrix} 0 \\ 0 \\ 0 \end{bmatrix} \\ &\Rightarrow \begin{bmatrix} x_1 \\ x_2 \\ x_3 \end{bmatrix} = \begin{bmatrix} 6 \\ 4 \\ -2 \end{bmatrix} \end{aligned} \tag{5.37}$$

然后判定$\boldsymbol{Q}$是否正定。如本册数学部分介绍的那样，MATLAB中用chol()函数判定方阵正定性；也用eig()首先求解出方阵特征值，如果所有特征值均大于0，判定方阵为正定。通过计算，$\boldsymbol{Q}$的三个特征值分别为 0.5858、2和3.4142，因此$\boldsymbol{Q}$为正定矩阵。下面MATLAB代码完成以上计算。

B4_Ch5_4.m

```
syms x1 x2 x3
x = [x1; x2; x3;];
Q = [2, -1, 0;
    -1,  2, -1;
     0, -1,  2]

R = [-8;-4;8];

f = 1/2*x.'*Q*x + R.'*x;
simplify (f)

g_linear_eq = gradient(f,x)
sol = solve(g_linear_eq, x);

x1_Sol = sol.x1
```

```
x2_Sol = sol.x2
x3_Sol = sol.x3

x_extreme = -inv(Q)*R
Q = hessian(f,x)
Q = double(Q);

issymmetric(Q)
lambdas = eig(Q)
isposdef = all(lambdas > 0)

[~,positive_def_flag] = chol(Q)
% positive_def_flag
% flag = 0, then the input matrix is symmetric positive definite
```

5.5 多极值曲面

本章前文图5.21(a)~(d) 给出都是单极点曲面；但实际情况，优化问题多涉及多极点问题，比如图5.34曲面就存在多个极大值和极小值点。图5.34为MATLAB中极为常用的peaks()曲面，解析式如下：

$$z = f(x,y) = 3(1-x)^2\exp\left(-x^2-(y+1)^2\right)-10\left(\frac{x}{5}-x^3-y^5\right)\exp\left(-x^2-y^2\right) \\ -\frac{1}{3}\exp\left(-(x+1)^2-y^2\right) \tag{5.38}$$

这一小节用该曲面分析多极值曲面特点。

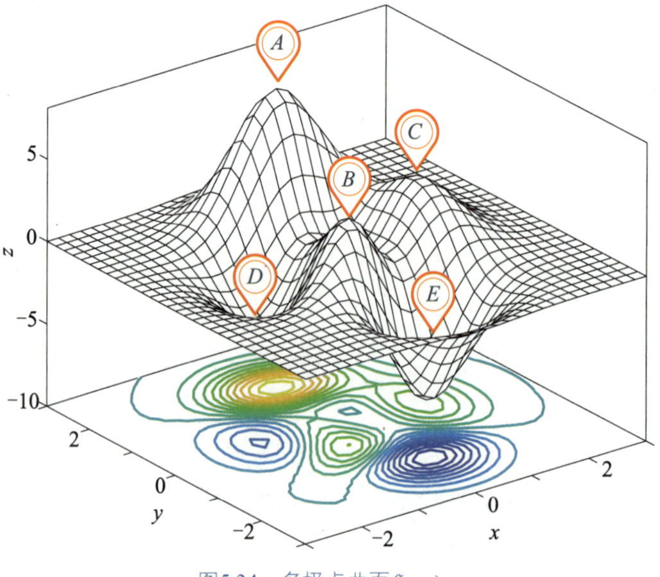

图5.34　多极点曲面$f(x, y)$

图5.35是$z = f(x, y)$曲面等高线图，容易发现曲面存在三个明显极大值（A、B和C）和三个明显极小值点（D、E和F）。这六个点的偏导数都为$\boldsymbol{0}$向量。观察这幅等高线图，发现，A点为最大值，E点为最小值。

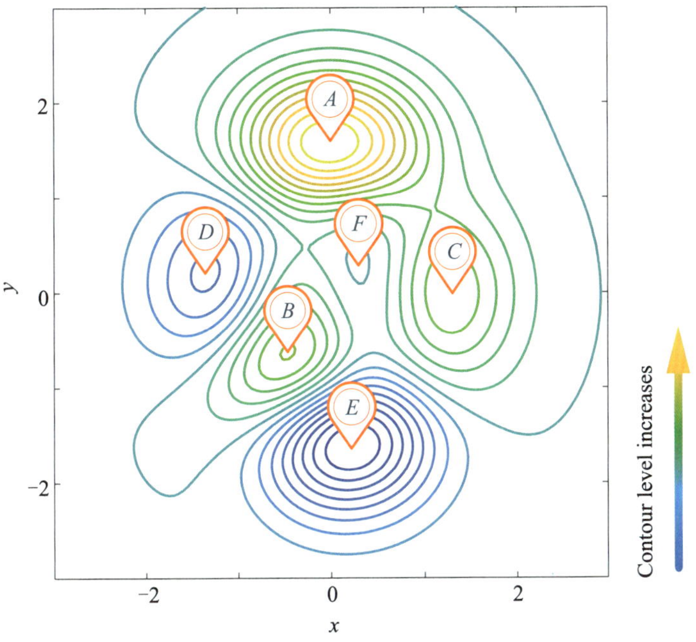

图5.35　多极点$f(x, y)$曲面的等高线图

从另外一种视角来观察$z = f(x, y)$这个曲面。当y值固定时，$z = f(x, y = c)$相当于z关于x一元函数，如图5.36所示。在取得最大值点时，对应A点；A点处，$f(x, y)$随x变化曲线切线斜率为0，即对x的偏导数为0。在图5.36 E点处，$f(x, y)$随x变化曲线的切线斜率也为0。

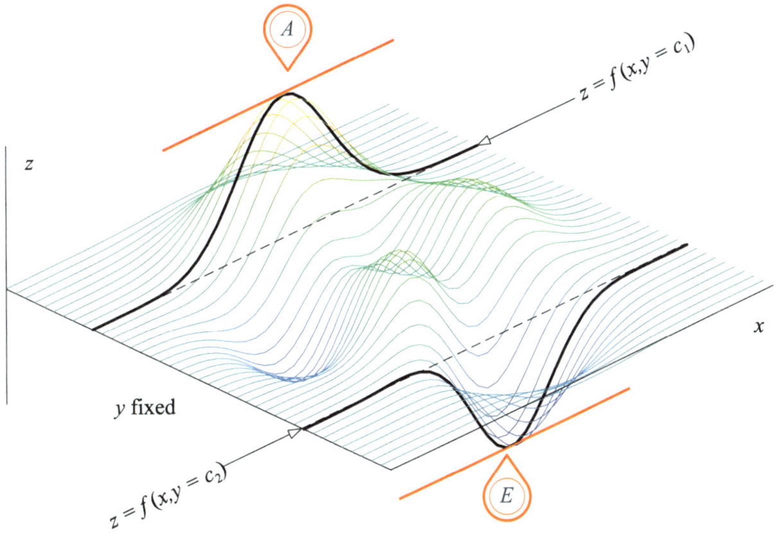

图5.36　y值固定时，$f(x, y)$随x变化曲线

将图5.36所有曲线投影在x-z平面上，如图5.37所示，更清楚地看到A和E点沿x方向曲线切线方向，以及其他曲线的斜率变化趋势。A点处，曲线为凹；E点处，曲线为凸。更重要的是，在图5.37中每根曲线上都能发现切线斜率为0点。将这些沿x方向偏导数为0的点依次相连并投影到图5.34曲面，

得到图5.38黑色曲线。换句话说，在图5.38所示黑色曲线对应位置处，$f(x, y)$ 曲面在x方向上切线斜率为0，即平行于x轴。

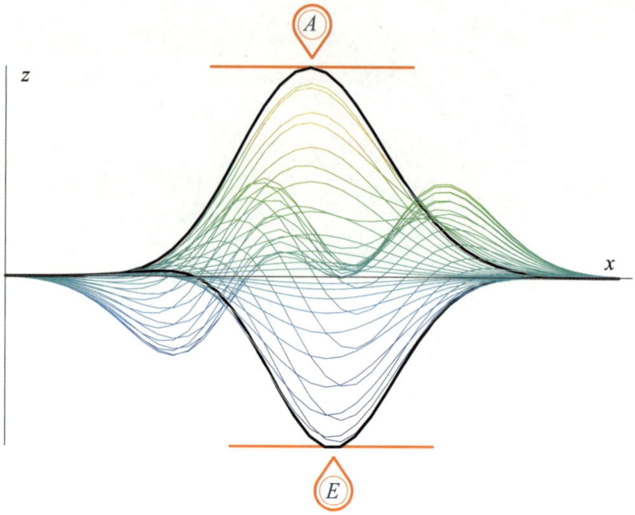

图5.37　y值固定时，$f(x, y)$ 随x变化曲线在x-z平面上投影

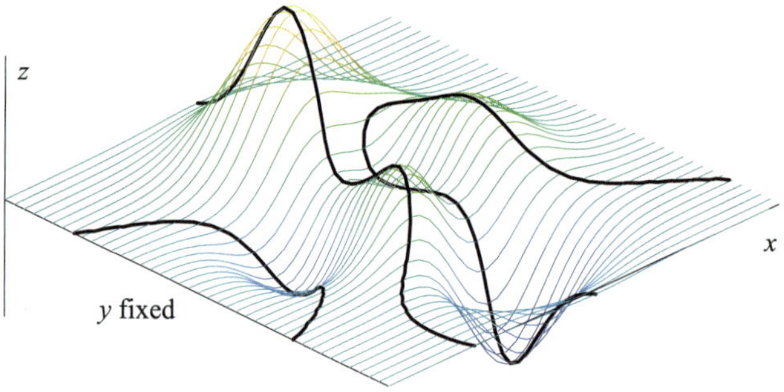

图5.38　y值固定时，$f(x, y)$ 随x偏导数为0点在$f(x, y)$ 曲面上的分布

图5.39所示为$f(x, y)$ 对x求偏导得到的结果曲面。图5.39的黑色等高线是$f(x, y)$ 对x求偏导为0对应的位置。A、B、C、D、E和F点处，$f(x, y)$ 对x求偏导结果为0。

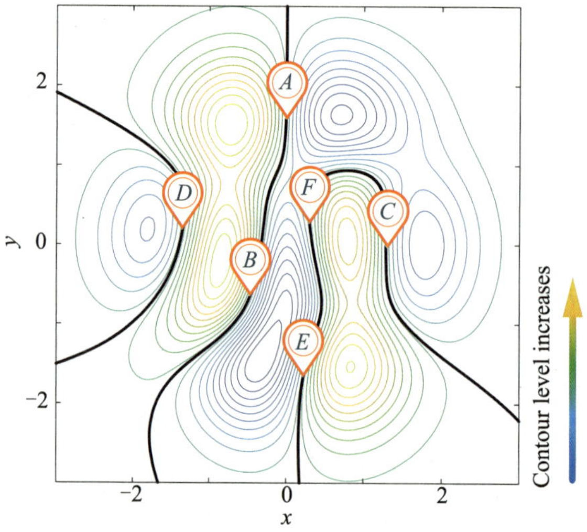

图5.39　$f(x, y)$ 对x求偏导等高线图，黑色曲线为偏导数为0的等高线

用一样的思路研究在x固定时，$f(x, y)$ 随着y变化的趋势。图5.40所示为当x为固定值，曲面沿着y方向不同位置的变化曲线。两条黑色的曲线，分别经过最大值点A和最小值点E。在最大值和最小值点处，$f(x, y)$ 沿y方向的切线斜率为0，即切线平行于x-y平面。

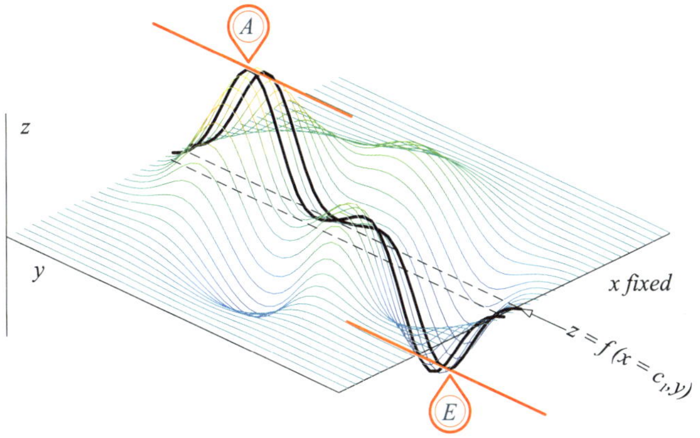

图5.40　x值固定时，$f(x, y)$ 随y变化曲线

将图5.40中所有的曲线投影在y-z平面，得到图5.41。图5.41中，发现每一条曲线也都存在至少一条平行于y轴的切线。将切线斜率为0点依次相连，并再次投影到$f(x, y)$ 曲面上得到图5.42黑色曲线。请读者在这幅图上，自己找到三个极大值点A、B和C，三个极小值点D、E和F位置。

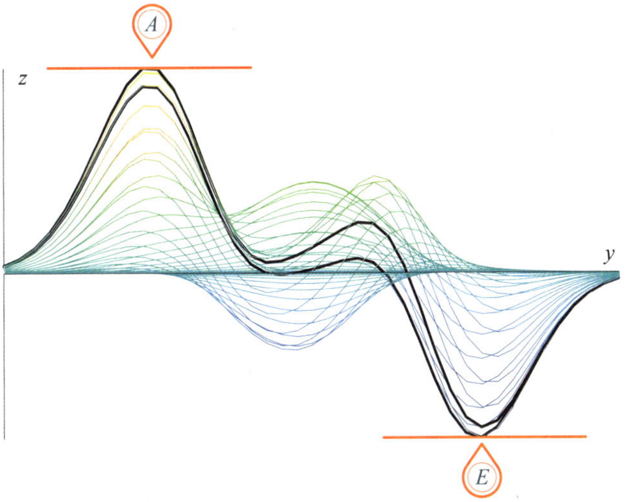

图5.41　x值固定时，$f(x, y)$ 随y变化曲线在y-z平面上投影

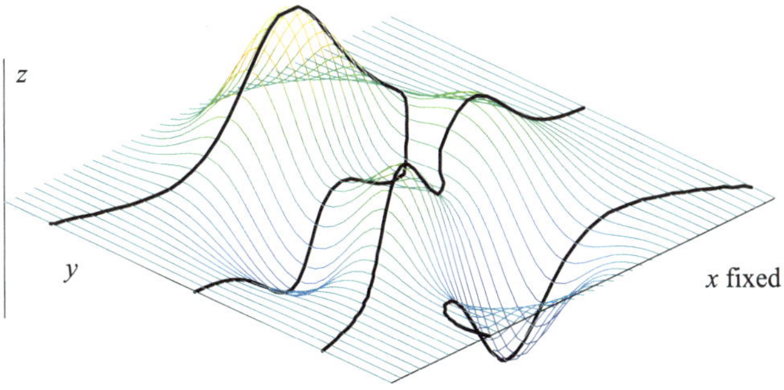

图5.42　x值固定时，$f(x, y)$ 随y偏导数为0点在$f(x, y)$ 曲面上的分布分布，黑色曲线为偏导数为0的等高线

同样，图5.43所示为$f(x, y)$对y求偏导结果曲面。在六个极值点处，$f(x, y)$对y求偏导结果为0。将图5.39和图5.43的黑色线叠加在一起，交点处即六个极值点，如图5.44所示。细心的读者发现，在图5.44区域内，图5.39和图5.43黑色线叠加在一起一共产生了9交点。其中6个点，即A～G点，为大家熟知的极值点；而另外3个极值点，G、H和I，为鞍点。

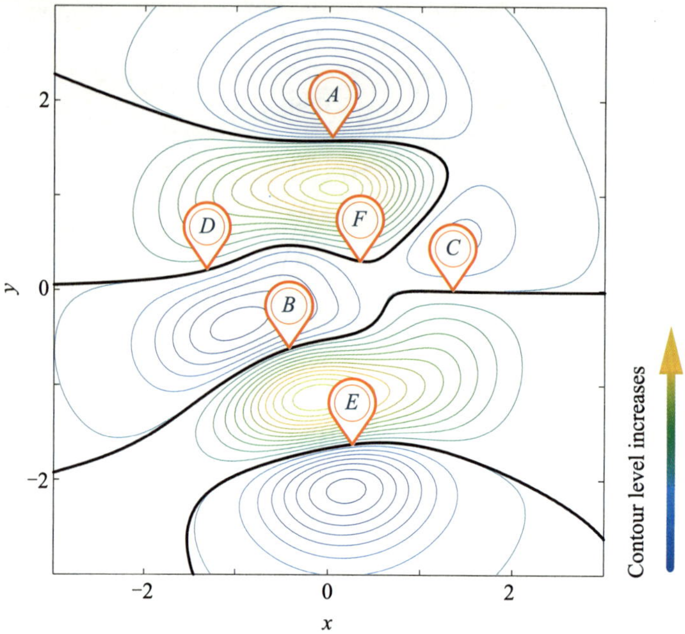

图43　$f(x, y)$对y求偏导等高线图

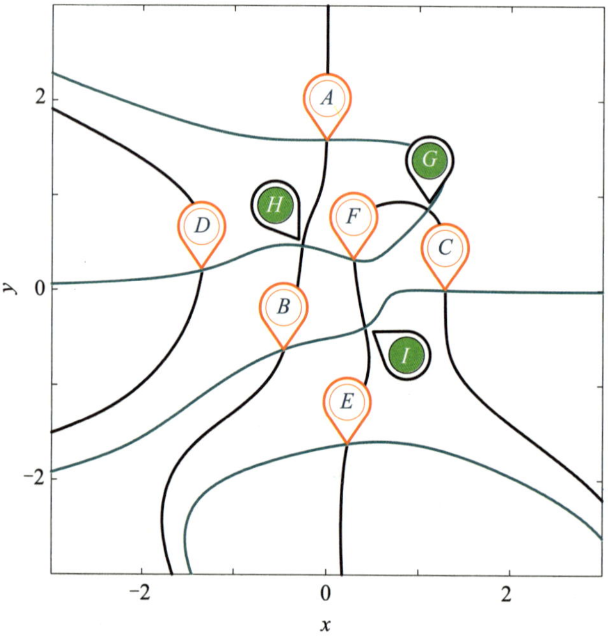

图5.44　$f(x, y)$对x和y分别求偏导结果为0的交点

这一节最后从梯度的角度再回顾一下图5.34介绍的多极点曲面。如前文所述，梯度向量模为0的点都是驻点，但是它们对应极大值、极小值或者鞍点。对于极大值点（A、B和C），发现它们附近的梯

度向量均指向极值点；对于极小值点 (D、E和F)，梯度向量均指向极值点相反方向。

而对于G、H和I这三个鞍点，它们区域附近的梯度向量有些指向鞍点，有些则背离鞍点。图5.34～图5.45这几幅图，请读者根据本节前文代码自行编写代码绘制。有兴趣的读者编写MATLAB代码分析如下两个曲面的极值分布情况。

$$\begin{aligned} f_1(x,y) &= (x^2+y-11)^2+(x+y^2-7)^2 \\ f_2(x,y) &= \sin(x+y)+(x-y)^2-1.5x+2.5y+1 \end{aligned} \tag{5.39}$$

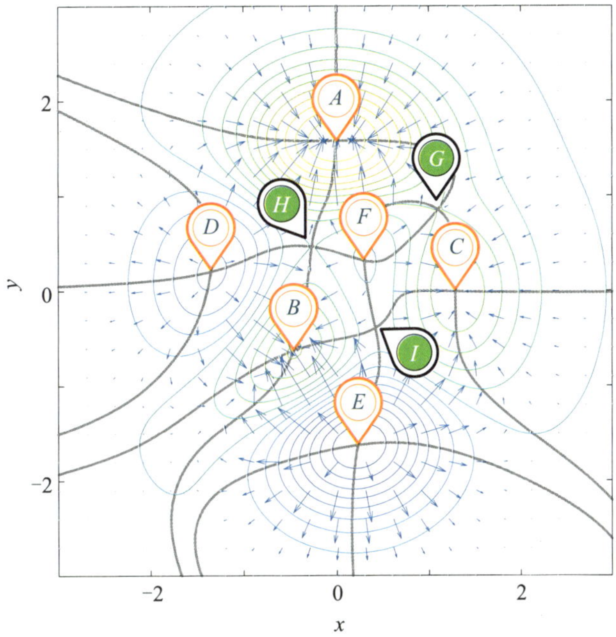

图5.45　多极点曲面$f(x, y)$等高线图叠合梯度向量分布

下一节，我们一起讨论如何判定多极值曲面驻点性质。

5.6 梯度与极值

二次函数极值判定方法也用于多极值曲面局部极值的判定。一般情况，如果某点处梯度向量为零向量 (即该点为驻点)，且该点处黑塞矩阵正定；则该点为多元函数极小值点。相反，如果某点处梯度向量为零向量，且该点处黑塞矩阵负定；则该点为多元函数极大值点。

根据$f(\boldsymbol{x})$泰勒二阶展开，$\boldsymbol{x}$为列向量时，下式成立：

$$\begin{aligned} f(\boldsymbol{x}) &\approx f(\boldsymbol{x}_P)+\nabla f(\boldsymbol{x}_P)^{\mathrm{T}}(\boldsymbol{x}-\boldsymbol{x}_P)+\frac{1}{2}(\boldsymbol{x}-\boldsymbol{x}_P)^{\mathrm{T}}\nabla^2 f(\boldsymbol{x}_P)(\boldsymbol{x}-\boldsymbol{x}_P) \\ &= f(\boldsymbol{x}_P)+\nabla f(\boldsymbol{x}_P)^{\mathrm{T}}\Delta\boldsymbol{x}+\frac{1}{2}\Delta\boldsymbol{x}^{\mathrm{T}}\nabla^2 f(\boldsymbol{x}_P)\Delta\boldsymbol{x} \end{aligned} \tag{5.40}$$

$\boldsymbol{x}_p$为极小值点。$\boldsymbol{x}$逼近最小值点$\boldsymbol{x}_p$时，一阶展开项趋向于0，高阶成分忽略，下式成立：

$$f(\boldsymbol{x})-f(\boldsymbol{x}_p)\approx\frac{1}{2}\Delta\boldsymbol{x}^{\mathrm{T}}\nabla^2 f(\boldsymbol{x}_p)\Delta\boldsymbol{x} \tag{5.41}$$

当黑塞矩阵正定，则下式成立，即$\boldsymbol{x}_p$为极小值点：

$$f(\boldsymbol{x})>f(\boldsymbol{x}_p) \tag{5.42}$$

相反，当黑塞矩阵负定，$\boldsymbol{x}_p$为极大值点。下面举两个例子，第一个例子如下，式中最高次项为三次：

$$f(x_1,x_2)=\frac{x_1^3}{3}+\frac{x_2^2}{2}+\frac{x_1^2x_2}{2}-4x_2 \tag{5.43}$$

解梯度向量为零向量，构造如下等式：

$$\nabla f(\boldsymbol{x})=\begin{bmatrix} x_1^2+x_1x_2 \\ \dfrac{x_1^2}{2}+x_2-4 \end{bmatrix}=\begin{bmatrix}0\\0\end{bmatrix} \tag{5.44}$$

得到如下三个驻点：

$$\boldsymbol{x}_A=\begin{bmatrix}0\\4\end{bmatrix},\quad \boldsymbol{x}_B=\begin{bmatrix}4\\-4\end{bmatrix},\quad \boldsymbol{x}_C=\begin{bmatrix}-2\\2\end{bmatrix} \tag{5.45}$$

曲面和驻点位置如图5.46所示。

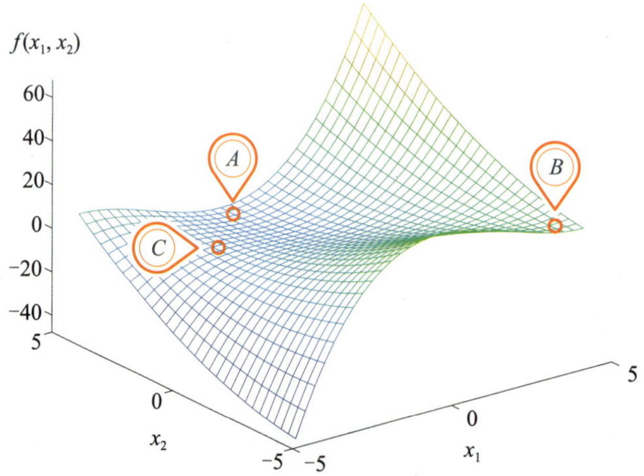

图5.46　多极点曲面和三个驻点

第一个驻点A处，黑塞矩阵如下：

$$\nabla^2 f(\boldsymbol{x}_A)=\begin{bmatrix}2x_1+x_2 & x_1\\ x_1 & 1\end{bmatrix}_A=\begin{bmatrix}4&0\\0&1\end{bmatrix} \tag{5.46}$$

容易判定这个黑塞矩阵为正定，因此A点为极小值点。

第二个驻点B处，黑塞矩阵如下：

$$\nabla^2 f(\boldsymbol{x}_B)=\begin{bmatrix}2x_1+x_2 & x_1\\ x_1 & 1\end{bmatrix}_B=\begin{bmatrix}4 & 4\\ 4 & 1\end{bmatrix} \tag{5.47}$$

这个黑塞矩阵特征值分别为$\lambda_1=-1.772$和$\lambda_2=6.772$，矩阵不定，因此B点为鞍点。

第三个驻点C处，黑塞矩阵如下：

$$\nabla^2 f(\boldsymbol{x}_C)=\begin{bmatrix}2x_1+x_2 & x_1\\ x_1 & 1\end{bmatrix}_C=\begin{bmatrix}-2 & -2\\ -2 & 1\end{bmatrix} \tag{5.48}$$

这个黑塞矩阵特征值分别为$\lambda_1=-3$和$\lambda_2=2$，矩阵不定，因此C点为鞍点，如图5.47所示。

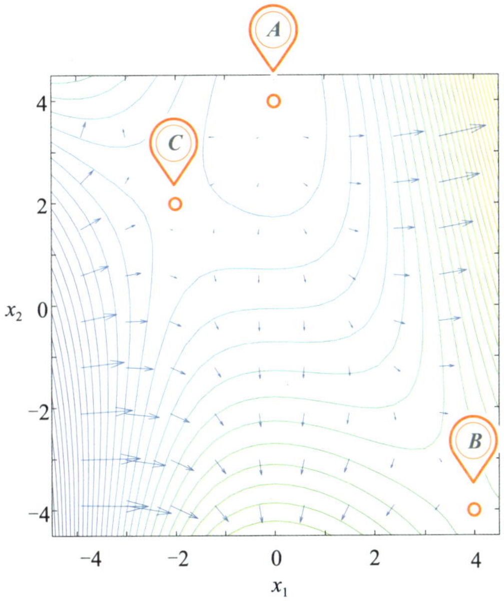

图5.47　多极点曲面梯度分布和三个驻点

下面讨论第二个例子，这个二元函数的最高次项次数为4：

$$f(x_1,x_2)=\frac{1}{4}\left(x_1^2+x_2^2-1\right)^2+\frac{1}{4}\left(x_2^2-1\right)^2 \tag{5.49}$$

梯度向量为零向量为条件，构造如下等式组：

$$\nabla f(\boldsymbol{x})=\begin{bmatrix}\left(x_1^2+x_2^2-1\right)x_1\\ \left(x_1^2+x_2^2-1\right)x_2+\left(x_2^2-1\right)x_2\end{bmatrix}=\begin{bmatrix}0\\0\end{bmatrix} \tag{5.50}$$

求得五个驻点如下：

$$\boldsymbol{x}_D=\begin{bmatrix}0\\0\end{bmatrix},\ \boldsymbol{x}_E=\begin{bmatrix}1\\0\end{bmatrix},\ \boldsymbol{x}_F=\begin{bmatrix}-1\\0\end{bmatrix},\ \boldsymbol{x}_G=\begin{bmatrix}0\\1\end{bmatrix},\ \boldsymbol{x}_H=\begin{bmatrix}0\\-1\end{bmatrix} \tag{5.51}$$

图5.48所示为多极点曲面和五个驻点分布。

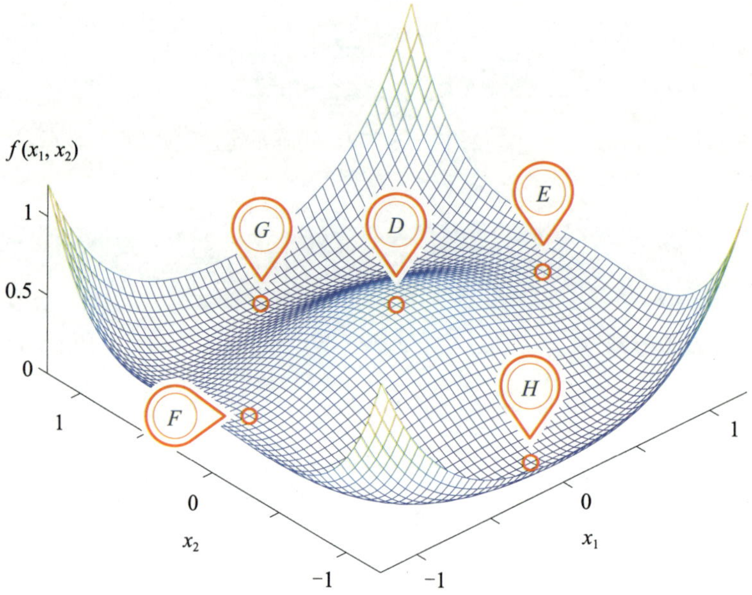

图5.48　多极点曲面和五个驻点

驻点D处，黑塞矩阵如下：

$$\nabla^2 f(\boldsymbol{x}_D) = \begin{bmatrix} 3x_1^2 + x_2^2 - 1 & 2x_1x_2 \\ 2x_1x_2 & x_1^2 + 6x_2^2 - 2 \end{bmatrix}_D = \begin{bmatrix} -1 & 0 \\ 0 & -2 \end{bmatrix} \tag{5.52}$$

判定上式矩阵为负定矩阵，因此D点为极大值点。

驻点E处，黑塞矩阵如下：

$$\nabla^2 f(\boldsymbol{x}_E) = \begin{bmatrix} 3x_1^2 + x_2^2 - 1 & 2x_1x_2 \\ 2x_1x_2 & x_1^2 + 6x_2^2 - 2 \end{bmatrix}_E = \begin{bmatrix} 2 & 0 \\ 0 & -1 \end{bmatrix} \tag{5.53}$$

容易判定上式矩阵为不定矩阵，因此E点为鞍点。

驻点F处，黑塞矩阵如下：

$$\nabla^2 f(\boldsymbol{x}_F) = \begin{bmatrix} 3x_1^2 + x_2^2 - 1 & 2x_1x_2 \\ 2x_1x_2 & x_1^2 + 6x_2^2 - 2 \end{bmatrix}_F = \begin{bmatrix} 2 & 0 \\ 0 & -1 \end{bmatrix} \tag{5.54}$$

同样上式矩阵为不定矩阵，判定F点为鞍点。

驻点G处，黑塞矩阵如下：

$$\nabla^2 f(\boldsymbol{x}_G) = \begin{bmatrix} 3x_1^2 + x_2^2 - 1 & 2x_1x_2 \\ 2x_1x_2 & x_1^2 + 6x_2^2 - 2 \end{bmatrix}_F = \begin{bmatrix} 0 & 0 \\ 0 & 4 \end{bmatrix} \tag{5.55}$$

虽然黑塞矩阵为半正定矩阵，但是G点仍然是极小值点，类似判定H也是极小值点。图5.49所示为多极点曲面的梯度向量分布和五个极点位置。

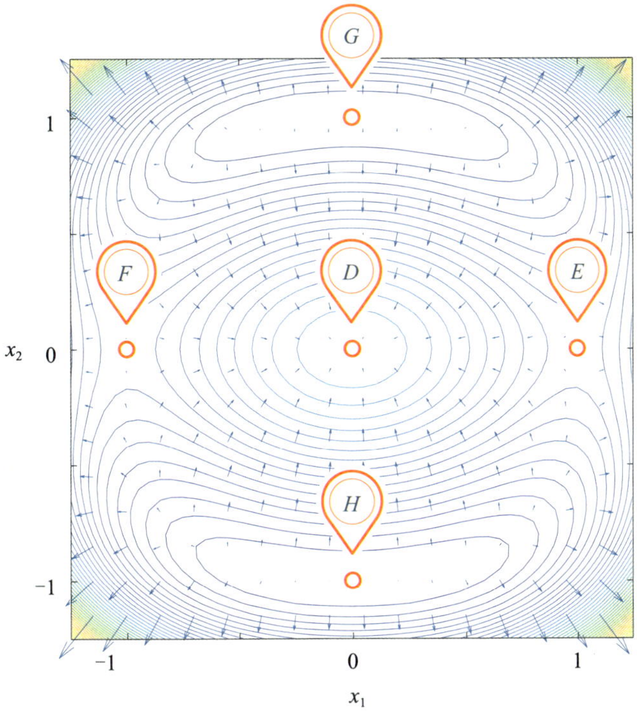

图5.49　多极点曲面梯度分布和五个驻点

请读者结合本章之前代码，自行编写代码绘制本节图像。请读者注意，并不是所有的多极值曲面或者超曲面，都用本节介绍的解析方法来求解极值，特别是求解最大值和最小值。第6章将介绍如何使用梯度法求解极值。另外，本章的优化问题主要是无约束优化，第6章开始讨论约束优化问题的求解方法。

Fundamentals of Optimization

第6章 优化方法 II

如果人们不相信数学是很简单的，那只是因为他们没有意识到生活是多么复杂。

If people do not believe that mathematics is simple, it is only because they do not realize how complicated life is.

——约翰 · 冯 · 诺伊曼 (John von Neumann)

Core Functions and Syntaxes

本章核心命令代码

- `fcontour(f, [xmin xmax ymin ymax])` 绘制符号方程表达 f 等高线图。
- `fmesh(f, [xmin xmax ymin ymax])` 绘制符号方程表达 f 网格图。
- `gradient()` 求解数值梯度。
- `intlinprog()` 混合整数线性规划优化函数。
- `linprog()` 线性规划优化函数。
- `norm()` 求解矩阵或向量范数。
- `num2str(num)` 将数字 num 转化为字符串格式。
- `quadprog()` 二次规划优化函数。

6.1 梯度下降法简介

如图6.1所示，寻找最小值就好比寻找山谷最低点；寻找最大值过程好比搜索山峰最高点。从起始点，一步步沿着目标函数下降方向前进，最终到达谷底，可能未必是最低山谷；若每一步都沿着目标函数上升方向前进，则最终会到达山峰，虽然未必是最高峰。这一节简单介绍梯度下降寻找"山谷"这一过程。

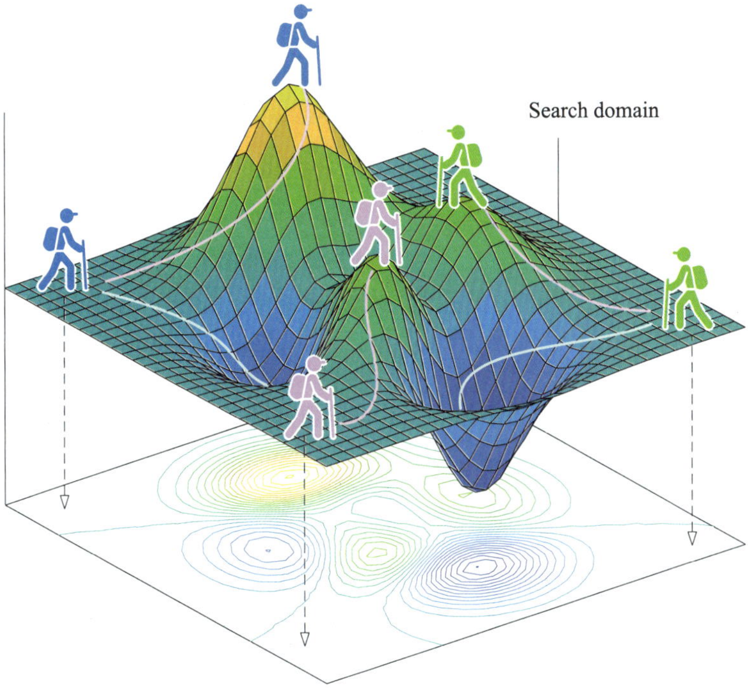

图6.1 搜索域内山谷和山顶

简单来说，梯度下降是一个迭代过程。

◀第一步：选择初始点；
◀第二步：确定目标函数在当前点处下降方向；
◀第三步：确定下降步长，并更新坐标；
◀第四步：到达新坐标点，判断梯度向量模大小是否满足停止迭代条件。若满意，结束搜索；若不满意，循环第二至第四步，直到满足条件结束搜索。

那么问题来了，曲面任意一点最快下降方向是什么？下降过程最合适步长又是什么？本书数学部分已经给出第一个问题答案——某点处函数下降最快方向为梯度反方向，如图6.2所示。从局部上来看，曲面上某一点处沿着梯度方向是函数增长最快方向，梯度反方向是当前位置下降最快方向。于是，上述搜索方法中第二步，目标函数当前点下降方向即梯度向量反方向，因此该方法得名"梯度下降法"。

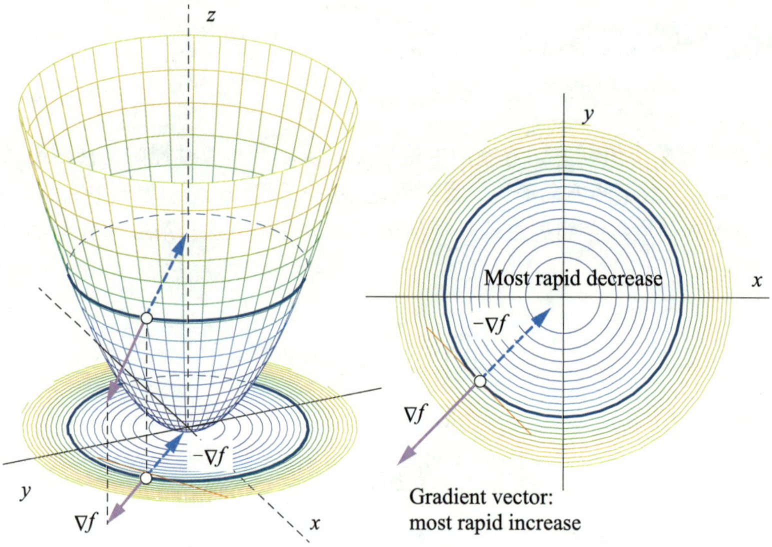

图6.2　梯度下降法

梯度下降法实际上是一种一阶优化方法，它源自本丛书中反复提到的泰勒展开。用目标函数为一元函数来解释梯度下降法原理。优化问题变量为x，目标函数为$f(x)$。给定一个当前位置x，目标函数对应值为$f(x)$，即搜索过程当前点，相当于登山者当前所处高度；下山时候，首先确定下降步长Δx，Δx相当于下降时水平方向上向前迈出一小步距离。来到新高度，$f(x + \Delta x)$，整个过程如图6.3所示。为保证下山，需要$f(x) > f(x + \Delta x)$。

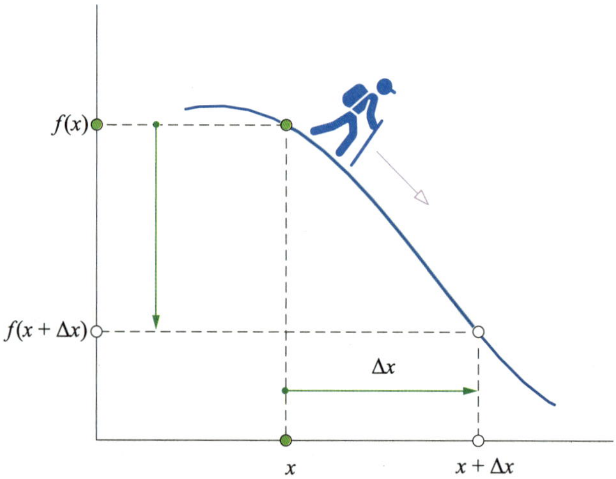

图6.3　沿坡度下降方向下降一步

以x为展开点，$f(x + \Delta x)$ 一阶泰勒展开如下：

$$f(x+\Delta x) \approx f(x) + \Delta x \nabla f(x) \tag{6.1}$$

其中，$\nabla f(x)$ 为$f(x)$ 在x梯度。为保证如下不等式成立：

$$f(x+\Delta x) < f(x) \quad \Rightarrow \quad f(x) + \Delta x \nabla f(x) < f(x) \tag{6.2}$$

需要下式成立：

$$\Delta x \nabla f(x) < 0 \tag{6.3}$$

为保证持续下降，步长Δx选取至关重要。介绍最简单一种梯度下降方法，令：

$$\Delta x = -\alpha \cdot \nabla f(x) \quad \alpha > 0 \tag{6.4}$$

其中，α为一个较小正数，在本节讨论中α为定值，由此得到：

$$\begin{aligned} f(x+\Delta x) &= f(x-\alpha \cdot \nabla f(x)) \\ &\approx f(x) + (-\alpha \cdot \nabla f(x)) \nabla f(x) \\ &= f(x) - \alpha \cdot (\nabla f(x))^2 \end{aligned} \tag{6.5}$$

这样，搜索方向即沿着梯度负方向不断下降，直到满足搜索停止条件。本节最后给出的例子搜索停止条件为梯度向量范数小于1e−6，相当于梯度向量模趋向于0。丛书前文介绍过欧几里得范数，MATLAB范数函数为 norm()。

优化问题变量增加到两个，以 (x_1, x_2) 为展开点，$f(x_1 + \Delta x_1, x_2 + \Delta x_2)$ 表达为：

$$f(x_1 + \Delta x_1, x_1 + \Delta x_1) \approx f(x_1) + \Delta x_1 \frac{\partial f}{x_1} + \Delta x_2 \frac{\partial f}{x_2} \tag{6.6}$$

用矩阵式表达：

$$f(\boldsymbol{x}+\Delta \boldsymbol{x}) \approx f(\boldsymbol{x}) + \nabla f(\boldsymbol{x})^{\mathrm{T}} \Delta \boldsymbol{x} \tag{6.7}$$

其中：

$$\boldsymbol{x} = \begin{bmatrix} x_1 \\ x_2 \end{bmatrix}, \quad \Delta \boldsymbol{x} = \begin{bmatrix} \Delta x_1 \\ \Delta x_2 \end{bmatrix}, \quad \nabla f(\boldsymbol{x}) = \frac{df(\boldsymbol{x})}{d\boldsymbol{x}} = \begin{bmatrix} \dfrac{\partial f(\boldsymbol{x})}{x_1} \\ \dfrac{\partial f(\boldsymbol{x})}{x_2} \end{bmatrix} \tag{6.8}$$

同样，为保证如下不等式成立：

$$f(\boldsymbol{x}+\Delta \boldsymbol{x}) < f(\boldsymbol{x}) \tag{6.9}$$

需要下式成立：

$$\nabla f(\boldsymbol{x})^{\mathrm{T}} \Delta \boldsymbol{x} < 0 \tag{6.10}$$

和一元梯度类似，令：

$$\Delta \boldsymbol{x} = -\alpha \cdot \nabla f(\boldsymbol{x}), \quad \alpha > 0 \tag{6.11}$$

同样，α为一个较小正数，同样α为定值，得到：

$$-\alpha \cdot \nabla f(\boldsymbol{x})^{\mathrm{T}} \nabla f(\boldsymbol{x}) < 0 \tag{6.12}$$

这和一元梯度得到结论一致。以上推导过程也适用于多元情况。

如图6.4所示，×代表目标函数最小值，A代表初始点，○代表每一步所到达位置，→方向代表下降方向。图6.5更立体地展示这一过程。步长设计至关重要，相比于图6.4和图6.5，图6.6和图6.7展示同一个优化问题采用较小步长下降轨迹。图6.6和图6.7消除震荡情况，前期收敛速度提高，但是后期收敛速度较慢。

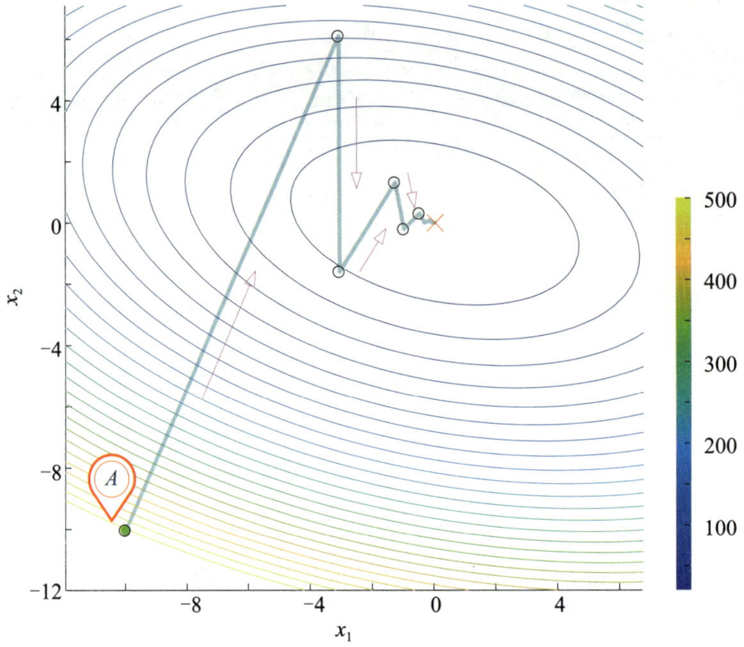

图6.4　平面表达梯度下降，固定大步长

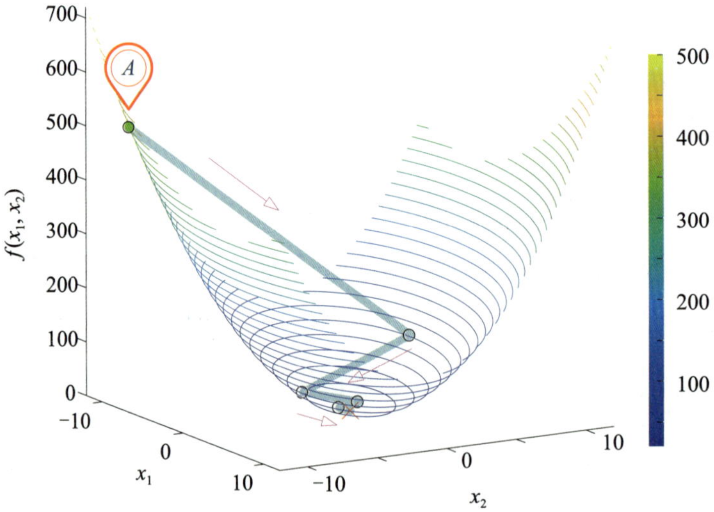

图6.5　立体表达梯度下降，固定大步长

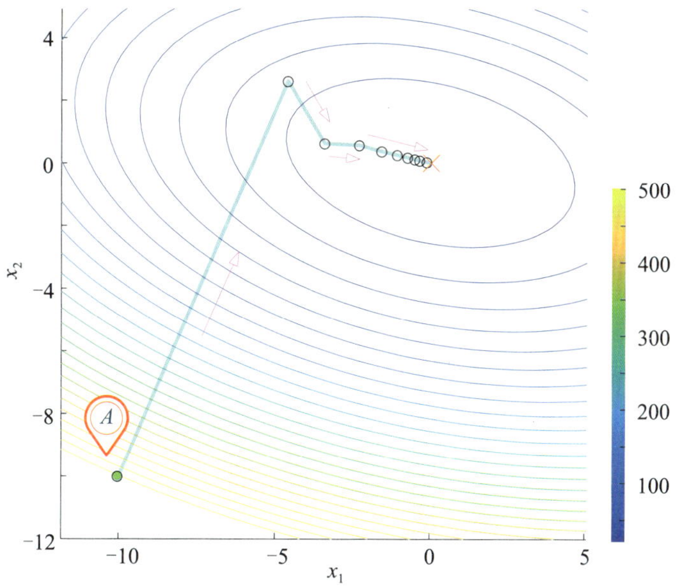

图6.6　平面表达梯度下降，固定较小步长

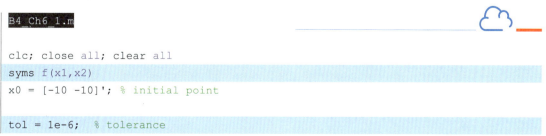

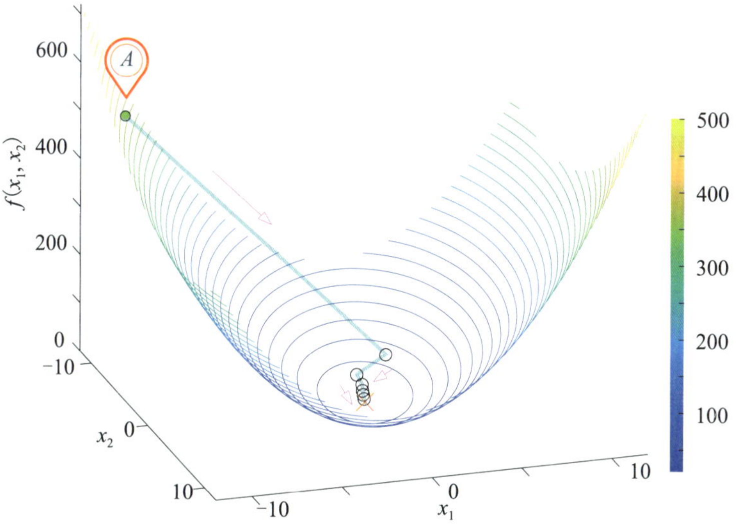

图6.7　平面表达梯度下降，固定较小步长

这一节先后讲解一个变量和两个变量情况，当变量数不断提高，梯度向量维度也不断提高，目标函数变为超曲面，但是梯度下降核心思路没有变化。有关梯度下降步长设计，后续内容再讨论。若目标函数为一凸函数，梯度下降方法必然在全局最小值处收敛；否则，这种方法可能在局部极小值处收敛。以下代码获得图6.4～图6.7。

B4_Ch6_1.m

```
clc; close all; clear all
syms f(x1,x2)
x0 = [-10 -10]'; % initial point

tol = 1e-6;  % tolerance
```

```
max_iter = 200;
% max number of iterations

dx_min = 1e-6;
% minimum allowed perturbation

step_size = 0.15; % 0.1, 0.2, 0.25
% step size

gnorm = inf; x = x0; niter = 0; dx = inf;
gnorms = [];
% initialize parameters

f = x1.^2 + x1.*x2 + 3*x2.^2;
% objective function

X = []; X(:,1) = x0;

while and(gnorm>=tol, and(niter <= max_iter, dx >= dx_min))

    % calculate gradient
    g = gradient(x);
    gnorm = norm(g);
    gnorms = [gnorms, gnorm];
    % Euclidean norm of vector

    xnew = x - step_size*g;

    X(:,niter+2) = xnew;
    niter = niter + 1;
    dx = norm(xnew-x);
    x = xnew;

end

% visualization
figure(1);
fc = fcontour(f,[-12 12 -12 12]); hold on
fc.LevelList = [20:20:500];
plot(X(1,:),X(2,:),'ok-')
grid off; box off
colorbar
xlabel('x1'); ylabel('x2')

figure(2);
% fmesh(f,[-12 12 -12 12]); hold on
```

```
[X_fine, Y_fine] = meshgrid(-12:.2:12,-12:.2:12);
contour_f = subs(f, [x1, x2], {X_fine,Y_fine});
descend_path = subs(f, [x1, x2], {X(1,:),X(2,:)});
contour3(X_fine,Y_fine,double(contour_f),[0:20:700]); hold on
plot3(X(1,:),X(2,:),descend_path,'ok-')
plot3(0,0,0,'rx','MarkerSize',12);
grid off; box off; colorbar;
xlabel('x1'); ylabel('x2'); zlabel('f(x1,x2)')

figure(3)
plot(1:niter,gnorms)
box off; grid off;
xlabel('Iterations'); ylabel('Norm of error')
axis tight

% gradient of the objective function
function g = gradient(x)
g = [2*x(1) + x(2)
     x(1) + 6*x(2)];
end
```

如前文所述，梯度下降不适于多极值点的优化问题。如图6.8 (a) 所示，当A为初始点时，沿着下降路径搜索，找到$f(x)$ 最小值点。当出发点变为B点，如图6.8 (b) 所示，沿着下降路径，找到$f(x)$ 极小值点。因此，梯度法一般用在局域优化，改造后才会适用于全局优化。

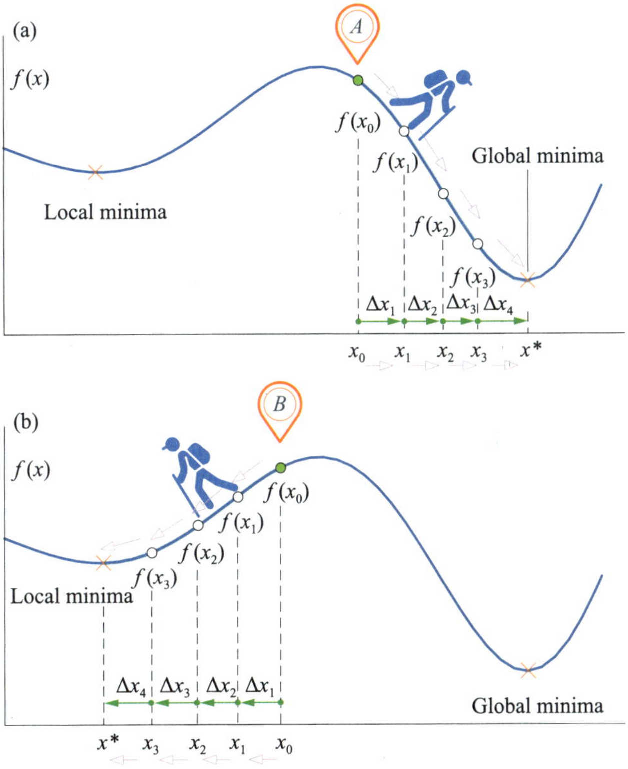

图6.8　梯度下降寻找极小值过程

另外，随着近些年人工智能方法不断扩展，梯度下降方法也不断推陈出新。本节目标是给读者建立起有关梯度下降一些直观印象。限于篇幅，建议感兴趣的读者自行学习常用梯度下降优化方法，方便大家更好地学习人工智能相关的问题。

6.2 约束条件

很多优化问题都是受约束优化问题，以下总结了几种常用约束条件。

- **上下界** (lower and upper bounds)。
- **线性不等式** (linear inequalities)。
- **线性等式** (linear equalities)。
- **非线性不等式** (nonlinear inequalities)。
- **非线性等式** (nonlinear equalities)。

丛书第一册第5章介绍过不等式图像和可行域，这一节用之前学过的知识深入学习优化问题约束条件。首先讨论上下界约束，用矩阵形式表达：

$$\boldsymbol{lb} \leqslant \boldsymbol{x} \leqslant \boldsymbol{ub} \tag{6.13}$$

其中，$\boldsymbol{lb}$为下界，$\boldsymbol{ub}$为上界。图6.9展示三个上下界约束条件。

```
%% -10< x(1) < 10, x(2) < 10, -10 < x(3)
lb = [-10; -Inf;-10];
ub = [10;  10;  Inf];
```

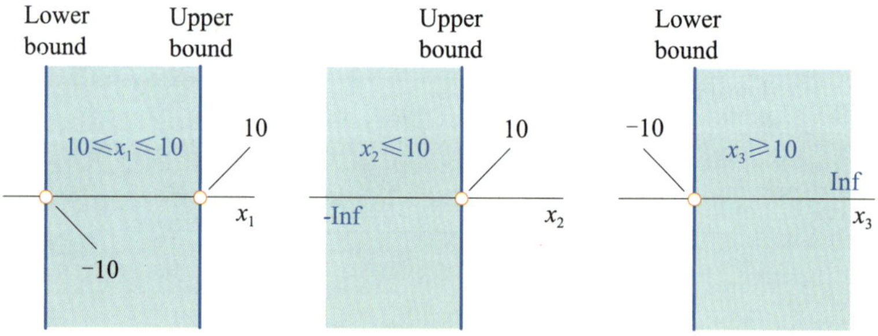

图6.9 上下界约束

如图6.9所示，三个变量上下界约束通过下面代码表达。

线性不等式约束表达为：

$$\boldsymbol{Ax} \leqslant \boldsymbol{b} \tag{6.14}$$

下例为三个线性不等式构造的约束条件：

$$
\begin{cases} x_1 - 0.5x_2 \geqslant -1 \\ x_1 + 2x_2 \geqslant 1 \\ x_1 + x_2 \leqslant 2 \end{cases} \Rightarrow \begin{cases} -x_1 + 0.5x_2 \leqslant 1 \\ -x_1 - 2x_2 \leqslant -1 \\ x_1 + x_2 \leqslant 2 \end{cases}
$$
$$
\Rightarrow \begin{bmatrix} -1 & 0.5 \\ -1 & -2 \\ 1 & 1 \end{bmatrix} \begin{bmatrix} x_1 \\ x_2 \end{bmatrix} \leqslant \begin{bmatrix} 1 \\ -1 \\ 2 \end{bmatrix} \tag{6.15}
$$

为符合MATLAB习惯，首先将大于等于号 (≥) 改为小于等于号 (≤)，然后用矩阵形式描述这一组约束条件。以上线性不等式约束通过如下代码表达。

```
A = [-1 0.5;
     -1 -2;
     1  1;];
b = [1;-1;2];
```

图6.10展示这三个线性不等式约束等高线图。冷色调等高线 (阴影区) 代表每个线性不等式约束可行域。这三个线性不等式约束联立在一起便构成图6.11所示搜索空间。

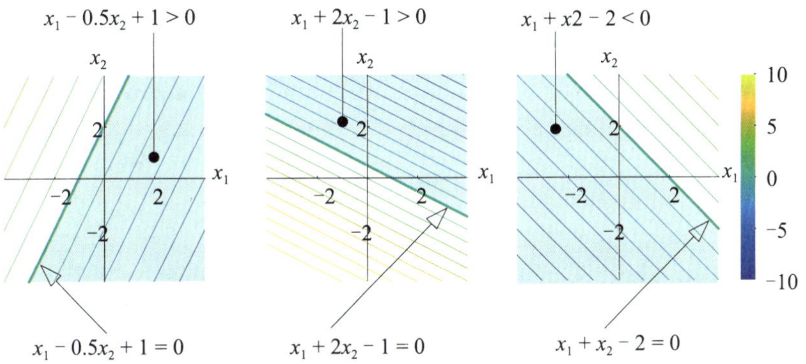

图6.10　线性不等式约束等高线图

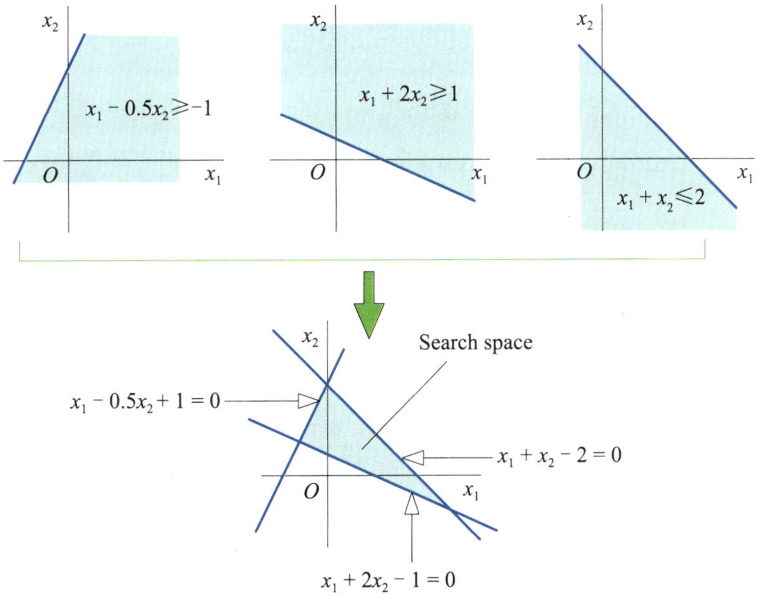

图6.11　线性不等式约束

再看一个四个变量三个线性不等式组情况：

$$\begin{cases} x_1+x_3\leqslant 2 \\ 2x_2-x_3\geqslant -4 \\ x_1-x_2+x_3-x_4\geqslant 4 \end{cases} \Rightarrow \begin{cases} x_1+x_3\leqslant 2 \\ -2x_2+x_3\leqslant 4 \\ -x_1+x_2-x_3+x_4\leqslant -4 \end{cases}$$
$$\Rightarrow \begin{bmatrix} 1 & 0 & 1 & 0 \\ 0 & -2 & 1 & 0 \\ -1 & 1 & -1 & 1 \end{bmatrix} \begin{bmatrix} x_1 \\ x_2 \\ x_3 \\ x_4 \end{bmatrix} \leqslant \begin{bmatrix} 2 \\ 4 \\ -4 \end{bmatrix} \tag{6.16}$$

以上线性不等式组写成如下代码：

```
A = [1 0 1 0;
     0 -2 1 0;
     -1 1 -1 1];
b = [2;4;-4];
```

线性等式约束表达如下：

$$\boldsymbol{A}_{\text{eq}}\boldsymbol{x}=\boldsymbol{b}_{\text{eq}} \tag{6.17}$$

线性等式约束很好理解，线性等式即丛书第一册讨论的一次函数。本章后文会结合实例介绍线性等式约束。

非线性不等式约束用下式表达：

$$c(\boldsymbol{x})\leqslant 0 \tag{6.18}$$

在MATLAB优化问题中，非线性不等式和非线性等式约束通过构造自定义函数完成。比如下例：

$$\begin{cases} \dfrac{x_1^2}{9}+\dfrac{x_2^2}{4}-1\leqslant 0 \\ x_2\geqslant x_1^2-1 \end{cases} \Rightarrow \begin{cases} \dfrac{x_1^2}{9}+\dfrac{x_2^2}{4}-1\leqslant 0 \\ x_1^2-x_2-1\leqslant 0 \end{cases} \tag{6.19}$$

上述非线性不等式约束用以下自定义函数构造。

```
function [c,ceq]=nonlinear_constraints(x)

% nonlinear inequalities
c(1) = (x(1)^2)/9 + (x(2)^2)/4 - 1;
c(2) = x(1)^2 - x(2) - 1;

% nonlinear equalities
ceq = [];

end
```

图6.12给出两个非线性不等式约束等高线图。阴影区域满足非线性不等式约束。图6.13是两个非线性不等式约束联立构成搜索域。

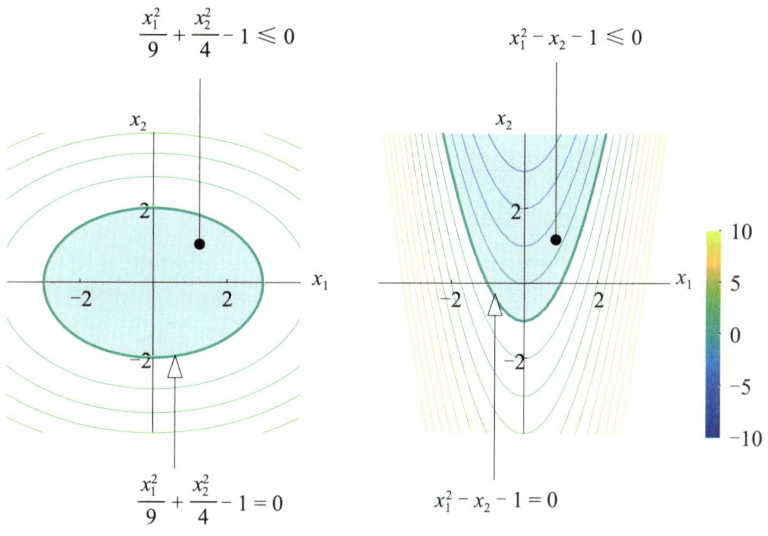

图6.12　非线性不等式约束等高线图

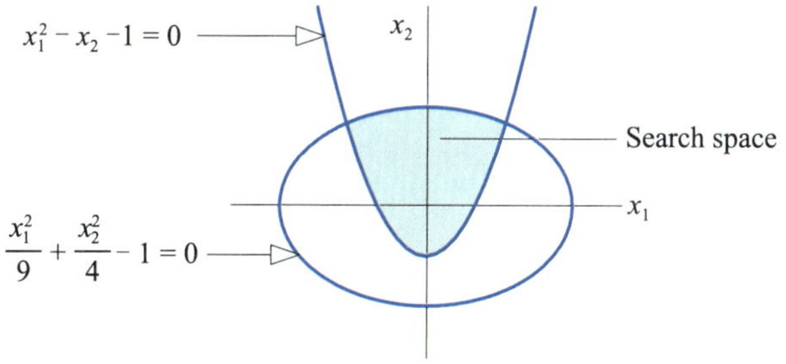

图6.13　非线性不等式约束构成搜索域

非线性等式约束通过下式表达：

$$c_{eq}(\boldsymbol{x})=0 \tag{6.20}$$

下式是以二元变量非线性等式约束为例：

$$x_1^2+x_2^2-4=0 \tag{6.21}$$

图6.14展示满足上式搜索域，优化解只能出现在该圆环上。在MATLAB环境下，非线性等式约束通过以下代码定义。

```
function [c,ceq]=nonlinear_constraints2(x)

% nonlinear inequalities
c = [];

% nonlinear equalities
ceq = (x(1)^2) + (x(2)^2) - 4;

end
```

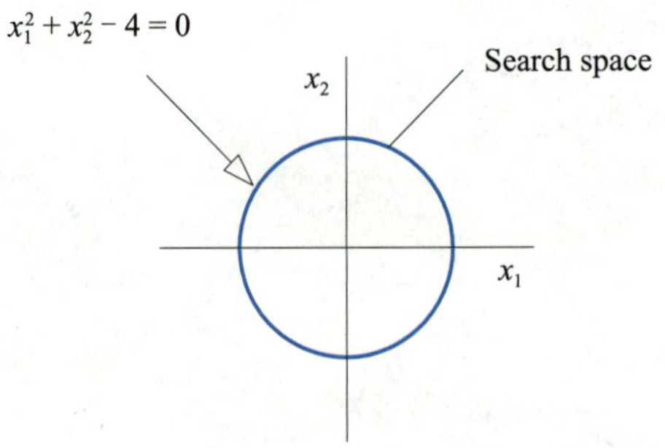

图6.14　非线性等式约束构成搜索域

以下代码获得图6.10和图6.12。

B4_Ch6_2.m

```
clc; clear all; close all
x1 = -4:0.2:4;
x2 = -4:0.2:4;
[xx1, xx2] = meshgrid(x1,x2);

ff1 = -xx1 + 0.5*xx2 - 1;
ff2 = -xx1 - 2*xx2 + 1;
ff3 = xx1  + xx2 - 2;

figure(1)
subplot(1,3,1)
plot_contours(xx1,xx2,ff1)

subplot(1,3,2)
plot_contours(xx1,xx2,ff2)

subplot(1,3,3)
plot_contours(xx1,xx2,ff3)

ff4 = xx1.^2/9 + xx2.^2/4 - 1;
ff5 = xx1.^2 - xx2 - 1;

figure(2)
subplot(1,2,1)
plot_contours(xx1,xx2,ff4)

subplot(1,2,2)
plot_contours(xx1,xx2,ff5)

function plot_contours(xx1,xx2,ff)
levels = [-10:1:10];
contour(xx1,xx2,ff,levels); hold on
caxis([-10 10])
```

```
[~,h] = contour(xx1,xx2,ff,[0, 0]);
h.LineWidth = 2;
set(gca, 'XAxisLocation', 'origin')
set(gca, 'YAxisLocation', 'origin')
box off; grid off
xticks([-2 0 2]); yticks([-2 0 2])
xlabel('x_1'); ylabel('x_2');
colorbar
end
```

本节介绍的几种约束条件复合在一起构成优化问题约束。下式结合最小化优化问题和约束条件，构造完整优化问题：

$$\begin{aligned} &\underset{x}{\arg\min}\ f(\boldsymbol{x}) \\ &\text{subject to: } \boldsymbol{lb} \leqslant \boldsymbol{x} \leqslant \boldsymbol{ub} \\ &\qquad \boldsymbol{A}\boldsymbol{x} \leqslant \boldsymbol{b} \\ &\qquad \boldsymbol{A}_{\text{eq}}\boldsymbol{x} = \boldsymbol{b}_{\text{eq}} \\ &\qquad c(\boldsymbol{x}) \leqslant 0,\ c_{\text{eq}}(\boldsymbol{x}) = 0 \end{aligned} \tag{6.22}$$

如图6.15所示，当约束条件出现时，优化问题可能变得更加复杂。有些极大值或极小值可能出现在约束条件构成的边界上。图6.15(b) 中，$f(x)$ 最小值出现在约束条件右侧边界上；图6.15(c) 中，$f(x)$ 最大值出现在约束条件左侧边界上。

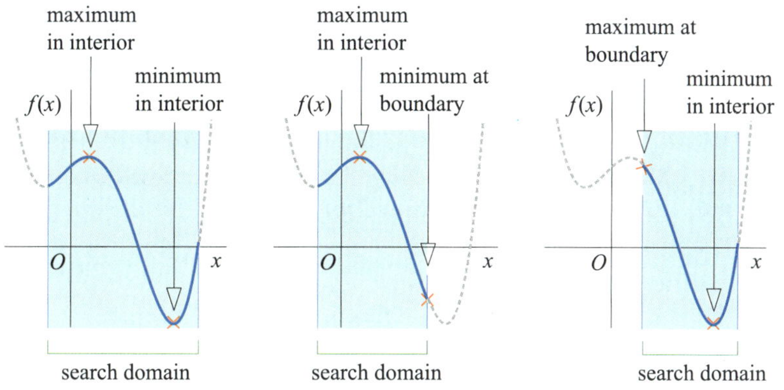

图6.15　极值和约束关系

另外，很多优化问题，变量全部为整数，或者部分为整数。变量为整数优化问题，称其为**混合整数优化** (mixed integer optimization)。图6.16所示为在x_1-x_2平面，三种约束情况：x_1为整数，x_2为整数，以及x_1和x_2均为整数。

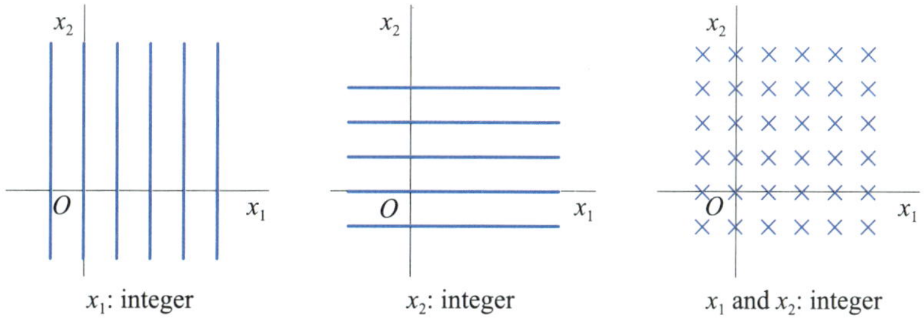

图6.16　混合整数优化：变量部分为整数，或者全部为整数

6.3 线性规划

线性规划 (linear programming)，一般指在**线性约束** (linear constraints) 下，线性目标函数极值问题。

$$\begin{aligned} &\arg\min_{x} f(\boldsymbol{x}) = \boldsymbol{R}^{\mathrm{T}}\boldsymbol{x} \\ &\text{subject to: } \boldsymbol{lb} \leqslant \boldsymbol{x} \leqslant \boldsymbol{ub} \\ &\qquad \boldsymbol{A}\boldsymbol{x} \leqslant \boldsymbol{b} \\ &\qquad \boldsymbol{A}_{\mathrm{eq}}\boldsymbol{x} = \boldsymbol{b}_{\mathrm{eq}} \end{aligned} \tag{6.23}$$

对于二元线性规划，定义$\boldsymbol{R}$和$\boldsymbol{x}$如下：

$$\boldsymbol{R} = \begin{bmatrix} e \\ f \end{bmatrix}, \boldsymbol{x} = \begin{bmatrix} x_1 \\ x_2 \end{bmatrix} \tag{6.24}$$

展开得到：

$$f(\boldsymbol{x}) = \boldsymbol{R}^{\mathrm{T}}\boldsymbol{x} = \begin{bmatrix} e \\ f \end{bmatrix}^{\mathrm{T}} \begin{bmatrix} x_1 \\ x_2 \end{bmatrix} = ex_1 + fx_2 \tag{6.25}$$

目标函数中常数项不影响优化解。

$$\arg\min_{x} \ \boldsymbol{R}^{\mathrm{T}}\boldsymbol{x} + S = \arg\min_{x} \ \boldsymbol{R}^{\mathrm{T}}\boldsymbol{x} \tag{6.26}$$

上式，S为常数项。

linprog() 是MATLAB处理线性规划函数。图6.17展示linprog() 函数标准输入和输入变量。$\boldsymbol{R}$为上式中列向量$\boldsymbol{R}$，请读者注意MATLAB也接受$\boldsymbol{R}$为行向量。linprog() 输入三大类约束条件：$\boldsymbol{A}$, $\boldsymbol{b}$构成前文提到线性不等式约束条件；$\boldsymbol{A}_{\mathrm{eq}}$和$\boldsymbol{b}_{\mathrm{eq}}$构成线性等式约束；$\boldsymbol{lb}$和$\boldsymbol{ub}$是变量上下界约束；options设置求解优化问题方法细节。

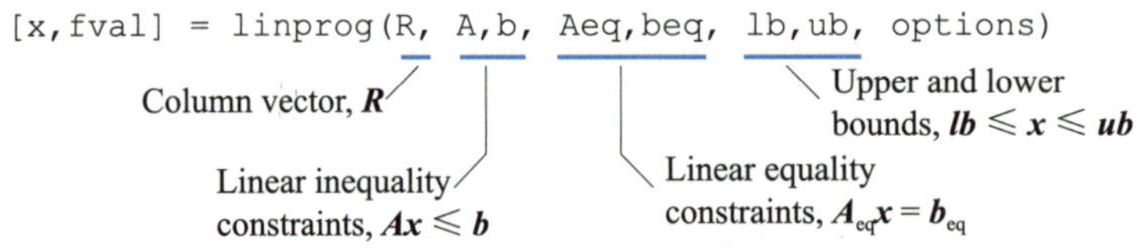

图6.17 使用linprog() 函数

linprog() 输出最优解 `x`、最优值 `fval` 等，如图6.17所示。更多有关linprog()细节，请读者参考MATLAB help文档。

下面构造一个线性优化问题，介绍如何使用linprog() 函数。

$$\begin{aligned} &\arg\min_{x} \ f(\boldsymbol{x}) = -x_1 - x_2 \\ &\text{subject to:} \begin{cases} 0 \leqslant x_1 \leqslant 14 \\ -1 \leqslant x_2 \leqslant 12 \\ 3x_1 + 4x_2 \leqslant 60 \\ 4x_1 + 3x_2 \leqslant 60 \end{cases} \end{aligned} \tag{6.27}$$

首先分析目标函数，构造列向量$\boldsymbol{R}$：

$$f(\boldsymbol{x})=\boldsymbol{R}^{\mathrm{T}}\boldsymbol{x}=\begin{bmatrix}-1\\-1\end{bmatrix}^{\mathrm{T}}\begin{bmatrix}x_1\\x_2\end{bmatrix}=-x_1-x_2 \tag{6.28}$$

在MATLAB环境中，$\boldsymbol{R}$写作：

```
% Objective function
R = [-1; -1];
```

构造上下界约束$\boldsymbol{lb}$ 和 $\boldsymbol{ub}$。

$$\boldsymbol{lb}\leqslant\boldsymbol{x}\leqslant\boldsymbol{ub}\Rightarrow\begin{bmatrix}0\\-1\end{bmatrix}\leqslant\begin{bmatrix}x_1\\x_2\end{bmatrix}\leqslant\begin{bmatrix}14\\12\end{bmatrix} \tag{6.29}$$

由此，代码写作：

```
% lower and upper bounds
% 0 < x(1) < 14, -1 < x(2) < 12
lb = [0; -1];
ub = [14;12];
```

两个不等式约束，构造如下矩阵。

$$\boldsymbol{Ax}\leqslant\boldsymbol{b}\Rightarrow\begin{bmatrix}3&4\\4&3\end{bmatrix}\begin{bmatrix}x_1\\x_2\end{bmatrix}\leqslant\begin{bmatrix}60\\60\end{bmatrix} \tag{6.30}$$

对应代码如下。

```
% Linear inequality constraints


A = [3, 4;
     4, 3];
b = [60, 60];
```

图6.18展示上下界约束和线性不等式约束构造搜索域。图6.19更直观地展示线性规划目标函数和搜索域关系，图中等高线展示目标函数在不同位置取值。沿着绿色箭头所指方向，目标函数取值不断减小。在搜索域限制条件下，目标函数在红点处取得最小值。整合以上优化问题各个部分代码，如下。

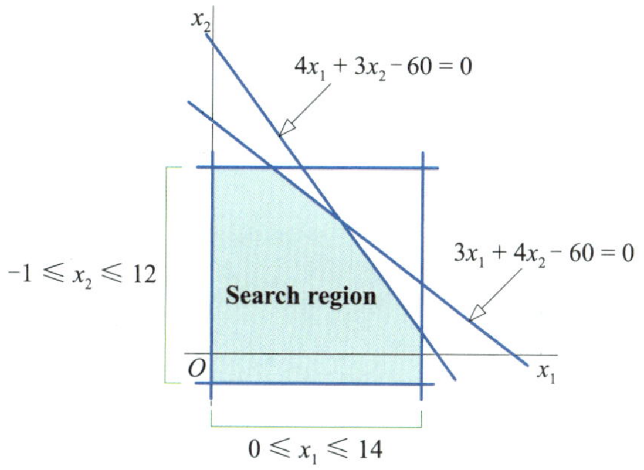

图6.18　线性优化问题可行域

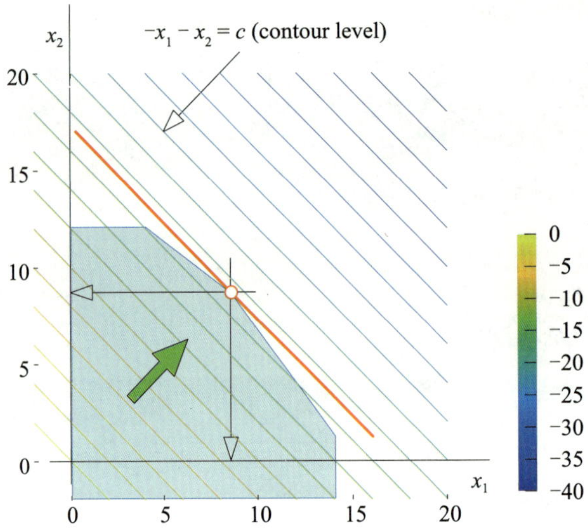

图6.19　线性优化问题可行域和目标函数值的等高线

```
% Objective function
R = [-1; -1];

% Linear inequality constraints

A = [3, 4;
     4, 3];
b = [60, 60];

% Linear equality constraints
Aeq = [];
beq = [];

% lower and upper bounds
% 0 < x(1) < 14, -1 < x(2) < 12
lb = [0; -1];
ub = [14;12];

% use default options
options = [];

[x,fval] = linprog(R, A,b, Aeq,beq, lb,ub, options)
```

优化解如下，和图6.19的结果一致。

```
Optimal solution found.

x =
    8.5714
    8.5714
```

```
fval =
  -17.1429
```

稍微修改上述线性优化问题，加入一个混合整数约束条件，得到如下**混合整数线性规划** (mixed-integer linear programming) 问题。

$$\underset{x}{\arg\min}\ f(\boldsymbol{x}) = -x_1 - x_2$$
$$\text{subject to:}\begin{cases} x_1\text{: integer} \\ 0 \leqslant x_1 \leqslant 14 \\ -1 \leqslant x_2 \leqslant 12 \\ 3x_1 + 4x_2 \leqslant 60 \\ 4x_1 + 3x_2 \leqslant 60 \end{cases} \tag{6.31}$$

MATLAB求解MILP问题函数为intlinprog()。相比linprog()，intlinprog() 增加两个输入：intcon和x0。

```
[x,fval] = intlinprog(R,intcon,A,b,Aeq,beq,lb,ub,x0,options)
```

其中，intcon为整数约束变量位置。比如一个10个变量 ($x_1, x_2, x_3,\cdots, x_{10}$) 的MILP问题，约束要求为$x_1$、$x_5$、$x_6$、$x_8$为整数，那么intcon应该这样定义：

```
intcon = [1, 5, 6, 8];
```

对于该MILP问题，intcon按如下设置：

```
intcon = [1];
```

intlinprog() 另外一个输入x0为**初始可行点** (initial feasible points)。x0设置为空，即：

```
x0 = [];
```

求解这个混合整数线性规划问题完整代码如下：

```
% Objective function
R = [-1; -1];

% Vector of integer constraints
intcon = [1]; % x(1): integer

% Linear inequality constraints

A = [3, 4;
     4, 3];
b = [60, 60];

% Linear equality constraints
Aeq = [];
beq = [];

% lower and upper bounds
% 0 < x(1) < 14, -1 < x(2) < 12
```

```
lb = [0; -1];
ub = [14;12];

% use default options
options = [];
x0 = [];
% no initial feasible points

[x,fval] = intlinprog(R,intcon,A,b,Aeq,beq,lb,ub,x0,options)
```

优化解为：

```
x =
    9.0000
    8.0000

fval =
   -17
```

细心的读者可能早已发现，优化解应该有两个，(8, 9) 也应该是优化点，图6.20所示。另外，在这个混合整数线性规划问题中，设置x_1为整数，设置x_2为整数，以及设置x_1和x_2均为整数结果一样。

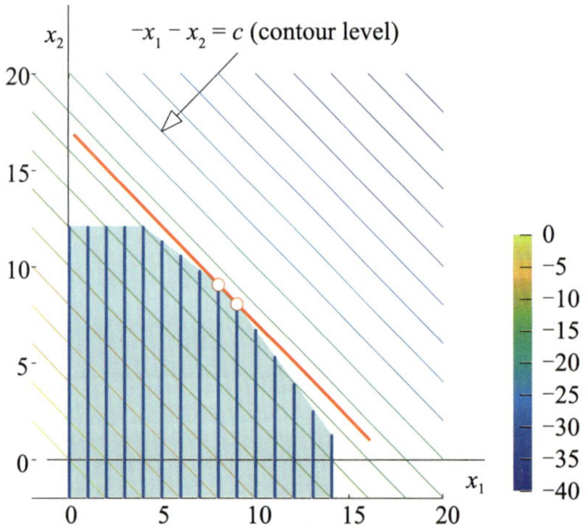

图6.20 混合整数线性优化问题可行域和目标函数值得等高线

6.4 拉格朗日乘子法

对于多约束条件问题，**拉格朗日乘子法** (method of lagrange multiplier) 为常用的求解方法。拉格朗日乘子法是以十八世纪法国著名数学家**约瑟夫·拉格朗日** (Joseph Lagrange) 命名。简单来说，Lagrange乘子法将原来等式约束优化问题和不等式约束优化问题等价转化成无约束优化问题。本节试图从几何角度来帮助读者深入浅出地理解拉格朗日乘子法，数学严谨性不是本节核心。

As long as algebra and geometry have been separated, their progress have been slow and their uses limited; but when these two sciences have been united, they have lent each mutual forces, and have marched together towards perfection.

—— Joseph-Louis Lagrange

对于下面含等式约束优化问题：

$$\begin{aligned}&\arg\min_{x} f(x)\\&\text{subject to: } h(x)=0\end{aligned} \tag{6.32}$$

其中，$f(\boldsymbol{x})$ 和$h(\boldsymbol{x})$ 为连续函数；$h(\boldsymbol{x}) = 0$为等式约束条件。

构造拉格朗日函数$L(\boldsymbol{x}, \lambda)$：

$$L(\boldsymbol{x},\lambda)=f(\boldsymbol{x})+\lambda h(\boldsymbol{x}) \tag{6.33}$$

λ被称作拉格朗日乘子，或拉格朗日乘数。通过λ，这个含等式约束优化问题，转化为一个无约束优化问题：

$$\begin{cases}\arg\min_{x} f(\boldsymbol{x})\\ \text{subject to: } h(\boldsymbol{x})=0\end{cases} \Rightarrow \arg\min_{x} L(\boldsymbol{x},\lambda) \tag{6.34}$$

计算$L(\boldsymbol{x}, \lambda)$ 对$\boldsymbol{x}$和λ偏导，最优解必要条件如下：

$$\begin{cases}\nabla_{x} L(\boldsymbol{x},\lambda)=\dfrac{\partial L(\boldsymbol{x},\lambda)}{\partial \boldsymbol{x}}=\nabla f(\boldsymbol{x})+\lambda\nabla h(\boldsymbol{x})=\boldsymbol{0}\\ \nabla_{\lambda} L(\boldsymbol{x},\lambda)=\dfrac{\partial L(\boldsymbol{x},\lambda)}{\partial \lambda}=h(\boldsymbol{x})=0\end{cases} \tag{6.35}$$

上两式合并为：

$$\nabla_{x,\lambda} L(\boldsymbol{x},\lambda)=\boldsymbol{0} \tag{6.36}$$

求解上式得到极值点$\boldsymbol{x}^*$。

对于大部分读者来说，理解拉格朗日算子方法最大难点可能在于下式：

$$\nabla f(\boldsymbol{x})+\lambda\nabla h(\boldsymbol{x})=0 \tag{6.37}$$

本节将结合图形解释上式含义。

上式变形得到：

$$\nabla f(\boldsymbol{x})=-\lambda\nabla h(\boldsymbol{x}) \tag{6.38}$$

等式隐含重要信息，$f(\boldsymbol{x})$ 和$h(\boldsymbol{x})$ 在极值点$\boldsymbol{x}^*$处梯度同向或者反向。图6.21中等高线展示目标函数$f(\boldsymbol{x})$ 变化趋势。$h(\boldsymbol{x})$ 为线性约束条件，变量取值范围在图6.21蓝色曲线上。若梯度 $\nabla f(\boldsymbol{x}^*)$ 和梯度 $\nabla h(\boldsymbol{x}^*)$ 反向，λ为正值，如图6.21(a) 所示。如果梯度 $\nabla f(\boldsymbol{x}^*)$和梯度 $\nabla h(\boldsymbol{x}^*)$ 同向，λ为负值，如图6.21(b) 所示。

简单来说，$h(\boldsymbol{x})=0$约束下$f(\boldsymbol{x})$取得极值条件是，某点处梯度$\nabla f(\boldsymbol{x}^*)$和梯度$\nabla h(\boldsymbol{x}^*)$平行。从另外一个角度，$f(\boldsymbol{x})$取得极值时，极值点出现在$h(\boldsymbol{x})$和$f(\boldsymbol{x})$在平面内投影等高线相切位置。

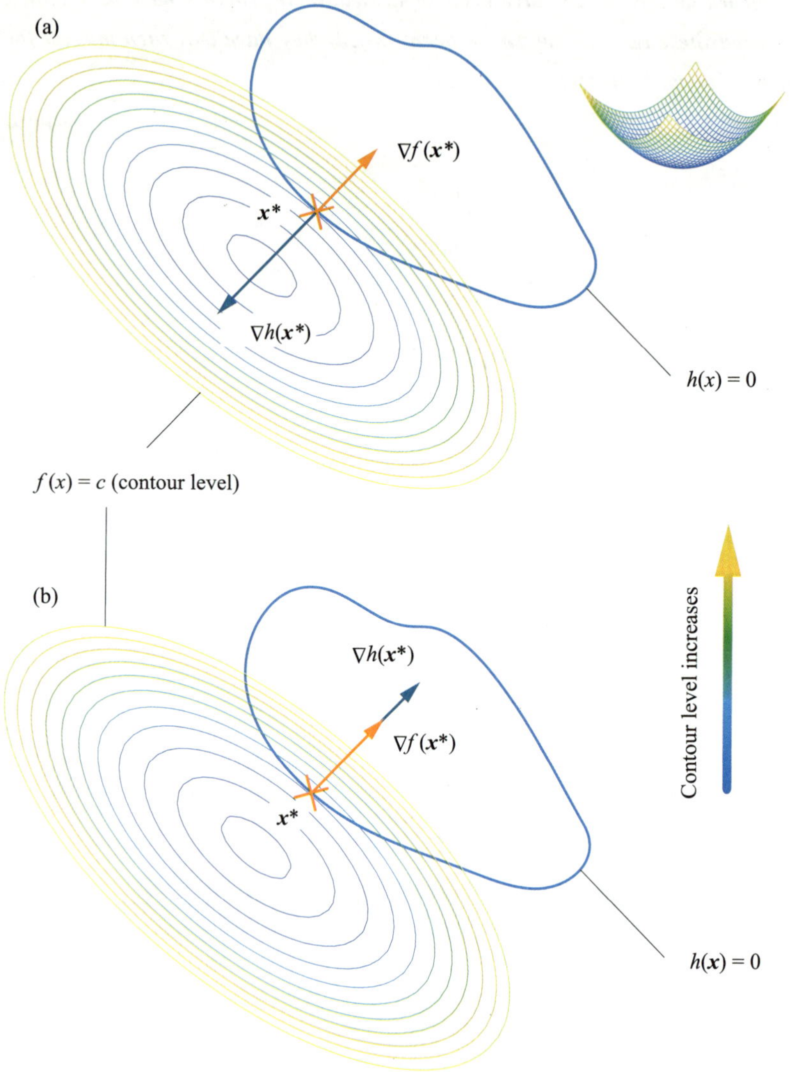

图6.21　等式约束条件拉格朗日算子几何意义

图6.22进一步展示梯度平行几何意义。图6.22是图6.21(a) 局部视图，A点是极值点。如前文所述，A点处，梯度$\nabla f(\boldsymbol{x}^*)$和梯度$\nabla h(\boldsymbol{x}^*)$反向。梯度$\nabla f(\boldsymbol{x}^*)$方向为函数$f(\boldsymbol{x})$增大方向，梯度负方向$-\nabla f(\boldsymbol{x}^*)$为函数$f(\boldsymbol{x})$减小方向。本册数学部分介绍过梯度和切法向关系，$A$点处，$h(\boldsymbol{x})$切线垂直于$\nabla h(\boldsymbol{x}^*)$，因此$h(\boldsymbol{x})$切线垂直于梯度负方向$-\nabla f(\boldsymbol{x}^*)$。从而，$A$点处，$-\nabla f(\boldsymbol{x}^*)$在$h(x)$切线方向投影向量范数为0。若沿着$h(\boldsymbol{x})=0$路径向左或者向右稍微偏离$A$，$f(\boldsymbol{x})$都会增大，因此$A$点在$h(\boldsymbol{x})=0$等式约束条件下极值。

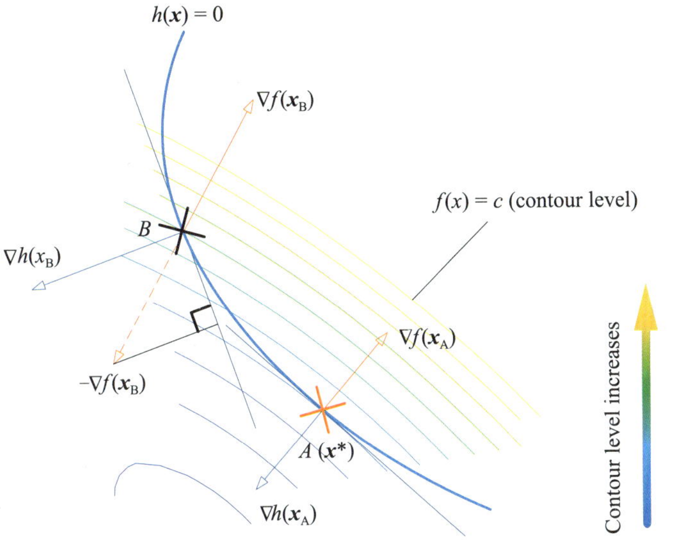

图6.22　梯度平行几何意义

再来看图6.22中B点，同样找到$f(\boldsymbol{x})$梯度负方向$-\nabla f(\boldsymbol{x}^*)$，即$f(\boldsymbol{x})$减小方向；然后，再找$B$点处$h(\boldsymbol{x})$切线方向，发现$-\nabla f(\boldsymbol{x}^*)$在此切线方向，沿着$f(\boldsymbol{x})$减小方向存在投影分量。这说明，在$B$点沿着$h(\boldsymbol{x})$向右下方行走，$f(\boldsymbol{x})$减小。通过以上分析，通过几何图像再次确认在$h(\boldsymbol{x}) = 0$约束下$f(\boldsymbol{x})$取得极值条件是，某点处梯度$\nabla f(\boldsymbol{x}^*)$和梯度$\nabla h(\boldsymbol{x}^*)$平行。

用拉格朗日乘子计算出来的极值到底是极大值还是极小值，还需要进一步的判断。图6.23给出四种极值常见情况。如图6.23 (a) 所示，$f(\boldsymbol{x})$自身为凸函数，$f(\boldsymbol{x})$等高线图和$h(\boldsymbol{x}) = 0$相切于A点和B点；在$h(\boldsymbol{x}) = 0$约束条件下，$f(\boldsymbol{x})$在A点取得极大值，在B点取得极小值。

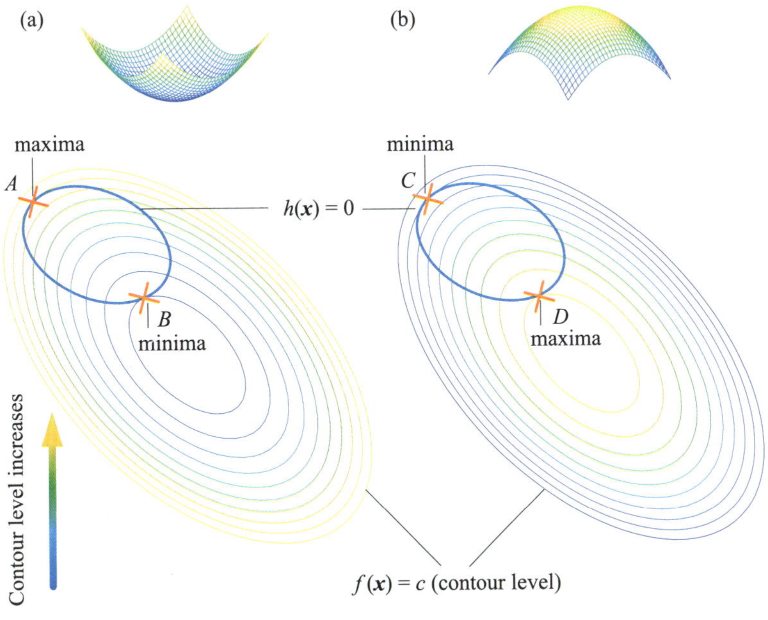

图6.23　四种极值情况

而在图6.23 (b)，$f(\boldsymbol{x})$自身为凹函数，$f(\boldsymbol{x})$等高线图和$h(\boldsymbol{x}) = 0$相切于C点和D点；在$h(\boldsymbol{x}) = 0$约束条件下，$f(\boldsymbol{x})$在C点取得极小值，在D点取得极大值。这里请读者注意，$h(\boldsymbol{x})$自身函数值变化趋势不是需

要考虑的问题，因为优化问题$h(\boldsymbol{x})=0$为等式约束。但是，不等式约束条件就不得不考虑不等式自身函数值变化趋势，本节后半部分会讨论这个内容。

下面用一个简单例子来验证拉格朗日算子法。这是一个二次规划问题，含一个线性约束条件。

$$\begin{aligned}&\underset{\boldsymbol{x}}{\arg\min}\ f(\boldsymbol{x})=x_1^2+x_2^2\\&\text{subject to: } h(\boldsymbol{x})=x_1+x_2-1=0\end{aligned} \tag{6.39}$$

x_1-x_2平面上，$f(\boldsymbol{x})$是一组同心圆。等式约束条件$x_1+x_2-1=0$在平面上是一条直线。同心圆等高线和直线有无数个交点，如图6.24所示。图6.24中，红色箭头是$f(\boldsymbol{x})$等高线在交点处梯度方向，蓝色箭头是$h(\boldsymbol{x})$梯度方向。当同心圆和等式约束相切时，$f(\boldsymbol{x})$取得最小值，这一点处，$f(\boldsymbol{x})$和$h(\boldsymbol{x})$梯度方向一致。

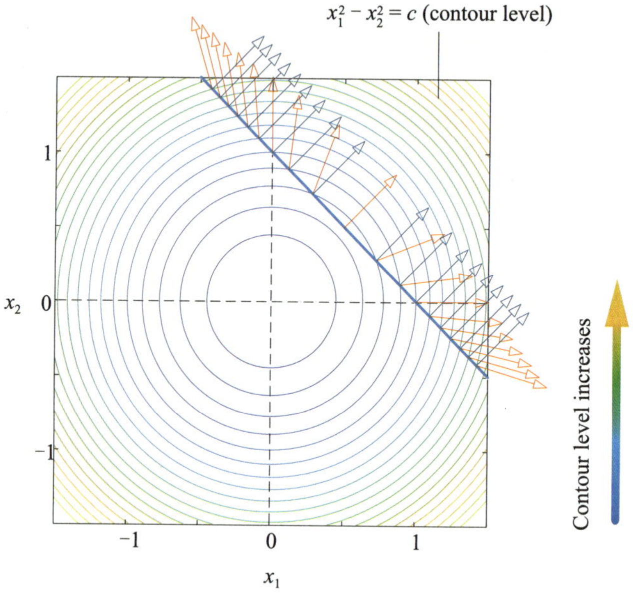

图6.24　拉格朗日算子求解二次规划，极值点处$f(x)$和$h(x)$梯度同向，λ小于0

首先用消元法求解该问题，将等式约束条件带入目标函数，得到：

$$f(x_1)=x_1^2+(1-x_1)^2=2x_1^2-2x_1+1 \tag{6.40}$$

优化问题从二维降维为一维。上式对x_1求导数得到：

$$f'(x_1)=x_1^2+(1-x_1)^2=4x_1-2 \tag{6.41}$$

令上式为0，求得$x_1=1/2$；同时得到$x_2=1/2$。这种用消元来求解优化问题也常叫降维法。

用拉格朗日乘子法来重新计算，构造$L(\boldsymbol{x},\lambda)$：

$$L(\boldsymbol{x},\lambda)=x_1^2+x_2^2+\lambda(x_1+x_2-1) \tag{6.42}$$

构造如下偏微分等式并求解(x_1, x_2, λ)：

$$\begin{cases} \dfrac{\partial L(\boldsymbol{x},\lambda)}{\partial x_1} = 2x_1 + \lambda = 0 \\ \dfrac{\partial L(\boldsymbol{x},\lambda)}{\partial x_2} = 2x_2 + \lambda = 0 \\ \dfrac{\partial L(\boldsymbol{x},\lambda)}{\partial \lambda} = x_1 + x_2 - 1 = 0 \end{cases} \Rightarrow \begin{cases} x_1 = \dfrac{1}{2} \\ x_2 = \dfrac{1}{2} \\ \lambda = -1 \end{cases} \tag{6.43}$$

以上结果和前文一致，如图6.25所示。注意λ为负值，这说明在优化点处，梯度 $\nabla f(\boldsymbol{x})$ 和梯度 $\nabla h(\boldsymbol{x})$ 同向。

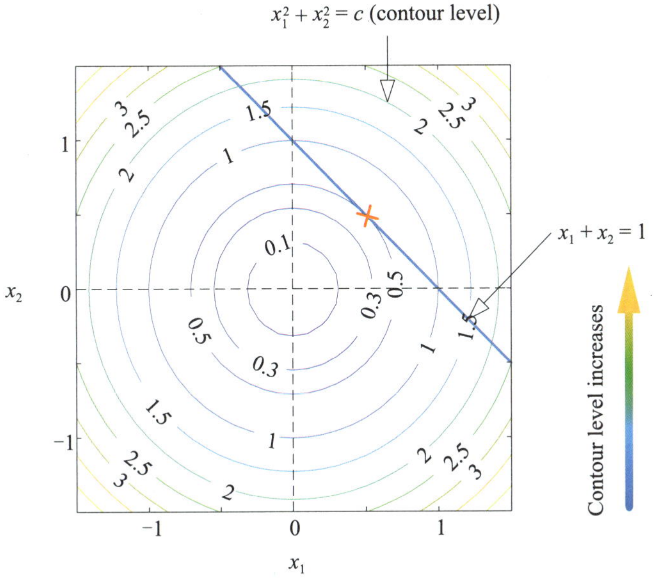

图6.25　拉格朗日乘子法得到最小值点

把约束条件稍作调整，让梯度 $\nabla f(\boldsymbol{x})$和梯度 $\nabla h(\boldsymbol{x})$反向：

$$\begin{aligned} &\arg\min_{\boldsymbol{x}} f(\boldsymbol{x}) = x_1^2 + x_2^2 \\ &\text{subject to: } h(\boldsymbol{x}) = x_2 - x_1 + 1 = 0 \end{aligned} \tag{6.44}$$

构造$L(\boldsymbol{x}, \lambda)$ 为：

$$L(\boldsymbol{x},\lambda) = x_1^2 + x_2^2 + \lambda(x_2 - x_1 + 1) \tag{6.45}$$

构造如下偏微分等式并求解 (x_1, x_2, λ)：

$$\begin{cases} \dfrac{\partial L(\boldsymbol{x},\lambda)}{\partial x_1} = 2x_1 - \lambda = 0 \\ \dfrac{\partial L(\boldsymbol{x},\lambda)}{\partial x_2} = 2x_2 + \lambda = 0 \\ \dfrac{\partial L(\boldsymbol{x},\lambda)}{\partial \lambda} = x_2 - x_1 + 1 = 0 \end{cases} \Rightarrow \begin{cases} x_1 = -\dfrac{1}{2} \\ x_2 = \dfrac{1}{2} \\ \lambda = 1 \end{cases} \tag{6.46}$$

λ为正值，这说明在极值点处，梯度 $\nabla f(\boldsymbol{x})$ 和梯度 $\nabla h(\boldsymbol{x})$ 反向，如图6.26所示。在两个自变量x_1和x_2基础上，增加第三个变量λ；因此这种方法又称作升维法。

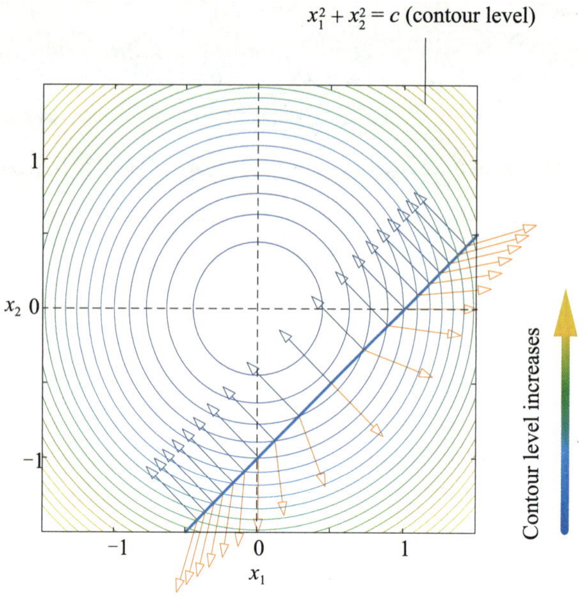

图6.26　拉格朗日算子求解二次规划，极值点处$f(x)$ 和 $h(x)$ 梯度反向，λ大于0

再看一个线性规划问题，它约束为非线性等式约束：

$$\begin{aligned}&\arg\min_{\boldsymbol{x}} f(\boldsymbol{x}) = x_1 + x_2\\ &\text{subject to: } h(\boldsymbol{x}) = x_1^2 + x_2^2 - 1 = 0\end{aligned} \tag{6.47}$$

优化问题中不同点处$f(\boldsymbol{x})$ 和$h(\boldsymbol{x})$ 梯度，如图6.27所示。

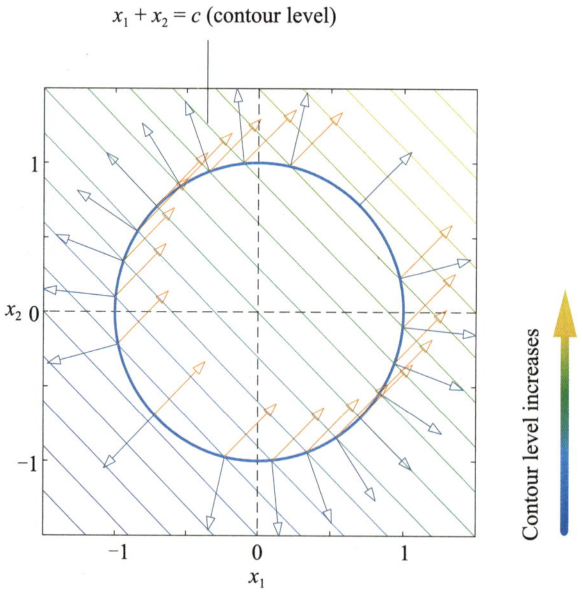

图6.27　拉格朗日算子求解线性规划，$f(x)$ 和$h(x)$ 梯度

构造$L(\boldsymbol{x})$ 如下：

$$L(\boldsymbol{x},\lambda)=x_1+x_2+\lambda\left(x_1^2+x_2^2-1\right) \tag{6.48}$$

构造如下偏微分等式：

$$\begin{cases}\dfrac{\partial L(\boldsymbol{x},\lambda)}{\partial x_1}=1+2x_1\lambda=0\\ \dfrac{\partial L(\boldsymbol{x},\lambda)}{\partial x_2}=1+2x_2\lambda=0\\ \dfrac{\partial L(\boldsymbol{x},\lambda)}{\partial \lambda}=x_1^2+x_2^2-1=0\end{cases} \Rightarrow \begin{cases}x_1=-\dfrac{1}{2\lambda}\\ x_2=-\dfrac{1}{2\lambda}\\ x_1^2+x_2^2-1=0\end{cases} \tag{6.49}$$

构造λ等式：

$$\left(\frac{1}{2\lambda}\right)^2+\left(\frac{1}{2\lambda}\right)^2-1=0 \Rightarrow \lambda=\pm\frac{\sqrt{2}}{2} \tag{6.50}$$

λ取负值，获得极小值，得到：

$$\begin{cases}x_1=-\dfrac{\sqrt{2}}{2}\\ x_2=-\dfrac{\sqrt{2}}{2}\\ \lambda=-\dfrac{\sqrt{2}}{2}\end{cases} \tag{6.51}$$

优化问题结果，如图6.28所示。λ取正值，获得极大值。

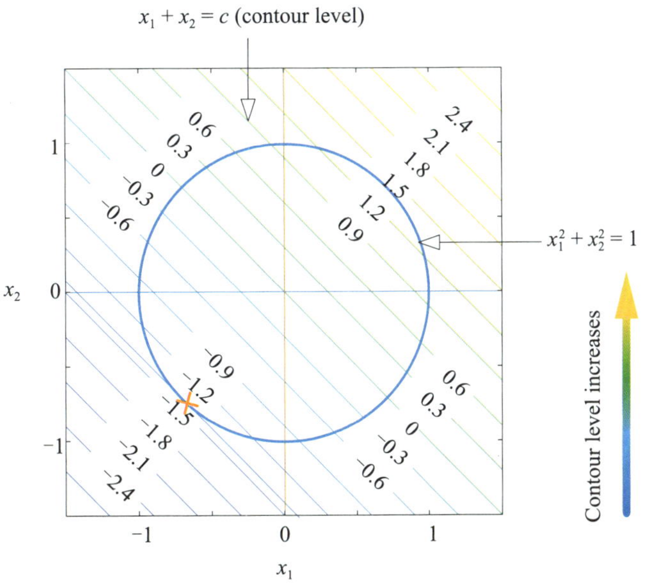

图6.28　拉格朗日乘子处理等式约束线性规划

请读者注意，很多文献λ前采用负号，拉格朗日函数$L(\boldsymbol{x}, \lambda)$ 构造为：

$$L(\boldsymbol{x},\lambda)=f(\boldsymbol{x})-\lambda h(\boldsymbol{x}) \tag{6.52}$$

计算$L(\boldsymbol{x}, \lambda)$ 对$\boldsymbol{x}$和λ偏导，它们最优解必要条件如下：

$$\begin{cases}\nabla_{\boldsymbol{x}} L(\boldsymbol{x},\lambda)=\dfrac{\partial L(\boldsymbol{x},\lambda)}{\partial \boldsymbol{x}}=\nabla f(\boldsymbol{x})-\lambda\nabla h(\boldsymbol{x})=0\\ \nabla_{\lambda} L(\boldsymbol{x},\lambda)=\dfrac{\partial L(\boldsymbol{x},\lambda)}{\partial \lambda}=h(\boldsymbol{x})=0\end{cases} \tag{6.53}$$

这种拉格朗日函数构造，若梯度 $\nabla f(\boldsymbol{x}^*)$和梯度 $\nabla h(\boldsymbol{x}^*)$同向，$\lambda$为正值。如果梯度 $\nabla f(\boldsymbol{x}^*)$和梯度 $\nabla h(\boldsymbol{x}^*)$反向，$\lambda$为负值。

不等式约束要用KKT (Karush-Kuhn-Tucker) 条件将拉格朗日乘子处理等式约束问题推广到不等式约束问题。不等式约束条件优化问题构造如下：

$$\begin{gathered}\underset{\boldsymbol{x}}{\arg\min}\, f(\boldsymbol{x})\\ \text{subject to: } g(\boldsymbol{x})\leqslant 0\end{gathered} \tag{6.54}$$

其中，$f(\boldsymbol{x})$ 和$g(\boldsymbol{x})$ 为连续函数。

如图6.29所示，蓝色曲线和图6.21一样代表等式情况，浅蓝色区域代表小于0情况。最优点$\boldsymbol{x}^*$出现位置有两种情况：第一种情况，$\boldsymbol{x}^*$出现在边界上 (蓝色线)，约束条件有效；第二种情况，$\boldsymbol{x}^*$出现在不等式区域内 (浅蓝色)，约束条件无效。

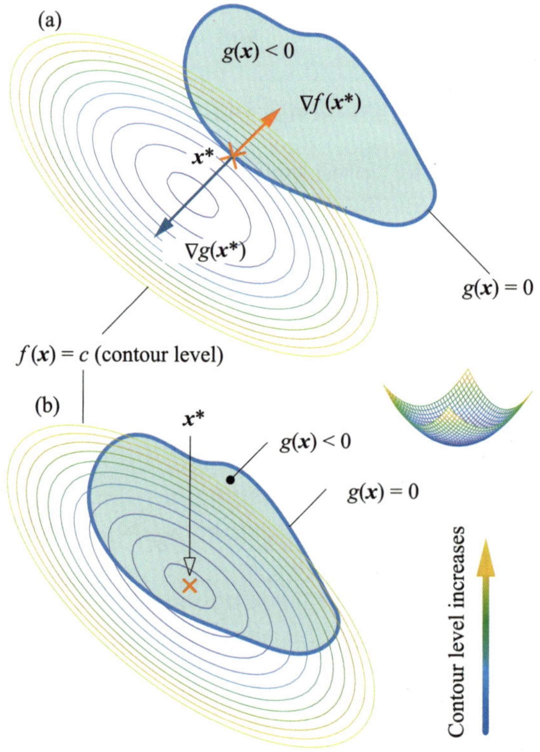

图6.29　不等式约束条件下拉格朗日乘子法两种情况

在图6.29(a) 中，第一种情况等价于图6.21讨论情况，即$g(\boldsymbol{x}) = 0$成立。在图6.29(b) 中，第二种情况，$\boldsymbol{x}^*$出现在$g(\boldsymbol{x}) < 0$ 蓝色区域内，对于凸函数，直接通过 $\nabla f(\boldsymbol{x}^*) = 0$获得最优点，此时$\lambda$为0；这种情况，约束优化问题蜕化为无约束问题。结合上述两种情况，$\lambda g(\boldsymbol{x}) = 0$ 恒成立。

如图6.30所示，不等式内部区域$g(\boldsymbol{x}) < 0$，而边界$g(\boldsymbol{x}) = 0$；而蓝色边界外，$g(\boldsymbol{x}) > 0$。因此，$g(\boldsymbol{x})$在蓝色边界$g(\boldsymbol{x}) = 0$，梯度指向区域外部，如图6.30所示。在此条件下，$\nabla f(\boldsymbol{x}^*)$ 和梯度 $\nabla h(\boldsymbol{x}^*)$ 反向。

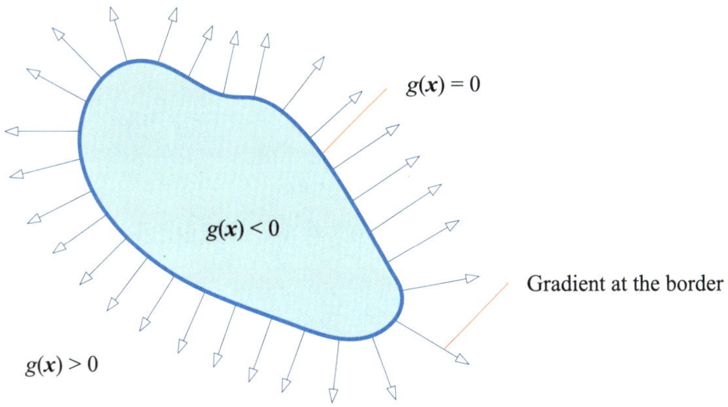

图6.30　不等式约束梯度方向

图6.31所示为 $\nabla f(\boldsymbol{x}^*)$和梯度 $\nabla g(\boldsymbol{x}^*)$ 反向和同向两种情况。图6.31(a)中，A点处，$f(\boldsymbol{x})$ 梯度 $\nabla f(\boldsymbol{x}_A)$ 是红色箭头，指向方向朝上；而A点处，$g(\boldsymbol{x})$ 梯度 $\nabla g(\boldsymbol{x}_A)$ 是蓝色箭头，指向朝下。图6.31(a) 中，$\nabla f(\boldsymbol{x}_A)$和梯度 $\nabla g(\boldsymbol{x}_A)$ 相反，A点为$g(\boldsymbol{x}) \leqslant 0$ 不等式条件约束下 $f(\boldsymbol{x})$ 最小值。图6.31(b)中，B点处，$f(x)$的梯度 $\nabla f(\boldsymbol{x}_B)$和$g(\boldsymbol{x})$ 梯度 $\nabla g(\boldsymbol{x}_B)$ 方向相同，B点是$g(\boldsymbol{x}) \leqslant 0$ 不等式条件约束下$f(\boldsymbol{x})$ 最大值。

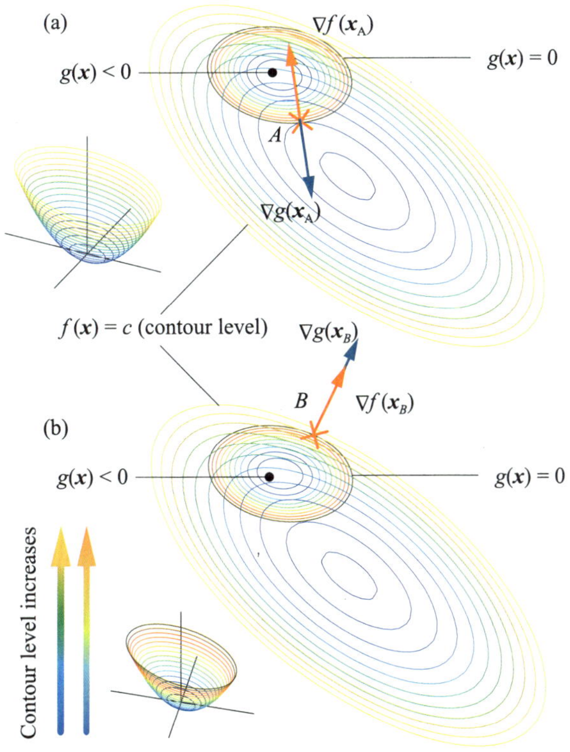

图6.31　不等式约束梯度同方向和反方向

结合以上讨论，在$g(\boldsymbol{x}) \leqslant 0$不等式条件约束下$f(\boldsymbol{x})$最小值问题，构造如下拉格朗日函数$L(\boldsymbol{x}, \lambda)$：

$$L(\boldsymbol{x},\lambda)=f(\boldsymbol{x})+\lambda g(\boldsymbol{x}) \tag{6.55}$$

极值点$\boldsymbol{x}^*$出现位置满足以下条件：

$$\begin{cases}\nabla f(\boldsymbol{x})+\lambda\nabla g(\boldsymbol{x})=0\\ g(\boldsymbol{x})\leqslant 0\\ \lambda\geqslant 0\\ \lambda g(\boldsymbol{x})=0\end{cases} \tag{6.56}$$

以上这些条件合称KKT条件。

在不等式$g(\boldsymbol{x}) \leqslant 0$约束条件下及等式约束$h(\boldsymbol{x}) = 0$条件下，构造最小化$f(\boldsymbol{x})$优化问题：

$$\begin{aligned}&\arg\min_{x} f(\boldsymbol{x})\\ &\text{subject to: } g(\boldsymbol{x})\leqslant 0,\ h(\boldsymbol{x})=0\end{aligned} \tag{6.57}$$

构造拉格朗日函数：

$$L(\boldsymbol{x},\lambda)=f(\boldsymbol{x})+\lambda_h h(\boldsymbol{x})+\lambda_g g(\boldsymbol{x}) \tag{6.58}$$

KKT条件如下：

$$\begin{cases}\nabla f(\boldsymbol{x})+\lambda_h\nabla h(\boldsymbol{x})+\lambda_g\nabla g(\boldsymbol{x})\lambda=0\\ h(\boldsymbol{x})=0\\ g(\boldsymbol{x})\leqslant 0\\ \lambda_g\geqslant 0\\ \lambda_g g(\boldsymbol{x})=0\end{cases} \tag{6.59}$$

有以上讨论，把结论推广到多个等式约束和多个不等式约束情况。考虑构造如下优化问题：

$$\begin{aligned}&\arg\min_{x} f(\boldsymbol{x})\\ &\text{subject to: }\begin{cases}g_j(\boldsymbol{x})\leqslant 0, & j=1,\cdots,m\\ h_i(\boldsymbol{x})=0, & i=1,\cdots,n\end{cases}\end{aligned} \tag{6.60}$$

拥有多个等式约束和不等式约束拉格朗日函数如下：

$$L(\boldsymbol{x},\lambda)=f(\boldsymbol{x})+\sum\lambda_{h,i}h_i(\boldsymbol{x})+\sum\lambda_{g,j}g_j(\boldsymbol{x}) \tag{6.61}$$

最优点KKT条件如下：

$$\begin{cases}\nabla_{x,\lambda}L(\boldsymbol{x},\lambda)=0\\ h_i(\boldsymbol{x})=0\\ g_j(\boldsymbol{x})\leqslant 0\\ \lambda_{g,j}\geqslant 0\\ \lambda_{g,j}g_j(\boldsymbol{x})=0, \quad \forall j\end{cases} \tag{6.62}$$

这部分讨论拉格朗日乘子优化法将会广泛应用在投资组合优化问题中。另外，拉格朗日乘子法还可以继续延伸到其他内容，例如拉格朗日对偶问题 (Lagrangean duality)。感兴趣的读者可以了解一下，本书不再深入讨论。

6.5 二次规划

二次规划一般式如下：

$$\begin{aligned}&\arg\min_{\boldsymbol{x}} f(\boldsymbol{x})=\frac{1}{2}\boldsymbol{x}^{\mathrm{T}}\boldsymbol{Q}\boldsymbol{x}+\boldsymbol{R}^{\mathrm{T}}\boldsymbol{x}\\&\text{subject to: } \boldsymbol{lb}\leqslant\boldsymbol{x}\leqslant\boldsymbol{ub}\\&\qquad\qquad\quad \boldsymbol{A}\boldsymbol{x}\leqslant\boldsymbol{b}\\&\qquad\qquad\quad \boldsymbol{A}_{\mathrm{eq}}\boldsymbol{x}=\boldsymbol{b}_{\mathrm{eq}}\end{aligned}\tag{6.63}$$

MATLAB处理二次规划问题函数为quadprog()。quadprog() 输入和输出如下：

```
[x,fval] = quadprog(Q,R,A,b,Aeq,beq,lb,ub,x0,options)
```

用两个二次规划问题来讨论如何使用quadprog()函数。第一个二次规划问题如下：

$$\begin{aligned}&\arg\min_{\boldsymbol{x}}\ f(\boldsymbol{x})=x_1^2+x_2^2-4x_1-4x_2\\&\text{subject to: } 0\leqslant x_1\leqslant 8\\&\qquad\qquad\quad 0\leqslant x_2\leqslant 6\\&\qquad\qquad\quad x_1+2x_2\leqslant 14\\&\qquad\qquad\quad x_1+x_2\leqslant 10\end{aligned}\tag{6.64}$$

用矩阵形式来写：

$$\begin{aligned}&\arg\min_{\boldsymbol{x}} f(\boldsymbol{x})=\frac{1}{2}\boldsymbol{x}^{\mathrm{T}}\boldsymbol{Q}\boldsymbol{x}+\boldsymbol{R}^{\mathrm{T}}\boldsymbol{x}\\&\text{subject to: } \boldsymbol{lb}\leqslant\boldsymbol{x}\leqslant\boldsymbol{ub}\\&\qquad\qquad\quad \boldsymbol{A}\boldsymbol{x}\leqslant\boldsymbol{b}\end{aligned}\tag{6.65}$$

其中，优化目标函数：

$$\boldsymbol{Q}=\begin{bmatrix}2&0\\0&2\end{bmatrix},\ \boldsymbol{R}=\begin{bmatrix}-4\\-4\end{bmatrix},\ \boldsymbol{x}=\begin{bmatrix}x_1\\x_2\end{bmatrix}\tag{6.66}$$

其中，约束条件：

$$\boldsymbol{lb}=\begin{bmatrix}0\\0\end{bmatrix},\quad \boldsymbol{ub}=\begin{bmatrix}8\\6\end{bmatrix},\quad \boldsymbol{A}=\begin{bmatrix}1&2\\1&1\end{bmatrix},\quad \boldsymbol{b}=\begin{bmatrix}14\\10\end{bmatrix}\tag{6.67}$$

图6.32给出可行域和二次规划目标函数值等高线。清楚看到等高线为正圆。

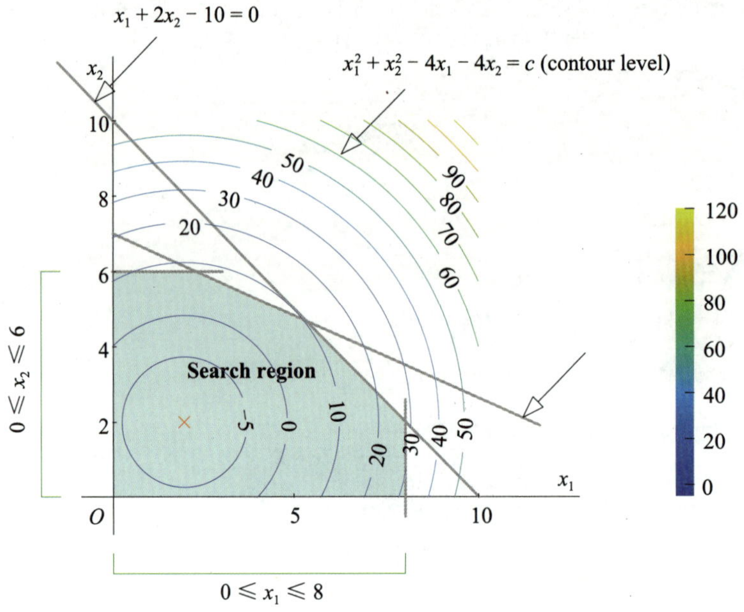

图6.32　可行域和二次规划目标函数值等高线

```
% Objective function

Q = [2, 0; 0, 2];
R = [-4;  -4];

% Linear inequality constraints

A = [1, 2;
    1, 1];
b = [14; 10];

% Linear equality constraints
Aeq = [];
beq = [];

% lower and upper bounds
% 0 < x(1) < 8, 0 < x(2) < 6
lb = [0; 0];
ub = [8; 6];

% use default options
options = [];

% no initial feasible points
x0 = [];

[x,fval] = quadprog(Q,R,A,b,Aeq,beq,lb,ub,x0,options)
```

结果如下：

```
x =
    2.0000
    2.0000

fval =
    -8
```

从书前文反复提到过方差-协方差矩阵和椭圆之间相互联系。下面是和方差-协方差有关的二次规划问题。

$$\begin{aligned}&\arg\min_{x} f(\boldsymbol{x})=\frac{1}{2}\boldsymbol{x}^{\mathrm{T}}\boldsymbol{Q}\boldsymbol{x}\\&\text{subject to: } \boldsymbol{lb}\leqslant\boldsymbol{x}\leqslant\boldsymbol{ub}\\&\boldsymbol{A}_{\mathrm{eq}}\boldsymbol{x}=\boldsymbol{b}_{\mathrm{eq}}\end{aligned} \tag{6.68}$$

其中，优化目标函数：

$$\boldsymbol{Q}=2\times\begin{bmatrix}\sigma_1^2 & \rho_{1,2}\sigma_1\sigma_2\\ \rho_{1,2}\sigma_1\sigma_2 & \sigma_2^2\end{bmatrix},\ \boldsymbol{x}=\begin{bmatrix}x_1\\x_2\end{bmatrix} \tag{6.69}$$

因此，$f(\boldsymbol{x})$写作：

$$f(\boldsymbol{x})=\sigma_1^2x_1^2+2\rho_{1,2}\sigma_1\sigma_2x_1x_2+\sigma_2^2x_2^2 \tag{6.70}$$

看到，目标函数$f(\boldsymbol{x})$为投资组合收益率方差，即波动率平方值。

该优化问题有两个约束条件。第一个是上下界，x_1和x_2取值范围：

$$\begin{bmatrix}-1.5\\-1.5\end{bmatrix}\leqslant\begin{bmatrix}x_1\\x_2\end{bmatrix}\leqslant\begin{bmatrix}1.5\\1.5\end{bmatrix}\quad\Rightarrow\quad \boldsymbol{lb}=\begin{bmatrix}-1.5\\-1.5\end{bmatrix},\quad \boldsymbol{ub}=\begin{bmatrix}1.5\\1.5\end{bmatrix} \tag{6.71}$$

第二个约束条件是线性等式约束：

$$x_1+x_2=1\quad\Rightarrow\quad \boldsymbol{A}_{\mathrm{eq}}=\begin{bmatrix}1 & 1\end{bmatrix},\quad \boldsymbol{b}_{\mathrm{eq}}=\begin{bmatrix}1\end{bmatrix} \tag{6.72}$$

大家可能已经发现该二次规划问题实际上是一个资产配置优化。x_1和x_2是资产1和2配置权重，x_1和x_2两者之和为1。优化问题目标是，两个资产构成投资组合方差平方值最小。

现在给出数值条件，资产1和资产2收益率波动率为定值，两个资产收益率相关性系数有五种可能性。

$$\sigma_1=0.3;\ \sigma_2=0.15;\ \rho_{1,2}=-1,-0.5,0,0.5,1 \tag{6.73}$$

图6.33～图6.37展示相关性系数不断变化时$f(x)$的形状变化，以及在线性等式约束条件下最优点位置。

请读者交换两个资产波动率，资产1 ($\sigma_1=0.15$) 和资产2 ($\sigma_2=0.3$)，再次绘制并观察五幅图片。

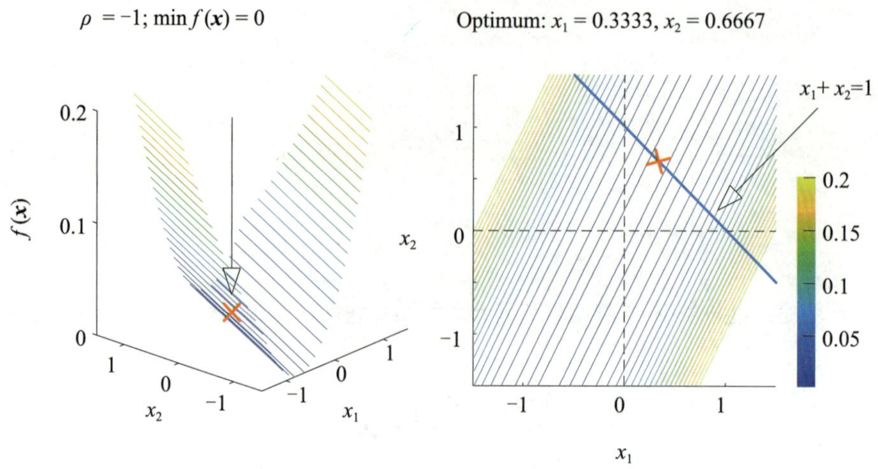

图6.33　资产1 ($\sigma_1 = 0.3$) 和资产2 ($\sigma_2 = 0.15$) 完全线性负相关 ($\rho_{1,2} = -1$)

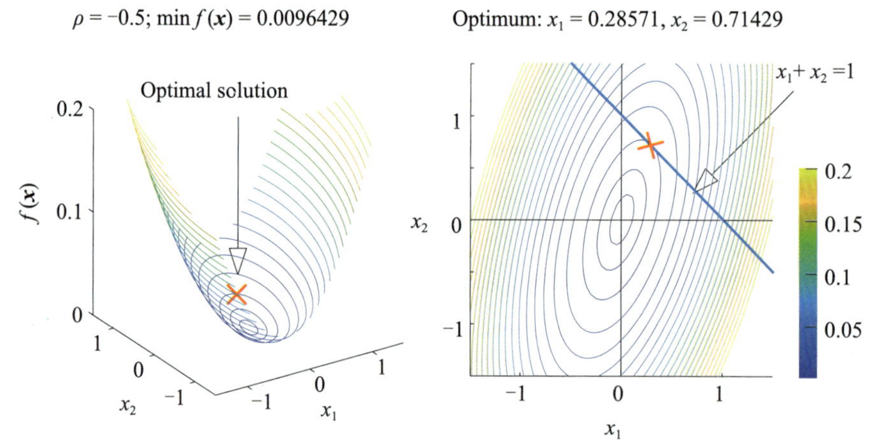

图6.34　资产1 ($\sigma_1 = 0.3$) 和资产2 ($\sigma_2 = 0.15$) 线性负相关 ($\rho_{1,2} = -0.5$)

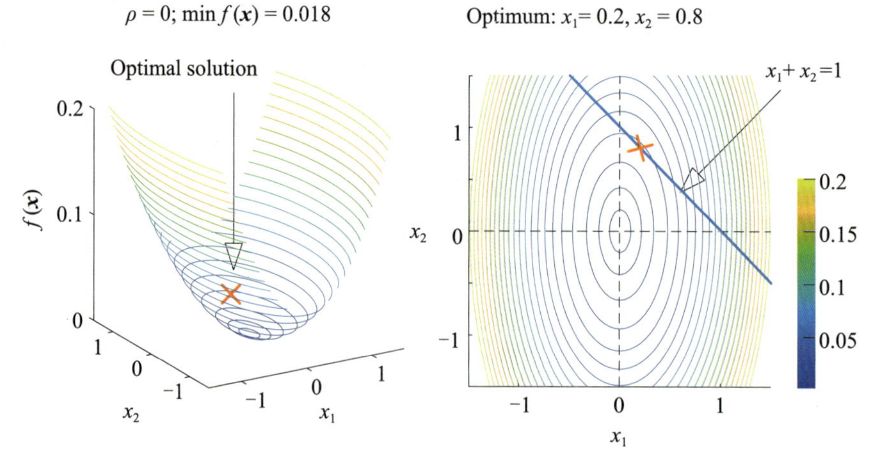

图6.35　资产1 ($\sigma_1 = 0.3$) 和资产2 ($\sigma_2 = 0.15$) 线性无关 ($\rho_{1,2} = 0$)

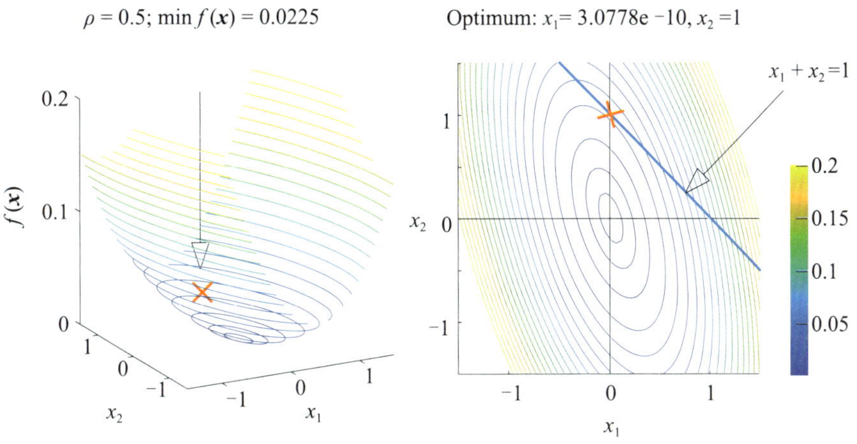

图6.36　资产1 ($\sigma_1 = 0.3$) 和资产2 ($\sigma_2 = 0.15$) 线性正相关 ($\rho_{1,2} = 0.5$)

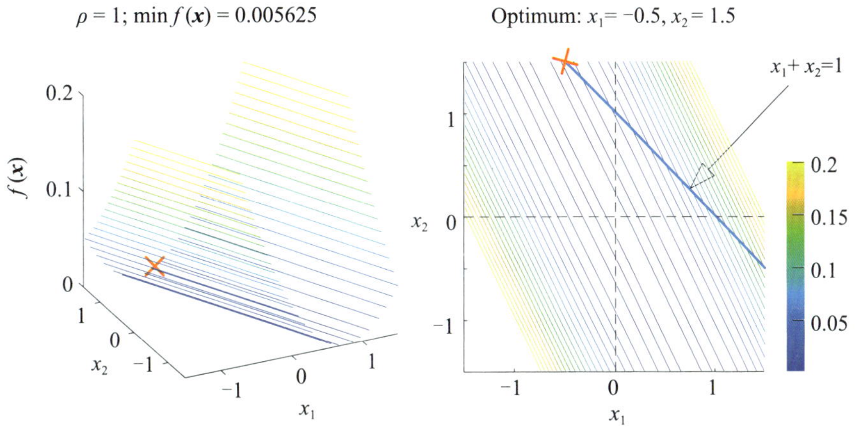

图6.37　资产1 ($\sigma_1 = 0.3$) 和资产2 ($\sigma_2 = 0.15$) 完全线性正相关 ($\rho_{1,2} = 1$)

B4_Ch6_3.m

```
clc; close all; clear all
sigma_1 = 0.3;  % vol: asset 1
sigma_2 = 0.15; % vol: asset 2

rhos = [-1,-0.5,0,0.5,1];
% possible correlations between asset 1 and 2

x1 = -1.5:0.05:1.5;
x2 = -1.5:0.05:1.5;
x1_x = -0.5:0.1:1.5;
x2_y = 1 - x1_x;
[xx1,xx2] = meshgrid(x1,x2);

% Linear inequality constraints
A = []; b = [];
```

```
% Linear equality constraints
Aeq = [1, 1];
beq = [1];

% lower and upper bounds
lb = [-1.5;-1.5]; ub = [1.5;1.5];

% use default options
options = [];

% no initial feasible points
x0 = [];

for i = 1:length(rhos)
    figure(i)


    rho = rhos(i);
    % Objective function

    R = [0;0];
    Q = 2*[sigma_1^2, rho*sigma_1*sigma_2;
        rho*sigma_1*sigma_2, sigma_2^2];

    [x_optimal,fval] = quadprog(Q,R,A,b,Aeq,beq,lb,ub,x0,options);

    sigma_p_sq = xx1.^2*sigma_1^2 + xx2.^2*sigma_2^2 + ...
        2*xx1.*xx2*rho*sigma_1*sigma_2;
    levels = [0.001,0.004,0.01,0.02:0.01:0.2];

    subplot(1,2,1)

    contour3(xx1,xx2,sigma_p_sq,levels); hold on
    plot3(x_optimal(1),x_optimal(2),fval,'xr','MarkerSize',12)
    xlabel('x_1'); ylabel('x_2'); zlabel('f(x)')
    grid off; box off; zlim([0,0.2])
    title(['\rho = ',num2str(rho),...
        '; min f(x) = ',num2str(fval)])

    subplot(1,2,2)

    contour(xx1,xx2,sigma_p_sq,levels); hold on

    plot([-1.5,1.5],[0,0],'k');plot([0,0],[-1.5,1.5],'k');

    plot(x1_x,x2_y,'k','LineWidth',2);
```

```
    plot(x_optimal(1),x_optimal(2),'xr','MarkerSize',12)

    title(['Optimum: x_1 = ',num2str(x_optimal(1)),...
        ', x_2 = ',num2str(x_optimal(2))])

    xlabel('x_1'); ylabel('x_2');
    grid off; box off; colorbar
end
```

MATLAB局部优化函数，比如fmincon()，找到初始值附近极值点，但是是否找到最值点，要靠初始值设定。MATLAB另外一个优化函数globalsearch()，是全局搜索，globalsearch() 相当于多个fmincon() 函数多点协同运算，相当于多个初始值在不同位置进行局部求解。更多局部优化函数，请参考Optimization Toolbox使用手册，具体地址如下：

https://www.mathworks.com/help/pdf_doc/optim/optim.pdf

下一章介绍两种常见全局优化方法。

第 7 章

Fundamentals of Optimization
优化方法 III

既然宇宙的结构是最完美的，而且是最聪明的创造者的杰作，那么在宇宙中就一定会存在最大或最小的规则。

For since the fabric of the universe is most perfect and the work of a most wise Creator, nothing at all takes place in the universe in which some rule of maximum or minimum does not appear.

——莱昂哈德·欧拉 (Leonhard Euler)

Core Functions and Syntaxes
本章核心命令代码

- `fmincon()` 约束非线性优化问题寻找最小值。
- `fminsearch()` 使用无导数法计算无约束多变量函数最小值。
- `fminunc()` 无约束非线性优化问题寻找最小值。
- `ga()` 遗传算法求解单目标优化问题。
- `gamultiobj()` 遗传算法求解多目标优化问题。
- `gaoptimset()` 对 `ga()` 函数进行设置。
- `optimoptions()` 对各种优化函数进行设置。
- `particleswarm()` 粒子群云华求解优化问题。
- `patternsearch()` 用模式搜索寻找最小值。

7.1 遗传算法简介

到目前为止，我们介绍了几种局部优化方法，它们都是基于梯度的优化算法，适用于凸优化以及目标函数局部优化。本章着重讲解**遗传算法** (genetic algorithm) 和**粒子群优化算法** (particle swarm optimization)。

作为一种全局搜索方法，遗传算法模拟自然界中**自然选择**、**物竞天择** (natural selection, survival of the fittest)。自然选择由英国生物学家**达尔文** (Charles Robert Darwin) 提出，达尔文也被称为进化论之父。MATLAB针对一个目标函数遗传算法为ga() 函数，针对多个目标函数遗传算法函数是gamultiobj()。

图7.1展示遗传算法流程图。这种算法随机产生一组**初始种群** (initial population)。种群代表着优化问题**可行解解集** (a possible set of solutions)。种群中每一个**个体** (individual) 为当前优化问题可行解。确定一组种群后，第一件事情通过目标函数 (这里也叫**适应度函数** (fitness function)) 计算**适应度值** (fitness score)，接着判定是否停止搜索。

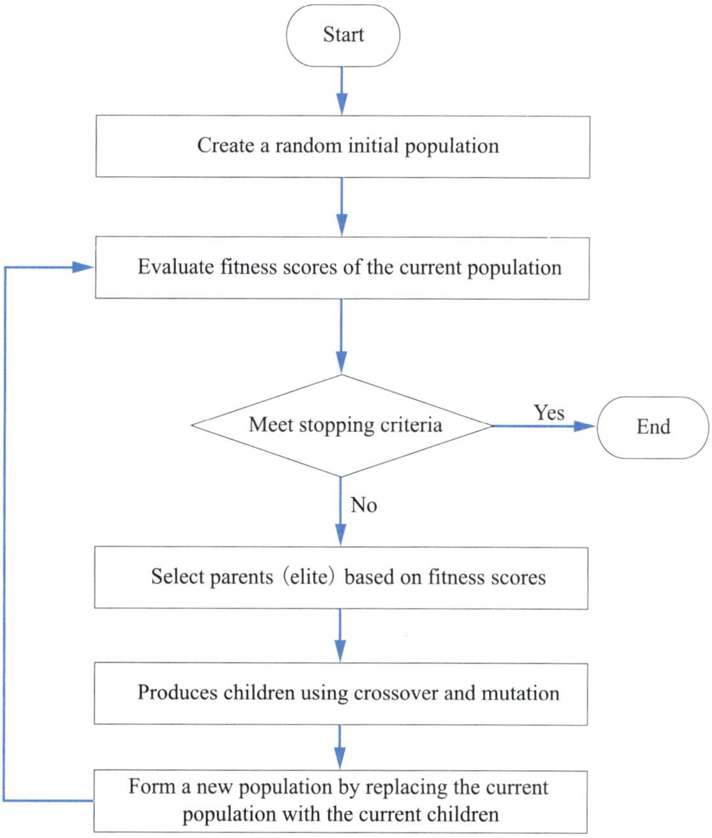

图7.1　遗传算法流程图

若当前种群个体不满足停止搜索条件，算法就会采用**挑选** (selection)、**杂交** (crossover) 和**变异** (mutation) 等操作，产生一组更适合环境的种群。如此往复，种群一代代繁衍进化，直到得到一组最适应环境种群。注意这一组解只能叫作优质优化解，不能叫作最优解。所谓优质优化解指结果足够好，但并非是唯一最优那一个点。

遗传算法采用大量生物遗传术语，下面讲解算法细节同时，会一边介绍这些术语。遗传算法中，一组种群是由一定数量染色体组成的，如图7.2所示。一个**染色体** (chromosome) 为种群一个个体，即一个优化问题潜在解。一个染色体由固定数量基因构成。为简化过程，姑且认为**基因** (gene) 是染色体元素，对应着优化问题每一个变量。实际上，可行解解集每一个解，到遗传算法搜索空间染色体存在一个编码过程。

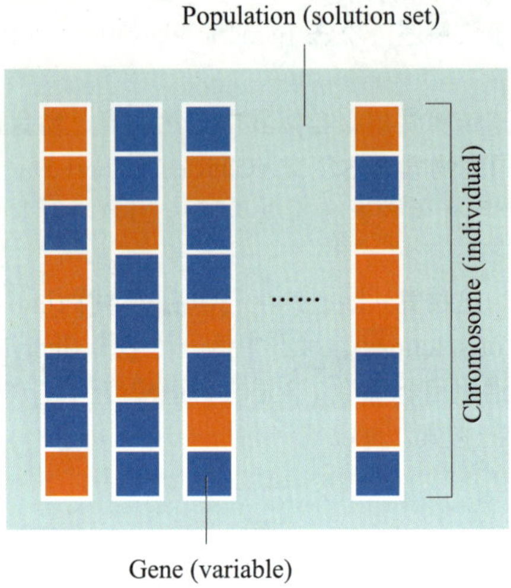

图7.2　种群和染色体

下面需要对种群个体进行优胜劣汰，即优选，如图7.3所示。优选的目的是，给种群中优秀个体更大“繁殖权利”。获得繁殖权利个体，把自身“优秀基因”传给下一代。进行优选之前，首先要给每个个体“打分”，分数即适应度值。

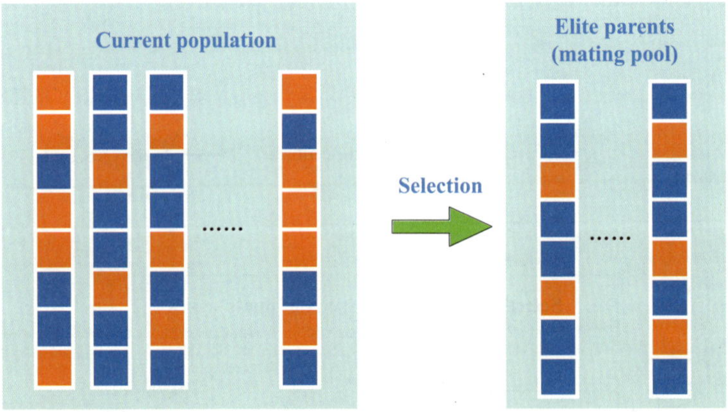

图7.3　种群内优胜劣汰

目标函数，即优胜劣汰评价标准；但是，不同目标函数值范围差别很大，因此需要一个转化函数。**适应度尺度变换** (fitness scaling)，通过适应度函数将原目标函数值转化为**适应度值** (fitness score)。适应度函数给当前种群每个个体打分，排名越靠前，适应度值越高，获得“繁殖权利”概率越大。

如图7.4所示，假设一组种群有40个个体，优选过程开始于获得每个个体原目标函数值，然后从小到大排序。设定这个优化问题求解最小值，目标函数值最小个体，排序排名第1，第二小个体，排名第2，以此类推。假设从种群40个个体中选出32个 (80%) 优秀个体，排名第i (i = 1, 2,⋯, 40) 个体适应度值通过下式计算获得：

$$f_s(i)=\frac{32}{\sum_{k=1}^{40}\frac{1}{\sqrt{k}}}\frac{1}{\sqrt{i}} \tag{7.1}$$

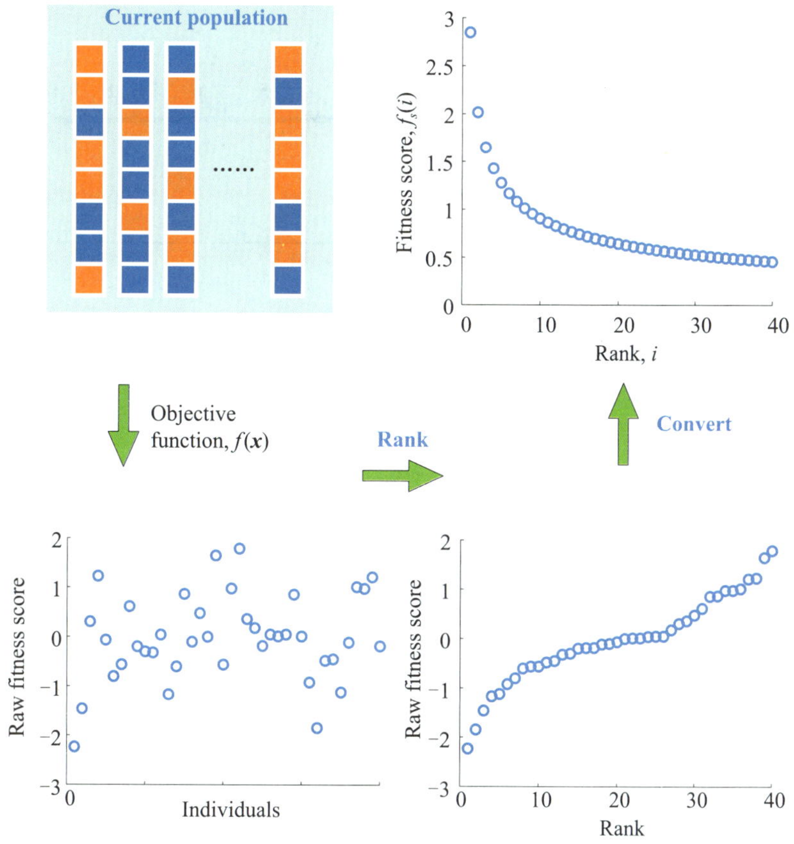

图7.4　计算适应度值

这样，种群40个个体适应值之和等于32。该方法是MATLAB默认方法。

下一步通过当前种群每个个体适应度值，选出参与杂交个体。

MATLAB优选算法主要有如下几种：

◀ **随机均匀分布法** (stochastic uniform)，系统名为selectionstochunif。
◀ **余数法** (Remainder)，系统名为selectionremainder。
◀ **轮盘赌算法** (Roulette)，系统名为selectionroulette。
◀ **联赛选择法** (Tournament)，系统名为selectiontournament。

其中，随机均匀分布法是系统默认方法。

图7.5展示随机均匀分布法原理图。假设有10个个体，它们按适应度值大小从左到右首尾相接直线排列；每个个体在直线上所占宽度正比于其适应度值 (F_i)。10个个体适应度宽度总和为F_A (蓝色线段)；从这10个个体中再次选出10 (N = 10) 个进入杂交环节 (可以重复选择)，找来一把长度为$F_A \times (10-1)/10$ 木梳，木梳有10根齿 (红色箭头)，木梳齿间隔为$F_A/10$。将木梳平行放置蓝色线段上，木梳左端距离蓝色线段左端距离范围在 $[0, F_A/10]$ 之间，由随机数发生器产生。每个木梳齿 (红色箭头) 对应优选出来个体，1、1、2、2、3、4、4、5、7和9。它们构成这一组种群**配对池** (mating pool)。发现，1、2和4个体每个被选出来两次。

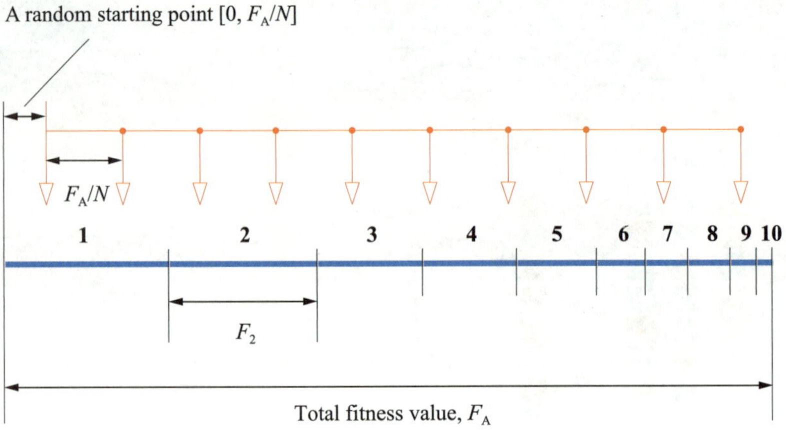

图7.5　随机均匀分布法原理示意图

余数法相对简单一些。每个个体适应度值整数部分值和小数部分值完全决定个体繁殖机会。比如，一个个体适应度值为2.3，整数部分为2，这样在配对池中，该个体有两个座席；该个体小数部分0.3，则和其他个体小数部分放在一起，随机抽签，抽签抽中概率正比于0.3。

顾名思义，轮盘赌算法模拟**轮盘** (roulette wheel)。如图7.6所示，一个个体在轮盘上所占面积和适应度值成正比。指针停靠在哪，哪个个体就获得配对池一个座席。每个个体获得座席概率为：

$$P_i = \frac{F_i}{F_A} \tag{7.2}$$

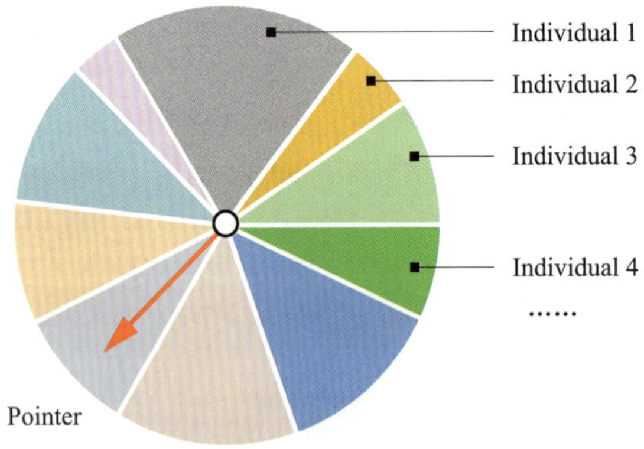

图7.6　轮盘赌算法原理示意图

联赛选择法，操作起来很简单。每次从当前种群选取一定数量 (默认为4) 个体，比较它们适应度值，适应度值最大者获得一个席位；如此往复，直至充满配对池所有席位。以上便是遗传算法优选环节。下面讨论杂交环节。

如图7.7所示，杂交过程是指，从配对池中随机选择两个个体，以一定规则，组合两个染色体 (个体)，产生新子代个体。通过杂交，父代优秀特征遗传给子代，从而产生优秀个体。

MATLAB主要有如下几种杂交方法：

- **单点杂交** (Single point)，系统名为crossoversinglepoint。
- **两点杂交** (Two point)，系统名为crossovertwopoint。
- **随机点杂交** (Scattered)，系统名为crossoverscattered。

◀ **中间杂交** (Intermediate)，系统名为crossoverintermediate。
◀ **启发式杂交** (Heuristic)，系统名为crossoverheuristic。

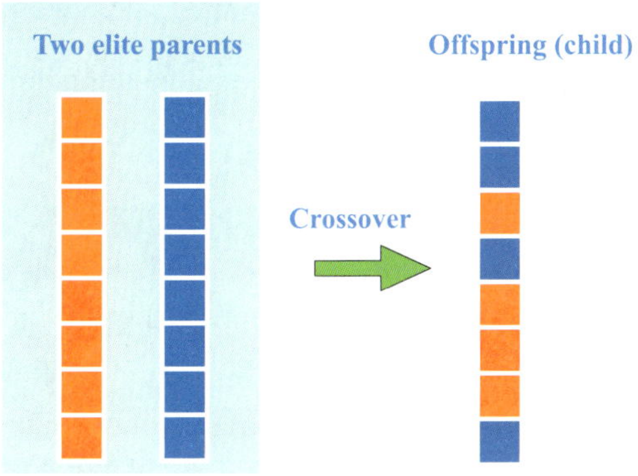

图7.7　杂交原理图

如图7.8所示，单点杂交，是指两个染色体杂交时，随机选择一个**杂交点** (crossover point)，然后在此位置将配对染色体切断后互换，并产生两个新子代。同理，两点杂交即随机选择两个杂交点，将配对染色体切成三段，然后相互交换，产生新子代。图7.9给出随机点杂交原理。两个配对染色体杂交时，首先生成一个和染色体等长度二进制 (0, 1) 随机数组。相对于父代个体而言，随机数数组某个位置为1时，这个位置发生杂交；否则，该位置不杂交。

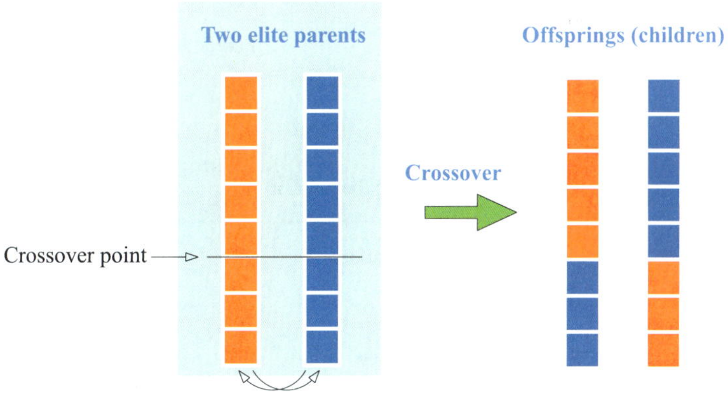

图7.8　单点杂交原理

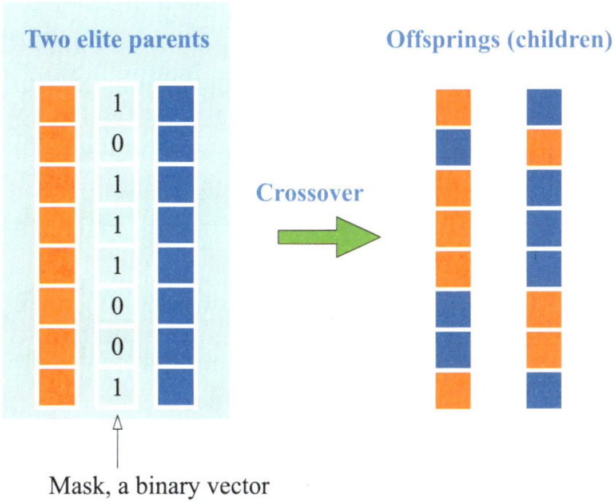

图7.9　随机点杂交原理

当优化问题存在线性约束条件时，中间杂交是MATLAB系统默认杂交方法。子代通过下式获得：

$$O_1 = P_1 + \alpha R(P_2 - P_1) \tag{7.3}$$

其中，P_1和P_2是配对染色体，α是MATLAB rand()函数产生随机数，R是标量，也是和染色体等长度向量。MATLAB默认R是全1向量。

而启发式杂交法，是中间杂交法特殊形态。下式中R为标量。

$$O_1 = P_1 + R(P_2 - P_1) \tag{7.4}$$

图7.10所示为比较中间杂交和启发式杂交两种杂交方法。此图中，蓝色和红色点代表配对染色体，灰色点代表子代。对于中间杂交法，当R作为一个向量，每一个元素取值在 [0, 1] 之间，子代出现在多维度**超立方体** (hypercube) 内 (粉色区域)。蓝色和红色点，位于该超立方体对角定点。当R元素超越 [0, 1] 区间，子代出现在超立方体外部。对于中间杂交法，R为标量时，子代出现在两个配对染色体连线上。而这正是启发式杂交法特点。MATLAB会保证子代距离适应度值较大染色体更近，原理图如图7.11所示。

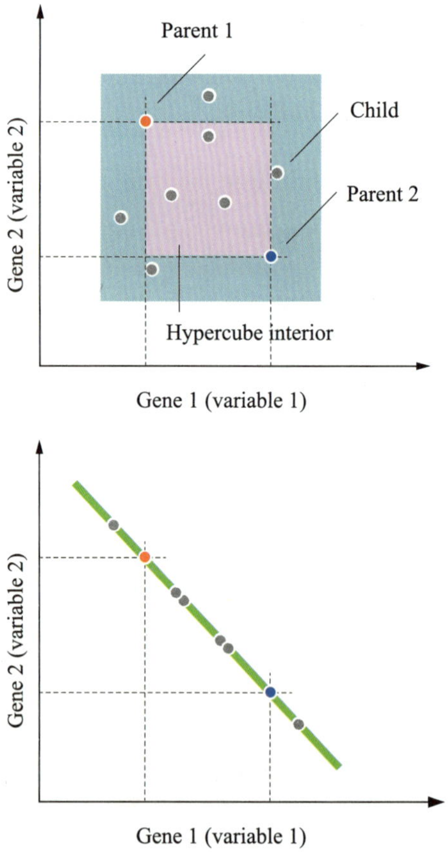

图7.10 比较中间杂交和启发式杂交

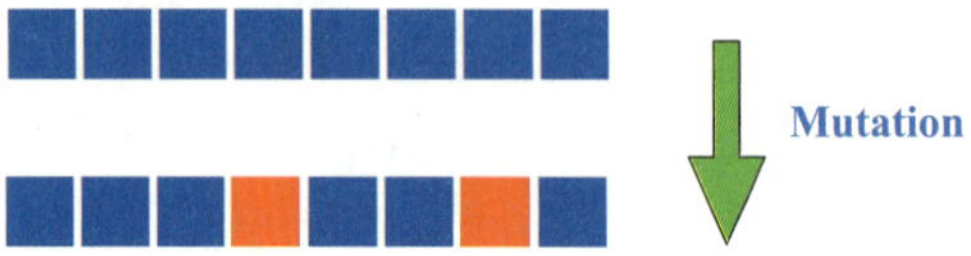

图7.11 杂交原理图

对于当前种群，已经经过优选和杂交，下一步进行变异操作。变异操作避免算法在优化过程陷入局部最优解。MATLAB遗传算法变异方法主要有：

◀ **均匀变异法** (Uniform mutation)，系统名为mutationuniform。
◀ **高斯变异法** (Gaussian mutation)，系统名为mutationgaussian。

均匀变异法，是**均匀多点变异法** (Uniform Multi-Point Mutation) 简称。常见一种用于均匀变异法策略是**随机变异算子** (Random Mutation Operator)。假设$X^{(t,j)}$代表第t代种群、第j个个体。该个体$X^{(t,j)}$由n个基因构成：

$$X^{(t,j)} = (x_1^{(t,j)}, \cdots, x_n^{(t,j)}) \tag{7.5}$$

每一代种群中个体特定基因，一定会在自己上下界中，比如说$X^{(t,j)}$第k个基因上下界：

$$x_k^{(t,L)} \leqslant x_k^{(t,j)} \leqslant x_k^{(t,U)} \tag{7.6}$$

随机变异算子作用下，该基因值突变为：

$$x_k^{(t,j_m)} = x_k^{(t,L)} + u(x_k^{(t,U)} - x_k^{(t,L)}) \tag{7.7}$$

其中，u是在 [0, 1] 范围内任意值。$X^{(t,j)}$中n个基因中会有一部分发生变异，均匀随机抓取决定具体哪些基因会发生变异。另外需要注意，这种算法不能保证变异后基因满足各种约束条件。MATLAB中均匀多点变异关键代码如下：

```
% ...
% Each element of the genome has mutationRate chance of being mutated.
mutationPoints = find(rand(1,length(child)) < mutationRate);
% each gene is replaced with a value chosen randomly from the range.
range = options.PopInitRange;
% ...
lower = range(1,:);
upper = range(2,:);
span = upper - lower;
child(mutationPoints) = lower + rand(1,length(mutationPoints)) .* span;
% ...
```

下面讨论高斯变异法。高斯变异法是MATLAB遗传优化算法在没有约束条件下默认变异算法。高斯变异将复合高斯随机分布随机数引入到变异过程中。第t代种群第j个个体$X^{(t,j)}$第k个染色体产生变异染色体过程如下：

$$x_k^{(t,j_m)} = x_k^{(t,j)} + scale_k \cdot z_k \tag{7.8}$$

其中，z_k是服从标准正态分布随机数的。scale_k计算如下：

$$\text{scale}_k = \left(1 - \text{shrink}\frac{j}{N}\right)(x_k^{(t,U)} - x_k^{(t,L)}) \tag{7.9}$$

上式中shrink是缩放比例，是自定义参数，默认为1；N是结束搜索种群代数总数。上式说明，随着种群代数j不断增大，scale_k不断线性递减。MATLAB中高斯变异关键代码如下：

```
% ...
scale = scale - shrink * scale * state.Generation/options.Generations;

range = options.PopInitRange;
lower = range(1,:);
upper = range(2,:);
scale = scale * (upper - lower);

mutationChildren = zeros(length(parents),GenomeLength);
for i=1:length(parents)
    parent = thisPopulation(parents(i),:);
    mutationChildren(i,:) = parent  + scale .* randn(1,length(parent));
end
% ...
```

另外，对于有约束条件变异，MATLAB遗传算法默认变异函数为“mutationadaptfeasible”，这个函数留给有兴趣读者自行研究。

搜索停止条件一般是限定进化次数，或者限定误差允许范围。遗传算法优势是，对于复杂全局优化问题，这种算法产生避免解集陷入局部最优点，产生“可以接受的、足够好的”优化解。遗传算法缺点也很明显，收敛差，收敛速度慢。收敛速度随着变量个数增加而下降。

7.2 粒子群优化简介

粒子群优化算法 (particle swarm optimization) 试图模拟鸟群群体飞行捕食。设想一定区域内有散落大小不同食物，鸟群分散捕食，每个个体同时和附近鸟交流。每个个体飞行捕食轨迹似乎不可预测，但从群体角度又有一定规律。鸟群中每一只鸟捕食轨迹似乎与自身当前位置和速度、自己对食物源头认知和附近其他鸟分享信息三部分有关。下文用粒子运动来量化上述过程。

粒子$k+1$时刻位置 $\boldsymbol{x}_{k+1}$和k时刻位置$\boldsymbol{x}_k$关系如下：

$$\boldsymbol{x}_{k+1} = \boldsymbol{x}_k + \boldsymbol{v}_{k+1} \tag{7.10}$$

其中，$\boldsymbol{v}_{k+1}$为k时刻到$k+1$时刻位移量，由下式计算获得：

$$\boldsymbol{v}_{k+1} = w \cdot \boldsymbol{v}_k + y_1 \cdot u_1 \cdot \left(\boldsymbol{p}_k - \boldsymbol{x}_k\right) + y_2 \cdot u_2 \cdot \left(\boldsymbol{g}_k - \boldsymbol{x}_k\right) \tag{7.11}$$

其中：

- w为惯性参数。
- $\boldsymbol{v}_k$为上一步位移 ($\boldsymbol{x}_{k-1} \to \boldsymbol{x}_k$)。
- y_1为粒子自身调整权重。
- y_2为群体调整参数。
- u_1和u_2为 (0, 1) 之间服从均匀分步随机数。
- $\boldsymbol{p}_k$ 为粒子目前发现最佳位置。
- $\boldsymbol{g}_k$ 为粒子附近邻居们目前发现最佳位置 (注意，也有算法采用整个粒子群从开始搜索到现在发现最佳位置)。

上述算式由三部分组成，其中，$w \cdot \boldsymbol{v}_k$常被称作**惯性速度** (inertia velocity)，$y_1 \cdot u_1 \cdot (\boldsymbol{p}_k - \boldsymbol{x}_k)$常被称作自身**认知速度** (cognitive velocity)，最后一项，常被称作**群体速度** (social velocity)。图7.12展示了上述过程原理。

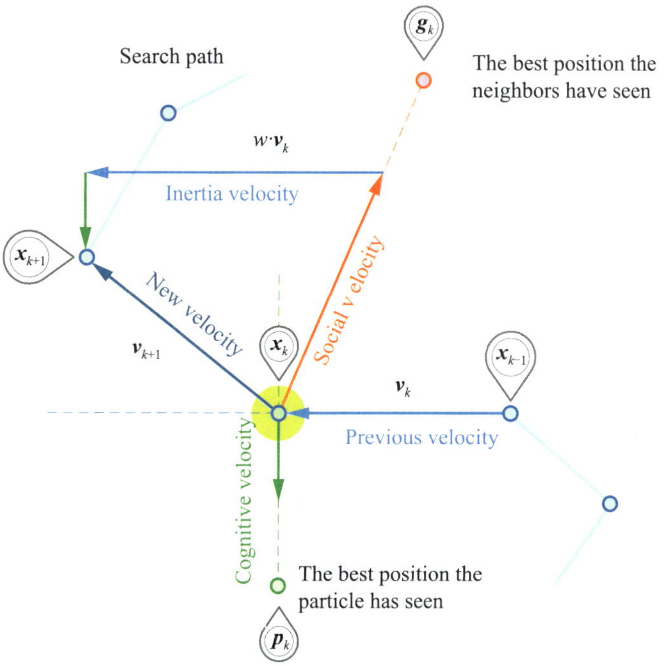

图7.12　粒子群优化原理图

在MATLAB中，粒子群优化函数为particleswarm()。本书对粒子群方法不再做过多深入讨论。

7.3 单目标非线性优化

这一节用两个例子来介绍如何使用MATLAB遗传算法函数ga()。第一个优化问题是一个一元函数$f(x)$。

$$\arg\min_{x} f(x) = x^2 + 5\sin(4x) \tag{7.12}$$

优化问题没有任何约束条件，所以如下代码中线性不等式约束 (A, b)、线性等式约束 (Aeq, beq)、上下界约束 (lb, ub) 和非线性约束 (nonlcon) 均为空。

```
A = []; b = [];
Aeq = []; beq = [];
lb = [];
ub = [];
nonlcon= [];
```

用gaoptimset() 对ga() 函数进行设置，对应种群内部个体数量的指令符'populationsize'为100，优化过程种群代次总数'generations'为200，优化停止代次'stallGenLimit'为200，优化截止容差'TolFun'为 1e－10，激活两个优化过程绘图命令'PlotFcns'，它们是 ({@gaplotbestf, @gaplotdistance})。ga() 和 gamultiobj() 两个函数绘图命令并不完全相同，具体细节请读者阅读两个函数帮助文档。

```
options=gaoptimset('populationsize',...
    100,'generations',200,'stallGenLimit',...
    200,'TolFun',1e-10,'PlotFcns',{@gaplotbestf,@gaplotdistance});
```

目标函数单独定义，放在代码末尾，也可以单独存为一个文件。

```
function y = obj_fcn(x)

y = x.^2 + 5*sin(4*x);

end
```

调用ga() 函数，整合约束条件，设置参数、目标函数等，并开始运算。FitnessFunction调用目标函数，nvars保存变量数量。

```
[x, fval] = ga(FitnessFunction,nvars,A,b,...
    Aeq,beq,lb,ub,nonlcon,options);
```

图7.13展示优化不断运行过程中，适应函数随着种群代次变化情况。图7.14所示，每一代种群内部个体之间距离随着代次变化。图7.15所示为$f(x)$ 随x变化以及经过运算得到最小值位置。以下代码获得图7.13～图7.15。

B4_Ch7_1.m

```
clc; close all; clear all

xx = -4:0.01:4;
ff = obj_fcn(xx);

FitnessFunction = @obj_fcn;
nvars = 1;

A = []; b = [];
Aeq = []; beq = [];
lb = [];
ub = [];
nonlcon= [];
% options = optimoptions('ga','ConstraintTolerance',1e-10,...
%     'PlotFcn', @gaplotbestf,'MaxStallGenerations',200);

options=gaoptimset('populationsize',...
    100,'generations',200,'stallGenLimit',...
    200,'TolFun',1e-
10,'PlotFcns',{@gaplotbestf,@gaplotdistance});
```

```
%,'PlotFcns',@gaplotbestf,
%,'PlotFcns',@gaplotdistance,

[x, fval] = ga(FitnessFunction,nvars,A,b,...
    Aeq,beq,lb,ub,nonlcon,options);

figure(2)
plot(xx,ff); hold on
plot(x,fval,'rx')
box off; grid off
xlabel('x'); ylabel('f(x)')
set(gca, 'XAxisLocation', 'origin')

function y = obj_fcn(x)

y = x.^2 + 5*sin(4*x);

end
```

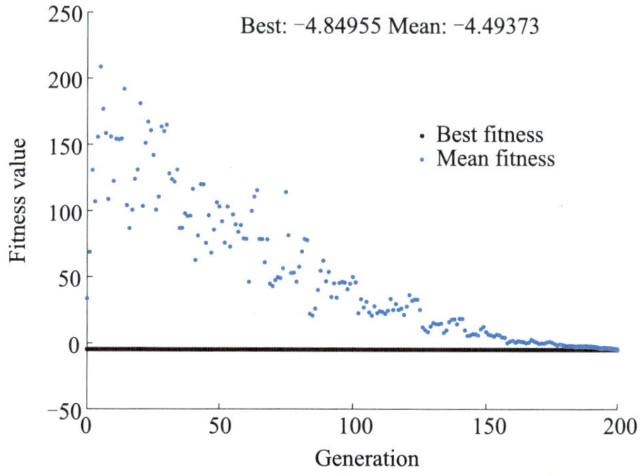

图7.13　适应函数值随着种群代次变化，一元函数

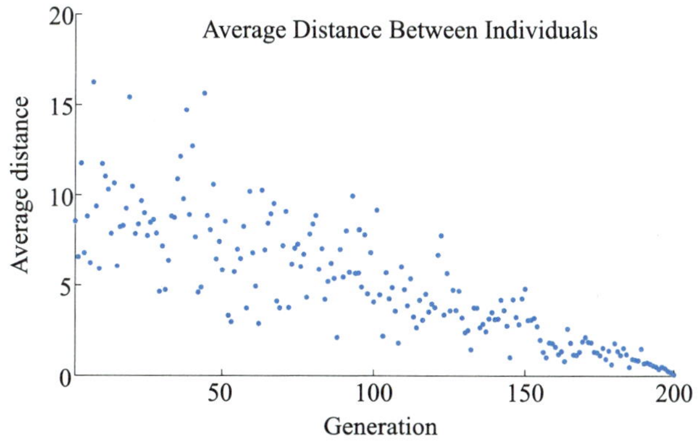

图7.14　每代种群内部个体之间距离，随着代次变化，一元函数

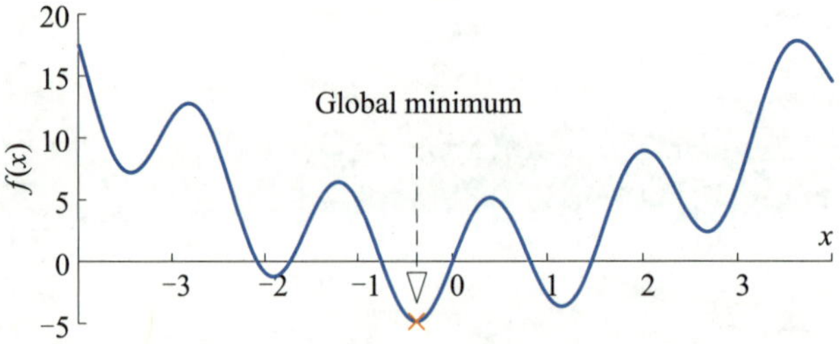

图7.15　函数形状，以及最小值点，一元函数

第二个例子，二元单目标函数无约束优化问题如下所示：

$$\arg\min_{x_1,x_2} f\left(x_1,x_2\right)=3\left(1-x_1\right)^2 e^{-x_1^2-\left(x_2+1\right)^2}-10\left(\frac{x_1}{5}-x_1^3-x_2^5\right)e^{-x_1^2-x_2^2}-\frac{1}{3}e^{-\left(x_1+1\right)^2-x_2^2} \tag{7.13}$$

该优化问题参数设置和上个例子几乎一致。区别是，此例自变量数量为2，目标函数构造如下。注意$\boldsymbol{x}$为向量，$\boldsymbol{x}(1)$ 为x_1，$\boldsymbol{x}(2)$ 为x_2。

```
function y = obj_fcn(x)

y =  3*(1-x(1)).^2.*exp(-(x(1).^2) - (x(2)+1).^2) ...
  - 10*(x(1)/5 - x(1).^3 - x(2).^5).*exp(-x(1).^2-x(2).^2) ...
  - 1/3*exp(-(x(1)+1).^2 - x(2).^2);

end
```

图7.16展示适应函数值及每代种群内部个体之间的距离，随着种群代次而变化。图7.17展示$f(x_1, x_2)$ 三维空间形状和ga()函数此次运算找到最小值。

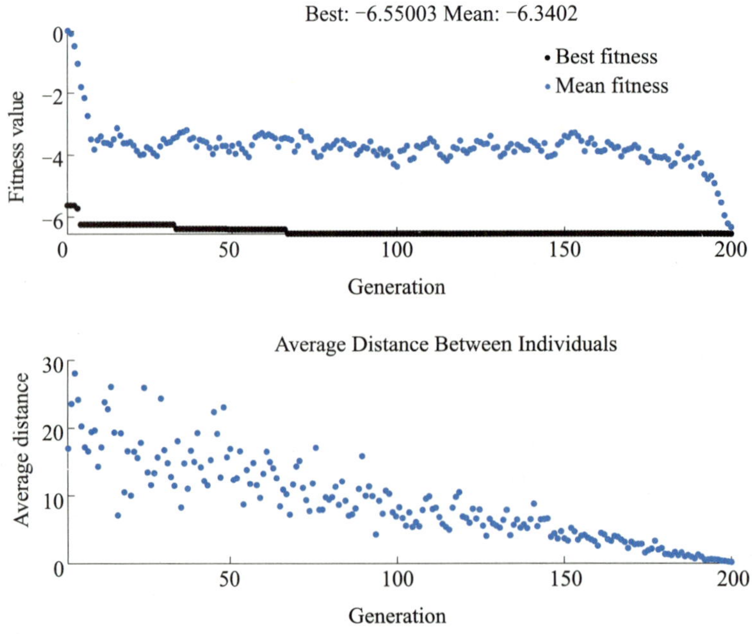

图7.16　适应函数值及每代种群内部个体之间距离，随着种群代次变化，二元函数

以下代码获得图7.16和图7.17。请读者修改代码，寻找曲面最大值。

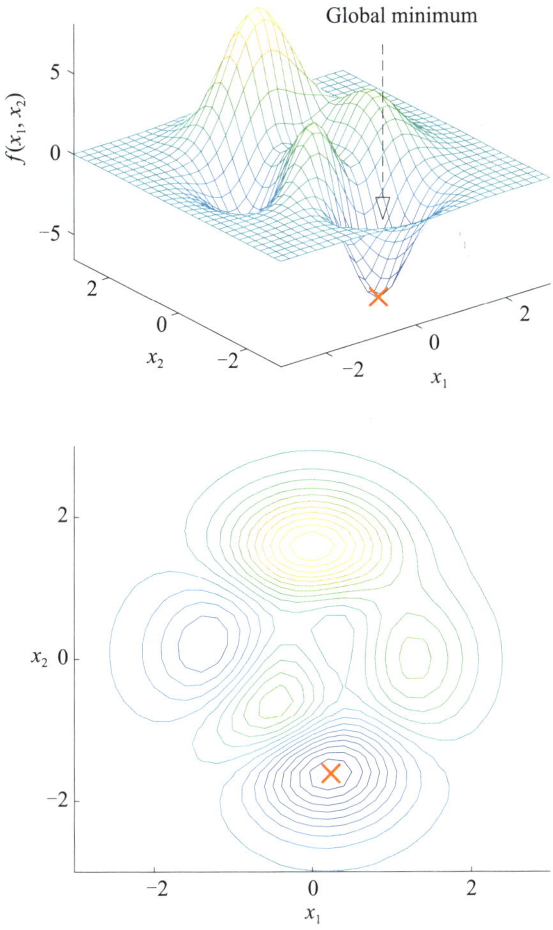

图7.17　函数空间形状，以及最小值点，二元函数

B4_Ch7_2.m

```
clc; close all; clear all

x1 = -3:0.2:3;
x2 = -3:0.2:3;
[xx1,xx2] = meshgrid(x1,x2);
ff =  3*(1-xx1).^2.*exp(-(xx1.^2) - (xx2+1).^2) ...
   - 10*(xx1/5 - xx1.^3 - xx2.^5).*exp(-xx1.^2-xx2.^2) ...
   - 1/3*exp(-(xx1+1).^2 - xx2.^2);

FitnessFunction = @obj_fcn;
nvars = 2;

A = []; b = [];
Aeq = []; beq = [];
lb = [];
ub = [];
```

```
nonlcon= [];
% options = optimoptions('ga','ConstraintTolerance',1e-10,...
%     'PlotFcn', @gaplotbestf,'MaxStallGenerations',200);

options=gaoptimset('populationsize',...
    100,'generations',200,'stallGenLimit',...
    200,'TolFun',1e-
10,'PlotFcns',{@gaplotbestf,@gaplotdistance});

%,'PlotFcns',@gaplotbestf,
%,'PlotFcns',@gaplotdistance,

[x, fval] = ga(FitnessFunction,nvars,A,b,...
    Aeq,beq,lb,ub,nonlcon,options);

figure(2)
subplot(1,2,1)
mesh(xx1,xx2,ff); hold on
plot3(x(1),x(2),fval,'rx')
box off; grid off
xlabel('x_1');ylabel('x_2'); zlabel('f(x)')
axis tight

subplot(1,2,2)
contour(xx1,xx2,ff,20); hold on
plot(x(1),x(2),'rx')
box off; grid off
xlabel('x_1');ylabel('x_2');


function y = obj_fcn(x)

y =  3*(1-x(1)).^2.*exp(-(x(1).^2) - (x(2)+1).^2) ...
   - 10*(x(1)/5 - x(1).^3 - x(2).^5).*exp(-x(1).^2-x(2).^2) ...
   - 1/3*exp(-(x(1)+1).^2 - x(2).^2);

end
```

7.4 多目标非线性优化

这一节用两个例子讲解如何使用MATLAB多目标遗传算法函数gamultiobj()。下例为双目标单变量优化问题：

$$\arg\min_{x} \begin{cases} f_1(x) = (x+2)^2 - 10 \\ f_2(x) = (x-2)^2 \end{cases} \tag{7.14}$$

上述优化问题变量仅有一个，即x，因此变量数设置为1。两个目标函数，$f_1(x)$ 和$f_2(x)$ 随着自变量变化如图7.18所示。这两个目标函数都是凸函数，$f_1(x)$ 和 $f_2(x)$ 最小值点对应x值不同。

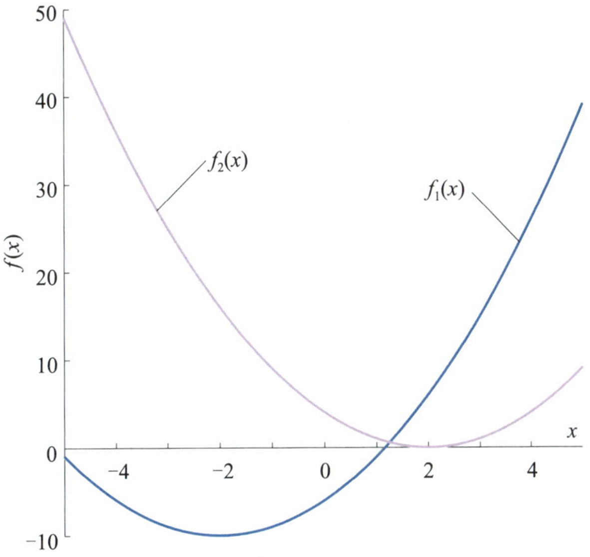

图7.18　$f_1(x)$ 和$f_2(x)$ 随着自变量变化

MATLAB多变量目标函数输出为一个向量$\boldsymbol{y}$，如下。其中，$\boldsymbol{y}(1)$ 对应$f_1(x)$，$\boldsymbol{y}(2)$ 对应$f_2(x)$。

```
function y = simple_multiobjective(x)
y(1) = (x+2)^2 - 10;
y(2) = (x-2)^2;
end
```

例子中采用optimoptions()函数设定优化算法参数。函数优化过程中，调用**帕累托前沿** (pareto front) 和适应函数分布直方图这两个绘图方案 ({@gaplotpareto, @gaplotscorediversity})。

```
options = optimoptions(@gamultiobj,'PlotFcn',...
    {@gaplotpareto,@gaplotscorediversity},'PopulationSize',200);
```

调用多目标遗传算法函数gamultiobj() 和调用ga() 几乎一致。

```
[x_sol, val] = gamultiobj(FitnessFunction,...
    numberOfVariables,A,b,Aeq,beq,lb,ub,options);
```

图7.19展示该优化问题收敛时，帕累托前沿和适应函数分布直方图。图7.20所示为帕累托解分布在图7.18上分布情况。以下代码获得图7.18～图7.20。

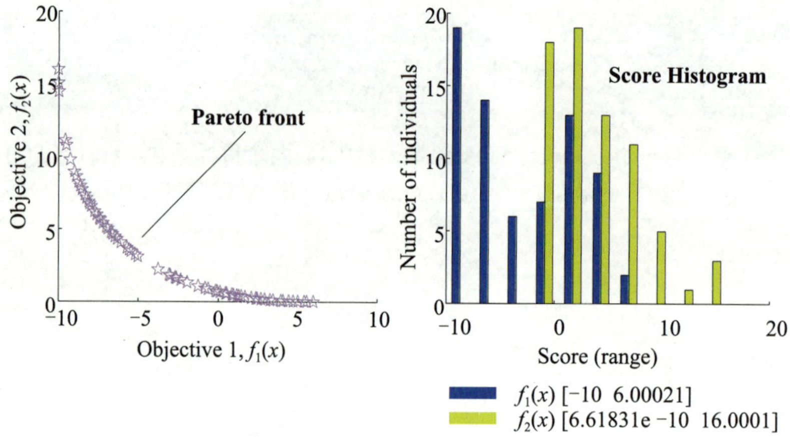

图7.19 帕累托前沿和适应函数分布直方图，一元自变量，两个目标函数优化问题

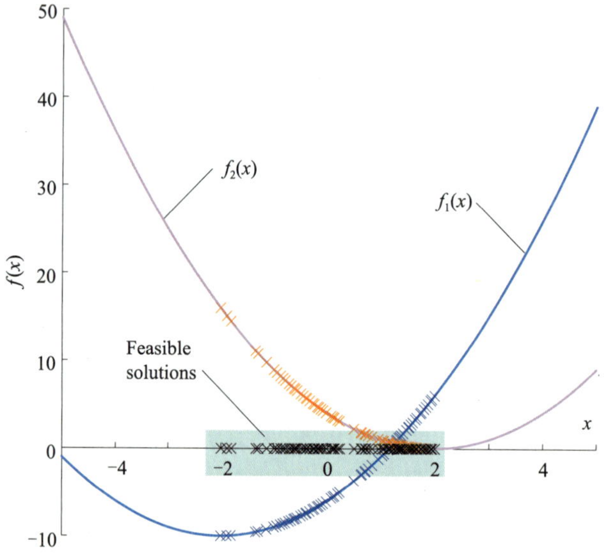

图7.20 帕累托解分布，一元自变量，两个目标函数优化问题

B4_Ch7_3.m

```
clc; close all; clear all

x = -5:0.1:5;
f1 = (x+2).^2 - 10;
f2 = (x-2).^2 ;

figure(1)
plot(x,f1);
hold on;
xticks([-5:5])
plot(x,f2,'r');
box off; grid off
xlabel('x'); ylabel('f(x)')
```

```
set(gca, 'XAxisLocation', 'origin')
legend('f_1(x)','f_2(x)')
%%
FitnessFunction = @simple_multiobjective;
numberOfVariables = 1;

A = []; b = [];
Aeq = []; beq = [];
lb = [];
ub = [];
options = optimoptions(@gamultiobj,'PlotFcn',...
    {@gaplotpareto,@gaplotscorediversity},'PopulationSize',200);

[x_sol, val] = gamultiobj(FitnessFunction,...
    numberOfVariables,A,b,Aeq,beq,lb,ub,options);


figure(3)
plot(x,f1,'b');
plot(x_sol,val(:,1),'xb')
hold on;
plot(x,f2,'r');
plot(x_sol,val(:,2),'xr')
plot(x_sol,zeros(size(x_sol)),'kx')
xticks([-5:5])
set(gca, 'XAxisLocation', 'origin')
box off; grid off
xlabel('x'); ylabel('f(x)')

figure(4)
subplot(4,4,[2:4 6:8 10:12]); % Top right square
plot(val(:,1),val(:,2),'kp')
y1=get(gca,'ylim'); x1=get(gca,'xlim');

subplot(4,4,[1 5 9]); % Top left
plot(val(:,2),x_sol,'rx')
xlim(y1); view(90,-90); box off;
xlabel('f_2(x)')

subplot(4,4,[14:16]); % Btm right
plot(val(:,1),x_sol,'bx')
xlim(x1); box off
xlabel('f_1(x)');
%% objective functions
function y = simple_multiobjective(x)
y(1) = (x+2)^2 - 10;
y(2) = (x-2)^2;
end
```

下面再介绍一个双目标双变量优化问题，目标函数如下：

$$\arg\min_{x_1,x_2} \begin{cases} f_1(x_1,x_2) = (x_1+2)^2 + (x_2+2)^2 - 10 \\ f_2(x_1,x_2) = (x_1-2)^2 + (x_2-2)^2 \end{cases} \tag{7.15}$$

下面分别讨论这个无约束优化问题，以及加入各种不同约束条件下优化结果分布情况。图7.21展示两个目标函数$f_1(x_1, x_2)$和$f_2(x_1, x_2)$在x_1-x_2平面上等高线图。从$f_1(x_1, x_2)$和$f_2(x_1, x_2)$两个函数构造上可以看出来，这两个函数都是凸函数，但是两个函数最小值点坐标相距一定距离。

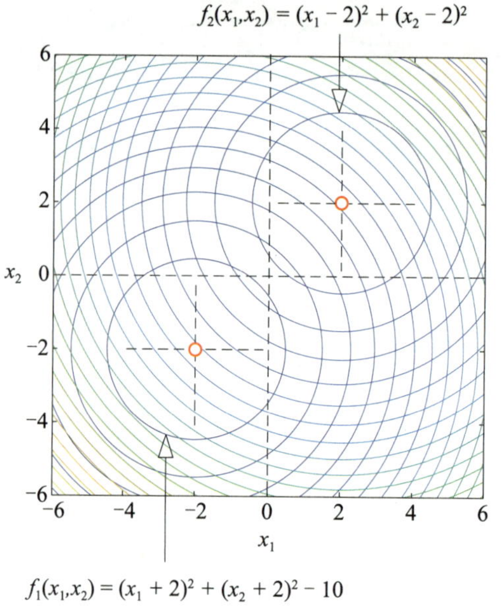

图7.21 两个目标函数等高线叠加图

$f_1(x_1, x_2)$和$f_2(x_1, x_2)$这两个目标函数通过以下子函数构造。

```
function y = simple_multiobjective(x)
y(1)  = (x(1)+2)^2 + (x(2)+2)^2 - 10;
y(2)  = (x(1)-2)^2 + (x(2)-2)^2 ;
end
```

若优化问题没有任何约束，即无约束优化，利用以下代码获得优化解。图7.22展示优化解在图7.21上分布的情况，发现帕累托前沿解分布在两个目标函数最值点之间。

```
A = []; b = [];
Aeq = []; beq = [];
lb = [];
ub = [];

% options = optimoptions(@gamultiobj,'PlotFcn',...
%     {@gaplotpareto,@gaplotscorediversity});
options = optimoptions(@gamultiobj,'PlotFcn',...
    {@gaplotpareto,@gaplotscorediversity},'PopulationSize',200);
[x_sol,fval] = gamultiobj(FitnessFunction,...
    numberOfVariables,A,b,Aeq,beq,lb,ub,options)
```

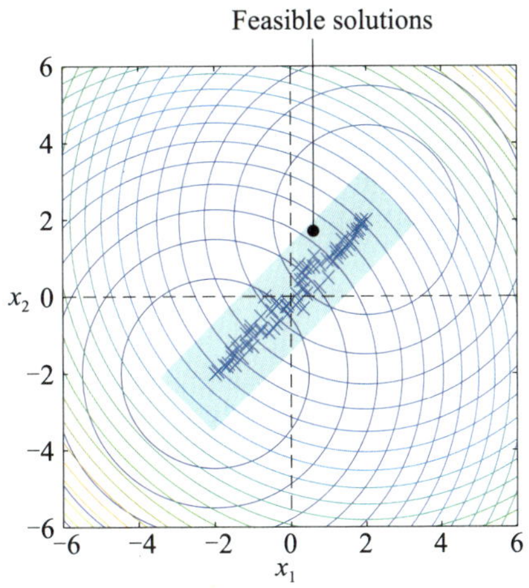

图7.22　二元两个目标函数优化问题，无约束

简单改造以上优化问题，增加一个上下界约束。这时，优化问题表达为：

$$\begin{aligned}&\arg\min_{x_1,x_2}\begin{cases}f_1(x_1,x_2)=(x_1+2)^2+(x_2+2)^2-10\\f_2(x_1,x_2)=(x_1-2)^2+(x_2-2)^2\end{cases}\\&\text{subject to: } \boldsymbol{lb}\leqslant\begin{bmatrix}x_1\\x_2\end{bmatrix}\leqslant\boldsymbol{ub}\end{aligned}\tag{7.16}$$

具体代码如下。图7.23给出的是有上下界约束优化结果。

```
A = []; b = [];
Aeq = []; beq = [];
lb = [-1; -Inf];
ub = [Inf; 1];

options = optimoptions(@gamultiobj,'PlotFcn',...
    {@gaplotpareto,@gaplotscorediversity},'PopulationSize',200);
[x_sol,fval] = gamultiobj(FitnessFunction,...
    numberOfVariables,A,b,Aeq,beq,lb,ub,options)
```

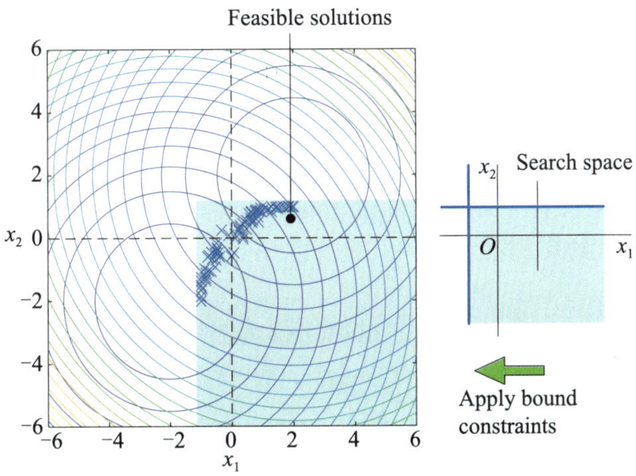

图7.23　二元两个目标函数优化问题，上下界约束

下面增加一个线性不等式约束后，优化问题表达为：

$$\arg\min_{x_1,x_2}\begin{cases}f_1(x_1,x_2)=(x_1+2)^2+(x_2+2)^2-10\\f_2(x_1,x_2)=(x_1-2)^2+(x_2-2)^2\end{cases}\quad\text{subject to: }\boldsymbol{Ax}\leqslant\boldsymbol{b}\tag{7.17}$$

具体代码如下。图7.24所示为有线性不等式约束优化结果。

```
A = [-1 0.5;
     -1 -2;
     1  1;];
b = [1;-1;2];

Aeq = []; beq = [];
lb = [];
ub = [];

options = optimoptions(@gamultiobj,'PlotFcn',...
    {@gaplotpareto,@gaplotscorediversity},'PopulationSize',200);
[x_sol,fval] = gamultiobj(FitnessFunction,...
    numberOfVariables,A,b,Aeq,beq,lb,ub,options)
```

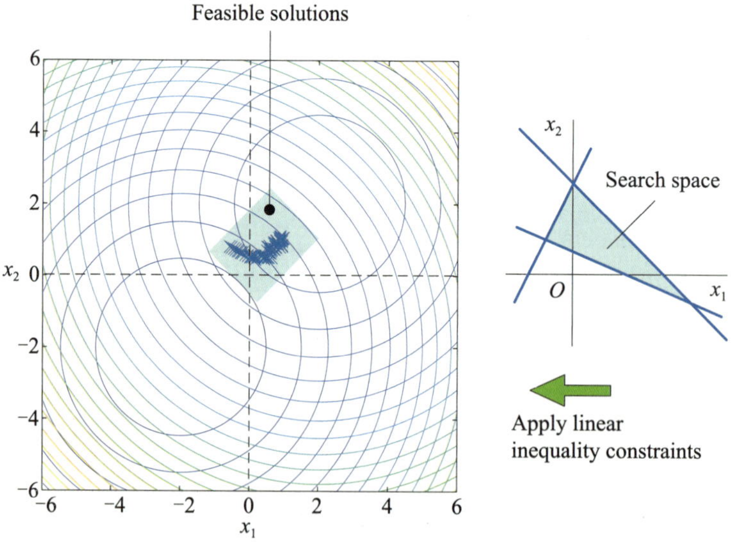

图7.24　二元两个目标函数优化问题，线性不等式约束

下面增加一个线性等式约束。这时，优化问题表达为：

$$\arg\min_{x_1,x_2}\begin{cases}f_1(x_1,x_2)=(x_1+2)^2+(x_2+2)^2-10\\f_2(x_1,x_2)=(x_1-2)^2+(x_2-2)^2\end{cases}\quad\text{subject to: }\boldsymbol{A}_{\text{eq}}\boldsymbol{x}=\boldsymbol{b}_{\text{eq}}\tag{7.18}$$

具体代码如下。图7.25展示有线性等式约束优化结果。

```
A = []; b = [];

Aeq = [1, -1]; beq = [1];
lb = [];
ub = [];

% options = optimoptions(@gamultiobj,'PlotFcn',...
%     {@gaplotpareto,@gaplotscorediversity});
options = optimoptions(@gamultiobj,'PlotFcn',...
    {@gaplotpareto,@gaplotscorediversity},'PopulationSize',200);
[x_sol,fval] = gamultiobj(FitnessFunction,...
    numberOfVariables,A,b,Aeq,beq,lb,ub,options)
```

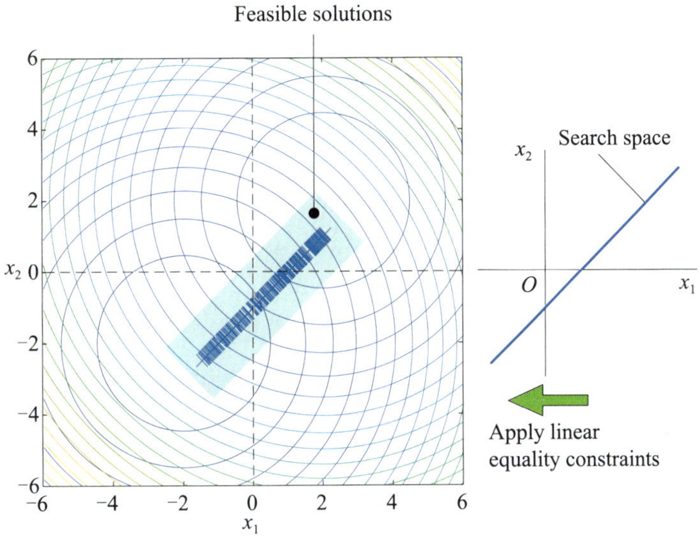

图7.25　二元两个目标函数优化问题，线性等式约束

gamultiobj() 函数处理非线性不等式约束。下面，在原有无约束优化问题上，增加一个非线性不等式约束。非线性不等式约束条件需要独立构造子函数，具体如下：

```
function [c,ceq]=nonlinear_constraints(x)

% nonlinear inequalities
c(1) = (x(1)^2)/9 + (x(2)^2)/4 - 1;
c(2) = x(1)^2 - x(2) - 1;

% nonlinear equalities
ceq = [];

end
```

具体优化代码如下。优化结果如图7.26所示。

```
A = []; b = [];
Aeq = []; beq = [];
```

```
lb = [];
ub = [];

options = optimoptions(@gamultiobj,'PlotFcn',...
    {@gaplotpareto,@gaplotscorediversity},'PopulationSize',200);
 [x_sol,fval] = gamultiobj(FitnessFunction,...
    numberOfVariables,A,b,Aeq,beq,lb,ub,...
@nonlinear_constraints,options);
```

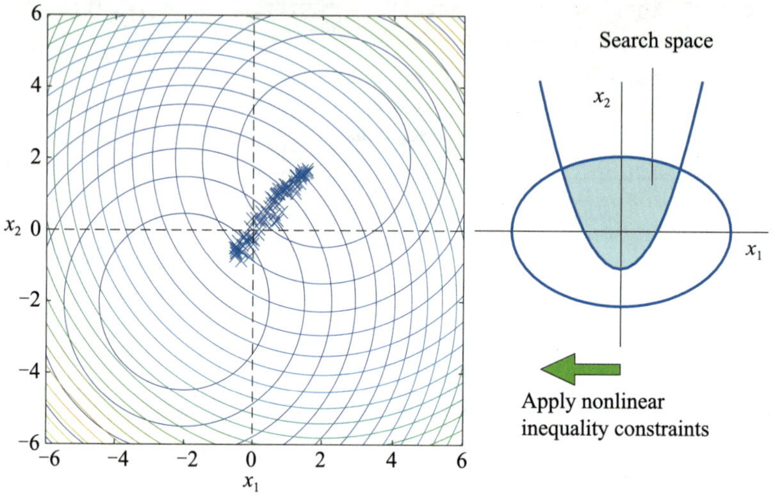

图7.26　二元两个目标函数优化问题，非线性不等式约束

gamultiobj() 函数也可以处理线性不等式约束，非线性等式和不等式约束条件是放在一个子函数中定义的，具体如下：

```
function [c,ceq]=nonlinear_constraints2(x)

% nonlinear inequalities
c = [];

% nonlinear equalities
ceq = (x(1)^2) + (x(2)^2) - 4;

end
```

具体代码如下。优化结果如图7.27所示。

```
A = []; b = [];
Aeq = []; beq = [];
lb = [];
ub = [];

options = optimoptions(@gamultiobj,'PlotFcn',...
    {@gaplotpareto,@gaplotscorediversity},'PopulationSize',400);
[x_sol,fval] = gamultiobj(FitnessFunction,...
```

```
numberOfVariables,A,b,Aeq,beq,lb,ub,...
@nonlinear_constraints2,options);
```

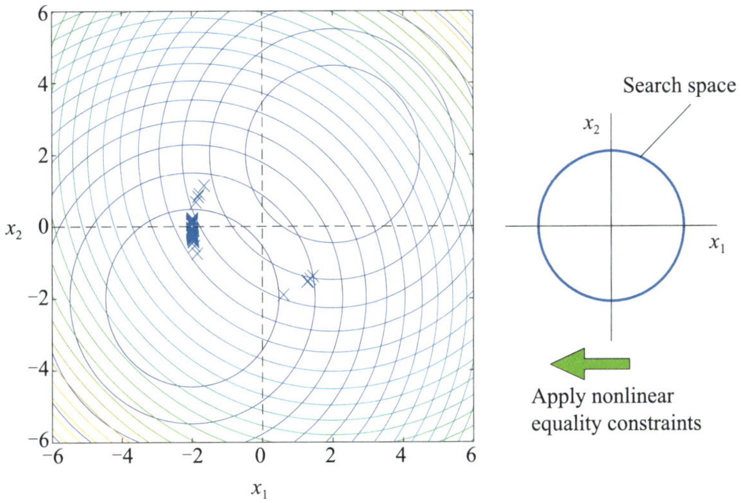

图7.27　二元两个目标函数优化问题，非线性等式约束

以下为获得图7.21～图7.27主函数。请读者根据需要修改代码。

B4_Ch7_4.m

```
clc; close all; clear all

xx1 = -6:0.1:6; xx2 = xx1;
[xx1,xx2] = meshgrid(xx1,xx2);
f1 = (xx1+2).^2 + (xx2+2).^2 - 10;
f2 = (xx1-2).^2 + (xx2-2).^2;
figure(1)
contour(xx1,xx2,f1,20); hold on;
contour(xx1,xx2,f2,20); grid off
xlabel('x_1'); ylabel('x_2');
%%
FitnessFunction = @simple_multiobjective;
numberOfVariables = 2;

A = []; b = [];
% A = [-1 0.5;
%       -1 -2;
%       1  1;];
% b = [1;-1;2];

Aeq = []; beq = [];
% Aeq = [1, -1]; beq = [1];
% lb = [-1; -Inf];
% ub = [Inf; 1];
```

```
lb = []; ub = [];

% options = optimoptions(@gamultiobj,'PlotFcn',...
%     {@gaplotpareto,@gaplotscorediversity});
options = optimoptions(@gamultiobj,'PlotFcn',...
    {@gaplotpareto,@gaplotscorediversity},'PopulationSize',400);
% [x_sol,fval] = gamultiobj(FitnessFunction,...
%     numberOfVariables,A,b,Aeq,beq,lb,ub,options);
[x_sol,fval] = gamultiobj(FitnessFunction,...
    numberOfVariables,A,b,Aeq,beq,lb,ub,...
    @nonlinear_constraints2,options);

%%

figure(3)
contour(xx1,xx2,f1,20); hold on;
contour(xx1,xx2,f2,20); grid off
plot(x_sol(:,1),x_sol(:,2),'x')
xlabel('x_1'); ylabel('x_2');

function y = simple_multiobjective(x)
y(1) = (x(1)+2)^2 + (x(2)+2)^2 - 10;
y(2) = (x(1)-2)^2 + (x(2)-2)^2 ;
end

function [c,ceq]=nonlinear_constraints(x)

% nonlinear inequalities
c(1) = (x(1)^2)/9 + (x(2)^2)/4 - 1;
c(2) = x(1)^2 - x(2) - 1;

% nonlinear equalities
ceq = [];

end

function [c,ceq]=nonlinear_constraints2(x)

% nonlinear inequalities
c = [];

% nonlinear equalities
ceq = (x(1)^2) + (x(2)^2) - 4;

end
```

如前文所说，遗传算法和粒子群算法优点在于全局优化，避免结果陷入区域极值点；但是，收敛速度慢、计算时间长是这两种算法的明显缺陷。为扬长避短，MATLAB遗传算法和粒子群算法提供混合优化这一方案。简单来说，遗传算法和粒子群算法锁定某一个全局优化区域，停止运算之后，采用其他优化方法（一般是梯度法）在区域内进一步优化。MATLAB允许混合优化方程有fminsearch()、patternsearch()、fminunc()和fmincon()。在遗传算法和粒子群算法中增加混合算法，只需要在options中增加'HybridFcn'，如下例。

```
fminuncOptions = optimoptions(@fminunc,'PlotFcn',{'optimplotfval','optimplotx'});
options = optimoptions(options,'HybridFcn',{@fminunc, fminuncOptions});
```

更多全局优化函数，请参考Global Optimization Toolbox使用手册，具体地址如下。

https://www.mathworks.com/help/pdf_doc/gads/gads.pdf

至此，优化基础内容已经讲解完毕，下一章开始正式介绍投资组合优化问题。

第8章

Portfolio Optimization

投资组合优化 I

本书前文讨论了常用优化方法。本章开始讨论这些方法在投资组合优化中的应用。为了方便大家理解投资组合优化中复杂矩阵运算，本章先用基本代数方法讨论两个风险资产构成投资组合优化问题，尽量从视觉角度来帮助大家理解投资组合优化中可能出现的一些技术细节。

如果人类的任何探索不能通过数学方式展示，那么它就不能被称为真正的科学。

No human investigation can be called real science if it cannot be demonstrated mathematically.

——列奥纳多·达·芬奇 (Leonardo da Vinci)

Core Functions and Syntaxes

本章核心命令代码

- `@(x)obj_func (x,a,b,c)` 以x为优化变量函数，a、b和c为函数`obj_func()`输入值。
- `colorbar` 调出色彩条。
- `daspect([x y z])` 设置图像刻度比例；`daspect([1 1 1])`轴刻度比例关系为1:1:1。
- `ga()` 用遗传算法优化最小值点。
- `gamultiobj()` 用遗传算法得到多目标优化函数帕累托最优前沿Pareto front。
- `gaoptimset()` 创建遗传算法选项结构。
- `inv(A)` 计算方阵逆矩阵，相当于`A ^(-1)`。
- `optimoptions()` 创建优化算法选项结构。
- `syms` 创建符号变量或函数。

8.1 收益与风险

投资组合优化核心问题是一定约束条件下，通过优化资产配置，提高投资组合收益率，降低投资组合风险。因此，投资组合优化目标很好理解，平衡风险和收益。以下提供几种常见的优化目标。

- 承担最小风险。
- 在一定风险条件下，获得最大收益。
- 在一定收益条件下，承担最小风险。
- Sharpe比率最大等。

通过丛书第二册第9章学习，相信大家已经知道投资组合收益指标如下。

- 投资**总收益**、**毛收益** (gross returns)。
- 投资**净收益** (net returns) 等。

风险没有一个固定量化值，丛书讨论三种**风险指标** (risk proxy)。

- 投资组合收益率方差。
- **预期亏空** (expected shortfall, conditional value-at-risk)。
- **平均绝对偏差** (mean absolute deviation)。

简单起见，我们先使用一个由两个有风险资产构造投资组合，用基础代数方法来讨论投资组合优化问题。这一章和下一章采用的风险指标为投资组合收益方差。丛书第五本将会探讨以预期亏空、平均绝对偏差MAD作为风险指标的投资组合优化问题。

如果投资组合只有两个资产，**投资组合期望收益率** (expected return of a portfolio) 为：

$$\mathrm{E}(r_p) = w_1 \mathrm{E}(r_1) + w_2 \mathrm{E}(r_2) \tag{8.1}$$

两个资产**投资组合收益率方差** (portfolio variance)：

$$\sigma_p^2 = w_1^2\sigma_1^2 + w_2^2\sigma_2^2 + 2w_1w_2\sigma_{1,2} \tag{8.2}$$

其中：

$$\sigma_{1,2} = \rho_{1,2}\sigma_1\sigma_2 \tag{8.3}$$

投资组合收益率方差，也称投资组合方差，是**投资组合收益率离散程度度量** (measure of dispersion of returns of a portfolio)。下面，假设投资组合中两个风险资产收益率期望参数和标准差参数如下：

$$\begin{cases} \mathrm{E}(r_1) = 0.2 \\ \mathrm{E}(r_2) = 0.1 \end{cases}, \quad \begin{cases} \sigma_1 = 0.3 \\ \sigma_2 = 0.15 \end{cases} \tag{8.4}$$

如果投资组合仅由这两个风险资产构成，资产1和资产2有一个重要线性等式约束条件，即两者权重w_1和w_2之和为1：

$$w_1 + w_2 = 1 \tag{8.5}$$

允许卖空条件下w_1和w_2取值没有上下界。不允许**卖空** (short selling) 情况下，w_1和w_2取值上界为1，下界为0。卖空是指投资者看跌某种股票时，从经纪人手中借入股票卖出，一段时间后当股票价格明显下降，投资者用低价买进股票把所欠股票归还给经纪人，从中赚取差价。

当资产1和2波动率相关性系数在-1和1之间变化时，且允许卖空情况下，投资组合收益率标准差(波动率) σ_p和期望收益 $E(r_p)$ 之间关系如图8.1所示。$\rho_{1,2}$为1时，σ_p 和$E(r_p)$ 呈现线性关系。$\rho_{1,2}$为-1时，σ_p 和$E(r_p)$ 呈现折线关系。$\rho_{1,2}$在-1和1区间时，σ_p 和$E(r_p)$ 构成双曲线右侧曲线一部分，这部分曲线顶点即σ_p最小值。相同σ_p 条件下，投资者肯定期待更大收益$E(r_p)$，即σ_p最小值之下曲线是没有意义的；σ_p最小值之上部分曲线被称作为**有效前沿** (efficient frontier)。图8.2展示的即图8.1条件下有效前沿。有效前沿上，承担低风险获得低回报，承担高风险获得高回报。图8.2中红色×代表是不同相关性系数条件下**最小方差投资组合** (minimum variance portfolio)，也叫全局最小方差投资组合 (global minimum variance portfolio)。

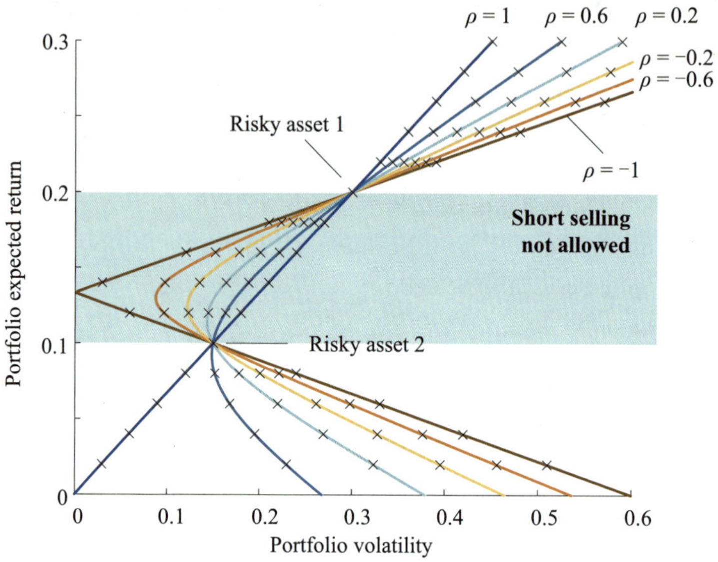

图8.1　投资组合收益率标准差和收益期望之间关系 (允许卖空，$\rho_{1,2}$在-1和1之间变化)

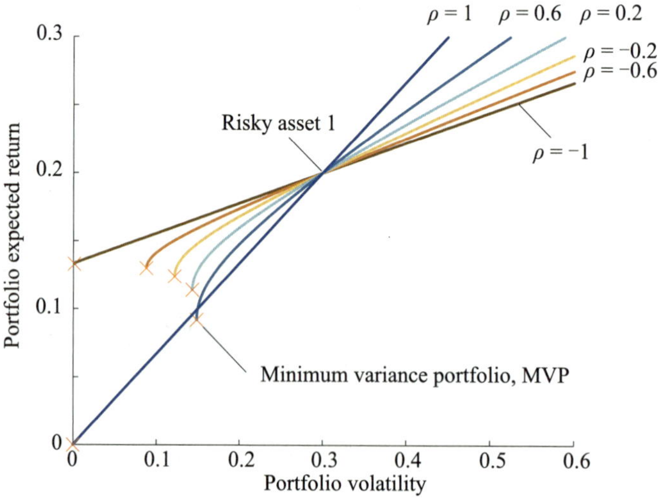

图8.2　有效前沿 (允许卖空，$\rho_{1,2}$在-1和1区间变化)

有的读者可能会发现图8.1中σ_p 和$E(r_p)$ 呈现某种圆锥曲线关系；这些曲线实际上是双曲线右侧曲线。σ_p 和$E(r_p)$ 关系为什么会是双曲线？该问题将在本章后续内容中讨论。不允许卖空情况下，投资组合收益率标准差 (波动率) 和期望收益两者关系如图8.3所示。

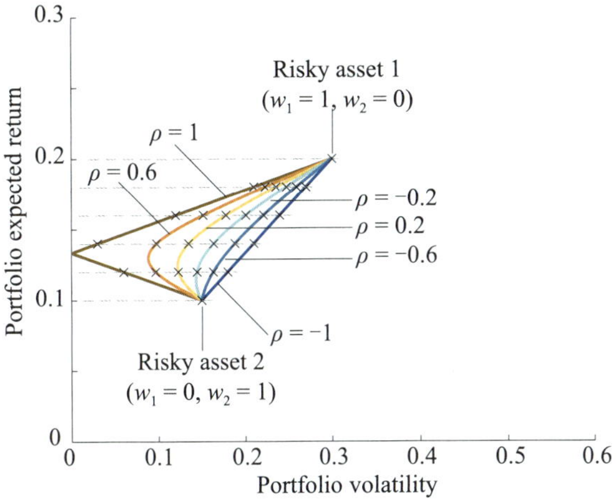

图8.3　投资组合收益率标准差和期望收益之间关系 (不允许卖空，$\rho_{1,2}$在−1和1区间变化)

$\rho_{1,2}$设定为0.4。该条件下，如果允许卖空，投资组合收益率标准差和期望收益两者关系如图8.4所示。不允许卖空，σ_p 和E(r_p) 关系如图8.5所示。请读者根据丛书第二册第9章相关内容，编写代码并绘制本节图像。

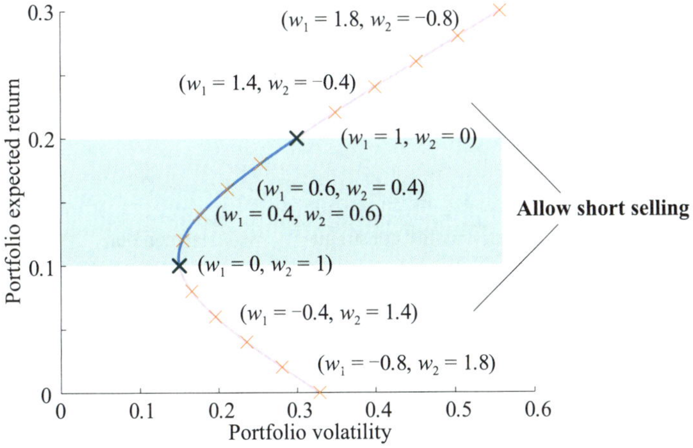

图8.4　σ_p和E(r_p) 之间关系 (允许卖空，$\rho_{1,2}$ = 0.4)

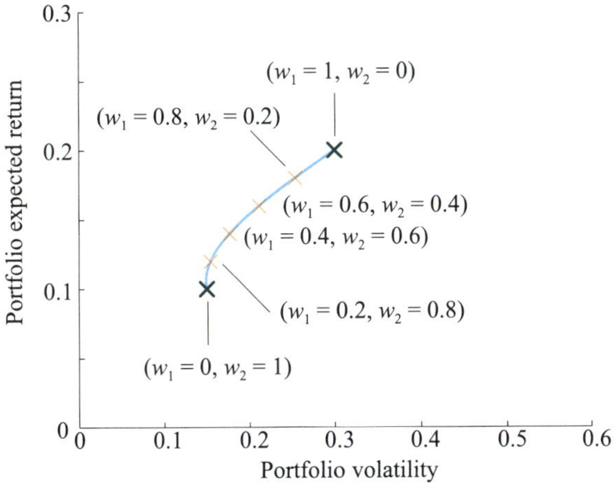

图8.5　σ_p和E(r_p) 之间关系 (不允许卖空，$\rho_{1,2}$ = 0.4)

8.2 收益率期望

不考虑w_1和w_2存在等式约束条件，w_1和w_2以及$E(r_p)$ 构成一个空间平面，如图8.6所示。此空间中，w_1和w_2等式约束条件即图8.6直线。图8.7 所示为投资组合期望收益率在w_1-w_2平面投影。

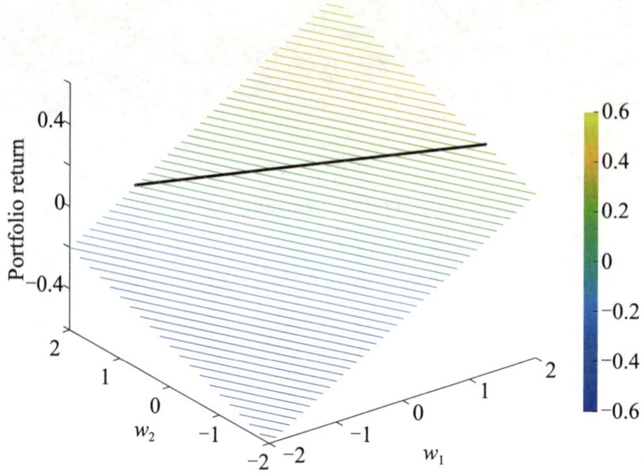

图8.6　投资组合期望收益率、w_1和w_2构成空间平面

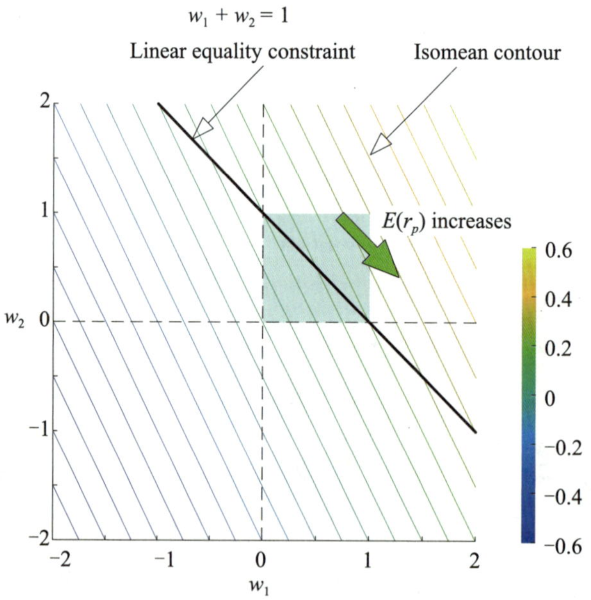

图8.7　投资组合期望收益率在w_1-w_2平面投影

图8.8展示不允许卖空情况下，投资组合期望收益率在w_1-w_2平面投影 (等高线)，以及w_1和w_2存在等式约束条件 (黑色直线)。整理w_1和w_2存在等式约束条件，因此将$E(r_p)$ 表达式整理为以w_1为单变量的等式。

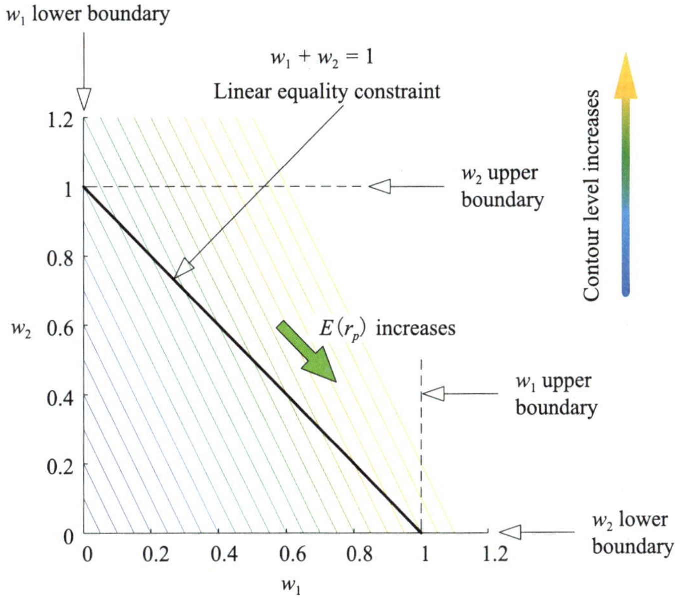

图8.8　投资组合期望收益率在w_1-w_2平面投影 (不允许卖空)

$$w_1 + w_2 = 1 \Rightarrow w_2 = 1 - w_1 \tag{8.6}$$

$E(r_p)$ 以w_1函数为：

$$E(r_p) = 0.2w_1 + 0.1(1 - w_1) = 0.1 + 0.1w_1 \tag{8.7}$$

同样，$E(r_p)$ 用w_2来表达，如下式：

$$E(r_p) = 0.2(1 - w_2) + 0.1w_2 = 0.2 - 0.1w_2 \tag{8.8}$$

图8.9所示为$E(r_p)$ 分别和w_1、w_2关系。$E(r_p)$ 随着w_1增大而增大，是个线性递增函数；$E(r_p)$ 随着w_2增大而减小，是个线性递增函数。图8.9相当于图8.6在x-z和y-z平面投影。不允许卖空条件下，$E(r_p)$ 最大值为0.2 ($w_1 = 1, w_2 = 0$)，$E(r_p)$ 最小值为0.1 ($w_1 = 0, w_2 = 1$)。

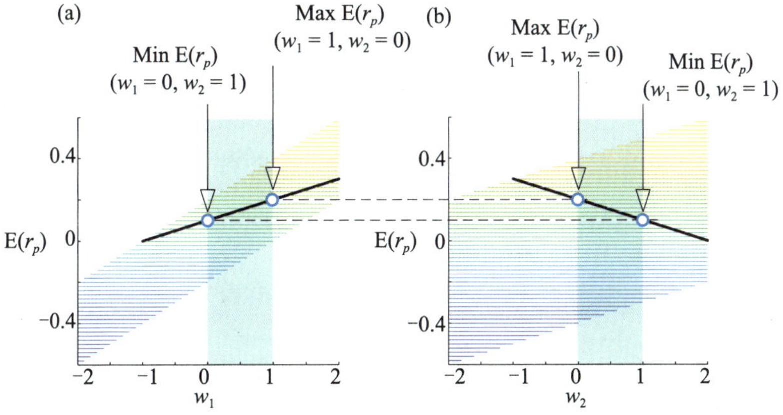

图8.9　$E(r_p)$ 分别和w_1、w_2关系

改变以下代码中 view() 函数输入值，获得本节的图像。

B4_Ch8_1_A.m

```
clc; close all; clear all
syms www1 www2 vol volvol rrr xxx xxx_sq yyy

sigma_1 = 0.3;  % vol: asset 1
sigma_2 = 0.15; % vol: asset 2
E_R_1 = 0.2;    % average return: asset 1
E_R_2 = 0.1;    % average return: asset 2
rho = 0.4;      % correlation between two assets

w1_fine = -2:0.01:2;
w2_fine = -2:0.01:2;
[ww1,ww2] = meshgrid(w1_fine,w2_fine);

% linear constraint
w1_lc = -2:0.025:2;
w2_lc = 1 - w1_lc;

sigma_p_sq_surface = ww1.^2*sigma_1^2 + ww2.^2*sigma_2^2 + ...
    2*ww1.*ww2*rho*sigma_1*sigma_2;
sigma_p_sq_curve = w1_lc.^2*sigma_1^2 + w2_lc.^2*sigma_2^2 + ...
    2*w1_lc.*w2_lc*rho*sigma_1*sigma_2;

% Analytical expressions

volvol = www1.^2*sigma_1^2 + www2.^2*sigma_2^2 + ...
    2*www1.*www2*rho*sigma_1*sigma_2;
vpa(expand(volvol))

vol = sqrt(volvol);
vpa(expand(vol))

volvol = www1.^2*sigma_1^2 + (1-www1).^2*sigma_2^2 + ...
    2*www1.*(1-www1)*rho*sigma_1*sigma_2;
vpa(expand(volvol))

vol = sqrt(volvol);
vpa(expand(vol))

volvol = (1-www2).^2*sigma_1^2 + www2.^2*sigma_2^2 + ...
    2*(1-www2).*www2*rho*sigma_1*sigma_2;
vpa(expand(volvol))

vol = sqrt(volvol);
vpa(expand(vol))
```

```
rrr = E_R_1*www1 + E_R_2*www2;
vpa(expand(rrr))

www1 = (yyy - E_R_2)/(E_R_1 - E_R_2);
www2 = (E_R_1 - yyy)/(E_R_1 - E_R_2);

xxx_sq = www1.^2*sigma_1^2 + www2.^2*sigma_2^2 + ...
    2*www1.*www2*rho*sigma_1*sigma_2;

vpa(expand(xxx_sq))

sigma_p_surface = sqrt(sigma_p_sq_surface);
sigma_p_curve = sqrt(sigma_p_sq_curve);

return_surface = E_R_1*ww1 + E_R_2*ww2;
return_curve = E_R_1*w1_lc + E_R_2*w2_lc;

%% plot return surface
fig_i = 1;
figure(fig_i)

contour3(ww1,ww2,return_surface,[-0.8:0.02:0.8]); hold on
colorbar
plot3(w1_lc,w2_lc,return_curve,'k','LineWidth',2);
xlabel('w_1'); ylabel('w_2'); zlabel('Portfolio return')
grid off; box off;
title('Portfolio return')
xlim([-2,2]);ylim([-2,2]);
% view([1,0,0])
% view([0,-1,0])
% view([0,0,1])
```

8.3 收益率方差

上一节介绍了两个风险资产构造的投资组合，它的风险用投资组合收益率方差来表达，即：

$$\sigma_p^2 = 0.09w_1^2 + 0.0225w_2^2 + 0.036w_1w_2 \tag{8.9}$$

观察发现，方差是w_1和w_2构成的一个二元二次函数，如图8.10所示。更确切地说，不考虑w_1和w_2和线性等式约束，w_1、w_2和投资组合收益率方差构成一个开口向上椭圆抛物面。此曲面空间等高线为同心椭圆。

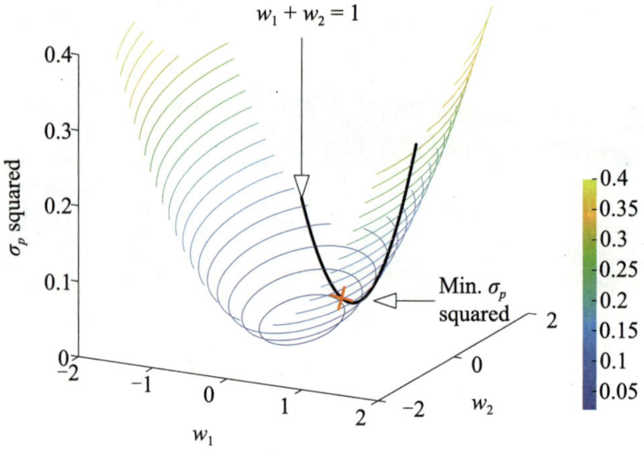

图8.10　w_1、w_2和投资组合收益率方差空间关系

考虑线性等式约束，如图8.10黑色曲线所示，发现w_1、w_2和投资组合收益率方差构成一个抛物线；这条黑色抛物线实际上是椭圆抛物面和 $w_1+w_2=1$ 平面相交获得一条交线。红色×处为线性等式约束条件下收益率方差最小值。图8.11所示为投资组合收益率方差在w_1-w_2平面上投影。收益率方差最小值位置，即$w_1+w_2=1$直线和椭圆相切切点。

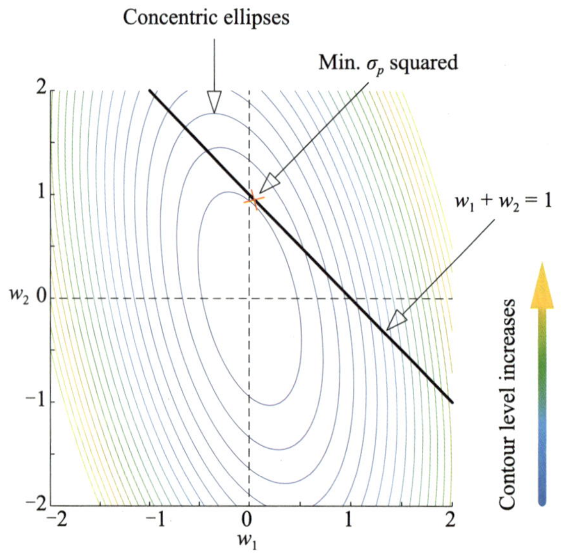

图8.11　投资组合收益率方差在w_1-w_2平面上投影

根据数学部分有关法向、切向和梯度内容，求解出$w_1+w_2=1$和椭圆相切切点。令，$f(\boldsymbol{w})$和$g(\boldsymbol{w})$为：

$$
\begin{aligned}
f(\boldsymbol{w}) &= 0.09w_1^2+0.0225w_2^2+0.036w_1w_2 \\
g(\boldsymbol{w}) &= w_1+w_2
\end{aligned}
\tag{8.10}
$$

两个函数在切点处梯度向量平行，设比例系数为λ，得到：

$$
\begin{cases}
\partial f(\boldsymbol{w})/\partial w_1 = \lambda \cdot \partial g(\boldsymbol{w})/\partial w_1 \\
\partial f(\boldsymbol{w})/\partial w_2 = \lambda \cdot \partial g(\boldsymbol{w})/\partial w_2
\end{cases}
\tag{8.11}
$$

将$f(\boldsymbol{w})$和$g(\boldsymbol{w})$具体代数式代入上两式获得：

$$\begin{cases} 0.18w_1 + 0.036w_2 = \lambda \cdot 1 \\ 0.036w_1 + 0.045w_2 = \lambda \cdot 1 \end{cases} \tag{8.12}$$

合并两式，消去比例系数为λ，获得：

$$0.18w_1 + 0.036w_2 = 0.036w_1 + 0.045w_2 \Rightarrow 0.144w_1 - 0.009w_2 = 0 \tag{8.13}$$

将上式和前文给出等式约束条件联立，求解出w_1和w_2：

$$\begin{gathered} \begin{cases} 0.144w_1 - 0.009w_2 = 0 \\ w_1 + w_2 = 1 \end{cases} \\ \Rightarrow \begin{bmatrix} 0.144 & 0.009 \\ 1 & 1 \end{bmatrix} \begin{bmatrix} w_1 \\ w_2 \end{bmatrix} = \begin{bmatrix} 0 \\ 1 \end{bmatrix} \Rightarrow \begin{bmatrix} w_1 \\ w_2 \end{bmatrix} = \begin{bmatrix} 0.0588 \\ 0.9412 \end{bmatrix} \end{gathered} \tag{8.14}$$

图8.11给出w_1-w_2平面上，切点坐标为 (0.0588, 0.9412)。

类似收益率期望值，投资组合方差也可以用w_1来表达，如下：

$$\begin{aligned} \sigma_p^2 &= 0.09{w_1}^2 + 0.0225(1-w_1)^2 + 0.036w_1(1-w_1) \\ &= 0.0765{w_1}^2 - 0.009w_1 + 0.0225 \\ &= 0.0765\left({w_1}^2 - 0.1176w_1 + 0.0588^2\right) + 0.0222 \\ &= 0.0765(w_1 - 0.0588)^2 + 0.0222 \end{aligned} \tag{8.15}$$

令w_1为x，投资组合方差为y，x-y平面上，y即以x为自变量抛物线：

$$y = 0.0765(x - 0.0588)^2 + 0.0222 \tag{8.16}$$

如图8.12(a) 所示，抛物线开口向上，$w_1 = 0.0588$处取得最小值；方差最小值为0.0222，开方得到投资组合标准差最小值为0.149。根据w_1和w_2关系，求得w_1，即满足下式条件投资组合方差取得最小值：

$$\begin{cases} w_1 = 0.0588 \\ w_2 = 0.9412 \end{cases} \tag{8.17}$$

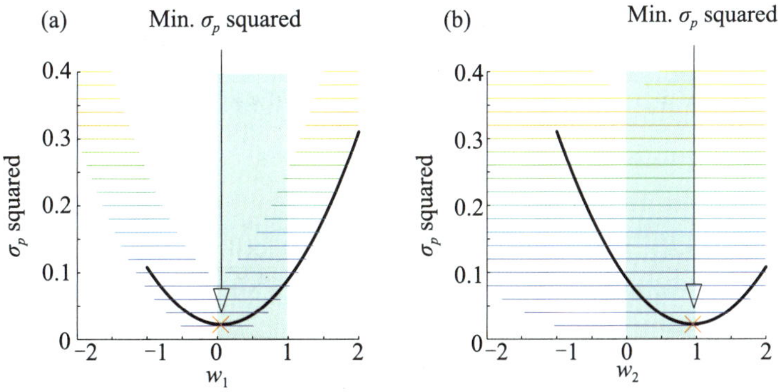

图8.12　投资组合收益率方差分别和w_1、w_2关系

同理，用w_2作为单一变量来表达投资组合方差：

$$w_1 + w_2 = 1 \Rightarrow w_1 = 1 - w_2 \tag{8.18}$$

把上式，代入投资组合方差表达式，获得：

$$\begin{aligned}\sigma_p^2 &= 0.09(1-w_2)^2 + 0.0225{w_2}^2 + 0.036(1-w_2)w_2 \\ &= 0.0765{w_2}^2 - 0.144w_2 + 0.09 \\ &= 0.0765(w_2 - 0.9412)^2 + 0.0222\end{aligned} \tag{8.19}$$

上式告诉我们，投资组合方差$w_2 = 0.9412$时取得最小值0.0222，如图8.12(b) 所示。根据w_1和w_2等式关系，求得$w_1 = 0.0588$，该结果和之前求解结果完全一致。

抛物线最小值可以利用一阶求导方法来获得。用符号来计算获得取得投资组合收益率方差最小值一般形式。

$$\begin{aligned}&\begin{cases} f(\boldsymbol{w}) = \sigma_1^2 w_1^2 + 2\rho_{1,2}\sigma_1\sigma_2 w_1 w_2 + \sigma_2^2 w_2^2 \\ w_1 + w_2 = 1 \end{cases} \\ &\Rightarrow f(\boldsymbol{w}) = \left(\sigma_1^2 - 2\rho_{1,2}\sigma_1\sigma_2 + \sigma_2^2\right)w_1^2 + \left(2\rho_{1,2}\sigma_1\sigma_2 - 2\sigma_2^2\right)w_1 + \sigma_2^2\end{aligned} \tag{8.20}$$

$f(\boldsymbol{w})$ 对w_1求偏导，并令其为0，求解等式得到方差最小时w_1值，并利用等式约束条件获得w_2。具体过程如下：

$$\begin{aligned}&\frac{\partial f(\boldsymbol{w})}{\partial w_1} = 2\cdot\left(\sigma_1^2 - 2\rho_{1,2}\sigma_1\sigma_2 + \sigma_2^2\right)w_1 + \left(2\rho_{1,2}\sigma_1\sigma_2 - 2\sigma_2^2\right) = 0 \\ &\Rightarrow w_1 = \frac{\sigma_2^2 - \rho_{1,2}\sigma_1\sigma_2}{\sigma_1^2 - 2\rho_{1,2}\sigma_1\sigma_2 + \sigma_2^2} \\ &\Rightarrow w_2 = 1 - w_1 = \frac{\sigma_1^2 - \rho_{1,2}\sigma_1\sigma_2}{\sigma_1^2 - 2\rho_{1,2}\sigma_1\sigma_2 + \sigma_2^2}\end{aligned} \tag{8.21}$$

获得方差最小值，表达式如下：

$$\sigma_{p\_\min}^2 = \frac{\sigma_1^2\sigma_2^2 - \left(\rho_{1,2}\sigma_1\sigma_2\right)^2}{\sigma_1^2 + \sigma_2^2 - 2\rho_{1,2}\sigma_1\sigma_2} \tag{8.22}$$

本章第一节两个风险资产具体参数代入计算方差最小值等式，得到方差最小值：

$$\sigma_{p\_\min}^2 = \frac{\sigma_1^2\sigma_2^2 - \left(\rho_{1,2}\sigma_1\sigma_2\right)^2}{\sigma_1^2 + \sigma_2^2 - 2\rho_{1,2}\sigma_1\sigma_2} = \frac{0.3^2\times0.15^2 - (0.4\times0.3\times0.15)^2}{0.3^2 + 0.15^2 - 2\times0.4\times0.3\times0.15} = 0.0222 \tag{8.23}$$

此时w_1和w_2值为：

$$\begin{cases} w_1 = \dfrac{\sigma_2^2 - \rho_{1,2}\sigma_1\sigma_2}{\sigma_1^2 - 2\rho_{1,2}\sigma_1\sigma_2 + \sigma_2^2} = \dfrac{0.15^2 - 0.4\times0.3\times0.15}{0.3^2 + 0.15^2 - 2\times0.4\times0.3\times0.15} = 0.0588 \\ w_2 = \dfrac{\sigma_1^2 - \rho_{1,2}\sigma_1\sigma_2}{\sigma_1^2 - 2\rho_{1,2}\sigma_1\sigma_2 + \sigma_2^2} = \dfrac{0.3^2 - 0.4\times0.3\times0.15}{0.3^2 + 0.15^2 - 2\times0.4\times0.3\times0.15} = 0.9412 \end{cases} \tag{8.24}$$

这些结果和前文完全一致。另外，当相关性系数分别取1、-1和0时，方差取得最小值时w_1和w_2占比如表8.1所示。

表8.1　相关性为1、-1和0时，方差最小值时w_1和w_2取值

相关性	资产1占比	资产2占比
$\rho_{1,2}=1$	$w_1=\frac{\sigma_2}{\sigma_2-\sigma_1}$	$w_2=\frac{\sigma_1}{\sigma_1-\sigma_2}$
$\rho_{1,2}=-1$	$w_1=\frac{\sigma_2}{\sigma_2+\sigma_1}$	$w_2=\frac{\sigma_1}{\sigma_1+\sigma_2}$
$\rho_{1,2}=0$	$w_1=\frac{\sigma_2^2}{\sigma_1^2+\sigma_2^2}$	$w_2=\frac{\sigma_1^2}{\sigma_1^2+\sigma_2^2}$

另外，也可用上一章讲解的拉格朗日乘子法来求解方差最小值时w_1和w_2取值。构造如下优化问题：

$$\begin{aligned}&\underset{\boldsymbol{w}}{\arg\min}\ f(\boldsymbol{w})=\sigma_1^2w_1^2+2\rho_{1,2}\sigma_1\sigma_2w_1w_2+\sigma_2^2w_2^2\\&\text{subject to: } h(\boldsymbol{w})=w_1+w_2-1=0\end{aligned}\tag{8.25}$$

然后，构造$L(\boldsymbol{w},\lambda)$函数：

$$L(\boldsymbol{w},\lambda)=\sigma_1^2w_1^2+2\rho_{1,2}\sigma_1\sigma_2w_1w_2+\sigma_2^2w_2^2+\lambda(w_1+w_2-1)\tag{8.26}$$

分别对w_1、w_2和λ分别求偏导：

$$\begin{cases}\dfrac{\partial L(\boldsymbol{w},\lambda)}{\partial w_1}=2\sigma_1^2w_1+2\rho_{1,2}\sigma_1\sigma_2w_2+\lambda=0\\\dfrac{\partial L(\boldsymbol{w},\lambda)}{\partial w_2}=2\sigma_2^2w_2+2\rho_{1,2}\sigma_1\sigma_2w_1+\lambda=0\\\dfrac{\partial L(\boldsymbol{w},\lambda)}{\partial \lambda}=w_1+w_2-1=0\end{cases}\tag{8.27}$$

构造如下矩阵乘法算式来求解w_1、w_2和λ：

$$\begin{bmatrix}2\sigma_1^2 & 2\rho_{1,2}\sigma_1\sigma_2 & 1\\2\rho_{1,2}\sigma_1\sigma_2 & 2\sigma_2^2 & 1\\1 & 1 & 0\end{bmatrix}\begin{bmatrix}w_1\\w_2\\\lambda\end{bmatrix}=\begin{bmatrix}0\\0\\1\end{bmatrix}\tag{8.28}$$

上式解为：

$$\begin{cases}w_1=\dfrac{\sigma_2^2-\rho_{1,2}\sigma_1\sigma_2}{\sigma_1^2-2\rho_{1,2}\sigma_1\sigma_2+\sigma_2^2}\\w_2=\dfrac{\sigma_1^2-\rho_{1,2}\sigma_1\sigma_2}{\sigma_1^2-2\rho_{1,2}\sigma_1\sigma_2+\sigma_2^2}\\\lambda=2\dfrac{\sigma_1^2\sigma_2^2-(\rho_{1,2}\sigma_1\sigma_2)^2}{\sigma_1^2-2\rho_{1,2}\sigma_1\sigma_2+\sigma_2^2}\end{cases}\tag{8.29}$$

如下代码采用符号运算求解获得上式：

```
syms sig1 sig2 rho
inv([2*sig1^2,          2*rho*sig1*sig2 1;
     2*rho*sig1*sig2, 2*sig2^2          1;
     1                1                 0])*...
     [0;0;1]
```

执行之后可得到：

```
ans =


(sig2^2 - rho*sig1*sig2)/(sig1^2 - 2*rho*sig1*sig2 + sig2^2)
(sig1^2 - rho*sig2*sig1)/(sig1^2 - 2*rho*sig1*sig2 + sig2^2)
 -(2*(- rho^2*sig1^2*sig2^2 + sig1^2*sig2^2))/(sig1^2 - 2*rho*sig1*sig2 + sig2^2)
```

下面来讨论一下以w_1为未知数二次函数$f(w_1)$。

$$f(w_1)=\left(\sigma_1^2-2\rho_{1,2}\sigma_1\sigma_2+\sigma_2^2\right)w_1^2+\left(2\rho_{1,2}\sigma_1\sigma_2-2\sigma_2^2\right)w_1+\sigma_2^2 \tag{8.30}$$

简单证明二次函数最高次项系数大于等于0：

$$\left(\sigma_1^2-2\rho_{1,2}\sigma_1\sigma_2+\sigma_2^2\right)\geqslant\left(\sigma_1^2-2\sigma_1\sigma_2+\sigma_2^2\right)=\left(\sigma_1-\sigma_2\right)^2\geqslant 0 \tag{8.31}$$

等号成立条件是：

$$\sigma_1=\sigma_2,\ \rho_{1,2}=1 \tag{8.32}$$

如果假设两个风险资产不同，设定最高次项系数大于0。通过配方，获得抛物线顶点式：

$$f(w_1)=\left(\sigma_1^2-2\rho_{1,2}\sigma_1\sigma_2+\sigma_2^2\right)\left(w_1-\left(\frac{\sigma_2^2-\rho_{1,2}\sigma_1\sigma_2}{\sigma_1^2-2\rho_{1,2}\sigma_1\sigma_2+\sigma_2^2}\right)\right)^2+\frac{\sigma_1^2\sigma_2^2-\left(\rho_{1,2}\sigma_1\sigma_2\right)^2}{\sigma_1^2-2\rho_{1,2}\sigma_1\sigma_2+\sigma_2^2} \tag{8.33}$$

抛物线对称轴为：

$$w_1=\left(\frac{\sigma_2^2-\rho_{1,2}\sigma_1\sigma_2}{\sigma_1^2-2\rho_{1,2}\sigma_1\sigma_2+\sigma_2^2}\right)=h \tag{8.34}$$

分三种情况讨论h位置，如下：

$$h<0,\ 0\leqslant h<1,\ 1\leqslant h \tag{8.35}$$

图8.13展示抛物线三个不同位置。h 小于0时，双曲线对称轴在纵轴左侧，即收益率方差最小值(黑○) 在纵轴左侧；不允许卖空情况下对应w_1在0和1区间，最小值不在该区间内。不允许卖空情况下，收益率方差最小值对应位置在$w_1=0$ (红×)。h在0和1区间，黑 ○ 和红×在同一个位置。h大于1时，不允许卖空条件下，收益率方差最小值在$w_1=1$位置。

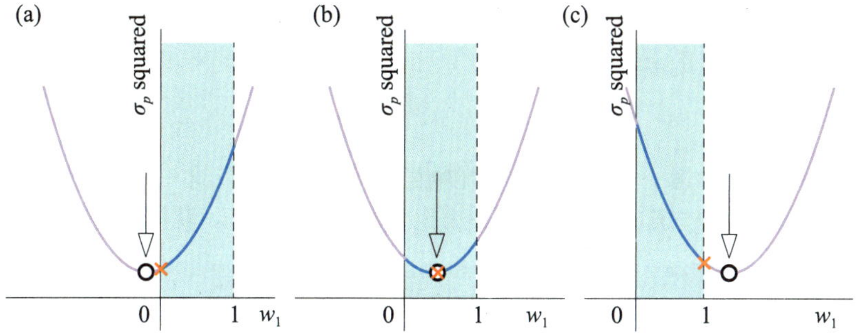

图8.13　抛物线在不同位置

配合前文代码，以下代码可获得本节主要图像。

B4_Ch8_1_B.m

```
%% plot elliptic paraboloid of the portfolio variance

fig_i = fig_i + 1;
figure(fig_i)

levels = [0.02:0.02:0.4];
contour3(ww1,ww2,sigma_p_sq_surface,levels); hold on

loc_min_sigma_p = find(sigma_p_sq_curve == min(sigma_p_sq_curve));
plot3(w1_lc,w2_lc,sigma_p_sq_curve,'k','LineWidth',2);
plot3(w1_lc(loc_min_sigma_p),w2_lc(loc_min_sigma_p),...
    sigma_p_sq_curve(loc_min_sigma_p),'xr','MarkerSize',10);
xlabel('w_1'); ylabel('w_2'); zlabel('\sigma_p^2')
grid off; box off; colorbar
xlim([-2,2]);ylim([-2,2]);zlim([0,0.4])
view(30,20)
% view([1,0,0])
% view([0,-1,0])
% view([0,0,1])

fig_i = fig_i + 1;
figure(fig_i)

levels = [0.02:0.02:0.4];
contour(ww1,ww2,sigma_p_sq_surface,levels); hold on

plot([-2,2],[0,0],'k');plot([0,0],[-2,2],'k');

plot(w1_lc,w2_lc,'k','LineWidth',2);
plot(w1_lc(loc_min_sigma_p),w2_lc(loc_min_sigma_p),'xr','MarkerSize',10);
xlabel('w_1'); ylabel('w_2'); zlabel('\sigma_p^2')
grid off; box off; colorbar
daspect([1 1 1]); title('Portfolio vol squared')
xlim([-2,2]);ylim([-2,2]);
```

8.4 收益率波动率

上一节讨论投资组合方差、w_1及w_2呈现出抛物面和抛物线关系。这一节用图像简单讨论均方差σ_p和w_1及w_2关系。投资组合均方差σ_p大于零，对投资组合方差求根取正，获得σ_p表达式：

$$\sigma_p = \sqrt{0.09w_1^2 + 0.0225w_2^2 + 0.036w_1w_2} \tag{8.36}$$

均方差σ_p和w_1及w_2形成一个锥面，如图8.14所示。

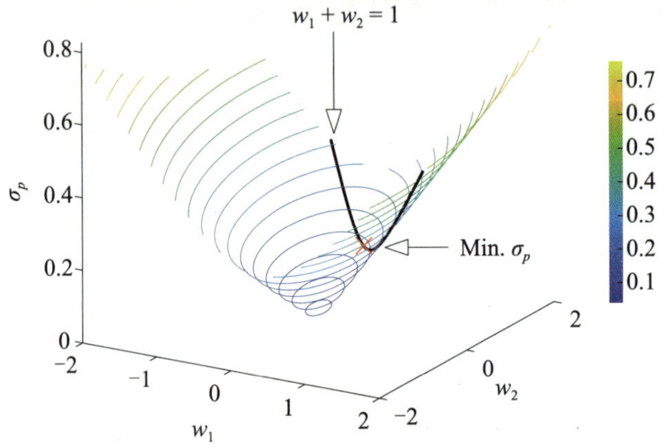

图8.14　w_1、w_2和σ_p关系

由于w_1及w_2存在等式约束关系，容易得到σ_p和w_1两者关系为：

$$\sigma_p = \sqrt{0.0765(w_1 - 0.0588)^2 + 0.0222} \tag{8.37}$$

如果w_1为x，σ_p为y，发现x和y关系为：

$$y^2 - 0.0765(x - 0.0588)^2 = 0.0222,\quad y > 0 \tag{8.38}$$

发现以上解析式对应的是上下开口双曲线中开口朝上的那部分曲线，如图8.15所示。

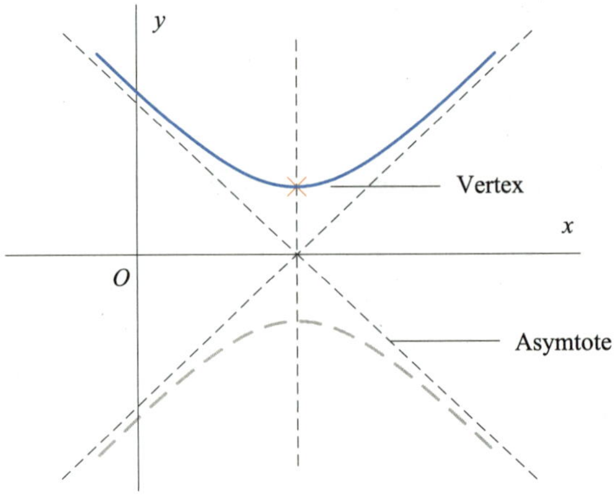

图8.15　上下 (南北) 开口双曲线

同样找到σ_p和w_2关系，如下：

$$\sigma_p = \sqrt{0.0765(w_2 - 0.9412)^2 + 0.0222} \tag{8.39}$$

图8.16(a) 展示σ_p和w_1关系，图8.16(b) 所示为σ_p和w_2关系。图8.16这两张图等价于图8.14在x-z和y-z平面投影。

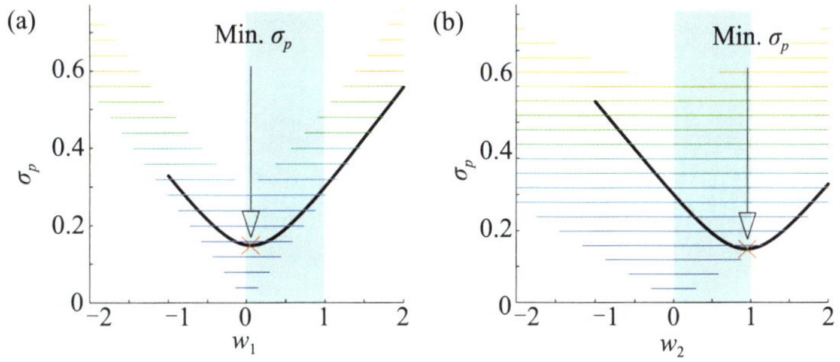

图8.16　投资组合收益率均方差分别和w_1、w_2关系

同样，也获得投资组合收益率波动率在w_1-w_2平面上投影，如图8.17所示。

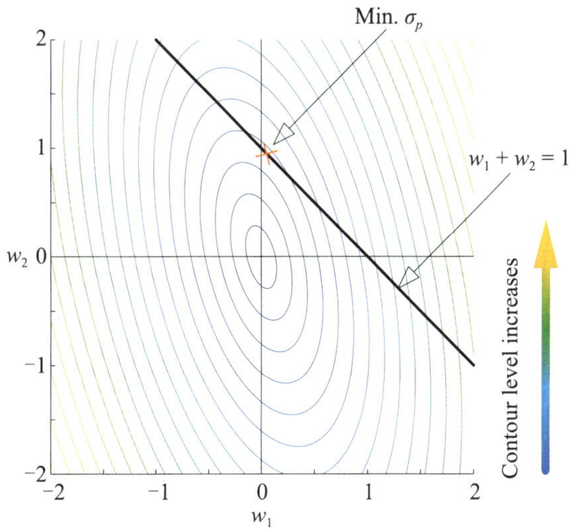

图8.17　投资组合收益率波动率在w_1-w_2平面上投影

配合前文代码，以下代码获得本节主要图像。

B4_Ch8_1_C.m

```
%% plot elliptic cone surface of the portfolio volatility
% volatility = square root of variance

fig_i = fig_i + 1;
figure(fig_i)

levels = [0.04:0.04:1];
contour3(ww1,ww2,sigma_p_surface,levels); hold on

plot3(w1_lc,w2_lc,sigma_p_curve,'k','LineWidth',2);
```

```
plot3(w1_lc(loc_min_sigma_p),w2_lc(loc_min_sigma_p),...
    sigma_p_curve(loc_min_sigma_p),'xr','MarkerSize',10);
xlabel('w_1'); ylabel('w_2'); zlabel('\sigma_p')
grid off; box off; colorbar
xlim([-2,2]);ylim([-2,2]);
view(30,20)
% view([1,0,0])
% view([0,-1,0])
% view([0,0,1])
fig_i = fig_i + 1;
figure(fig_i)

levels = [0.04:0.04:1];
contour(ww1,ww2,sigma_p_surface,levels); hold on

plot([-2,2],[0,0],'k');plot([0,0],[-2,2],'k');

plot(w1_lc,w2_lc,'k','LineWidth',2);
plot(w1_lc(loc_min_sigma_p),w2_lc(loc_min_sigma_p),'xr','MarkerSize',10);
xlabel('w_1'); ylabel('w_2'); zlabel('\sigma_p')
grid off; box off; colorbar
daspect([1 1 1]); title('Portfolio vol')
xlim([-2,2]);ylim([-2,2]);

fig_i = fig_i + 1;
figure(fig_i)

levels = [0.04:0.04:1];
contour(ww1,ww2,sigma_p_surface,levels); hold on

plot([-2,2],[0,0],'k');plot([0,0],[-2,2],'k');

plot(w1_lc,w2_lc,'k','LineWidth',2);
plot(w1_lc(loc_min_sigma_p),w2_lc(loc_min_sigma_p),'xr','MarkerSize',10);
xlabel('w_1'); ylabel('w_2'); zlabel('\sigma_p')
grid off; box off; colorbar
daspect([1 1 1]); title('Portfolio vol')
xlim([-2,2]);ylim([-2,2]);
```

8.5 收益率和方差关系

这一节要量化投资组合收益率期望和收益率方差两者关系。联立以下两个等式，用 $E(r_p)$ 来替换 w_1和w_2。

$$\begin{cases} E(r_p) = 0.2w_1 + 0.1w_2 \\ w_1 + w_2 = 1 \end{cases} \Rightarrow \begin{cases} w_1 = \dfrac{E(r_p) - E(r_2)}{E(r_1) - E(r_2)} = \dfrac{E(r_p) - 0.1}{0.1} \\ w_2 = \dfrac{E(r_1) - E(r_p)}{E(r_1) - E(r_2)} = \dfrac{0.2 - E(r_p)}{0.1} \end{cases} \tag{8.40}$$

将上两式代入投资组合收益率方差计算式，获得投资组合方差和 $E(r_p)$ 关系：

$$\begin{aligned} \sigma_p^2 &= 0.09w_1^2 + 0.025w_2^2 + 0.036w_1w_2 \\ &= 0.09\left(\frac{E(r_p) - 0.1}{0.1}\right)^2 + 0.0225\left(\frac{0.2 - E(r_p)}{0.1}\right)^2 + 0.036\left(\frac{E(r_p) - 0.1}{0.1}\right)\left(\frac{0.2 - E(r_p)}{0.1}\right) \\ &= 7.65E(r_p)^2 - 1.62E(r_p) + 0.108 \end{aligned} \tag{8.41}$$

通过配方得到下式：

$$\begin{aligned} \sigma_p^2 &= 7.65E(r_p)^2 - 1.62E(r_p) + 0.108 \\ &= 7.65\left(E(r_p)^2 - 0.2118E(r_p) + 0.1059^2\right) + 0.0222 \\ &= 7.65\left(E(r_p) - 0.1059\right)^2 + 0.0222 \end{aligned} \tag{8.42}$$

如果令投资组合方差为x，$E(r_p)$ 为y，获得如下关系：

$$x = \sigma_p^2 \Rightarrow x = 7.65(y - 0.1059)^2 + 0.0222 \tag{8.43}$$

上式关系如图8.18所示。观察解析式知道曲线是开口朝右抛物线。x-y平面，该曲线为抛物线，对称轴为 $y = 0.1059$；该抛物线顶点为 (0.0222, 0.1059)，即 $y = 0.1059$时，x取得最小值，即投资组合收益率方差最小值为0.0222 (红×)。

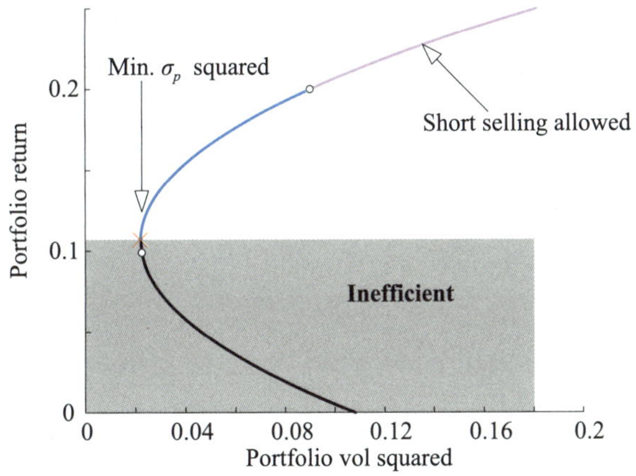

图8.18　投资组合收益率方差和投资组合收益率期望之间关系

如果令投资组合标准差为x，$E(r_p)$ 同样为y，得到x和y关系：

$$x = \sigma_p \Rightarrow x^2 = 7.65(y - 0.1059)^2 + 0.0222 \tag{8.44}$$

此时，在新的x-y平面，即标准差为横轴，期望收益为纵轴坐标系里，图像是一个双曲线，如图8.19所示；双曲线中心点为 (0, 0.1059)，开口分别向左向右。

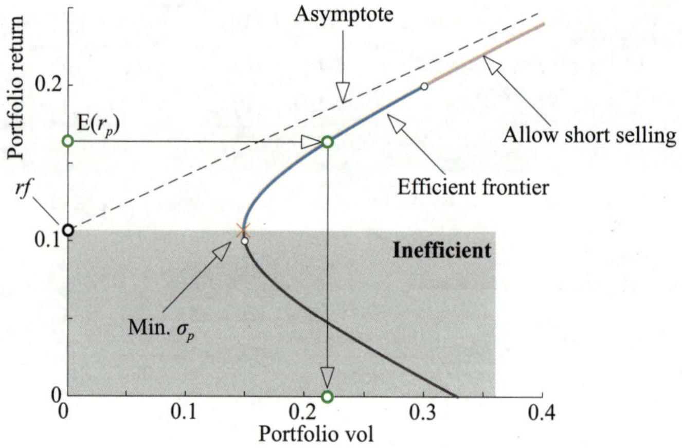

图8.19　投资组合收益率均方差和投资组合收益率期望两者关系

更准确地说，因为x为正，所以x和y关系为双曲线右半条部分曲线，如图8.20所示。

$$x = \sqrt{7.65\left(y - 0.1059\right)^2 + 0.0222},\quad x > 0, y > 0 \tag{8.45}$$

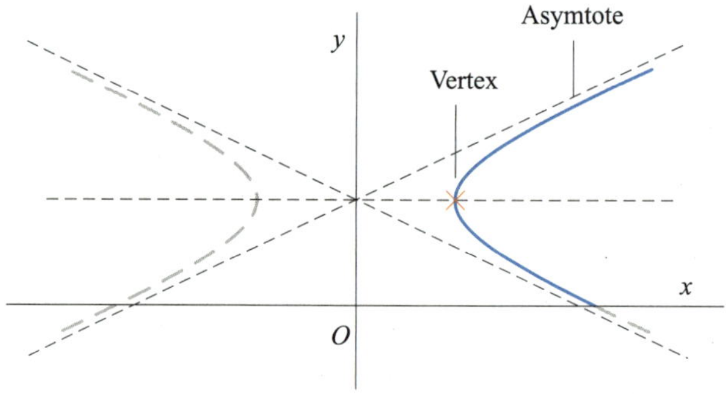

图8.20　左右 (东西) 开口双曲线

即y = 0.1059处，x取得最小值0.149。观察图8.19，发现在有效前沿上，每一个收益率期望对应着一个收益率均方差最小值；如前文所说，随着收益率期望增大，均方差最小值增大。优化问题中，如果给定收益期望值相当于增加一个线性约束条件；对于两个风险资产组成投资组合，直接求出两个资产权重。比如将y，即E(r_p)，代入w_1和w_2有关 E(r_p) 等式，求得：

$$\begin{cases} w_1 = \dfrac{\mathrm{E}(r_p) - \mathrm{E}(r_2)}{\mathrm{E}(r_1) - \mathrm{E}(r_2)} = \dfrac{\mathrm{E}(r_p) - 0.1}{0.1} = \dfrac{0.1059 - 0.1}{0.1} = 0.059 \\ w_2 = \dfrac{\mathrm{E}(r_1) - \mathrm{E}(r_p)}{\mathrm{E}(r_1) - \mathrm{E}(r_2)} = \dfrac{0.2 - \mathrm{E}(r_p)}{0.1} = \dfrac{0.2 - 0.1059}{0.1} = 0.941 \end{cases} \tag{8.46}$$

上述结果和之前结果也是一致的。

如果反向以 E(r_p) 来表达σ_p，获得下式：

$$\begin{aligned} &\frac{\sigma_p^2 - 0.0222}{7.65} = \left(\mathrm{E}(r_p) - 0.1059\right)^2 \\ &\Rightarrow \mathrm{E}(r_p) = \pm\sqrt{\frac{\sigma_p^2 - 0.0222}{7.65}} + 0.1059 \end{aligned} \tag{8.47}$$

σ_p为一定值时，人们会希望期望收益率更高，也是保留右侧双曲线对称轴上半部分，即有效前沿部分：

$$E(r_p)=\sqrt{\frac{\sigma_p^2-0.0222}{7.65}}+0.1059 \tag{8.48}$$

不允许卖空时，w_1和w_2约束条件如下：

$$\begin{cases}0\leqslant w_1\leqslant 1\\0\leqslant w_2\leqslant 1\end{cases} \tag{8.49}$$

由此得到约束条件：

$$\begin{cases}0\leqslant \dfrac{E(r_p)-0.1}{0.1}\leqslant 1\\0\leqslant \dfrac{0.2-E(r_p)}{0.1}\leqslant 1\end{cases}\Rightarrow 0.1\leqslant E(r_p)\leqslant 0.2 \tag{8.50}$$

不允许卖空前提下，$E(r_p)$有界，根据之前求得$E(r_p)$取值范围，获得有效前沿上σ_p取值范围：

$$\begin{aligned}&0.1\leqslant E(r_p)\leqslant 0.2\Rightarrow 0.1059\leqslant\sqrt{\frac{\sigma_p^2-0.0222}{7.65}}+0.1059\leqslant 0.2\\&\Rightarrow 0.1059\leqslant\sigma_p\leqslant 0.3\end{aligned} \tag{8.51}$$

即不允许卖空情况下，投资组合标准差最大值和资产1标准差一样：

$$\sigma_p=\sigma_1=0.3 \tag{8.52}$$

配合前文代码，以下代码获得本节主要图像。

B4_Ch8_1_D.m

```
%% plot portfolio return vs portfolio vol

fig_i = fig_i + 1;
figure(fig_i)

loc_min = find(sigma_p_curve == min(sigma_p_curve));

plot(sigma_p_curve,return_curve,'-o','MarkerIndices',[loc_1,loc_2],...
    'MarkerFaceColor','w',...
    'MarkerEdgeColor','r',...
    'MarkerSize',6); hold on
plot(sigma_p_curve(loc_min),return_curve(loc_min),'xr','MarkerSize',6)
xlabel('Portfolio vol'); ylabel('Portfolio return')
xlim([0,0.4]); box off; ylim([0, 0.25])

% plot portfolio return vs portfolio variance
```

```
fig_i = fig_i + 1;
figure(fig_i)

loc_min = find(sigma_p_curve == min(sigma_p_curve));

plot(sigma_p_sq_curve,return_curve,'-o','MarkerIndices',[loc_1,loc_2],...
    'MarkerFaceColor','w',...
    'MarkerEdgeColor','r',...
    'MarkerSize',6); hold on
plot(sigma_p_sq_curve(loc_min),return_curve(loc_min),'xr','MarkerSize',6)
xlabel('Portfolio vol squared'); ylabel('Portfolio return')
xlim([0,0.2]); box off; ylim([0, 0.25])
```

8.6 增加无风险成分

风险资产组合中常常配合无风险资产来降低风险提高收益。前文采用两个风险资产构成投资组合，这一节在这两个风险资产基础之上再加入无风险资产。这里请大家注意，通常情况所说的无风险资产，比如常用到的美国国债。尽管美国国债收益也有波动，也并不是风险为零，但其波动率相对较小，为方便计算假定资产波动率为0。图8.21展示风险资产P (由风险资产1和2构成) 中加入无风险成分。图8.21中，P坐标为 $(\sigma_p, \mathrm{E}(r_p))$；$r_f$($A$所在位置) 是无风险资产，坐标是 $(0, r_f)$。假设P权重为w_p，无风险资产权重为w_f。两者构成投资组合Q收益率期望为两者加权平均值：

$$\mathrm{E}\left(r_Q\right)=w_P\cdot\mathrm{E}\left(r_P\right)+w_f\cdot r_f \tag{8.53}$$

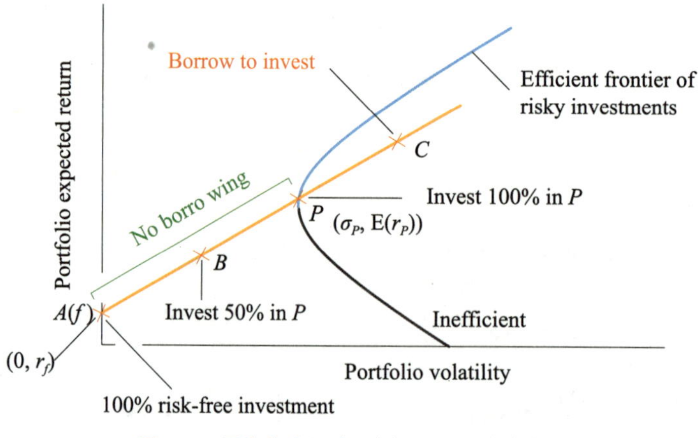

图8.21 风险资产组合P中加入无风险资产成分

投资组合Q收益率方差为：

$$\sigma_Q^2=w_P^2\sigma_P^2+2w_pw_f\rho_{P,f}\sigma_p\sigma_f+w_f^2\sigma_f^2=w_P^2\sigma_P^2 \tag{8.54}$$

图8.21中，A点是100%投资在风险资产，即$w_f = 1$。B点是，50%投资无风险资产，50%投资有风险资产P，即 $w_P = 0.5, w_f = 0.5$。P点等价于100%投资有风险资产P，即$w_P = 1$。C点，相当于150%投资P，-50%投资于无风险资产，即借贷无风险资产购买有风险资产，此刻 $w_P = 1.5$，$w_f = -0.5$。

如图8.22所示，无风险资产r_f确定时，无风险资产和有风险资产 (不同权重) 构成无数种可能投资组合 (黄色线)。这些黄色线都是y截距为r_f一次函数，一次函数斜率实际上即下一节要讲解的夏普比率。斜率不断变化，当一次函数和有效前沿相切时，斜率达到最大值；此时，切点m所在风险资产组合被称作为**市场投资组合** (market portfolio)，又叫**切线投资组合** (tangency portfolio)。已知m点坐标和f点坐标，切线方程利用下式计算得到：

$$
\begin{aligned}
&y = \frac{y_m - r_f}{x_m} x + r_f \Rightarrow x_m y = \left(y_m - r_f\right) x + r_f x_m \\
&\Rightarrow x_m y + \left(r_f - y_m\right) x - r_f x_m = 0
\end{aligned}
\tag{8.55}
$$

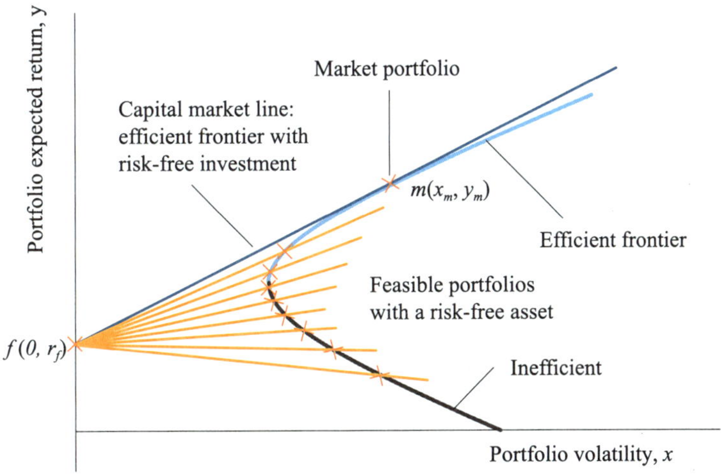

图8.22 无风险资产r_f确定时，可能资产组合

同样m点也在如下双曲线上，因此以下等式成立：

$$
x_m^2 = 7.65\left(y_m - 0.1059\right)^2 + 0.0222,\ \ x_m > 0 \tag{8.56}
$$

根据第2章讨论内容，切点m (x_m, y_m) 处，和直线相切双曲线梯度关系如下：

$$
2x_m^2 = \left(15.3y - 1.62\right)\left(y_m - r_f\right) \tag{8.57}
$$

联立两式，求得y_m：

$$
y_m = \frac{1.62r_f - 0.216}{15.3r_f - 1.62} \tag{8.58}
$$

x_m通过下式求得：

$$
x_m = \sqrt{\frac{0.0151}{\left(15.3r_f - 1.62\right)^2} + 0.0222} \tag{8.59}
$$

当$r_f = 0.03$ 时，求得：

$$\begin{cases} x_m = \sigma_p = 0.1824 \\ y_m = \mathrm{E}(r_p) = 0.1442 \end{cases} \tag{8.60}$$

根据$\mathrm{E}(r_p)$和 w_1和w_2两者关系，可获得权重：

$$\mathrm{E}(r_p) = 0.1442 \Rightarrow \begin{cases} w_1 = \dfrac{\mathrm{E}(r_p) - \mathrm{E}(r_2)}{\mathrm{E}(r_1) - \mathrm{E}(r_2)} = \dfrac{0.1442 - 0.1}{0.1} = 0.442 \\ w_2 = \dfrac{\mathrm{E}(r_1) - \mathrm{E}(r_p)}{\mathrm{E}(r_1) - \mathrm{E}(r_2)} = \dfrac{0.2 - 0.1442}{0.1} = 0.558 \end{cases} \tag{8.61}$$

在$r_f = 0.03$情况下，切线和市场投资组合位置如图8.23所示。当$r_f = 0.08$ 时，求得：

$$\begin{cases} x_m = \sigma_p = 0.3442 \\ y_m = \mathrm{E}(r_p) = 0.2182 \end{cases} \tag{8.62}$$

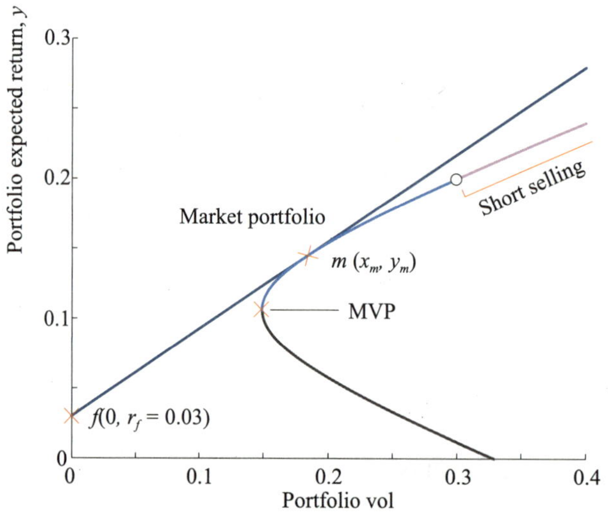

图8.23　$r_f = 0.03$，切线和市场投资组合位置

根据$\mathrm{E}(r_p)$和 w_1及w_2之间关系，得到权重：

$$\mathrm{E}(r_p) = 0.2182 \Rightarrow \begin{cases} w_1 = \dfrac{\mathrm{E}(r_p) - \mathrm{E}(r_2)}{\mathrm{E}(r_1) - \mathrm{E}(r_2)} = \dfrac{0.2182 - 0.1}{0.1} = 1.182 \\ w_2 = \dfrac{\mathrm{E}(r_1) - \mathrm{E}(r_p)}{\mathrm{E}(r_1) - \mathrm{E}(r_2)} = \dfrac{0.2 - 0.2182}{0.1} = -0.182 \end{cases} \tag{8.63}$$

在$r_f = 0.08$情况下，切线和市场投资组合位置如图8.24所示。容易发现m点已经在有效前沿卖空部分，因为w_2小于0。

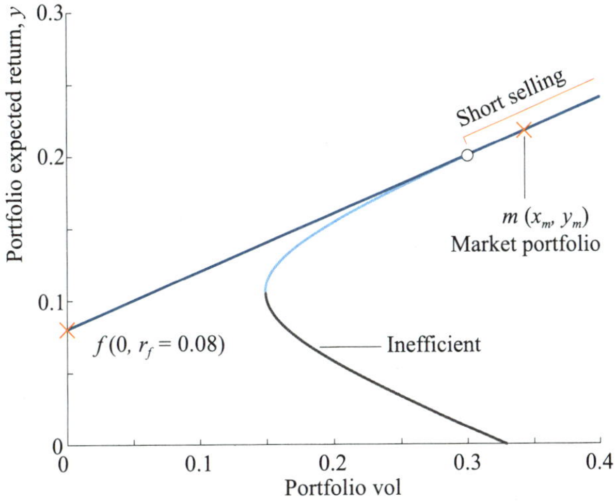

图8.24　$r_f = 0.08$，切线和市场投资组合位置

如前文所示，不允许卖空条件下，投资组合收益率期望最大值为0.2，因此反求出此时r_f值，如下：

$$0.2 = \frac{1.62r_f - 0.216}{15.3r_f - 1.62} \Rightarrow r_f = 0.075 \tag{8.64}$$

前文介绍，双曲线中心在 (0, 0.1059) 处。根据双曲线性质，当r_f高于0.1059时，切线和双曲线切点在右开口双曲线下半段，和有效前沿不会产生任何切点，如图8.25所示。从另外一个角度发现，和有效前沿相切直线斜率不会大于双曲线正渐进线斜率，对于该特点，下一节还会讨论。

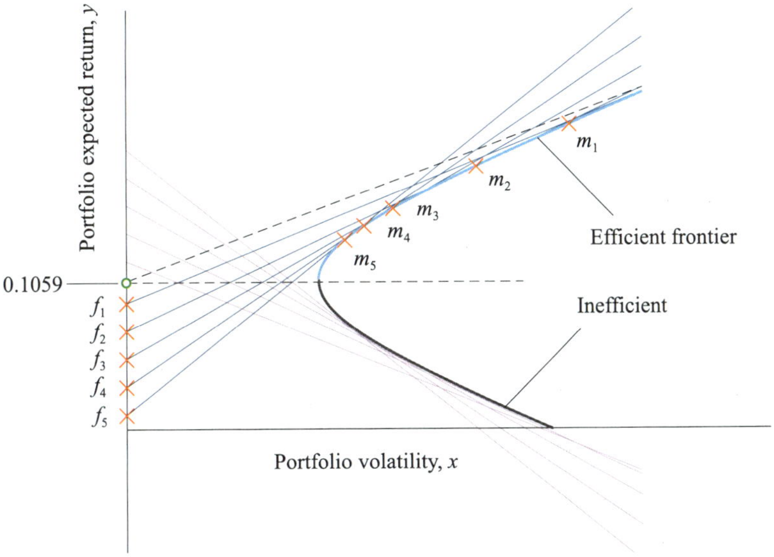

图8.25　右开口双曲线切线位置

8.7 夏普比率

夏普比率 (Sharpe ratio, Sharpe index, Sharpe measure, the reward-to-variability ratio)，又称夏普指数。夏普比率核心思想是衡量给定风险水平下期望收益情况：

$$R_{\text{Sharpe}} = \frac{\mathrm{E}\left(r_p - r_f\right)}{\sigma_p} = \frac{\mathrm{E}\left(r_p\right) - r_f}{\sigma_p} \tag{8.65}$$

其中，σ_p 投资组合标准差；$\mathrm{E}(r_p)$ 是投资组合年化收益率期望；r_f是年化无风险利率，用短期国库券作为proxy。夏普比率是计算每承担一个单位总风险，会带来多少超额收益，衡量风险和收益比率。夏普比率高说明，承担相同风险获得更多收益。

上一节介绍了夏普比率的几何意义。夏普比率实际上是，σ_p-$\mathrm{E}(r_p)$ 平面上，以无风险点 $(0, r_f)$ 为y轴截距一次函数和有效前沿构成切线斜率。当r_f固定时，切线斜率一定值，或者不存在。图8.26所示为r_f取0.01:0.01:0.1这几个值时，切线和切点位置。

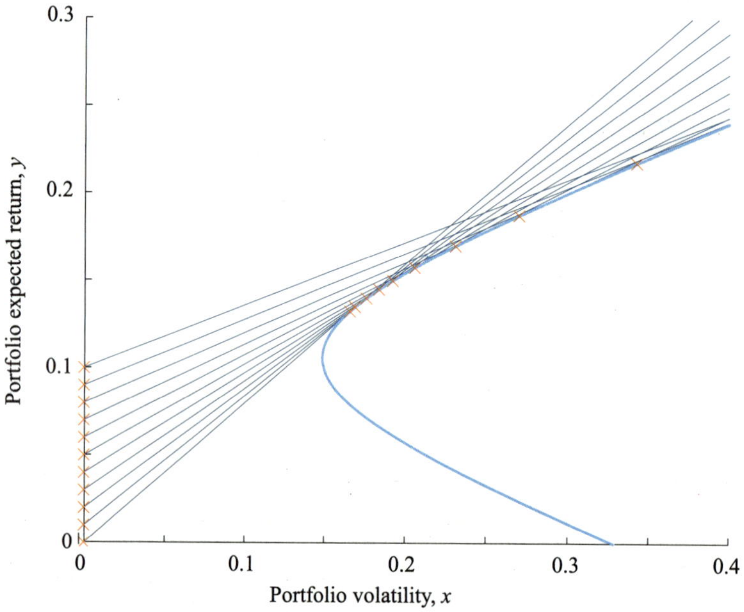

图8.26　r_f变化范围为0.01:0.01:0.1时，切线和切点位置

采用本章一直使用两个有风险资产构成组合，Sharpe比率由σ_p计算：

$$R_{\text{Sharpe}} = \frac{\sqrt{\dfrac{\sigma_p^2 - 0.0222}{7.65}} + 0.1059 - r_f}{\sigma_p} \tag{8.66}$$

当$r_f = 0.03$时，投资组合收益率期望、夏普比率随投资组合收益率波动率变化如图8.27所示。图8.28为$r_f = 0.08$时的结果。图8.29说明随着r_f增大，切线斜率变小，夏普比率不断下降。

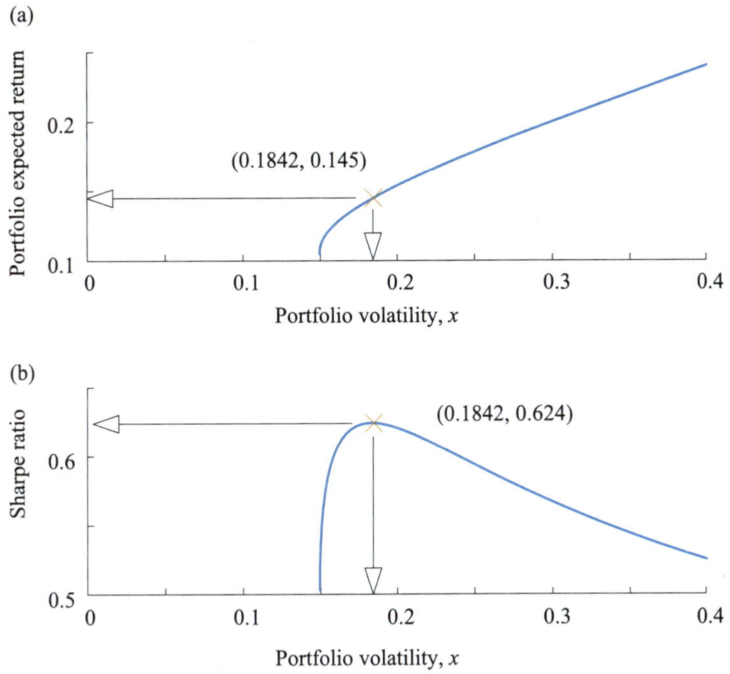

图8.27　$r_f = 0.03$，投资组合收益率期望、夏普比率随着投资组合收益率波动率变化

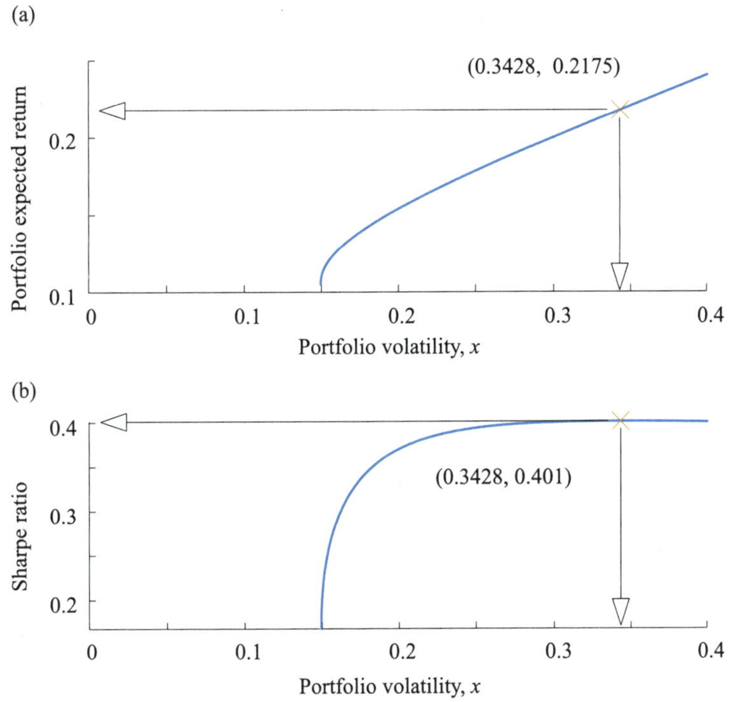

图8.28　$r_f = 0.08$，投资组合收益率期望、夏普比率随着投资组合收益率波动率变化

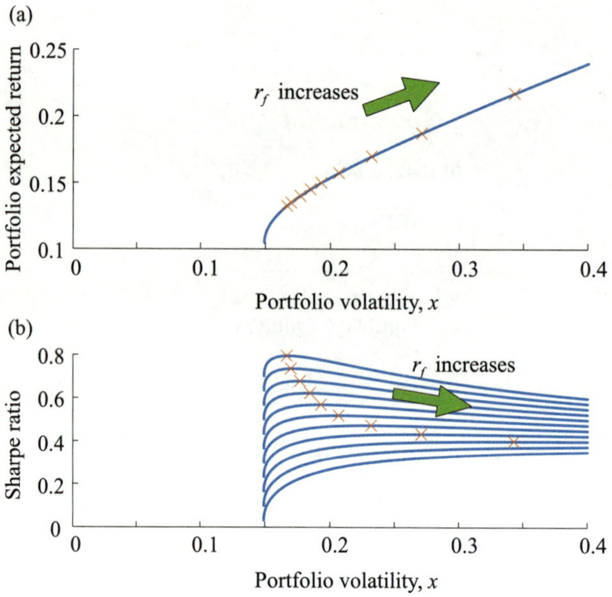

图8.29　r_f = 0.01:0.01:0.1，投资组合收益率期望、夏普比率随着投资组合收益率波动率变化

配合前文代码，以下代码可获得本节主要图像。

B4_Ch8_1_E.m

```
%% Plot tangent portfolios and max Sharpe Ratio

fig_i = fig_i + 1;
figure(fig_i)

subplot(2,1,1)

plot(sigma_p_curve(loc_min:end),return_curve(loc_min:end)); hold on
plot(sigma_p_curve(loc_max_sharpe),return_curve(loc_max_sharpe),'x')
xlim([0,0.4])
box off; xlabel('Portfolio vol'); ylabel('Portfolio return')

subplot(2,1,2)
plot(sigma_p_curve(loc_min:end),Sharpe_r_curve(loc_min:end)); hold on
plot(sigma_p_curve(loc_max_sharpe),Sharpe_r_curve(loc_max_sharpe),'x')
xlim([0,0.4])
box off; xlabel('Portfolio vol'); ylabel('Sharpe ratio')

fig_i = fig_i + 1;
figure(fig_i)

plot(sigma_p_curve,return_curve); hold on
plot(sigma_p_curve(loc_max_sharpe),return_curve(loc_max_sharpe),
'xr','MarkerSize',6)
xlabel('Portfolio vol'); ylabel('Portfolio return')
xlim([0,0.4])
```

```
plot(sigma_p_curve(loc_max_sharpe),return_curve(loc_max_sharpe),'xr')

vol = 0:0.1:0.4;
Sharpe_max = Sharpe_r_curve(loc_max_sharpe);
r_tangent = Sharpe_max*vol + r_f;
plot(vol,r_tangent,'k')
plot(0,r_f,'xr')
box off
ylim([0,0.3])


r_fs = 0:0.01:0.1;

fig_i = fig_i + 1;
figure(fig_i)

for i = 1:length(r_fs)
    r_f = r_fs(i);
    Sharpe_r_curve = (return_curve - r_f)./sigma_p_curve;
    loc_max_sharpe = find(Sharpe_r_curve == max(Sharpe_r_curve));

    subplot(2,1,1)

  plot(sigma_p_curve(loc_min:end),return_curve(loc_min:end),'b'); hold on
    plot(sigma_p_curve(loc_max_sharpe),return_curve(loc_max_sharpe),'xr')
    xlim([0,0.4])
    box off; xlabel('Portfolio vol'); ylabel('Portfolio return')

    subplot(2,1,2)
    plot(sigma_p_curve(loc_min:end),Sharpe_r_curve(loc_min:end),'b'); hold on
    plot(sigma_p_curve(loc_max_sharpe),Sharpe_r_curve(loc_max_sharpe),'xr')
    xlim([0,0.4])
    box off; xlabel('Portfolio vol'); ylabel('Sharpe ratio')
end

r_fs = 0:0.01:0.1;

fig_i = fig_i + 1;
figure(fig_i)

for i = 1:length(r_fs)
    r_f = r_fs(i);
    Sharpe_r_curve = (return_curve - r_f)./sigma_p_curve;
    loc_max_sharpe = find(Sharpe_r_curve == max(Sharpe_r_curve));
    plot(sigma_p_curve,return_curve); hold on

plot(sigma_p_curve(loc_max_sharpe),return_curve(loc_max_sharpe),
'xr','MarkerSize',6)
```

```
    xlabel('Portfolio vol'); ylabel('Portfolio return')
    xlim([0,0.4])

plot(sigma_p_curve(loc_max_sharpe),return_curve(loc_max_sharpe),'xr')

    vol = 0:0.1:0.4;
    Sharpe_max = Sharpe_r_curve(loc_max_sharpe);
    r_tangent = Sharpe_max*vol + r_f;
    plot(vol,r_tangent,'k')
    plot(0,r_f,'xr')
    box off
    ylim([0,0.3])

end
```

本节最后建立一个优化问题，在不同r_f条件下求解最大化夏普比率，采用MATLAB遗传算法优化函数 ga() 作为求解器。$w_1 + w_2 = 1$是唯一一个约束条件。表8.2提供了r_f在不同条件下优化解。

表8.2　最大化夏普比率优化解

r_f	w_1	w_2	Max.Sharpe
0	0.333192	0.666383	0.796819
0.01	0.362328	0.638671	0.737744
0.02	0.397567	0.603433	0.680138
0.03	0.442989	0.558011	0.624409
0.04	0.500154	0.500846	0.571107
0.05	0.578455	0.422545	0.520975
0.06	0.694589	0.306411	0.47502
0.07	0.872255	0.128745	0.434568
0.08	1.179694	−0.17869	0.401289
0.09	1.499766	−0.49877	0.376151
0.1	1.499823	−0.49882	0.352654

获得表8.2结果代码如下：

B4_Ch8_2.m

```
clc; close all; clear all
sigma_1 = 0.3;  % vol: asset 1
sigma_2 = 0.15; % vol: asset 2
E_R_1 = 0.2;    % average return: asset 1
E_R_2 = 0.1;    % average return: asset 2

rho = 0.4;

% Portfolio optimization

% Linear inequality constraints
```

```
A = []; b = [];

% Linear equality constraints
Aeq = [1, 1];
beq = [1];

% lower and upper bounds
lb = [-1.5;-1.5]; ub = [1.5;1.5];

r_fs = 0:0.01:0.1;

nvars = 2;

options=gaoptimset('populationsize',...
    100,'generations',38,'stallGenLimit',...
    200,'TolFun',1e-10,'PlotFcns',{@gaplotbestf,@gaplotdistance});

result_table = [];

for i = 1:length(r_fs)
    r_f = r_fs(i);
    % use default options
    FitnessFunction = @(x)max_Sharpe...
        (x,rho,sigma_1,sigma_2,E_R_1,E_R_2,r_f);
    % An Objective Function with Additional Arguments

    [x, fval] = ga(FitnessFunction,nvars,A,b,...
        Aeq,beq,lb,ub,[],options)

    temp = [r_f,x,-fval];
    result_table = [result_table;temp]
end

%% objective functions

function y = max_Sharpe(x,rho,sigma_1,sigma_2,E_R_1,E_R_2,r_f)

% portfolio vol:
vol_sq = x(1)^2*sigma_1^2 + x(2)^2*sigma_2^2 + ...
    2*x(1)*x(2)*rho*sigma_1*sigma_2;

% max return:
excess_r = E_R_1*x(1) + E_R_2*x(2) - r_f;

y = -excess_r/sqrt(vol_sq);

end
```

8.8 双目标非线性优化

最后一节来看一个双目标优化问题。第一个优化目标是，最小化投资组合收益率方差；第二个优化目标是，最大化投资组合收益率期望值。优化问题描述如下：

$$\begin{aligned}&\underset{\boldsymbol{w}}{\arg\min}\begin{cases}f_1(\boldsymbol{w})=\dfrac{1}{2}\boldsymbol{w}^{\mathrm{T}}\boldsymbol{Q}\boldsymbol{w}\\ f_2(\boldsymbol{w})=\boldsymbol{R}^{\mathrm{T}}\boldsymbol{w}\end{cases}\\&\text{subject to:}\begin{cases}\boldsymbol{lb}\leqslant\boldsymbol{w}\leqslant\boldsymbol{ub}\\ \boldsymbol{A}_{\mathrm{eq}}\boldsymbol{w}=\boldsymbol{b}_{\mathrm{eq}}\end{cases}\end{aligned}\tag{8.67}$$

其中，优化目标函数：

$$\boldsymbol{Q}=2\times\begin{bmatrix}\sigma_1^2 & \rho_{1,2}\sigma_1\sigma_2\\ \rho_{1,2}\sigma_1\sigma_2 & \sigma_2^2\end{bmatrix},\ \boldsymbol{w}=\begin{bmatrix}w_1\\ w_2\end{bmatrix},\ \boldsymbol{R}=-\boldsymbol{E}_r=\begin{bmatrix}-\mathrm{E}(r_1)\\ -\mathrm{E}(r_2)\end{bmatrix}\tag{8.68}$$

优化问题有两个约束条件，第一个是上下界，w_1和w_2取值范围：

$$\begin{bmatrix}-1.5\\ -1.5\end{bmatrix}\leqslant\begin{bmatrix}w_1\\ w_2\end{bmatrix}\leqslant\begin{bmatrix}1.5\\ 1.5\end{bmatrix}\quad\Rightarrow\quad\boldsymbol{lb}=\begin{bmatrix}-1.5\\ -1.5\end{bmatrix},\ \boldsymbol{ub}=\begin{bmatrix}1.5\\ 1.5\end{bmatrix}\tag{8.69}$$

第二个约束条件是线性等式约束：

$$w_1+w_2=1\quad\Rightarrow\quad\boldsymbol{A}_{\mathrm{eq}}=\begin{bmatrix}1 & 1\end{bmatrix},\ \boldsymbol{b}_{\mathrm{eq}}=\begin{bmatrix}1\end{bmatrix}\tag{8.70}$$

资产1和资产2参数和本章开始使用的完全一致：

$$\mathrm{E}(r_1)=0.2;\ \mathrm{E}(r_2)=0.1;\ \sigma_1=0.3;\ \sigma_2=0.15;\ \rho_{1,2}=0.4\tag{8.71}$$

采用MATLAB多目标遗传算法优化函数gamultiobj()求解该问题。图8.30所示为多目标优化帕雷托前沿和结果直方图。图8.31以w_1和w_2为横纵坐标，上面展示着两个目标函数随w_1和w_2变化等高线。图8.31上蓝色线是线性约束，黑色圆圈是帕累托前沿解在w_1-w_2平面上分布。图8.32(a)、(b) 展示帕累托前沿解类似图8.18和图8.19展示有效前沿。

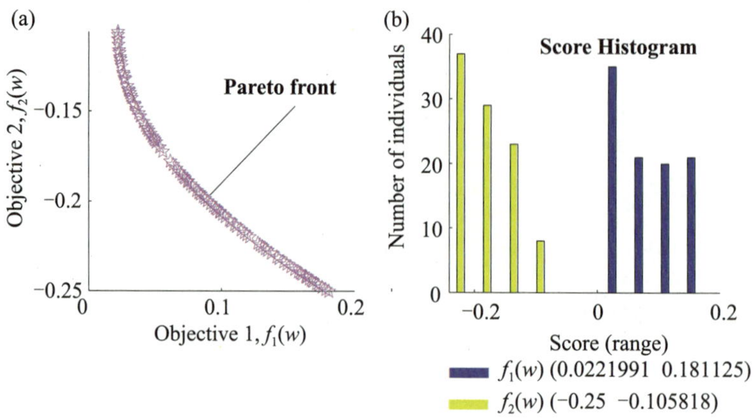

图8.30　多目标优化帕雷托前沿和结果直方图

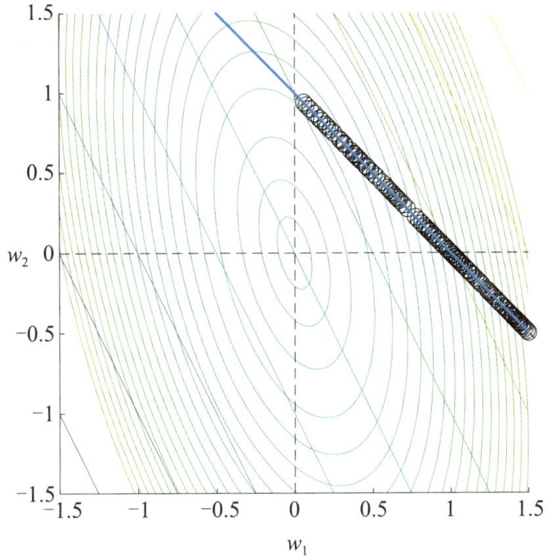

图8.31　w_1-w_2平面上，两个目标等高线图以及帕累托前沿解

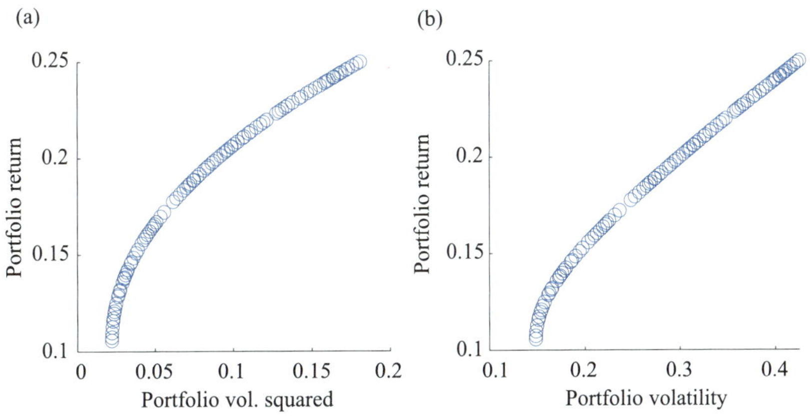

图8.32　帕累托前沿解另外两个展示方案

以下代码获得图8.30、图8.31和图8.32。请读者改变资产1和资产2相关性系数，计算优化结果，并绘制图像。

B4_Ch8_3.m

```
clc; close all; clear all
sigma_1 = 0.3;  % vol: asset 1
sigma_2 = 0.15; % vol: asset 2
E_R_1 = 0.2;    % average return: asset 1
E_R_2 = 0.1;    % average return: asset 2

x1 = -1.5:0.05:1.5;
x2 = -1.5:0.05:1.5;
x1_x = -0.5:0.1:1.5;
x2_y = 1 - x1_x;
[xx1,xx2] = meshgrid(x1,x2);
```

```
rho = 0.4;

figure(1)

subplot(1,2,1)
sigma_p_sq = xx1.^2*sigma_1^2 + xx2.^2*sigma_2^2 + ...
    2*xx1.*xx2*rho*sigma_1*sigma_2;
levels = [0.001,0.004,0.01,0.02:0.01:0.2];
contour(xx1,xx2,sigma_p_sq,levels); hold on

plot([-1.5,1.5],[0,0],'k');plot([0,0],[-1.5,1.5],'k');

plot(x1_x,x2_y,'k','LineWidth',2);
xlabel('x_1'); ylabel('x_2');
grid off; box off; colorbar
daspect([1 1 1]); title('Portfolio vol squared')

subplot(1,2,2)

returns_sq = E_R_1*xx1 + E_R_2*xx2;
contour(xx1,xx2,returns_sq,[-0.4:0.05:0.4]); hold on
plot([-1.5,1.5],[0,0],'k');plot([0,0],[-1.5,1.5],'k');
colorbar
plot(x1_x,x2_y,'k','LineWidth',2);
xlabel('x_1'); ylabel('x_2');
grid off; box off;
daspect([1 1 1]); title('Portfolio return')

%% Portfolio optimization

% Linear inequality constraints
A = []; b = [];

% Linear equality constraints
Aeq = [1, 1];
beq = [1];

% lower and upper bounds
lb = [-1.5;-1.5]; ub = [1.5;1.5];

% use default options
FitnessFunction = @(x)simple_multiobjective...
    (x,rho,sigma_1,sigma_2,E_R_1,E_R_2);
% An Objective Function with Additional Arguments

numberOfVariables = 2;
```

```
options = optimoptions(@gamultiobj,'PlotFcn',...
    {@gaplotpareto,@gaplotscorediversity},...
    'PopulationSize',100);
[x_optimal, val] = gamultiobj(FitnessFunction,...
    numberOfVariables,A,b,Aeq,beq,lb,ub,options);

%% Visualize optimal solutions

figure(3)

contour(xx1,xx2,sigma_p_sq,levels); hold on
contour(xx1,xx2,returns_sq)
plot(x_optimal(:,1),x_optimal(:,2),'ok')
plot([-1.5,1.5],[0,0],'k');plot([0,0],[-1.5,1.5],'k');
plot(x1_x,x2_y,'k','LineWidth',2);
xlabel('x_1'); ylabel('x_2');
grid off; box off; daspect([1 1 1])

%%
figure(4)
subplot(1,2,1)
plot(val(:,1),-val(:,2),'o')
xlabel('Portfolio vol. squared')
ylabel('Portfolio return')
box off; grid off;

subplot(1,2,2)
plot(sqrt(val(:,1)),-val(:,2),'o')
xlabel('Portfolio volatility')
ylabel('Portfolio return')
box off; grid off;

%% objective functions

function y = simple_multiobjective(x,rho,sigma_1,sigma_2,E_R_1,E_R_2)

% min portfolio vol:
y(1) = x(1)^2*sigma_1^2 + x(2)^2*sigma_2^2 + ...
    2*x(1)*x(2)*rho*sigma_1*sigma_2;

% max return:
y(2) = -E_R_1*x(1) - E_R_2*x(2);

end
```

希望这一章简单的数学运算和大量的可视化可以帮助读者理解投资组合优化问题。第9章会用矩阵代数来求解多资产优化问题。

第9章

Portfolio Optimization

投资组合优化 II

当投资组合资产种类成百上千甚至达到天文数字时，需要借助矩阵代数才能有效求解多资产优化问题。上一章构造了两个风险资产的投资组合，并用基本代数方法讨论了投资组合优化问题。这一章将用矩阵代数方法讨论同样问题。矩阵运算让大规模投资组合优化成为可能。

> 长远效应是一种误导。长远来看我们都长眠地下。
>
> ***The long run is a misleading guide to current affairs. In the long run we are all dead.***
>
> ——约翰 • 梅纳德 • 凯恩斯 (John Maynard Keynes)

Core Functions and Syntaxes

本章核心命令代码

- `blkdiag(A1,…,AN)` 返回通过沿对角线对齐输入矩阵 **A1,…,AN** 创建分块对角矩阵 `area()` 填充区二维绘图。
- `corr2cov()` 将标准差和线性相关系数转化为协方差。
- `cov(X, Y)` 返回 ***X*** 和 ***Y*** 协方差矩阵。
- `dateshift` 推移日期或生成日期与时间序列。
- `datetime` 创建时间值数据。
- `extractfield(S,name)` 从结构体 ***S*** 中抓取名为 name 数据。
- `inv(A)` 计算方阵逆矩阵，相当于 `A^(-1)`。
- `numel(A)` 返回数组 ***A*** 中元素数目 n 等同于 `prod(size(A))`。
- `optimoptions()` 创建优化算法选项结构。
- `optimproblem()` 创建优化问题。
- `optimvar()` 创建优化变量。
- `pie(X)` 绘制饼图。
- `price2ret()` 将价格数据转化为收益率。
- `quadprog()` 二次规划优化函数。
- `reshape(A,sz)` 使用大小向量 ***sz*** 重构 ***A*** 以定义 `size(B)`。例如，`reshape(A,[2,3])` 将 ***A*** 重构为一个 2×3 矩阵。
- `ret2price()` 将收益率转化为价格。
- `solve(prob,solver,options)` 优化问题求解器。
- `stem(x,y)` 绘制火柴梗图 / 针状图。
- `tic` 启动秒表计时器。
- `toc` 从秒表读取已用时间。

9.1 投资组合收益与风险

从书第二册第9章定义资产权重、资产收益率期望为行向量。这一章，我们定义n个风险资产权重$\boldsymbol{w}$为列向量，n个风险资产收益率期望$\boldsymbol{E}_r$为列向量，风险资产收益率方差-协方差矩阵$\boldsymbol{\Sigma}$方阵，如图9.1所示。

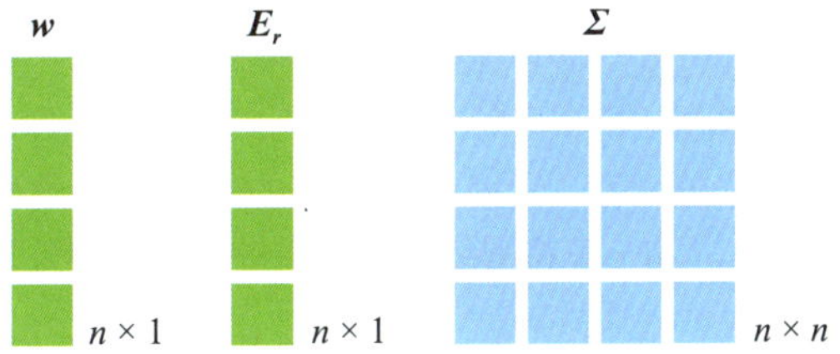

图9.1 几个矩阵形状

如果投资组合以风险资产构成，那么资产权重满足下述线性条件：

$$\sum_{i=1}^{n} w_i = 1 \Rightarrow \boldsymbol{w}^{\mathrm{T}} \boldsymbol{l} = 1 \tag{9.1}$$

其中：

$$\begin{aligned} \boldsymbol{w} &= \left[w_1, w_2, w_3, \cdots, w_n\right]^{\mathrm{T}} \\ \boldsymbol{l} &= \left[1,1,1,\cdots,1\right]^{\mathrm{T}} \end{aligned} \tag{9.2}$$

如果投资组合含有无风险资产，无风险资产权重为w_f，那么如下等式成立：

$$\boldsymbol{w}^{\mathrm{T}} \boldsymbol{l} + w_f = 1 \tag{9.3}$$

如图9.2所示，投资组合收益率期望值$\mathrm{E}(r_p)$利用下式获得：

$$\mathrm{E}(r_p) = \sum_{i=1}^{n} w_i \mathrm{E}(r_i) \quad \Rightarrow \quad \boldsymbol{w}^{\mathrm{T}} \boldsymbol{E}_r = \mathrm{E}(r_p) \tag{9.4}$$

其中，$\mathrm{E}(r_i)$为第i个资产期望回报率，矩阵$\boldsymbol{E}_r$为：

$$\boldsymbol{E}_r = \left[\mathrm{E}(r_1), \mathrm{E}(r_2), \mathrm{E}(r_3), \cdots, \mathrm{E}(r_n)\right]^{\mathrm{T}} \tag{9.5}$$

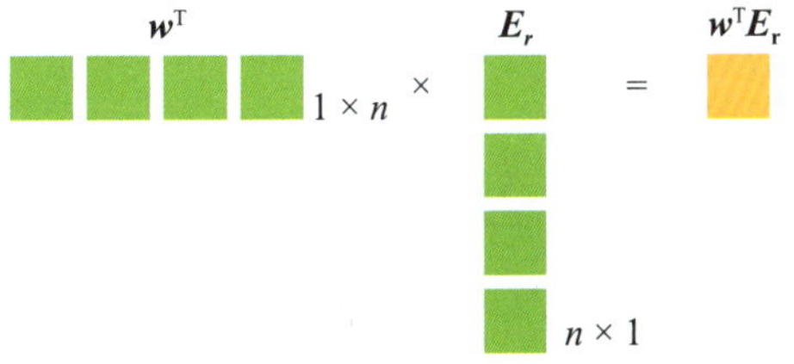

图9.2 投资组合收益率期望矩阵运算

这一章采用投资组合收益率方差-协方差作为风险指标，具体计算如图9.3所示，过程如下：

$$\sigma_p^2 = \text{var}\left(r_p\right) = \boldsymbol{w}^{\mathrm{T}}\boldsymbol{\Sigma}\boldsymbol{w} \tag{9.6}$$

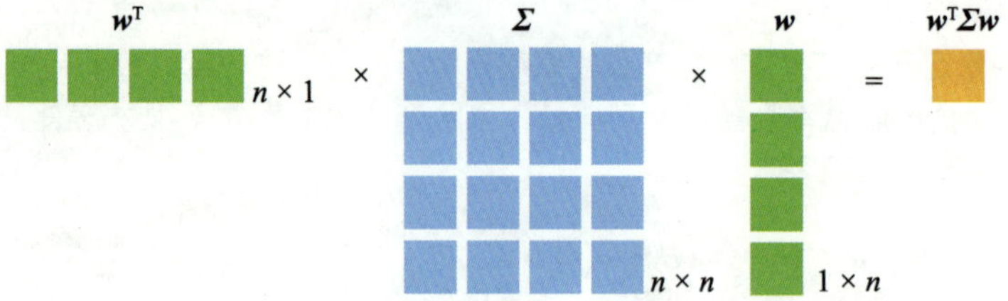

图9.3　投资组合收益率方差矩阵运算

根据丛书第二册第9章和上一章的内容，大家应该知道这n个风险资产构造投资组合σ_p - E(r_p)平面上形成一个有效前沿，如图9.4所示。这一章将围绕有效前沿进行一系列分析。

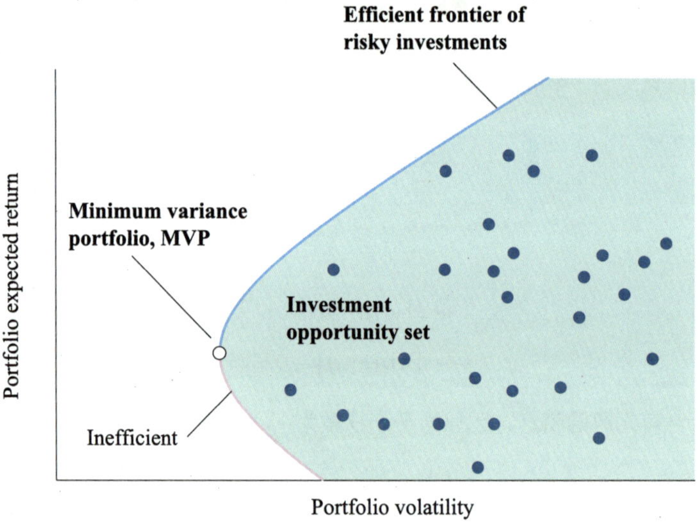

图9.4　投资组合有效前沿

9.2 方差最小化

不考虑无风险资产，投资组合由风险资产100%构成 (等式约束条件)。优化目标为投资组合收益率方差最小，用优化问题形式写成：

$$\begin{aligned} &\underset{\boldsymbol{w}}{\arg\min}\ \ \sigma_p^2 = \sum_{i=1}^{n}\sum_{j=1}^{n} w_i w_j \rho_{ij}\sigma_i\sigma_j = \boldsymbol{w}^{\mathrm{T}}\boldsymbol{\Sigma}\boldsymbol{w} \\ &\text{subject to: } \boldsymbol{w}^{\mathrm{T}}\boldsymbol{l} = 1 \end{aligned} \tag{9.7}$$

为合乎优化方法章节讲到的二次规划优化问题结构，将以上优化问题改写为：

$$\arg\min_{w} f(w) = \frac{1}{2} w^{\mathrm{T}} \Sigma w$$
$$\text{subject to: } h(w) = 1 - w^{\mathrm{T}} l = 0 \tag{9.8}$$

构造拉格朗日函数$L(w, \lambda)$：

$$L(w,\lambda) = \frac{1}{2} w^{\mathrm{T}} \Sigma w + \lambda\left(1 - w^{\mathrm{T}} l\right) \tag{9.9}$$

有约束优化问题转化成了无约束优化问题，最小值点满足下列等式：

$$\nabla_{w,\lambda} L(w,\lambda) = \boldsymbol{0} \tag{9.10}$$

由此获得两组等式，并且求得满足最小值点w和λ：

$$\begin{aligned}
&\begin{cases} \nabla_{w} L(w,\lambda) = \boldsymbol{0} & \Rightarrow \quad \Sigma w - \lambda l = \boldsymbol{0} \\ \nabla_{\lambda} L(w,\lambda) = 0 & \Rightarrow \quad w^{\mathrm{T}} l - 1 = 0 \end{cases} \\
&\Rightarrow \begin{cases} w = \Sigma^{-1} \lambda l \\ \left(1 - w^{\mathrm{T}} l\right)^{\mathrm{T}} = 0 \end{cases} \\
&\Rightarrow \begin{cases} w = \Sigma^{-1} \lambda l \\ l^{\mathrm{T}} w = 1 \end{cases} \Rightarrow l^{\mathrm{T}} \Sigma^{-1} \lambda l = 1 \\
&\Rightarrow \begin{cases} \lambda = \dfrac{1}{l^{\mathrm{T}} \Sigma^{-1} l} \\ w = \dfrac{\Sigma^{-1} l}{l^{\mathrm{T}} \Sigma^{-1} l} \end{cases}
\end{aligned} \tag{9.11}$$

将上两式结果代入投资组合方差计算式，得到方差最小值和均方差最小值：

$$\begin{aligned}
\sigma_{p_\min}^{2} &= w^{\mathrm{T}} \Sigma w = \left(\frac{\Sigma^{-1} l}{l^{\mathrm{T}} \Sigma^{-1} l}\right)^{\mathrm{T}} \Sigma \frac{\Sigma^{-1} l}{l^{\mathrm{T}} \Sigma^{-1} l} \\
&= \frac{l^{\mathrm{T}} \Sigma^{-1} \Sigma \Sigma^{-1} l}{\left(l^{\mathrm{T}} \Sigma^{-1} l\right)^{2}} = \frac{1}{l^{\mathrm{T}} \Sigma^{-1} l} \\
&\Rightarrow \sigma_{p_\min} = \frac{1}{\sqrt{l^{\mathrm{T}} \Sigma^{-1} l}}
\end{aligned} \tag{9.12}$$

很容易发现$l^{\mathrm{T}} \Sigma^{-1} l$为一个标量，因此：

$$\left(l^{\mathrm{T}} \Sigma^{-1} l\right)^{\mathrm{T}} = l^{\mathrm{T}} \Sigma^{-1} l \tag{9.13}$$

另外Σ^{-1}有一个关键性质，Σ^{-1}也是一个对称矩阵。证明如下：

$$\Sigma = \Sigma^{\mathrm{T}} \quad \Rightarrow \quad \left(\Sigma^{-1}\right)^{\mathrm{T}} = \left(\Sigma^{\mathrm{T}}\right)^{-1} = \left(\Sigma\right)^{-1} \tag{9.14}$$

以上证明还用到一个重要性质，Σ转置的逆等于Σ逆的转置。证明如下：

$$\Sigma^{\mathrm{T}} \left(\Sigma^{-1}\right)^{\mathrm{T}} = \left(\Sigma^{-1} \Sigma\right)^{\mathrm{T}} = \left(I\right)^{\mathrm{T}} = I \tag{9.15}$$

读者注意，本书用$\boldsymbol{I}$表达单位矩阵。另外，$\boldsymbol{\Sigma}$为**正定矩阵** (positive-definite matrix)，$\boldsymbol{\Sigma}^{-1}$也是正定矩阵。下面简单证明一下。设$\boldsymbol{\Sigma}$特征值为λ_1、λ_2、λ_3、…、λ_n。由于$\boldsymbol{\Sigma}$为正定矩阵，因此λ_1、λ_2、λ_3、…、λ_n均大于0。$\boldsymbol{\Sigma}^{-1}$特征值为$1/\lambda_1$、$1/\lambda_2$、$1/\lambda_3$、…、$1/\lambda_n$，也均大于0。因此$\boldsymbol{\Sigma}^{-1}$也是正定矩阵。

下面用一个由两个风险资产投资组合来验证以上矩阵运算：

$$\boldsymbol{\Sigma}=\begin{bmatrix}\sigma_1^2 & \rho_{1,2}\sigma_1\sigma_2\\ \rho_{1,2}\sigma_1\sigma_2 & \sigma_2^2\end{bmatrix},\ \boldsymbol{w}=\begin{bmatrix}w_1\\ w_2\end{bmatrix} \tag{9.16}$$

2 × 2标量矩阵$\boldsymbol{A}$逆如下：

$$\boldsymbol{A}^{-1}=\begin{bmatrix}a & b\\ c & d\end{bmatrix}^{-1}=\frac{1}{\det\boldsymbol{A}}\begin{bmatrix}d & -b\\ -c & a\end{bmatrix}=\frac{1}{ad-bc}\begin{bmatrix}d & -b\\ -c & a\end{bmatrix} \tag{9.17}$$

$\boldsymbol{\Sigma}^{-1}$计算获得：

$$\boldsymbol{\Sigma}^{-1}=\frac{1}{\sigma_1^2\sigma_2^2-\left(\rho_{1,2}\sigma_1\sigma_2\right)^2}\begin{bmatrix}\sigma_2^2 & -\rho_{1,2}\sigma_1\sigma_2\\ -\rho_{1,2}\sigma_1\sigma_2 & \sigma_1^2\end{bmatrix} \tag{9.18}$$

$\boldsymbol{l}^{\mathrm{T}}\boldsymbol{\Sigma}^{-1}\boldsymbol{l}$计算得到：

$$\begin{aligned}\boldsymbol{l}^{\mathrm{T}}\boldsymbol{\Sigma}^{-1}\boldsymbol{l}&=\frac{1}{\sigma_1^2\sigma_2^2-\left(\rho_{1,2}\sigma_1\sigma_2\right)^2}\begin{bmatrix}1 & 1\end{bmatrix}\begin{bmatrix}\sigma_2^2 & -\rho_{1,2}\sigma_1\sigma_2\\ -\rho_{1,2}\sigma_1\sigma_2 & \sigma_1^2\end{bmatrix}\begin{bmatrix}1\\ 1\end{bmatrix}\\ &=\frac{\sigma_1^2+\sigma_2^2-2\rho_{1,2}\sigma_1\sigma_2}{\sigma_1^2\sigma_2^2-\left(\rho_{1,2}\sigma_1\sigma_2\right)^2}\end{aligned} \tag{9.19}$$

因此两个资产优化权重为：

$$\begin{aligned}\boldsymbol{w}=\begin{bmatrix}w_1\\ w_2\end{bmatrix}&=\frac{\boldsymbol{\Sigma}^{-1}\boldsymbol{l}}{\boldsymbol{l}^{\mathrm{T}}\boldsymbol{\Sigma}^{-1}\boldsymbol{l}}\\ &=\frac{1}{\sigma_1^2+\sigma_2^2-2\rho_{1,2}\sigma_1\sigma_2}\begin{bmatrix}\sigma_2^2 & -\rho_{1,2}\sigma_1\sigma_2\\ -\rho_{1,2}\sigma_1\sigma_2 & \sigma_1^2\end{bmatrix}\begin{bmatrix}1\\ 1\end{bmatrix}\\ &=\frac{1}{\sigma_1^2+\sigma_2^2-2\rho_{1,2}\sigma_1\sigma_2}\begin{bmatrix}\sigma_2^2-\rho_{1,2}\sigma_1\sigma_2\\ \sigma_1^2-\rho_{1,2}\sigma_1\sigma_2\end{bmatrix}\end{aligned} \tag{9.20}$$

这和上一章用其他两种方法得到的结果完全一致。对于该投资组合，收益率方差和均方差最小值为：

$$\begin{aligned}\sigma_{p\_\min}^2&=\frac{1}{\boldsymbol{l}^{\mathrm{T}}\boldsymbol{\Sigma}^{-1}\boldsymbol{l}}=\frac{\sigma_1^2\sigma_2^2-\left(\rho_{1,2}\sigma_1\sigma_2\right)^2}{\sigma_1^2+\sigma_2^2-2\rho_{1,2}\sigma_1\sigma_2}\\ \Rightarrow\sigma_{p\_\min}&=\sqrt{\frac{\sigma_1^2\sigma_2^2-\left(\rho_{1,2}\sigma_1\sigma_2\right)^2}{\sigma_1^2+\sigma_2^2-2\rho_{1,2}\sigma_1\sigma_2}}\end{aligned} \tag{9.21}$$

另外，为避免推导，构造$\boldsymbol{Ax}=\boldsymbol{b}$线性方程简化求解过程，具体构造过程如下：

$$\begin{cases}\nabla_w L(\boldsymbol{w},\lambda)=\boldsymbol{0} & \Rightarrow \quad \boldsymbol{\Sigma w}-\lambda \boldsymbol{l}=\boldsymbol{0} \\ \nabla_\lambda L(\boldsymbol{w},\lambda)=0 & \Rightarrow \quad \boldsymbol{w}^{\mathrm{T}}\boldsymbol{l}-1=0\end{cases}$$
$$\Rightarrow \begin{cases}\boldsymbol{\Sigma w}-\lambda \boldsymbol{l}=\boldsymbol{0} \\ \boldsymbol{l}^{\mathrm{T}}\boldsymbol{w}+-\lambda 0=1\end{cases} \tag{9.22}$$
$$\Rightarrow \begin{bmatrix}\boldsymbol{\Sigma} & -\boldsymbol{l} \\ \boldsymbol{l}^{\mathrm{T}} & 0\end{bmatrix}\begin{bmatrix}\boldsymbol{w} \\ \lambda\end{bmatrix}=\begin{bmatrix}\boldsymbol{0} \\ 1\end{bmatrix}$$

上式构造出$\boldsymbol{Ax}=\boldsymbol{b}$格式。$\boldsymbol{Ax}=\boldsymbol{b}$解为：

$$\boldsymbol{Ax}=\boldsymbol{b} \quad \Rightarrow \quad \boldsymbol{x}=\boldsymbol{A}^{-1}\boldsymbol{b} \tag{9.23}$$

$[\boldsymbol{w}; \lambda]$ 解为：

$$\begin{bmatrix}\boldsymbol{w} \\ \lambda\end{bmatrix}=\begin{bmatrix}\boldsymbol{\Sigma} & -\boldsymbol{l} \\ \boldsymbol{l}^{\mathrm{T}} & 0\end{bmatrix}^{-1}\begin{bmatrix}\boldsymbol{0} \\ 1\end{bmatrix} \tag{9.24}$$

上一章给出了两个风险资产构成投资组合例子，该投资组合$\boldsymbol{\Sigma}$为：

$$\boldsymbol{\Sigma}=\begin{bmatrix}\sigma_1^2 & \rho_{1,2}\sigma_1\sigma_2 \\ \rho_{1,2}\sigma_1\sigma_2 & \sigma_2^2\end{bmatrix}=\begin{bmatrix}0.3^2 & 0.4\times 0.3\times 0.15 \\ 0.4\times 0.3\times 0.15 & 0.15^2\end{bmatrix} \tag{9.25}$$

将具体值代入 $[\boldsymbol{w}; \lambda]$ 解：

$$\begin{bmatrix}\boldsymbol{w} \\ \lambda\end{bmatrix}=\begin{bmatrix}0.3^2 & 0.4\times 0.3\times 0.15 & -1 \\ 0.4\times 0.3\times 0.15 & 0.15^2 & -1 \\ 1 & 1 & 0\end{bmatrix}^{-1}\begin{bmatrix}0 \\ 0 \\ 1\end{bmatrix}$$
$$\Rightarrow \begin{bmatrix}\boldsymbol{w} \\ \lambda\end{bmatrix}=\begin{bmatrix}w_1 \\ w_2 \\ \lambda\end{bmatrix}=\begin{bmatrix}0.0588 \\ 0.9412 \\ 0.0222\end{bmatrix} \tag{9.26}$$

采用上一章风险资产收益率均方差数据，获得投资组合收益率均方差随相关性变化曲线如图9.5所示。

```
sigma_1 = 0.3;
sigma_2 = 0.15;
```

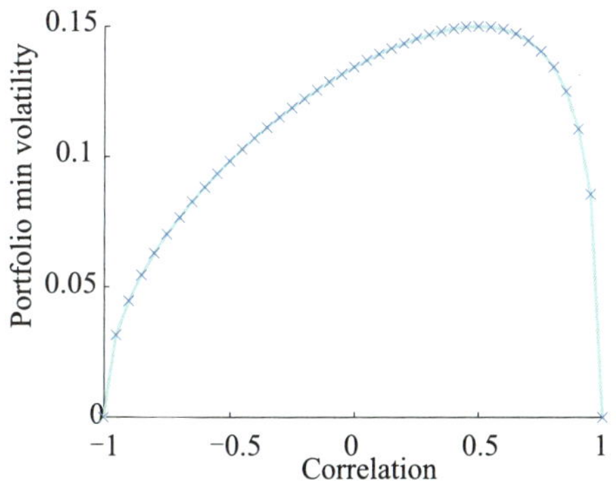

图9.5　投资组合收益率均方差随相关性变化

9.3 定收益最小化方差

不考虑无风险资产，投资组合由风险资产100%构成。满足一定收益条件下 (等式约束)，优化目标为投资组合方差最小，用优化问题形式写成：

$$\begin{aligned}&\underset{\boldsymbol{w}}{\arg\min}\ f(\boldsymbol{w})=\frac{1}{2}\boldsymbol{w}^{\mathrm{T}}\boldsymbol{\Sigma}\boldsymbol{w}\\&\text{subject to: }\begin{cases}h_1(\boldsymbol{w})=\boldsymbol{w}^{\mathrm{T}}\boldsymbol{l}-1=0\\h_2(\boldsymbol{w})=\boldsymbol{w}^{\mathrm{T}}\boldsymbol{E}_r-\mathrm{E}(r_p)=0\end{cases}\end{aligned} \tag{9.27}$$

上式中，$\mathrm{E}(r_p)$ 为定值。另外请读者注意，这里特地调整$h_1(\boldsymbol{w})$ 各项正负号。构建拉格朗日函数如下：

$$L(\boldsymbol{w},\lambda,\eta)=\frac{1}{2}\boldsymbol{w}^{\mathrm{T}}\boldsymbol{\Sigma}\boldsymbol{w}+\lambda\left(\boldsymbol{w}^{\mathrm{T}}\boldsymbol{l}-1\right)+\eta\left(\boldsymbol{w}^{\mathrm{T}}\boldsymbol{E}_r-\mathrm{E}(r_p)\right) \tag{9.28}$$

由此由约束优化问题转化成无约束优化问题，最小值点满足下列等式：

$$\nabla_{\boldsymbol{w},\lambda,\eta}L(\boldsymbol{w},\lambda,\eta)=\boldsymbol{0} \tag{9.29}$$

获得以下一组等式：

$$\begin{aligned}&\begin{cases}\boldsymbol{\Sigma}\boldsymbol{w}+\lambda\boldsymbol{l}+\eta\boldsymbol{E}_r=\boldsymbol{0}\\\boldsymbol{w}^{\mathrm{T}}\boldsymbol{l}-1=0\\\boldsymbol{w}^{\mathrm{T}}\boldsymbol{E}_r-\mathrm{E}(r_p)=0\end{cases}\\&\Rightarrow\begin{cases}\boldsymbol{w}=-\boldsymbol{\Sigma}^{-1}\left(\lambda\boldsymbol{l}+\eta\boldsymbol{E}_r\right)\\\left(1-\boldsymbol{w}^{\mathrm{T}}\boldsymbol{l}\right)^{\mathrm{T}}=0\\\left(\boldsymbol{w}^{\mathrm{T}}\boldsymbol{E}_r-\mathrm{E}(r_p)\right)^{\mathrm{T}}=0\end{cases}\end{aligned} \tag{9.30}$$

建立η和λ二元一次方程：

$$\begin{cases}\mathrm{E}(r_p)=-\lambda\boldsymbol{E}_r{}^{\mathrm{T}}\boldsymbol{\Sigma}^{-1}\boldsymbol{l}-\eta\boldsymbol{E}_r{}^{\mathrm{T}}\boldsymbol{\Sigma}^{-1}\boldsymbol{E}_r\\1=-\lambda\boldsymbol{l}^{\mathrm{T}}\boldsymbol{\Sigma}^{-1}\boldsymbol{l}-\eta\boldsymbol{l}^{\mathrm{T}}\boldsymbol{\Sigma}^{-1}\boldsymbol{E}_r\end{cases} \tag{9.31}$$

用a、b和c三个标量简化上式表达：

$$\begin{cases}\mathrm{E}(r_p)=-\lambda a-\eta b\\1=-\lambda c-\eta a\end{cases} \tag{9.32}$$

其中：

$$\begin{cases} a = \boldsymbol{E}_r^{\mathrm{T}}\boldsymbol{\Sigma}^{-1}\boldsymbol{l} = \boldsymbol{l}^{\mathrm{T}}\boldsymbol{\Sigma}^{-1}\boldsymbol{E}_r \\ b = \boldsymbol{E}_r^{\mathrm{T}}\boldsymbol{\Sigma}^{-1}\boldsymbol{E}_r \\ c = \boldsymbol{l}^{\mathrm{T}}\boldsymbol{\Sigma}^{-1}\boldsymbol{l} \\ d = bc - a^2 \end{cases} \tag{9.33}$$

因为$\boldsymbol{\Sigma}^{-1}$正定，因此根据正定矩阵性质，很容易判定b和c为正值。根据Cauchy-Schwarz不等式，$bc - a^2$大于0。Cauchy-Schwarz不等式实际上即向量内积上下界，向量$\boldsymbol{x}$和$\boldsymbol{y}$内积存在如下不等式关系。

$$-\|\boldsymbol{x}\|\|\boldsymbol{y}\| \leqslant \boldsymbol{x}\cdot\boldsymbol{y} = \|\boldsymbol{x}\|\|\boldsymbol{y}\|\cos\theta \leqslant \|\boldsymbol{x}\|\|\boldsymbol{y}\| \tag{9.34}$$

求得η和λ为：

$$\begin{cases} \lambda = -\dfrac{b - \mathrm{E}(r_p)a}{d} \\ \eta = -\dfrac{\mathrm{E}(r_p)c - a}{d} \end{cases} \tag{9.35}$$

将上两式代入下式，得到$\boldsymbol{w}$结果：

$$\begin{aligned} \boldsymbol{w} &= -\boldsymbol{\Sigma}^{-1}(\lambda\boldsymbol{l} + \eta\boldsymbol{E}_r) \\ &= \frac{(b - \mathrm{E}(r_p)a)}{d}\boldsymbol{\Sigma}^{-1}\boldsymbol{l} + \frac{(\mathrm{E}(r_p)c - a)}{d}\boldsymbol{\Sigma}^{-1}\boldsymbol{E}_r \end{aligned} \tag{9.36}$$

令：

$$\begin{cases} y = \mathrm{E}(r_p) \\ m = \dfrac{(b - ya)}{d} \\ n = \dfrac{(yc - a)}{d} \end{cases} \tag{9.37}$$

$\boldsymbol{w}$整理为：

$$\begin{aligned} \boldsymbol{w} &= -\boldsymbol{\Sigma}^{-1}(\lambda\boldsymbol{l} + \eta\boldsymbol{E}_r) \\ &= (m\boldsymbol{\Sigma}^{-1}\boldsymbol{l} + n\boldsymbol{\Sigma}^{-1}\boldsymbol{E}_r) \end{aligned} \tag{9.38}$$

投资组合方差通过下式计算：

$$\begin{aligned} \sigma_p^2 = \boldsymbol{w}^{\mathrm{T}}\boldsymbol{\Sigma}\boldsymbol{w} &= (m\boldsymbol{\Sigma}^{-1}\boldsymbol{l} + n\boldsymbol{\Sigma}^{-1}\boldsymbol{E}_r)^{\mathrm{T}}\boldsymbol{\Sigma}(m\boldsymbol{\Sigma}^{-1}\boldsymbol{l} + n\boldsymbol{\Sigma}^{-1}\boldsymbol{E}_r) \\ &= (m\boldsymbol{l}^{\mathrm{T}}\boldsymbol{\Sigma}^{-1} + n\boldsymbol{E}_r^{\mathrm{T}}\boldsymbol{\Sigma}^{-1})\boldsymbol{\Sigma}(m\boldsymbol{\Sigma}^{-1}\boldsymbol{l} + n\boldsymbol{\Sigma}^{-1}\boldsymbol{E}_r) \\ &= (m\boldsymbol{l}^{\mathrm{T}} + n\boldsymbol{E}_r^{\mathrm{T}})(m\boldsymbol{\Sigma}^{-1}\boldsymbol{l} + n\boldsymbol{\Sigma}^{-1}\boldsymbol{E}_r) \\ &= m^2\boldsymbol{l}^{\mathrm{T}}\boldsymbol{\Sigma}^{-1}\boldsymbol{l} + 2mn\boldsymbol{l}^{\mathrm{T}}\boldsymbol{\Sigma}^{-1}\boldsymbol{E}_r + n^2\boldsymbol{E}_r^{\mathrm{T}}\boldsymbol{\Sigma}^{-1}\boldsymbol{E}_r \\ &= cm^2 + 2mna + n^2 b \end{aligned} \tag{9.39}$$

将m和n代入上式：

$$
\begin{aligned}
\sigma_p^2 &= \frac{c}{d^2}(b-ya)^2+\frac{2a}{d^2}(b-ya)(yc-a)+\frac{b}{d^2}(yc-a)^2 \\
&= \frac{1}{d^2}\left[c(b-ya)^2+2a(b-ya)(yc-a)+b(yc-a)^2\right] \\
&= \frac{bc-a^2}{d^2}\left(cy^2-2ay+b\right) \\
&= \frac{1}{d}\left[c\left(y^2-\frac{2ay}{c}y+\frac{a^2}{c^2}\right)+\frac{bc-a^2}{c}\right]=\frac{1}{d}\left[c\left(y-\frac{a}{c}\right)^2+\frac{d}{c}\right] \\
&= \frac{c}{d}\left(y-\frac{a}{c}\right)^2+\frac{1}{c}
\end{aligned}
\tag{9.40}
$$

因此投资组合标准差随收益率预期值y变化写作：

$$
\sigma_p=\sqrt{\frac{c}{d}\left(y-\frac{a}{c}\right)^2+\frac{1}{c}}\geqslant\sqrt{\frac{1}{c}} \tag{9.41}
$$

满足下式，σ_p取得最小值：

$$
y=\frac{a}{c} \tag{9.42}
$$

投资组合方差和标准差最小值为：

$$
\begin{aligned}
\sigma_{p\_\min}^2 &= \frac{1}{c}=\frac{1}{\boldsymbol{l}^{\mathrm{T}}\boldsymbol{\Sigma}^{-1}\boldsymbol{l}} \\
\sigma_{p\_\min} &= \sqrt{\frac{1}{c}}=\frac{1}{\sqrt{\boldsymbol{l}^{\mathrm{T}}\boldsymbol{\Sigma}^{-1}\boldsymbol{l}}}
\end{aligned}
\tag{9.43}
$$

以上结果和上一节结果一致。

下面我们分析一下投资组合标准差和预期收益两者关系。σ_p为横轴 (设为x)，预期收益为纵轴 (上式中y)，x-y，坐标系里，整理获得下式：

$$
\frac{x^2}{\frac{1}{c}}-\frac{\left(y-\frac{a}{c}\right)^2}{\frac{d}{c^2}}=1 \quad x>0, y>0 \tag{9.44}
$$

发现曲线形状为双曲线位于第一象限部分，如图9.7所示。这和上一章得出的结论也一致。通过以上分析，用代数方法复制上一章第一幅图中的曲线，如图9.6所示。双曲线的**渐近线** (asymptotic line) 方程为：

$$
y=\pm\sqrt{\frac{d}{c}}x+\frac{a}{c} \tag{9.45}
$$

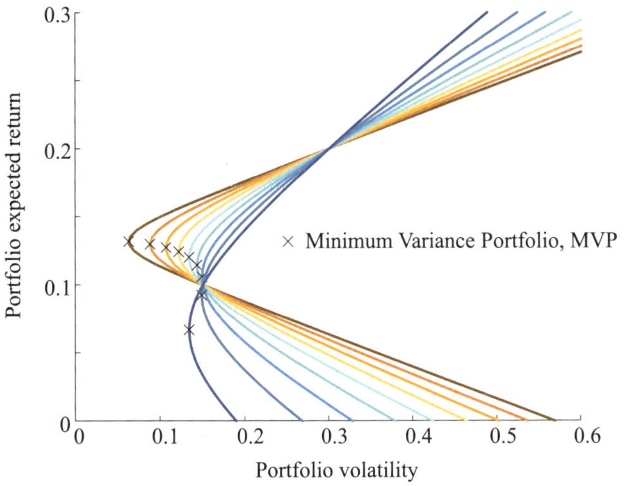

图9.6　投资组合收益率标准差和收益期望两者关系 (允许卖空，$\rho_{1,2}$在-1和1区间变化)

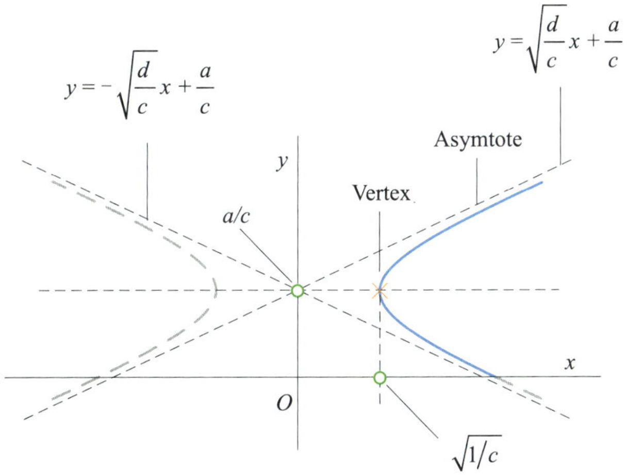

图9.7　左右 (东西) 开口双曲线

用x来表达y，得到：

$$
\begin{aligned}
&\left(x^2-\frac{1}{c}\right)\frac{d}{c}=\left(y-\frac{a}{c}\right)^2 \Rightarrow \pm\sqrt{\left(x^2-\frac{1}{c}\right)\frac{d}{c}}=y-\frac{a}{c} \\
&\Rightarrow y=\frac{a}{c}\pm\sqrt{\left(x^2-\frac{1}{c}\right)\frac{d}{c}}
\end{aligned}
\tag{9.46}
$$

而有效前沿即只考虑上式中根号项为正部分，具体方程如下：

$$
y=\frac{a}{c}+\sqrt{\left(x^2-\frac{1}{c}\right)\frac{d}{c}} \tag{9.47}
$$

当x取一定值时，只保留更大y，即风险为定值，取更大的收益值。由此，和图9.6对应有效前沿如图9.9所示。和上一章讨论一样，通过y轴一点做左右开口双曲线右侧曲线切线，当y轴点低于a/c时，切点在有效前沿上，如图9.8所示。当y轴点高于或等于a/c时，切点不在有效前沿上。当y轴点正好位于a/c处，切线不存在。根据双曲线渐近线性质，和有效前沿相切切线斜率不小于$\sqrt{d/c}$。

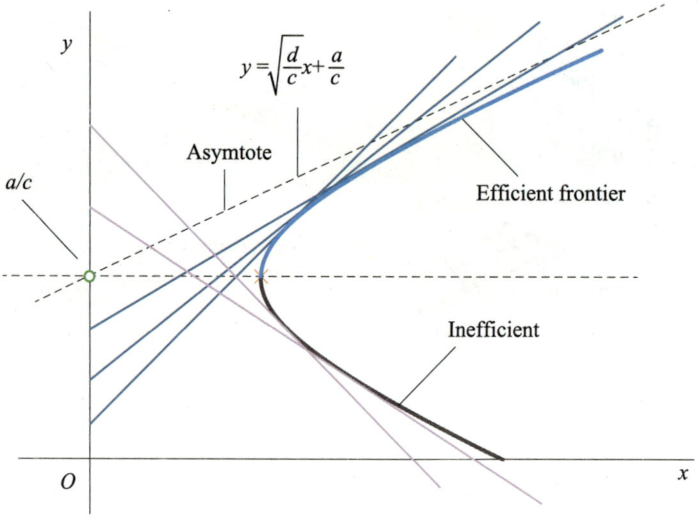

图9.8　左右开口双曲线，右侧曲线切线

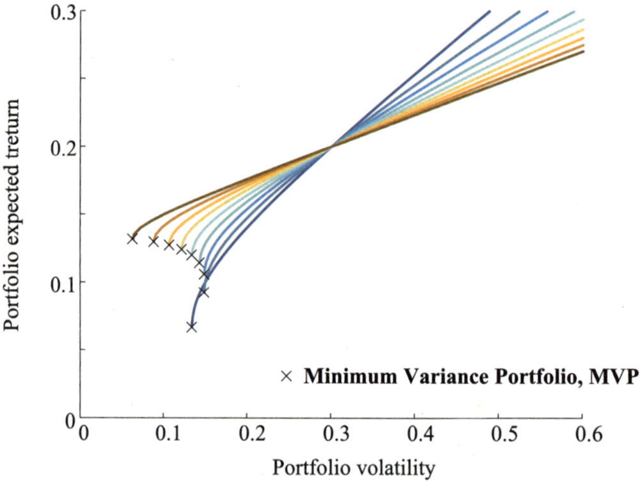

图9.9　有效前沿 (允许卖空，$\rho_{1,2}$在−1和1区间变化)

上一章讲到两个风险资产基础之上，再加入两个风险资产，四个资产参数如下：

$$
\begin{aligned}
&\boldsymbol{E}_r=\begin{bmatrix}0.2 & 0.1 & 0.3 & 0.25\end{bmatrix}^{\mathrm{T}}\\
&\boldsymbol{\sigma}_r=\begin{bmatrix}0.3 & 0.15 & 0.2 & 0.1\end{bmatrix}^{\mathrm{T}}\\
&\boldsymbol{\rho}=\begin{bmatrix}\rho_{1,1} & \rho_{1,2} & \rho_{1,3} & \rho_{1,4}\\ \rho_{2,1} & \rho_{2,2} & \rho_{2,3} & \rho_{2,4}\\ \rho_{3,1} & \rho_{3,2} & \rho_{3,3} & \rho_{3,4}\\ \rho_{4,1} & \rho_{4,2} & \rho_{4,3} & \rho_{4,4}\end{bmatrix}=\begin{bmatrix}1 & 0.4 & -0.2 & 0.25\\ 0.4 & 1 & 0.2 & 0.5\\ -0.2 & 0.2 & 1 & 0.1\\ 0.25 & 0.5 & 0.1 & 1\end{bmatrix}
\end{aligned}
\tag{9.48}
$$

利用这些参数，获得这四个风险资产构成资产组合有效前沿，如图9.10所示。这张图上看到**方差最小值点** (Minimum Variance Portfolio, MVP) 坐标为 (0.0913, 0.2505)。MVP对应资产权重为：

$$
\boldsymbol{w}_{\mathrm{MVP}}=\begin{bmatrix}0.0476 & 0.0407 & 0.1801 & 0.7317\end{bmatrix}^{\mathrm{T}} \tag{9.49}
$$

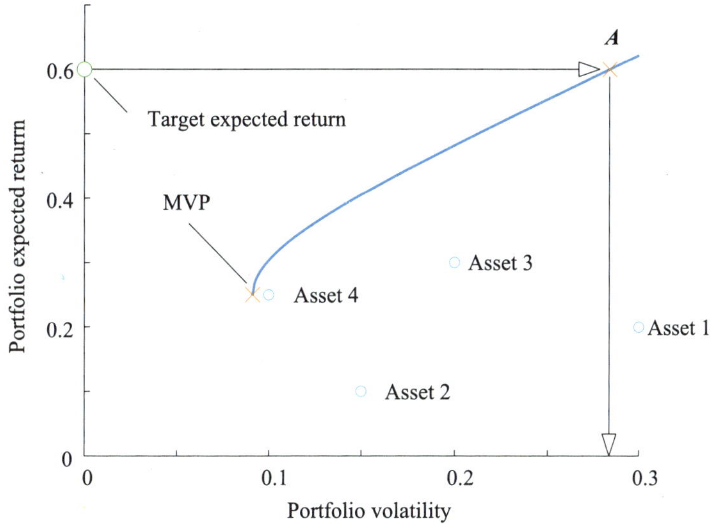

图9.10　四个风险资产构成投资组合有效前沿

如果设定目标投资组合收益率期望 $\mathrm{E}(r_p) = 0.6$ (60%)，获得图9.10有效前沿上找到满足条件点A。通过计算，得到这一点资产权重$\boldsymbol{w}_A$为：

$$\boldsymbol{w}_A = \begin{bmatrix} 0.3494 & -2.1849 & 0.7948 & 2.0406 \end{bmatrix}^{\mathrm{T}} \tag{9.50}$$

这一节求解过程可参考Jack Clark Francis和Dongcheol Kim编写的“*Modern portfolio theory: foundations, analysis, and new developments + website*”一书。

和上一节一样，也构造$\boldsymbol{Ax} = \boldsymbol{b}$线性方程来求解，如下：

$$\begin{cases} \nabla_{\boldsymbol{w}} L(\boldsymbol{w},\lambda,\eta) = (\boldsymbol{\Sigma w} + \lambda \boldsymbol{l} + \eta \boldsymbol{E}_r)^{\mathrm{T}} = \boldsymbol{0} \\ \boldsymbol{l}^{\mathrm{T}} \boldsymbol{w} = 1 \\ \nabla_{\eta} L(\boldsymbol{w},\lambda,\eta) = (\boldsymbol{E}_r)^{\mathrm{T}} \boldsymbol{w} - \mathrm{E}(r_p) = 0 \end{cases}$$
$$\Rightarrow \begin{bmatrix} \boldsymbol{\Sigma} & \boldsymbol{l} & \boldsymbol{E}_r \\ \boldsymbol{l}^{\mathrm{T}} & 0 & 0 \\ (\boldsymbol{E}_r)^{\mathrm{T}} & 0 & 0 \end{bmatrix} \begin{bmatrix} \boldsymbol{w} \\ \lambda \\ \eta \end{bmatrix} = \begin{bmatrix} \boldsymbol{0} \\ 1 \\ E(r_p) \end{bmatrix} \tag{9.51}$$
$$\Rightarrow \begin{bmatrix} \boldsymbol{w} \\ \lambda \\ \eta \end{bmatrix} = \begin{bmatrix} \boldsymbol{\Sigma} & \boldsymbol{l} & \boldsymbol{E}_r \\ \boldsymbol{l}^{\mathrm{T}} & 0 & 0 \\ (\boldsymbol{E}_r)^{\mathrm{T}} & 0 & 0 \end{bmatrix}^{-1} \begin{bmatrix} \boldsymbol{0} \\ 1 \\ \mathrm{E}(r_p) \end{bmatrix}$$

沿着该思路，用另外一种方法推导该优化问题答案：

$$\begin{aligned} &\boldsymbol{\Sigma w} + \lambda \boldsymbol{l} + \eta \boldsymbol{E}_r = \boldsymbol{0} \\ \Rightarrow\ & \boldsymbol{w} = -\boldsymbol{\Sigma}^{-1}(\eta \boldsymbol{E}_r + \lambda \boldsymbol{l}) = -\eta \boldsymbol{\Sigma}^{-1} \boldsymbol{E}_r - \lambda \boldsymbol{\Sigma}^{-1} \boldsymbol{l} \\ \Rightarrow\ & \boldsymbol{w} = -\begin{bmatrix} \boldsymbol{\Sigma}^{-1} \boldsymbol{E}_r & \boldsymbol{\Sigma}^{-1} \boldsymbol{l} \end{bmatrix} \begin{bmatrix} \eta \\ \lambda \end{bmatrix} \end{aligned} \tag{9.52}$$

上式，理解为$\boldsymbol{w}$等价于$\boldsymbol{\Sigma}^{-1}\boldsymbol{E}_r$和$\boldsymbol{\Sigma}^{-1}\boldsymbol{l}$两者加权：

$$
\begin{cases} \boldsymbol{l}^{\mathrm{T}}\boldsymbol{w}=1 \\ \boldsymbol{E}_r^{\ \mathrm{T}}\boldsymbol{w}=\mathrm{E}\left(r_p\right) \end{cases}
\Rightarrow \begin{cases} \boldsymbol{l}^{\mathrm{T}}\left(-\eta\boldsymbol{\Sigma}^{-1}\boldsymbol{E}_r-\lambda\boldsymbol{\Sigma}^{-1}\boldsymbol{l}\right)=1 \\ \boldsymbol{E}_r^{\ \mathrm{T}}\left(-\eta\boldsymbol{\Sigma}^{-1}\boldsymbol{E}_r-\lambda\boldsymbol{\Sigma}^{-1}\boldsymbol{l}\right)=\mathrm{E}\left(r_p\right) \end{cases}
\Rightarrow \begin{cases} -\eta\boldsymbol{l}^{\mathrm{T}}\boldsymbol{\Sigma}^{-1}\boldsymbol{E}_r-\lambda\boldsymbol{l}^{\mathrm{T}}\boldsymbol{\Sigma}^{-1}\boldsymbol{l}=1 \\ -\eta\boldsymbol{E}_r^{\ \mathrm{T}}\boldsymbol{\Sigma}^{-1}\boldsymbol{E}_r-\lambda\boldsymbol{E}_r^{\ \mathrm{T}}\boldsymbol{\Sigma}^{-1}\boldsymbol{l}=\mathrm{E}\left(r_p\right) \end{cases}
\tag{9.53}
$$

将a、b、c代入上式：

$$
\Rightarrow \begin{cases} \eta b+\lambda a=-\mathrm{E}\left(r_p\right) \\ \eta a+\lambda c=-1 \end{cases}
\Rightarrow \begin{bmatrix} b & a \\ a & c \end{bmatrix}\begin{bmatrix} \eta \\ \lambda \end{bmatrix}=-\begin{bmatrix} \mathrm{E}\left(r_p\right) \\ 1 \end{bmatrix}
\Rightarrow \begin{bmatrix} \eta \\ \lambda \end{bmatrix}=-\begin{bmatrix} b & a \\ a & c \end{bmatrix}^{-1}\begin{bmatrix} \mathrm{E}\left(r_p\right) \\ 1 \end{bmatrix}
\tag{9.54}
$$

将上式代入$\boldsymbol{w}$矩阵式：

$$
\boldsymbol{\Sigma}\boldsymbol{w}+\lambda\boldsymbol{l}+\eta\boldsymbol{E}_r=\boldsymbol{0}
\Rightarrow \boldsymbol{w}=-\boldsymbol{\Sigma}^{-1}\left(\eta\boldsymbol{E}_r+\lambda\boldsymbol{l}\right)=-\eta\boldsymbol{\Sigma}^{-1}\boldsymbol{E}_r-\lambda\boldsymbol{\Sigma}^{-1}\boldsymbol{l}
\Rightarrow \boldsymbol{w}=\begin{bmatrix} \boldsymbol{\Sigma}^{-1}\boldsymbol{E}_r & \boldsymbol{\Sigma}^{-1}\boldsymbol{l} \end{bmatrix}\begin{bmatrix} b & a \\ a & c \end{bmatrix}^{-1}\begin{bmatrix} \mathrm{E}\left(r_p\right) \\ 1 \end{bmatrix}
\tag{9.55}
$$

根据前文对2 × 2 矩阵逆求得：

$$
\begin{bmatrix} b & a \\ a & c \end{bmatrix}^{-1}=\frac{1}{bc-a^2}\begin{bmatrix} c & -a \\ -a & b \end{bmatrix}
\tag{9.56}
$$

代入$\boldsymbol{w}$计算式：

$$
\begin{aligned}
\boldsymbol{w}&=\frac{1}{bc-a^2}\begin{bmatrix} \boldsymbol{\Sigma}^{-1}\boldsymbol{E}_r & \boldsymbol{\Sigma}^{-1}\boldsymbol{l} \end{bmatrix}\begin{bmatrix} c & -a \\ -a & b \end{bmatrix}\begin{bmatrix} \mathrm{E}\left(r_p\right) \\ 1 \end{bmatrix} \\
&=\frac{\left(b-\mathrm{E}\left(r_p\right)a\right)}{bc-a^2}\boldsymbol{\Sigma}^{-1}\boldsymbol{l}+\frac{\left(\mathrm{E}\left(r_p\right)c-a\right)}{bc-a^2}\boldsymbol{\Sigma}^{-1}\boldsymbol{E}_r \\
&=\frac{\left(b-\mathrm{E}\left(r_p\right)a\right)}{d}\boldsymbol{\Sigma}^{-1}\boldsymbol{l}+\frac{\left(\mathrm{E}\left(r_p\right)c-a\right)}{d}\boldsymbol{\Sigma}^{-1}\boldsymbol{E}_r
\end{aligned}
\tag{9.57}
$$

这和之前获得结果完全一致。

类似本节构造优化问题，还构造如下优化问题。不考虑无风险资产，投资组合由风险资产100%构成。满足一定风险 (方差定值) 条件下，优化目标为投资组合收益最大，用优化问题形式写成：

$$
\begin{aligned}
&\arg\max_{\boldsymbol{w}}\ \mathrm{E}\left(r_p\right)=\boldsymbol{w}^{\mathrm{T}}\boldsymbol{E}_r \quad \Rightarrow \quad \arg\min_{\boldsymbol{w}}\ \mathrm{E}\left(r_p\right)=-\boldsymbol{w}^{\mathrm{T}}\boldsymbol{E}_r \\
&\text{subject to: } \begin{cases} \boldsymbol{w}^{\mathrm{T}}\boldsymbol{l}=1 \\ \boldsymbol{w}^{\mathrm{T}}\boldsymbol{\Sigma}\boldsymbol{w}=\sigma_p^2\ \text{(fixed)} \end{cases}
\end{aligned}
\tag{9.58}
$$

以上优化问题，本书不做展开讨论。

9.4 含无风险资产投资组合

上一章已经介绍有风险资产组合中引入无风险资产成分。本章这一节用矩阵代数方法再次讨论这一问题。假设n个有风险资产权重列向量为$\boldsymbol{w}$，无风险资产权重为w_f。根据上一章分析，大家知道无风险不会引起资产组合收益率方差变化，因此有风险资产和无风险资产构成投资组合方差为：

$$\sigma_{p+f}^2 = \sigma_p^2 = \boldsymbol{w}^{\mathrm{T}}\boldsymbol{\Sigma}\boldsymbol{w} \tag{9.59}$$

上式$\boldsymbol{\Sigma}$还是风险资产收益率方差-协方差方阵。另外，$\boldsymbol{w}$和w_f两者有如下关系：

$$\boldsymbol{w}^{\mathrm{T}}\boldsymbol{l} + w_f - 1 = 0 \quad \Rightarrow \quad w_f = 1 - \boldsymbol{w}^{\mathrm{T}}\boldsymbol{l} \tag{9.60}$$

下面构造一个优化问题：

$$\begin{aligned}&\underset{\boldsymbol{w}, w_f}{\arg\min}\, f\left(\boldsymbol{w}, w_f\right) = \frac{1}{2}\boldsymbol{w}^{\mathrm{T}}\boldsymbol{\Sigma}\boldsymbol{w}\\ &\text{subject to: } h\left(\boldsymbol{w}\right) = \boldsymbol{w}^{\mathrm{T}}\boldsymbol{E}_r + \left(1 - \boldsymbol{w}^{\mathrm{T}}\boldsymbol{l}\right)r_f - \mathrm{E}\left(r_p\right) = 0\end{aligned} \tag{9.61}$$

构建拉格朗日函数如下：

$$L\left(\boldsymbol{w}, \lambda\right) = \frac{1}{2}\boldsymbol{w}^{\mathrm{T}}\boldsymbol{\Sigma}\boldsymbol{w} + \lambda\left(\boldsymbol{w}^{\mathrm{T}}\boldsymbol{E}_r + \left(1 - \boldsymbol{w}^{\mathrm{T}}\boldsymbol{l}\right)r_f - \mathrm{E}\left(r_p\right)\right) \tag{9.62}$$

由此有约束优化问题转化成无约束优化问题，最小值点满足下列等式：

$$\nabla_{\boldsymbol{w},\lambda} L\left(\boldsymbol{w}, \lambda\right) = \boldsymbol{0} \tag{9.63}$$

得到如下一组等式：

$$\begin{aligned}&\begin{cases}\boldsymbol{\Sigma}\boldsymbol{w} + \lambda\left(\boldsymbol{E}_r - r_f\boldsymbol{l}\right) = \boldsymbol{0}\\ \boldsymbol{w}^{\mathrm{T}}\boldsymbol{E}_r + \left(1 - \boldsymbol{w}^{\mathrm{T}}\boldsymbol{l}\right)r_f - \mathrm{E}\left(r_p\right) = 0\end{cases}\\ &\Rightarrow \begin{cases}\boldsymbol{w} = -\lambda\boldsymbol{\Sigma}^{-1}\left(\boldsymbol{E}_r - r_f\boldsymbol{l}\right)\\ \boldsymbol{w}^{\mathrm{T}}\left(\boldsymbol{E}_r - r_f\boldsymbol{l}\right) + r_f = \mathrm{E}\left(r_p\right)\end{cases}\end{aligned} \tag{9.64}$$

上两式合并，消去$\boldsymbol{w}$，获得下式：

$$\begin{aligned}&\left(-\lambda\boldsymbol{\Sigma}^{-1}\boldsymbol{E}_r + \lambda\boldsymbol{\Sigma}^{-1}r_f\boldsymbol{l}\right)^{\mathrm{T}}\left(\boldsymbol{E}_r - r_f\boldsymbol{l}\right) + r_f = \mathrm{E}\left(r_p\right)\\ &\Rightarrow \lambda\left(-\left(\boldsymbol{E}_r\right)^{\mathrm{T}}\boldsymbol{\Sigma}^{-1} + r_f\boldsymbol{l}^{\mathrm{T}}\boldsymbol{\Sigma}^{-1}\right)\left(\boldsymbol{E}_r - r_f\boldsymbol{l}\right) + r_f = \mathrm{E}\left(r_p\right)\\ &\Rightarrow \lambda\left(-\left(\boldsymbol{E}_r\right)^{\mathrm{T}}\boldsymbol{\Sigma}^{-1}\boldsymbol{E}_r + r_f\left(\boldsymbol{E}_r\right)^{\mathrm{T}}\boldsymbol{\Sigma}^{-1}\boldsymbol{l} + r_f\boldsymbol{l}^{\mathrm{T}}\boldsymbol{\Sigma}^{-1}\boldsymbol{E}_r - r_f^2\boldsymbol{l}^{\mathrm{T}}\boldsymbol{\Sigma}^{-1}\boldsymbol{l}\right) = \mathrm{E}\left(r_p\right) - r_f\end{aligned} \tag{9.65}$$

同样采用如下a、b、c替代上式中具体矩阵运算：

$$\begin{cases} a = \boldsymbol{E}_r^{\mathrm{T}} \boldsymbol{\Sigma}^{-1} \boldsymbol{l} = \boldsymbol{l}^{\mathrm{T}} \boldsymbol{\Sigma}^{-1} \boldsymbol{E}_r \\ b = \boldsymbol{E}_r^{\mathrm{T}} \boldsymbol{\Sigma}^{-1} \boldsymbol{E}_r \\ c = \boldsymbol{l}^{\mathrm{T}} \boldsymbol{\Sigma}^{-1} \boldsymbol{l} \end{cases} \tag{9.66}$$

整理得到：

$$\begin{aligned} &\lambda\left(-(\boldsymbol{E}_r)^{\mathrm{T}} \boldsymbol{\Sigma}^{-1} \boldsymbol{E}_r + r_f (\boldsymbol{E}_r)^{\mathrm{T}} \boldsymbol{\Sigma}^{-1} \boldsymbol{l} + r_f \boldsymbol{l}^{\mathrm{T}} \boldsymbol{\Sigma}^{-1} \boldsymbol{E}_r - r_f^2 \boldsymbol{l}^{\mathrm{T}} \boldsymbol{\Sigma}^{-1} \boldsymbol{l}\right) = \mathrm{E}(r_p) - r_f \\ &\Rightarrow \lambda\left(-b + 2ar_f - r_f^2 c\right) = \mathrm{E}(r_p) - r_f \\ &\Rightarrow \lambda = -\frac{\mathrm{E}(r_p) - r_f}{b - 2ar_f + r_f^2 c} \end{aligned} \tag{9.67}$$

λ已知，$\boldsymbol{w}$求得：

$$\boldsymbol{w} = \frac{\mathrm{E}(r_p) - r_f}{b - 2ar_f + r_f^2 c} \boldsymbol{\Sigma}^{-1} \left(\boldsymbol{E}_r - r_f \boldsymbol{l}\right) \tag{9.68}$$

令：

$$j = b - 2ar_f + r_f^2 c \tag{9.69}$$

$\boldsymbol{w}$写作下式：

$$\boldsymbol{w} = \frac{\mathrm{E}(r_p) - r_f}{j} \boldsymbol{\Sigma}^{-1} \left(\boldsymbol{E}_r - r_f \boldsymbol{l}\right) \tag{9.70}$$

将$\boldsymbol{w}$解析式代入投资组合方差：

$$\begin{aligned} \sigma_{p+f}^2 &= \sigma_p^2 \\ &= \left(\frac{\mathrm{E}(r_p) - r_f}{j} \boldsymbol{\Sigma}^{-1} \left(\boldsymbol{E}_r - r_f \boldsymbol{l}\right)\right)^{\mathrm{T}} \boldsymbol{\Sigma} \left(\frac{\mathrm{E}(r_p) - r_f}{j}\right) \boldsymbol{\Sigma}^{-1} \left(\boldsymbol{E}_r - r_f \boldsymbol{l}\right) \\ &= \left(\frac{\mathrm{E}(r_p) - r_f}{j}\right)^2 \left(\boldsymbol{E}_r - r_f \boldsymbol{l}\right)^{\mathrm{T}} \boldsymbol{\Sigma}^{-1} \boldsymbol{\Sigma} \boldsymbol{\Sigma}^{-1} \left(\boldsymbol{E}_r - r_f \boldsymbol{l}\right) \\ &= \left(\frac{\mathrm{E}(r_p) - r_f}{j}\right)^2 \left(\boldsymbol{E}_r^{\mathrm{T}} \boldsymbol{\Sigma}^{-1} \boldsymbol{E}_r - r_f \boldsymbol{l}^{\mathrm{T}} \boldsymbol{\Sigma}^{-1} \boldsymbol{E}_r - r_f \boldsymbol{E}_r^{\mathrm{T}} \boldsymbol{\Sigma}^{-1} \boldsymbol{l} + r_f^r \boldsymbol{l}^{\mathrm{T}} \boldsymbol{\Sigma}^{-1} \boldsymbol{l}\right) \\ &= \left(\frac{\mathrm{E}(r_p) - r_f}{j}\right)^2 j = \frac{\left(\mathrm{E}(r_p) - r_f\right)^2}{j} \\ \Rightarrow \sigma_{p+f} &= \frac{\mathrm{E}(r_p) - r_f}{\sqrt{j}} \end{aligned} \tag{9.71}$$

以投资组合收益率均方差为x横轴，以投资组合收益率期望为y纵轴，x-y平面内，发现x和y为线性关系：

$$y=\sqrt{j}x+r_f \tag{9.72}$$

这条直线，准确地说是射线 ($x\geqslant 0$)，和y轴的截距为r_f，直线的斜率为j的平方根。通过第8章的学习，大家知道这条直线的斜率即夏普比率，即夏普比率的最大值为j平方根。

根据第8章内容，大家已经知道这条射线应该和有效前沿相切。切点对应无风险资产占比为0，$w_f=0$说明切点在x-y平面，切点坐标推导过程如下：

$$\begin{aligned}&\boldsymbol{l}^{\mathrm{T}}\boldsymbol{w}=1\\&\Rightarrow\frac{\mathrm{E}\left(r_p\right)-r_f}{j}\boldsymbol{l}^{\mathrm{T}}\boldsymbol{\Sigma}^{-1}\left(\boldsymbol{E}_r-r_f\boldsymbol{l}\right)=1\\&\Rightarrow\mathrm{E}\left(r_p\right)=\frac{j}{\boldsymbol{l}^{\mathrm{T}}\boldsymbol{\Sigma}^{-1}\left(\boldsymbol{E}_r-r_f\boldsymbol{l}\right)}+r_f=\frac{j}{a-cr_f}+r_f\\&\Rightarrow\sigma_{p+f}=\frac{\dfrac{j}{a-cr_f}+r_f-r_f}{\sqrt{j}}=\frac{\sqrt{j}}{a-cr_f}\end{aligned} \tag{9.73}$$

切点m处对应风险资产权重向量$\boldsymbol{w}$为：

$$\boldsymbol{w}=\frac{\boldsymbol{\Sigma}^{-1}\left(\boldsymbol{E}_r-r_f\boldsymbol{l}\right)}{a-cr_f} \tag{9.74}$$

将a和c代入上式：

$$\begin{aligned}\boldsymbol{w}&=\frac{\boldsymbol{\Sigma}^{-1}\left(\boldsymbol{E}_r-r_f\boldsymbol{l}\right)}{\boldsymbol{l}^{\mathrm{T}}\boldsymbol{\Sigma}^{-1}\boldsymbol{E}_r-\boldsymbol{l}^{\mathrm{T}}\boldsymbol{\Sigma}^{-1}\boldsymbol{l}r_f}\\&=\frac{\boldsymbol{\Sigma}^{-1}\left(\boldsymbol{E}_r-r_f\boldsymbol{l}\right)}{\boldsymbol{l}^{\mathrm{T}}\boldsymbol{\Sigma}^{-1}\left(\boldsymbol{E}_r-r_f\boldsymbol{l}\right)}\end{aligned} \tag{9.75}$$

当无风险利率值为0.05时，通过以上分析计算出市场组合 (图9.11中切点 m) 位置为 (0.1061, 0.3208)，m点对应风险资产权重$\boldsymbol{w}_m$为：

$$\boldsymbol{w}_m=\begin{bmatrix}0.1082 & -0.4068 & 0.3037 & 0.9949\end{bmatrix}^{\mathrm{T}} \tag{9.76}$$

m点对应投资组合均为风险资产，无风险资产权重为0。上一节采用 $\mathrm{E}(r_p)=0.6$ 作为目标收益期望，找到风险资产构成有效前沿上对应投资组合A。图9.11上同样找到切线 (含有无风险资产成分有效前沿) 上相对应点B。点B对应风险资产权重为：

$$\boldsymbol{w}_B=\begin{bmatrix}0.2199 & -0.8262 & 0.6168 & 2.0207\end{bmatrix}^{\mathrm{T}} \tag{9.77}$$

B点对应无风险资产权重 $w_f=-1.0311$。$\boldsymbol{w}_B$权重经过如下运算获得$\boldsymbol{w}_m$：

$$\begin{aligned}\frac{\boldsymbol{w}_B}{\sum\boldsymbol{w}_B}&=\frac{\begin{bmatrix}0.2199 & -0.8262 & 0.6168 & 2.0207\end{bmatrix}^{\mathrm{T}}}{2.0311}\\&=\begin{bmatrix}0.1082 & -0.4068 & 0.3037 & 0.9949\end{bmatrix}^{\mathrm{T}}=\boldsymbol{w}_m\end{aligned} \tag{9.78}$$

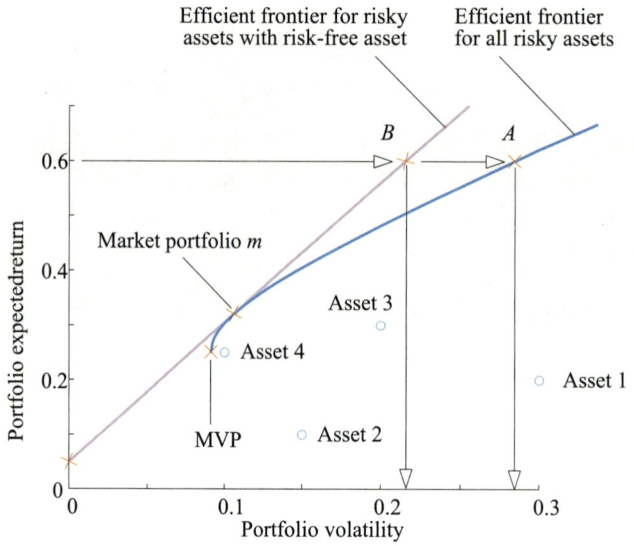

图9.11　四个风险资产构成投资组合有效前沿，以及$r_f = 0.05$时切线

下述代码可获得图9.10和图9.11。

B4_Ch9_1.m

```
clc; close all; clear all
Er      = [0.2 0.1 0.3 0.25]';
Sigmas = [0.3 0.15 0.2 0.1]';
RHOs    = [1 0.4 -0.2 0.25;
           0.4 1 0.2 0.5;
           -0.2 0.2 1 0.1;
           0.25 0.5 0.1 1;];
SIGMA   = corr2cov(Sigmas, RHOs);
one_1   = ones(size(Er));

a = Er'*inv(SIGMA)*one_1;
b = Er'*inv(SIGMA)*Er;
c = one_1'*inv(SIGMA)*one_1;
d = b*c - a^2;

x = [sqrt(1/c):0.001:0.3];
y = a/c + sqrt((x.^2 - 1/c)*d/c);
MVP_sigma_p = sqrt(1/c);
MVP_E_p       = a/c;
MVP_w = inv(SIGMA)*one_1/c;

Er_target_y = 0.6;
Er_target_x_frontier = sqrt(c/d*(Er_target_y - a/c)^2 + 1/c);
m = (b - Er_target_y*a)/d;
n = (Er_target_y*c - a)/d;
Er_target_frontier_w =(m*inv(SIGMA)*one_1 + n*inv(SIGMA)*Er);
Er_target_frontier_w2 = ...
```

```
    inv([SIGMA,one_1,Er;
    one_1',0,0;
    Er',0,0])*[one_1*0;1;Er_target_y];

figure(1)
plot(x,y); hold on
plot(Sigmas,Er,'ok')
plot(MVP_sigma_p,MVP_E_p,'x')
plot(Er_target_x_frontier,Er_target_y,'x')
box off; grid off
xlim([0,0.3]); ylim([0,0.7])
xlabel('Porfolio vol'); ylabel('Porfolio expected return')

rf = 0.05;
j = b - 2*a*rf + rf^2*c;

x_tangent = 0:0.01:0.3;

y_tangent = sqrt(j)*x_tangent + rf;

Er_target_x_tangent = (Er_target_y - rf)/sqrt(j);

x_tangent_point = sqrt(j)/(a - c*rf);
y_tangent_point = j/(a - c*rf) + rf;

Er_target_tangent_w = (Er_target_y - rf)/j*...
    inv(SIGMA)*[Er - rf*one_1];

Er_target_tangent_wf = 1 - sum(Er_target_tangent_w);

Er_target_tangent_w/sum(Er_target_tangent_w);

w_tangent_point = inv(SIGMA)*(Er - rf*one_1)/(a - c*rf);

figure(2)
plot(x,y); hold on
plot(x_tangent,y_tangent,'k')
plot(x_tangent_point,y_tangent_point,'xk')
plot(Er_target_x_tangent,Er_target_y,'x')

plot(0,rf,'xk')
plot(Sigmas,Er,'ok')
plot(MVP_sigma_p,MVP_E_p,'x')
plot(Er_target_x_frontier,Er_target_y,'x')
box off; grid off
xlim([0,0.3]); ylim([0,0.7])
xlabel('Porfolio vol'); ylabel('Porfolio expected return')
```

9.5 最大化夏普比率

相信大家已经知道夏普比率实际上就是一条切线的斜率。第8章实际上已经求解出切线斜率最大值，即j平方根。这里以最大化夏普比率为目标构建优化问题，并求解该问题。最大化夏普比率优化问题如下：

$$\underset{\boldsymbol{w}}{\arg\max}\ \frac{\boldsymbol{w}^{\mathrm{T}}\boldsymbol{E}_r-r_f}{\sqrt{\boldsymbol{w}^{\mathrm{T}}\boldsymbol{\Sigma}\boldsymbol{w}}}\quad\Rightarrow\quad\underset{\boldsymbol{w}}{\arg\min}\ \frac{r_f-\boldsymbol{w}^{\mathrm{T}}\boldsymbol{E}_r}{\sqrt{\boldsymbol{w}^{\mathrm{T}}\boldsymbol{\Sigma}\boldsymbol{w}}}=\left(r_f-\boldsymbol{w}^{\mathrm{T}}\boldsymbol{E}_r\right)\left(\boldsymbol{w}^{\mathrm{T}}\boldsymbol{\Sigma}\boldsymbol{w}\right)^{-0.5}$$
$$\text{subject to: }\boldsymbol{w}^{\mathrm{T}}\boldsymbol{l}-1=0 \tag{9.79}$$

构建拉格朗日函数如下：

$$L(\boldsymbol{w},\lambda)=\left(r_f-\boldsymbol{w}^{\mathrm{T}}\boldsymbol{E}_r\right)\left(\boldsymbol{w}^{\mathrm{T}}\boldsymbol{\Sigma}\boldsymbol{w}\right)^{-0.5}+\lambda\left(\boldsymbol{w}^{\mathrm{T}}\boldsymbol{l}-1\right) \tag{9.80}$$

由此由约束优化问题转化成无约束优化问题，最小值点满足下列等式：

$$\nabla_{\boldsymbol{w},\lambda}L(\boldsymbol{w},\lambda)=\boldsymbol{0} \tag{9.81}$$

得到下面一组等式：

$$\begin{cases}-\boldsymbol{E}_r\left(\boldsymbol{w}^{\mathrm{T}}\boldsymbol{\Sigma}\boldsymbol{w}\right)^{-0.5}-\left(r_f-\boldsymbol{w}^{\mathrm{T}}\boldsymbol{E}_r\right)\left(\boldsymbol{w}^{\mathrm{T}}\boldsymbol{\Sigma}\boldsymbol{w}\right)^{-1.5}\boldsymbol{\Sigma}\boldsymbol{w}+\lambda\boldsymbol{l}=\boldsymbol{0}\\ \boldsymbol{w}^{\mathrm{T}}\boldsymbol{l}-1=0\end{cases} \tag{9.82}$$

等式推导过程太过烦琐，此处就不详细介绍，直接给出如下结果：

$$\boldsymbol{w}=\frac{\boldsymbol{\Sigma}^{-1}\left(\boldsymbol{E}_r-r_f\boldsymbol{l}\right)}{\boldsymbol{l}^{\mathrm{T}}\boldsymbol{\Sigma}^{-1}\left(\boldsymbol{E}_r-r_f\boldsymbol{l}\right)} \tag{9.83}$$

该结果和上一章结果也是完全一致的。计算并讨论$\boldsymbol{w}^{\mathrm{T}}\boldsymbol{\Sigma}\boldsymbol{w}$：

$$\begin{aligned}\boldsymbol{w}^{\mathrm{T}}\boldsymbol{\Sigma}\boldsymbol{w}&=\left(\frac{\boldsymbol{\Sigma}^{-1}\left(\boldsymbol{E}_r-r_f\boldsymbol{l}\right)}{\boldsymbol{l}^{\mathrm{T}}\boldsymbol{\Sigma}^{-1}\left(\boldsymbol{E}_r-r_f\boldsymbol{l}\right)}\right)^{\mathrm{T}}\boldsymbol{\Sigma}\frac{\boldsymbol{\Sigma}^{-1}\left(\boldsymbol{E}_r-r_f\boldsymbol{l}\right)}{\boldsymbol{l}^{\mathrm{T}}\boldsymbol{\Sigma}^{-1}\left(\boldsymbol{E}_r-r_f\boldsymbol{l}\right)}\\&=\left(\frac{\boldsymbol{\Sigma}^{-1}\boldsymbol{E}_r-r_f\boldsymbol{\Sigma}^{-1}\boldsymbol{l}}{\boldsymbol{l}^{\mathrm{T}}\boldsymbol{\Sigma}^{-1}\boldsymbol{E}_r-r_f\boldsymbol{l}^{\mathrm{T}}\boldsymbol{\Sigma}^{-1}\boldsymbol{l}}\right)^{\mathrm{T}}\frac{\left(\boldsymbol{E}_r-r_f\boldsymbol{l}\right)}{\boldsymbol{l}^{\mathrm{T}}\boldsymbol{\Sigma}^{-1}\boldsymbol{E}_r-r_f\boldsymbol{l}^{\mathrm{T}}\boldsymbol{\Sigma}^{-1}\boldsymbol{l}}\\&=\frac{\left(\boldsymbol{E}_r^{\mathrm{T}}\boldsymbol{\Sigma}^{-1}-r_f\boldsymbol{l}^{\mathrm{T}}\boldsymbol{\Sigma}^{-1}\right)\left(\boldsymbol{E}_r-r_f\boldsymbol{l}\right)}{\left(\boldsymbol{l}^{\mathrm{T}}\boldsymbol{\Sigma}^{-1}\boldsymbol{E}_r-r_f\boldsymbol{l}^{\mathrm{T}}\boldsymbol{\Sigma}^{-1}\boldsymbol{l}\right)^2}\\&=\frac{\boldsymbol{E}_r^{\mathrm{T}}\boldsymbol{\Sigma}^{-1}\boldsymbol{E}_r-r_f\boldsymbol{E}_r^{\mathrm{T}}\boldsymbol{\Sigma}^{-1}\boldsymbol{l}-r_f\boldsymbol{l}^{\mathrm{T}}\boldsymbol{\Sigma}^{-1}\boldsymbol{E}_r+r_f^2\boldsymbol{l}^{\mathrm{T}}\boldsymbol{\Sigma}^{-1}\boldsymbol{l}}{\left(\boldsymbol{l}^{\mathrm{T}}\boldsymbol{\Sigma}^{-1}\boldsymbol{E}_r-r_f\boldsymbol{l}^{\mathrm{T}}\boldsymbol{\Sigma}^{-1}\boldsymbol{l}\right)^2}\\&=\frac{b-2ar_f+r_f^2c}{\left(a-r_fc\right)^2}=\frac{j}{\left(a-r_fc\right)^2}\end{aligned} \tag{9.84}$$

将$\boldsymbol{w}^{\mathrm{T}}\boldsymbol{\Sigma}\boldsymbol{w}$和$\boldsymbol{w}$结果代入夏普比率计算式：

$$R_{\text{Sharpe}} = \frac{\boldsymbol{w}^{\mathrm{T}}\boldsymbol{E}_r - r_f}{\sqrt{\boldsymbol{w}^{\mathrm{T}}\boldsymbol{\Sigma}\boldsymbol{w}}} = \frac{\left(\dfrac{\boldsymbol{\Sigma}^{-1}\left(\boldsymbol{E}_r - r_f\boldsymbol{l}\right)}{\boldsymbol{l}^{\mathrm{T}}\boldsymbol{\Sigma}^{-1}\left(\boldsymbol{E}_r - r_f\boldsymbol{l}\right)}\right)^{\mathrm{T}}\boldsymbol{E}_r - r_f}{\sqrt{\dfrac{j}{\left(a-r_f c\right)^2}}}$$
$$= \frac{\dfrac{\boldsymbol{E}_r^{\mathrm{T}}\boldsymbol{\Sigma}^{-1}\boldsymbol{E}_r - r_f\boldsymbol{l}^{\mathrm{T}}\boldsymbol{\Sigma}^{-1}\boldsymbol{E}_r - \boldsymbol{l}^{\mathrm{T}}\boldsymbol{\Sigma}^{-1}\boldsymbol{E}_r + r_f r_f\boldsymbol{l}^{\mathrm{T}}\boldsymbol{\Sigma}^{-1}\boldsymbol{l}}{\boldsymbol{l}^{\mathrm{T}}\boldsymbol{\Sigma}^{-1}\boldsymbol{E}_r - r_f\boldsymbol{l}^{\mathrm{T}}\boldsymbol{\Sigma}^{-1}\boldsymbol{l}}}{\sqrt{\dfrac{j}{\left(a-r_f c\right)^2}}} \tag{9.85}$$
$$= \frac{j}{a-r_f c}\frac{\left(a-r_f c\right)}{\sqrt{j}} = \sqrt{j}$$

其中：

$$\begin{cases} a = \boldsymbol{E}_r^{\mathrm{T}}\boldsymbol{\Sigma}^{-1}\boldsymbol{l} = \boldsymbol{l}^{\mathrm{T}}\boldsymbol{\Sigma}^{-1}\boldsymbol{E}_r \\ b = \boldsymbol{E}_r^{\mathrm{T}}\boldsymbol{\Sigma}^{-1}\boldsymbol{E}_r \\ c = \boldsymbol{l}^{\mathrm{T}}\boldsymbol{\Sigma}^{-1}\boldsymbol{l} \\ j = b - 2ar_f + r_f^2 c \end{cases} \tag{9.86}$$

该结果和上一节完全一致。

下面，利用几幅图来介绍夏普比率和w_1及w_2变化规律。采用上一章两个风险资产构成投资组合，具体参数如下：

$$\begin{aligned} \boldsymbol{E}_r &= \begin{bmatrix} 0.2 & 0.1 \end{bmatrix}^{\mathrm{T}} \\ \boldsymbol{\sigma}_r &= \begin{bmatrix} 0.3 & 0.15 \end{bmatrix}^{\mathrm{T}} \\ \boldsymbol{\rho} &= \begin{bmatrix} \rho_{1,1} & \rho_{1,2} \\ \rho_{2,1} & \rho_{2,2} \end{bmatrix} = \begin{bmatrix} 1 & 0.4 \\ 0.4 & 1 \end{bmatrix} \\ \boldsymbol{\Sigma} &= \begin{bmatrix} 0.3^2 & 0.4\times0.3\times0.15 \\ 0.4\times0.3\times0.15 & 0.15^2 \end{bmatrix} \end{aligned} \tag{9.87}$$

当$r_f = 0$时，图9.12、图9.13和图9.14用三种方式展示夏普比率随着w_1及w_2变化趋势。图9.15、图9.16和图9.17展示$r_f = 0.06$时，夏普比率随着w_1及w_2变化趋势。有兴趣的读者，不断提高r_f取值，会发现夏普比率最大值会渐渐地趋向无穷大。

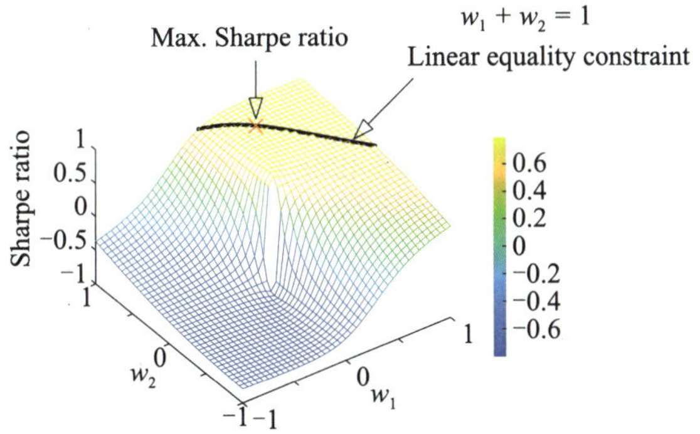

图9.12　$r_f = 0$时，夏普比率曲面

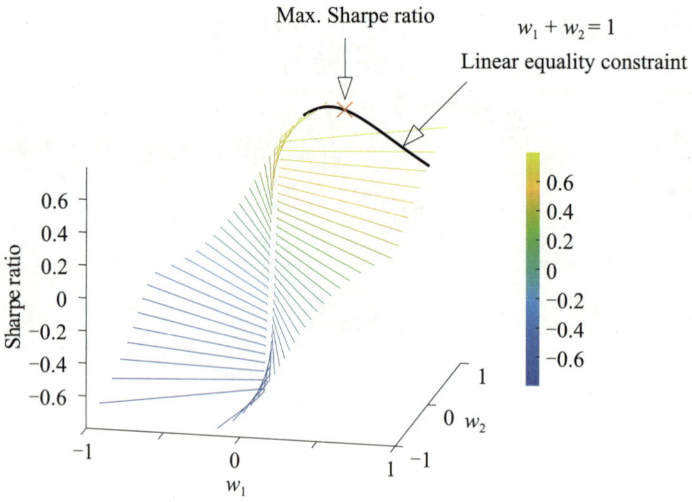

图9.13　$r_f = 0$ 时，夏普比率空间等高线

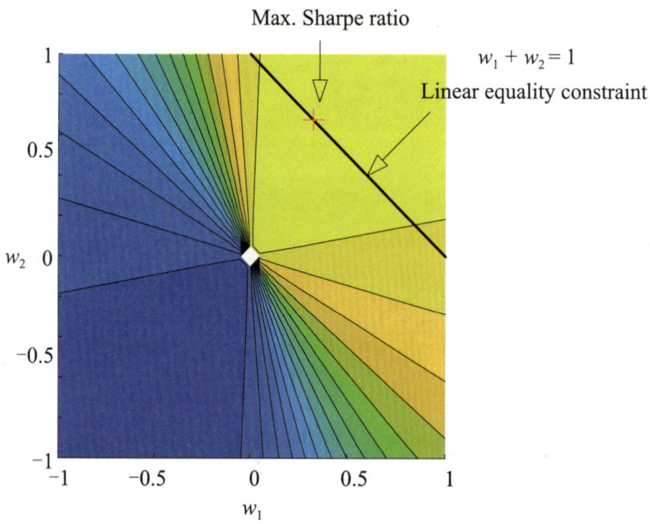

图9.14　$r_f = 0$ 时，夏普比率平面等高线

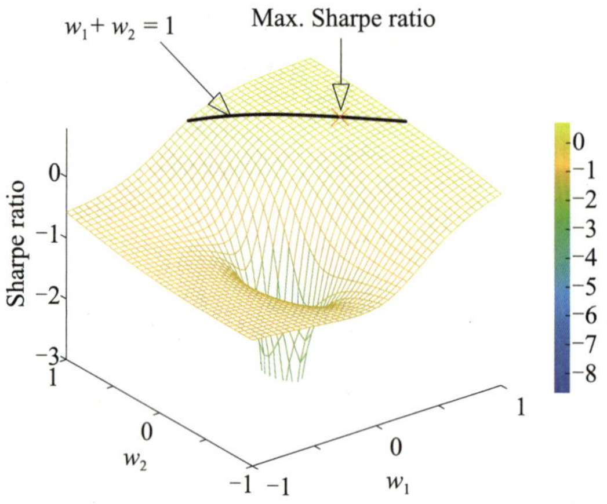

图9.15　$r_f = 0.06$ 时，夏普比率曲面

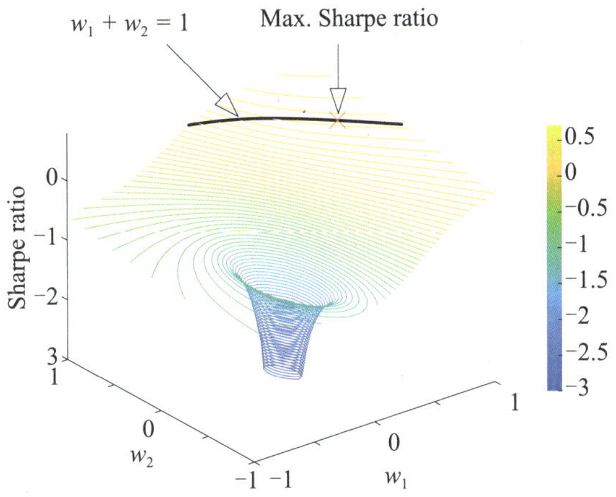

图9.16　$r_f = 0.06$ 时，夏普比率空间等高线

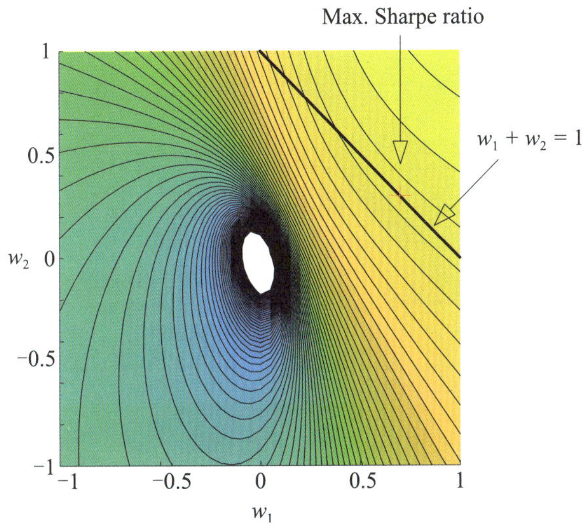

图9.17　$r_f = 0.06$ 时，夏普比率平面等高线

这一节图像可由如下代码获得。

B4_Ch9_2.m

```
clc; close all; clear all
syms www1 www2 vol volvol rrr xxx xxx_sq yyy

sigma_1 = 0.3;  % vol: asset 1
sigma_2 = 0.15; % vol: asset 2
E_R_1 = 0.2;    % average return: asset 1
E_R_2 = 0.1;    % average return: asset 2
rho = 0.4;      % correlation between two assets

w1_fine = -2:0.05:2;
w2_fine = -2:0.05:2;
[ww1,ww2] = meshgrid(w1_fine,w2_fine);
```

```
% linear constraint
w1_lc = -2:0.025:2;
w2_lc = 1 - w1_lc;

sigma_p_sq_surface = ww1.^2*sigma_1^2 + ww2.^2*sigma_2^2 + ...
    2*ww1.*ww2*rho*sigma_1*sigma_2;
sigma_p_sq_curve = w1_lc.^2*sigma_1^2 + w2_lc.^2*sigma_2^2 + ...
    2*w1_lc.*w2_lc*rho*sigma_1*sigma_2;

sigma_p_surface = sqrt(sigma_p_sq_surface);
sigma_p_curve = sqrt(sigma_p_sq_curve);
return_surface = E_R_1*ww1 + E_R_2*ww2;
return_curve = E_R_1*w1_lc + E_R_2*w2_lc;

r_f = 0.03; % 0, 0.03, 0.06
Sharpe_r_curve = (return_curve - r_f)./sigma_p_curve;

Sharpe_r_surface = (return_surface - r_f)./sigma_p_surface;

fig_i = 1;
figure(fig_i)

levels = -3:0.05:1;
mesh(ww1,ww2,Sharpe_r_surface); hold on

loc_max_sharpe = find(Sharpe_r_curve == max(Sharpe_r_curve));
plot3(w1_lc,w2_lc,Sharpe_r_curve,'k','LineWidth',2);
plot3(w1_lc(loc_max_sharpe),w2_lc(loc_max_sharpe),...
    Sharpe_r_curve(loc_max_sharpe),'xr','MarkerSize',10);
xlabel('w_1'); ylabel('w_2'); zlabel('Sharpe ratio')
grid off; box off; colorbar
xlim([-1,1]);ylim([-1,1]);
zlim([min(levels),0.8])
% view([1,0,0])
% view([0,-1,0])
% % view([0,0,1])

fig_i = fig_i + 1;
figure(fig_i)

contour3(ww1,ww2,Sharpe_r_surface,levels); hold on

loc_max_sharpe = find(Sharpe_r_curve == max(Sharpe_r_curve));
plot3(w1_lc,w2_lc,Sharpe_r_curve,'k','LineWidth',2);
plot3(w1_lc(loc_max_sharpe),w2_lc(loc_max_sharpe),...
    Sharpe_r_curve(loc_max_sharpe),'xr','MarkerSize',10);
xlabel('w_1'); ylabel('w_2'); zlabel('Sharpe ratio')
```

```
grid off; box off; colorbar
xlim([-1,1]);ylim([-1,1]);
zlim([min(levels),0.8])
% view([1,0,0])
% view([0,-1,0])
% % view([0,0,1])

fig_i = fig_i + 1;
figure(fig_i)

contourf(ww1,ww2,Sharpe_r_surface,levels); hold on

loc_max_sharpe = find(Sharpe_r_curve == max(Sharpe_r_curve));
plot3(w1_lc,w2_lc,Sharpe_r_curve,'k','LineWidth',2);
plot3(w1_lc(loc_max_sharpe),w2_lc(loc_max_sharpe),...
    Sharpe_r_curve(loc_max_sharpe),'xr','MarkerSize',10);
xlabel('w_1'); ylabel('w_2'); zlabel('Sharpe ratio')
grid off; box off; colorbar
xlim([-1,1]);ylim([-1,1]);
zlim([min(levels),0.8])
% view([1,0,0])
% view([0,-1,0])
% % view([0,0,1])
```

下面从另外一个角度来推导市场组合m对应权重$\boldsymbol{w}$。有风险资产超额收益 (excess return) 为收益率期待减去无风险收益 r_f，投资组合所有有风险资产超额收益综合满足下式：

$$\boldsymbol{w}^{\mathrm{T}}\left(\boldsymbol{E}_r - r_f \boldsymbol{l}\right) = \mathrm{E}\left(r_p\right) - r_f \tag{9.88}$$

这样，构造一个最小化有风险资产方差优化问题，如下：

$$\begin{aligned}&\underset{\boldsymbol{w},w_f}{\arg\min}\ f\left(\boldsymbol{w},w_f\right) = \frac{1}{2}\boldsymbol{w}^{\mathrm{T}}\boldsymbol{\Sigma}\boldsymbol{w}\\&\text{subject to: } h\left(\boldsymbol{w}\right) = \boldsymbol{w}^{\mathrm{T}}\left(\boldsymbol{E}_r - r_f\boldsymbol{l}\right) - \mathrm{E}\left(r_p\right) + r_f = 0\end{aligned} \tag{9.89}$$

构建拉格朗日函数如下：

$$L(\boldsymbol{w},\lambda) = \frac{1}{2}\boldsymbol{w}^{\mathrm{T}}\boldsymbol{\Sigma}\boldsymbol{w} + \lambda\left(\boldsymbol{w}^{\mathrm{T}}\left(\boldsymbol{E}_r - r_f\boldsymbol{l}\right) - \mathrm{E}\left(r_p\right) + r_f\right) \tag{9.90}$$

由此由约束优化问题转化成无约束优化问题，最小值点满足下列等式：

$$\nabla_{\boldsymbol{w},\lambda} L(\boldsymbol{w},\lambda) = \boldsymbol{0} \tag{9.91}$$

获得以下一组等式：

$$\begin{cases} \boldsymbol{\Sigma w}+\lambda\left(\boldsymbol{E}_r-r_f\boldsymbol{l}\right)=\boldsymbol{0} \\ \boldsymbol{w}^{\mathrm{T}}\left(\boldsymbol{E}_r-r_f\boldsymbol{l}\right)-\mathrm{E}\left(r_p\right)+r_f=0 \end{cases}$$
$$\Rightarrow \begin{cases} \boldsymbol{w}=-\lambda\boldsymbol{\Sigma}^{-1}\left(\boldsymbol{E}_r-r_f\boldsymbol{l}\right) \\ \boldsymbol{w}^{\mathrm{T}}\left(\boldsymbol{E}_r-r_f\boldsymbol{l}\right)+r_f=\mathrm{E}\left(r_p\right) \end{cases} \tag{9.92}$$

整理到这里，不直接求解方程组。根据之前讲解的内容，$\boldsymbol{w}_m$通过下式计算。

$$\boldsymbol{w}_m=\frac{\boldsymbol{w}}{\sum \boldsymbol{w}}=\frac{\boldsymbol{w}}{\boldsymbol{l}^{\mathrm{T}}\boldsymbol{w}} \tag{9.93}$$

将下式代入上式：

$$\boldsymbol{w}=-\lambda\boldsymbol{\Sigma}^{-1}\left(\boldsymbol{E}_r-r_f\boldsymbol{l}\right)$$
$$\Rightarrow \boldsymbol{w}_m=\frac{\boldsymbol{w}}{\boldsymbol{l}^{\mathrm{T}}\boldsymbol{w}}=\frac{-\lambda\boldsymbol{\Sigma}^{-1}\left(\boldsymbol{E}_r-r_f\boldsymbol{l}\right)}{-\lambda\boldsymbol{l}^{\mathrm{T}}\boldsymbol{\Sigma}^{-1}\left(\boldsymbol{E}_r-r_f\boldsymbol{l}\right)}=\frac{\boldsymbol{\Sigma}^{-1}\left(\boldsymbol{E}_r-r_f\boldsymbol{l}\right)}{\boldsymbol{l}^{\mathrm{T}}\boldsymbol{\Sigma}^{-1}\left(\boldsymbol{E}_r-r_f\boldsymbol{l}\right)} \tag{9.94}$$

该结果和本节及上一节的结果完全一致。

9.6 二次规划与投资组合优化

含有复杂线性、非线性约束，或者混合整数优化问题，就需要借助MATLAB优化器来求解。MATLAB给出两个二次规划与投资组合优化如下两个例子。本章最后一节研究第一个例子，第二个例子交给读者自行学习。

https://www.mathworks.com/help/optim/examples/using-quadratic-programming-on-portfolio-optimization-problems.html
https://www.mathworks.com/help/optim/examples/mixed-integer-quadratic-programming-portfolio-optimization.html

从Yahoo Finance下载表9.1中50只股票2016和2017股价。

表9.1 50值股票代码

股票代码	公司	股票代码	公司
AAPL	Apple, Inc.	IBM	International Business Machines Corp.
ADBE	Adobe, Inc.	INTC	Intel Corp.
AIG	American International Group, Inc.	JNJ	Johnson & Johnson
AMZN	Amazon.com, Inc.	JPM	JPMorgan Chase & Co.
ANSS	ANSYS, Inc.	KO	The Coca-Cola Co.
AXP	American Express Co.	MCD	McDonald's Corp.
BA	The Boeing Co.	MMM	3M Co.
BLK	BlackRock, Inc.	MS	Morgan Stanley

股票代码	公司	股票代码	公司
C	Citigroup, Inc.	MSCI	MSCI, Inc.
CAT	Caterpillar, Inc.	MSFT	Microsoft Corp.
CBOE	Cboe Global Markets, Inc.	NDAQ	Nasdaq, Inc.
CME	CME Group, Inc.	NFLX	Netflix, Inc.
COST	Costco Wholesale Corp.	NKE	NIKE, Inc.
DD	DuPont de Nemours, Inc.	NVDA	NVIDIA Corp.
DIS	The Walt Disney Co.	PFE	Pfizer Inc.
ETN	Eaton Corp.Plc	PG	Procter & Gamble Co.
F	Ford Motor Co.	QCOM	QUALCOMM, Inc.
FB	Facebook, Inc.	RL	Ralph Lauren Corp.
FDX	FedEx Corp.	SBUX	Starbucks Corp.
GE	General Electric Co.	TIF	Tiffany & Co.
GM	General Motors Co.	TWTR	Twitter, Inc.
GOOG	Alphabet, Inc.	V	Visa, Inc.
HD	The Home Depot, Inc.	WMT	Walmart, Inc.
HON	Honeywell International, Inc.	XOM	Exxon Mobil Corp.
HPQ	HP, Inc.	YUM	Yum! Brands, Inc.

图9.18展示了这些股票的相对价格，初始值为1。这个有风险资产池，下一章也会使用。有了这些资产价格水平，得到它们收益率，以及收益率均值 (收益率期望)和收益率方差。请读者注意，这一章和下一章中，会用连续收益率代替简单收益率。

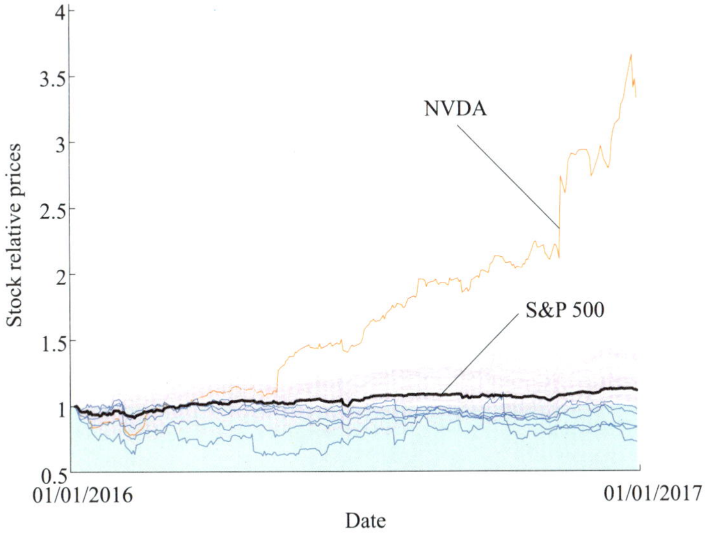

图9.18　50个有风险相对价格水平，初始值为1

下面构造第一个优化问题。该二次规划问题优化目标为最小化投资组合方差，优化目标和约束条件如下：

$$
\begin{aligned}
&\underset{w,w_f}{\arg\min}\ f\left(w,w_f\right)=\frac{1}{2}w^{\mathrm{T}}\Sigma w\\
&\text{subject to: } h(w)=1-w^{\mathrm{T}}l=0\\
&\qquad g(w)=E\left(r_p\right)-w^{\mathrm{T}}E_r\leqslant 0\\
&\qquad 0\leqslant w_i\leqslant 1,\quad i=1,\cdots,n
\end{aligned}
\tag{9.95}
$$

该问题优化解如图9.19所示。

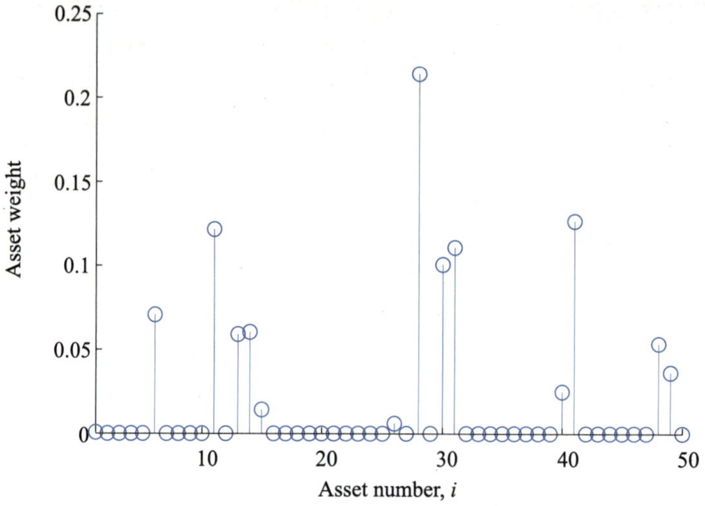

图9.19　第一个优化问题解

第一个优化问题基础之上，增加一组线性不等式约束，形成第二个优化问题。50个风险资产，按先后顺序每10个为一组，每一组资产权重之和不少于20%，这样增加如下一组不等式：

$$
\sum_{i=1}^{10}w_i\geqslant 0.2,\quad \sum_{i=11}^{20}w_i\geqslant 0.2,\quad \sum_{i=21}^{30}w_i\geqslant 0.2,\quad \sum_{i=31}^{40}w_i\geqslant 0.2,\quad \sum_{i=41}^{50}w_i\geqslant 0.2
\tag{9.96}
$$

第二个优化问题解 (红色) 对比第一个优化问题解如图9.20所示。图9.21展示的是五组资产权重之和饼图。

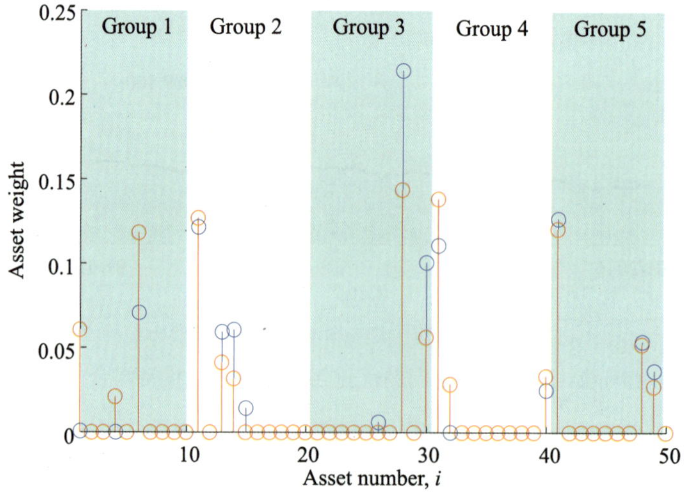

图9.20　两个优化问题解对比

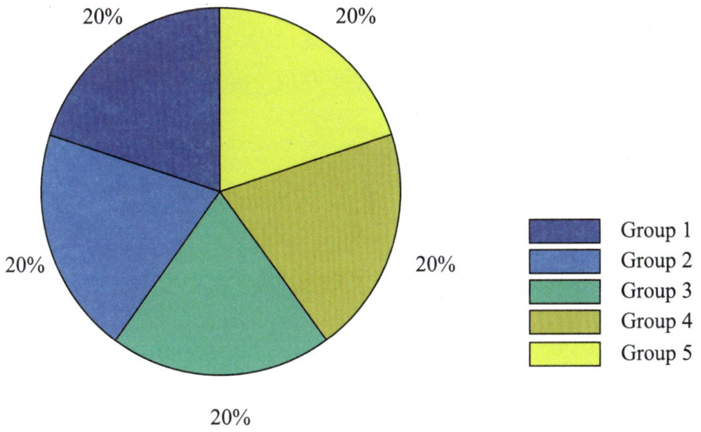

图9.21　五组资产权重优化解之和

以下代码可获得图9.19、图9.20和图9.21。

B4_Ch9_3.m

```
% Use S&P 500 as the market
% download 50 components of S&P 500 as the universe
clc; close all; clear all

AssetList = {'AAPL','ADBE','AIG','AMZN','ANSS','AXP',...
    'BA','BLK','C','CAT','CBOE','CME','COST','DD',...
    'DIS','ETN','F','FB','FDX','GE','GM','GOOG',...
    'HD','HON','HPQ','IBM','INTC','JNJ','JPM','KO'...
    ,'MCD','MMM','MS','MSCI','MSFT','NDAQ','NFLX',...
    'NKE','NVDA','PFE','PG','QCOM','RL','SBUX','TIF'...
    ,'TWTR','V','WMT','XOM','YUM'};

price_assets = hist_stock_data('01012016','01012017',AssetList);
price_SP500 = hist_stock_data('01012016','01012017','^GSPC');
%% Plot the relative levels of the stocks and S&P 500
num_Bdays_year = 252;
Price_levels = extractfield(price_assets,'AdjClose');
Price_levels = reshape(Price_levels,252,50);
price_SP500 = price_SP500.AdjClose;
dates_cells = price_assets(1).Date;
dates = datetime(dates_cells, ...
    'InputFormat', 'yyyy-MM-dd');
relative_levels = ret2price(price2ret(Price_levels));
relative_up = relative_levels(:,relative_levels(end,:)>1);
relative_down = relative_levels(:,relative_levels(end,:)<1);

%% Relative daily stock adjusted closing prices

figure(1)
fig_index = fig_index + 1;
```

```
plot(dates, relative_up,'r'); hold on
plot(dates, relative_down,'color',[2,148,255]./255); hold on
plot(dates, ret2price(price2ret(price_SP500)),'k','LineWidth',2); hold on

box off; grid off
datetick('x','mm/dd/yyyy')
% xlim([dates(1),dates(end)]);
xlabel('Date');
ylabel('Stock relative prices')
title ('Relative daily stock closings')

dailyReturn = price2ret(Price_levels);
mean_return = mean(dailyReturn)';

% risk-free rate, monthly
cash_rsk = 0;

%% Construction 1
Covariance = cov(dailyReturn);
nAssets = numel(mean_return); target_return = 0.001;
% number of assets and desired return
Aeq = ones(1,nAssets); beq = 1;
% equality Aeq*x = beq
Aineq = mean_return'; bineq = target_return;
% inequality Aineq*x <= bineq
lb = zeros(nAssets,1); ub = ones(nAssets,1);
% bounds lb <= x <= ub
c = zeros(nAssets,1);
% objective has no linear term; set it to zero
options = optimoptions('quadprog','Algorithm','interior-point-convex');
options = optimoptions(options,'Display','iter','TolFun',1e-10);

% Call solver and measure wall-clock time.
tic
[weights_no_shortsell,fval1] = quadprog(Covariance,c,Aineq,bineq,Aeq,beq,lb,ub,[],
options);
toc

figure(2)
stem([1:nAssets],weights_no_shortsell,'b')
xlim([1,nAssets]); box off
xlabel('Asset number'); ylabel('Asset weight')

%% Construction 2
% Add group constraints to existing equalities.
Groups = blkdiag(ones(1,nAssets/5),ones(1,nAssets/5),ones(1,nAssets/5),...
    ones(1,nAssets/5),ones(1,nAssets/5));
```

```
Aineq = [Aineq; -Groups];          % convert to <= constraint
bineq = [bineq; -0.2*ones(5,1)];   % by changing signs

tic
[weights_group_constraint,fval2] = quadprog(Covariance,...
    c,Aineq,bineq,Aeq,beq,lb,ub,[],options);
toc

figure(3)
stem([1:nAssets],weights_no_shortsell,'b'); hold on
stem([1:nAssets],weights_group_constraint,'r')
xlim([1,nAssets]); box off
xlabel('Asset number'); ylabel('Asset weight')

figure(4)
labels = {'Group 1','Group 2','Group 3','Group 4','Group 5'};
Group_weights = [sum(weights_group_constraint(1:10));...
    sum(weights_group_constraint(11:20));...
    sum(weights_group_constraint(21:30));...
    sum(weights_group_constraint(31:40));...
    sum(weights_group_constraint(41:50));];
pie(Group_weights); legend(labels)
```

第一个优化问题还可以这样构造，但是只有2019b及以后的MATLAB版本才能运行。该优化问题用optimproblem()函数构造。

```
% Create an optimization problem for minimization.

portprob = optimproblem('ObjectiveSense','min'); % default, min
x = optimvar('x',[nAssets,1],'LowerBound',0,'UpperBound',1);

% The objective function is 1/2*x'*Covariance*x.
% Include this objective into the problem.

objective = 1/2*x'*Covariance*x;
portprob.Objective = objective;

% The sum of the variables is 1, meaning the entire portfolio is invested.
% Express this as a constraint and place it in the problem.

sumcons = sum(x) == 1;
portprob.Constraints.sumcons = sumcons;

% The average return must be greater than target return.
% Express this as a constraint and place it in the problem.

averagereturn = dot(mean_return,x) >= target_return;
portprob.Constraints.averagereturn = averagereturn;
```

```
% Set options to turn on iterative display, and
% set a tighter optimality termination tolerance.

options = optimoptions('quadprog','Display','iter','TolFun',1e-10);
% Call solver and measure wall-clock time.

tic
[x1,fval1] = solve(portprob,'Options',options);
Toc
```

类似地，以上文代码为基础，第二个优化问题增加下述不等式约束。

```
grp1 = sum(x(1:10))  >= 0.2;
grp2 = sum(x(11:20)) >= 0.2;
grp3 = sum(x(21:30)) >= 0.2;
grp4 = sum(x(31:40)) >= 0.2;
grp5 = sum(x(41:50)) >= 0.2;
portprob.Constraints.grp1 = grp1;
portprob.Constraints.grp2 = grp2;
portprob.Constraints.grp3 = grp3;
portprob.Constraints.grp4 = grp4;
portprob.Constraints.grp5 = grp5;
```

这一节，主要从理论上讨论二次规划、拉格朗日乘子等优化方法在投资组合优化应用；本章理论基础之上，下一章讨论使用MATLAB专门处理投资组合优化问题函数。

第10章 Portfolio Optimization 投资组合优化 III

过去表现，不代表未来收益。

Past performance is no guarantee of future results.

Core Functions and Syntaxes

本章核心命令代码

- `estimateAssetMoments()` 投资组合优化对象函数，计算风险资产收益率均值和方差 - 协方差矩阵。
- `estimateFrontier()` 投资组合优化对象函数，计算有效前沿上投资组合资产权重。
- `estimateFrontierByReturn()` 投资组合优化对象函数，根据目标回报率在有效前沿上找到对应投资组合。
- `estimateFrontierByRisk()` 投资组合优化对象函数，根据目标风险在有效前沿上找到对应投资组合。
- `estimateMaxSharpeRatio()` 投资组合优化对象函数，得到夏普比率最大投资组合风险资产权重。
- `estimatePortMoments()` 投资组合优化对象函数，计算 `Portfolio` 对象收益期望和均方差。
- `Portfolio` 投资组合优化对象，风险指标为收益率均方差。
- `PortfolioCVaR` 投资组合优化对象，风险指标为条件风险价值（预期亏空）。
- `PortfolioMAD` 投资组合优化对象，风险指标为平均绝对偏差。
- `price2ret()` 将价格数据转化为收益率。
- `ret2price()` 将收益率转化为价格。
- `setAssetMoments()` 投资组合优化对象函数，给 `Portfolio` 对象设置风险资产赋值收益率均值和方差矩阵。
- `setBounds()` 投资组合优化对象函数，设置资产权重上下界约束。
- `setBudget()` 投资组合优化对象函数，设置预算约束。
- `setCosts()` 投资组合优化对象函数，定义资产买卖比例费用。
- `setDefaultConstraints()` 投资组合优化对象函数，设置 `Portfolio` 对象约束条件。
- `setEquality()` 投资组合优化对象函数，设置资产权重线性等式约束。
- `setGroups()` 投资组合优化对象函数，设置资产组群线性约束。
- `setInequality()` 投资组合优化对象函数，设置资产权重线性不等式约束。
- `setInitPort()` 投资组合优化对象函数，给 `Portfolio` 对象设置风险资产初始权重。
- `setOneWayTurnover()` 投资组合优化对象函数，设置单向流动率约束。
- `setTrackingError()` 投资组合优化对象函数，设置跟踪误差约束。
- `setTurnover()` 投资组合优化对象函数，设置买卖流动率平均值。

10.1 投资组合优化对象

实际情况，投资组合优化问题远比上两章介绍的优化过程复杂的多；因为在真实的投资环境中，需要个考虑各种线性和非线性约束条件、资产类别限制、投资组合基准、因素模型、买卖限制、流动率、交易费用、流动性等等条件。此外，投资组合优化目标更是多种多样。因此，需要借助各种投资组合优化工具箱。

这一章，我们结合实例介绍如何使用MATLAB金融工具箱三个投资组合优化面向对象编程函数，它们分别为：

- Portfolio对象，支持Markowitz理论下**马科维茨均值-方差组合模型** (Markowitz Mean-Variance Model)，风险指标为收益率均方差；本书上两章采用该模型理论。
- PortfolioCVaR对象，用**条件风险价值** (conditional value at risk, CVaR)，即**预期亏空** (expected shortfall, ES)，作为风险指标。
- PortfolioMAD对象，采用**平均绝对偏差** (mean absolute deviation) 作为风险指标。

Portfolio对象目前使用9大类约束条件。这些约束也适用于PortfolioCVaR对象和PortfolioMAD对象。

- **线性不等式约束** (linear inequality constraints)。
- **线性等式约束** (linear equality constraints)。
- **上下界约束** (bound constraints)。
- **预算约束** (budget constraints)。
- **组群约束** (group constraints)。
- **组群比例约束** (group ratio constraints)，Portfolio对象函数为setGroupRatio()。
- **平均绝对流动率约束** (average turnover constraints)。
- **单向流动率约束** (one-way turnover constraints)。
- **跟踪误差约束** (tracking error constraints)。

更多有关Portfolio的对象函数，可参考如下链接。

https://www.mathworks.com/help/finance/portfolio.html

首先聊一下如何处理投资组合优化所需要的数据。图10.1所示为计算中常用几个矩阵，除了$\boldsymbol{D}$以外三个数据我们比较熟悉。矩阵$\boldsymbol{D}$是风险资产收益率，形状为$L \times n$。其中，L为数据长度，即观测点个数；n为风险资产数量。图10.2展示如何获取某一列数据。

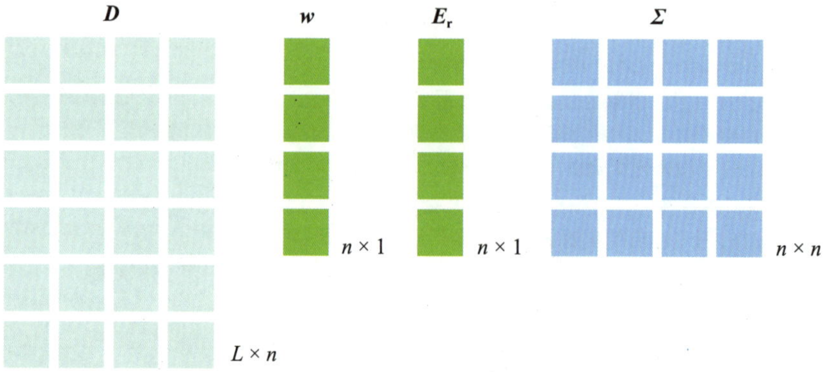

图10.1 几个矩阵形状

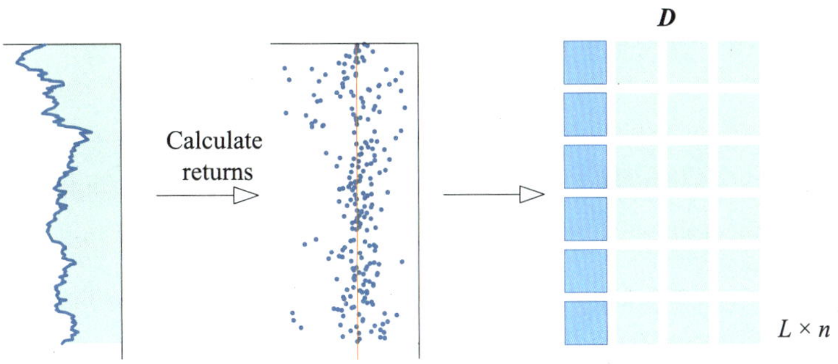

图10.2　风险资产收益率矩阵$\boldsymbol{D}$

图10.3所示为计算风险资产收益率平均值，转置之后得到n个风险资产收益率期望$\boldsymbol{E}_r$。之后再计算去均值矩阵$\boldsymbol{D}_{\text{demean}}$，图10.4所示是用$\boldsymbol{D}_{\text{demean}}$计算方差-协方差矩阵$\boldsymbol{\Sigma}$。

$$\boldsymbol{\Sigma}=\frac{\left(\boldsymbol{D}_{\text{demean}}\right)^{\mathrm{T}}\cdot\boldsymbol{D}_{\text{demean}}}{L-1} \tag{10.1}$$

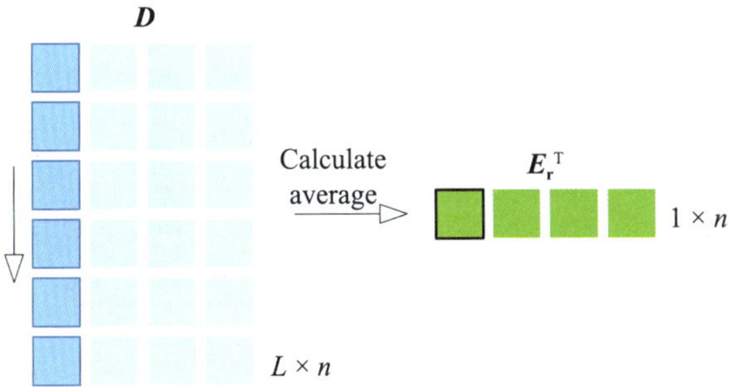

图10.3　计算收益率平均值

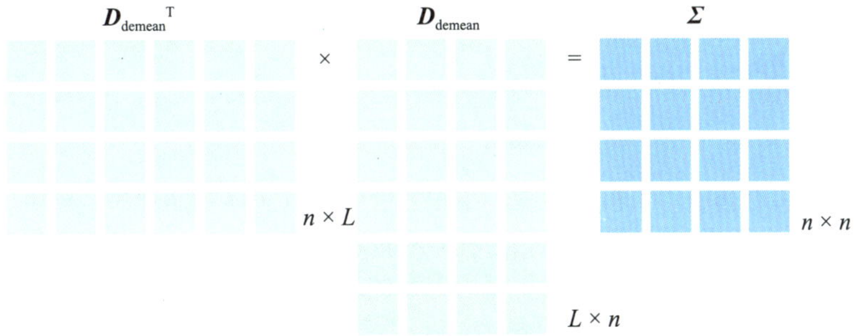

图10.4　计算方差-协方差矩阵

含有无风险资产投资组合**毛收益率** (gross return) 为：

$$\mathrm{E}(r_p)=\boldsymbol{w}^{\mathrm{T}}\boldsymbol{E}_r+w_f r_f \tag{10.2}$$

其中：

$$\boldsymbol{w}=\left[w_1,w_2,w_3,\cdots,w_n\right]^{\mathrm{T}} \tag{10.3}$$

一个重要约束条件，风险资产和无风险资产权重之和为1。

$$\boldsymbol{w}^{\mathrm{T}}\boldsymbol{l}+w_f=1 \tag{10.4}$$

其中：

$$\boldsymbol{l}=[1,1,1,\cdots,1]^{\mathrm{T}} \tag{10.5}$$

带入毛收益率计算式，得到：

$$\begin{aligned}\mathrm{E}(r_p)&=\boldsymbol{w}^{\mathrm{T}}\boldsymbol{E}_r+\left(1-\boldsymbol{w}^{\mathrm{T}}\boldsymbol{l}\right)r_f\\&=r_f+\boldsymbol{w}^{\mathrm{T}}\left(\boldsymbol{E}_r-r_f\boldsymbol{l}\right)\\&=r_f+\left(\boldsymbol{E}_r-r_f\boldsymbol{l}\right)^{\mathrm{T}}\boldsymbol{w}\end{aligned} \tag{10.6}$$

如本节前文所讲，Portfolio对象采用投资组合方差-协方差作为风险指标，计算如下 (图10.5)：

$$\sigma_p^2=\mathrm{var}\left(r_p\right)=\boldsymbol{w}^{\mathrm{T}}\boldsymbol{\Sigma}\boldsymbol{w} \tag{10.7}$$

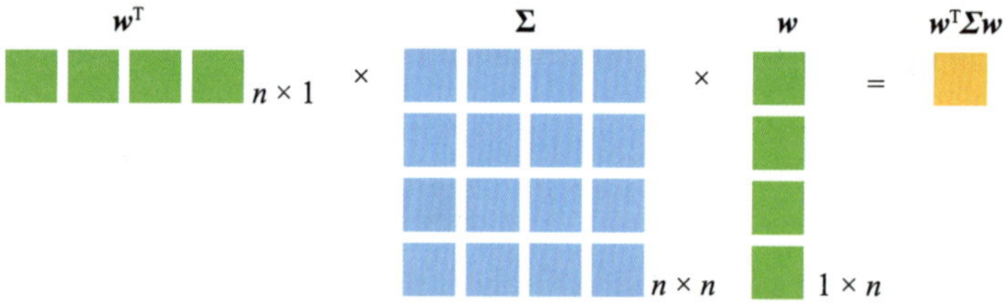

图10.5　投资组合收益率方差矩阵运算

10.2 使用Portfolio对象

第9章最后一节的投资组合中有50只股票，采用了这些股票2016和2017年的股价。这一章采用同一投资组合来介绍如何使用Portfolio对象。首先从Yahoo Finance下载这些股票价格数据；然后，用price2ret()计算得到收益率数据。也同样下载同时期的SP 500数据作为市场表现。然后，计算出日收益率均值和均方差。设定年化无风险利率为3%，不考虑其风险。下面，调用Portfolio对象，利用'AssetList'设置资产标签，通过'RiskFreeRate'设置日无风险利率。

```
p = Portfolio('AssetList',AssetList,'RiskFreeRate',risk_free/num_Bdays_year);
```

利用estimateAssetMoments()函数，给Portfolio对象设置风险资产价格数据，该函数计算出风险资产收益率均值和方差-协方差矩阵。

```
p = estimateAssetMoments(p, Price_levels,'dataformat', 'prices');
```

也先计算出风险资产收益率均值和方差矩阵，然后通过setAssetMoments()函数直接给Portfolio对象赋值。

```
p = setAssetMoments(p,AssetMean,AssetCovar);
```

然后，用setInitPort() 对象函数给Portfolio对象设置风险资产初始权重。投资组合有50个风险资产优化，设置每个风险资产权重初值为0.02 (= 1/50)。

```
p = setInitPort(p,1/p.NumAssets);
```

如下代码输出投资组合初始收益期望和均方差。

```
[ersk,eret] = estimatePortMoments(p,p.InitPort);
```

图10.6展示这50个风险资产σ_p-$E(r_p)$ 平面位置，S&P 500代表的市场数据和投资组合初始位置也在这张图上。这张图用plot_edited()函数绘制，该函数位于本章末，代码如下所示：

B4_Ch10_1_A.m

```
% Use S&P 500 as the market
% download 50 components of S&P 500 as the universe
clc; close all; clear all

AssetList = {'AAPL','ADBE','AIG','AMZN','ANSS','AXP',...
    'BA','BLK','C','CAT','CBOE','CME','COST','DD',...
    'DIS','ETN','F','FB','FDX','GE','GM','GOOG',...
    'HD','HON','HPQ','IBM','INTC','JNJ','JPM','KO'...
    ,'MCD','MMM','MS','MSCI','MSFT','NDAQ','NFLX',...
    'NKE','NVDA','PFE','PG','QCOM','RL','SBUX','TIF'...
    ,'TWTR','V','WMT','XOM','YUM'};

price_assets = hist_stock_data('01012016','01012017',AssetList);
price_SP500 = hist_stock_data('01012016','01012017','^GSPC');
%% Plot the relative levels of the stocks and S&P 500
num_Bdays_year = 252;
Price_levels = extractfield(price_assets,'AdjClose');
Price_levels = reshape(Price_levels,252,50);
price_SP500 = price_SP500.AdjClose;
dates_cells = price_assets(1).Date;
dates = datetime(dates_cells, ...
    'InputFormat', 'yyyy-MM-dd');
relative_levels = ret2price(price2ret(Price_levels));
relative_up = relative_levels(:,relative_levels(end,:)>1);
relative_down = relative_levels(:,relative_levels(end,:)<1);

%% Relative daily stock adjusted closing prices

fig_index = 1;

figure(fig_index)
fig_index = fig_index + 1;
plot(dates, relative_up,'r'); hold on
```

```
plot(dates, relative_down,'color',[2,148,255]./255); hold on
plot(dates, ret2price(price2ret(price_SP500)),'k','LineWidth',2);
hold on; box off; grid off
datetick('x','mm/dd/yyyy')
% xlim([dates(1),dates(end)]);
xlabel('Date');
ylabel('Stock relative prices')
title ('Relative daily stock closings')

%% Create a portfolio object
market_ret = mean(price2ret(price_SP500));
market_rsk = std(price2ret(price_SP500));
risk_free = 0.03;
% risk-free rate, monthly
cash_rsk = 0;

dailyReturn = price2ret(Price_levels);
% AssetMean = mean(price2ret(Price_levels));
% AssetCovar = cov(price2ret(Price_levels));

p = Portfolio('AssetList',AssetList,'RiskFreeRate',risk_free/num_Bdays_year);
% p = setAssetMoments(p,AssetMean,AssetCovar);
% p = estimateAssetMoments(p, dailyReturn);

p = estimateAssetMoments(p, Price_levels,'dataformat', 'prices');

p = setInitPort(p,1/p.NumAssets);
[ersk,eret] = estimatePortMoments(p,p.InitPort);

i_std = sqrt(diag(p.AssetCovar));
i_mean = p.AssetMean;
i_label = p.AssetList;

figure(fig_index)
fig_index = fig_index + 1;
plot_edited('Asset Risks and Returns', ...
    {'scatter', market_rsk, market_ret, {'Market'}}, ...
    {'scatter', cash_rsk, risk_free/num_Bdays_year, {'Cash'}}, ...
    {'scatter', ersk, eret, {'Original'}}, ...
    {'scatter', i_std, i_mean, i_label, '.b'});
```

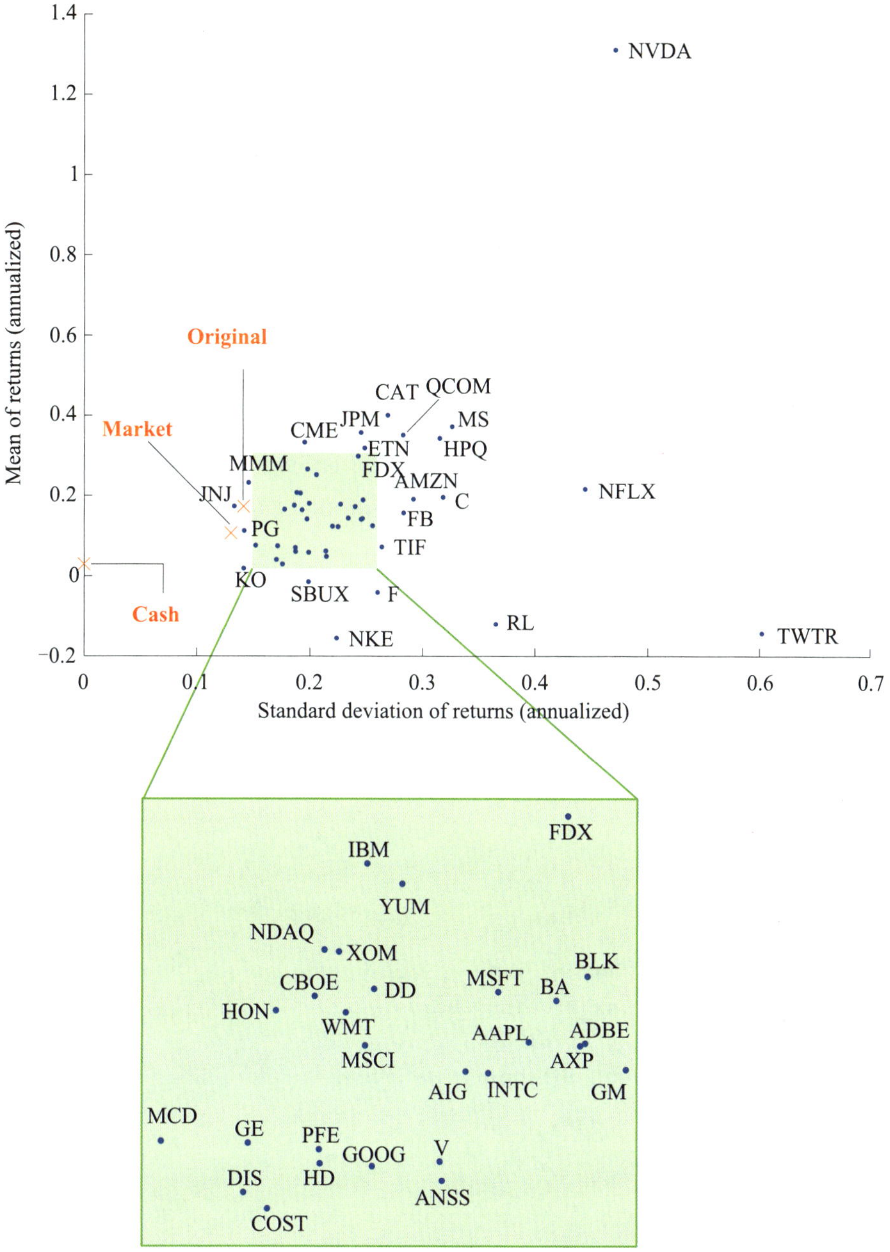

图10.6　投资组合资产初始构造

10.3 有效前沿

有效前沿上是这样一些投资组合：相同收益条件下，有效前沿投资组合风险最小；相同风险条件下，有效前沿上收益最大。这里风险指投资组合收益率均方差。在图10.6基础上，用

setDefaultConstraints() 对象函数设置默认约束条件，风险资产权重之和为1，且不允许卖空。

```
p = setDefaultConstraints(p);
```

estimateFrontier() 对象函数计算有效前沿上投资组合资产权重。对于当前投资组合对象p，如下一句代码给出不允许卖空有效前沿上20个投资组合资产权重。estimateFrontier() 选点逻辑为有效前沿上收益率以均匀步长递增。

```
pwgt = estimateFrontier(p,20);
```

这句代码计算出这20个投资组合风险组合对应收益率期待值和均方差。

```
[prsk,pret] = estimatePortMoments(p,pwgt);
```

图10.7展示没有其他约束条件下，不允许卖空投资组合有效前沿形状。有效前沿形状受各种约束条件影响，本章后面将会逐个讲解。配合之前代码及后文plot_edited() 函数，获得图10.7。

B4_Ch10_1_B.m

```
%% % Plot efficient frontier

p = setDefaultConstraints(p);

pwgt = estimateFrontier(p,20);
[prsk,pret] = estimatePortMoments(p,pwgt);

figure(fig_index)
fig_index = fig_index + 1;
plot_edited('Efficient Frontier', ...
    {'line', prsk, pret}, ...
    {'scatter', market_rsk, market_ret, {'Market'}}, ...
    {'scatter', cash_rsk, risk_free/num_Bdays_year, {'Cash'}}, ...
    {'scatter', ersk, eret, {'Original'}}, ...
    {'scatter', i_std, i_mean, i_label, '.b'});
```

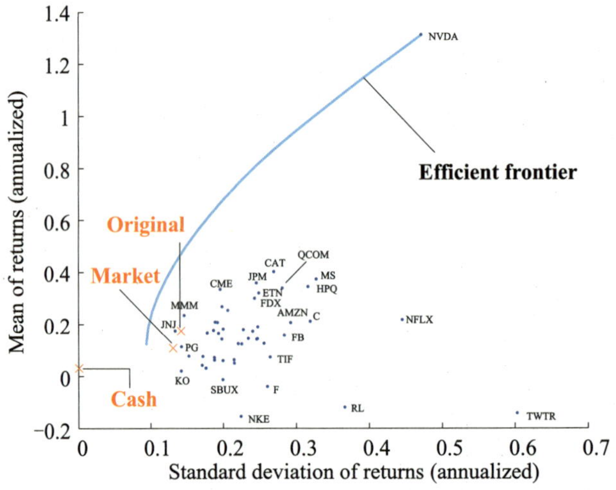

图10.7　没有约束条件下，不允许卖空投资组合有效前沿

用setBudget() 设置预算约束，下面一句代码表示投资组合投资0%～100%于风险资产上。

```
q = setBudget(p, 0, 1);
```

estimateMaxSharpeRatio() 对象函数获得夏普比率最大投资组合风险资产权重。

```
w_tangent = estimateMaxSharpeRatio(p);
```

图10.8所示为引入无风险成分后，有效前沿形状。黄色星点是夏普比率最大点，也是切点投资组合对应点。配合之前代码及后文plot_edited() 函数，获得图10.8。

B4_Ch10_1_C.m

```
%% Plot efficient frontier with tangent line (0 to 1 cash)

q = setBudget(p, 0, 1);

qwgt = estimateFrontier(q,20);
[qrsk,qret] = estimatePortMoments(q,qwgt);

figure(fig_index)
fig_index = fig_index + 1;
plot_edited('Efficient Frontier with Tangent Line', ...
    {'line', prsk, pret}, ...
    {'line', qrsk, qret, [], [], 1}, ...
    {'scatter', market_rsk, market_ret, {'Market'}}, ...
    {'scatter', cash_rsk, risk_free/num_Bdays_year, {'Cash'}}, ...
    {'scatter', ersk, eret, {'Original'}}, ...
    {'scatter', i_std, i_mean, i_label, '.b'});
hold on
w_tangent = estimateMaxSharpeRatio(p);
[risk_T, ret_T] = estimatePortMoments(p, w_tangent);
plot(risk_T*sqrt(num_Bdays_year),ret_T*num_Bdays_year,'p','markers',...
    15,'MarkerEdgeColor','k','MarkerFaceColor','y');
```

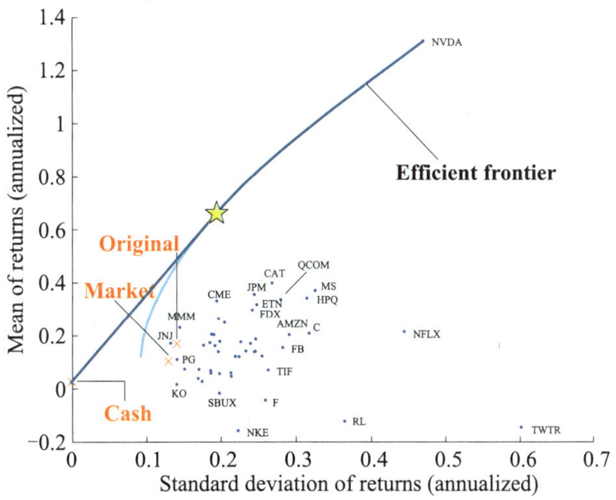

图10.8　引入无风险资产后有效前沿和夏普比率最大点

10.4 目标回报率

Portfolio对象函数estimateFrontierByReturn() 根据目标回报率在有效前沿上找到对应投资组合。比如，下例中设定目标收益率分别为0.2 (20%)、0.6 (60%)和1.0 (100%)；然后用estimateFrontierByReturn()函数，找到对应投资组合，如图10.9所示。

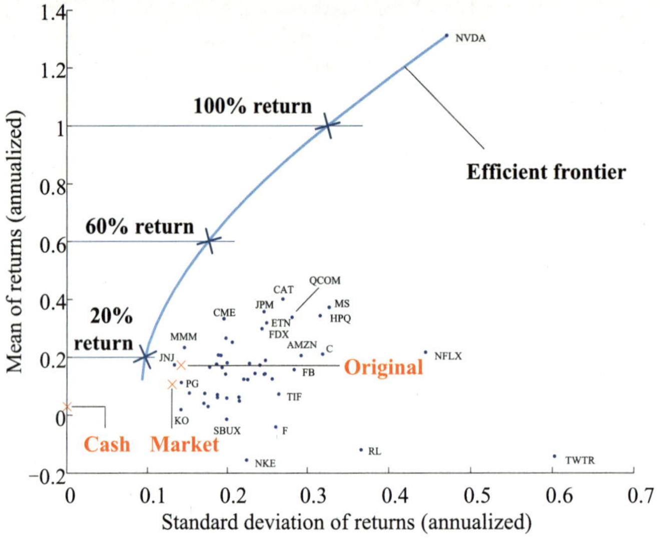

图10.9　确定目标回报率条件下投资组合

本章文末，定义了displayPortfolio() 函数，用它来显示投资组合内风险资产权重。当目标收益率为20%时，有效前沿上最优投资组合风险资产比重如下：

```
Portfolio with 20% target return
            Weight
    AXP     5.6859
    CBOE    11.761
    CME     4.9397
    COST    2.4578
    DD      7.1364
    IBM     1.7279
    JNJ     22.198
    KO      3.6589
    MCD     10.827
    MMM     1.1336
    NVDA    3.7598
    PG      11.855
    WMT     7.8965
    XOM     4.9634
```

当目标收益率为40%时，有效前沿上最优投资组合风险资产比重如下：

```
Portfolio with 60% target return
```

```
            Weight
    CAT     11.397
    CME      40.23
    JNJ      6.928
    NVDA    29.487
    WMT     9.5747
    XOM     2.3839
```

当目标收益率为100%时，有效前沿上最优投资组合风险资产比重如下。请读者用stem() 函数，绘制并比较这三种情况权重值。

```
Portfolio with 100% target return
            Weight
    CAT      4.224
    CME     28.016
    NVDA     67.76
```

配合之前代码及文末自定义函数，以下代码绘制图10.9。

B4_Ch10_1_D.m

```
%% Find a Portfolio with Targeted Returns

TargetReturns = 0.2:0.4:1;
% target annualized return and risk

% Obtain portfolios with targeted return and risk

awgt = estimateFrontierByReturn(p,TargetReturns/num_Bdays_year);
% TargetReturns/12 >>> monthly targeted returns

[arsk,aret] = estimatePortMoments(p,awgt);

figure(fig_index)
fig_index = fig_index + 1;
plot_edited('Efficient Frontier with Targeted Portfolios', ...
    {'line', prsk, pret}, ...
    {'scatter', market_rsk, market_ret, {'Market'}}, ...
    {'scatter', cash_rsk, risk_free/num_Bdays_year, {'Cash'}}, ...
    {'scatter', ersk, eret, {'Original'}}, ...
    {'scatter', arsk(1), aret(1),...
    {sprintf('%g%% return',100*TargetReturns(1))}}, ...
    {'scatter', arsk(2), aret(2),...
    {sprintf('%g%% return',100*TargetReturns(2))}}, ...
    {'scatter', arsk(3), aret(3),...
    {sprintf('%g%% return',100*TargetReturns(3))}}, ...
    {'scatter', i_std, i_mean, i_label, '.b'});
```

```
%%
TargetReturns = 1; % 0.6, 0.2
awgt = estimateFrontierByReturn(p,TargetReturns/num_Bdays_year);
aBlotter = dataset({100*awgt(awgt > 0),'Weight'}, 'obsnames',...
    p.AssetList(awgt > 0));
displayPortfolio(sprintf('Portfolio with %g%% target return',...
100*TargetReturns), aBlotter, false);
```

10.5 目标风险

这一节首先确定目标风险，即波动率值，然后计算获得有效前沿上对应投资组合风险资产权重。Portfolio对象 estimateFrontierByRisk() 函数完成上述计算，下例定义目标风险值为0.2、0.3和0.4。

```
TargetRisk = 0.2:0.1:0.4;
bwgt = estimateFrontierByRisk(p,TargetRisk/sqrt(num_Bdays_year));
```

同样，用displayPortfolio() 函数，显示20% 风险对应有效前沿上投资组合风险资产权重。

```
Portfolio with 20% Target Risk
               Weight
    AIG       1.035e-25
    ANSS     7.0682e-26
    AXP      1.0097e-26
    BA       2.0366e-25
    BLK      2.4234e-25
    C        1.4972e-25
    CAT          13.492
    CME          44.886
    DIS      6.0211e-26
    ETN      6.6377e-26
    F        4.7155e-26
    FB       6.5949e-27
    HON      8.3526e-27
    HPQ       1.315e-25
    JPM      1.1978e-25
    MS       3.1189e-25
    MSCI     1.2784e-25
    NVDA         35.523
    TWTR     8.0569e-26
```

```
    V       1.1965e-25
    WMT         6.0996
```

以下为30% 风险对应有效前沿上投资组合风险资产权重。

```
Portfolio with 30% Target Risk
            Weight
    AAPL    1.8955e-20
    AMZN    5.1887e-22
    ANSS    1.8375e-20
    AXP     3.2733e-21
    CAT         6.1483
    CME         31.795
    COST    5.1979e-21
    DD      5.4411e-21
    ETN     1.3455e-20
    FB      3.0865e-23
    FDX     9.3375e-20
    GE      6.6663e-20
    HON     4.2737e-20
    JNJ     1.1246e-20
    JPM     2.0145e-19
    KO       1.166e-20
    MMM     7.4681e-20
    MS      2.9153e-22
    MSCI    1.0556e-20
    NVDA        62.057
    PG      4.7005e-20
    RL      9.4206e-21
    SBUX    5.7631e-20
    TIF     1.0122e-20
    TWTR    1.4917e-21
    WMT     1.1409e-19
    XOM     5.2438e-21
```

以下为40% 风险对应有效前沿上投资组合风险资产权重。

```
Portfolio with 40% Target Risk
            Weight
    AIG     5.8011e-26
    AXP     2.3988e-25
    BA      2.4234e-25
    BLK     2.5491e-27
    CAT     2.0491e-25
    CBOE    2.9043e-25
    CME         15.016
    COST    1.0098e-24
    DIS     5.9434e-26
    ETN     8.7544e-25
```

```
    HON         4.38e-25
    HPQ       4.6011e-25
    IBM       3.6743e-25
    JPM       1.0129e-24
    MSCI      1.3492e-25
    NDAQ      3.9119e-26
    NKE       1.4297e-25
    NVDA          84.984
    RL        1.5007e-25
    V         1.1297e-25
```

配合之前代码及文末自定义函数，以下代码可绘制图10.10。

B4_Ch10_1_E.m

```
%% Find a Portfolio with Targeted Risk

TargetRisk = 0.2:0.1:0.4;
bwgt = estimateFrontierByRisk(p,TargetRisk/sqrt(num_Bdays_year));
% TargetRisk/sqrt(num_Bdays_year) = daily standard deviation
[brsk,bret] = estimatePortMoments(p,bwgt);

figure(fig_index)
fig_index = fig_index + 1;
plot_edited('Efficient Frontier with Targeted Portfolios', ...
    {'line', prsk, pret}, ...
    {'scatter', market_rsk, market_ret, {'Market'}}, ...
    {'scatter', cash_rsk, risk_free/num_Bdays_year, {'Cash'}}, ...
    {'scatter', ersk, eret, {'Original'}}, ...
    {'scatter', brsk(1), bret(1),...
    {sprintf('%g%% risk',100*TargetRisk(1))}}, ...
    {'scatter', brsk(2), bret(2),...
    {sprintf('%g%% risk',100*TargetRisk(2))}}, ...
    {'scatter', brsk(3), bret(3),...
    {sprintf('%g%% risk',100*TargetRisk(3))}}, ...
    {'scatter', i_std, i_mean, i_label, '.b'});

%%
TargetRisk = 0.4;
bwgt = estimateFrontierByRisk(p,TargetRisk/sqrt(num_Bdays_year));

bBlotter = dataset({100*bwgt(bwgt > 0),'Weight'}, 'obsnames',
p.AssetList(bwgt > 0));

displayPortfolio(sprintf('Portfolio with %g%% Target Risk',...
    100*TargetRisk), bBlotter, false);
```

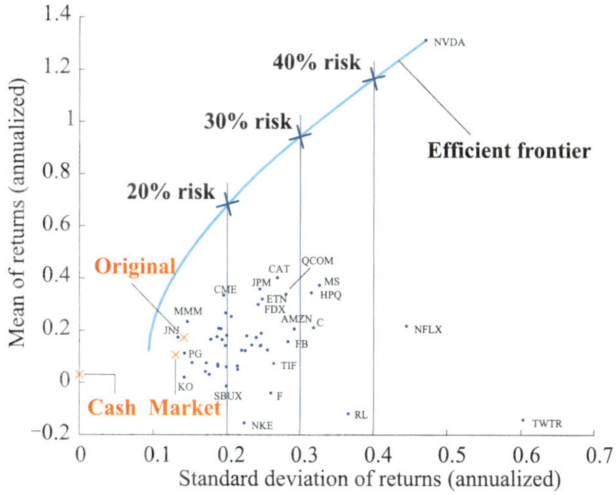

图10.10　确定目标风险条件下投资组合

10.6 上下界约束

上下界约束Portfolio对象函数为setBounds()。上下界约束数学表达为：

$$\boldsymbol{lb} \leqslant \boldsymbol{w} \leqslant \boldsymbol{ub} \tag{10.8}$$

其中：

- $\boldsymbol{w}$为投资组合中风险资产比重列向量。
- $\boldsymbol{lb}$为下界列向量。
- $\boldsymbol{ub}$为上界列向量。

setBounds()函数的具体用法如下：

```
obj = setBounds(obj, lb)
obj = setBounds(obj, lb, ub)
```

举个例子，一个由五个资产构成投资组合，要满足下述两个线性等式约束。

- 前三个资产权重都在10%和25%区间。
- 后两个资产权重都在15%和30%区间。

用矩阵来表达：

$$\begin{bmatrix} 0.1 \\ 0.1 \\ 0.1 \\ 0.15 \\ 0.15 \end{bmatrix} \leqslant \begin{bmatrix} w_1 \\ w_2 \\ w_3 \\ w_4 \\ w_5 \end{bmatrix} \leqslant \begin{bmatrix} 0.25 \\ 0.25 \\ 0.25 \\ 0.3 \\ 0.3 \end{bmatrix} \tag{10.9}$$

用代码表达如下：

```
lb = [0.1;  0.1;  0.1;  0.15; 0.15];
ub = [0.25; 0.25; 0.25; 0.3;  0.3];

p = Portfolio;
p = setBounds(p, lb, ub)

disp(p.NumAssets);
% 5

disp(p.LowerBound);

% 0.1000
% 0.1000
% 0.1000
% 0.1500
% 0.1500

disp(p.UpperBound);

% 0.2500
% 0.2500
% 0.2500
% 0.3000
% 0.3000
```

下面，将上下界约束setBounds() 用在本章投资组合上。假设，50个风险资产每个资产比重在0.5%和20%之间，图10.11展示了上下界约束条件下的有效前沿。

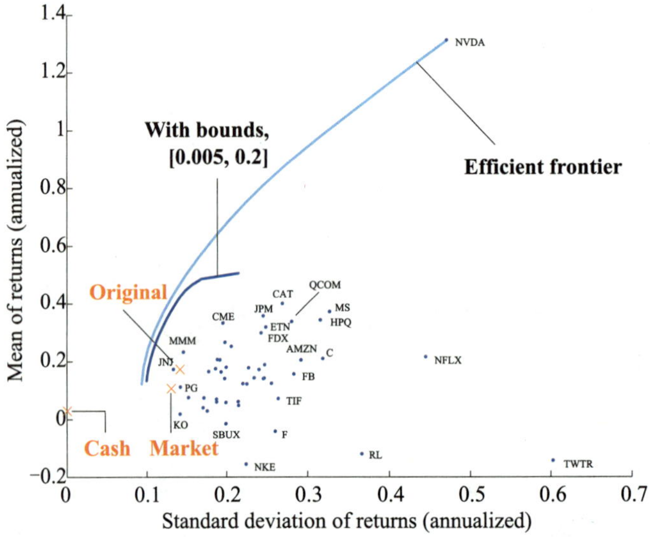

图10.11　上下界约束

配合之前代码及文末自定义函数，下述代码绘制图10.11。

B4_Ch10_1_F.m

```
%% Set lower-bound and upper-bound constraints

p = setDefaultConstraints(p);

pwgt = estimateFrontier(p,20);
[prsk,pret] = estimatePortMoments(p,pwgt);

p_bounds = setBounds(p,0.005,0.2);

pwgt_bounds = estimateFrontier(p_bounds,20);
[prsk_bounds,pret_bounds] =
estimatePortMoments(p_bounds,pwgt_bounds);

figure(fig_index)
fig_index = fig_index + 1;
plot_edited('Bound constraints', ...
    {'line', prsk, pret,{'Unconstrained'}}, ...
    {'line', prsk_bounds, pret_bounds,{sprintf('With bounds')} 'b'}, ...
    {'scatter', market_rsk, market_ret, {'Market'}}, ...
    {'scatter', cash_rsk, risk_free/num_Bdays_year, {'Cash'}}, ...
    {'scatter', ersk, eret, {'Original'}}, ...
    {'scatter', i_std, i_mean, i_label, '.b'});
```

10.7 线性约束

线性不等式约束数学形式为：

$$\boldsymbol{A}\boldsymbol{w} \leqslant \boldsymbol{b} \tag{10.10}$$

其中：

- $\boldsymbol{w}$为投资组合中风险资产比重列向量。
- $\boldsymbol{A}$为线性不等式约束矩阵部分。
- $\boldsymbol{b}$为线性不等式约束向量。

线性不等式约束对应Portfolio对象函数为setInequality()，具体用法为：

```
obj = setInequality(obj,A,b)
```

举一个例子，一个由五个资产构成投资组合，要满足下述三个线性不等式约束。

- 前三个资产权重和小于20%。
- 后三个资产权重之和大于30%。
- 最后两个资产权重之和小于50%。

注意，这五个资产的权重之和仍然为1。以上三个线性不等式用公式表达为：

$$\begin{cases} w_1 + w_2 + w_3 \leqslant 0.2 \\ w_3 + w_4 + w_5 \geqslant 0.3 \\ w_4 + w_5 \leqslant 0.5 \end{cases} \Rightarrow \begin{cases} w_1 + w_2 + w_3 \leqslant 0.2 \\ -w_3 - w_4 - w_5 \leqslant -0.3 \\ w_4 + w_5 \leqslant 0.5 \end{cases} \tag{10.11}$$

用矩阵来表达：

$$\begin{bmatrix} 1 & 1 & 1 & 0 & 0 \\ 0 & 0 & -1 & -1 & -1 \\ 0 & 0 & 0 & 1 & 1 \end{bmatrix} \begin{bmatrix} w_1 \\ w_2 \\ w_3 \\ w_4 \\ w_5 \end{bmatrix} \leqslant \begin{bmatrix} 0.2 \\ -0.3 \\ 0.5 \end{bmatrix} \tag{10.12}$$

用代码表达如下：

```
A = [ 1 1  1  0  0;
      0 0 -1 -1 -1;
      0 0  0  1  1];
b = [0.2; -0.3; 0.5];
p = Portfolio;
p = setInequality(p, A, b);

disp(p.NumAssets);
% 5
disp(p.AInequality);
% 1     1     1     0     0
% 0     0    -1    -1    -1
% 0     0     0     1     1
disp(p.bInequality);

% 0.2000
% -0.3000
% 0.5000
```

Portfolio对象函数线性等式约束函数为setEquality()。线性等式约束数学形式为：

$$\boldsymbol{A}_{\text{eq}}\boldsymbol{w} = \boldsymbol{b}_{\text{eq}} \tag{10.13}$$

其中：

- $\boldsymbol{w}$为投资组合中风险资产比重列向量。
- $\boldsymbol{A}_{\text{eq}}$为线性等式约束矩阵部分。
- $\boldsymbol{b}_{\text{eq}}$为线性等式约束向量。

线性不等式约束对应Portfolio对象函数为setEquality()，具体用法为：

```
obj= setEquality(obj,Aeq,beq)
```

举个例子，一个由五个资产构成投资组合，要满足下述两个线性等式约束。

◀ 前三个资产权重和为40%。
◀ 后三个资产权重之和为70%。

注意，这五个资产的权重之和仍然为1。用公式表达这两个线性等式约束为：

$$\begin{cases} w_1 + w_2 + w_3 = 0.4 \\ w_3 + w_4 + w_5 = 0.7 \end{cases} \tag{10.14}$$

用矩阵来表达：

$$\begin{bmatrix} 1 & 1 & 1 & 0 & 0 \\ 0 & 0 & 1 & 1 & 1 \end{bmatrix} \begin{bmatrix} w_1 \\ w_2 \\ w_3 \\ w_4 \\ w_5 \end{bmatrix} = \begin{bmatrix} 0.4 \\ 0.7 \end{bmatrix} \tag{10.15}$$

用代码表达如下：

```
A = [ 1 1 1 0 0;
      0 0 1 1 1];
b = [0.4; 0.7];
p = Portfolio;
p = setEquality(p, A, b);

disp(p.NumAssets);
% 5
disp(p.AEquality);

% 1     1     1     0     0
% 0     0     1     1     1
disp(p.bEquality);

% 0.4000
% 0.7000
```

组群约束也是一类线性约束，它的数学表达如下：

$$lb_{\text{Group}} \leqslant \boldsymbol{w}^{\mathrm{T}}\boldsymbol{l} = \boldsymbol{G}\boldsymbol{w} \leqslant ub_{\text{Group}} \tag{10.16}$$

其中：

◀ $\boldsymbol{w}$为投资组合中风险资产比重列向量。
◀ $\boldsymbol{G}$为组群资格行向量。
◀ lb_{group}为组群整体比重下界。
◀ ub_{budget}为组群整体比重上界。

组群约束Portfolio对象函数为setGroups()，用法如下：

```
obj = setGroups(obj,GroupMatrix,LowerGroup)
obj = setGroups(obj,GroupMatrix,LowerGroup,UpperGroup)
```

比如一个由五个风险资产构成投资组合，前三个资产构成一个组群。组群资产之和占比在5%和30%之间，具体代码如下：

```
G = [ true true true false false ];
p = Portfolio;
p = setGroups(p, G, 0.05, 0.3);

disp(p.NumAssets);
% 5
disp(p.GroupMatrix);
% 1      1      1      0      0
disp(p.LowerGroup);
% 0.0500
disp(p.UpperGroup);
% 0.3000
```

下面，将线性不等式约束函数setInequality()用在投资组合上，约定50个风险资产前30个资产比重之和大于50%，后20个风险资产比重之和小于50%。具体代码如下。图10.12所示为增加这组线性不等式约束条件有效前沿。

```
A = zeros(2,50);
A(1,1:30)    = -1;
A(2,21:end)  = 1;
b = [-0.5; 0.5];

p_ineq = setInequality(p_ineq, A, b);
```

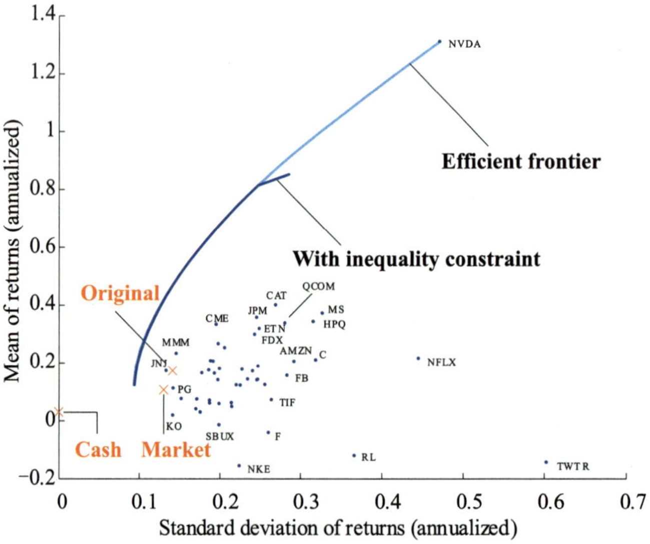

图10.12　线性不等式约束

配合之前代码及文末自定义函数，以下代码绘制图10.12：

B4_Ch10_1_G.m

```
%% Set linear inequality constraints

A = zeros(2,50);
A(1,1:30)    = -1;
A(2,21:end) = 1;
b = [-0.5; 0.5];

p = setDefaultConstraints(p);

pwgt = estimateFrontier(p,20);
[prsk,pret] = estimatePortMoments(p,pwgt);
p_ineq = p;
p_ineq = setInequality(p_ineq, A, b);

disp('Number of assets')
disp(p_ineq.NumAssets)
disp('A in inequality')
disp(p_ineq.AInequality)
disp('b in inequality')
disp(p_ineq.bInequality)

pwgt_ineq = estimateFrontier(p_ineq,20);
[prsk_ineq, pret_ineq] = estimatePortMoments(p_ineq,pwgt_ineq);


figure(fig_index)
fig_index = fig_index + 1;
plot_edited('Inequality constraints', ...
    {'line', prsk, pret,{'Unconstrained'}}, ...
    {'line', prsk_ineq, pret_ineq,{sprintf('With inequality constraint')} 'b'}, ...
    {'scatter', market_rsk, market_ret, {'Market'}}, ...
    {'scatter', cash_rsk, risk_free/num_Bdays_year, {'Cash'}}, ...
    {'scatter', ersk, eret, {'Original'}}, ...
    {'scatter', i_std, i_mean, i_label, '.b'});
```

10.8 预算约束

预算约束数学表达式为：

$$lb_{\text{budget}} \leqslant \boldsymbol{w}^{\mathrm{T}}\boldsymbol{l} = \boldsymbol{l}^{\mathrm{T}}\boldsymbol{w} \leqslant ub_{\text{budget}} \tag{10.17}$$

其中：

- ◀ w为投资组合中风险资产比重列向量。
- ◀ lb_{budget}为预算下界，即投资于风险资产最小比例。
- ◀ ub_{budget}为预算上界；大于1对应允许卖空。

预算约束Portfolio对象函数为setBudget()，使用方法如下：

```
obj = setBudget(obj,LowerBudget)
obj = setBudget(obj,LowerBudget,UpperBudget)
```

举个例子，如果一个投资组合允许最高20%杠杆率，即投资组合用100%到120%投资到风险资产。具体代码如下：

```
p = Portfolio;
p = setBudget(p, 1, 1.2);
disp(p.LowerBudget);
% 1

disp(p.UpperBudget);
% 1.2000
```

请读者注意，这里说的20%杠杆率，其计算方法为：借入资本/原始资本。例如，原始资本为1百万元，借入资本为20万元，杠杆率即为20%。也有很多人计算杠杆率采用算式为：借入资本/(原始资本 + 借入资本)。

下面把setBudget() 函数用在之前定义投资组合上。图10.13展示预算约束为 [0.5, 1] 时，投资组合有效前沿；即投资组合用最多50%资产投资无风险资产，而且不允许卖空。图10.14所示为预算约束为 [0.5, 1.2] 时，投资组合有效前沿；这种情况，最大杠杆率为20%。

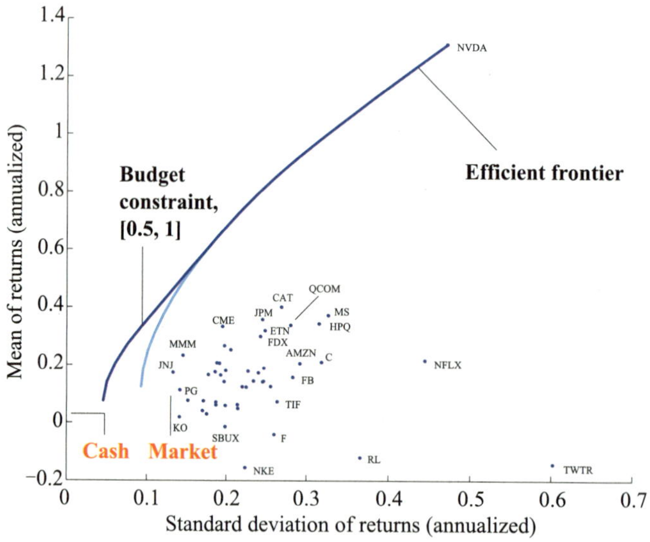

图10.13　预算约束为 [0.5, 1]

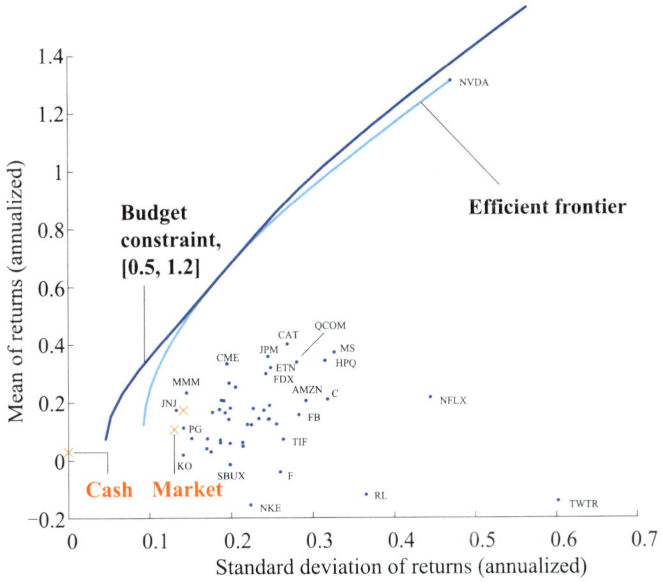

图10.14　预算约束为 [0.5, 1.2]

配合之前代码及文末自定义函数，以下代码绘制图10.13和图10.14。

B4_Ch10_1_H.m

```
%% Set budget constraints

p = setDefaultConstraints(p);
lower_budget = 0.5;
upper_budget = 1.2;
% [0, 1] [0.5, 1] [0.8, 1] [1, 1.2]

pwgt = estimateFrontier(p,20);
[prsk,pret] = estimatePortMoments(p,pwgt);
p_budget = p;
p_budget = setBudget(p_budget, lower_budget, upper_budget);

disp('Number of assets')
disp(p_budget.NumAssets)
disp('Lower budget')
disp(p_budget.LowerBudget)
disp('Upper budget')
disp(p_budget.UpperBudget)

pwgt_budget = estimateFrontier(p_budget,20);
[prsk_budget, pret_budget] = estimatePortMoments(p_budget,pwgt_budget);


figure(fig_index)
fig_index = fig_index + 1;
```

```
plot_edited('Equality constraints', ...
    {'line', prsk, pret,{'Unconstrained'}}, ...
    {'line', prsk_budget, pret_budget,{sprintf('Budget constraint')} 'b'}, ...
    {'scatter', market_rsk, market_ret, {'Market'}}, ...
    {'scatter', cash_rsk, risk_free/num_Bdays_year, {'Cash'}}, ...
    {'scatter', ersk, eret, {'Original'}}, ...
    {'scatter', i_std, i_mean, i_label, '.b'});
```

10.9 流动率约束

对一个投资组合来说，所谓流动率指买卖比率情况。MATLAB提供两种流动率约束。第一种为平均绝对流动率约束，数学表达为：

$$\frac{1}{2}\boldsymbol{l}^{\mathrm{T}}\left|\boldsymbol{w}-\boldsymbol{w}_0\right|\leqslant t \tag{10.18}$$

其中：

- $\boldsymbol{w}$为投资组合中风险资产比重列向量。
- $\boldsymbol{w}_0$为资产初始权重列向量。
- t为平均绝对流转率上界。

上式数学含义利用下式来解释，买卖流动率平均值在一定上限之内：

$$\frac{1}{2}\boldsymbol{l}^{\mathrm{T}}\left(\max\left\{0,\boldsymbol{w}-\boldsymbol{w}_0\right\}+\max\left\{0,\boldsymbol{w}_0-\boldsymbol{w}\right\}\right)\leqslant t \tag{10.19}$$

Portfolio对象函数为setTurnover()，具体用法如下。这一节将使用该函数来约束流动率，并重新绘制有效前沿。

```
obj = setTurnover(obj,Turnover)
obj = setTurnover(obj,Turnover,InitPort,NumAssets)
```

第二种为单向流动率约束，数学表达为：

$$\begin{gathered}\boldsymbol{l}^{\mathrm{T}}\max\left\{0,\boldsymbol{w}-\boldsymbol{w}_0\right\}\leqslant t_{\mathrm{buy}}\\ \boldsymbol{l}^{\mathrm{T}}\max\left\{0,\boldsymbol{w}_0-\boldsymbol{w}\right\}\leqslant t_{\mathrm{sell}}\end{gathered} \tag{10.20}$$

其中：

- $\boldsymbol{w}$为投资组合中风险资产比重列向量。
- $\boldsymbol{w}_0$为资产初始权重列向量。
- t_{buy}为买入流转率上界。
- t_{sell}为卖出流转率上界。

Portfolio对象函数为setOneWayTurnover()，用法为：

```
obj = setOneWayTurnover(obj,BuyTurnover)
obj = setOneWayTurnover(obj,BuyTurnover,SellTurnover,InitPort,NumAssets)
```

将平均绝对流动率约束setTurnover() 用在之前定义投资组合上。图10.15展示平均绝对流动率约束为20%时，有效前沿形状。图10.16展示约束在10%～50%区间变化时，有效前沿形状变化的情况。

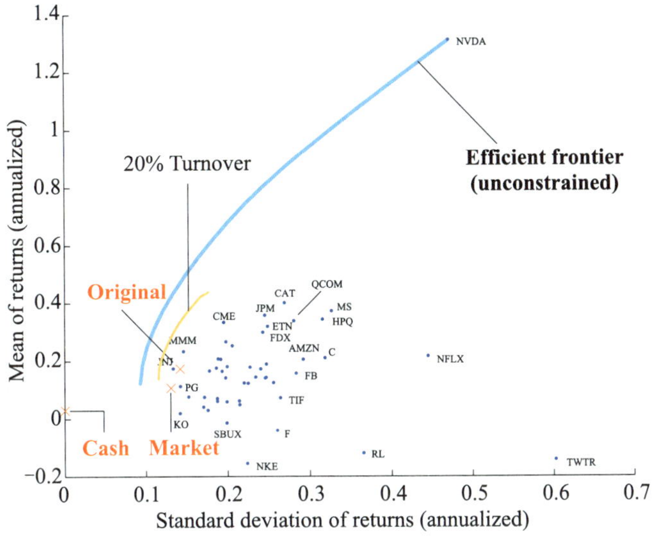

图10.15　平均绝对流动率限制为20%

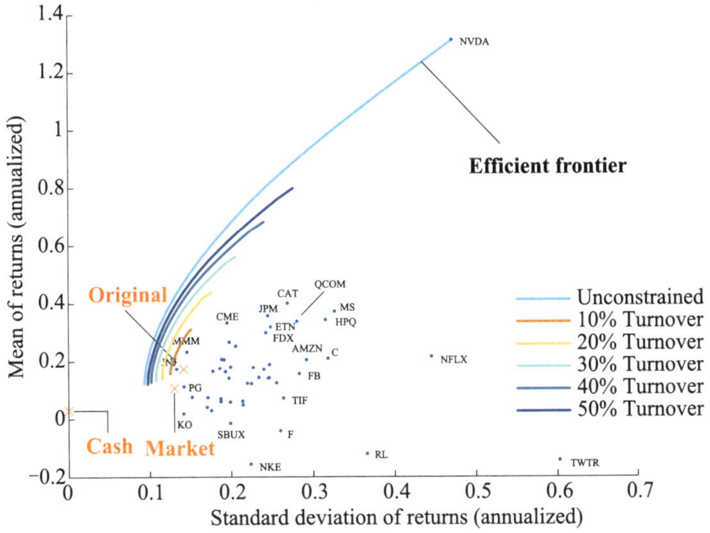

图10.16　平均绝对流动率限制为10%～50%

配合之前代码及文末自定义函数，以下代码绘制图10.15和图10.16。

B4_Ch10_1_I.m

```
%% Turnover Constraint

BuyCost = 0; % daily
```

```
SellCost = 0;
Turnover = 0.2;

q = setCosts(p, BuyCost,SellCost);
q = setTurnover(q,Turnover);

[qwgt,qbuy,qsell] = estimateFrontier(q,20);
[qrsk,qret] = estimatePortMoments(q,qwgt);

% Plot efficient frontier with turnover constraint

figure(fig_index)
fig_index = fig_index + 1;
plot_edited('Efficient Frontier with Turnover Constraint', ...
    {'line', prsk, pret, {'Unconstrained'}}, ...
    {'line', qrsk, qret, {sprintf('%g%% Turnover', 100*Turnover)}, 'b'}, ...
    {'scatter', market_rsk, market_ret, {'Market'}}, ...
    {'scatter', cash_rsk, risk_free/num_Bdays_year, {'Cash'}}, ...
    {'scatter', ersk, eret, {'Original'}}, ...
    {'scatter', i_std, i_mean, i_label, '.b'});

%% multiple turnover rates

turnovers = 0.1:0.1:0.5;

figure(fig_index)
fig_index = fig_index + 1;
plot_edited('Efficient Frontier with Turnover Constraint', ...
    {'line', prsk, pret, {'Unconstrained'}}, ...
    {'scatter', market_rsk, market_ret, {'Market'}}, ...
    {'scatter', cash_rsk, risk_free/num_Bdays_year, {'Cash'}}, ...
    {'scatter', ersk, eret, {'Original'}}, ...
    {'scatter', i_std, i_mean, i_label, '.b'});
TurnoverConstraintPlot(p,turnovers)
```

10.10 净收益

含有无风险资产投资组合**净收益率** (net return) 为毛收益率减去买卖交易费用，具体计算如下式：

$$E(r_p)_{\text{net}} = r_f + \left(\boldsymbol{E}_r - r_f \boldsymbol{l}\right)^{\text{T}} \boldsymbol{w} - \boldsymbol{b}^{\text{T}} \max\left(0, \boldsymbol{w} - \boldsymbol{w}_0\right) - \boldsymbol{s}^{\text{T}} \max\left(0, \boldsymbol{w}_0 - \boldsymbol{w}\right) \quad (10.21)$$

其中：

◀ b为每个资产买入成本构成列向量。
◀ s为每个资产卖出成本构成列向量。
◀ w为投资组合中风险资产比重列向量。
◀ w_0为资产初始权重列向量。

setCosts() 设置买入和卖出成本Portfolio对象函数，用法如下：

```
obj = setCosts(obj,BuyCost)
obj = setCosts(obj,BuyCost,SellCost,InitPort,NumAssets)
```

如下例投资组合有五个资产，用setCosts() 分别定义这五个资产买卖比例费用。

```
bc = [ 0.00125; 0.00125; 0.00125; 0.00125; 0.00125 ];
sc = [ 0.00125; 0.007;   0.00125; 0.00125; 0.0024 ];

p = Portfolio;
p = setCosts(p, bc, sc);

disp(p.NumAssets);
% 5
disp(p.BuyCost);
% 0.0013
% 0.0013
% 0.0013
% 0.0013
% 0.0013
disp(p.SellCost);
% 0.0013
% 0.0070
% 0.0013
% 0.0013
% 0.0024
```

下文，将买卖比例费用都设置为0.0002，并绘制该条件下有效前沿，如图10.17所示。配合之前代码及文末自定义函数，以下代码绘制图10.17：

B4_Ch10_1_J.m

```
%% Plot efficient frontiers with gross and net returns

BuyCost  = 0.0002; % daily
SellCost = 0.0002;

q = setCosts(p,BuyCost,SellCost);

qwgt = estimateFrontier(q,20);
[qrsk,qret] = estimatePortMoments(q,qwgt);

figure(fig_index)
fig_index = fig_index + 1;
```

```
plot_edited('Efficient Frontier with and without Transaction Costs', ...
    {'line', prsk, pret, {'Gross'}}, ...
    {'line', qrsk, qret, {'Net'}, 'b'}, ...
    {'scatter', market_rsk, market_ret, {'Market'}}, ...
    {'scatter', cash_rsk, risk_free/num_Bdays_year, {'Cash'}}, ...
    {'scatter', ersk, eret, {'Original'}}, ...
    {'scatter', i_std, i_mean, i_label, '.b'});
```

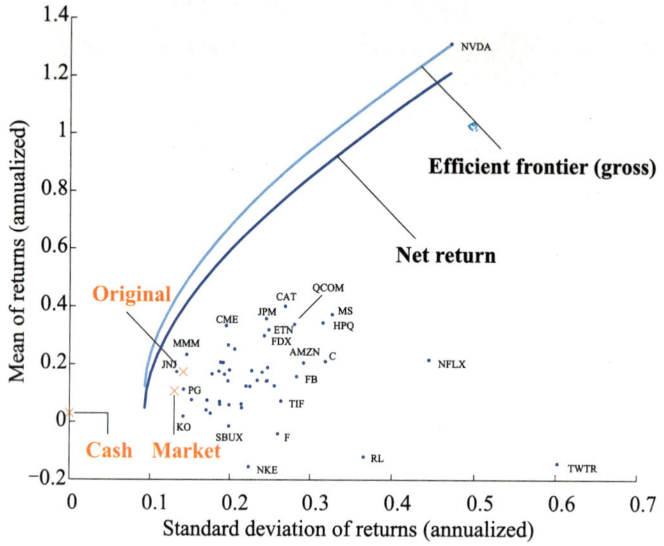

图10.17　净收益有效前沿

10.11 跟踪误差约束

跟踪误差约束数学表达如下：

$$(w - w_{track})^{T} \Sigma (w - w_{track}) \leq t_{track}^{2} \tag{10.22}$$

其中：

- w为投资组合中风险资产比重列向量。
- w_{track}为用于跟踪投资组合权重列向量。
- t_{track}为跟踪误差上界。

跟踪误差约束Portfolio对象函数为setTrackingError()。比如说，以夏普比率最大对应投资组合作为跟踪，跟踪误差上界为8%，具体代码如下：

```
w_track = estimateMaxSharpeRatio(p);
t_track = 0.08;
p = setTrackingError(p, t_track, w_track);
```

使用之前定义投资组合，用第29、32、33、37和39资产构造一个各自占比20%投资组合作为跟踪。图10.18所示为跟踪误差为5%时，投资组合有效前沿。

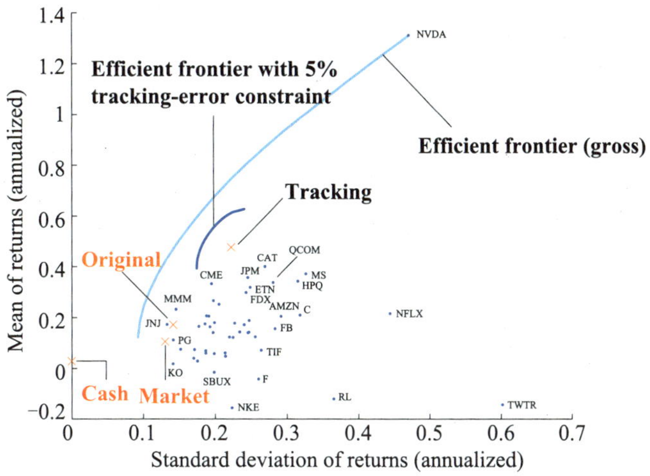

图10.18　跟踪误差为5%

配合之前代码及文末自定义函数，以下代码可绘制图10.18。

B4_Ch10_1_K.m

```
%% Tracking error constraint

ii = [29, 32, 33, 37, 39];
% indexes of assets to include in tracking portfolio

TrackingError = 0.05/sqrt(252);
TrackingPort = zeros(50, 1);
TrackingPort(ii) = 1;
TrackingPort = (1/sum(TrackingPort))*TrackingPort;

q = setTrackingError(p,TrackingError,TrackingPort);

qwgt = estimateFrontier(q,20);
[qrsk,qret] = estimatePortMoments(q,qwgt);

[trsk,tret] = estimatePortMoments(q,TrackingPort);

% Plot efficient frontier with tracking-error constraint

figure(fig_index)
fig_index = fig_index + 1;
plot_edited('Efficient Frontier with 5% Tracking-Error Constraint', ...
    {'line', qrsk, qret, {'Tracking'}, 'b'}, ...
    {'scatter', trsk, tret, {'Tracking'}, 'r'},...
    {'line', prsk, pret, {'Unconstrained'}}, ...
    {'scatter', market_rsk, market_ret, {'Market'}}, ...
```

```
    {'scatter', cash_rsk, risk_free/num_Bdays_year, {'Cash'}}, ...
    {'scatter', ersk, eret, {'Original'}}, ...
    {'scatter', i_std, i_mean, i_label, '.b'});
```

三个自定义函数如下：

B4_Ch10_1_L.m

```
function TurnoverConstraintPlot(p, turnovers)

numPorts = 20;
p = p.setSolver('quadprog');

% Generate turnover-constrained portfolios
for currentTurnover = turnovers
    p = p.setTurnover(currentTurnover);
    Wts = p.estimateFrontier(numPorts);
    [Risks, Returns]   = p.estimatePortMoments(Wts);
    name = [num2str(100*currentTurnover) '% Turnover'];
    plot(Risks*sqrt(252), Returns*252, 'DisplayName', name, 'LineWidth', 2)
end

legend('Location', 'best')

end

function plot_edited(varargin)
num_Bdays_year = 252;
plottitle = varargin{1};
plotlegend = [];

for i = 2:nargin
    plotinfo = varargin{i};

    plottype = plotinfo{1};
    plotrsk = plotinfo{2};
    plotret = plotinfo{3};
    if numel(plotinfo) > 3
        plotlabel = plotinfo{4};
    else
        plotlabel = [];
    end
    if numel(plotinfo) > 4
        plotstyle = plotinfo{5};
        if isempty(plotstyle)
            plotstyle = 'b';
        end
    else
```

```
    if strcmpi(plottype,'line')
        plotstyle = 'k';
    else
        plotstyle = 'xr';
    end
end
if numel(plotinfo) > 5
    plotline = plotinfo{6};
    if isempty(plotline)
        plotline = 2;
    end
else
    if strcmpi(plottype,'line')
        plotline = 2;
    else
        plotline = [];
    end
end

% line plot
if strcmpi(plottype,'line')
    for k = 1:size(plotrsk,2)
      plot(sqrt(num_Bdays_year)*plotrsk(:,k), num_Bdays_year*plotret(:,k),...
            plotstyle, 'LineWidth', plotline);
        if i == 2 && k == 1
            hold on
        end
        if ~isempty(plotlabel) && ~isempty(plotlabel{k})
            plotlegend = [ plotlegend, {plotlabel{k}} ];
        end
    end

    % scatter plot
else
    if any(plotstyle == '.b')
    scatter(sqrt(num_Bdays_year)*plotrsk, num_Bdays_year*plotret, plotstyle);
    else
     scatter(sqrt(num_Bdays_year)*plotrsk, num_Bdays_year*plotret, 50, 'rx');
    end
    if i == 2
        hold on
    end
    if ~isempty(plotlabel)
        for k = 1:numel(plotrsk)
            if ~isempty(plotlabel{k})
                if numel(plotrsk) == 1
                    font_size = 12;
                    text(sqrt(num_Bdays_year)*plotrsk(k) + 0.01, ...
```

```
                                num_Bdays_year*plotret(k),
plotlabel{k},'BackgroundColor',[.7 .9 .7],...
                              'FontSize',
font_size,'Color','r'); % 'EdgeColor','red'
                        else
                            font_size = 6;
                            text(sqrt(num_Bdays_year)*plotrsk(k) + 0.005, ...
                                num_Bdays_year*plotret(k), plotlabel{k},...
                                'FontSize', font_size);

                        end


                    end
                end
            end
        end
    end

    if ~isempty(plotlegend)
        legend(plotlegend,'Location','SouthEast');
    end

    title(['\bf' plottitle ]);
    xlabel('Standard deviation of returns (annualized)');
    ylabel('Mean of returns (annualized)');
    x_lim = xlim;

    grid off; box off
end

function displayPortfolio(Description, Blotter, LongShortFlag, portfolioType)
fprintf('%s\n', Description);
disp(Blotter);
if (LongShortFlag)
    fprintf('Confirm %s Portfolio\n', portfolioType);
    fprintf('  (Net, Long, Short)\n');
    fprintf('%.4f ' , [ sum(Blotter.Weight), sum(Blotter.Long), sum(Blotter.
Short) ]);
end
end
```

本章代码主要参考MATLAB下例：

https://www.mathworks.com/help/finance/examples/portfolio-optimization-examples-1.html

上述例子中还有两个投资组合策略：美元中性 (Dollar-Neutral) 和 130/30 策略。这两个策略留给读者自行完成。

Regression and Optimization

第11章 回归与优化 I

各种回归方法对金融数据分析和建模有着至关重要的作用，比如丛书后文即将讨论的时间序列、因素投资和人工智能话题都需要回归分析相关知识。丛书第三册讨论了几种回归方法，比如一元线性回归、多元线性回归、正交回归等。本章和下一章将从优化问题角度来重新审视如何求解线性回归模型，并再向大家推荐几种其他常用方法。

> 科学只不过是对日常思维的提炼。
>
> ***The whole of science is nothing more than a refinement of everyday thinking.***
>
> ——阿尔伯特·爱因斯坦 (Albert Einstein)

Core Functions and Syntaxes

本章核心命令代码

- `diff()` 函数可计算输入向量或矩阵特定维度上相连元素差值。
- `eig()` 求解特征值和特征向量。`[V,D] = eig(A)` 返回特征值对角矩阵 $\boldsymbol{D}$ 和矩阵 $\boldsymbol{V}$。
- `fitlm()` 函数用来构建线性和非线性最小二乘法回归模型。
- `interp1(x,v,xq,'linear','extrap')` 线性外插插值。
- `interp2(X,Y,V,Xq,Yq)` 二维内插值，根据 $\boldsymbol{X}$-$\boldsymbol{Y}$-$\boldsymbol{V}$ 对应关系，二维插值获得 $(\boldsymbol{Xq}, \boldsymbol{Yq})$ 处的值。
- `inv(A)` 计算方阵逆矩阵，相当于 `A^(-1)`。
- `pca()` 原始数据主成分分析。`[coeff,score,latent] = pca(X)` 返回 $n \times p$ 数据矩阵 $\boldsymbol{X}$ 主成分系数 `coeff`，也称为载荷。$\boldsymbol{X}$ 行对应于观测值，列对应于变量。系数矩阵为 $p \times p$ 矩阵。`coeff` 每列包含一个主成分系数，并且这些列按成分方差降序排列。`score` 中返回主成分分数，`latent` 中返回主成分方差。在默认情况下，`pca` 将数据中心化，并使用奇异值分解 (SVD) 算法 `quiver(x,y,u,v)` 绘制速度图，每一个二维点 $(\boldsymbol{x},\boldsymbol{y})$ 绘制箭头矢量，矢量方向和幅值由 $(\boldsymbol{u},\boldsymbol{v})$ 定义。
- `quiver3(x,y,z,u,v,w)` 在 $(\boldsymbol{x},\boldsymbol{y},\boldsymbol{z})$ 确定点处绘制向量，其方向由分量 $(\boldsymbol{u},\boldsymbol{v},\boldsymbol{w})$ 确定。矩阵 $\boldsymbol{x}$、$\boldsymbol{y}$、$\boldsymbol{z}$、$\boldsymbol{u}$、$\boldsymbol{v}$ 和 $\boldsymbol{w}$ 必须具有相同大小并包含对应位置和向量分量。
- `regress(y,X)` 回归拟合分析获得因变量为 $\boldsymbol{y}$，自变量为 $\boldsymbol{X}$ 系数。

11.1 一元线性最小二乘

开始这章学习之前，希望读者已经对丛书第三本回归分析和本书优化方法的内容比较了解。这一节从优化角度讨论**线性最小二乘法** (linear least squares, ordinary least squares, OLS)。**一元线性回归模型** (univariate linear repression) 结构如下：

$$y = b_0 + b_1 x + \varepsilon \tag{11.1}$$

其中，x为**自变量** (independent variable)，也叫作**解释变量** (explanatory variable)或**回归元** (regressor) 等；对应y为**因变量** (dependent variable)、**被解释变量** (explained variable) 或**回归子** (regressand) 等。自变量数据x、因变量数据y和**残差项** (residuals) ε分别包括n个样本，由如下列向量表示：

$$x = \begin{bmatrix} x_1 \\ x_2 \\ \vdots \\ x_n \end{bmatrix},\quad y = \begin{bmatrix} y_1 \\ y_2 \\ \vdots \\ y_n \end{bmatrix},\quad \varepsilon = \begin{bmatrix} \varepsilon_1 \\ \varepsilon_2 \\ \vdots \\ \varepsilon_n \end{bmatrix} \tag{11.2}$$

截距项 b_0 和斜率项 b_1 是未知**回归系数** (regression coefficients)。丛书第三册第6章给出一元回归模型系数 b_0 和 b_1 计算式如下：

$$\begin{cases} b_0 = \mathrm{E}(y) - b_1 \mathrm{E}(x) \\ b_1 = \dfrac{\mathrm{cov}(x, y)}{\mathrm{var}(x)} = \rho_{xy} \dfrac{\sigma_y}{\sigma_x} \end{cases} \tag{11.3}$$

其中，ρ_{xy} 为数据x和y相关系数；σ_x 和 σ_y 分别为x和y标准方差；$\mathrm{E}(x)$ 和 $\mathrm{E}(y)$ 分别是x和y期望值(均值)。

回归拟合值$\hat{y}$通过下式计算获得，同时推导得到残差项列向量：

$$\hat{y} = b_0 + b_1 x \quad \Rightarrow \quad \varepsilon = y - \hat{y} \tag{11.4}$$

以上矩阵运算过程如图11.1所示。

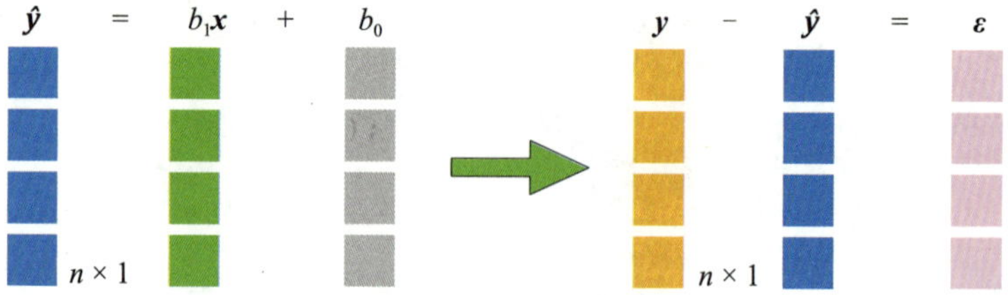

图11.1　一元线性最小二乘矩阵运算

如图11.2所示，每一个观测点在回归直线上都会对应存在一个拟合值点，两者横轴值完全一致，纵轴高度差即残差。最小二乘原理为，通过优化未知回归系数，即截距项 b_0 和斜率项 b_1，使得**残差平方和** (sum of squared errors, SSE) 最小，即**残差平方均值** (mean squared error, MSE) 最小。SSE和MSE计算如下：

$$\begin{aligned}\text{SSE} &= \sum_{i=1}^{n} \varepsilon_i^2 = \sum_{i=1}^{n} \left(y_i - \hat{y}_i\right)^2 = \|\boldsymbol{\varepsilon}\|^2 = \boldsymbol{\varepsilon}^{\mathrm{T}}\boldsymbol{\varepsilon} \\ \text{MSE} &= \frac{\boldsymbol{\varepsilon}^{\mathrm{T}}\boldsymbol{\varepsilon}}{n}\end{aligned} \tag{11.5}$$

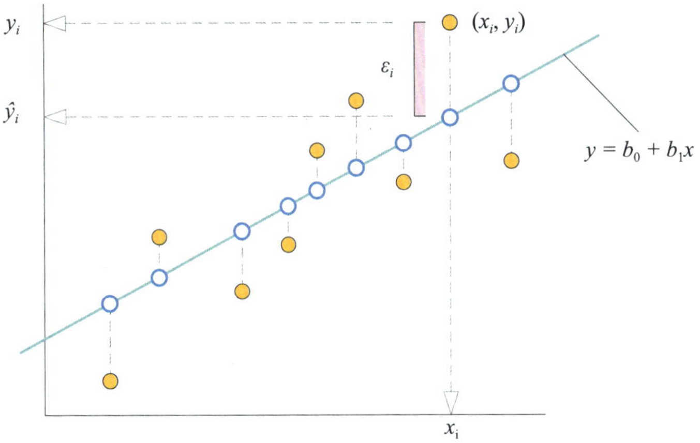

图11.2 一元线性最小二乘原理

下面用优化问题思路来求解b_0和b_1。第一步，构造优化问题：误差平方和SSE最小化，优化变量为b_0和b_1。

$$\underset{b0,\,b1}{\arg\min}\; f\left(b_0, b_1\right) = \|\boldsymbol{\varepsilon}\|^2 = \boldsymbol{\varepsilon}^{\mathrm{T}}\boldsymbol{\varepsilon} \tag{11.6}$$

为了方便计算，将一元回归写成如下形式：

$$\boldsymbol{y} = b_0\boldsymbol{l} + b_1\boldsymbol{x} + \boldsymbol{\varepsilon} \quad \Rightarrow \quad \boldsymbol{\varepsilon} = \boldsymbol{y} - b_0\boldsymbol{l} - b_1\boldsymbol{x} \tag{11.7}$$

其中，$\boldsymbol{l}$为全1列向量，形状和$\boldsymbol{x}$一样。因此，$f(b_0, b_1)$ 写作：

$$\begin{aligned}f\left(b_0, b_1\right) &= \boldsymbol{\varepsilon}^{\mathrm{T}}\boldsymbol{\varepsilon} = \left(\boldsymbol{y} - b_0\boldsymbol{l} - b_1\boldsymbol{x}\right)^{\mathrm{T}}\left(\boldsymbol{y} - b_0\boldsymbol{l} - b_1\boldsymbol{x}\right) \\ &= \left(\boldsymbol{y}^{\mathrm{T}} - b_0\boldsymbol{l}^{\mathrm{T}} - b_1\boldsymbol{x}^{\mathrm{T}}\right)\left(\boldsymbol{y} - b_0\boldsymbol{l} - b_1\boldsymbol{x}\right) \\ &= \boldsymbol{y}^{\mathrm{T}}\boldsymbol{y} - b_0\boldsymbol{y}^{\mathrm{T}}\boldsymbol{l} - b_1\boldsymbol{y}^{\mathrm{T}}\boldsymbol{x} - b_0\boldsymbol{l}^{\mathrm{T}}\boldsymbol{y} + b_0^2\boldsymbol{l}^{\mathrm{T}}\boldsymbol{l} \\ &\quad + b_0b_1\boldsymbol{l}^{\mathrm{T}}\boldsymbol{x} - b_1\boldsymbol{x}^{\mathrm{T}}\boldsymbol{y} + b_0b_1\boldsymbol{x}^{\mathrm{T}}\boldsymbol{l} + b_1^2\boldsymbol{x}^{\mathrm{T}}\boldsymbol{x}\end{aligned} \tag{11.8}$$

根据矩阵转置运算规则，如下等式成立：

$$\boldsymbol{y}^{\mathrm{T}}\boldsymbol{l} = \boldsymbol{l}^{\mathrm{T}}\boldsymbol{y}, \quad \boldsymbol{y}^{\mathrm{T}}\boldsymbol{x} = \boldsymbol{x}^{\mathrm{T}}\boldsymbol{y}, \quad \boldsymbol{l}^{\mathrm{T}}\boldsymbol{x} = \boldsymbol{x}^{\mathrm{T}}\boldsymbol{l}, \quad \boldsymbol{l}^{\mathrm{T}}\boldsymbol{l} = n \tag{11.9}$$

$f(b_0, b_1)$ 整理为下式：

$$f\left(b_0, b_1\right) = \underbrace{nb_0^2 + 2b_0b_1\boldsymbol{x}^{\mathrm{T}}\boldsymbol{l} + b_1^2\boldsymbol{x}^{\mathrm{T}}\boldsymbol{x}}_{\text{Quadratic term}} \underbrace{-2b_0\boldsymbol{y}^{\mathrm{T}}\boldsymbol{l} - 2b_1\boldsymbol{x}^{\mathrm{T}}\boldsymbol{y}}_{\text{Linear term}} \underbrace{+\boldsymbol{y}^{\mathrm{T}}\boldsymbol{y}}_{\text{Constant}} \tag{11.10}$$

构造矩阵式如下：

$$\boldsymbol{\varepsilon} = \boldsymbol{y} - \begin{bmatrix}\boldsymbol{l} & \boldsymbol{x}\end{bmatrix}\begin{bmatrix}b_0 \\ b_1\end{bmatrix} \tag{11.11}$$

$f(b_0, b_1)$ 进一步整理为：

$$f(b_0, b_1) = \boldsymbol{\varepsilon}^{\mathrm{T}} \boldsymbol{\varepsilon} = \left(\boldsymbol{y} - [\boldsymbol{l} \quad \boldsymbol{x}] \begin{bmatrix} b_0 \\ b_1 \end{bmatrix} \right)^{\mathrm{T}} \left(\boldsymbol{y} - [\boldsymbol{l} \quad \boldsymbol{x}] \begin{bmatrix} b_0 \\ b_1 \end{bmatrix} \right)$$
$$= \left(\boldsymbol{y}^{\mathrm{T}} - \begin{bmatrix} b_0 \\ b_1 \end{bmatrix}^{\mathrm{T}} [\boldsymbol{l} \quad \boldsymbol{x}]^{\mathrm{T}} \right) \left(\boldsymbol{y} - [\boldsymbol{l} \quad \boldsymbol{x}] \begin{bmatrix} b_0 \\ b_1 \end{bmatrix} \right) \tag{11.12}$$
$$= \underbrace{\begin{bmatrix} b_0 \\ b_1 \end{bmatrix}^{\mathrm{T}} \begin{bmatrix} \boldsymbol{l}^{\mathrm{T}} \boldsymbol{l} & \boldsymbol{l}^{\mathrm{T}} \boldsymbol{x} \\ \boldsymbol{l}^{\mathrm{T}} \boldsymbol{x} & \boldsymbol{x}^{\mathrm{T}} \boldsymbol{x} \end{bmatrix} \begin{bmatrix} b_0 \\ b_1 \end{bmatrix}}_{\text{Quadratic term}} \underbrace{-2 \boldsymbol{y}^{\mathrm{T}} [\boldsymbol{l} \quad \boldsymbol{x}] \begin{bmatrix} b_0 \\ b_1 \end{bmatrix}}_{\text{Linear term}} \underbrace{+ \boldsymbol{y}^{\mathrm{T}} \boldsymbol{y}}_{\text{Constant}}$$

通过观察上式，发现$f(b_0, b_1)$ 由三部分构成——二次项、一次项和常数项，即$f(b_0, b_1)$ 为二元 (b_0, b_1) 二次函数。下面证明一下，该二次函数构成抛物面开口朝上，即下式为正定：

$$\boldsymbol{A} = \begin{bmatrix} \boldsymbol{l}^{\mathrm{T}} \boldsymbol{l} & \boldsymbol{l}^{\mathrm{T}} \boldsymbol{x} \\ \boldsymbol{l}^{\mathrm{T}} \boldsymbol{x} & \boldsymbol{x}^{\mathrm{T}} \boldsymbol{x} \end{bmatrix} \tag{11.13}$$

通过本册数学部分的学习，我们知道，若方阵$\boldsymbol{A}$两个顺序主子式均大于零，则$\boldsymbol{A}$为正定矩阵。$\boldsymbol{A}$第一个顺序主子式大于0，如下：

$$D_1 = \left| \boldsymbol{l}^{\mathrm{T}} \boldsymbol{l} \right| = n > 0 \tag{11.14}$$

$\boldsymbol{A}$第二个顺序主子式大于等于0，如下：

$$D_2 = \begin{vmatrix} \boldsymbol{l}^{\mathrm{T}} \boldsymbol{l} & \boldsymbol{l}^{\mathrm{T}} \boldsymbol{x} \\ \boldsymbol{l}^{\mathrm{T}} \boldsymbol{x} & \boldsymbol{x}^{\mathrm{T}} \boldsymbol{x} \end{vmatrix} = \begin{vmatrix} n & n\mathrm{E}(\boldsymbol{x}) \\ n\mathrm{E}(\boldsymbol{x}) & n\mathrm{E}(\boldsymbol{x} \odot \boldsymbol{x}) \end{vmatrix}$$
$$= n^2 \mathrm{E}(\boldsymbol{x} \odot \boldsymbol{x}) - n^2 \mathrm{E}(\boldsymbol{x})^2 \tag{11.15}$$
$$= n^2 \left(\mathrm{var}(\boldsymbol{x}) + \mathrm{E}(\boldsymbol{x})^2 - \mathrm{E}(\boldsymbol{x})^2 \right) = n^2 \mathrm{var}(\boldsymbol{x}) \geqslant 0$$

D_2等于0的情况，列向量$\boldsymbol{x}$中所有元素取值相同。举例来说，数据不随时间变化，数据为恒定值；这种情况没有实际研究意义，因此认为D_2大于0。从而推断，$\boldsymbol{A}$为正定矩阵。通过前文优化部分学习，因此判定b_0、b_1和$f(b_0, b_1)$ 构成空间形状为开头向上凸抛物面，如图11.3所示。

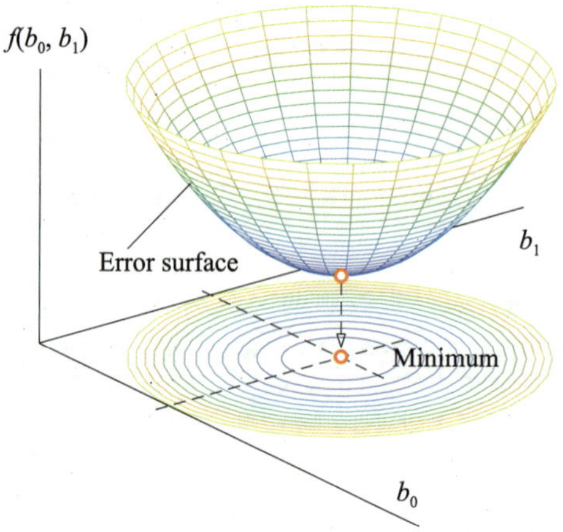

图11.3　$f(b_0, b_1)$ 函数曲面

$f(b_0, b_1)$ 取得最小值时，$f(b_0, b_1)$ 对b_0和b_1偏导为0，即梯度向量为零向量，构造如下等式：

$$\begin{aligned}\frac{\partial f(b_0,b_1)}{\partial b_0} &= 2nb_0 + 2b_1\boldsymbol{x}^{\mathrm{T}}\boldsymbol{l} - 2\boldsymbol{y}^{\mathrm{T}}\boldsymbol{l} = 0 \\ \frac{\partial f(b_0,b_1)}{\partial b_1} &= 2b_1\boldsymbol{x}^{\mathrm{T}}\boldsymbol{x} + 2b_0\boldsymbol{x}^{\mathrm{T}}\boldsymbol{l} - 2\boldsymbol{x}^{\mathrm{T}}\boldsymbol{y} = 0\end{aligned} \tag{11.16}$$

以上第一个等式得到一个用b_1表示b_0表达式，如下：

$$b_0 = \frac{\boldsymbol{y}^{\mathrm{T}}\boldsymbol{l} - b_1\boldsymbol{x}^{\mathrm{T}}\boldsymbol{l}}{n} \tag{11.17}$$

将b_0表达式带入第二个偏导等式求得b_1：

$$b_1 = \frac{n\boldsymbol{x}^{\mathrm{T}}\boldsymbol{y} - \boldsymbol{y}^{\mathrm{T}}\boldsymbol{l}\boldsymbol{x}^{\mathrm{T}}\boldsymbol{l}}{\left(n\boldsymbol{x}^{\mathrm{T}}\boldsymbol{x} - \boldsymbol{x}^{\mathrm{T}}\boldsymbol{l}\boldsymbol{x}^{\mathrm{T}}\boldsymbol{l}\right)} \tag{11.18}$$

为了化简上式，需要回顾丛书第一册和第三册关于均值、方差和协方差计算。回顾列向量数据$\boldsymbol{x}$和$\boldsymbol{y}$均值$\mathrm{E}(\boldsymbol{x})$ 和$\mathrm{E}(\boldsymbol{y})$ 计算过程如下：

$$\begin{aligned}&\mathrm{E}(\boldsymbol{x}) = \frac{1}{n}\sum_{i=1}^{n} x_i = \frac{1}{n}\boldsymbol{x}^{\mathrm{T}}\boldsymbol{l} = \frac{1}{n}\boldsymbol{l}^{\mathrm{T}}\boldsymbol{x} \\ &\Rightarrow \quad \boldsymbol{x}^{\mathrm{T}}\boldsymbol{l} = \boldsymbol{l}^{\mathrm{T}}\boldsymbol{x} = n\mathrm{E}(\boldsymbol{x}) \\ &\mathrm{E}(\boldsymbol{y}) = \frac{1}{n}\sum_{i=1}^{n} y_i = \frac{1}{n}\boldsymbol{y}^{\mathrm{T}}\boldsymbol{l} = \frac{1}{n}\boldsymbol{l}^{\mathrm{T}}\boldsymbol{y} \\ &\Rightarrow \quad \boldsymbol{y}^{\mathrm{T}}\boldsymbol{l} = \boldsymbol{l}^{\mathrm{T}}\boldsymbol{y} = n\mathrm{E}(\boldsymbol{y})\end{aligned} \tag{11.19}$$

回顾列向量数据$\boldsymbol{x}$方差计算过程如下：

$$\begin{aligned}\mathrm{var}(\boldsymbol{x}) &= \mathrm{E}\left[\left(\boldsymbol{x} - \mathrm{E}(\boldsymbol{x})\right)^2\right] \\ &= \mathrm{E}\left[\boldsymbol{x}\odot\boldsymbol{x} - 2\boldsymbol{x}\mathrm{E}(\boldsymbol{x}) + \mathrm{E}(\boldsymbol{x})^2\right] \\ &= \mathrm{E}(\boldsymbol{x}\odot\boldsymbol{x}) - 2\mathrm{E}(\boldsymbol{x})\mathrm{E}(\boldsymbol{x}) + \mathrm{E}(\boldsymbol{x})^2 \\ &= \mathrm{E}(\boldsymbol{x}\odot\boldsymbol{x}) - \mathrm{E}(\boldsymbol{x})^2 \\ &\Rightarrow \mathrm{E}(\boldsymbol{x}\odot\boldsymbol{x}) = \mathrm{var}(\boldsymbol{x}) + \mathrm{E}(\boldsymbol{x})^2\end{aligned} \tag{11.20}$$

上式 $\odot$ 运算为丛书第三册中介绍**元素乘积** (element-wise multiplication)，也称为**哈达玛积** (Hadamard product) 或逐项积。运算规则为等长度向量，位置相同元素逐项相乘。$\mathrm{E}(\boldsymbol{x}\odot\boldsymbol{x})$ 为$\boldsymbol{x}$向量元素分别平方之后再求平均数。这一节借助元素乘积简化矩阵运算。

不考虑总体和样本方差计算差异问题，$\mathrm{var}(\boldsymbol{x})$ 利用下式计算获得：

$$\begin{aligned}\mathrm{var}(\boldsymbol{x}) &= \mathrm{E}(\boldsymbol{x}\odot\boldsymbol{x}) - \mathrm{E}(\boldsymbol{x})^2 \\ &= \frac{\boldsymbol{x}^{\mathrm{T}}\boldsymbol{x}}{n} - \left(\frac{1}{n}\boldsymbol{x}^{\mathrm{T}}\boldsymbol{l}\right)^2 = \frac{n\boldsymbol{x}^{\mathrm{T}}\boldsymbol{x} - \boldsymbol{x}^{\mathrm{T}}\boldsymbol{l}\boldsymbol{x}^{\mathrm{T}}\boldsymbol{l}}{n^2} \\ &= \frac{n\left(\sum_{i=1}^{n} x_i^2\right) - \left(\sum_{i=1}^{n} x_i\right)^2}{n^2}\end{aligned} \tag{11.21}$$

观察上式得到$\boldsymbol{x}^{\mathrm{T}}\boldsymbol{x}$解析式：

$$\operatorname{var}(\boldsymbol{x})=\frac{\boldsymbol{x}^{\mathrm{T}}\boldsymbol{x}}{n}-\mathrm{E}(\boldsymbol{x})^{2} \quad \Rightarrow \quad \boldsymbol{x}^{\mathrm{T}}\boldsymbol{x}=n\left(\operatorname{var}(\boldsymbol{x})+\mathrm{E}(\boldsymbol{x})^{2}\right) \tag{11.22}$$

同理，计算获得var($\boldsymbol{y}$)：

$$\begin{aligned}\operatorname{var}(\boldsymbol{y})&=\mathrm{E}(\boldsymbol{y}\odot\boldsymbol{y})-\mathrm{E}(\boldsymbol{y})^{2}\\&=\frac{\boldsymbol{y}^{\mathrm{T}}\boldsymbol{y}}{n}-\left(\frac{1}{n}\boldsymbol{y}^{\mathrm{T}}\boldsymbol{l}\right)^{2}=\frac{n\boldsymbol{y}^{\mathrm{T}}\boldsymbol{y}-\boldsymbol{y}^{\mathrm{T}}\boldsymbol{l}\boldsymbol{y}^{\mathrm{T}}\boldsymbol{l}}{n^{2}}\\&=\frac{n\left(\sum_{i=1}^{n}y_i^2\right)-\left(\sum_{i=1}^{n}y_i\right)^{2}}{n^{2}}\end{aligned} \tag{11.23}$$

同理，获得$\boldsymbol{y}^{\mathrm{T}}\boldsymbol{y}$解析式：

$$\operatorname{var}(\boldsymbol{y})=\frac{\boldsymbol{y}^{\mathrm{T}}\boldsymbol{y}}{n}-\mathrm{E}(\boldsymbol{y})^{2} \quad \Rightarrow \quad \boldsymbol{y}^{\mathrm{T}}\boldsymbol{y}=n\left(\operatorname{var}(\boldsymbol{y})+\mathrm{E}(\boldsymbol{y})^{2}\right) \tag{11.24}$$

列向量数据$\boldsymbol{x}$和$\boldsymbol{y}$协方差cov($\boldsymbol{x}$, $\boldsymbol{y}$) 计算式如下：

$$\begin{aligned}\operatorname{cov}(\boldsymbol{x},\boldsymbol{y})&=\mathrm{E}\left[\left(\boldsymbol{x}-\mathrm{E}(\boldsymbol{x})\right)\left(\boldsymbol{y}-\mathrm{E}(\boldsymbol{y})\right)\right]\\&=\mathrm{E}\left[\boldsymbol{x}\odot\boldsymbol{y}-\boldsymbol{x}\mathrm{E}(\boldsymbol{y})-\mathrm{E}(\boldsymbol{x})\boldsymbol{y}+\mathrm{E}(\boldsymbol{x})\mathrm{E}(\boldsymbol{y})\right]\\&=\mathrm{E}(\boldsymbol{x}\odot\boldsymbol{y})-\mathrm{E}(\boldsymbol{x})\mathrm{E}(\boldsymbol{y})-\mathrm{E}(\boldsymbol{x})\mathrm{E}(\boldsymbol{y})+\mathrm{E}(\boldsymbol{x})\mathrm{E}(\boldsymbol{y})\\&=\mathrm{E}(\boldsymbol{x}\odot\boldsymbol{y})-\mathrm{E}(\boldsymbol{x})\mathrm{E}(\boldsymbol{y})\\&\Rightarrow\mathrm{E}(\boldsymbol{x}\odot\boldsymbol{y})=\operatorname{cov}(\boldsymbol{x},\boldsymbol{y})+\mathrm{E}(\boldsymbol{x})\mathrm{E}(\boldsymbol{y})\end{aligned} \tag{11.25}$$

上式中$\mathrm{E}(\boldsymbol{x}\odot\boldsymbol{y})$是$\boldsymbol{x}$向量和$\boldsymbol{y}$向量对应元素相乘之后再求平均数。列向量数据$\boldsymbol{x}$和$\boldsymbol{y}$协方差cov($\boldsymbol{x}$, $\boldsymbol{y}$)利用下式得到结果：

$$\begin{aligned}\operatorname{cov}(\boldsymbol{x},\boldsymbol{y})&=\mathrm{E}(\boldsymbol{x}\odot\boldsymbol{y})-\mathrm{E}(\boldsymbol{x})\mathrm{E}(\boldsymbol{y})\\&=\frac{\boldsymbol{x}^{\mathrm{T}}\boldsymbol{y}}{n}-\frac{1}{n}\boldsymbol{x}^{\mathrm{T}}\boldsymbol{l}\frac{1}{n}\boldsymbol{y}^{\mathrm{T}}\boldsymbol{l}=\frac{n\boldsymbol{x}^{\mathrm{T}}\boldsymbol{y}-\boldsymbol{x}^{\mathrm{T}}\boldsymbol{l}\boldsymbol{y}^{\mathrm{T}}\boldsymbol{l}}{n^{2}}\\&=\frac{n\left(\sum_{i=1}^{n}x_iy_i\right)-\left(\sum_{i=1}^{n}x_i\right)\left(\sum_{i=1}^{n}y_i\right)}{n^{2}}\end{aligned} \tag{11.26}$$

观察上式得到$\boldsymbol{x}^{\mathrm{T}}\boldsymbol{y}$和$\boldsymbol{y}^{\mathrm{T}}\boldsymbol{x}$解析式：

$$\operatorname{cov}(\boldsymbol{x},\boldsymbol{y})=\frac{\boldsymbol{x}^{\mathrm{T}}\boldsymbol{y}}{n}-\mathrm{E}(\boldsymbol{x})\mathrm{E}(\boldsymbol{y}) \quad \Rightarrow \quad \boldsymbol{y}^{\mathrm{T}}\boldsymbol{x}=\boldsymbol{x}^{\mathrm{T}}\boldsymbol{y}=n\left(\operatorname{cov}(\boldsymbol{x},\boldsymbol{y})+\mathrm{E}(\boldsymbol{x})\mathrm{E}(\boldsymbol{y})\right) \tag{11.27}$$

利用以上方差和协方差计算式，将b_1整理为：

$$b_1=\frac{n\boldsymbol{x}^{\mathrm{T}}\boldsymbol{y}-\boldsymbol{y}^{\mathrm{T}}\boldsymbol{l}\boldsymbol{x}^{\mathrm{T}}\boldsymbol{l}}{\left(n\boldsymbol{x}^{\mathrm{T}}\boldsymbol{x}-\boldsymbol{x}^{\mathrm{T}}\boldsymbol{l}\boldsymbol{x}^{\mathrm{T}}\boldsymbol{l}\right)}=\frac{\dfrac{n\boldsymbol{x}^{\mathrm{T}}\boldsymbol{y}-\boldsymbol{x}^{\mathrm{T}}\boldsymbol{l}\boldsymbol{y}^{\mathrm{T}}\boldsymbol{l}}{n^{2}}}{\dfrac{n\boldsymbol{x}^{\mathrm{T}}\boldsymbol{x}-\boldsymbol{x}^{\mathrm{T}}\boldsymbol{l}\boldsymbol{x}^{\mathrm{T}}\boldsymbol{l}}{n^{2}}}=\frac{\operatorname{cov}(\boldsymbol{x},\boldsymbol{y})}{\operatorname{var}(\boldsymbol{x})}=\rho_{xy}\frac{\sigma_y}{\sigma_x} \tag{11.28}$$

因此b_0通过计算获得：

$$\begin{aligned} b_0 &= \frac{\boldsymbol{y}^{\mathrm{T}}\boldsymbol{l} - b_1\boldsymbol{x}^{\mathrm{T}}\boldsymbol{l}}{n} = \frac{\boldsymbol{y}^{\mathrm{T}}\boldsymbol{l} - b_1\boldsymbol{x}^{\mathrm{T}}\boldsymbol{l}}{n} = \mathrm{E}(\boldsymbol{y}) - b_1\mathrm{E}(\boldsymbol{x}) \\ &= \mathrm{E}(\boldsymbol{y}) - \frac{\operatorname{cov}(\boldsymbol{x},\boldsymbol{y})}{\operatorname{var}(\boldsymbol{x})}\mathrm{E}(\boldsymbol{x}) \end{aligned} \tag{11.29}$$

对于部分中心化数据或完全中心化数据，回归系数b_0和b_1如表11.1所示。

表11.1 回归系数b_0和b_1

数据情况	b_1	b_0
$\boldsymbol{x}$为中心化数据	$b_1 = \rho_{xy}\dfrac{\sigma_y}{\sigma_x}$	$b_0 = \mathrm{E}(\boldsymbol{y})$
$\boldsymbol{y}$为中心化数据	$b_1 = \rho_{xy}\dfrac{\sigma_y}{\sigma_x}$	$b_0 = \rho_{xy}\dfrac{\sigma_y}{\sigma_x}\mathrm{E}(\boldsymbol{x})$
$\boldsymbol{x}$和$\boldsymbol{y}$均为中心化数据	$b_1 = \rho_{xy}\dfrac{\sigma_y}{\sigma_x}$	$b_0 = 0$

下面用向量运算思路来简化求解过程。首先，先将$\boldsymbol{x}$向量和$\boldsymbol{y}$向量代表数据中心化：

$$\boldsymbol{x}_{\text{centered}} = \begin{bmatrix} x_1 - \mathrm{E}(\boldsymbol{x}) \\ x_2 - \mathrm{E}(\boldsymbol{x}) \\ \vdots \\ x_n - \mathrm{E}(\boldsymbol{x}) \end{bmatrix} = \boldsymbol{x} - \mathrm{E}(\boldsymbol{x}), \quad \boldsymbol{y}_{\text{centered}} = \begin{bmatrix} y_1 - \mathrm{E}(\boldsymbol{y}) \\ y_2 - \mathrm{E}(\boldsymbol{y}) \\ \vdots \\ y_n - \mathrm{E}(\boldsymbol{y}) \end{bmatrix} = \boldsymbol{y} - \mathrm{E}(\boldsymbol{y}) \tag{11.30}$$

这样，模型拟合值向量$\hat{\boldsymbol{y}}$和残差向量$\boldsymbol{\varepsilon}$利用下式计算获得：

$$\hat{\boldsymbol{y}} = b_1\boldsymbol{x}_{\text{centered}} \quad \Rightarrow \quad \boldsymbol{\varepsilon} = \boldsymbol{y}_{\text{centered}} - \hat{\boldsymbol{y}} \tag{11.31}$$

模型拟合值向量$\hat{\boldsymbol{y}}$相当于向量$\boldsymbol{y}_{\text{centered}}$在向量$\boldsymbol{x}_{\text{centered}}$构造一维空间投影，如图11.4所示。而残差项向量$\boldsymbol{\varepsilon}$垂直于$\boldsymbol{x}_{\text{centered}}$向量。

$$\begin{aligned} &\boldsymbol{\varepsilon} \perp \boldsymbol{x}_{\text{centered}} \quad \Rightarrow \quad \left(\boldsymbol{y}_{\text{centered}} - \hat{\boldsymbol{y}}\right)^{\mathrm{T}}\boldsymbol{x}_{\text{centered}} = 0 \\ \Rightarrow\quad &\left(\boldsymbol{y}_{\text{centered}} - b_1\boldsymbol{x}_{\text{centered}}\right)^{\mathrm{T}}\boldsymbol{x}_{\text{centered}} = 0 \\ \Rightarrow\quad & b_1\boldsymbol{x}_{\text{centered}}{}^{\mathrm{T}}\boldsymbol{x}_{\text{centered}} = \boldsymbol{y}_{\text{centered}}{}^{\mathrm{T}}\boldsymbol{x}_{\text{centered}} \\ \Rightarrow\quad & b_1 = \left(\boldsymbol{x}_{\text{centered}}{}^{\mathrm{T}}\boldsymbol{x}_{\text{centered}}\right)^{-1}\boldsymbol{y}_{\text{centered}}{}^{\mathrm{T}}\boldsymbol{x}_{\text{centered}} \\ \Rightarrow\quad & b_1 = \left(\left(\boldsymbol{x} - \mathrm{E}(\boldsymbol{x})\right)^{\mathrm{T}}\left(\boldsymbol{x} - \mathrm{E}(\boldsymbol{x})\right)\right)^{-1}\left(\boldsymbol{y} - \mathrm{E}(\boldsymbol{y})\right)^{\mathrm{T}}\left(\boldsymbol{x} - \mathrm{E}(\boldsymbol{x})\right) \\ \Rightarrow\quad & b_1 = \frac{\operatorname{cov}(\boldsymbol{x},\boldsymbol{y})}{\operatorname{var}(\boldsymbol{x})} = \rho_{xy}\frac{\sigma_y}{\sigma_x} \end{aligned} \tag{11.32}$$

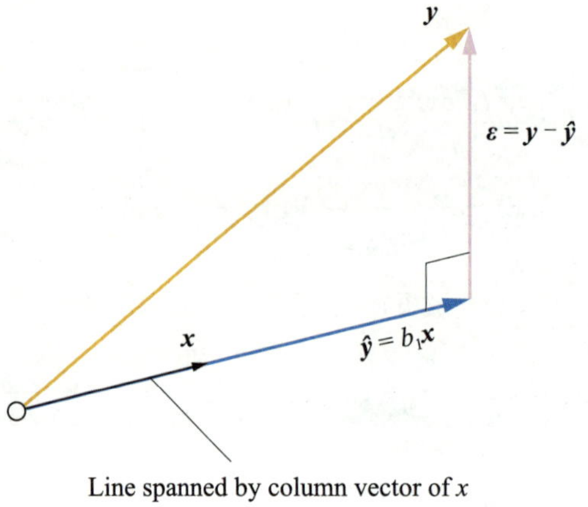

图11.4　几何角度解释多元最小二乘结果

若不对数据进行中心化，可用$\boldsymbol{x}_0$和$\boldsymbol{x}_1$向量构造一个平面，然后将向量$\boldsymbol{y}$投影在该平面内；构造如下向量：

$$\boldsymbol{x}_0=\begin{bmatrix}1\\1\\\vdots\\1\end{bmatrix},\quad \boldsymbol{x}_1=\begin{bmatrix}x_1\\x_2\\\vdots\\x_n\end{bmatrix},\quad \boldsymbol{b}=\begin{bmatrix}b_0\\b_1\end{bmatrix} \tag{11.33}$$

其中：$\boldsymbol{x}_0$相当于$\boldsymbol{l}$，$\boldsymbol{x}_1$相当于式11.7中$\boldsymbol{x}$；这种记法为了方便读者理解多元回归矩阵计算。$\hat{\boldsymbol{y}}$和$\boldsymbol{\varepsilon}$通过下式计算获得：

$$\hat{\boldsymbol{y}}=\begin{bmatrix}\boldsymbol{x}_0 & \boldsymbol{x}_1\end{bmatrix}\begin{bmatrix}b_0\\b_1\end{bmatrix} \Rightarrow \boldsymbol{\varepsilon}=\boldsymbol{y}-\begin{bmatrix}\boldsymbol{x}_0 & \boldsymbol{x}_1\end{bmatrix}\begin{bmatrix}b_0\\b_1\end{bmatrix} \tag{11.34}$$

$\hat{\boldsymbol{y}}$相当于向量$\boldsymbol{y}$在向量$\boldsymbol{x}_0$和$\boldsymbol{x}_1$构造二维平面投影，如图11.5所示；即$\hat{\boldsymbol{y}}$为$\boldsymbol{x}_0$和$\boldsymbol{x}_1$两者线性组合。同样，残差项向量$\boldsymbol{\varepsilon}$垂直于此平面。

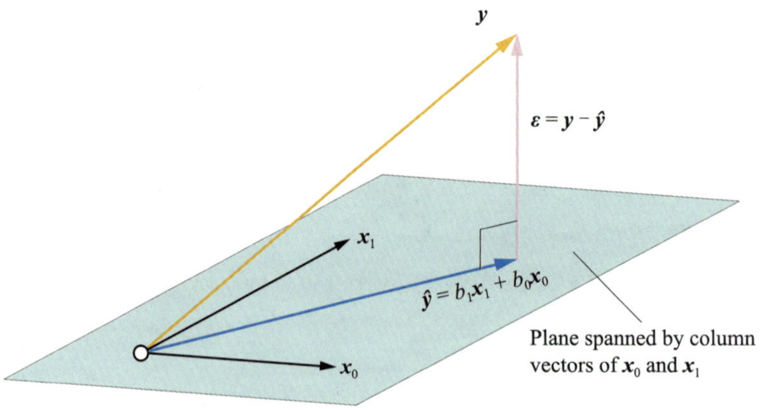

图11.5　几何角度解释一元最小二乘结果，二维平面

$$
\begin{aligned}
\boldsymbol{\varepsilon} \perp [\boldsymbol{x}_0 \quad \boldsymbol{x}_1] \quad &\Rightarrow \quad [\boldsymbol{x}_0 \quad \boldsymbol{x}_1]^{\mathrm{T}}(\boldsymbol{y}-\hat{\boldsymbol{y}})=0 \\
&\Rightarrow \quad [\boldsymbol{x}_0 \quad \boldsymbol{x}_1]^{\mathrm{T}}\left(\boldsymbol{y}-[\boldsymbol{x}_0 \quad \boldsymbol{x}_1]\begin{bmatrix} b_0 \\ b_1 \end{bmatrix}\right)=0 \\
&\Rightarrow \quad [\boldsymbol{x}_0 \quad \boldsymbol{x}_1]^{\mathrm{T}}\boldsymbol{y}-[\boldsymbol{x}_0 \quad \boldsymbol{x}_1]^{\mathrm{T}}[\boldsymbol{x}_0 \quad \boldsymbol{x}_1]\begin{bmatrix} b_0 \\ b_1 \end{bmatrix}=0 \\
&\Rightarrow \quad \begin{bmatrix} b_0 \\ b_1 \end{bmatrix}=\left(\begin{bmatrix} \boldsymbol{x}_0^{\mathrm{T}} \\ \boldsymbol{x}_1^{\mathrm{T}} \end{bmatrix}[\boldsymbol{x}_0 \quad \boldsymbol{x}_1]\right)^{-1}\begin{bmatrix} \boldsymbol{x}_0^{\mathrm{T}} \\ \boldsymbol{x}_1^{\mathrm{T}} \end{bmatrix}\boldsymbol{y}
\end{aligned}
\tag{11.35}
$$

整理上式得到：

$$
\begin{aligned}
\begin{bmatrix} b_0 \\ b_1 \end{bmatrix} &= \begin{bmatrix} \boldsymbol{l}^{\mathrm{T}}\boldsymbol{l} & \boldsymbol{l}^{\mathrm{T}}\boldsymbol{x} \\ \boldsymbol{x}^{\mathrm{T}}\boldsymbol{l} & \boldsymbol{x}^{\mathrm{T}}\boldsymbol{x} \end{bmatrix}^{-1}\begin{bmatrix} \boldsymbol{l}^{\mathrm{T}} \\ \boldsymbol{x}^{\mathrm{T}} \end{bmatrix}\boldsymbol{y} \\
&= \frac{1}{\boldsymbol{l}^{\mathrm{T}}\boldsymbol{l}\boldsymbol{x}^{\mathrm{T}}\boldsymbol{x}-\boldsymbol{x}^{\mathrm{T}}\boldsymbol{l}\boldsymbol{l}^{\mathrm{T}}\boldsymbol{x}}\begin{bmatrix} \boldsymbol{x}^{\mathrm{T}}\boldsymbol{x} & -\boldsymbol{l}^{\mathrm{T}}\boldsymbol{x} \\ -\boldsymbol{x}^{\mathrm{T}}\boldsymbol{l} & \boldsymbol{l}^{\mathrm{T}}\boldsymbol{l} \end{bmatrix}\begin{bmatrix} \boldsymbol{l}^{\mathrm{T}} \\ \boldsymbol{x}^{\mathrm{T}} \end{bmatrix}\boldsymbol{y} \\
&= \frac{1}{\boldsymbol{l}^{\mathrm{T}}\boldsymbol{l}\boldsymbol{x}^{\mathrm{T}}\boldsymbol{x}-\boldsymbol{x}^{\mathrm{T}}\boldsymbol{l}\boldsymbol{l}^{\mathrm{T}}\boldsymbol{x}}\begin{bmatrix} \boldsymbol{x}^{\mathrm{T}}\boldsymbol{x}\boldsymbol{l}^{\mathrm{T}}\boldsymbol{y}-\boldsymbol{l}^{\mathrm{T}}\boldsymbol{x}\boldsymbol{x}^{\mathrm{T}}\boldsymbol{y} \\ -\boldsymbol{x}^{\mathrm{T}}\boldsymbol{l}\boldsymbol{l}^{\mathrm{T}}\boldsymbol{y}+\boldsymbol{l}^{\mathrm{T}}\boldsymbol{l}\boldsymbol{x}^{\mathrm{T}}\boldsymbol{y} \end{bmatrix} \\
&= \frac{\begin{bmatrix} n^2\left(\operatorname{var}(\boldsymbol{x})+\mathrm{E}(\boldsymbol{x})^2\right)\mathrm{E}(\boldsymbol{y})-n^2\,\mathrm{E}(\boldsymbol{x})\left(\operatorname{cov}(\boldsymbol{x},\boldsymbol{y})+\mathrm{E}(\boldsymbol{x})\mathrm{E}(\boldsymbol{y})\right) \\ -n^2\,\mathrm{E}(\boldsymbol{x})\mathrm{E}(\boldsymbol{y})+n^2\left(\operatorname{cov}(\boldsymbol{x},\boldsymbol{y})+\mathrm{E}(\boldsymbol{x})\mathrm{E}(\boldsymbol{y})\right) \end{bmatrix}}{n^2\left(\operatorname{var}(\boldsymbol{x})+\mathrm{E}(\boldsymbol{x})^2\right)-n^2\,\mathrm{E}(\boldsymbol{x})^2} \\
&= \begin{bmatrix} \mathrm{E}(\boldsymbol{y})-\mathrm{E}(\boldsymbol{x})\dfrac{\operatorname{cov}(\boldsymbol{x},\boldsymbol{y})}{\operatorname{var}(\boldsymbol{x})} \\ \dfrac{\operatorname{cov}(\boldsymbol{x},\boldsymbol{y})}{\operatorname{var}(\boldsymbol{x})} \end{bmatrix}
\end{aligned}
\tag{11.36}
$$

以上结果和本节之前推导得到回归系数完全一致。下一节会沿着以上思路继续求解二元和多元线性最小二乘法。图11.6总结一元最小二乘法数据关系。

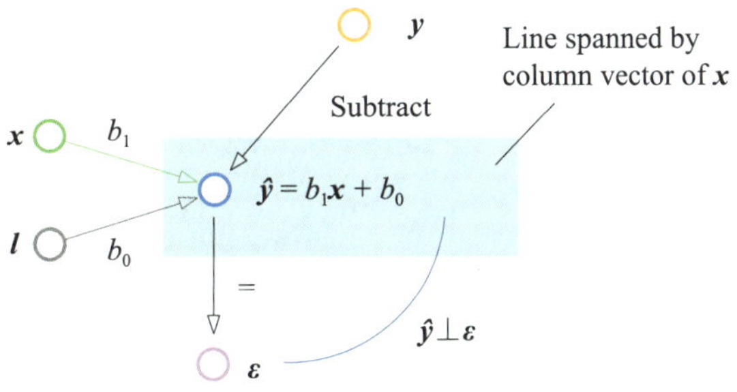

图11.6　一元最小二乘法数据关系

下面从Yahoo下载股票股价数据，计算日对数收益率，比较各种回归方法获得结果。

图11.7展示COST股票日对数收益率$\boldsymbol{y}$和MCD股票日对数收益率$\boldsymbol{x}$之间一元线性关系，即用$\boldsymbol{x}$解释$\boldsymbol{y}$，具体解析式如下：

$$
\boldsymbol{y}=0.35962\boldsymbol{x}+0.00083267 \tag{11.37}
$$

黄色点代表数据位于一元线性函数下方，蓝色点代表数据位于一元线性函数上方。读者回顾丛书

第三册第6章介绍**决定系数** (coefficient of determination)，R^2，判定拟合优度。图11.8所示为观察数据$\boldsymbol{y}$和拟合数据$\hat{\boldsymbol{y}}$之间的关系，图中黑色线为残差。图11.9展示残差项沿时间轴分布和统计分布情况。

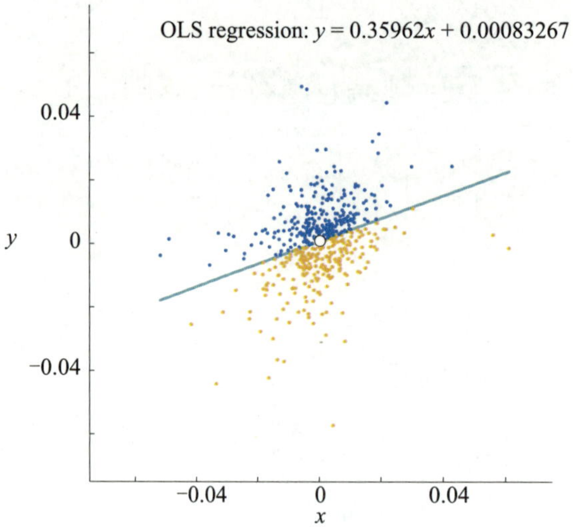

图11.7　两只股票数据$\boldsymbol{x}$和$\boldsymbol{y}$一元线性回归关系

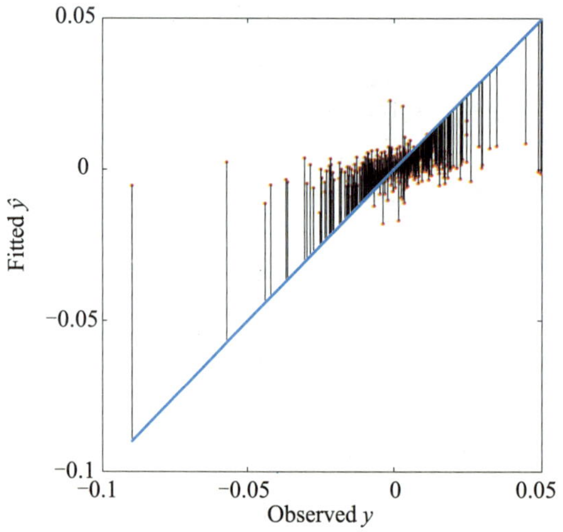

图11.8　观察数据$\boldsymbol{y}$和拟合数据$\hat{\boldsymbol{y}}$

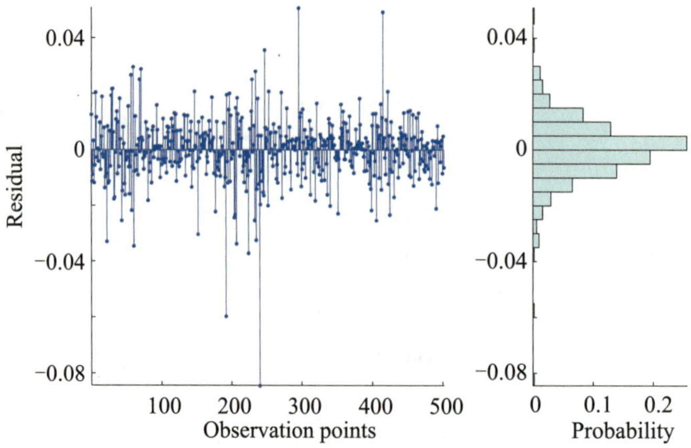

图11.9　残差项分布

以下代码获得图11.7～图11.9。

B4_Ch11_1_A.m

```
clc; close all; clear all

stocks = {'COST','MCD','GM','GOOG','TSLA','PFE'};

price = hist_stock_data('01012018','01012020',stocks);
% the function can be downloaded from:
% https://www.mathworks.com/matlabcentral/fileexchange/
% 18458-hist_stock_data-start_date-end_date-varargin

dates_cells = price(1).Date;
dates = datetime(dates_cells, 'InputFormat', 'yyyy-MM-dd');
y_price = price(1).AdjClose;
x1_price = price(2).AdjClose;
x2_price = price(3).AdjClose;
x3_price = price(4).AdjClose;
x4_price = price(5).AdjClose;
x5_price = price(6).AdjClose;

y = diff(log(y_price));
x1  = diff(log(x1_price));
x2    = diff(log(x2_price));
x3  = diff(log(x3_price));
x4 = diff(log(x4_price));
x5   = diff(log(x5_price));
x6 = [y,x1,x2,x3,x4,x5];


%% Linear regression, one-variable

fig_i = 1;
figure(fig_i)
fig_i = fig_i + 1;
cov_x1_y = cov(x1,y);
cov_x1_y = cov_x1_y(1,2);
b1 = cov_x1_y/var(x1);
b0 = mean(y) - b1*mean(x1);
% use regress()
X = [ones(size(x1)) x1];
b = regress(y,X)
x1_x = min(x1):(max(x1) - min(x1))/10:max(x1);
y_hat_line = b1*x1_x + b0;
y_hat = interp1(x1_x,y_hat_line,x1);
mask = y_hat > y;
SST1 = var(y - mean(y));
```

```
SSR1 = var(y_hat - mean(y));
R_squared1 = SSR1/SST1
plot(x1(mask),y(mask),'.','color',[255,192,0]/255); hold on
plot(x1(~mask),y(~mask),'.','color',[0,153,255]/255);
plot(mean(x1),mean(y),'ok','MarkerFaceColor','w')
plot(x1_x,y_hat_line,'color',[147, 205, 221]/255,'LineWidth',1.25)
xlim([-0.075,0.075]); ylim([-0.075,0.075]);
box off; daspect([1,1,1])
xlabel('x'); ylabel('y')
title(['OLS regression: y = ',num2str(b1),'*x + ',num2str(b0)])
format long

%% plot y-y_hat and residuals

figure(fig_i)
fig_i = fig_i + 1;

plot(y,y_hat,'r.'); hold on
plot(y,y,'-b')
plot([y,y]',[y_hat,y]','k-'); hold on
xlabel('Observed y');
ylabel('Fitted y');
daspect([1,1,1])

figure(fig_i)
fig_i = fig_i + 1;

subplot(1,3,[1,2])
stem(y-y_hat,'.'); hold on
ylabel('Residual'); xlabel('Observation points')
box off; grid off; axis tight
y1 = ylim;

subplot(1,3,3)
histogram(y-y_hat,'Normalization','probability');
xlim(y1); view(90,-90); box off;
ylabel('Probability')
```

11.2 多元线性最小二乘

多元线性回归模型 (multivariate linear regression) 中最简单就是二元线性回归，具体解析式如下：

$$\hat{y} = b_0 + b_1 x_1 + b_2 x_2 \tag{11.38}$$

通过上一节介绍，同样构造最小二乘法数据关系，如图11.10所示。

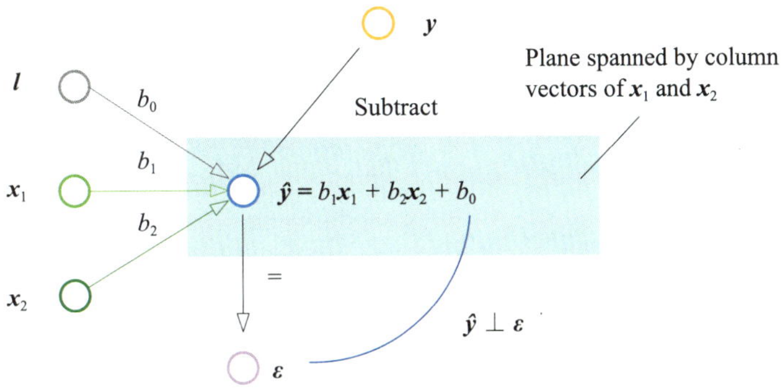

图11.10　二元最小二乘法数据关系

用$\boldsymbol{x}_1$、$\boldsymbol{x}_2$和$\boldsymbol{y}$构建一个三维空间，$\hat{\boldsymbol{y}}$数据在$\boldsymbol{x}_1$和$\boldsymbol{x}_2$构造平面上图11.11所示为用MCD($\boldsymbol{x}_1$) 和GM($\boldsymbol{x}_2$) 这两只股票日对数收益率解释 COST股票日对数收益率$\boldsymbol{y}$，具体回归关系解析式如下：

$$\boldsymbol{y} = 0.3186\boldsymbol{x}_1 + 0.13759\boldsymbol{x}_2 + 0.00085757 \tag{11.39}$$

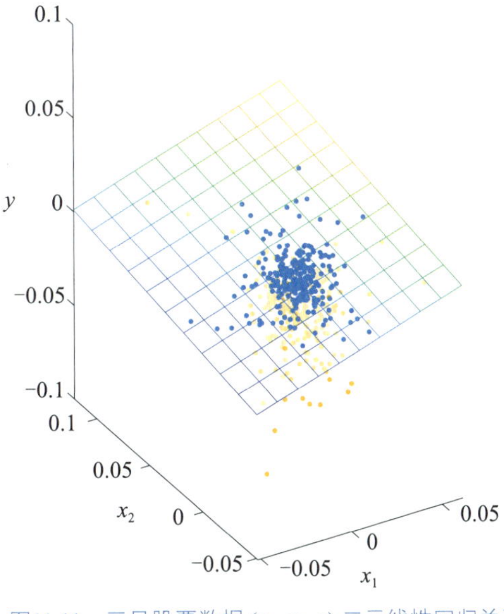

图11.11　三只股票数据 $(\boldsymbol{x}_1, \boldsymbol{x}_2, \boldsymbol{y})$ 二元线性回归关系

请读者自行绘制观察数据$\boldsymbol{y}$和拟合数据$\hat{\boldsymbol{y}}$之间的关系，以及残差项沿时间轴分布和统计分布情况。配合上一节代码，以下代码获得图11.11。

B4_Ch11_1_B.m

```
%% Least squared regression, two-variables

figure(fig_i)
fig_i = fig_i + 1;
```

```
X = [ones(size(x1)),x1,x2];
b = inv(X.'*X)*X.'*y;

x1_x = min(x1):(max(x1) - min(x1))/10:max(x1);
x2_x = min(x2):(max(x2) - min(x2))/10:max(x2);
[x1_xx,x2_xx] = meshgrid(x1_x,x2_x)
y_hat_surf = b(1) + b(2)*x1_xx + b(3)*x2_xx;

y_hat = interp2(x1_xx,x2_xx,y_hat_surf, x1,x2);
mask = y_hat > y;
plot3(x1(mask),x2(mask),y(mask),'.','color',[255,192,0]/255); hold on
plot3(x1(~mask),x2(~mask),y(~mask),'.','color',[0,153,255]/255);
% use regress()
X = [ones(size(x1)) x1 x2];
b = regress(y,X)
plot3(mean(x1),mean(x2),mean(y),'ok','MarkerFaceColor','w')
h = mesh(x1_xx,x2_xx,y_hat_surf)
h.FaceAlpha = 0.3
title(['OLS regression: y = ',num2str(b(2)),...
'*x1 + ',num2str(b(3)),'*x2 + ',num2str(b(1))])
axis tight; box off; daspect([1,1,1])
xlabel('x_1'); ylabel('x_2'); zlabel('y')
view(-30,30); zlim([-0.1,0.1])
```

多元线性回归模型不止一个考虑自变量，而是多个自变量；即回归分析中引入多个相关解释因子。多元回归得到一个**超平面** (hyperplane)：

$$y = b_0 + b_1 x_1 + b_2 x_2 + \cdots + b_q x_q + \varepsilon \tag{11.40}$$

其中，q为自变量个数，用矩阵形式表达：

$$y = Xb + \varepsilon \tag{11.41}$$

其中：

$$X = (l, x_1, x_2, \cdots, x_q) = \begin{bmatrix} 1 & x_{11} & \cdots & x_{1q} \\ 1 & x_{21} & \cdots & x_{2q} \\ \vdots & \vdots & & \vdots \\ 1 & x_{n1} & \cdots & x_{nq} \end{bmatrix}, \quad y = \begin{bmatrix} y_1 \\ y_2 \\ \vdots \\ y_n \end{bmatrix}, \quad b = \begin{bmatrix} b_0 \\ b_1 \\ \vdots \\ b_q \end{bmatrix}, \quad \varepsilon = \begin{bmatrix} \varepsilon_1 \\ \varepsilon_2 \\ \vdots \\ \varepsilon_n \end{bmatrix} \tag{11.42}$$

图11.12展示运算过程。下面构造一个优化问题，求解优化变量向量b，目标为误差平方和SSE最小化，即：

$$\arg\min_b f(b) = \|\varepsilon\|^2 = \varepsilon^T \varepsilon \tag{11.43}$$

$f(b)$ 写作：

$$
\begin{aligned}
f(\boldsymbol{b}) &= \|\boldsymbol{\varepsilon}\|^2 = \boldsymbol{\varepsilon}^{\mathrm{T}}\boldsymbol{\varepsilon} = (\boldsymbol{y}-\boldsymbol{X}\boldsymbol{b})^{\mathrm{T}}(\boldsymbol{y}-\boldsymbol{X}\boldsymbol{b}) \\
&= (\boldsymbol{y}^{\mathrm{T}}-\boldsymbol{b}^{\mathrm{T}}\boldsymbol{X}^{\mathrm{T}})(\boldsymbol{y}-\boldsymbol{X}\boldsymbol{b}) \\
&= \boldsymbol{y}^{\mathrm{T}}\boldsymbol{y}-\boldsymbol{y}^{\mathrm{T}}\boldsymbol{X}\boldsymbol{b}-\boldsymbol{b}^{\mathrm{T}}\boldsymbol{X}^{\mathrm{T}}\boldsymbol{y}+\boldsymbol{b}^{\mathrm{T}}\boldsymbol{X}^{\mathrm{T}}\boldsymbol{X}\boldsymbol{b} \\
&= \underbrace{\boldsymbol{b}^{\mathrm{T}}\boldsymbol{X}^{\mathrm{T}}\boldsymbol{X}\boldsymbol{b}}_{\text{Quadratic term}}\underbrace{-2\boldsymbol{b}^{\mathrm{T}}\boldsymbol{X}^{\mathrm{T}}\boldsymbol{y}}_{\text{Linear term}}+\underbrace{\boldsymbol{y}^{\mathrm{T}}\boldsymbol{y}}_{\text{Constant}}
\end{aligned}
\tag{11.44}
$$

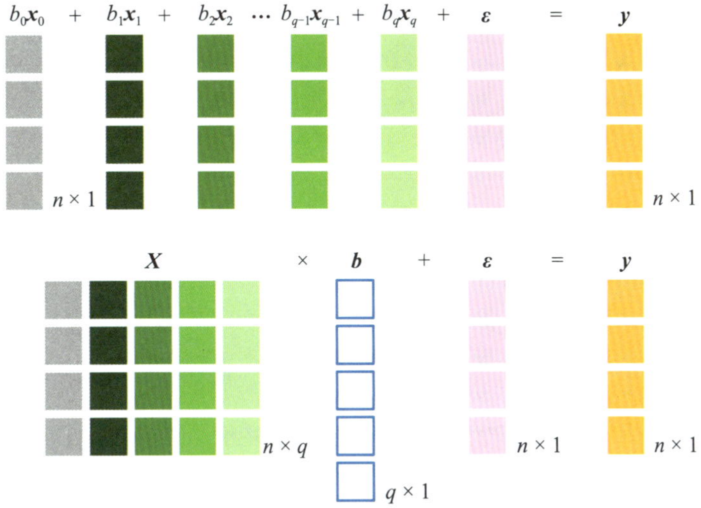

图11.12 多元线性回归矩阵运算

观察上式，发现$f(\boldsymbol{b})$ 为多元二次函数，含有二次项、一次项和常数项。$f(\boldsymbol{b})$ 梯度向量如下：

$$
\nabla f(\boldsymbol{b}) = \frac{\partial f(\boldsymbol{b})}{\partial \boldsymbol{b}} = \left(2\boldsymbol{X}^{\mathrm{T}}\boldsymbol{X}\boldsymbol{b}-2\boldsymbol{X}^{\mathrm{T}}\boldsymbol{y}\right)^{\mathrm{T}} \tag{11.45}
$$

$f(\boldsymbol{b})$ 为连续函数，取得极值时，梯度向量为零向量，这样求得$\boldsymbol{b}$列向量：

$$
\begin{aligned}
&\nabla f(\boldsymbol{b}) = \boldsymbol{0} \quad \Rightarrow \quad \boldsymbol{X}^{\mathrm{T}}\boldsymbol{X}\boldsymbol{b}-\boldsymbol{X}^{\mathrm{T}}\boldsymbol{y} = \boldsymbol{0} \\
&\Rightarrow \quad \boldsymbol{b} = \left(\boldsymbol{X}^{\mathrm{T}}\boldsymbol{X}\right)^{-1}\boldsymbol{X}^{\mathrm{T}}\boldsymbol{y} = \left(\boldsymbol{X}^{\mathrm{T}}\boldsymbol{X}\right)^{-1}\boldsymbol{X}^{\mathrm{T}}\boldsymbol{y}
\end{aligned}
\tag{11.46}
$$

下面，判断$f(\boldsymbol{b})$ 黑塞矩阵为正定矩阵，这样极值点为最小值点：

$$
\nabla^2 f(\boldsymbol{b}) = \frac{\partial^2 f(\boldsymbol{b})}{\partial \boldsymbol{b}\partial \boldsymbol{b}^{\mathrm{T}}} = 2\boldsymbol{X}^{\mathrm{T}}\boldsymbol{X} \tag{11.47}
$$

对于任意非零向量$\boldsymbol{a}$，下式恒大于等于0：

$$
\boldsymbol{a}^{\mathrm{T}}\left(\boldsymbol{X}^{\mathrm{T}}\boldsymbol{X}\right)\boldsymbol{a} = (\boldsymbol{X}\boldsymbol{a})^{\mathrm{T}}(\boldsymbol{X}\boldsymbol{a}) = \|\boldsymbol{X}\boldsymbol{a}\|^2 \geq 0 \tag{11.48}
$$

等号成立时，即$\boldsymbol{X}\boldsymbol{a} = 0$，即当$\boldsymbol{X}$列向量线性相关的。然而，随机数矩阵列向量相关几乎是不可能事件；因此$f(\boldsymbol{b})$ 黑塞矩阵为正定矩阵，$f(\boldsymbol{b})$ 在极值点处取得最小值。

模型拟合值向量$\hat{\boldsymbol{y}}$和残差向量$\boldsymbol{\varepsilon}$利用下面式子计算获得：

$$
\hat{\boldsymbol{y}} = \boldsymbol{X}\boldsymbol{b} = \boldsymbol{X}\left(\boldsymbol{X}^{\mathrm{T}}\boldsymbol{X}\right)^{-1}\boldsymbol{X}^{\mathrm{T}}\boldsymbol{y} \quad \Rightarrow \quad \boldsymbol{\varepsilon} = \boldsymbol{y}-\boldsymbol{X}\left(\boldsymbol{X}^{\mathrm{T}}\boldsymbol{X}\right)^{-1}\boldsymbol{X}^{\mathrm{T}}\boldsymbol{y} \tag{11.49}
$$

$X\left(X^{\mathrm{T}}X\right)^{-1}X^{\mathrm{T}}$即本书数学部分讲到**帽子矩阵** (hat matrix)，它常出现在矩阵投影中。下面，根据以上结果推导一元回归系数解。用矩阵形式表达一元线性回归。

$$\boldsymbol{y}=\boldsymbol{X}\boldsymbol{b}+\boldsymbol{\varepsilon} \tag{11.50}$$

其中：

$$\boldsymbol{X}=\left(\boldsymbol{l},\boldsymbol{x}_1\right)=\begin{bmatrix}1 & x_1\\ 1 & x_2\\ \vdots & \vdots\\ 1 & x_n\end{bmatrix},\quad \boldsymbol{y}=\begin{bmatrix}y_1\\ y_2\\ \vdots\\ y_n\end{bmatrix},\quad \boldsymbol{b}=\begin{bmatrix}b_0\\ b_1\end{bmatrix},\quad \boldsymbol{\varepsilon}=\begin{bmatrix}\varepsilon_1\\ \varepsilon_2\\ \vdots\\ \varepsilon_n\end{bmatrix} \tag{11.51}$$

首先构造下式：

$$\frac{\boldsymbol{X}^{\mathrm{T}}\boldsymbol{y}}{n}=\frac{1}{n}\begin{bmatrix}1 & 1 & 1 & 1\\ x_1 & x_2 & \cdots & x_n\end{bmatrix}\begin{bmatrix}y_1\\ y_2\\ \vdots\\ y_n\end{bmatrix}=\frac{1}{n}\begin{bmatrix}\sum_{i=1}^{n}y_i\\ \sum_{i=1}^{n}x_iy_i\end{bmatrix}=\begin{bmatrix}\mathrm{E}(\boldsymbol{y})\\ \mathrm{E}(\boldsymbol{x}\odot\boldsymbol{y})\end{bmatrix} \tag{11.52}$$

注意，上式中$\mathrm{E}(\boldsymbol{x}\odot\boldsymbol{y})$一项为$x_iy_i$先计算乘积，再计算平均值，这样就获得$\boldsymbol{X}^{\mathrm{T}}\boldsymbol{y}$表达式：

$$\boldsymbol{X}^{\mathrm{T}}\boldsymbol{y}=n\begin{bmatrix}\mathrm{E}(\boldsymbol{y})\\ \mathrm{cov}(\boldsymbol{x},\boldsymbol{y})+\mathrm{E}(\boldsymbol{x})\mathrm{E}(\boldsymbol{y})\end{bmatrix} \tag{11.53}$$

推导$\boldsymbol{X}^{\mathrm{T}}\boldsymbol{X}$解析式：

$$\begin{aligned}\frac{\boldsymbol{X}^{\mathrm{T}}\boldsymbol{X}}{n}&=\frac{1}{n}\begin{bmatrix}1 & 1 & 1 & 1\\ x_1 & x_2 & \cdots & x_n\end{bmatrix}\begin{bmatrix}1 & x_1\\ 1 & x_2\\ \vdots & \vdots\\ 1 & x_n\end{bmatrix}\\ &=\frac{1}{n}\begin{bmatrix}n & \sum_{i=1}^{n}x_i\\ \sum_{i=1}^{n}x_i & \sum_{i=1}^{n}x_1^2\end{bmatrix}=\begin{bmatrix}1 & \frac{\sum_{i=1}^{n}x_i}{n}\\ \frac{\sum_{i=1}^{n}x_i}{n} & \frac{\sum_{i=1}^{n}x_1^2}{n}\end{bmatrix}=\begin{bmatrix}1 & \mathrm{E}(\boldsymbol{x})\\ \mathrm{E}(\boldsymbol{x}) & \mathrm{E}(\boldsymbol{x}\odot\boldsymbol{x})\end{bmatrix}\end{aligned} \tag{11.54}$$

上式逆为：

$$\left(\frac{\boldsymbol{X}^{\mathrm{T}}\boldsymbol{X}}{n}\right)^{-1}=\frac{1}{\mathrm{E}[\boldsymbol{x}\odot\boldsymbol{x}]-\mathrm{E}(\boldsymbol{x})^2}\begin{bmatrix}\mathrm{E}(\boldsymbol{x}\odot\boldsymbol{x}) & -\mathrm{E}(\boldsymbol{x})\\ -\mathrm{E}(\boldsymbol{x}) & 1\end{bmatrix} \tag{11.55}$$

因此下式成立：

$$\left(\frac{\boldsymbol{X}^{\mathrm{T}}\boldsymbol{X}}{n}\right)^{-1}=\frac{1}{\mathrm{var}(\boldsymbol{x})}\begin{bmatrix}\mathrm{var}(\boldsymbol{x})+\mathrm{E}(\boldsymbol{x})^2 & -\mathrm{E}(\boldsymbol{x})\\ -\mathrm{E}(\boldsymbol{x}) & 1\end{bmatrix} \tag{11.56}$$

于是，向量$\boldsymbol{b}$为：

$$
\begin{aligned}
\boldsymbol{b} &= \left(\frac{\boldsymbol{X}^{\mathrm{T}}\boldsymbol{X}}{n}\right)^{-1}\frac{\boldsymbol{X}^{\mathrm{T}}\boldsymbol{y}}{n} \\
&= \frac{1}{\operatorname{var}(\boldsymbol{x})}\begin{bmatrix} \operatorname{var}(\boldsymbol{x})+\mathrm{E}(\boldsymbol{x})^2 & -\mathrm{E}(\boldsymbol{x}) \\ -\mathrm{E}(\boldsymbol{x}) & 1 \end{bmatrix}\begin{bmatrix} \mathrm{E}(\boldsymbol{y}) \\ \operatorname{cov}(\boldsymbol{x},\boldsymbol{y})+\mathrm{E}(\boldsymbol{x})\mathrm{E}(\boldsymbol{y}) \end{bmatrix} \\
&= \frac{1}{\operatorname{var}(\boldsymbol{x})}\begin{bmatrix} \operatorname{var}(\boldsymbol{x})\mathrm{E}(\boldsymbol{y})+\mathrm{E}(\boldsymbol{x})^2\mathrm{E}(\boldsymbol{y})-\mathrm{E}(\boldsymbol{x})\operatorname{cov}(\boldsymbol{x},\boldsymbol{y})-\mathrm{E}(\boldsymbol{x})\mathrm{E}(\boldsymbol{x})\mathrm{E}(\boldsymbol{y}) \\ -\mathrm{E}(\boldsymbol{x})\mathrm{E}(\boldsymbol{y})+\operatorname{cov}(\boldsymbol{x},\boldsymbol{y})+\mathrm{E}(\boldsymbol{x})\mathrm{E}(\boldsymbol{y}) \end{bmatrix} \\
&= \frac{1}{\operatorname{var}(\boldsymbol{x})}\begin{bmatrix} \operatorname{var}(\boldsymbol{x})\mathrm{E}(\boldsymbol{y})-\mathrm{E}(\boldsymbol{x})\operatorname{cov}(\boldsymbol{x},\boldsymbol{y}) \\ \operatorname{cov}(\boldsymbol{x},\boldsymbol{y}) \end{bmatrix} \\
&= \begin{bmatrix} \mathrm{E}(\boldsymbol{y})-\dfrac{\mathrm{E}(\boldsymbol{x})\operatorname{cov}(\boldsymbol{x},\boldsymbol{y})}{\operatorname{var}(\boldsymbol{x})} \\ \dfrac{\operatorname{cov}(\boldsymbol{x},\boldsymbol{y})}{\operatorname{var}(\boldsymbol{x})} \end{bmatrix}
\end{aligned}
\tag{11.57}
$$

下面从几何角度来解释上述优化结果：

$$
\hat{\boldsymbol{y}} = \boldsymbol{X}\boldsymbol{b} = \begin{bmatrix} \boldsymbol{x}_0 & \boldsymbol{x}_1 & \cdots & \boldsymbol{x}_{q-1} & \boldsymbol{x}_q \end{bmatrix}\begin{bmatrix} b_0 \\ b_1 \\ \vdots \\ b_{q-1} \\ b_q \end{bmatrix}
\tag{11.58}
$$

$\boldsymbol{X}$的 $q+1$个列向量 $(\boldsymbol{x}_0, \boldsymbol{x}_1,\cdots, \boldsymbol{x}_{q-1}, \boldsymbol{x}_q)$ 构造了一个超平面，如图11.13所示。$\hat{\boldsymbol{y}}$相当于超平面内一个向量，列向量$\boldsymbol{b}$中每一个元素相当于是 $(\boldsymbol{x}_0, \boldsymbol{x}_1, \cdots, \boldsymbol{x}_{q-1}, \boldsymbol{x}_q)$ 每一个维度上的权重。$\boldsymbol{y}$向量在此超平面之外成分，即残差 $\boldsymbol{\varepsilon}$ $(\boldsymbol{\varepsilon} = \boldsymbol{y} - \hat{\boldsymbol{y}})$，无法通过 $(\boldsymbol{x}_0, \boldsymbol{x}_1,\cdots, \boldsymbol{x}_{q-1}, \boldsymbol{x}_q)$ 解释部分，垂直于超平面。从另外一个角度，$\boldsymbol{y}$超平面内投影为$\hat{\boldsymbol{y}}$。

$$
\begin{aligned}
&\boldsymbol{\varepsilon} \perp \boldsymbol{X} \quad \Rightarrow \quad \boldsymbol{X}^{\mathrm{T}}\boldsymbol{\varepsilon} = 0 \\
&\Rightarrow \quad \boldsymbol{X}^{\mathrm{T}}(\boldsymbol{y} - \boldsymbol{X}\boldsymbol{b}) = 0 \quad \Rightarrow \quad \boldsymbol{X}^{\mathrm{T}}\boldsymbol{X}\boldsymbol{b} = \boldsymbol{X}^{\mathrm{T}}\boldsymbol{y} \\
&\Rightarrow \quad \boldsymbol{b} = (\boldsymbol{X}^{\mathrm{T}}\boldsymbol{X})^{-1}\boldsymbol{X}^{\mathrm{T}}\boldsymbol{y}
\end{aligned}
\tag{11.59}
$$

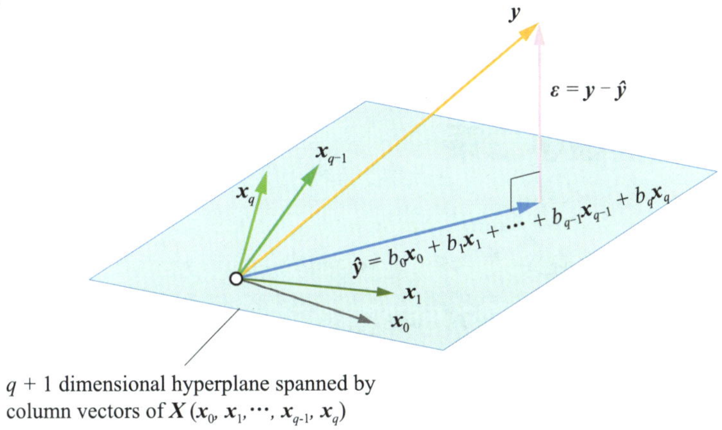

图11.13　几何角度解释多元最小二乘结果

这和之前优化结果完全一致。图11.14展示多元最小二乘法数据关系。

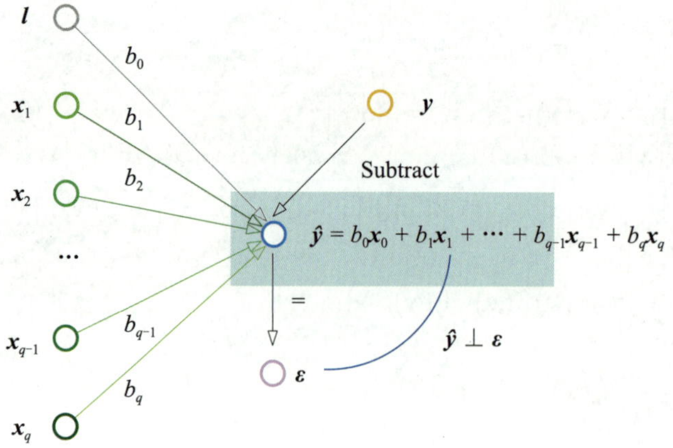

图11.14　多元最小二乘法数据关系

配合本章之前代码，如下代码获得多元线性回归系数。regress() 函数也用来求解系数。

B4_Ch11_1_C.m

```
%% Least squared regression, multi-variables
X = [ones(size(x1)),x1,x2,x3,x4,x5];
b = inv(X.'*X)*X.'*y

b = regress(y,X)
```

多元线性回归结果如下：

```
b =

   0.000705730723314
   0.214665796206625
   0.013564390734562
   0.212089504024239
   0.026203859829393
   0.196444969299818
```

11.3 非线性最小二乘

另外，我们也构造非线性最小二乘回归。非线性最小二乘回归用各种已知函数构造$\boldsymbol{y}$，比如：

$$\boldsymbol{y} = b_0 + b_1 f_1(\boldsymbol{x}) + b_2 f_2(\boldsymbol{x}) + \cdots + b_q f_q(\boldsymbol{x}) + \boldsymbol{\varepsilon} \tag{11.60}$$

如图11.15所示，最简单非线性函数为多项式函数，这样$\boldsymbol{y}$通过下式构造：

$$y = b_0 + b_1 x + b_2 x^2 + \cdots + b_q x^q + \varepsilon \tag{11.61}$$

其中，q为多项式函数最高次项系数，用矩阵形式表达：

$$y = Xb + \varepsilon \tag{11.62}$$

其中：

$$X = (l, x_1, x_2, \cdots, x_q) = \begin{bmatrix} 1 & x_1 & x_1^2 & \cdots & x_1^q \\ 1 & x_2 & x_2^2 & \cdots & x_2^q \\ \vdots & \vdots & \vdots & & \vdots \\ 1 & x_n & x_n^2 & \cdots & x_n^q \end{bmatrix}, \quad y = \begin{bmatrix} y_1 \\ y_2 \\ \vdots \\ y_n \end{bmatrix}, \quad b = \begin{bmatrix} b_0 \\ b_1 \\ \vdots \\ b_q \end{bmatrix}, \quad \varepsilon = \begin{bmatrix} \varepsilon_1 \\ \varepsilon_2 \\ \vdots \\ \varepsilon_n \end{bmatrix} \tag{11.63}$$

图11.16所示为COST股票日对数收益率y和MCD股票日对数收益率x之间一元二次最小二乘回归关系；即用x和x^2解释y。

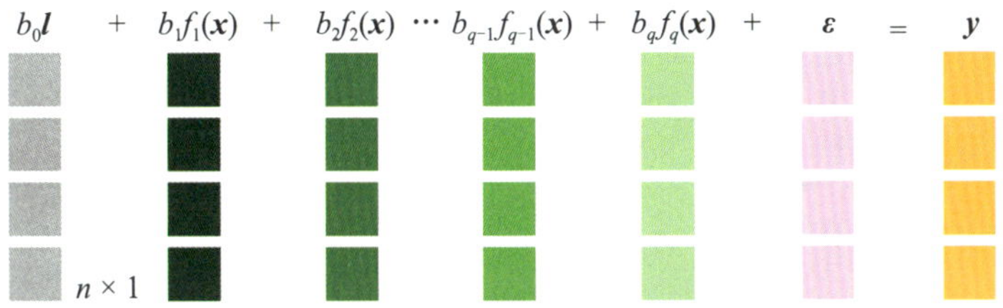

图11.15　一元非线性回归矩阵运算

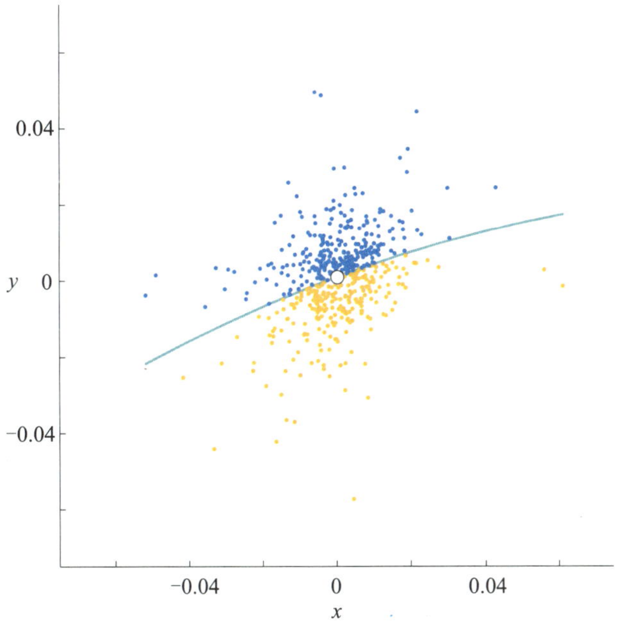

图11.16　数据x和y构造二次回归函数

从书第三册介绍过用fitlm() 函数构造线性和非线性函数，也称作广义线性回归Wilkinson notation；比如y和x_1构造一次函数，考虑截距项情况，用命令符 'y ~ x1' 来构造fitlm() 函数输入。

```
%% linear regression y(x1), with intercept
```

```
mdl = fitlm(x1,y,'y ~ x1')
```

代码运行的结果如下：

```
Linear regression model:
    y ~ 1 + x1

Estimated Coefficients:
                   Estimate        SE         tStat       pValue
                  __________    __________    ______    __________

    (Intercept)   0.00083267    0.00051873    1.6052       0.10908
    x1               0.35962      0.045435    7.9152    1.6034e-14

Number of observations: 502, Error degrees of freedom: 500
Root Mean Squared Error: 0.0116
R-squared: 0.111,  Adjusted R-Squared 0.11
F-statistic vs. constant model: 62.7, p-value = 1.6e-14
```

不考虑截距项，用 'y ~ x1' 来构造fitlm() 函数输入。

```
%% linear regression y(x1), no intercept

mdl = fitlm(x1,y,'y ~ -1 + x1')
```

代码运行的结果如下：

```
Linear regression model:
    y ~ x1

Estimated Coefficients:
          Estimate       SE       tStat       pValue
          ________    ________    ______    __________

    x1     0.3613     0.045494    7.9417    1.3219e-14

Number of observations: 502, Error degrees of freedom: 501
Root Mean Squared Error: 0.0116
```

考虑截距项，用 'y ~ x1^3' 来构造fitlm() 函数输入，得到一元三次回归结果。

```
%% linear regression y(x1), no intercept

mdl = fitlm(x1,y,'y ~ -1 + x1')
```

代码运行的结果如下：

```
Linear regression model:
    y ~ 1 + x1 + x1^2 + x1^3

Estimated Coefficients:
                   Estimate        SE          tStat         pValue
                  __________    __________    _________    __________

    (Intercept)   0.00083115    0.00055895        1.487       0.13765
    x1                0.4718      0.060539       7.7933    3.8352e-14
    x1^2            -0.16164        1.6418    -0.098454       0.92161
    x1^3             -117.37        42.314      -2.7739     0.0057472

Number of observations: 502, Error degrees of freedom: 498
Root Mean Squared Error: 0.0115
R-squared: 0.126,  Adjusted R-Squared 0.121
F-statistic vs. constant model: 24, p-value = 1.56e-14
```

考虑截距项，用构造fitlm() 函数输入'y ~ x1 + x2'，得到二元一次回归结果。

```
%% linear regression y(x1, x2), with intercept

X = [x1, x2];
mdl = fitlm(X,y,'y ~ x1 + x2')
```

代码运行的结果如下：

```
Linear regression model:
    y ~ 1 + x1 + x2

Estimated Coefficients:
                   Estimate        SE         tStat       pValue
                   __________   __________    ______    __________

    (Intercept)    0.00085757   0.00050803     1.688      0.092029
    x1                 0.3186     0.045333     7.028    6.9118e-12
    x2                0.13759     0.029109    4.7267     2.972e-06


Number of observations: 502, Error degrees of freedom: 499
Root Mean Squared Error: 0.0114
R-squared: 0.149,  Adjusted R-Squared 0.146
F-statistic vs. constant model: 43.8, p-value = 2.9e-18
```

考虑截距项，用构造fitlm() 函数输入'y ~ x1^2 + x2^2 + x1*x2'，得到二元二次回归结果。

```
%% linear regression y(x1, x2), highest order = 2

X = [x1, x2];
mdl = fitlm(X,y,'y ~ x1^2 + x2^2 + x1*x2')
```

代码运行的结果如下：

```
Linear regression model:
    y ~ 1 + x1*x2 + x1^2 + x2^2

Estimated Coefficients:
                   Estimate        SE         tStat        pValue
                   _________   __________    ________    __________

    (Intercept)    0.0015573   0.00057497     2.7085      0.0069931
    x1               0.29727     0.045832      6.486      2.135e-10
    x2               0.15877     0.030396     5.2234     2.5908e-07
    x1:x2            -1.5673       2.3808   -0.65832        0.51064
    x1^2            -0.53334       1.5988    -0.3336        0.73882
    x2^2             -1.7772      0.59964    -2.9638      0.0031845


Number of observations: 502, Error degrees of freedom: 496
Root Mean Squared Error: 0.0113
R-squared: 0.165,  Adjusted R-Squared 0.157
F-statistic vs. constant model: 19.6, p-value = 7.15e-18
```

其中，x1:x2，代表x1*x2。

更多有关fitlm() 函数Wilkinson notation，请参考如下链接：

https://www.mathworks.com/help/stats/wilkinson-notation.html

配合本章前文代码，以下代码获得图11.16。

B4_Ch11_1_D.m

```
figure(fig_i)
fig_i = fig_i + 1;

cov_x1_y = cov(x1,y);
cov_x1_y = cov_x1_y(1,2);
b1 = cov_x1_y/var(x1);
b0 = mean(y) - b1*mean(x1);
% use regress()
X = [ones(size(x1)) x1 x1.^2];
b = regress(y,X)
x1_x = min(x1):(max(x1) - min(x1))/10:max(x1);
```

```
y_hat_line = b(1) + x1_x*b(2) + x1_x.^2*b(3);
y_hat = interp1(x1_x,y_hat_line,x1);
mask = y_hat > y;
plot(x1(mask),y(mask),'.','color',[255,192,0]/255); hold on
plot(x1(~mask),y(~mask),'.','color',[0,153,255]/255);
plot(mean(x1),mean(y),'ok','MarkerFaceColor','w')
plot(x1_x,y_hat_line,'color',[147, 205, 221]/255,'LineWidth',1.25)
axis tight; box off
xlabel('x'); ylabel('y')
daspect([1,1,1])
xlim([-0.075,0.075]); ylim([-0.075,0.075]);
```

11.4 一元正交回归

正交回归 (orthogonal regression) 又叫作**全线性回归** (total linear regression)。最小二乘法线性回归仅考虑纵坐标方向上误差。正交回归同时考虑了横纵两个方向误差，如图11.17所示。同样用一元线性回归函数。

$$\boldsymbol{y} = b_0 + b_1\boldsymbol{x} \tag{11.64}$$

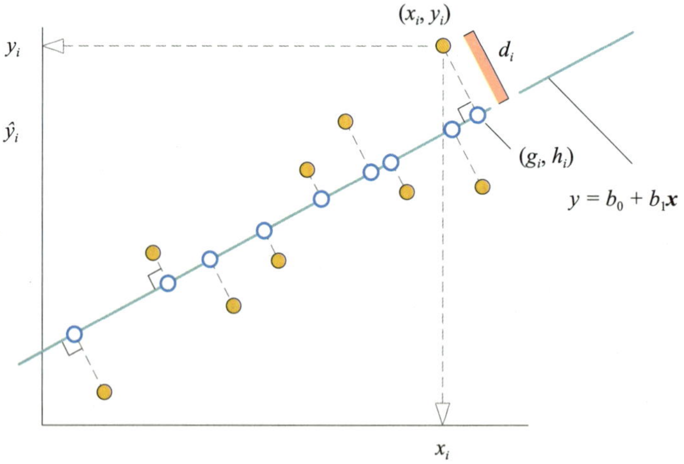

图11.17　一元线性正交回归

首先通过暴力方法直接求解一元正交回归系数。第i个观测点 (x_i, y_i) 在正交直线上投影点为 (g_i, h_i)，这两点距离平方为：

$$d_i^2 = (x_i - g_i)^2 + (y_i - h_i)^2 \tag{11.65}$$

所有点距离平方和为：

$$\sum_{i=1}^{n} d_i^2 = \sum_{i=1}^{n}\left(\left(x_i - g_i\right)^2 + \left(y_i - h_i\right)^2\right) \tag{11.66}$$

且 (g_i, h_i) 在此一次回归函数上，因此下式成立：

$$h_i = b_0 + b_1 g_i \tag{11.67}$$

上式看作是一个约束条件；因此，构造如下优化问题，b_0和b_1为优化变量，优化目标为最小化距离平方和，且存在一系列线性等式约束条件。

$$\begin{aligned}&\underset{b0,b1}{\arg\min}\, f\left(b_0,b_1\right) = \sum_{i=1}^{n} d_i^2 = \sum_{i=1}^{n}\left(\left(x_i - g_i\right)^2 + \left(y_i - h_i\right)^2\right)\\&\text{subject to}:\ h_i - \left(b_0 + b_1 g_i\right) = 0\end{aligned} \tag{11.68}$$

构造如下拉格朗日函数：

$$\begin{aligned}L\left(b_0,b_1,h_i,g_i,\lambda\right) &= \sum_{i=1}^{n}\left(\left(x_i - g_i\right)^2 + \left(y_i - h_i\right)^2\right) - \sum_{i=1}^{n}\left(\lambda_i\left(h_i - \left(b_0 + b_1 g_i\right)\right)\right)\\&= \sum_{i=1}^{n}\left(\left(x_i - g_i\right)^2 + \left(y_i - h_i\right)^2\right) - \sum_{i=1}^{n}\left(\lambda_i h_i\right) + b_0\sum_{i=1}^{n}\left(\lambda_i\right) + b_1\sum_{i=1}^{n}\left(\lambda_i g_i\right)\end{aligned} \tag{11.69}$$

构造如下偏微分等式并求解未知量：

$$\begin{cases}\dfrac{\partial L}{\partial b_0} = \sum\limits_{i=1}^{n}\lambda_i = 0\\[2mm]\dfrac{\partial L}{\partial b_1} = \sum\limits_{i=1}^{n}\lambda_i g_i = 0\\[2mm]\dfrac{\partial L}{\partial g_i} = -2\left(x_i - g_i\right) + b_1\lambda_i = 0\\[2mm]\dfrac{\partial L}{\partial h_i} = -2\left(y_i - h_i\right) - \lambda_i = 0\\[2mm]\dfrac{\partial L}{\partial \lambda_i} = h_i - \left(b_0 + b_1 g_i\right) = 0\end{cases} \tag{11.70}$$

通过观察以上等式，首先获得用λ_i表达g_i和h_i，公式如下：

$$\begin{cases}g_i = x_i - \dfrac{1}{2}b_1\lambda_i\\[2mm]h_i = y_i + \dfrac{1}{2}\lambda_i\end{cases} \tag{11.71}$$

将上两式带入如下等式：

$$\begin{aligned}&h_i - \left(b_0 + b_1 g_i\right) = 0\\\Rightarrow\ &\left(y_i + \frac{1}{2}\lambda_i\right) - \left(b_0 + b_1\left(x_i - \frac{1}{2}b_1\lambda_i\right)\right) = 0\\\Rightarrow\ &\lambda_i = \frac{2b_0 + 2b_1 x_i - 2y_i}{\left(1 + b_1^2\right)}\end{aligned} \tag{11.72}$$

λ_i之和为0，由此：

$$\sum_{i=1}^{n}\lambda_i=0 \Rightarrow \sum_{i=1}^{n}\frac{2b_0+2b_1x_i-2y_i}{\left(1+b_1^2\right)}=0$$
$$\Rightarrow nb_0+b_1\sum_{i=1}^{n}x_i-\sum_{i=1}^{n}y_i=0 \Rightarrow b_0+b_1\frac{\sum_{i=1}^{n}x_i}{n}-\frac{\sum_{i=1}^{n}y_i}{n}=0 \tag{11.73}$$
$$\Rightarrow b_0+b_1\mathrm{E}(\boldsymbol{x})-\mathrm{E}(\boldsymbol{y})=0 \Rightarrow b_0=\mathrm{E}(\boldsymbol{y})-b_1\mathrm{E}(\boldsymbol{x})$$

联立如下两式推出：

$$\begin{cases}\dfrac{\partial L}{\partial b_1}=\sum_{i=1}^{n}\lambda_i g_i=0\\ \dfrac{\partial L}{\partial g_i}=-2\left(x_i-g_i\right)+b_1\lambda_i=0\end{cases} \Rightarrow \sum_{i=1}^{n}\lambda_i\left(2x_i-b_1\lambda_i\right)=0 \tag{11.74}$$

首先将b_0和b_1表达λ_i带入上式。然后，再将 $b_0=\mathrm{E}(\boldsymbol{y})-b_1\mathrm{E}(\boldsymbol{x})$ 带入，经过复杂整理过程获得下式：

$$\mathrm{cov}(\boldsymbol{x},\boldsymbol{y})b_1^2+\left(\mathrm{var}(\boldsymbol{x})-\mathrm{var}(\boldsymbol{y})\right)b_1-\mathrm{cov}(\boldsymbol{x},\boldsymbol{y})=0 \tag{11.75}$$

即：

$$2\rho_{xy}\sigma_x\sigma_y b_1^2+\left(\sigma_x^2-\sigma_y^2\right)b_1-2\rho_{xy}\sigma_x\sigma_y=0 \tag{11.76}$$

求得：

$$b_1=\frac{-\left(\sigma_x^2-\sigma_y^2\right)\pm\sqrt{\left(\sigma_x^2-\sigma_y^2\right)^2+4\left(\rho_{xy}\sigma_x\sigma_y\right)^2}}{2\rho_{xy}\sigma_x\sigma_y} \tag{11.77}$$

大家可能已经觉得以上求解过程太过复杂，涉及太多参数；下面介绍第二种较为简便办法。通过本册数学部分内容学习，如图11.18所示，x-y平面上任意一点 (x_i, y_i) 距离正交回归直线距离利用下式获得。

$$d_i=\frac{y_i-\left(b_0+b_1x_i\right)}{\sqrt{1+b_1^2}} \tag{11.78}$$

注意，d_i含有正负号，d_i也可以通过线性回归中误差项推导得到：

$$d_i=\frac{\varepsilon_i}{\sqrt{1+b_1^2}}=\frac{y_i-\hat{y}_i}{\sqrt{1+b_1^2}}=\frac{y_i-\left(b_0+b_1x_i\right)}{\sqrt{1+b_1^2}} \tag{11.79}$$

当$i=1\sim n$时，d_i构成列向量为$\boldsymbol{d}$：

$$\boldsymbol{d}=\frac{\boldsymbol{y}-\left(b_0+b_1\boldsymbol{x}\right)}{\sqrt{1+b_1^2}} \tag{11.80}$$

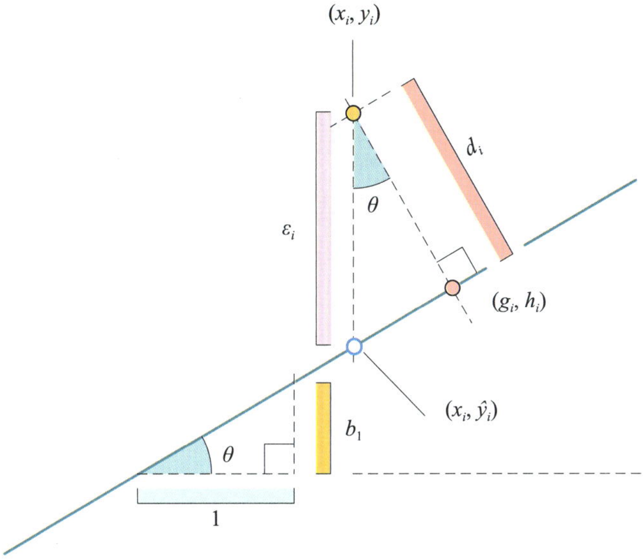

图11.18 正交投影几何关系

下面构造优化问题，最小化点到直线距离平方之和：

$$\begin{aligned}\underset{b0,b1}{\arg\min} f(b_0,b_1) &= \|\boldsymbol{d}\|^2 = \boldsymbol{d}^{\mathrm{T}}\boldsymbol{d} \\ &= \frac{\boldsymbol{\varepsilon}^{\mathrm{T}}\boldsymbol{\varepsilon}}{1+b_1^2} \\ &= \frac{\left(\boldsymbol{y}-(b_0+b_1\boldsymbol{x})\right)^{\mathrm{T}}\left(\boldsymbol{y}-(b_0+b_1\boldsymbol{x})\right)}{1+b_1^2}\end{aligned} \tag{11.81}$$

为了方便计算，也引入全1向量$\boldsymbol{l}$，它和$\boldsymbol{x}$形状一样；$f(b_0, b_1)$ 整理为下式：

$$f(b_0,b_1) = \frac{nb_0^2 + 2b_0b_1\boldsymbol{x}^{\mathrm{T}}\boldsymbol{l} + b_1^2\boldsymbol{x}^{\mathrm{T}}\boldsymbol{x} - 2b_0\boldsymbol{y}^{\mathrm{T}}\boldsymbol{l} - 2b_1\boldsymbol{x}^{\mathrm{T}}\boldsymbol{y} + \boldsymbol{y}^{\mathrm{T}}\boldsymbol{y}}{1+b_1^2} \tag{11.82}$$

$f(b_0, b_1)$ 对b_0和b_1偏导为0，即梯度向量为零向量，构造如下等式：

$$\begin{aligned}\frac{\partial f(b_0,b_1)}{\partial b_0} &= \frac{2nb_0 + 2b_1\boldsymbol{x}^{\mathrm{T}}\boldsymbol{l} - 2\boldsymbol{y}^{\mathrm{T}}\boldsymbol{l}}{1+b_1^2} = 0 \\ \frac{\partial f(b_0,b_1)}{\partial b_1} &= \frac{2b_1\boldsymbol{x}^{\mathrm{T}}\boldsymbol{x} + 2b_0\boldsymbol{x}^{\mathrm{T}}\boldsymbol{l} - 2\boldsymbol{x}^{\mathrm{T}}\boldsymbol{y}}{1+b_1^2} \\ &\quad - \frac{\left(nb_0^2 + 2b_0b_1\boldsymbol{x}^{\mathrm{T}}\boldsymbol{l} + b_1^2\boldsymbol{x}^{\mathrm{T}}\boldsymbol{x} - 2b_0\boldsymbol{y}^{\mathrm{T}}\boldsymbol{l} - 2b_1\boldsymbol{x}^{\mathrm{T}}\boldsymbol{y} + \boldsymbol{y}^{\mathrm{T}}\boldsymbol{y}\right)2b_1}{\left(1+b_1^2\right)^2} = 0\end{aligned} \tag{11.83}$$

很容易用b_1表达b_0：

$$b_0 = \frac{\boldsymbol{y}^{\mathrm{T}}\boldsymbol{l} - b_1\boldsymbol{x}^{\mathrm{T}}\boldsymbol{l}}{n} = \mathrm{E}(\boldsymbol{y}) - b_1\mathrm{E}(\boldsymbol{x}) \tag{11.84}$$

将b_0带入b_1获得：

$$b_1^2 + kb_1 - 1 = 0 \tag{11.85}$$

其中：

$$\begin{aligned} k &= \frac{n\boldsymbol{x}^{\mathrm{T}}\boldsymbol{x} - \boldsymbol{x}^{\mathrm{T}}\boldsymbol{l}\boldsymbol{x}^{\mathrm{T}}\boldsymbol{l} - n\boldsymbol{y}^{\mathrm{T}}\boldsymbol{y} - \boldsymbol{y}^{\mathrm{T}}\boldsymbol{l}\boldsymbol{y}^{\mathrm{T}}\boldsymbol{l}}{n\boldsymbol{x}^{\mathrm{T}}\boldsymbol{y} - \boldsymbol{x}^{\mathrm{T}}\boldsymbol{l}\boldsymbol{y}^{\mathrm{T}}\boldsymbol{l}} \\ &= \frac{\mathrm{var}(\boldsymbol{x}) - \mathrm{var}(\boldsymbol{y})}{\mathrm{cov}(\boldsymbol{x},\boldsymbol{y})} = \frac{\sigma_x^2 - \sigma_y^2}{\rho_{xy}\sigma_x\sigma_y} \end{aligned} \tag{11.86}$$

求解有关b_1二次函数：

$$b_1^2 + kb_1 - 1 = 0 \tag{11.87}$$

b_1解如下：

$$b_1 = \frac{-k \pm \sqrt{k^2 + 4}}{2} \tag{11.88}$$

将k具体值代入上式得：

$$b_1 = \frac{\left(\sigma_y^2 - \sigma_x^2\right) \pm \sqrt{\left(\sigma_x^2 - \sigma_y^2\right)^2 + 4\left(\rho_{xy}\sigma_x\sigma_y\right)^2}}{2\rho_{xy}\sigma_x\sigma_y} \tag{11.89}$$

发现b_1两个解即二元**主成分分析** (principal component analysis) 主元方向。b_1也是 $[\boldsymbol{x}, \boldsymbol{y}]$ 方差-协方差矩阵特征分解获得特征向量方向。

$$\boldsymbol{\Sigma} = \begin{bmatrix} \sigma_x^2 & \rho_{xy}\sigma_x\sigma_y \\ \rho_{xy}\sigma_x\sigma_y & \sigma_y^2 \end{bmatrix} \tag{11.90}$$

推出上式两个特征向量为：

$$\begin{aligned} \boldsymbol{v}_1 &= \begin{bmatrix} \dfrac{\left(\sigma_y^2 - \sigma_x^2\right) + \sqrt{\left(\sigma_x^2 - \sigma_y^2\right)^2 + 4\left(\rho_{xy}\sigma_x\sigma_y\right)^2}}{2\rho_{xy}\sigma_x\sigma_y} \\ 1 \end{bmatrix} \\ \boldsymbol{v}_2 &= \begin{bmatrix} \dfrac{\left(\sigma_y^2 - \sigma_x^2\right) - \sqrt{\left(\sigma_x^2 - \sigma_y^2\right)^2 + 4\left(\rho_{xy}\sigma_x\sigma_y\right)^2}}{2\rho_{xy}\sigma_x\sigma_y} \\ 1 \end{bmatrix} \end{aligned} \tag{11.91}$$

$\boldsymbol{v}_1$和$\boldsymbol{v}_2$垂直，两者点乘乘积为0：

$$\boldsymbol{v}_1 \cdot \boldsymbol{v}_2 = 0 \tag{11.92}$$

以下代码获得$\boldsymbol{\Sigma}$特征向量：

```
syms rho sig_x sig_y

SIGMA = [sig_x^2, rho*sig_x*sig_y;
```

```
        rho*sig_x*sig_y, sig_y^2;]

[V,LAMDA] = eig(SIGMA);

% SIGMA*V = V*LAMDA
% SIGMA = V*LAMDA*inv(V)
```

因此b_1也通过MATLAB的pca() 函数获得。

```
v = pca([x,y]); % x, y are both column vectors
b1 = v(2,1)/v(1,1);
```

有了上述思路，用PCA分解来获得正交回归系数。图11.19所示为正交回归和PCA分解关系，发现主元回归直线通过数据中心，回归直线方向和主元方向$\boldsymbol{v}_1$平行，垂直于次元$\boldsymbol{v}_2$方向。次元方向$\boldsymbol{v}_2$和直线法向量$\boldsymbol{n}$平行。

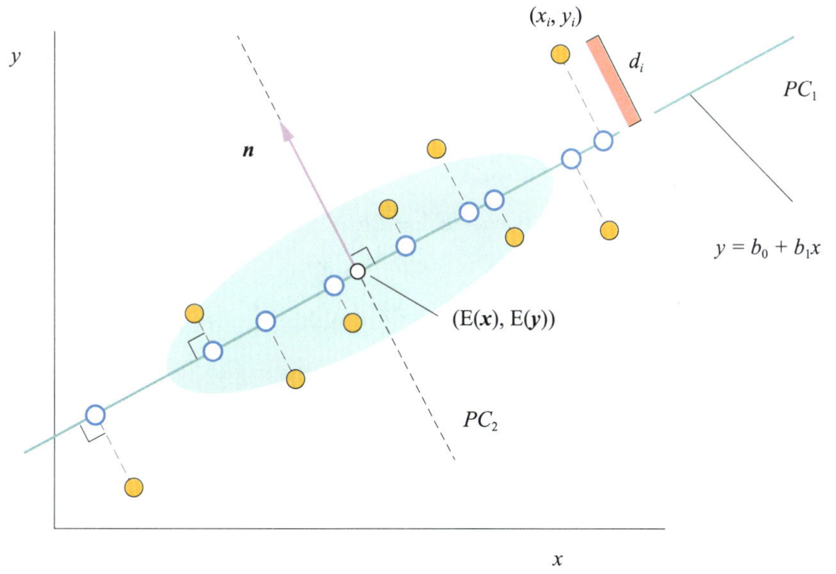

图11.19　正交回归和PCA分解关系

对于任意一元一次函数$y = b_1x + b_0$，用它的一阶导数来构造函数法向量和切向量。首先构造二元$F(x, y)$ 函数如下：

$$F(x,y)=b_0+b_1x-y \tag{11.93}$$

$F(x, y)$ 法向量即平面上$f(x)$ 法向量$\boldsymbol{n}$通过下式求解：

$$\boldsymbol{n}=\left(\frac{\partial F}{\partial x},\frac{\partial F}{\partial y}\right)^{\mathrm{T}}=\left(b_1,-1\right)^{\mathrm{T}} \tag{11.94}$$

如前文所示，$\boldsymbol{n}$方向即PCA分解第二主元 (次元) 方向。为了方便计算，假设数据已经经过中心化处理，即：

$$\boldsymbol{x}=\begin{bmatrix} x_1-\mathrm{E}(\boldsymbol{x}) \\ x_2-\mathrm{E}(\boldsymbol{x}) \\ \vdots \\ x_n-\mathrm{E}(\boldsymbol{x}) \end{bmatrix},\quad \boldsymbol{y}=\begin{bmatrix} y_1-\mathrm{E}(\boldsymbol{y}) \\ y_2-\mathrm{E}(\boldsymbol{y}) \\ \vdots \\ y_n-\mathrm{E}(\boldsymbol{y}) \end{bmatrix} \tag{11.95}$$

根据PCA计算法则，首先求解方差-协方差矩阵。由于$\boldsymbol{x}$和$\boldsymbol{y}$已经是中心化矩阵，因此：

$$\boldsymbol{\Sigma}=\begin{bmatrix}\boldsymbol{x} & \boldsymbol{y}\end{bmatrix}^{\mathrm{T}}\begin{bmatrix}\boldsymbol{x} & \boldsymbol{y}\end{bmatrix}=\begin{bmatrix}\boldsymbol{x}^{\mathrm{T}} \\ \boldsymbol{y}^{\mathrm{T}}\end{bmatrix}\begin{bmatrix}\boldsymbol{x} & \boldsymbol{y}\end{bmatrix}=\begin{bmatrix}\boldsymbol{x}^{\mathrm{T}}\boldsymbol{x} & \boldsymbol{x}^{\mathrm{T}}\boldsymbol{y} \\ \boldsymbol{y}^{\mathrm{T}}\boldsymbol{x} & \boldsymbol{y}^{\mathrm{T}}\boldsymbol{y}\end{bmatrix} \tag{11.96}$$

由于$\boldsymbol{n}$为$\boldsymbol{\Sigma}$次元方向：

$$\begin{aligned}
&\boldsymbol{\Sigma v}_2=\lambda_2\boldsymbol{v}_2 \quad \Rightarrow \quad \begin{bmatrix}\boldsymbol{x}^{\mathrm{T}}\boldsymbol{x} & \boldsymbol{x}^{\mathrm{T}}\boldsymbol{y} \\ \boldsymbol{y}^{\mathrm{T}}\boldsymbol{x} & \boldsymbol{y}^{\mathrm{T}}\boldsymbol{y}\end{bmatrix}\boldsymbol{n}=\lambda_2\boldsymbol{n} \\
&\Rightarrow \begin{bmatrix}\boldsymbol{x}^{\mathrm{T}}\boldsymbol{x} & \boldsymbol{x}^{\mathrm{T}}\boldsymbol{y} \\ \boldsymbol{y}^{\mathrm{T}}\boldsymbol{x} & \boldsymbol{y}^{\mathrm{T}}\boldsymbol{y}\end{bmatrix}\begin{bmatrix}b_1 \\ -1\end{bmatrix}=\lambda_2\begin{bmatrix}b_1 \\ -1\end{bmatrix} \\
&\Rightarrow \begin{cases}\boldsymbol{x}^{\mathrm{T}}\boldsymbol{x}b_1-\boldsymbol{x}^{\mathrm{T}}\boldsymbol{y}=\lambda_2 b_1 \\ \boldsymbol{y}^{\mathrm{T}}\boldsymbol{x}b_1-\boldsymbol{y}^{\mathrm{T}}\boldsymbol{y}=-\lambda_2\end{cases}
\end{aligned} \tag{11.97}$$

通过以上等式组第一个等式，用λ_2表示b_1：

$$\begin{aligned}
&\boldsymbol{x}^{\mathrm{T}}\boldsymbol{x}b_1-\boldsymbol{x}^{\mathrm{T}}\boldsymbol{y}=\lambda_2 b_1 \\
&\Rightarrow\left(\boldsymbol{x}^{\mathrm{T}}\boldsymbol{x}-\lambda_2\right)b_1=\boldsymbol{x}^{\mathrm{T}}\boldsymbol{y} \\
&\Rightarrow b_1=\left(\boldsymbol{x}^{\mathrm{T}}\boldsymbol{x}-\lambda_2\right)^{-1}\boldsymbol{x}^{\mathrm{T}}\boldsymbol{y}
\end{aligned} \tag{11.98}$$

这里对比一元线性回归和一元正交回归。下式为一元线性回归b_1解：

$$b_1=\left(\boldsymbol{x}^{\mathrm{T}}\boldsymbol{x}\right)^{-1}\boldsymbol{x}^{\mathrm{T}}\boldsymbol{y} \tag{11.99}$$

当λ_2为0时，两种回归方法得到斜率完全一致。$\lambda_2=0$ 对应情况是$\boldsymbol{y}$和$\boldsymbol{x}$完全线性相关。通过对$\boldsymbol{\Sigma}$分解：

$$\boldsymbol{\Sigma}=\begin{bmatrix}\sigma_x^2 & \rho_{xy}\sigma_x\sigma_y \\ \rho_{xy}\sigma_x\sigma_y & \sigma_y^2\end{bmatrix} \tag{11.100}$$

获得$\boldsymbol{\Sigma}$两个特征值，从大到小排列。如下结果已经在本册数学部分有关椭圆章节介绍过。

$$\begin{aligned}
\lambda_1&=\frac{\sigma_x^2+\sigma_y^2}{2}+\sqrt{\left(\rho_{xy}\sigma_x\sigma_y\right)^2+\left(\frac{\sigma_x^2-\sigma_y^2}{2}\right)^2} \\
\lambda_2&=\frac{\sigma_x^2+\sigma_y^2}{2}-\sqrt{\left(\rho_{xy}\sigma_x\sigma_y\right)^2+\left(\frac{\sigma_x^2-\sigma_y^2}{2}\right)^2}
\end{aligned} \tag{11.101}$$

然后得到选择特征值较大对应特征向量为直线切线向量。特征值较小特征向量对应直线法线向量，这样求得b_1斜率。通过比较数据中心化前后一次函数形式，很容易计算获得回归式截距项表达式。

$$b_0 = \mathrm{E}(\boldsymbol{y}) - b_1 \mathrm{E}(\boldsymbol{x}) \tag{11.102}$$

图11.20所示为前文两只股票数据$\boldsymbol{x}$和$\boldsymbol{y}$一元正交回归直线，以及主元方向$\boldsymbol{v}_1$平行，垂直于次元$\boldsymbol{v}_2$方向。

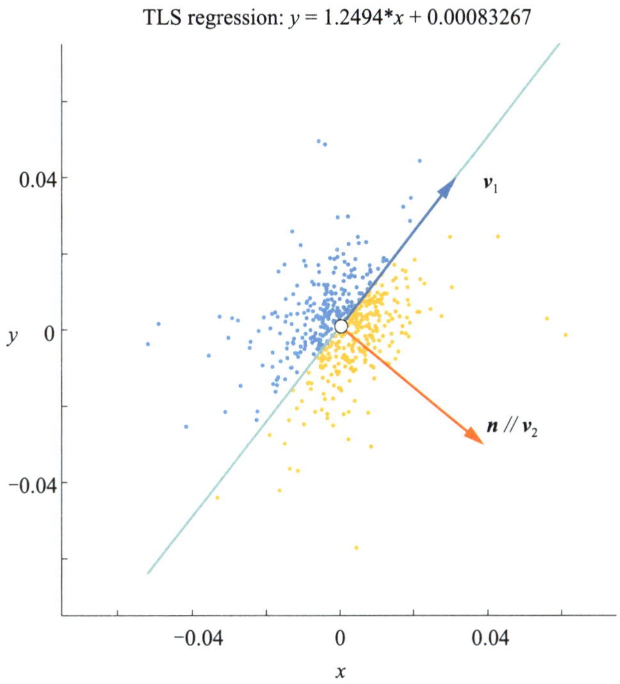

图11.20　两只股票数据$\boldsymbol{x}$和$\boldsymbol{y}$一元正交回归关系

配合前文代码，以下代码获得图11.20。

B4_Ch11_1_E.m

```
%% Total linear regression, one-variable

figure(fig_i)
fig_i = fig_i + 1;

x1_centered = x1 - mean(x1);
y_centered = y - mean(y);
V = pca([x1,y])
b1 = -V(1,2)/V(2,2);

y_hat_line = b1*x1_x + b0;
y_hat = interp1(x1_x,y_hat_line,x1);

SST2 = var(y - mean(y));
SSR2 = var(y_hat - mean(y));
R_squared2 = SSR2/SST2
% R_squared cannot be applied in this use case
```

```
% This is only an example

mask = y_hat > y;
plot(x1(mask),y(mask),'.','color',[255,192,0]/255); hold on
plot(x1(~mask),y(~mask),'.','color',[0,153,255]/255);

plot(mean(x1),mean(y),'ok','MarkerFaceColor','w')
plot(x1_x,y_hat_line,'color',[147, 205, 221]/255,'LineWidth',1.25)

h1 = quiver(mean(x1),mean(y),V(1,1),V(2,1),'b');
h1.AutoScaleFactor = 0.05;
h2 = quiver(mean(x1),mean(y),V(1,2),V(2,2),'r');
h2.AutoScaleFactor = 0.05;
xlim([-0.075,0.075]); ylim([-0.075,0.075]);  box off
xlabel('x'); ylabel('y')
title(['TLS regression: y = ',num2str(b1),'*x + ',num2str(b0)])
daspect([1,1,1])
```

在图11.21中比较四种最基本一元回归方法：图11.21(a) 对应一元线性最小二乘法，最小化SSE；图11.21(b) 对应一元正交回归，优化目标是最小化观察点到回归直线距离平方和；图11.21(c) 类似于图11.21(a)，区分是残差项为横轴差值；图11.21(d) 最小化y方向绝对最小偏差之和。

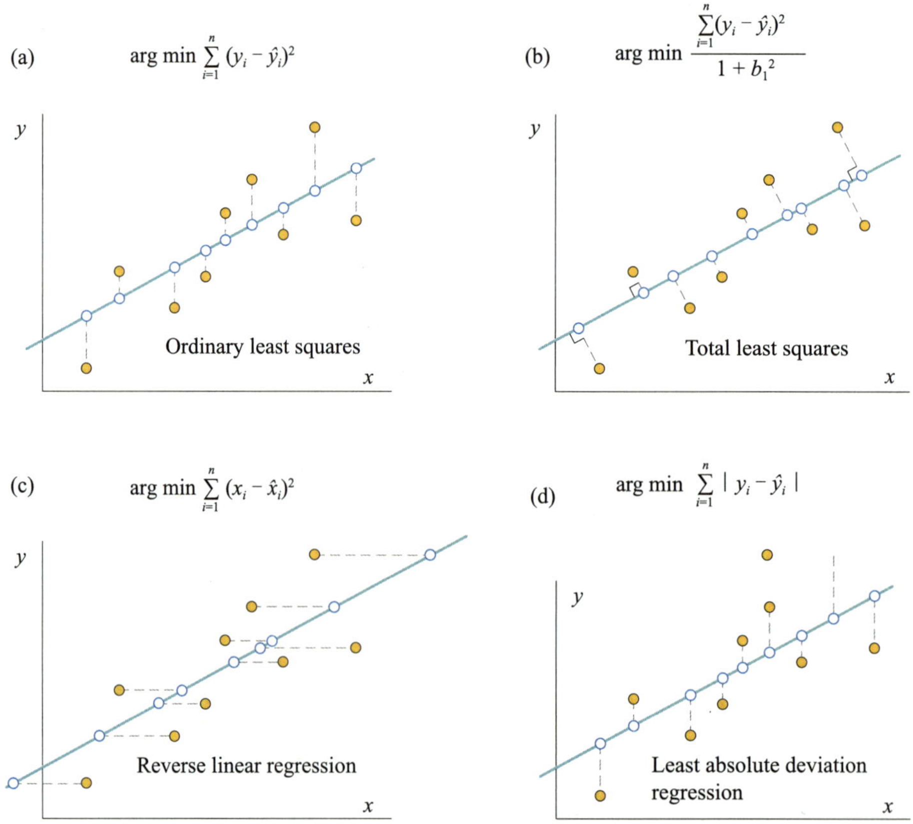

图11.21　比较四种一元回归

图11.22所示为一元正交回归数据之间关系。发现自变量$\boldsymbol{x}$列向量和因变量$\boldsymbol{y}$列向量数据都参与PCA分解得到正交化向量$\boldsymbol{v}_1$和$\boldsymbol{v}_2$，然后用特征值中较大值对应特征向量$\boldsymbol{v}_1$作为一元正交回归直线切线向量。更为简单的计算方法是，用特征值较小值对应特征向量$\boldsymbol{v}_2$作为一元正交回归直线法向量。

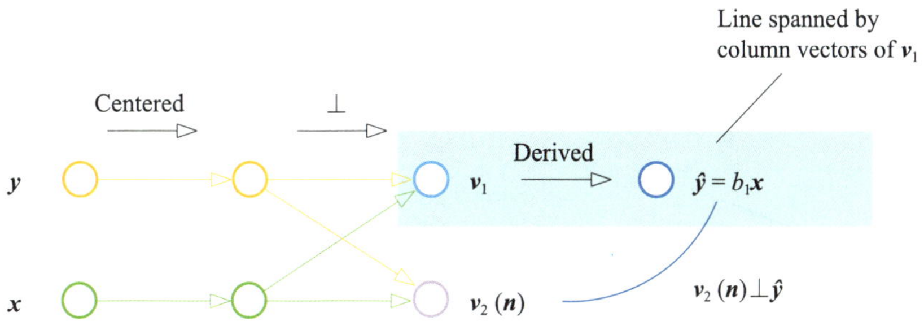

图11.22　一元正交回归数据关系

11.5 多元正交回归

上一节用PCA分解思路讨论了一元正交回归；这一节也先用PCA分解讨论二元和多元正交回归。首先也是对数据进行中心化处理：

$$\boldsymbol{x}_1 = \begin{bmatrix} x_{1,1} - \mathrm{E}(\boldsymbol{x}_1) \\ x_{2,1} - \mathrm{E}(\boldsymbol{x}_1) \\ \vdots \\ x_{n,1} - \mathrm{E}(\boldsymbol{x}_1) \end{bmatrix}, \quad \boldsymbol{x}_2 = \begin{bmatrix} x_{1,2} - \mathrm{E}(\boldsymbol{x}_2) \\ x_{2,2} - \mathrm{E}(\boldsymbol{x}_2) \\ \vdots \\ x_{n,2} - \mathrm{E}(\boldsymbol{x}_2) \end{bmatrix}, \quad \boldsymbol{y} = \begin{bmatrix} y_1 - \mathrm{E}(\boldsymbol{y}) \\ y_2 - \mathrm{E}(\boldsymbol{y}) \\ \vdots \\ y_n - \mathrm{E}(\boldsymbol{y}) \end{bmatrix} \tag{11.103}$$

根据PCA计算法则，首先求解方差-协方差矩阵。由于$\boldsymbol{x}_1$、$\boldsymbol{x}_2$和$\boldsymbol{y}$已经为中心化矩阵，因此方差-协方差矩阵通过下式计算获得：

$$\begin{aligned} \boldsymbol{\Sigma} &= \frac{1}{n-1}\begin{bmatrix} \boldsymbol{x}_1 & \boldsymbol{x}_2 & \boldsymbol{y} \end{bmatrix}^{\mathrm{T}} \begin{bmatrix} \boldsymbol{x}_1 & \boldsymbol{x}_2 & \boldsymbol{y} \end{bmatrix} \\ &= \frac{1}{n-1}\begin{bmatrix} \boldsymbol{x}_1^{\mathrm{T}} \\ \boldsymbol{x}_2^{\mathrm{T}} \\ \boldsymbol{y}^{\mathrm{T}} \end{bmatrix} \begin{bmatrix} \boldsymbol{x}_1 & \boldsymbol{x}_2 & \boldsymbol{y} \end{bmatrix} = \frac{1}{n-1}\begin{bmatrix} \boldsymbol{x}_1^{\mathrm{T}}\boldsymbol{x}_1 & \boldsymbol{x}_1^{\mathrm{T}}\boldsymbol{x}_2 & \boldsymbol{x}_1^{\mathrm{T}}\boldsymbol{y} \\ \boldsymbol{x}_2^{\mathrm{T}}\boldsymbol{x}_1 & \boldsymbol{x}_2^{\mathrm{T}}\boldsymbol{x}_2 & \boldsymbol{x}_2^{\mathrm{T}}\boldsymbol{y} \\ \boldsymbol{y}^{\mathrm{T}}\boldsymbol{x}_1 & \boldsymbol{y}^{\mathrm{T}}\boldsymbol{x}_2 & \boldsymbol{y}^{\mathrm{T}}\boldsymbol{y} \end{bmatrix} \end{aligned} \tag{11.104}$$

为了方便计算，本节计算不考虑系数 $1/(n-1)$。PCA分解实际上是从非正交 $[\boldsymbol{x}_1, \boldsymbol{x}_2, \boldsymbol{y}]$ 系统中获得了一个正交坐标系 $[\boldsymbol{v}_1, \boldsymbol{v}_2, \boldsymbol{v}_3]$，如图11.23所示。

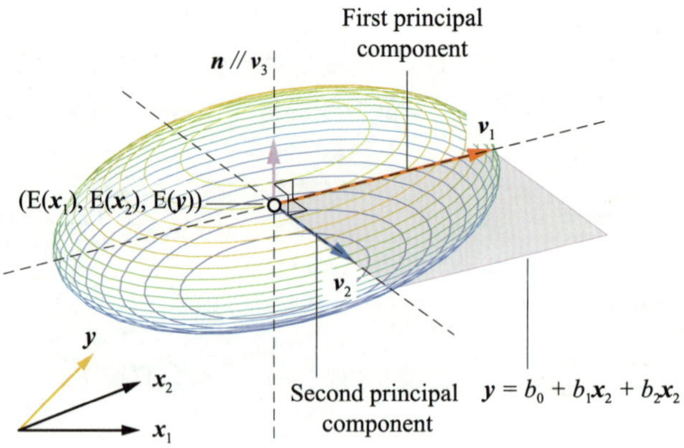

图11.23　PCA分解得到正交系

如果数据没有中心化，如图11.23所示，正交坐标系中心位于数据中心，且回归方程常数项通过下式获得：

$$b_0 = \mathrm{E}(\boldsymbol{y}) - \begin{bmatrix} \mathrm{E}(\boldsymbol{x}_1) & \mathrm{E}(\boldsymbol{x}_2) \end{bmatrix} \begin{bmatrix} b_1 \\ b_2 \end{bmatrix} \tag{11.105}$$

前两个主元向量$\boldsymbol{v}_1$和$\boldsymbol{v}_2$相互垂直，构成了一个平面H；特征值最小主元$\boldsymbol{n}$垂直于该平面，即$\boldsymbol{n}$为H平面法向量。注意，$\boldsymbol{v}_1$和$\boldsymbol{v}_2$这两个法向量中既有$\boldsymbol{x}_1$和$\boldsymbol{x}_2$成分又有$\boldsymbol{y}$成分。该平面用如下解析式表达：

$$y = b_0 + b_1 x_1 + b_2 x_2 \tag{11.106}$$

构造三元$F(x_1, x_2, y)$ 函数如下：

$$F(x_1, x_2, y) = b_0 + b_1 x_1 + b_2 x_2 - y \tag{11.107}$$

$F(x_1, x_2, y)$ 法向量即平面上$f(x_1, x_2)$ 法向量$\boldsymbol{n}$通过下式求解：

$$\boldsymbol{n} = \left(\frac{\partial F}{\partial x_1}, \frac{\partial F}{\partial x_2}, \frac{\partial F}{\partial y} \right)^{\mathrm{T}} = \begin{bmatrix} b_1 & b_2 & -1 \end{bmatrix}^{\mathrm{T}} \tag{11.108}$$

$\boldsymbol{n}$平行于$\boldsymbol{\Sigma}$矩阵PCA分解特征值最小特征向量，即：

$$\begin{aligned}
\boldsymbol{\Sigma v}_3 = \lambda_3 \boldsymbol{v}_3 \quad &\Rightarrow \begin{bmatrix} \boldsymbol{x}_1^{\mathrm{T}}\boldsymbol{x}_1 & \boldsymbol{x}_1^{\mathrm{T}}\boldsymbol{x}_2 & \boldsymbol{x}_1^{\mathrm{T}}\boldsymbol{y} \\ \boldsymbol{x}_2^{\mathrm{T}}\boldsymbol{x}_1 & \boldsymbol{x}_2^{\mathrm{T}}\boldsymbol{x}_2 & \boldsymbol{x}_2^{\mathrm{T}}\boldsymbol{y} \\ \boldsymbol{y}^{\mathrm{T}}\boldsymbol{x}_1 & \boldsymbol{y}^{\mathrm{T}}\boldsymbol{x}_2 & \boldsymbol{y}^{\mathrm{T}}\boldsymbol{y} \end{bmatrix} \boldsymbol{n} = \lambda_3 \boldsymbol{n} \\
&\Rightarrow \begin{bmatrix} \boldsymbol{x}_1^{\mathrm{T}}\boldsymbol{x}_1 & \boldsymbol{x}_1^{\mathrm{T}}\boldsymbol{x}_2 & \boldsymbol{x}_1^{\mathrm{T}}\boldsymbol{y} \\ \boldsymbol{x}_2^{\mathrm{T}}\boldsymbol{x}_1 & \boldsymbol{x}_2^{\mathrm{T}}\boldsymbol{x}_2 & \boldsymbol{x}_2^{\mathrm{T}}\boldsymbol{y} \\ \boldsymbol{y}^{\mathrm{T}}\boldsymbol{x}_1 & \boldsymbol{y}^{\mathrm{T}}\boldsymbol{x}_2 & \boldsymbol{y}^{\mathrm{T}}\boldsymbol{y} \end{bmatrix} \begin{bmatrix} b_1 \\ b_2 \\ -1 \end{bmatrix} = \lambda_3 \begin{bmatrix} b_1 \\ b_2 \\ -1 \end{bmatrix} \\
&\Rightarrow \begin{cases} \boldsymbol{x}_1^{\mathrm{T}}\boldsymbol{x}_1 b_1 + \boldsymbol{x}_1^{\mathrm{T}}\boldsymbol{x}_2 b_2 - \boldsymbol{x}_1^{\mathrm{T}}\boldsymbol{y} = \lambda_3 b_1 \\ \boldsymbol{x}_2^{\mathrm{T}}\boldsymbol{x}_1 b_1 + \boldsymbol{x}_2^{\mathrm{T}}\boldsymbol{x}_2 b_2 - \boldsymbol{x}_2^{\mathrm{T}}\boldsymbol{y} = \lambda_3 b_2 \end{cases} \\
&\Rightarrow \begin{cases} \left(\boldsymbol{x}_1^{\mathrm{T}}\boldsymbol{x}_1 - \lambda_3\right) b_1 + \boldsymbol{x}_1^{\mathrm{T}}\boldsymbol{x}_2 b_2 = \boldsymbol{x}_1^{\mathrm{T}}\boldsymbol{y} \\ \boldsymbol{x}_2^{\mathrm{T}}\boldsymbol{x}_1 b_1 + \left(\boldsymbol{x}_2^{\mathrm{T}}\boldsymbol{x}_2 - \lambda_3\right) b_2 = \boldsymbol{x}_2^{\mathrm{T}}\boldsymbol{y} \end{cases}
\end{aligned} \tag{11.109}$$

求解上式获得b_1和b_2解析解；另外，$\boldsymbol{n}$平行于$\boldsymbol{\Sigma}$矩阵PCA分解特征值最小特征向量$\boldsymbol{v}_3$，构造如下等

式并求解b_1和b_2。

$$\begin{bmatrix} b_1 \\ b_2 \\ -1 \end{bmatrix} = k\boldsymbol{v}_3 \quad \Rightarrow \quad \begin{bmatrix} b_1 \\ b_2 \\ -1 \end{bmatrix} = k\begin{bmatrix} v_{1,3} \\ v_{2,3} \\ v_{3,3} \end{bmatrix}$$
$$\Rightarrow \quad k = \frac{-1}{v_{3,3}} \quad \Rightarrow \quad \begin{bmatrix} b_1 \\ b_2 \end{bmatrix} = \frac{-1}{v_{3,3}}\begin{bmatrix} v_{1,3} \\ v_{2,3} \end{bmatrix} \tag{11.110}$$

为了适应多元正交回归运算，令：

$$\begin{bmatrix} \boldsymbol{x}_1 & \boldsymbol{x}_2 \end{bmatrix} = \begin{bmatrix} \boldsymbol{X} \end{bmatrix} \quad \Rightarrow \quad \begin{bmatrix} \boldsymbol{x}_1 & \boldsymbol{x}_2 & \boldsymbol{y} \end{bmatrix} = \begin{bmatrix} \boldsymbol{X} & \boldsymbol{y} \end{bmatrix}$$
$$\Rightarrow \quad \boldsymbol{\Sigma} = \begin{bmatrix} \boldsymbol{X}^{\mathrm{T}}\boldsymbol{X} & \boldsymbol{X}^{\mathrm{T}}\boldsymbol{y} \\ \boldsymbol{y}^{\mathrm{T}}\boldsymbol{X} & \boldsymbol{X}^{\mathrm{T}}\boldsymbol{y} \end{bmatrix} \tag{11.111}$$

上式$\boldsymbol{\Sigma}$也不考虑系数$1/(n-1)$。构造$\boldsymbol{b} = [b_1, b_2]^{\mathrm{T}}$，重新构造特征值和特征向量以及$\boldsymbol{\Sigma}$之间关系：

$$\boldsymbol{\Sigma}\boldsymbol{v}_3 = \lambda_3\boldsymbol{v}_3 \quad \Rightarrow \quad \begin{bmatrix} \boldsymbol{X}^{\mathrm{T}}\boldsymbol{X} & \boldsymbol{X}^{\mathrm{T}}\boldsymbol{y} \\ \boldsymbol{y}^{\mathrm{T}}\boldsymbol{X} & \boldsymbol{y}^{\mathrm{T}}\boldsymbol{y} \end{bmatrix}\boldsymbol{n} = \lambda_3\boldsymbol{n}$$
$$\Rightarrow \quad \begin{bmatrix} \boldsymbol{X}^{\mathrm{T}}\boldsymbol{X} & \boldsymbol{X}^{\mathrm{T}}\boldsymbol{y} \\ \boldsymbol{y}^{\mathrm{T}}\boldsymbol{X} & \boldsymbol{y}^{\mathrm{T}}\boldsymbol{y} \end{bmatrix}\begin{bmatrix} \boldsymbol{b} \\ -1 \end{bmatrix} = \lambda_3\begin{bmatrix} \boldsymbol{b} \\ -1 \end{bmatrix} \tag{11.112}$$
$$\Rightarrow \quad \boldsymbol{b} = \left(\boldsymbol{X}^{\mathrm{T}}\boldsymbol{X} - \lambda_3\right)^{-1}\boldsymbol{X}^{\mathrm{T}}\boldsymbol{y}$$

图11.11数据进行二元正交回归得到图11.24，解析式如下：

$$y = 1.2033x_1 + 0.040812x_2 + 0.00061547 \tag{11.113}$$

图11.24还用quiver3() 函数绘制了三个特征向量。

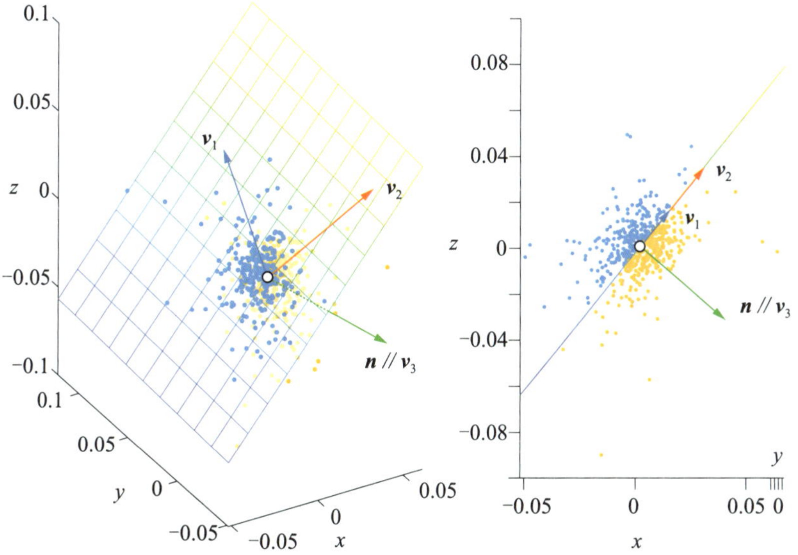

图11.24 三只股票数据 $(\boldsymbol{x}_1, \boldsymbol{x}_2, \boldsymbol{y})$ 二元正交回归关系

配合前文代码，以下代码可获得图11.24。

B4_Ch11_1_F.m

```
%% Total linear regression, two-variables

figure(fig_i)
fig_i = fig_i + 1;

[V,~,LAMBDA] = pca([x1,x2,y])
b = -V(1:end-1,end)/V(end,end);

b0 = mean(y) - b(1)*mean(x1) - b(2)*mean(x2);

x1_x = min(x1):(max(x1) - min(x1))/10:max(x1);
x2_x = min(x2):(max(x2) - min(x2))/10:max(x2);
[x1_xx,x2_xx] = meshgrid(x1_x,x2_x);
y_hat_surf = b0 + b(1)*x1_xx + b(2)*x2_xx;

y_hat = interp2(x1_xx,x2_xx,y_hat_surf, x1,x2);
mask = y_hat > y;
plot3(x1(mask),x2(mask),y(mask),'.','color',[255,192,0]/255); hold on
plot3(x1(~mask),x2(~mask),y(~mask),'.','color',[0,153,255]/255);
% use regress()

plot3(mean(x1),mean(x2),mean(y),'or')

h1 = quiver3(mean(x1),mean(x2),mean(y),V(1,1),V(2,1),V(3,1),'b');
h1.AutoScaleFactor = 0.05;
h2 = quiver3(mean(x1),mean(x2),mean(y),V(1,2),V(2,2),V(3,2),'r');
h2.AutoScaleFactor = 0.05;
h3 = quiver3(mean(x1),mean(x2),mean(y),V(1,3),V(2,3),V(3,3),'g');
h3.AutoScaleFactor = 0.05;

h = mesh(x1_xx,x2_xx,y_hat_surf);
h.FaceAlpha = 0.3;
title(['TLS regression: y = ',num2str(b(1)),...
'*x1 + ',num2str(b(2)),'*x2 + ',num2str(b0)])
axis tight; box off; daspect([1,1,1])
xlabel('x_1'); ylabel('x_2'); zlabel('y')
view(-30,30);
view(2,0)
zlim([-0.1,0.1])
```

图11.25展示了二元正交回归坐标转换过程。图11.26解释二元正交回归数据关系。非正交数据 [$\boldsymbol{x}_1$, $\boldsymbol{x}_2$, $\boldsymbol{y}$] 首先中心化，然后用PCA正交化获得新坐标系 [$\boldsymbol{v}_1$, $\boldsymbol{v}_2$, $\boldsymbol{v}_3$]。$\boldsymbol{v}_1$、$\boldsymbol{v}_2$和$\boldsymbol{v}_3$对应特征值由大到小。$\boldsymbol{v}_1$和$\boldsymbol{v}_2$构造一个平面，$\boldsymbol{v}_3$垂直于该平面。

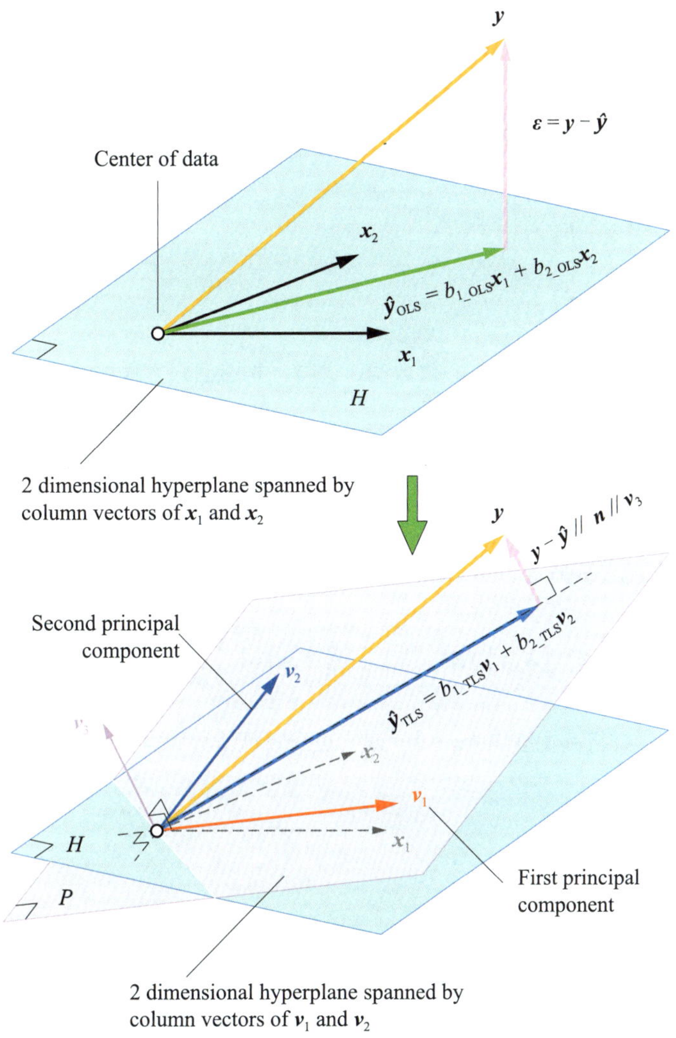

图11.25　几何角度解释二元正交回归坐标转换

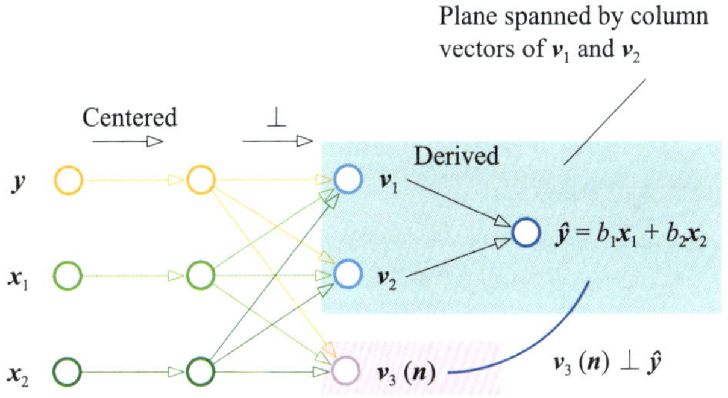

图11.26　二元正交回归数据关系

下面，把上述解推广到q维度$\boldsymbol{X}$矩阵。首先中心化数据，获得如下两个中心化$\boldsymbol{X}$、$\boldsymbol{y}$向量：

$$
\boldsymbol{X}=\begin{bmatrix} x_{1,1}-\mathrm{E}(\boldsymbol{x}_1) & x_{1,2}-\mathrm{E}(\boldsymbol{x}_2) & \cdots & x_{1,q}-\mathrm{E}(\boldsymbol{x}_q) \\ x_{2,1}-\mathrm{E}(\boldsymbol{x}_1) & x_{2,2}-\mathrm{E}(\boldsymbol{x}_2) & \cdots & x_{2,q}-\mathrm{E}(\boldsymbol{x}_q) \\ \vdots & \vdots & & \vdots \\ x_{n,1}-\mathrm{E}(\boldsymbol{x}_1) & x_{n,2}-\mathrm{E}(\boldsymbol{x}_2) & \cdots & x_{n,q}-\mathrm{E}(\boldsymbol{x}_q) \end{bmatrix}=\left(\boldsymbol{I}-\frac{1}{n}\boldsymbol{l}\boldsymbol{l}^T\right)\boldsymbol{X}
$$

$$
\boldsymbol{y}=\begin{bmatrix} y_1-\mathrm{E}(\boldsymbol{y}) \\ y_2-\mathrm{E}(\boldsymbol{y}) \\ \vdots \\ y_n-\mathrm{E}(\boldsymbol{y}) \end{bmatrix} \tag{11.114}
$$

为了表达方便，假设$\boldsymbol{X}$和$\boldsymbol{y}$已经为中心化数据；这样，构造回归方程式时，不必考虑常数项b_0，即回归方程中没有截距项：

$$
y=b_1x_1+b_2x_2+\cdots+b_{q-1}x_{q-1}+b_qx_q \tag{11.115}
$$

为了进行PCA分解，首先计算 $[\boldsymbol{X}, \boldsymbol{y}]$ 矩阵方差-协方差矩阵。因为$\boldsymbol{X}$和$\boldsymbol{y}$均是中心化数据，不考虑系数 $1/(n-1)$，方差-协方差矩阵通过下式简单运算获得：

$$
\boldsymbol{\Sigma}=[\boldsymbol{X},\boldsymbol{y}]^{\mathrm{T}}[\boldsymbol{X},\boldsymbol{y}]=\begin{bmatrix}\boldsymbol{X}^{\mathrm{T}}\\ \boldsymbol{y}^{\mathrm{T}}\end{bmatrix}[\boldsymbol{X},\boldsymbol{y}]=\begin{bmatrix}\boldsymbol{X}^{\mathrm{T}}\boldsymbol{X} & \boldsymbol{X}^{\mathrm{T}}\boldsymbol{y}\\ \boldsymbol{y}^{\mathrm{T}}\boldsymbol{X} & \boldsymbol{y}^{\mathrm{T}}\boldsymbol{y}\end{bmatrix} \tag{11.116}
$$

上述方差-协方差矩阵行列宽度均为$q+1$。对它进行特征值分解得到：

$$
\boldsymbol{\Sigma}=\boldsymbol{V}\boldsymbol{\Lambda}\boldsymbol{V}^{-1} \tag{11.117}
$$

其中：

$$
\boldsymbol{\Lambda}=\begin{bmatrix}\lambda_1 & & & & \\ & \lambda_2 & & & \\ & & \ddots & & \\ & & & \lambda_q & \\ & & & & \lambda_{q+1}\end{bmatrix}
$$

$$
\boldsymbol{V}=\begin{bmatrix}\boldsymbol{v}_1 & \boldsymbol{v}_2 & \cdots & \boldsymbol{v}_q & \boldsymbol{v}_{q+1}\end{bmatrix} \tag{11.118}
$$

特征值矩阵对角线特征值从左到右，由大到小。注意MATLAB函数eig() 默认特征值由小到大排列；pca() 函数特征值从大到小排列。$\boldsymbol{V}$中第一个到第q个行向量 $[\boldsymbol{v}_1, \boldsymbol{v}_2,\cdots, \boldsymbol{v}_q]$ 构造超平面，而$\boldsymbol{v}_{q+1}$垂直于该超平面，构造$F(x_1, x_2,\cdots, x_q, y)$ 函数：

$$
F(x_1,x_2,\cdots,x_q,y)=b_1x_1+b_2x_2+\cdots+b_{q-1}x_{q-1}+b_qx_q-y \tag{11.119}
$$

$F(x_1, x_2,\cdots, x_q, y)$ 法向量即平面上$f(x_1, x_2,\cdots, x_q)$ 法向量$\boldsymbol{n}$通过下式求解：

$$
\boldsymbol{n}=\left(\frac{\partial F}{\partial x_1},\cdots,\frac{\partial F}{\partial x_q},\frac{\partial F}{\partial y}\right)^{\mathrm{T}}=\begin{bmatrix}b_1 & b_2 & \cdots & b_q & -1\end{bmatrix}^{\mathrm{T}}=\begin{bmatrix}\boldsymbol{b} & -1\end{bmatrix}^{\mathrm{T}} \tag{11.120}
$$

这样重新构造特征值λ_{q+1}和特征向量$\boldsymbol{v}_{q+1}$以及$\boldsymbol{\Sigma}$之间关系。注意，$\boldsymbol{n}$ 平行$\boldsymbol{v}_{q+1}$。$\boldsymbol{n}$对应$\boldsymbol{\Sigma}$矩阵PCA分解特征值最小特征向量，即求解获得多元正交回归系数列向量$\boldsymbol{b}$解：

$$
\begin{aligned}
&\boldsymbol{\Sigma v}_{q+1}=\lambda_{q+1}\boldsymbol{v}_{q+1} \quad \Rightarrow \quad \begin{bmatrix} \boldsymbol{X}^{\mathrm{T}}\boldsymbol{X} & \boldsymbol{X}^{\mathrm{T}}\boldsymbol{y} \\ \boldsymbol{y}^{\mathrm{T}}\boldsymbol{X} & \boldsymbol{y}^{\mathrm{T}}\boldsymbol{y} \end{bmatrix}\boldsymbol{n}=\lambda_{q+1}\boldsymbol{n} \\
&\Rightarrow \begin{bmatrix} \boldsymbol{X}^{\mathrm{T}}\boldsymbol{X} & \boldsymbol{X}^{\mathrm{T}}\boldsymbol{y} \\ \boldsymbol{y}^{\mathrm{T}}\boldsymbol{X} & \boldsymbol{y}^{\mathrm{T}}\boldsymbol{y} \end{bmatrix}\begin{bmatrix} \boldsymbol{b} \\ -1 \end{bmatrix}=\lambda_3\begin{bmatrix} \boldsymbol{b} \\ -1 \end{bmatrix} \\
&\Rightarrow \boldsymbol{b}_{\mathrm{TLS}}=\left(\boldsymbol{X}^{\mathrm{T}}\boldsymbol{X}-\lambda_{q+1}\right)^{-1}\boldsymbol{X}^{\mathrm{T}}\boldsymbol{y}
\end{aligned}
\tag{11.121}
$$

对比多元线性最小二乘系数向量结果：

$$
\boldsymbol{b}_{\mathrm{OLS}}=\left(\boldsymbol{X}^{\mathrm{T}}\boldsymbol{X}\right)^{-1}\boldsymbol{X}^{\mathrm{T}}\boldsymbol{y} \tag{11.122}
$$

发现当λ_{q+1}等于0时，$\boldsymbol{y}$完全被$\boldsymbol{X}$列向量解释，即两个共线性。这里我们区分一下最小二乘法和正交回归。最小二乘法寻找因变量和自变量之间残差平方和最小超平面；几何角度上讲，将因变量投影在自变量构成超平面H，使得残差向量垂直H。正交回归则通过正交化自变量和因变量，构造一个新正交空间；这个新正交空间基底向量为分解得到主元向量，具体如图11.27所示。

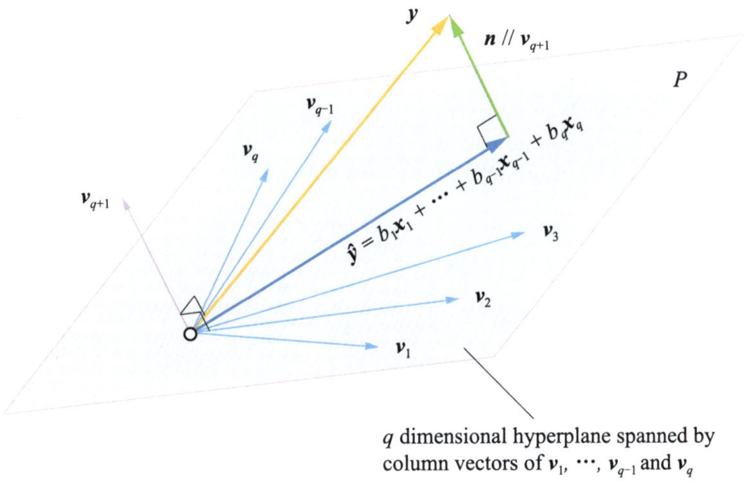

图11.27　几何角度解释多元正交回归

$\boldsymbol{n}$平行于数据 $[\boldsymbol{X},\boldsymbol{y}]$ PCA分解特征值最小特征向量$\boldsymbol{v}_{q+1}$，构造如下等式并求解$b_1,\cdots,b_q$：

$$
\begin{aligned}
&\begin{bmatrix} b_1 \\ b_2 \\ \vdots \\ b_q \\ -1 \end{bmatrix}=k\boldsymbol{v}_{q+1} \quad \Rightarrow \quad \begin{bmatrix} b_1 \\ b_2 \\ \vdots \\ b_q \\ -1 \end{bmatrix}=k\begin{bmatrix} v_{1,q+1} \\ v_{2,q+1} \\ \vdots \\ v_{q,q+1} \\ v_{q+1,q+1} \end{bmatrix} \\
&\Rightarrow \quad k=\frac{-1}{v_{q+1,q+1}} \quad \Rightarrow \quad \begin{bmatrix} b_1 \\ b_2 \\ \vdots \\ b_q \end{bmatrix}=\frac{-1}{v_{q+1,q+1}}\begin{bmatrix} v_{1,q+1} \\ v_{2,q+1} \\ \vdots \\ v_{q,q+1} \end{bmatrix}
\end{aligned}
\tag{11.123}
$$

b_0通过下式求得：

$$b_0 = \mathrm{E}(\boldsymbol{y}) - \left[\mathrm{E}(\boldsymbol{x}_1) \quad \mathrm{E}(\boldsymbol{x}_2) \quad \cdots \quad \mathrm{E}(\boldsymbol{x}_q)\right]\begin{bmatrix} b_1 \\ b_2 \\ \vdots \\ b_q \end{bmatrix} \tag{11.124}$$

MATLAB的pca() 函数输入为数据$\boldsymbol{X}$和$\boldsymbol{y}$。pcacov() 函数直接接受方差-协方差方阵作为函数输入。另外，SVD分解svd() 函数也用来进行多元正交回归分析。

配合前文代码，下面用pca() 计算多元正交回归系数并绘制系数，如图11.28所示。

B4_Ch11_1_G.m

```
X = [x1,x2,x3,x4,x5];
[V,~,LAMBDA] = pca([X,y]);
b = -V(1:end-1,end)/V(end,end)
b0 = mean(y) - mean(X)*b
b = [b0;b];

figure(fig_i)
fig_i = fig_i + 1;
stem(b)
xticks([0:5])
xticklabels({'b_0','b_1','b_2','b_3','b_4','b_5'})
ylabel('Coefficient')
box off; grid off
```

这样就求得多元正交系数。

```
b =
   0.653157274424307
  -0.093836800558125
   0.272982785237909
   0.013591142874582
   0.241654946564492

b0 =
     5.457566737034721e-04
```

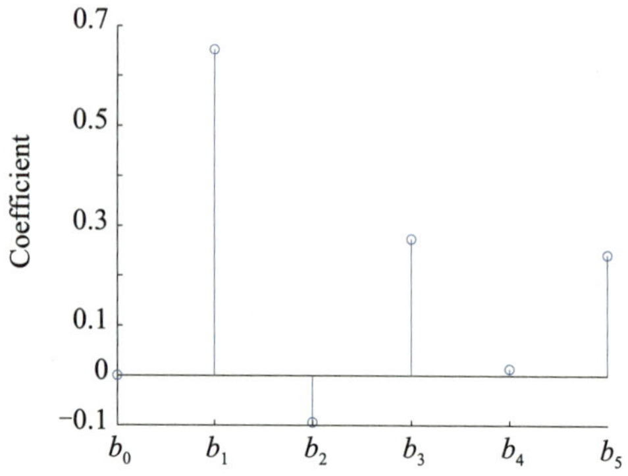

图11.28　多元正交回归系数

下面用SVD分解函数svd() 计算b系数向量。需要注意，svd()和pca()函数在处理数据上有细微差别，因此获得系数b结果未必完全相同。

```
function b = tls(X,y)

[~,q]    = size(X);
Z        = [X y];
% Z is X augmented with Y.
[~,~,V] = svd(Z,0);
b        = -V(1:q,1+q:end)/V(1+q:end,1+q:end);

end
```

图11.29展示多元正交回归运算数据关系。看到数据 $[X, y]$ 均参与到了正交化中；正交化结果为 $q + 1$个正交向量 $[v_1, v_2, \cdots, v_q, v_{q+1}]$。通过向量$v_{q+1}$垂直$v_1, v_2, \cdots, v_q$构成超平面，推导出多元正交回归解析式。

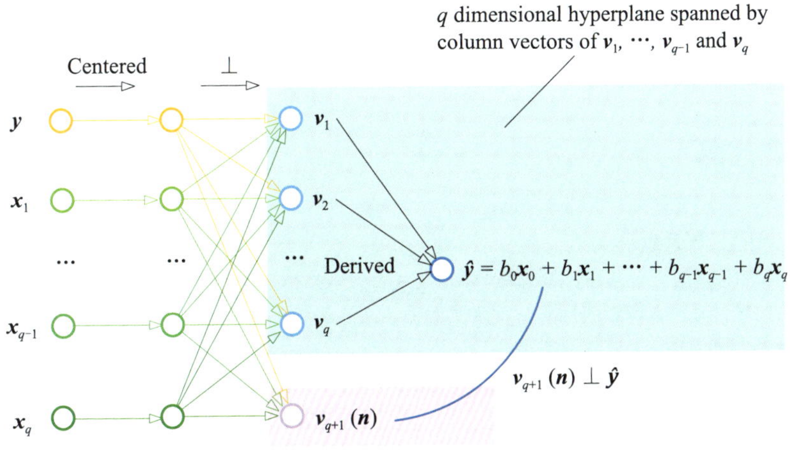

图11.29　多元正交回归运算数据关系

这一章从先回顾最小二乘法回归和正交回归，从优化问题和几何角度重新阐释了这两种回归方法。下一章继续探索PCA分析，以及由它衍生得到主成分回归和偏最小二乘回归。

Regression and Optimization

第12章 回归与优化 II

没有人是一座孤岛，汪洋中自己独踞一隅；每个人都像一块小小陆地，连接成整片大陆。

No man is an island entire of itself; every man is a piece of the continent, a part of the main.

——约翰·多恩 (John Donne)

Core Functions and Syntaxes

本章核心命令代码

- biplot() 创建矩阵系数双标图。
- cumsum(***A***) 如果***A***是一个向量，将返回一个包含***A***各元素累积连加结果向量，元素个数与原向量相同。
- diff() 函数可计算输入向量或矩阵特定维度上相连元素差值。
- inv(***A***) 计算方阵逆矩阵，相当于***A*** ^(-1)。
- norm(***A***) 返回向量***A***的欧几里得范数。此范数也称为2-范数、向量模或欧几里得长度。
- pareto() 绘制帕累托图。
- pca() 原始数据主成分分析。[coeff,score,latent]=pca(***X***) 返回$n\times p$数据矩阵***X***主成分系数coeff，也称为载荷。*X*行对应于观测值，列对应于变量。系数矩阵为$p\times p$矩阵。coeff每列包含一个主成分系数，并且这些列按成分方差降序排列。score中返回主成分分数， latent中返回主成分方差。在默认情况下，pca将数据中心化，并使用奇异值分解(SVD)算法quiver(***x***,***y***,***u***,***v***) 绘制速度图，每一个二维点(***x***,***y***)绘制箭头矢量，矢量方向和幅值由(***u***,***v***)定义。
- plotyy() 绘制双*Y*轴图fitlm()函数用来构建线性和非线性最小二乘法回归模型。
- plsregress() 偏最小二乘回归。
- quiver3(***x***,***y***,***z***,***u***,***v***,***w***) 在(***x***,***y***,***z***)确定点处绘制向量，方向由分量(***u***,***v***,***w***)确定。矩阵 ***x***、***y***、***z***、***u***、***v***和***w***必须具有相同大小并包含对应位置和向量分量。
- regress(***y***,***X***) 回归拟合分析获得因变量为***y***，自变量为***X***系数。

12.1 主成分分析

丛书在不同章节从不同角度都讨论过主成分分析。这一节先从数据分解角度谈主成分分析，然后从优化问题角度深入介绍主成分分析理论内核。

下面，引入SVD分解和PCA分解进一步对主元回归展开讲解。对数据矩阵$\boldsymbol{X}_{n\times q}$沿列方向进行中心化：

$$
\begin{aligned}
\boldsymbol{X} &= \begin{bmatrix} x_{1,1}-\mathrm{E}(\boldsymbol{x}_1) & x_{1,2}-\mathrm{E}(\boldsymbol{x}_2) & \cdots & x_{1,q}-\mathrm{E}(\boldsymbol{x}_q) \\ x_{2,1}-\mathrm{E}(\boldsymbol{x}_1) & x_{2,2}-\mathrm{E}(\boldsymbol{x}_2) & \cdots & x_{2,q}-\mathrm{E}(\boldsymbol{x}_q) \\ \vdots & \vdots & & \vdots \\ x_{n,1}-\mathrm{E}(\boldsymbol{x}_1) & x_{n,2}-\mathrm{E}(\boldsymbol{x}_2) & \cdots & x_{n,q}-\mathrm{E}(\boldsymbol{x}_q) \end{bmatrix} \\
&= \begin{bmatrix} \boldsymbol{x}_1-\mathrm{E}(\boldsymbol{x}_1) & \boldsymbol{x}_2-\mathrm{E}(\boldsymbol{x}_2) & \cdots & \boldsymbol{x}_q-\mathrm{E}(\boldsymbol{x}_q) \end{bmatrix} \\
&= \left(\boldsymbol{I}-\frac{1}{n}\boldsymbol{l}\boldsymbol{l}^{\mathrm{T}}\right)\boldsymbol{X}
\end{aligned} \tag{12.1}
$$

本章中，除非特殊说明，$\boldsymbol{X}_{n\times q}$为中心化数据。对矩阵$\boldsymbol{X}_{n\times q}$奇异值SVD分解，得到：

$$\boldsymbol{X}=\boldsymbol{U}\boldsymbol{S}\boldsymbol{V}^{\mathrm{T}} \tag{12.2}$$

请大家格外留意矩阵$\boldsymbol{V}$，它是一个$q\times q$的方阵；通过本书数学部分学习，大家知道$\boldsymbol{V}$为一个投影矩阵。$\boldsymbol{V}$和自己转置$\boldsymbol{V}^{\mathrm{T}}$乘积为单位阵，即：

$$\boldsymbol{V}^{\mathrm{T}}\boldsymbol{V}=\boldsymbol{I} \quad \Rightarrow \quad \boldsymbol{V}^{\mathrm{T}}=\boldsymbol{V}^{-1} \tag{12.3}$$

SVD分解获得$\boldsymbol{S}$主对角线上元素正比于主元特征值（方差）平方根，具体参考式2.64。从投影角度理解$\boldsymbol{Z}$、$\boldsymbol{X}$和$\boldsymbol{V}$这三个矩阵关系，$\boldsymbol{X}_{n\times q}$经过矩阵$\boldsymbol{V}$投影到正交系 $(\boldsymbol{v}_1, \boldsymbol{v}_2,\cdots, \boldsymbol{v}_q)$ 下坐标值为$\boldsymbol{Z}$，即：

$$\boldsymbol{Z}=\boldsymbol{X}\boldsymbol{V} \tag{12.4}$$

$\boldsymbol{V}$又常被称作**因子载荷** (factor loadings)，$\boldsymbol{Z}$常被称作**因子得分** (factor score)。图12.1所示为$\boldsymbol{Z}=\boldsymbol{X}\boldsymbol{V}$矩阵运算原理图。注意，图12.1中$\boldsymbol{V}$矩阵中列向量$\boldsymbol{v}_i$模均为1，图中vi对应的箭头线长度代表的是主元的先后次序。

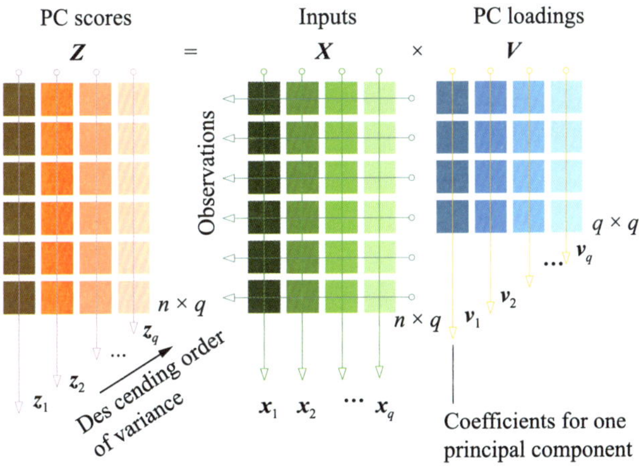

图12.1　PCA分解数据关系$\boldsymbol{Z}=\boldsymbol{X}\boldsymbol{V}$

$\boldsymbol{X}$利用$\boldsymbol{Z}$反向运算得到：

$$\boldsymbol{X} = \boldsymbol{Z}\boldsymbol{V}^{-1} = \boldsymbol{Z}\boldsymbol{V}^{\mathrm{T}} \tag{12.5}$$

图12.2所示为上式运算过程。

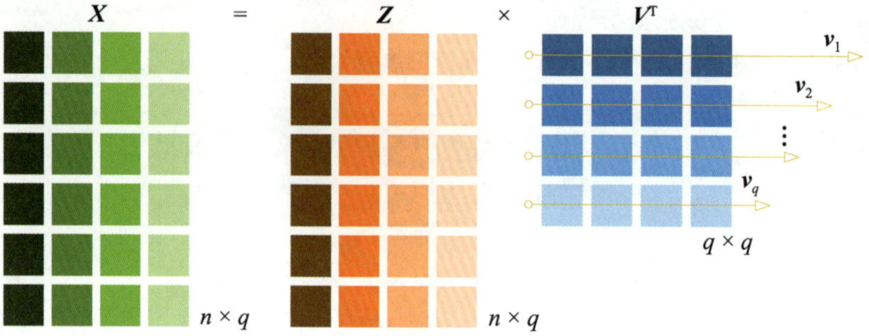

图12.2　PCA分解数据关系 $\boldsymbol{X} = \boldsymbol{Z}\boldsymbol{V}^{\mathrm{T}}$

矩阵$\boldsymbol{V}$有q个列向量，对应q个正交维度，如下：

$$\boldsymbol{V} = \begin{bmatrix} v_{1,1} & v_{1,2} & \cdots & v_{1,q-1} & v_{1,q} \\ v_{2,1} & v_{2,2} & \cdots & v_{2,q-1} & v_{2,q} \\ \vdots & \vdots & & \vdots & \vdots \\ v_{q-1,1} & v_{q-1,2} & \cdots & v_{q-1,q-1} & v_{q-1,q} \\ v_{q,1} & v_{q,2} & \cdots & v_{q,q-1} & v_{q,q} \end{bmatrix} = \begin{bmatrix} \boldsymbol{v}_1 & \boldsymbol{v}_2 & \ldots & \boldsymbol{v}_{q-1} & \boldsymbol{v}_q \end{bmatrix} \tag{12.6}$$

矩阵$\boldsymbol{X}$某一行向量 $(x_{i,1}, x_{i,2},\cdots, x_{i,q-1}, x_{i,q})$ 代表$\boldsymbol{X}$坐标系中任意一个观测点。同样 $(z_{i,1}, z_{i,2},\cdots, z_{i,q-1}, z_{i,q})$ 代表着$\boldsymbol{Z}$坐标系中对应一个观测点。两者通过$\boldsymbol{V}$联系在一起，即：

$$\begin{gathered} \begin{bmatrix} z_{i,1} & z_{i,2} & \cdots & z_{i,q-1} & z_{i,q} \end{bmatrix} = \begin{bmatrix} x_{i,1} & x_{i,2} & \cdots & x_{i,q-1} & x_{i,q} \end{bmatrix} \begin{bmatrix} \boldsymbol{v}_1 & \boldsymbol{v}_2 & \ldots & \boldsymbol{v}_{q-1} & \boldsymbol{v}_q \end{bmatrix} \\ \Rightarrow \begin{cases} z_{i,1} = \begin{bmatrix} x_{i,1} & x_{i,2} & \cdots & x_{i,q-1} & x_{i,q} \end{bmatrix} \boldsymbol{v}_1 \\ z_{i,2} = \begin{bmatrix} x_{i,1} & x_{i,2} & \cdots & x_{i,q-1} & x_{i,q} \end{bmatrix} \boldsymbol{v}_2 \\ \vdots \\ z_{i,q-1} = \begin{bmatrix} x_{i,1} & x_{i,2} & \cdots & x_{i,q-1} & x_{i,q} \end{bmatrix} \boldsymbol{v}_{q-1} \\ z_{i,q} = \begin{bmatrix} x_{i,1} & x_{i,2} & \cdots & x_{i,q-1} & x_{i,q} \end{bmatrix} \boldsymbol{v}_q \end{cases} \end{gathered} \tag{12.7}$$

如图12.3所示，$\boldsymbol{X}$和$\boldsymbol{Z}$为不同坐标系中同一组数据。

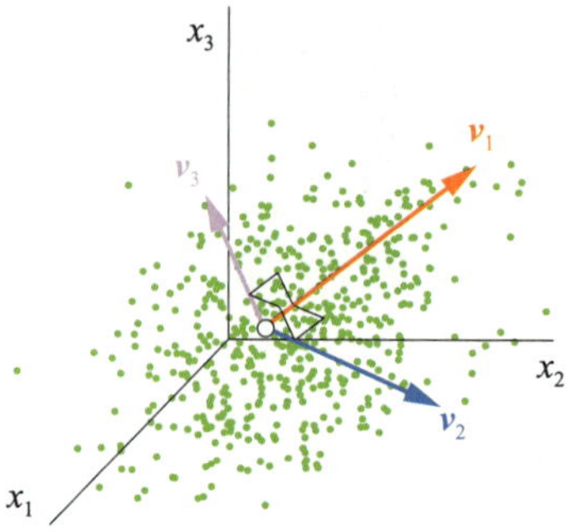

图12.3　$\boldsymbol{X}$和$\boldsymbol{Z}$为不同坐标系中同一组数据

列向量$\boldsymbol{v}_i$每一个元素都包含$\boldsymbol{X}$列向量 $[\boldsymbol{x}_1, \boldsymbol{x}_2,\cdots, \boldsymbol{x}_q]$ 成分，即列向量$\boldsymbol{v}_i$为它们线性组合。

$$\begin{aligned} \boldsymbol{v}_1 &= v_{1,1}\boldsymbol{x}_1 + v_{2,1}\boldsymbol{x}_2 + \cdots + v_{q-1,1}\boldsymbol{x}_{q-1} + v_{q,1}\boldsymbol{x}_q \\ \boldsymbol{v}_2 &= v_{1,2}\boldsymbol{x}_1 + v_{2,2}\boldsymbol{x}_2 + \cdots + v_{q-1,2}\boldsymbol{x}_{q-1} + v_{q,2}\boldsymbol{x}_q \\ &\cdots \\ \boldsymbol{v}_q &= v_{1,q}\boldsymbol{x}_1 + v_{2,q}\boldsymbol{x}_2 + \cdots + v_{q-1,q}\boldsymbol{x}_{q-1} + v_{q,q}\boldsymbol{x}_q \end{aligned} \tag{12.8}$$

以$\boldsymbol{v}_1$为例，第一主元方向上，等价于由$v_{1,1}$比例$\boldsymbol{x}_1$，$v_{2,1}$比例$\boldsymbol{x}_2$，$v_{3,1}$比例$\boldsymbol{x}_3\cdots$以及$v_{q,1}$比例$\boldsymbol{x}_q$线性构造。从另外一个角度，$[\boldsymbol{x}_1, \boldsymbol{x}_2,\cdots, \boldsymbol{x}_q]$ 在向量$\boldsymbol{v}_1$上标量投影值为$v_{1,1}, v_{2,1},\cdots, v_{q,1}$。图12.4所示从数据角度，如何构造正交列向量 $[\boldsymbol{v}_1, \boldsymbol{v}_2,\cdots, \boldsymbol{v}_q]$。再次强调，矩阵$\boldsymbol{V}$列向量 $(\boldsymbol{v}_1, \boldsymbol{v}_2,\cdots, \boldsymbol{v}_q)$ 为正交系，数据矩阵$\boldsymbol{Z}$为坐标系下坐标值；而图12.4中 $[\boldsymbol{x}_1, \boldsymbol{x}_2,\cdots, \boldsymbol{x}_q]$ 仅代表$\boldsymbol{x}_i$方向单位向量。

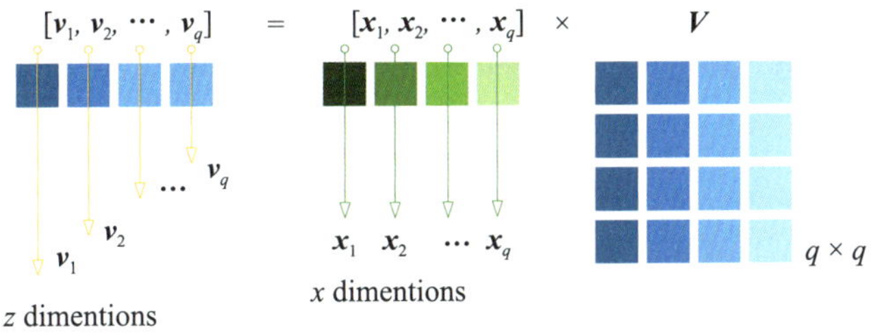

图12.4　构造列向量 $[\boldsymbol{v}_1, \boldsymbol{v}_2,\cdots, \boldsymbol{v}_q]$

为让读者更深入理解主成分分解过程，这一节采用真实数据，用MATLAB的imagesc() 函数绘制主成分分解过程中各种向量和矩阵热图。图12.5展示真实列方向数据矩阵$\boldsymbol{X}$热图，蓝色色系代表负数，红色色系代表正数。发现$\boldsymbol{X}$有15列、6行；即$\boldsymbol{X}$有15个观察点，每个观察点6个维度数据。比如，$\boldsymbol{X}$矩阵第一行数据对应是第一个观察点，它写成一个行向量$\boldsymbol{P}_1$：

$$\boldsymbol{P}_1 = \begin{bmatrix} x_{1,1} & x_{1,2} & x_{1,3} & x_{1,4} & x_{1,5} & x_{1,6} \end{bmatrix} \tag{12.9}$$

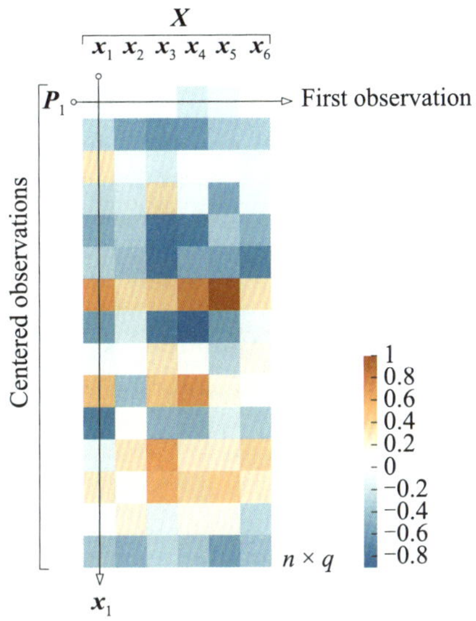

图12.5　原始数据$\boldsymbol{X}$热图

同样$\boldsymbol{P}_1$对应$\boldsymbol{X}$数据6个维度坐标系中一个点。图12.6展示$\boldsymbol{X}$每一列数据概率分布拟合曲线，$\boldsymbol{x}_3$和$\boldsymbol{x}_4$方差较大。图12.7更清楚地展示$\boldsymbol{X}$每一列数据之间相关性关系；容易得出结论，这六列数据两两之间并非正交，即线性相关性系数并非为0。

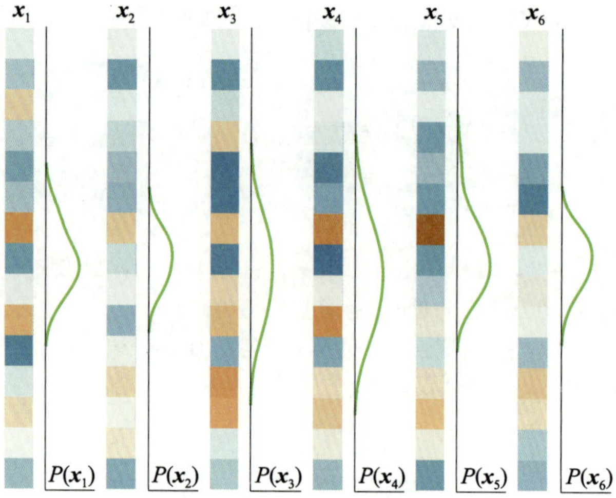

图12.6　***X***六个列向量拟合概率分布

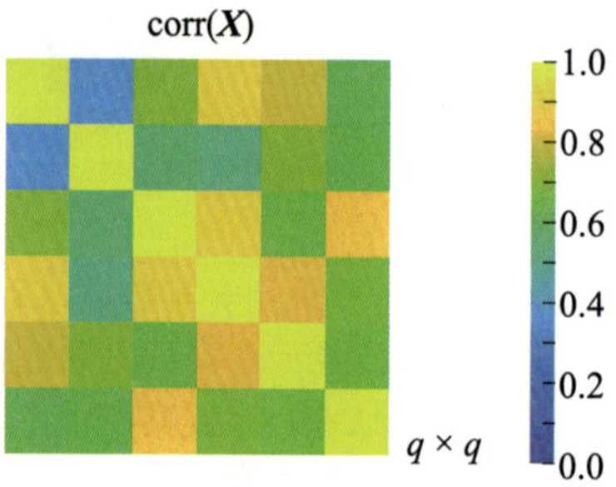

图12.7　***X***六个列向量相关性系数热图

图12.8所示为前文讲解的***Z***、***X***和***V***这三个矩阵关系。再次强调图中×，仅仅表达矩阵乘法，并非代表向量叉乘。数据***X***和***Z***形状完全一致。对数据***Z***列向量线性相关性分析，发现***Z***列向量均相互垂直，线性相关性系数为0（如图12.9相关性系数热图所示）。图12.10也验证前文介绍的结论，***V***和自己转置V^T乘积为单位阵。

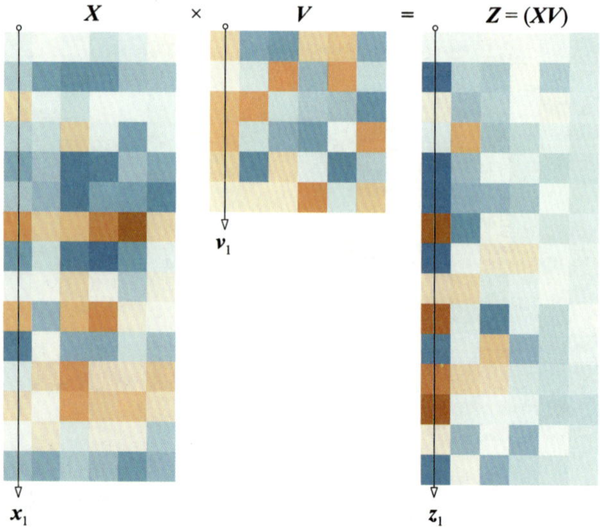

图12.8　***Z***、***X***和***V***这三个矩阵关系和热图

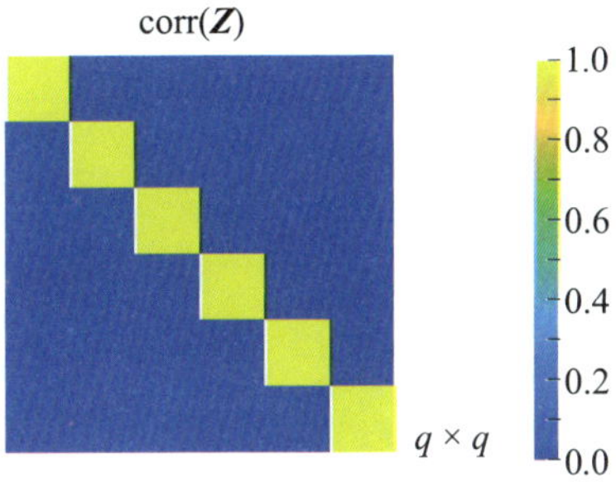

图12.9　$\boldsymbol{Z}$六个列向量相关性系数热图

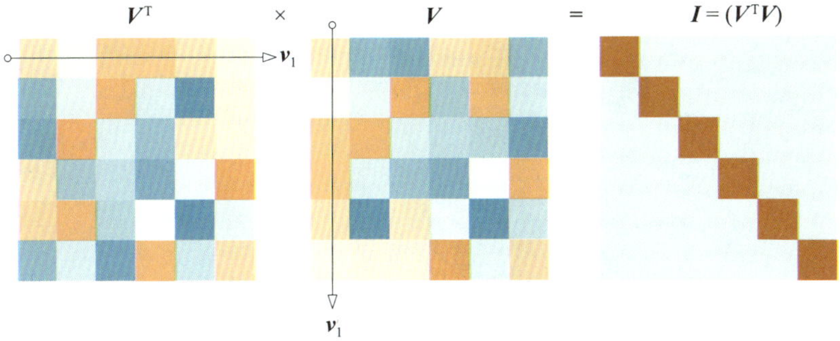

图12.10　$\boldsymbol{V}$和其转置$\boldsymbol{V}^{\mathrm{T}}$之间关系

前文讲到$\boldsymbol{Z} = \boldsymbol{X}\boldsymbol{V}$运算代表一系列投影运算过程。图12.11所示$\boldsymbol{z}_1 = \boldsymbol{X}\boldsymbol{v}_1$运算相当于数据$\boldsymbol{X}$向$\boldsymbol{v}_1$向量(第一主元) 投影获得$\boldsymbol{z}_1$，即一个六维数据$\boldsymbol{X}$投影到$\boldsymbol{v}_1$得到一维数据。同样，图12.12展示$\boldsymbol{z}_2 = \boldsymbol{X}\boldsymbol{v}_2$运算等价于数据$\boldsymbol{X}$向$\boldsymbol{v}_2$向量 (第二主元) 投影获得$\boldsymbol{z}_2$。图12.13则是数据$\boldsymbol{X}$向 $[\boldsymbol{v}_1, \boldsymbol{v}_2]$ 投影，即六维数据$\boldsymbol{X}$向正交二维平面投影获得二维数据，运算过程如下。

$$\hat{\boldsymbol{Z}} = \begin{bmatrix} \boldsymbol{z}_1 & \boldsymbol{z}_2 \end{bmatrix} = \boldsymbol{X}\begin{bmatrix} \boldsymbol{v}_1 & \boldsymbol{v}_2 \end{bmatrix} = \boldsymbol{X}\hat{\boldsymbol{V}} \tag{12.10}$$

其中，$\hat{\boldsymbol{V}}$代表部分主元，$\hat{\boldsymbol{Z}}$代表在第一、二主元下投影结果。

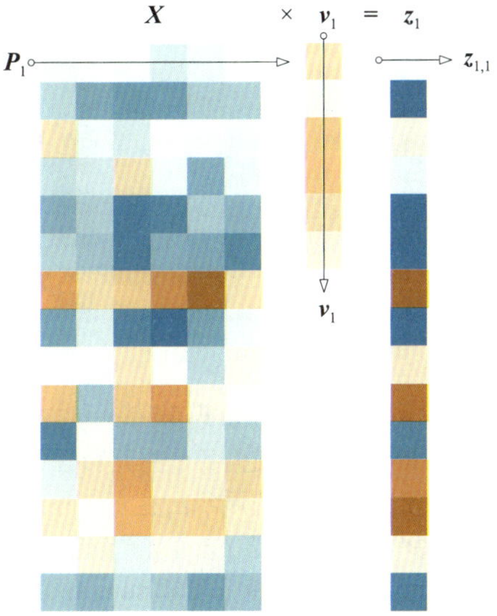

图12.11　多点数据$\boldsymbol{X}$向$\boldsymbol{v}_1$向量投影

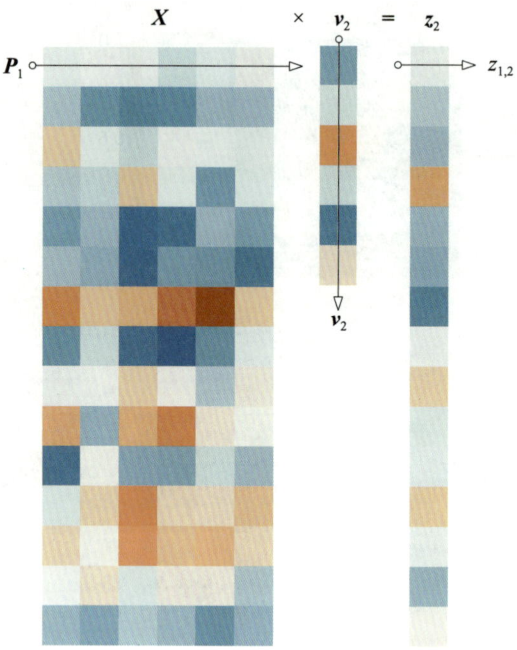

图12.12　多点数据X向v_2向量投影

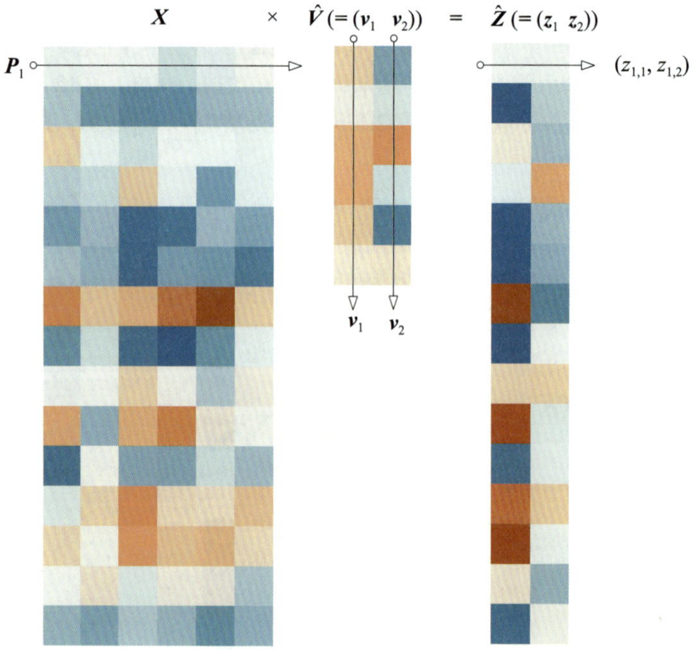

图12.13　多点数据X向二维正交系 $[v_1, v_2]$ 投影

值得注意，图12.8中数据Z热图展示一个有意思现象——从左到右每一列数据颜色色差逐渐变小；即说从左到右每一列数据方差不断减小，对应为每个主元特征值不断减小。丛书第三册讲解PCA分析时，介绍一种叫作**陡坡图** (scree plot) 图像，它展示出主元成分方差贡献率。其中，主元成分方差便是主元对应特征值。陡坡图展示每个主元特征值 (方差) 贡献率和累加特征值贡献率。所谓累加特征值贡献率是特征值累加结果 cumsum(λ) 和所有特征值和 sum(λ) 之比。因此，第k个主元特征值 (方差) 贡献率为 (%)：

$$\frac{\lambda_k}{\sum_{i=1}^{q}\lambda_i}\times 100\% \tag{12.11}$$

前k个（包括第k个）特征值（方差）贡献率之和（%）：

$$\frac{\sum_{j=1}^{k}\lambda_j}{\sum_{i=1}^{q}\lambda_i}\times 100\% \tag{12.12}$$

图12.14所示为PCA分析主元方差和陡坡图。

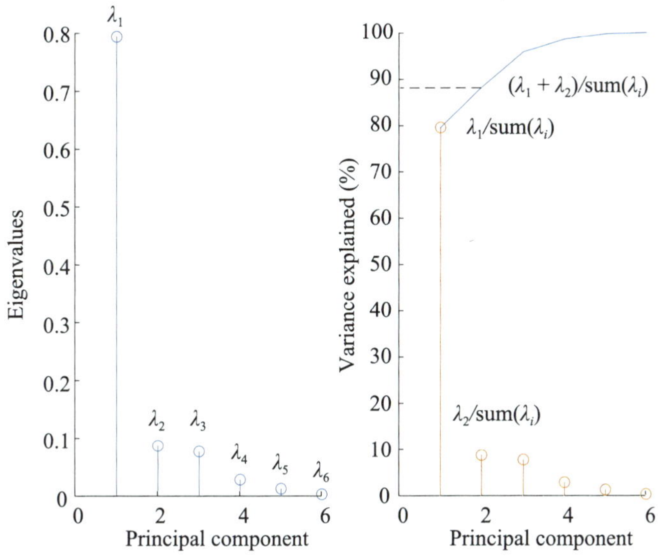

图12.14　PCA分析主元方差和陡坡图

图12.15展示主元数据$\boldsymbol{Z}$每列数据分布概率密度拟合。图12.15和图12.6纵轴采用一致比例尺。但是为可视化方便，图12.15概率密度图横轴从左到右单位长度对应概率密度不断增大。

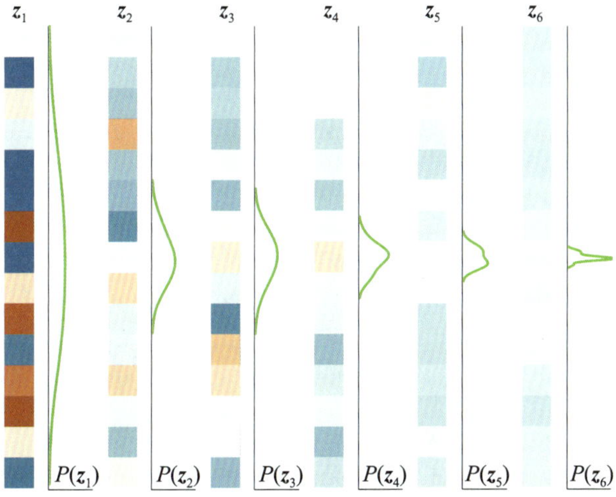

图12.15　主元数据$\boldsymbol{Z}$列向量数据分布拟合

本节前文介绍过主元数据$\boldsymbol{Z}$和$\boldsymbol{V}$反向转化为$\boldsymbol{X}$，图12.16展示这一过程。而这一过程又分步拆解，如图12.17～图12.22所示。从另外一个角度，这样理解，图12.17～图12.22所示每一个主元成分从多大程度上还原数据$\boldsymbol{X}$，也就等价于还原热图图像。如图12.17所示，$\boldsymbol{z}_1$已经从很大程度上还原$\boldsymbol{X}$数据，还原计算过程如下：

$$\hat{\boldsymbol{X}}_1 = \boldsymbol{z}_1\boldsymbol{v}_1^{\mathrm{T}} = \boldsymbol{X}\boldsymbol{v}_1\boldsymbol{v}_1^{\mathrm{T}} \tag{12.13}$$

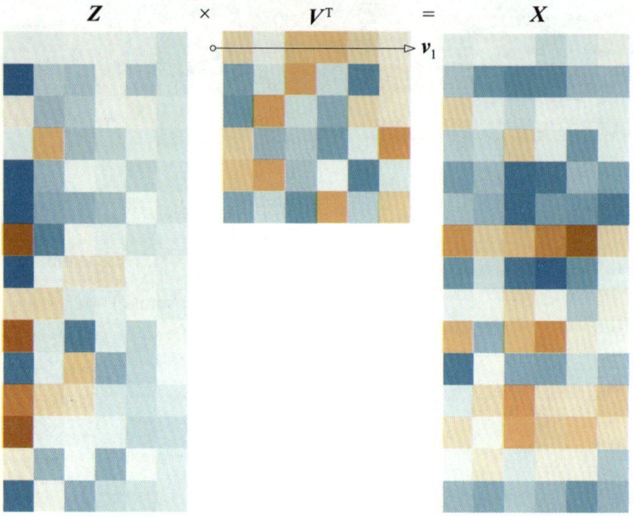

图12.16　主元数据$\boldsymbol{Z}$反向转化为$\boldsymbol{X}$

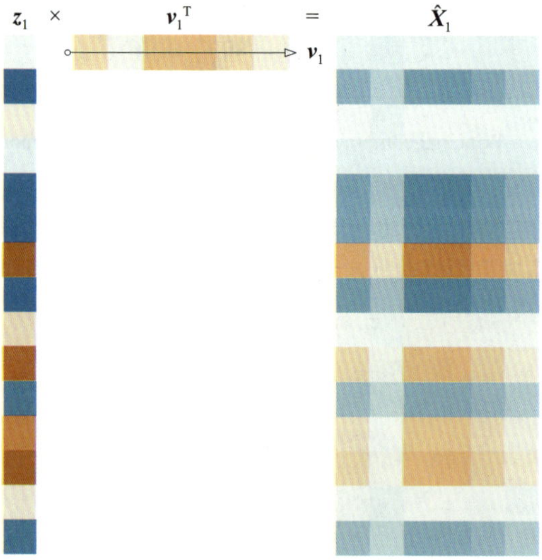

图12.17　$\boldsymbol{z}_1$解释$\boldsymbol{X}$部分数据

如图12.18所示，$\boldsymbol{z}_2$仅仅还原$\boldsymbol{X}$数据一小部分，这一点用图12.14数据量化，计算如下：

$$\hat{\boldsymbol{X}}_2 = \boldsymbol{z}_2\boldsymbol{v}_2^{\mathrm{T}} = \boldsymbol{X}\boldsymbol{v}_2\boldsymbol{v}_2^{\mathrm{T}} \tag{12.14}$$

观察图12.19～图12.22，随着主元次数降低，每个主元各自对数据$\boldsymbol{X}$解释力度不断降低，看到还原热图颜色越来越浅；但是，把这些主元各自还原生成热图不断叠加，获得热图就不断逼近原始热图。

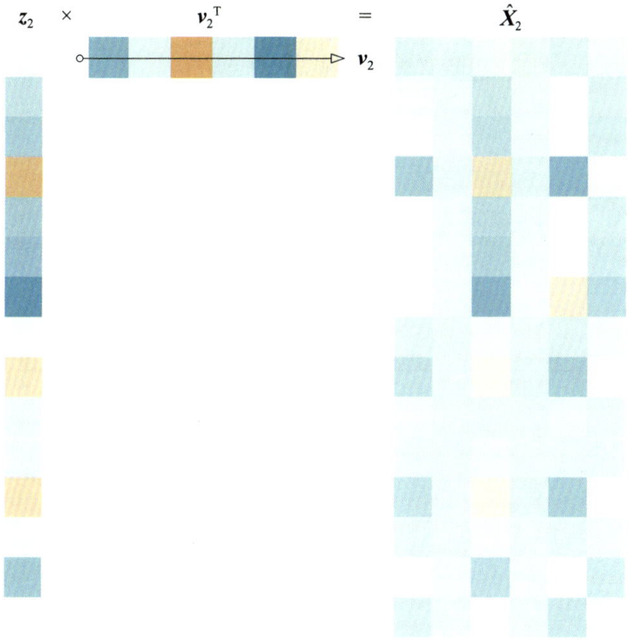

图12.18　z_2解释X部分数据

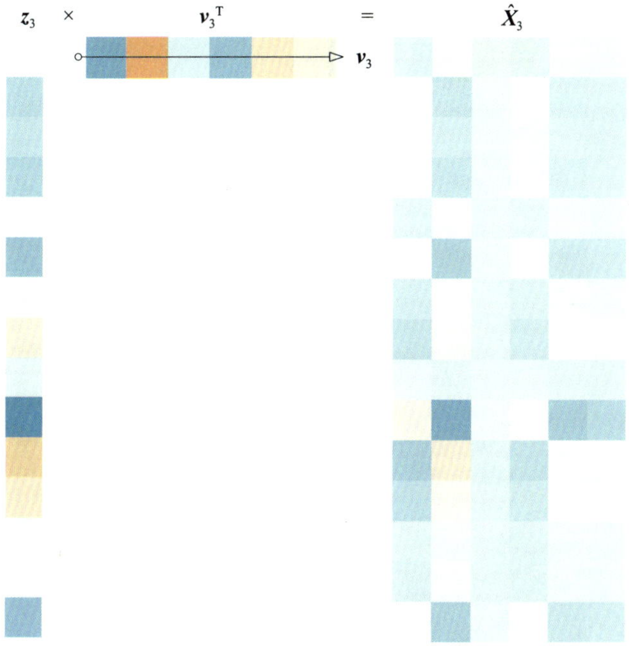

图12.19　z_3解释X部分数据

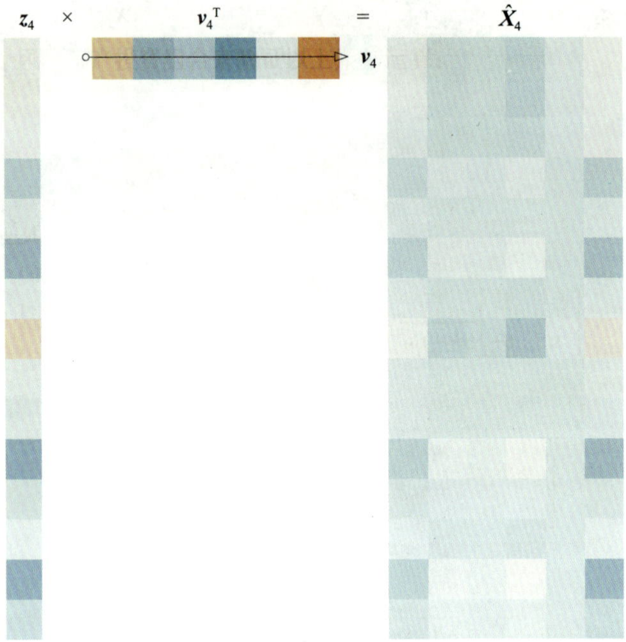

图12.20　z_4解释$\boldsymbol{X}$部分数据

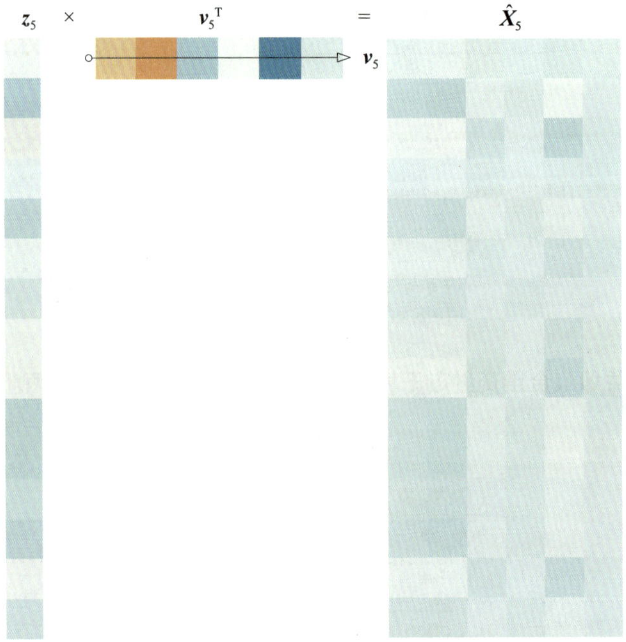

图12.21　z_5解释$\boldsymbol{X}$部分数据

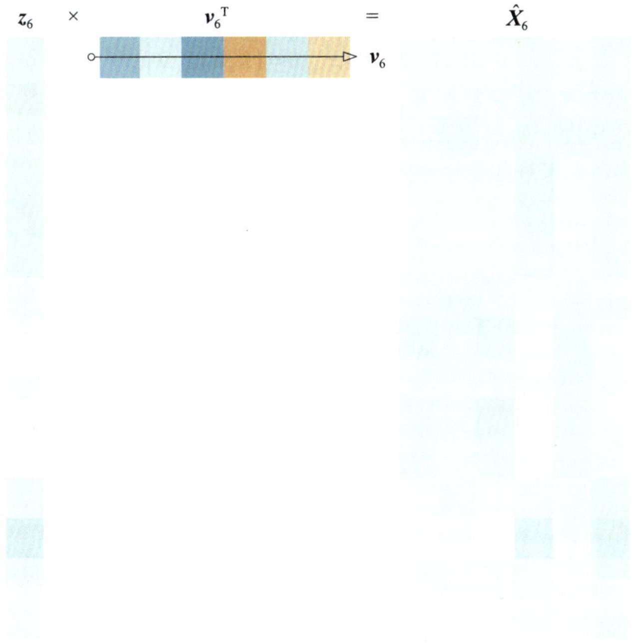

图12.22　z_6解释$\boldsymbol{X}$部分数据

图12.14告诉我们前两个主元$\boldsymbol{v}_1$和$\boldsymbol{v}_2$特征值 (方差) 贡献率之和接近90%。图12.23所示为两个主元$\boldsymbol{v}_1$和$\boldsymbol{v}_2$还原获得拟合数据热图。图12.24展示整个矩阵运算过程，如下：

$$\hat{\boldsymbol{X}} = \begin{bmatrix} \boldsymbol{z}_1 & \boldsymbol{z}_2 \end{bmatrix} \begin{bmatrix} \boldsymbol{v}_1 & \boldsymbol{v}_2 \end{bmatrix}^{\mathrm{T}} = \hat{\boldsymbol{Z}} \hat{\boldsymbol{V}}^{\mathrm{T}} = \boldsymbol{X} \hat{\boldsymbol{V}} \hat{\boldsymbol{V}}^{\mathrm{T}} \tag{12.15}$$

实际上，上式思路便是上一章介绍正交回归技术路线。

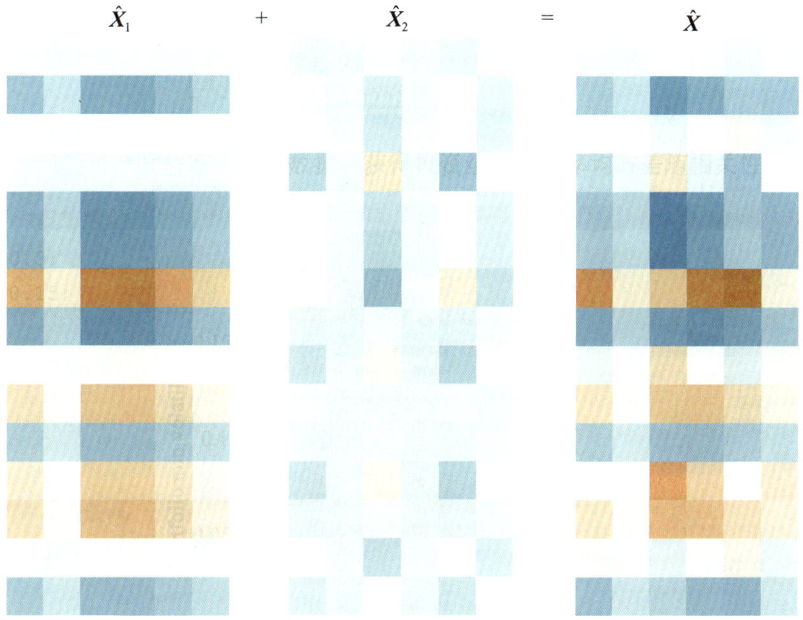

图12.23　前两个主元z_1和z_1解释$\boldsymbol{X}$数据

残差数据矩阵$\boldsymbol{E}$，即原始热图和还原热图色差，利用下式计算获得：

$$E = X - \hat{X} = X - X\hat{V}\hat{V}^{\mathrm{T}} \tag{12.16}$$

图12.25比较原始数据X、拟合数据$\hat{X}$和残差数据矩阵E热图，发现原始数据X和拟合数据$\hat{X}$已经相差无几。从图片还原角度，如图12.25所示，PCA降维用更少维度、更少数据获得几乎一样画质图片。相信有了以上内容，大家对主成分分析应该理解更加深入。

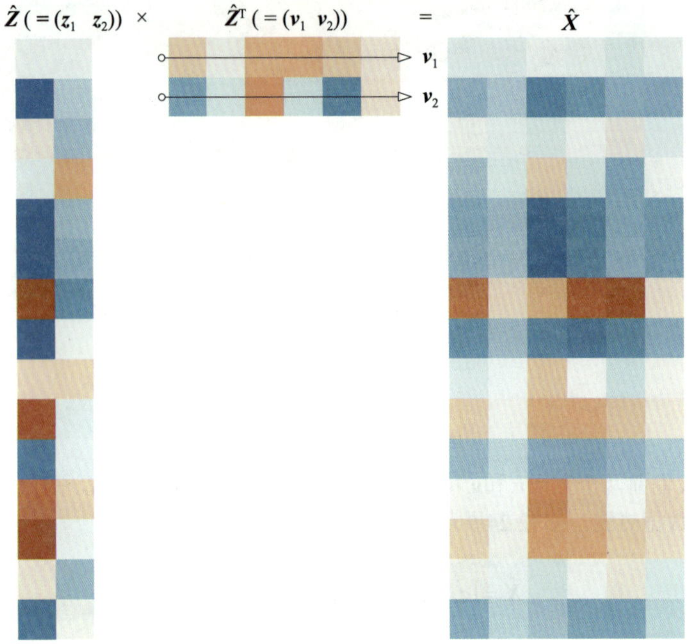

图12.24　前两个主元z_1和z_2还原获得部分数据

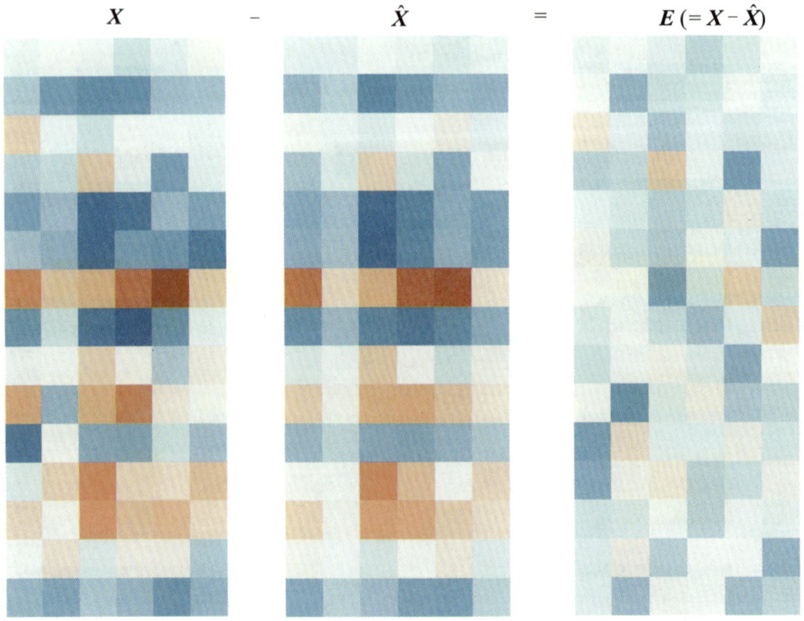

图12.25　原始数据、拟合数据和残差数据热图

本节最后要从两个角度构造主成分分析优化问题角度，并剖析主成分分析理论内核。如图12.26

所示，$\boldsymbol{X}$为中心化数据，数据中心为零向量；假设数据为总体，数据$\boldsymbol{X}$方差-协方差矩阵如下：

$$\boldsymbol{\Sigma} = \frac{\boldsymbol{X}^{\mathrm{T}}\boldsymbol{X}}{n} \tag{12.17}$$

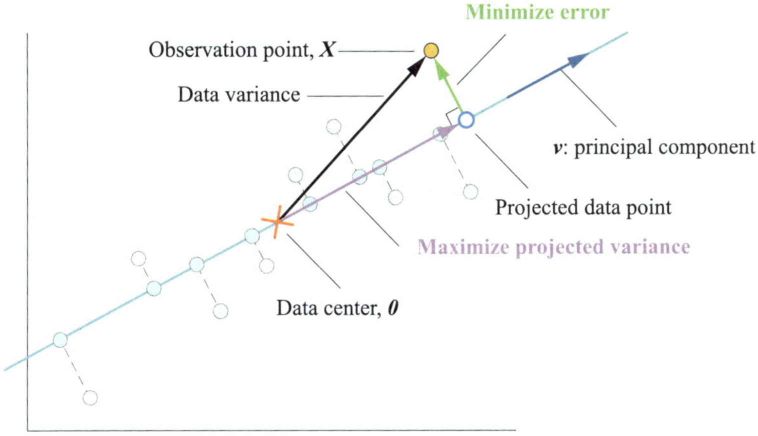

图12.26　主成分分析优化问题

图12.26中，$\boldsymbol{v}$为某个主成分向量。数据$\boldsymbol{X}$在$\boldsymbol{v}$上投影结果为$\boldsymbol{z}$：

$$\boldsymbol{z} = \boldsymbol{X}\boldsymbol{v} \tag{12.18}$$

主成分分析中，选取主成分$\boldsymbol{v}$向量核心是在方向上数据投影值$\boldsymbol{z}$方差最大化；这便是构造优化问题第一个角度。

由于以$\boldsymbol{X}$为中心化数据，因此$\boldsymbol{z}$也是中心化数据；因此，$\boldsymbol{z}$为总体方差可以利用下式获得：

$$\operatorname{var}(\boldsymbol{z}) = \frac{\boldsymbol{z}^{\mathrm{T}}\boldsymbol{z}}{n} = \frac{\boldsymbol{v}^{\mathrm{T}}\boldsymbol{X}^{\mathrm{T}}\boldsymbol{X}\boldsymbol{v}}{n} \tag{12.19}$$

发现上式隐藏着数据$\boldsymbol{X}$方差-协方差矩阵，因此var($\boldsymbol{z}$) 写作：

$$\operatorname{var}(\boldsymbol{z}) = \boldsymbol{v}^{\mathrm{T}}\boldsymbol{\Sigma}\boldsymbol{v} \tag{12.20}$$

上式为本书数学部分讲到期望线性性质。另外，$\boldsymbol{v}$为单位列向量，即下式成立：

$$\boldsymbol{v}^{\mathrm{T}}\boldsymbol{v} = 1 \tag{12.21}$$

由以上分析，构造主成分分析优化问题，优化目标为数据在$\boldsymbol{v}$方向上数据投影值方差最大化：

$$\begin{aligned} &\underset{\boldsymbol{v}}{\arg\max} \quad \boldsymbol{v}^{\mathrm{T}}\boldsymbol{\Sigma}\boldsymbol{v} \\ &\text{subject to: } \boldsymbol{v}^{\mathrm{T}}\boldsymbol{v} - 1 = 0 \end{aligned} \tag{12.22}$$

上式最大化优化问题，等价于如下最小化优化问题：

$$\begin{aligned} &\underset{\boldsymbol{v}}{\arg\min} \quad -\boldsymbol{v}^{\mathrm{T}}\boldsymbol{\Sigma}\boldsymbol{v} \\ &\text{subject to: } \boldsymbol{v}^{\mathrm{T}}\boldsymbol{v} - 1 = 0 \end{aligned} \tag{12.23}$$

构造拉格朗日函数$L(\boldsymbol{v}, \lambda)$：

$$L(\boldsymbol{v},\lambda) = -\boldsymbol{v}^{\mathrm{T}}\boldsymbol{\Sigma}\boldsymbol{v} + \lambda\left(\boldsymbol{v}^{\mathrm{T}}\boldsymbol{v}-1\right) \tag{12.24}$$

λ为拉格朗日乘子。$L(\boldsymbol{x}, \lambda)$ 对$\boldsymbol{v}$求偏导，最优解必要条件如下：

$$\begin{aligned} &\nabla_{\boldsymbol{v}} L(\boldsymbol{v},\lambda) = \frac{\partial L(\boldsymbol{v},\lambda)}{\partial \boldsymbol{v}} = \left(-2\boldsymbol{\Sigma}\boldsymbol{v}+2\lambda\boldsymbol{v}\right)^{\mathrm{T}} = \boldsymbol{0} \\ &\Rightarrow \quad \boldsymbol{\Sigma}\boldsymbol{v} = \lambda\boldsymbol{v} \end{aligned} \tag{12.25}$$

由此，$\boldsymbol{v}$为数据$\boldsymbol{X}$方差-协方差矩阵$\boldsymbol{\Sigma}$特征向量。var($\boldsymbol{z}$) 整理为：

$$\operatorname{var}(\boldsymbol{z}) = \boldsymbol{v}^{\mathrm{T}}\boldsymbol{\Sigma}\boldsymbol{v} = \boldsymbol{v}^{\mathrm{T}}\lambda\boldsymbol{v} = \lambda\boldsymbol{v}^{\mathrm{T}}\boldsymbol{v} = \lambda \tag{12.26}$$

即说，var($\boldsymbol{z}$) 最大值对应$\boldsymbol{\Sigma}$最大特征值。对$\boldsymbol{\Sigma}$特征值分解得到：

$$\boldsymbol{\Sigma} = \boldsymbol{V}\boldsymbol{\Lambda}\boldsymbol{V}^{\mathrm{T}} \tag{12.27}$$

其中：

$$\begin{aligned} &\boldsymbol{V} = \begin{bmatrix} \boldsymbol{v}_1 & \boldsymbol{v}_2 & \cdots & \boldsymbol{v}_q \end{bmatrix} \\ &\boldsymbol{\Lambda} = \begin{bmatrix} \lambda_1 & & & \\ & \lambda_2 & & \\ & & \ddots & \\ & & & \lambda_q \end{bmatrix} \\ &\lambda_1 > \lambda_2 > \cdots > \lambda_q \end{aligned} \tag{12.28}$$

因为$\boldsymbol{\Sigma}$为对称矩阵，因此它列向量相互垂直。本节前面已经介绍过，以$\boldsymbol{z}$估算$\boldsymbol{X}$获得拟合值矩阵$\hat{\boldsymbol{X}}$：

$$\hat{\boldsymbol{X}} = \boldsymbol{z}\boldsymbol{v}^{\mathrm{T}} = \boldsymbol{X}\boldsymbol{v}\boldsymbol{v}^{\mathrm{T}} \tag{12.29}$$

原始数据$\boldsymbol{X}$和拟合值矩阵$\hat{\boldsymbol{X}}$之差为误差$\boldsymbol{E}$：

$$\boldsymbol{E} = \boldsymbol{X} - \hat{\boldsymbol{X}} = \boldsymbol{X} - \boldsymbol{X}\boldsymbol{v}\boldsymbol{v}^{\mathrm{T}} \tag{12.30}$$

误差矩阵形状和$\boldsymbol{X}$一致，上式便是构造主成分分析第二个角度，误差 (矩阵范数) 最小化。

12.2 主元回归

本节讲解**主元回归** (Principal Components Regression, PCR)。主元回归类与上一章介绍的多元正交回归相似。多元正交回归中，自变量和因变量数据 $[\boldsymbol{X}, \boldsymbol{y}]$ 利用正交化，按照特征值按大小排列特征向量，用 $[\boldsymbol{v}_1, \boldsymbol{v}_2, \cdots, \boldsymbol{v}_q]$ 构造一个全新超平面，$\boldsymbol{v}_{q+1}$垂直于超平面关系求解出正交化回归系数。

而主元回归，因变量$\boldsymbol{y}$不参与正交化计算。因变量数据$\boldsymbol{y}$完全不参与正交化，即仅仅$\boldsymbol{X}$ 参与PCA分解，获得特征值由大到小排列q个主元 $\boldsymbol{V} = (\boldsymbol{v}_1, \boldsymbol{v}_2, \cdots, \boldsymbol{v}_q)$；这$q$个主元方向 $(\boldsymbol{v}_1, \boldsymbol{v}_2, \cdots, \boldsymbol{v}_q)$ 两两正交。选取

其中k ($k < q$) 个特征值较大主元 ($\boldsymbol{v}_1, \boldsymbol{v}_2, \cdots, \boldsymbol{v}_k$)，构造超平面；最后一步，用最小二乘法将因变量$\boldsymbol{y}$投影在超平面上。

图12.27提供一个例子，$\boldsymbol{X}$有三个维度数据，$\boldsymbol{X} = [\boldsymbol{x}_1, \boldsymbol{x}_2, \boldsymbol{x}_3]$。首先对$\boldsymbol{X}$列向量PCA分解，获得正交化向量 $[\boldsymbol{v}_1, \boldsymbol{v}_2, \boldsymbol{v}_3]$。然后，仅选取作为$\boldsymbol{v}_1$和$\boldsymbol{v}_2$主元，构造一个平面；用最小二乘法，将因变量$\boldsymbol{y}$投影在平面上，获得回归方程。再次请大家注意，主元回归因变量$\boldsymbol{y}$数据并不参与正交化；另外，主元回归只考虑部分矩阵之间关系。如前文所述，主元回归选取前k ($k < q$) 个特征值较大主元 $\boldsymbol{V}_{q\times k}$ ($\boldsymbol{v}_1, \boldsymbol{v}_2, \cdots, \boldsymbol{v}_k$)，构造一个超平面。如图12.28所示，矩阵$\boldsymbol{X}$中原始数据，矩阵$\boldsymbol{V}_{q\times k}$将其转换为$\boldsymbol{Z}_{n\times k}$。

$$\boldsymbol{Z}_{n\times k} = \boldsymbol{X}\boldsymbol{V}_{q\times k} \tag{12.31}$$

上式等价于，数据$\boldsymbol{X}$在k维正交空间 ($\boldsymbol{v}_1, \boldsymbol{v}_2, \cdots, \boldsymbol{v}_k$) 投影得到数据$\boldsymbol{Z}_{n\times k}$。

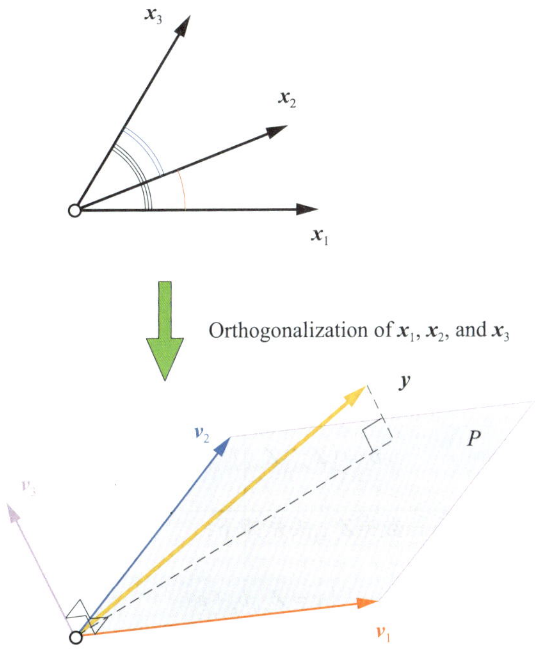

图12.27 主元回归

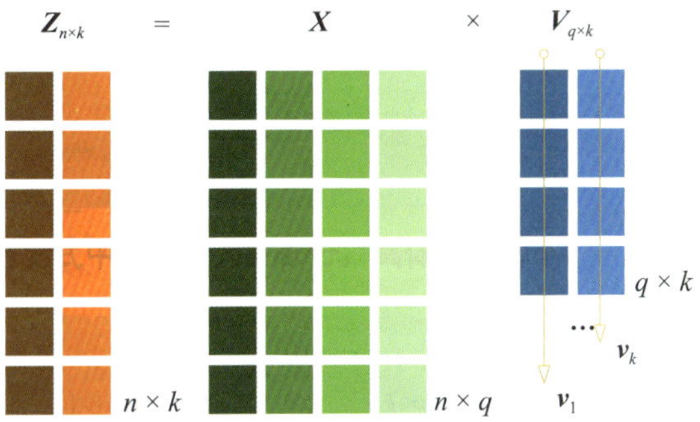

图12.28 PCA分解部分数据关系 $\boldsymbol{Z}_{n\times k} = \boldsymbol{X}\boldsymbol{V}_{q\times k}$

数据矩阵$\boldsymbol{Z}$中包含$\boldsymbol{X}$全部信息，两者关系为$\boldsymbol{X} = \boldsymbol{Z}\boldsymbol{V}^{\mathrm{T}}$；但是数据矩阵$\boldsymbol{Z}_{n\times k}$仅包含$\boldsymbol{X}$部分信息，两者信息之间差距通过下式计算获得，如图12.29所示。

$$\boldsymbol{X}=\boldsymbol{Z}_{n\times k}\boldsymbol{V}_{q\times k}{}^{\mathrm{T}}+\boldsymbol{E}_{n\times q} \tag{12.32}$$

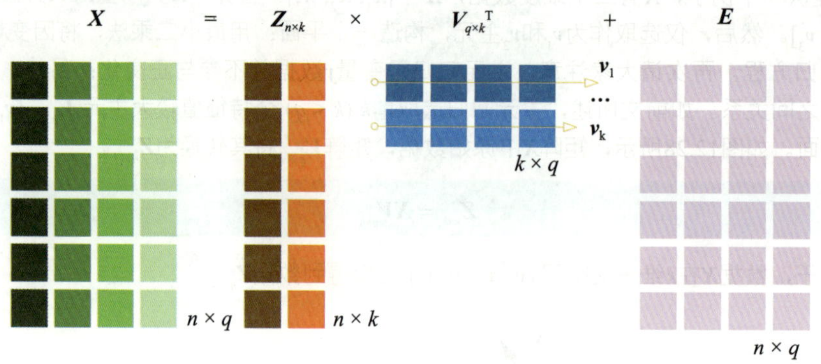

图12.29　$\boldsymbol{Z}_{n\times k}$和$\boldsymbol{X}$信息差距

主元回归最后一步，用最小二乘法把因变量$\boldsymbol{y}$投影在数据$\boldsymbol{Z}_{n\times k}$构造空间中：

$$\begin{aligned}&\hat{\boldsymbol{y}}=b_{z1}\boldsymbol{z}_1+b_{z2}\boldsymbol{z}_2+\cdots+b_{zk}\boldsymbol{z}_k\\ \Rightarrow\ &\hat{\boldsymbol{y}}=\begin{bmatrix}\boldsymbol{z}_1 & \boldsymbol{z}_2 & \cdots & \boldsymbol{z}_k\end{bmatrix}\begin{bmatrix}b_{z1}\\ b_{z2}\\ \vdots\\ b_{zk}\end{bmatrix}=\boldsymbol{Z}_{n\times k}\boldsymbol{b}_z\end{aligned} \tag{12.33}$$

根据本书前文讲解内容最小二乘法解获得$\boldsymbol{b}_z$：

$$\boldsymbol{b}_z=\left(\boldsymbol{Z}_{n\times k}{}^{\mathrm{T}}\boldsymbol{Z}_{n\times k}\right)^{-1}\boldsymbol{Z}_{n\times k}{}^{\mathrm{T}}\boldsymbol{y} \tag{12.34}$$

如图12.30所示，$\boldsymbol{y}$、拟合数据$\hat{\boldsymbol{y}}$和数据$\boldsymbol{Z}_{n\times k}$关系如下：

$$\begin{cases}\boldsymbol{y}=\boldsymbol{Z}_{n\times k}\boldsymbol{b}_z+\boldsymbol{\varepsilon}\\ \hat{\boldsymbol{y}}=\boldsymbol{Z}_{n\times k}\boldsymbol{b}_z\\ \boldsymbol{\varepsilon}=\boldsymbol{y}-\hat{\boldsymbol{y}}\end{cases} \tag{12.35}$$

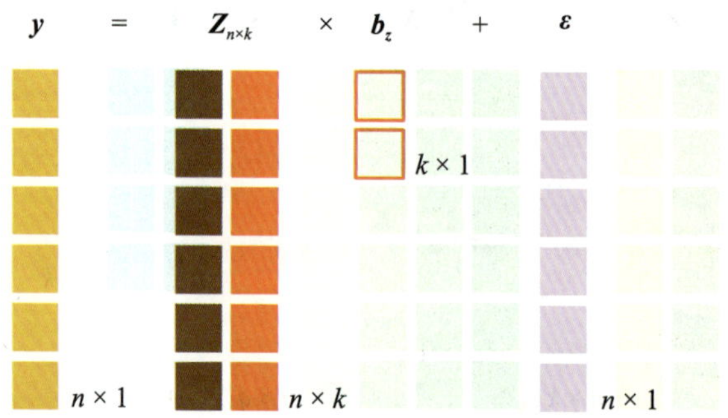

图12.30　最小二乘法回归获得$\boldsymbol{y}=\boldsymbol{Z}_{n\times k}\boldsymbol{b}_z+\boldsymbol{\varepsilon}$

下面将系数向量$\boldsymbol{b}_z$利用$(\boldsymbol{v}_1,\boldsymbol{v}_2,\cdots,\boldsymbol{v}_k)$转换为$\boldsymbol{b}_x$，具体过程如图12.31所示。

$$\boldsymbol{b}_x=\boldsymbol{V}_{q\times k}\boldsymbol{b}_z=\boldsymbol{V}_{q\times k}\left(\boldsymbol{Z}_{n\times k}{}^{\mathrm{T}}\boldsymbol{Z}_{n\times k}\right)^{-1}\boldsymbol{Z}_{n\times k}{}^{\mathrm{T}}\boldsymbol{y} \tag{12.36}$$

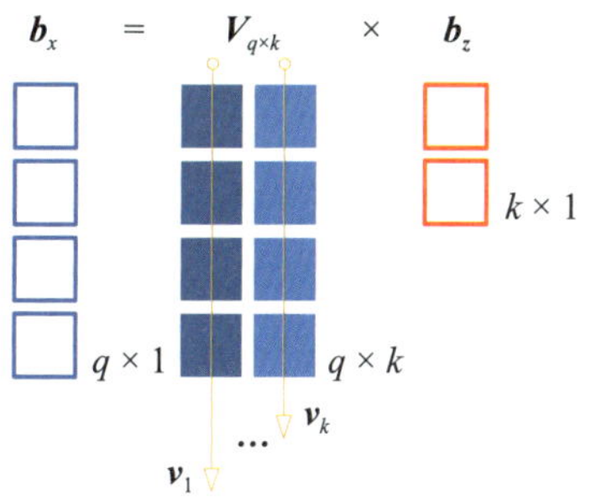

图12.31　b_z和b_x之间转换关系

这样获得$\boldsymbol{y}$、拟合数据$\hat{\boldsymbol{y}}$和数据$\boldsymbol{X}$之间关系，如图12.32所示。

$$\begin{cases} \boldsymbol{y} = \boldsymbol{X}\boldsymbol{b}_x + \boldsymbol{\varepsilon} \\ \hat{\boldsymbol{y}} = \boldsymbol{X}\boldsymbol{b}_x \\ \boldsymbol{\varepsilon} = \boldsymbol{y} - \hat{\boldsymbol{y}} \end{cases} \tag{12.37}$$

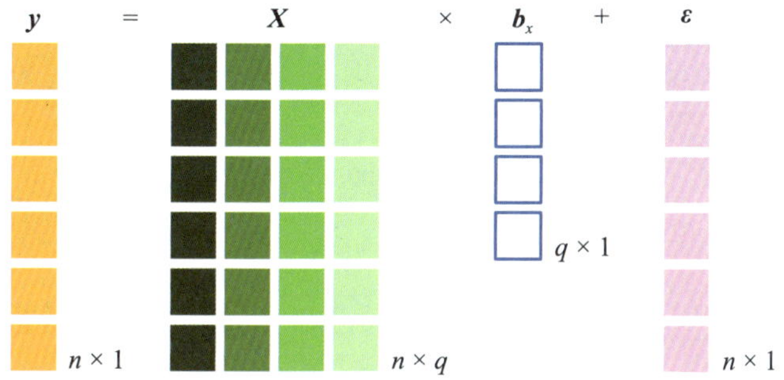

图12.32　$\boldsymbol{y}$和数据$\boldsymbol{X}$之间回归方程

图12.33展示主元回归计算过程数据关系。

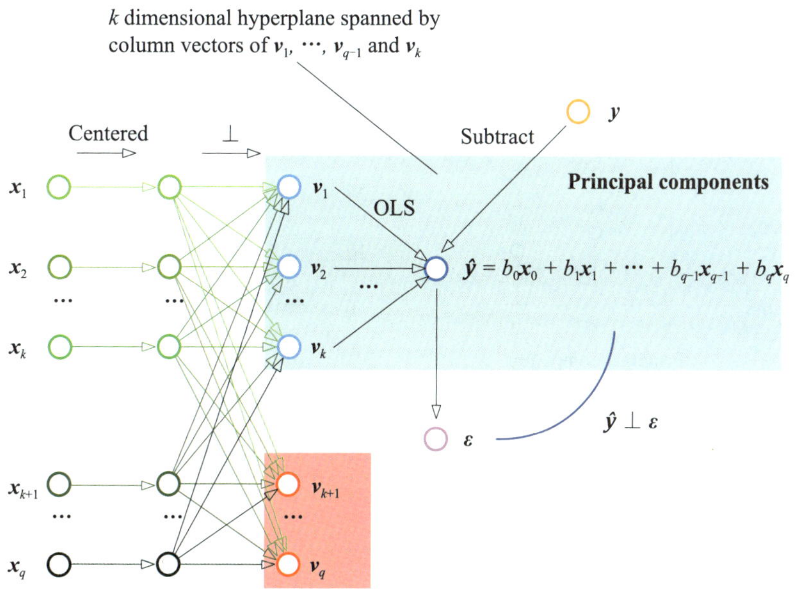

图12.33　主元回归数据关系

下面结合实例使用主元回归。采用本书前文 'MCD'、'GM'、'GOOG'、'TSLA'和'PFE'股票日对数收益率数据构造矩阵 $\boldsymbol{X}=[\boldsymbol{x}_1, \boldsymbol{x}_2,\cdots, \boldsymbol{x}_5]$，对数据$\boldsymbol{X}$进行SVD分解，获得特征值从大到小依次排列如下：

```
eigen_values =

    0.001219826871875
    0.000395910992003
    0.000175083654455
    0.000131849612421
    0.000096050521224
```

图12.34所示为股票日对数收益率数据$\boldsymbol{X}$做PCA分解得到陡坡图。发现第一主元和第二主元已释方差之和约80%。如果仅仅将$\boldsymbol{X}$中任意一点 $(x_{i,1}, x_{i,2},\cdots, x_{i,q-1}, x_{i,q})$ 投影到$\boldsymbol{Z}$中前两个主成分，即$(\boldsymbol{v}_1, \boldsymbol{v}_2)$ 上，获得点 $(z_{i,1}, z_{i,2})$：

$$\begin{bmatrix} z_{i,1} & z_{i,2} \end{bmatrix} = \begin{bmatrix} x_{i,1} & x_{i,2} & \cdots & x_{i,q-1} & x_{i,q} \end{bmatrix} \begin{bmatrix} \boldsymbol{v}_1 & \boldsymbol{v}_2 \end{bmatrix}$$
$$\Rightarrow \begin{cases} z_{i,1} = \begin{bmatrix} x_{i,1} & x_{i,2} & \cdots & x_{i,q-1} & x_{i,q} \end{bmatrix} \boldsymbol{v}_1 \\ z_{i,2} = \begin{bmatrix} x_{i,1} & x_{i,2} & \cdots & x_{i,q-1} & x_{i,q} \end{bmatrix} \boldsymbol{v}_2 \end{cases} \tag{12.38}$$

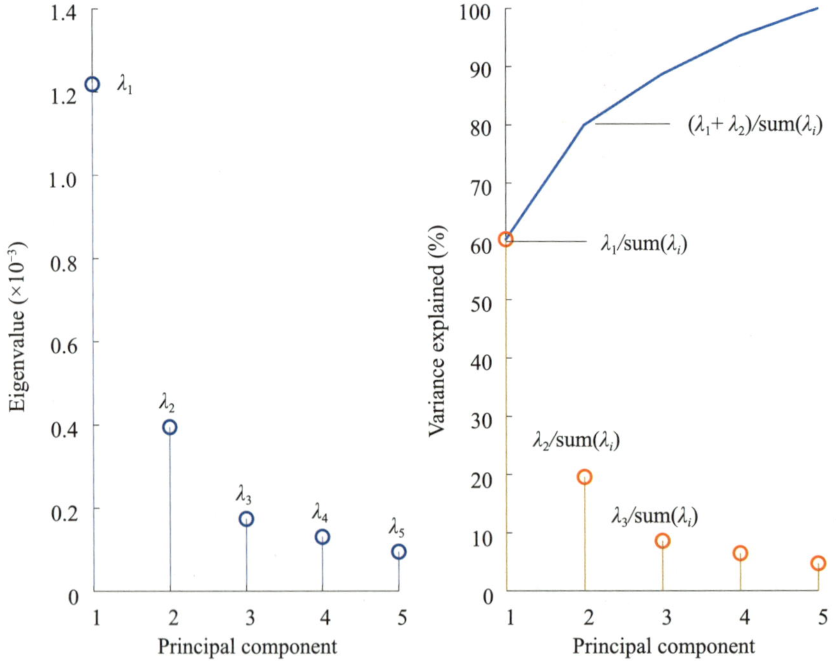

图12.34　股票收益率 $[\boldsymbol{x}_1, \boldsymbol{x}_2,\cdots, \boldsymbol{x}_5]$ PCA分解后绘制陡坡图

以股票日对数收益率数据$\boldsymbol{X}$作为实例，矩阵$\boldsymbol{V}$：

$$
\boldsymbol{V}=\begin{bmatrix} 0.054 & 0.195 & -0.209 & 0.675 & -0.678 \\ 0.188 & 0.689 & 0.695 & -0.059 & -0.060 \\ 0.202 & 0.546 & -0.646 & -0.482 & -0.106 \\ 0.956 & -0.290 & 0.032 & 0.027 & 0.010 \\ 0.083 & 0.324 & -0.234 & 0.556 & 0.724 \end{bmatrix}
$$
$$
\boldsymbol{v}_1=\begin{bmatrix} 0.054 \\ 0.188 \\ 0.202 \\ 0.956 \\ 0.083 \end{bmatrix},\quad \boldsymbol{v}_2=\begin{bmatrix} 0.195 \\ 0.689 \\ 0.546 \\ -0.290 \\ 0.324 \end{bmatrix},\quad \boldsymbol{v}_3=\begin{bmatrix} -0.209 \\ 0.695 \\ -0.646 \\ 0.032 \\ -0.234 \end{bmatrix},\quad \boldsymbol{v}_4=\begin{bmatrix} 0.675 \\ -0.059 \\ -0.482 \\ 0.027 \\ 0.556 \end{bmatrix},\quad \boldsymbol{v}_5=\begin{bmatrix} -0.678 \\ -0.060 \\ -0.106 \\ 0.010 \\ 0.724 \end{bmatrix} \tag{12.39}
$$

由此获得 $[\boldsymbol{x}_1, \boldsymbol{x}_2,\cdots, \boldsymbol{x}_5]$ 于第一主元$\boldsymbol{v}_1$、第二主元$\boldsymbol{v}_2$和第三主元$\boldsymbol{v}_3$上权重如图12.35所示。

$$
\begin{aligned}
\boldsymbol{v}_1 &= 0.054\boldsymbol{x}_1+0.188\boldsymbol{x}_2+0.202\boldsymbol{x}_3+0.956\boldsymbol{x}_4+0.083\boldsymbol{x}_5 \\
\boldsymbol{v}_2 &= 0.195\boldsymbol{x}_1+0.689\boldsymbol{x}_2+0.546\boldsymbol{x}_3-0.290\boldsymbol{x}_4+0.324\boldsymbol{x}_5 \\
\boldsymbol{v}_3 &= -0.209\boldsymbol{x}_1+0.695\boldsymbol{x}_2-0.646\boldsymbol{x}_3+0.032\boldsymbol{x}_4-0.234\boldsymbol{x}_5
\end{aligned} \tag{12.40}
$$

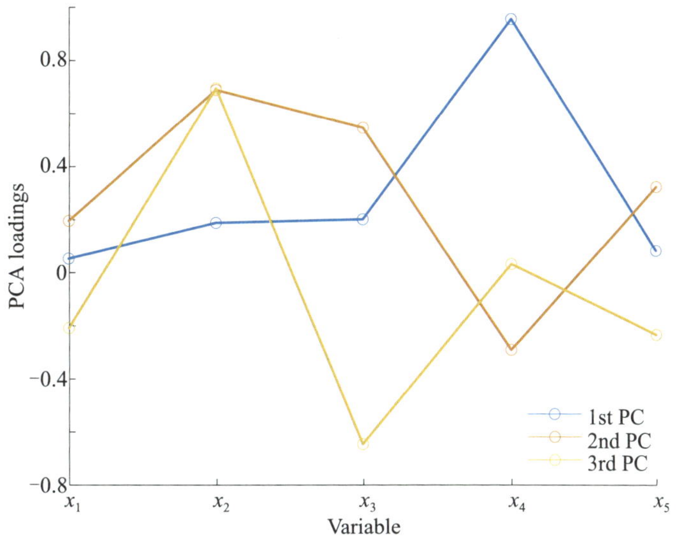

图12.35　主元分析前三个主元方向上载荷

利用上式可以发现，第一主元$\boldsymbol{v}_1$、第二主元$\boldsymbol{v}_2$和第三主元$\boldsymbol{v}_3$是怎样由$[\boldsymbol{x}_1, \boldsymbol{x}_2,\cdots, \boldsymbol{x}_5]$ 的线性组合构造的。

把$\boldsymbol{X}$数据某一行 (即$\boldsymbol{X}$系统中一个点) 投影到第一主元$\boldsymbol{v}_1$和第二主元$\boldsymbol{v}_2$构造平面直角坐标系上，运算获得投影坐标点：

$$
\begin{aligned}
\begin{bmatrix} z_{i,1} & z_{i,2} \end{bmatrix} &= \begin{bmatrix} x_{i,1} & x_{i,2} & x_{i,3} & x_{i,4} & x_{i,5} \end{bmatrix}\begin{bmatrix} \boldsymbol{v}_1 & \boldsymbol{v}_2 \end{bmatrix} \\
&= \begin{bmatrix} x_{i,1} & x_{i,2} & x_{i,3} & x_{i,4} & x_{i,5} \end{bmatrix}\begin{bmatrix} 0.054 & 0.195 \\ 0.188 & 0.689 \\ 0.202 & 0.546 \\ 0.956 & -0.290 \\ 0.083 & 0.324 \end{bmatrix}
\end{aligned} \tag{12.41}
$$

同理，将X某一行数据投影到在第一主元$\boldsymbol{v}_1$、第二主元$\boldsymbol{v}_2$和第三主元$\boldsymbol{v}_3$构成三维直角坐标系上：

$$\begin{aligned}\begin{bmatrix} z_{i,1} & z_{i,2} & z_{i,3} \end{bmatrix} &= \begin{bmatrix} x_{i,1} & x_{i,2} & x_{i,3} & x_{i,4} & x_{i,5} \end{bmatrix}\begin{bmatrix} \boldsymbol{v}_1 & \boldsymbol{v}_2 & \boldsymbol{v}_3 \end{bmatrix} \\ &= \begin{bmatrix} x_{i,1} & x_{i,2} & x_{i,3} & x_{i,4} & x_{i,5} \end{bmatrix}\begin{bmatrix} 0.054 & 0.195 & -0.209 \\ 0.188 & 0.689 & 0.695 \\ 0.202 & 0.546 & -0.646 \\ 0.956 & -0.290 & 0.032 \\ 0.083 & 0.324 & -0.234 \end{bmatrix}\end{aligned} \tag{12.42}$$

从书第三册PCA分析一节介绍了biplot() 绘制$\boldsymbol{X}$数据于正交系主元投影；图12.36展示biplot() 绘制股票日对数收益率数据$\boldsymbol{X}$投影第一$\boldsymbol{v}_1$和第二主元$\boldsymbol{v}_2$构成平面直角坐标系上；biplot() 同时将数据五个方向向量 $[\boldsymbol{x}_1, \boldsymbol{x}_2,\cdots, \boldsymbol{x}_5]$ 也投影在系统上。如图12.37所示，把这两部分数据投影到第一主元$\boldsymbol{v}_1$、第二主元$\boldsymbol{v}_2$和第三主元$\boldsymbol{v}_3$构成直角坐标系上。

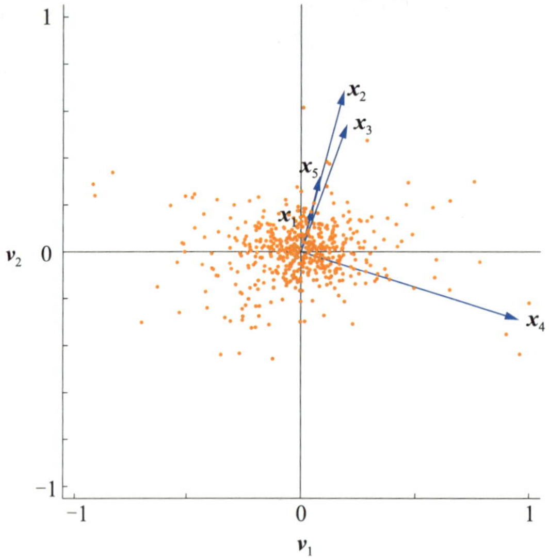

图12.36　数据$\boldsymbol{X}$和坐标向量 $[\boldsymbol{x}_1, \boldsymbol{x}_2,\cdots, \boldsymbol{x}_5]$ 投影到第一和第二主元构造二维直角坐标系统中

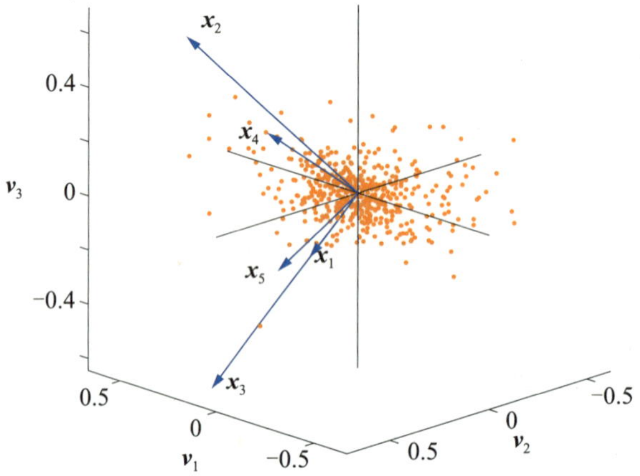

图12.37　数据$\boldsymbol{X}$和坐标向量 $[\boldsymbol{x}_1, \boldsymbol{x}_2,\cdots, \boldsymbol{x}_5]$ 投影到第一、第二和第三主元构造三维直角坐标系统

如图12.34所示，$[\boldsymbol{v}_1, \boldsymbol{v}_2,\cdots, \boldsymbol{v}_5]$ 这五个相互垂直主元中，前两个主元 $(\boldsymbol{v}_1, \boldsymbol{v}_2)$ 解释80%方差。这样，先将$\boldsymbol{y}$数据中心化，然后把中心化数据投影于$\boldsymbol{v}_1$和$\boldsymbol{v}_2$构造平面上去，运算方法为最小二乘法。获得二元

最小二乘法回归式为：

$$\hat{\boldsymbol{y}} = 0.098478\boldsymbol{v}_1 + 0.222997\boldsymbol{v}_2$$
$$\Rightarrow \hat{\boldsymbol{y}} = \begin{bmatrix} 0.098478 \\ 0.222997 \end{bmatrix} \begin{bmatrix} \boldsymbol{v}_1 & \boldsymbol{v}_2 \end{bmatrix} \tag{12.43}$$

即$\boldsymbol{Z}$坐标系下，回归系数$\boldsymbol{b}_z$为：

$$\boldsymbol{b}_z = \begin{bmatrix} 0.098478 \\ 0.222997 \end{bmatrix} \tag{12.44}$$

利用 $(\boldsymbol{v}_1, \boldsymbol{v}_2)$，将$\boldsymbol{b}_z$转换为$\boldsymbol{X}$坐标对应的回归系数$\boldsymbol{b}_x$：

$$\boldsymbol{b}_x = \begin{bmatrix} b_1 \\ b_2 \\ b_3 \\ b_4 \\ b_5 \end{bmatrix} = \begin{bmatrix} \boldsymbol{v}_1 & \boldsymbol{v}_2 \end{bmatrix} \boldsymbol{b}_z = \begin{bmatrix} 0.054 & 0.195 \\ 0.188 & 0.689 \\ 0.202 & 0.546 \\ 0.956 & -0.290 \\ 0.083 & 0.324 \end{bmatrix} \begin{bmatrix} 0.098478 \\ 0.222997 \end{bmatrix} = \begin{bmatrix} 0.048872 \\ 0.17221 \\ 0.141615 \\ 0.02936 \\ 0.080401 \end{bmatrix} \tag{12.45}$$

计算截距项系数b_0：

$$b_0 = \mathrm{E}(\boldsymbol{y}) - \begin{bmatrix} \mathrm{E}(\boldsymbol{x}_1) & \mathrm{E}(\boldsymbol{x}_2) & \cdots & \mathrm{E}(\boldsymbol{x}_q) \end{bmatrix} \begin{bmatrix} b_1 \\ b_2 \\ \vdots \\ b_q \end{bmatrix} \tag{12.46}$$

由此获得两个主元 $(\boldsymbol{v}_1, \boldsymbol{v}_2)$ 构造主元回归解析式，如下：

$$y = 0.00083 + 0.04887x_1 + 0.17221x_2 + 0.14161x_3 + 0.02936x_4 + 0.08040x_5 \tag{12.47}$$

图12.38展示观测值和拟合值之间的关系。图中黑色线段为误差项。

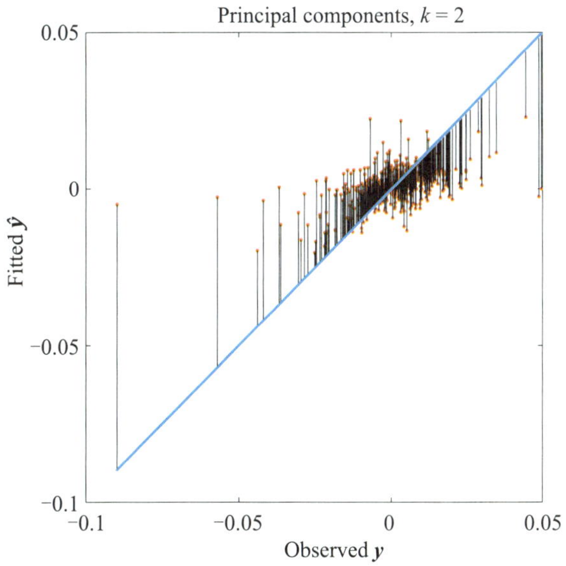

图12.38　观测值和拟合值关系，主元拟合，前两项主元

图12.39所示主元回归拟合中，把主元项数从两项提高到四项，显示拟合值变化情况。图中红色点为主元项为两项拟合值，蓝色点为主元项为四项拟合值。黑线为两个拟合值差值。配合前文代码，以下代码绘制本节图像。

B4_Ch12_1_A.m

```
clc; close all; clear all

stocks = {'COST','MCD','GM','GOOG','TSLA','PFE'};

price = hist_stock_data('01012018','01012020',stocks);
% the function can be downloaded from:
% https://www.mathworks.com/matlabcentral/fileexchange/
% 18458-hist_stock_data-start_date-end_date-varargin

dates_cells = price(1).Date;
dates = datetime(dates_cells, 'InputFormat', 'yyyy-MM-dd');
y_price = price(1).AdjClose;
x1_price = price(2).AdjClose;
x2_price = price(3).AdjClose;
x3_price = price(4).AdjClose;
x4_price = price(5).AdjClose;
x5_price = price(6).AdjClose;

y = diff(log(y_price));
x1  = diff(log(x1_price));
x2    = diff(log(x2_price));
x3  = diff(log(x3_price));
x4 = diff(log(x4_price));
x5   = diff(log(x5_price));

%% Principal components regressions

X = [x1,x2,x3,x4,x5];
[V,Z,eigen_values,~,explained,mu] = pca(X,'Economy',false);
% V*V' = I; norm(V(:,i)) = 1
% Z is the coordinates in V

fig_i = 1;
figure(fig_i)
fig_i = fig_i + 1;

subplot(1,2,1)
stem(eigen_values)
xlabel('Principal component')
ylabel('Eigenvalue'); box off; grid off

subplot(1,2,2)
```

```
plot(cumsum(eigen_values)/sum(eigen_values)*100); hold on
stem(eigen_values/sum(eigen_values)*100)
xlabel('Principal component')
ylabel('Variance explained (%)'); box off; grid off

figure(fig_i)
fig_i = fig_i + 1;
pareto(explained)
xlabel('Principal component')
ylabel('Variance explained (%)')
box off; grid off

figure(fig_i)
fig_i = fig_i + 1;
biplot(V(:,1:2),'scores',Z(:,1:2),'varlabels',{'x_1','x_2','x_3','x_4','x_5'});
daspect([1,1,1])
grid off; box off

figure(fig_i)
fig_i = fig_i + 1;
biplot(V(:,1:3),'Scores',Z(:,1:3),'varlabels',{'x_1','x_2','x_3','x_4','x_5'});
daspect([1,1,1])
grid off; box off

%% Plot the PCA loadings for the 1st, 2nd and 3rd PC

figure(fig_i)
fig_i = fig_i + 1;
% oldorder = get(gcf,'DefaultAxesColorOrder');
% set(gcf,'DefaultAxesColorOrder',jet(5));

plot(1:5,V(:,1:3),'-o');
% set(gcf,'DefaultAxesColorOrder',oldorder);
xlabel('Variable');
ylabel('PCA Loading');
xticks([1:5]); box off; grid off
xticklabels({'x_1','x_2','x_3','x_4','x_5'})
legend({'1st PC' '2nd PC' '3rd PC'},'location','best');
%% Principal Components Regression

% z, scores
% V is the matrix of loadings

k = 2; % First 2 principal components
[n,~] = size(X);
b_z_k2 = regress(y-mean(y), Z(:,1:k));
```

```
b_x_k2 = V(:,1:k)*b_z_k2;
b_x_k2 = [mean(y) - mean(X)*b_x_k2; b_x_k2];
% add b0
yfit_PCR_k2 = [ones(n,1) X]*b_x_k2;

figure(fig_i)
fig_i = fig_i + 1;
plot(y,yfit_PCR_k2,'r.'); hold on
plot(y,y,'-b')
plot([y,y]',[yfit_PCR_k2,y]','k-'); hold on
xlabel('Observed y');
ylabel('Fitted y');
title('Principal components, k = 2')
daspect([1,1,1])

k = 4; % First 4 principal components
[n,~] = size(X);
b_z_k4 = regress(y-mean(y), Z(:,1:k));

b_x_k4 = V(:,1:k)*b_z_k4;
b_x_k4 = [mean(y) - mean(X)*b_x_k4; b_x_k4];
% add b0
yfitPCR_4 = [ones(n,1) X]*b_x_k4;

figure(fig_i)
fig_i = fig_i + 1;

plot(y,yfitPCR_4,'b.'); hold on
plot(y,yfit_PCR_k2,'r.'); hold on
plot([y,y]',[yfit_PCR_k2,yfitPCR_4]','k-'); hold on
% plot(y,y,'-b')
xlabel('Observed y');
ylabel('Fitted y');
title(['Principal components, k = ',num2str(k)])
daspect([1,1,1])
```

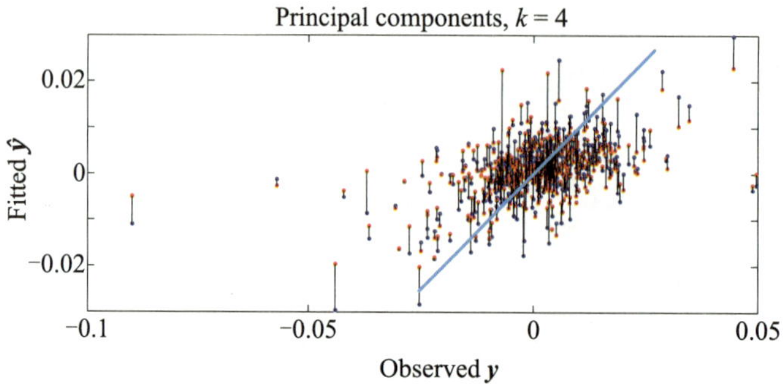

图12.39　观测值和拟合值关系，主元拟合，前四项

12.3 偏最小二乘回归

偏最小二乘回归 (partial least squares regression) 类似主元回归，也是一种降维回归方法；不同于主元回归，偏最小二乘回归利用因变量数据$\boldsymbol{y}$和自变量数据$\boldsymbol{X}$ (形状为$n \times q$) 之间相关性构造一个全新空间。$\boldsymbol{y}$和$\boldsymbol{X}$投影到新空间来确定一个线性回归模型。另外一个不同点，偏最小二乘回归采用**迭代算法** (iterative algorithm)。

偏最小二乘法处理多元因变量，为方便区分，一元因变量被定义为$\boldsymbol{y}$ (形状为$n \times 1$)，多元因变量被定义为$\boldsymbol{Y}$ (形状为$n \times p$)。偏最小二乘回归迭代方法很多，本节介绍较为经典一元因变量对多元自变量迭代算法。迭代算法主要由七步构成；其中，第二步到第七步为循环。

第一步， 获得中心化自变量数据矩阵$\boldsymbol{X}^{(0)}$和因变量数据向量$\boldsymbol{y}^{(0)}$：

$$\begin{aligned}\boldsymbol{X}^{(0)} &= \left(\boldsymbol{I} - \frac{1}{n}\boldsymbol{l}\boldsymbol{l}^{\mathrm{T}}\right)\boldsymbol{X} = \begin{bmatrix}\boldsymbol{x}_1^{(0)} & \boldsymbol{x}_2^{(0)} & \cdots & \boldsymbol{x}_q^{(0)}\end{bmatrix} \\ \boldsymbol{y}^{(0)} &= \boldsymbol{y} - \mathrm{E}(\boldsymbol{y}) = \left(\boldsymbol{I} - \frac{1}{n}\boldsymbol{l}\boldsymbol{l}^{\mathrm{T}}\right)\boldsymbol{y}\end{aligned} \tag{12.48}$$

因为偏最小二乘回归是迭代运算，上标 (0) 代表迭代代次。

第二步， 计算$\boldsymbol{y}^{(0)}$和$\boldsymbol{X}^{(0)}$列向量相关性，构建权重系数列向量$\boldsymbol{w}_1$：

$$\boldsymbol{w}_1 = \begin{bmatrix}\mathrm{cov}\left(\boldsymbol{x}_1^{(0)}, \boldsymbol{y}^{(0)}\right) \\ \mathrm{cov}\left(\boldsymbol{x}_2^{(0)}, \boldsymbol{y}^{(0)}\right) \\ \vdots \\ \mathrm{cov}\left(\boldsymbol{x}_q^{(0)}, \boldsymbol{y}^{(0)}\right)\end{bmatrix} = \frac{1}{n}\begin{bmatrix}\left(\boldsymbol{x}_1^{(0)}\right)^{\mathrm{T}}\boldsymbol{y}^{(0)} \\ \left(\boldsymbol{x}_2^{(0)}\right)^{\mathrm{T}}\boldsymbol{y}^{(0)} \\ \vdots \\ \left(\boldsymbol{x}_q^{(0)}\right)^{\mathrm{T}}\boldsymbol{y}^{(0)}\end{bmatrix} = \left(\boldsymbol{X}^{(0)}\right)^{\mathrm{T}}\boldsymbol{y}^{(0)} \tag{12.49}$$

列向量$\boldsymbol{w}_1$行数为q行。图12.40所示获得权重系数列向量计算过程，过程也可看作是一个投影运算，即将$(\boldsymbol{X}^{(0)})^{\mathrm{T}}$投影到$\boldsymbol{y}^{(0)}$。

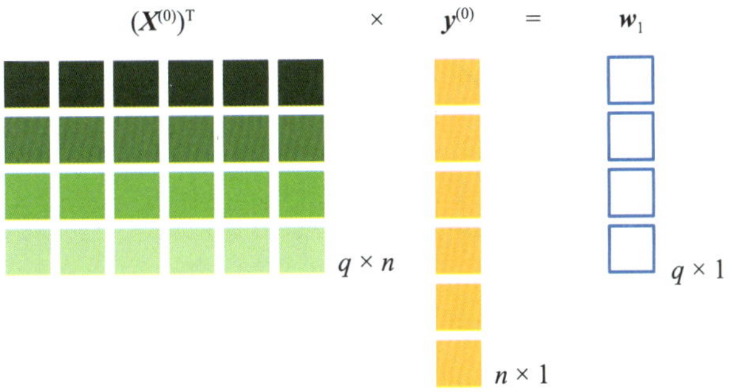

图12.40　计算权重系数列向量$\boldsymbol{w}_1$

为方便计算，将列向量$\boldsymbol{w}_1$单位化：

$$\boldsymbol{w}_1 = \frac{\boldsymbol{w}_1}{\|\boldsymbol{w}_1\|} = \begin{bmatrix}w_{1,1} \\ w_{2,1} \\ \vdots \\ w_{q,1}\end{bmatrix} \tag{12.50}$$

列向量$\boldsymbol{w}_1$每个元素大小代表着$\boldsymbol{y}^{(0)}$和$\boldsymbol{X}^{(0)}$列向量相关性。

第三步，利用上一步获得权重系数列向量$\boldsymbol{w}_1$和$\boldsymbol{X}^{(0)}$构造偏最小二乘回归主元向量，$\boldsymbol{z}_1$：

$$\boldsymbol{z}_1 = w_{1,1}\boldsymbol{x}_1 + w_{2,1}\boldsymbol{x}_2 + \cdots + w_{q,1}\boldsymbol{x}_q = \boldsymbol{X}^{(0)}\boldsymbol{w}_1 \tag{12.51}$$

图12.41所示为计算偏最小二乘回归主元列向量$\boldsymbol{z}_1$。这样理解，主元列向量$\boldsymbol{z}_1$为$\boldsymbol{X}^{(0)}$列向量通过加权构造；$\boldsymbol{y}^{(0)}$和$\boldsymbol{X}^{(0)}$某一列向量相关性越高，这一列获得权重越高，在主元列向量$\boldsymbol{z}_1$成分也越高。同样，过程等价于投影过程，即$\boldsymbol{X}^{(0)}$投影到$\boldsymbol{w}_1$。

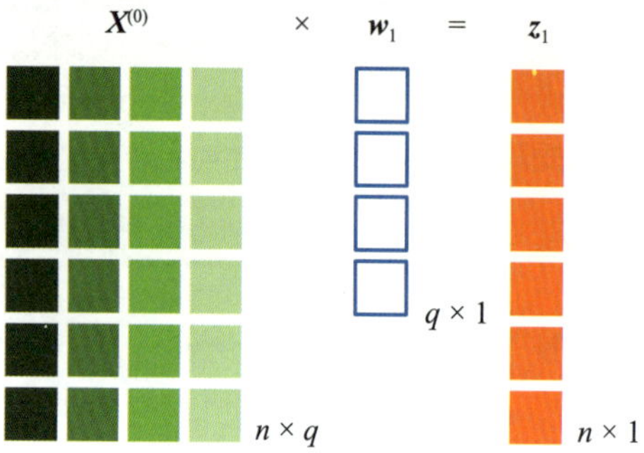

图12.41　计算偏最小二乘回归主元列向量$\boldsymbol{z}_1$

下面几步完成将自变量数据矩阵$\boldsymbol{X}^{(0)}$和因变量数据向量$\boldsymbol{y}^{(0)}$投影到主元$\boldsymbol{z}_1$方向上。

第四步，把自变量数据矩阵$\boldsymbol{X}^{(0)}$投影在主元列向量$\boldsymbol{z}_1$上，获得系数向量$\boldsymbol{v}_1$。先以$\boldsymbol{X}^{(0)}$第一列解释投影过程。

如图12.42所示，将$\boldsymbol{X}^{(0)}$第一列投影在主元列向量$\boldsymbol{z}_1$，得到$\hat{\boldsymbol{x}}_1^{(0)}$：

$$\hat{\boldsymbol{x}}_1^{(0)} = v_{1,1}\boldsymbol{z}_1 \tag{12.52}$$

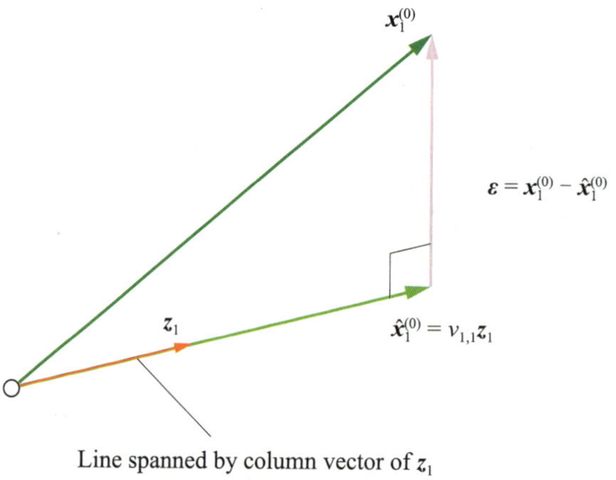

图12.42　$\boldsymbol{X}^{(0)}$第一列投影在主元列向量$\boldsymbol{z}_1$

残差$\boldsymbol{\varepsilon}$则垂直于主元列向量$\boldsymbol{z}_1$，计算获得系数$v_{1,1}$：

$$\begin{aligned}&\boldsymbol{\varepsilon} \perp \boldsymbol{z}_1 \quad \Rightarrow \quad \boldsymbol{z}_1^{\mathrm{T}}\boldsymbol{\varepsilon} = \boldsymbol{z}_1^{\mathrm{T}}\left(\boldsymbol{x}_1^{(0)} - \hat{\boldsymbol{x}}_1^{(0)}\right) = \boldsymbol{z}_1^{\mathrm{T}}\left(\boldsymbol{x}_1^{(0)} - v_{1,1}\boldsymbol{z}_1\right) = 0\\ &\Rightarrow \quad v_{1,1} = \frac{\boldsymbol{z}_1^{\mathrm{T}}\boldsymbol{x}_1^{(0)}}{\boldsymbol{z}_1^{\mathrm{T}}\boldsymbol{z}_1} = \frac{\left(\boldsymbol{x}_1^{(0)}\right)^{\mathrm{T}}\boldsymbol{z}_1}{\boldsymbol{z}_1^{\mathrm{T}}\boldsymbol{z}_1}\end{aligned} \tag{12.53}$$

上式说明偏最小二乘法回归核心仍是 OLS。同样，把$\boldsymbol{X}^{(0)}$第二列投影在主元列向量$\boldsymbol{z}_1$，计算得到系数$v_{2,1}$：

$$v_{2,1} = \frac{\boldsymbol{z}_1^{\mathrm{T}} \boldsymbol{x}_2^{(0)}}{\boldsymbol{z}_1^{\mathrm{T}} \boldsymbol{z}_1} = \frac{\left(\boldsymbol{x}_2^{(0)}\right)^{\mathrm{T}} \boldsymbol{z}_1}{\boldsymbol{z}_1^{\mathrm{T}} \boldsymbol{z}_1} \tag{12.54}$$

类似地，获得$\boldsymbol{X}^{(0)}$每列投影在主元列向量$\boldsymbol{z}_1$系数，这些系数一个列向量$\boldsymbol{v}_1$。下式计算列向量$\boldsymbol{v}_1$：

$$\boldsymbol{v}_1 = \begin{bmatrix} v_{1,1} \\ v_{2,1} \\ \vdots \\ v_{q,1} \end{bmatrix} = \frac{\left(\boldsymbol{X}^{(0)}\right)^{\mathrm{T}} \boldsymbol{z}_1}{\boldsymbol{z}_1^{\mathrm{T}} \boldsymbol{z}_1} = \frac{\left(\boldsymbol{X}^{(0)}\right)^{\mathrm{T}} \boldsymbol{X}^{(0)} \boldsymbol{w}_1}{\boldsymbol{w}_1^{\mathrm{T}} \left(\boldsymbol{X}^{(0)}\right)^{\mathrm{T}} \boldsymbol{X}^{(0)} \boldsymbol{w}_1} = \frac{\boldsymbol{\Sigma}^{(0)} \boldsymbol{w}_1}{\boldsymbol{w}_1^{\mathrm{T}} \boldsymbol{\Sigma}^{(0)} \boldsymbol{w}_1} \tag{12.55}$$

第五步，根据最小二乘回归原理，利用列向量$\boldsymbol{v}_1$和$\boldsymbol{z}_1$估算，并到拟合矩阵$\hat{\boldsymbol{X}}^{(0)}$：

$$\hat{\boldsymbol{X}}^{(0)} = \boldsymbol{z}_1 \boldsymbol{v}_1^{\mathrm{T}} = \boldsymbol{X}^{(0)} \boldsymbol{w}_1 \boldsymbol{v}_1^{\mathrm{T}} \tag{12.56}$$

原始数据矩阵$\boldsymbol{X}$和拟合数据矩阵$\hat{\boldsymbol{X}}^{(0)}$之差便是残差矩阵$\boldsymbol{E}^{(0)}$：

$$\boldsymbol{E}^{(0)} = \boldsymbol{X}^{(0)} - \hat{\boldsymbol{X}}^{(0)} = \boldsymbol{X}^{(0)} - \boldsymbol{X}^{(0)} \boldsymbol{w}_1 \boldsymbol{v}_1^{\mathrm{T}} = \boldsymbol{X}^{(0)} \left(\boldsymbol{I} - \boldsymbol{w}_1 \boldsymbol{v}_1^{\mathrm{T}}\right) \tag{12.57}$$

而残差矩阵$\boldsymbol{E}^{(0)}$便是进入迭代过程第二步数据矩阵$\boldsymbol{X}^{(1)}$：

$$\boldsymbol{X}^{(1)} = \boldsymbol{E}^{(0)} = \boldsymbol{X}^{(0)} - \hat{\boldsymbol{X}}^{(0)} = \boldsymbol{X}^{(0)} \left(\boldsymbol{I} - \boldsymbol{w}_1 \boldsymbol{v}_1^{\mathrm{T}}\right) \tag{12.58}$$

数据矩阵$\boldsymbol{X}^{(1)}$和原始数据$\boldsymbol{X}^{(0)}$之间关系如图12.43所示。

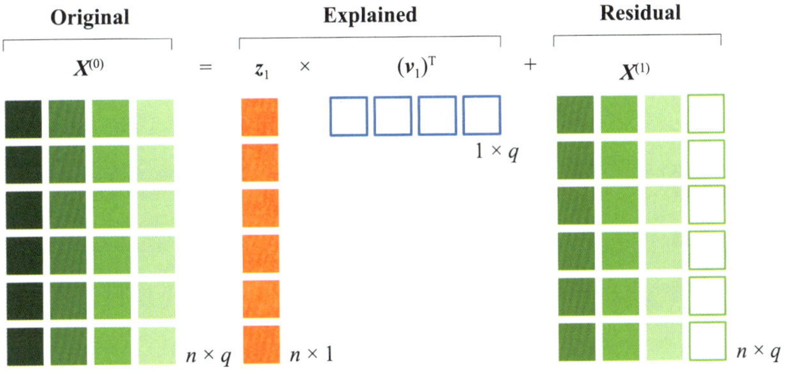

图12.43　计算得到数据矩阵$\boldsymbol{X}^{(1)}$

第六步，把因变量数据列向量$\boldsymbol{y}^{(0)}$投影于主元列向量$\boldsymbol{z}_1$上，获得系数b_1。类似第四步，如图12.44所示，用最小二乘法计算获得系数b_1：

$$\begin{aligned} \boldsymbol{\varepsilon} \perp \boldsymbol{z}_1 \quad & \Rightarrow \quad \boldsymbol{z}_1^{\mathrm{T}} \boldsymbol{\varepsilon} = \boldsymbol{z}_1^{\mathrm{T}} \left(\boldsymbol{y}^{(0)} - \hat{\boldsymbol{y}}^{(0)}\right) = \boldsymbol{z}_1^{\mathrm{T}} \left(\boldsymbol{y}^{(0)} - b_1 \boldsymbol{z}_1\right) = 0 \\ & \Rightarrow \quad b_1 = \frac{\boldsymbol{z}_1^{\mathrm{T}} \boldsymbol{y}^{(0)}}{\boldsymbol{z}_1^{\mathrm{T}} \boldsymbol{z}_1} = \frac{\left(\boldsymbol{y}^{(0)}\right)^{\mathrm{T}} \boldsymbol{z}_1}{\boldsymbol{z}_1^{\mathrm{T}} \boldsymbol{z}_1} \end{aligned} \tag{12.59}$$

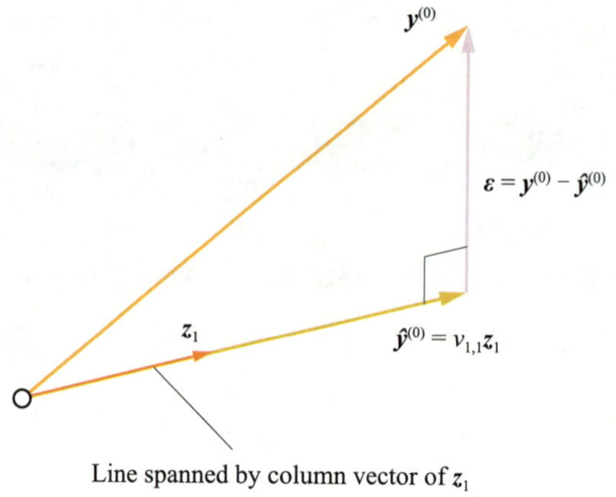

图12.44　$y^{(0)}$向量投影在主元列向量z_1

第七步，根据OLS原理，利用列向量b_1和z_1估算因变量列向量y，并得到拟合$\hat{y}^{(0)}$：

$$\hat{y}^{(0)} = b_1 z_1 = \frac{z_1^{\mathrm{T}} y^{(0)} z_1}{z_1^{\mathrm{T}} z_1} = \frac{\left(y^{(0)}\right)^{\mathrm{T}} z_1 z_1}{z_1^{\mathrm{T}} z_1} \tag{12.60}$$

原始因变量列向量$y^{(0)}$和拟合列向量$\hat{y}^{(0)}$之差便是残差向量$\varepsilon^{(0)}$：

$$\varepsilon^{(0)} = y^{(1)} = y^{(0)} - \hat{y}^{(0)} = y^{(0)} - \frac{z_1^{\mathrm{T}} y^{(0)} z_1}{z_1^{\mathrm{T}} z_1} \tag{12.61}$$

而残差向量$\varepsilon^{(0)}$便是进入迭代循环第二步数据向量$y^{(1)}$。如图12.45所示，$\hat{y}^{(0)}$解释部分$y^{(0)}$。

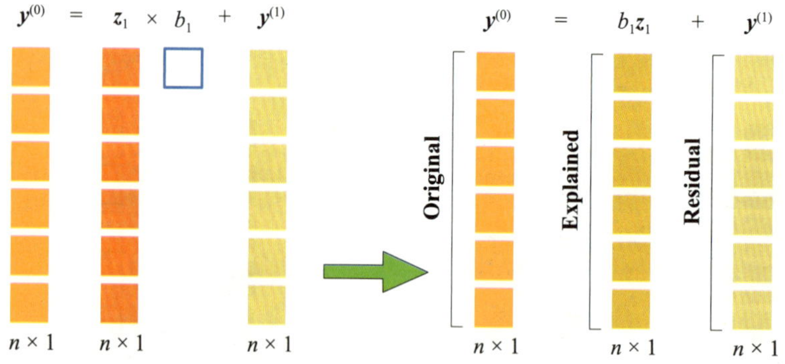

图12.45　估算$y^{(0)}$

将数据矩阵$X^{(1)}$和数据向量$y^{(1)}$带入如上迭代运算第二步至第七步。

重复第二步得到权重系数列向量w_2：

$$w_2 = \frac{\left(X^{(1)}\right)^{\mathrm{T}} y^{(1)}}{\left\|\left(X^{(1)}\right)^{\mathrm{T}} y^{(1)}\right\|} \tag{12.62}$$

重复第三步，利用权重系数列向量w_2和$X^{(1)}$构造偏最小二乘回归第二主元向量z_2：

$$z_2 = X^{(1)} w_2 \tag{12.63}$$

重复第四步，把自变量数据残差矩阵$X^{(1)}$投影于第二主元列向量z_2上，获得系数向量v_2：

$$v_2 = \begin{bmatrix} v_{1,2} \\ v_{2,2} \\ \vdots \\ v_{q,2} \end{bmatrix} = \frac{\left(X^{(1)}\right)^{\mathrm{T}} z_2}{z_2^{\mathrm{T}} z_2} = \frac{\left(X^{(1)}\right)^{\mathrm{T}} X^{(1)} w_2}{w_2^{\mathrm{T}} \left(X^{(1)}\right)^{\mathrm{T}} X^{(1)} w_2} = \frac{\Sigma^{(1)} w_2}{w_2^{\mathrm{T}} \Sigma^{(1)} w_2} \tag{12.64}$$

重复第五步，用列向量v_2和z_2估算，并到拟合矩阵$\hat{X}^{(1)}$：

$$\hat{X}^{(1)} = z_2 v_2^{\mathrm{T}} = X^{(1)} w_2 v_2^{\mathrm{T}} \tag{12.65}$$

$X^{(1)}$和拟合数据矩阵$\hat{X}^{(1)}$之差便是残差矩阵$E^{(1)}$，$E^{(1)}$便是再次进入迭代过程第二步数据矩阵$X^{(2)}$：

$$X^{(2)} = E^{(1)} = X^{(1)} - \hat{X}^{(1)} = X^{(1)}\left(I - w_2 v_2^{\mathrm{T}}\right) \tag{12.66}$$

图12.43和图12.46相结合获得图12.47，即前两个主元z_1和z_1还原数据矩阵$X^{(0)}$。随着主元数量不断增多，偏最小二乘回归更精确地还原原始数据$X^{(0)}$，即对数据$X^{(0)}$方差解释力度越强。

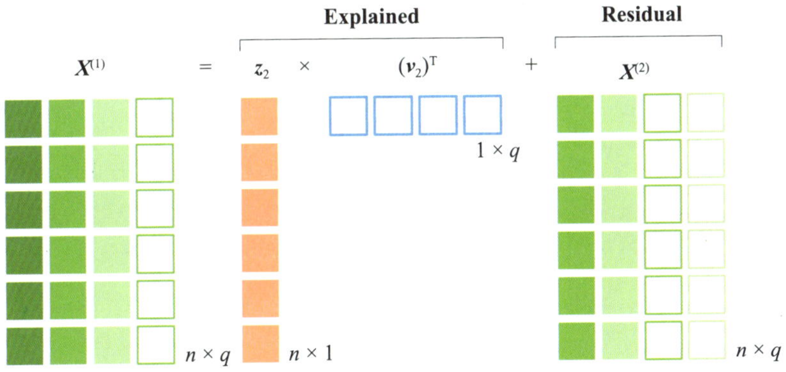

图12.46 计算得到数据矩阵$X^{(2)}$

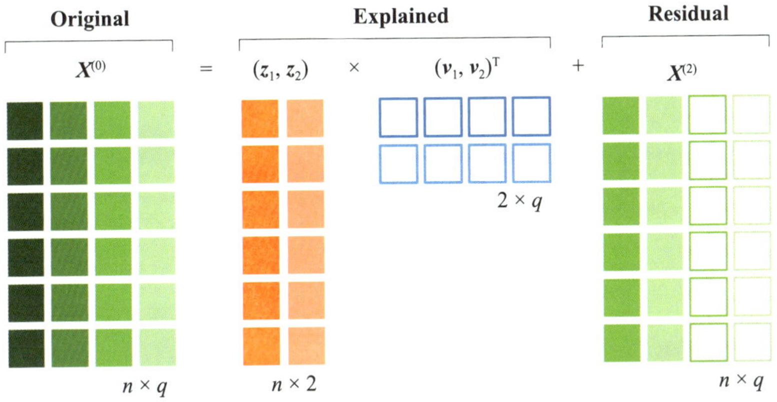

图12.47 前两个主元z_1和z_1还原数据矩阵$X^{(0)}$

重复第六步，把因变量数据列向量$y^{(1)}$投影在主元列向量z_2上，获得系数b_2：

$$b_2 = \frac{z_2^T y^{(1)}}{z_2^T z_2} = \frac{\left(y^{(1)}\right)^T z_2}{z_2^T z_2} \tag{12.67}$$

重复第七步，利用b_2和z_2得到拟合列向量$\hat{y}^{(1)}$：

$$\hat{y}^{(1)} = b_2 z_2 \tag{12.68}$$

列向量$y^{(1)}$和拟合数据列向量$\hat{y}^{(1)}$之差便是残差向量$\varepsilon^{(1)}$:

$$\varepsilon^{(0)} = y^{(2)} = y^{(1)} - \hat{y}^{(1)} = y^{(1)} - b_2 z_2 \tag{12.69}$$

而残差向量$\varepsilon^{(1)}$也是进入下一次迭代过程第二步数据向量$y^{(2)}$。

图12.49结合图12.45和图12.48，这幅图中前两个主元z_1和z_2还原部分数据列向量$y^{(0)}$。同理，随着主元数量不断增多，偏最小二乘回归更精确地还原原始因变量列向量$y^{(0)}$，即对$y^{(0)}$方差解释力度越强。截止目前，迭代循环已经完成两次。

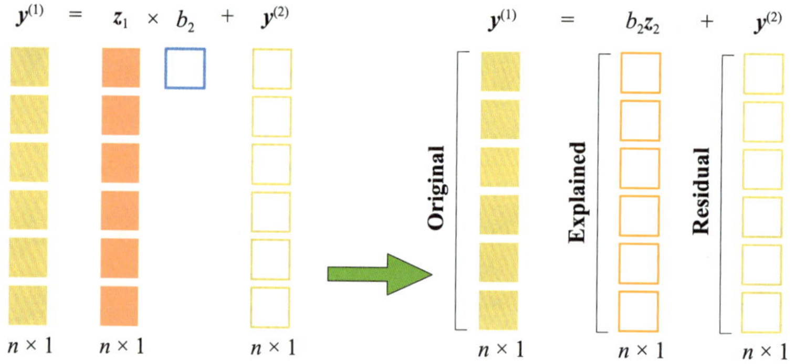

图12.48　估算$y^{(1)}$

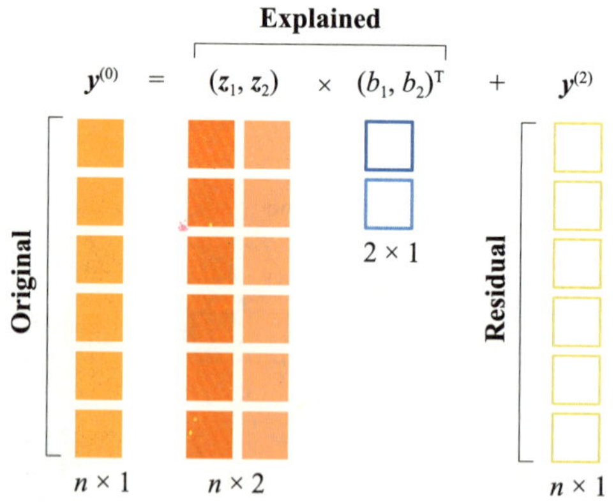

图12.49　前两个主元z_1和z_2还原部分数据列向量$y^{(0)}$

MATLAB处理偏最小二乘法回归函数为plsregress()。plsregress() 处理多元因变量Y、多元自变量X偏最小二乘法回归。函数核心运算是对Y和X协方差矩阵进行SVD分解。下面，利用plsregress() 函数对上一节股票数据进行偏最小二乘法回归分析。图12.50所示为y方差解释百分比随偏最小二乘法(PLS) 主元数量变化关系；发现三个PLS主元已经达到对y方差解释百分比最大值，28%左右。如图12.51所示，X方差解释百分比随PLS主元数量变化关系。使用三个PLS主元解释接近90% X方差。这两个方差解释百分比是迭代次数 (即采用几个PLS主元) 重要截止条件。

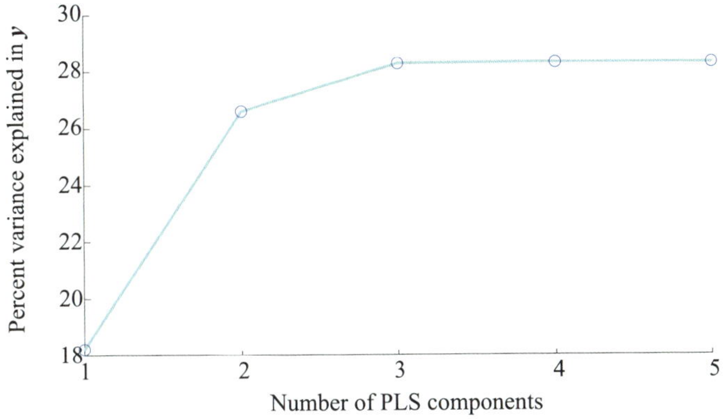

图12.50　$\boldsymbol{y}$方差解释百分比随PLS主元数量变化关系

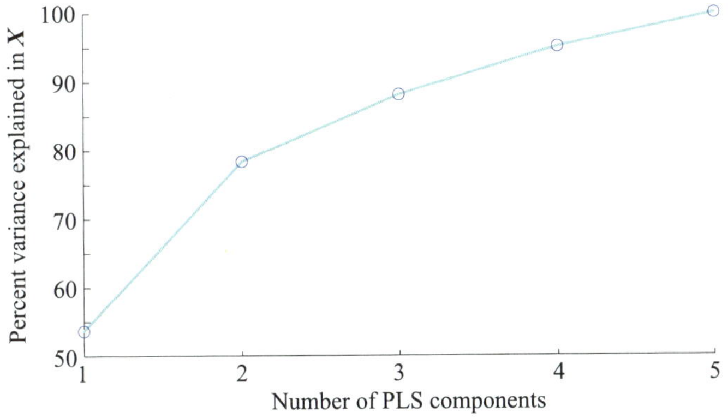

图12.51　$\boldsymbol{X}$方差解释百分比随PLS主元数量变化关系

图12.52展示计算自变量因子得分权重矩阵$\boldsymbol{W}$，自变量因子得分$\boldsymbol{Z}$用原始数据和$\boldsymbol{W}$获得：

$$\boldsymbol{Z} = \boldsymbol{X}^{(0)}\boldsymbol{W} \tag{12.70}$$

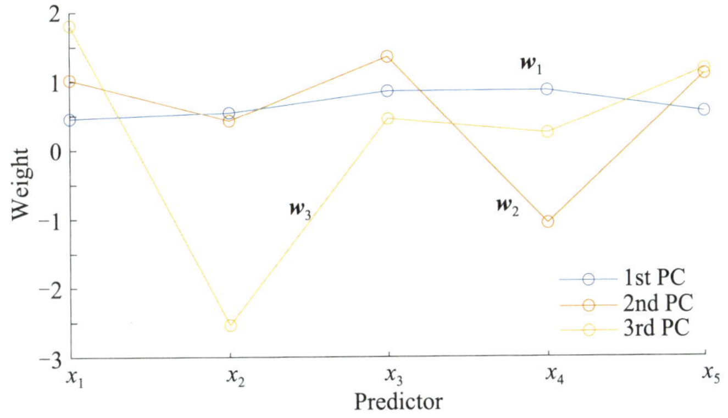

图12.52　计算自变量因子得分矩阵权重$\boldsymbol{w}_1$、$\boldsymbol{w}_2$和$\boldsymbol{w}_3$，三个PLS主元估计

下式计算拟合矩阵$\hat{\boldsymbol{X}}$：

$$\hat{\boldsymbol{X}} = \boldsymbol{Z}\boldsymbol{V} = \boldsymbol{X}^{(0)}\boldsymbol{W}\boldsymbol{V}^{\mathrm{T}} \tag{12.71}$$

其中，$\boldsymbol{V}$为自变量因子载荷矩阵。

计算自变量矩阵$X^{(0)}$残差：

$$E_X = X^{(0)} - \hat{X} = X^{(0)} - X^{(0)}WV^{\mathrm{T}} \tag{12.72}$$

注意，MATLAB偏最小二乘回归函数plsregress()，计算自变量因子得分权重矩阵和计算因变量因子得分权重矩阵都是W。因此拟合矩阵$\hat{Y}$利用下式获得：

$$\hat{Y} = ZU^{\mathrm{T}} = X^{(0)}WU^{\mathrm{T}} \tag{12.73}$$

其中，U为因变量因子载荷矩阵，因此拟合系数矩阵B为：

$$B = WU^{\mathrm{T}} \quad \Rightarrow \quad \hat{Y} = X^{(0)}B \tag{12.74}$$

自变量矩阵$X^{(0)}$和因变量矩阵$Y^{(0)}$均为列向量中心化矩阵；因此，常数项利用下式获得：

$$b_0 = \mathrm{E}(Y) - \mathrm{E}(X)B \tag{12.75}$$

因变量矩阵$Y^{(0)}$残差计算式如下：

$$E_Y = Y^{(0)} - \hat{Y} = Y^{(0)} - X^{(0)}WU^{\mathrm{T}} \tag{12.76}$$

如图12.53所示，采用三个PLS主元估计获得原始因变量数据和拟合因变量关系。图12.54所示为相应原始因变量数据残差分布。

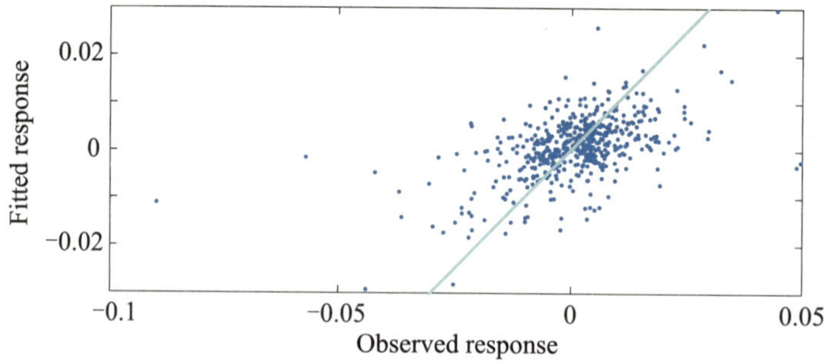

图12.53　原始因变量数据和拟合因变量关系，三个PLS主元估计

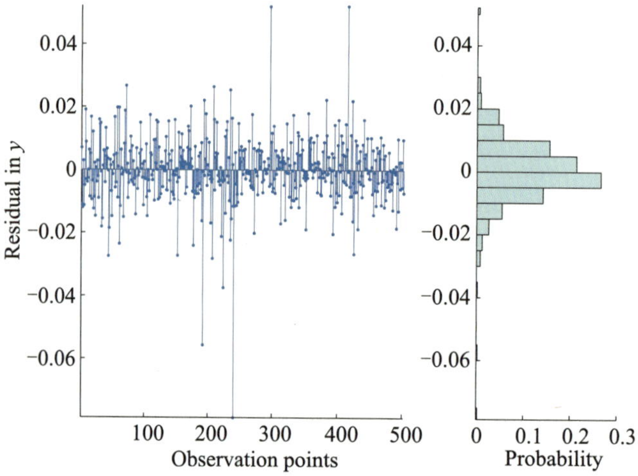

图12.54　原始因变量数据残差分布，三个PLS主元估计

配合上一节代码，以下代码可绘制图12.50～图12.54。

B4_Ch12_1_B.m

```
%% Partial least squares regression

[X_loadings,Y_loadings,X_scores,Y_scores,b_PLS_5,PLS_Var_5,MSE] = plsregress(X,y,5);
% X_loadings: predictor X loadings
% Y_loadings: response Y (y) loadings
% X_scores: predictor (X) scores
% Y_scores: response Y (y) scores
% Y = [ones(n,1),X]*b_PLS_5 + Yresiduals,
% Y0 = X0*b_PLS_5(2:end,:) + Yresiduals
% centered variables X0 and Y0
% PCTVAR containing the percentage of variance explained by the model.
% The first row of PCTVAR contains the percentage of variance
% explained in X by each PLS component, and the second row
% contains the percentage of variance explained in Y.
% MSE containing estimated mean-squared errors for
% PLS models with 0:ncomp components

yfit_PLS_5 = [ones(size(X,1),1) X]*b_PLS_5;

figure(fig_i)
fig_i = fig_i + 1;

plot(1:5,cumsum(100*PLS_Var_5(2,:)),'-bo');
xlabel('Number of PLS components');
ylabel('Percent variance explained in y');
xticks(1:5); box off; grid off

figure(fig_i)
fig_i = fig_i + 1;

plot(1:5,cumsum(100*PLS_Var_5(1,:)),'-bo');
xlabel('Number of PLS components');
ylabel('Percent variance explained in X');
xticks(1:5); box off; grid off

TSS = sum((y-mean(y)).^2);
RSS_PLS = sum((y-yfit_PLS_5).^2);
rsquaredPLS = 1 - RSS_PLS/TSS

figure(fig_i)
fig_i = fig_i + 1;
[axes,h1,h2] = plotyy(0:5,MSE(1,:),0:5,MSE(2,:));
xticks(0:5)
set(h1,'Marker','o')
```

```
set(h2,'Marker','o')
legend('MSE predictors, X','MSE response, y')
xlabel('Number of PLS components')
%% Use 3 PLS components

[XL,YL,XS,YS,beta,PCTVAR,MSE,stats] = plsregress(X,y,3);
W = stats.W;
% XL: X loadings, V
% YL: Y loadings, U (b)
% XS*XL' and XS*YL' are the PLS approximations to X0 and Y0.
% structure stats with the following fields:
% W — A p-by-ncomp matrix of PLS weights so that XS = Z = X0*W.
% T2 — The T2 statistic for each point in XS.
% Xresiduals — The predictor residuals, that is, X0-Z*XL' = X0-X0*W*XL';
% Yresiduals — The response residuals, that is,  Y0-Z*YL' = Y0-X0*W*YL'

yfit_PLS = [ones(size(X,1),1) X]*beta;
% beta(2:end,:) = W*YL'


TSS = sum((y-mean(y)).^2);
RSS_PLS = sum((y-yfit_PLS).^2);
Rsquared_PLS = 1 - RSS_PLS/TSS

figure(fig_i)
fig_i = fig_i + 1;
plot(y,yfit_PLS,'.')
daspect([1,1,1])

xlabel('Observed response'); ylabel('Fitted response')

figure(fig_i)
fig_i = fig_i + 1;
plot(1:5,stats.W,'o-');
legend({'1st PC','2nd PC','3rd PC'},'Location','best')
xlabel('Predictor');
xticks(1:5)
xticklabels({'x1','x2','x3','x4','x4'})
ylabel('Weight');
box off; grid off

figure(fig_i)
fig_i = fig_i + 1;

subplot(1,3,[1,2])
residuals = y - yfit_PLS;
stem(residuals,'.')
```

```
ylabel('Residual'); xlabel('Observation points')
box off; grid off; axis tight
y1 = ylim;

subplot(1,3,3)
histogram(residuals,'Normalization','probability');
xlim(y1); view(90,-90); box off;
ylabel('Probability')
```

至此，我们完成了丛书第四册的学习。第四册书的部分内容已经涉及了金融人工智能领域。比如，这丛书优化方法三章内容服务于投资组合优化话题，这两章回归与优化内容将会为丛书后续的因素投资、时间序列以及其他金融建模应用打下基础。

另外，任何领域都离不开数学，这就是为什么丛书这一本会花大篇幅讲解数学内容。学好数学绝对是个人未来发展的一项战略投资。希望读者朋友们不再满足于会使用MATLAB、Python或R等程序函数，而对这些函数背后数学原理和算法要有着深入研究。

如果读者有兴趣系统学习机器学习、神经网络和深度学习以及相关数学内容，请大家参考以下几本经典教材。

- Goodfellow, Ian, Yoshua Bengio, and Aaron Courville. Deep learning.MIT press, 2016.
- Haykin, Simon. Neural Networks and Learning Machines, Third Edition. Pearson Education India, 2010.
- Mohri, Mehryar, Afshin Rostamizadeh, and Ameet Talwalkar. Foundations of machine learning. MIT press, 2018.
- Murphy, Kevin P. Machine learning: a probabilistic perspective. MIT press, 2012.
- Strang, Gilbert. Linear algebra and learning from data.Wellesley-Cambridge Press, 2019.
- Sutton, Richard S., and Andrew G.Barto. Reinforcement learning: An introduction. MIT press, 2018.
- Theodoridis, Sergios. Machine learning: a Bayesian and optimization perspective. Academic Press, 2015.

丛书第五册将讨论股票技术分析、深入了解更多回归方法、实践利率和波动率建模、探讨对手交易风险、学习更多投资组合优化及因素投资、研习常见人工智能方法。期待和大家继续在第五册书中一道学习和探索。

Cheatsheet

备忘

A-C

all(**A**) 沿着大小不等于1数组**A**第一维测试所有元素为非零还是逻辑值1(true)；实际上，all是逻辑AND运算符原生扩展。

assume() 设置符号变量假定条件。

assumeAlso() 追加假设条件。

assumptions 返回符号变量假设条件。

axis off去掉坐标轴。

biplot() 创建矩阵系数双标图。

blkdiag(**A**1,…,**A***N*) 返回通过沿对角线对齐输入矩阵 **A**1,…,**A***N* 创建分块对角矩阵area()填充区二维绘图。

caxis() 设置当前坐标区颜色图范围。

cell() 转换为元胞数组。

char() 转换为字符串。

chol() 进行Cholesky分解运算。**R** = chol(**A**)将对称正定矩阵**A**分解成满足 **A**=**R**'***R** 上三角**R**。如果**A**是非对称矩阵，则chol将矩阵视为对称矩阵，并且只使用**A**对角线和上三角形。

class() 确定变量类。

coeffs() 提取多项式系数。

collect() 对符号项合并同类项，多个符号变量构成表达式，按指定某个符号合并同类项。

colorbar 调出色彩条。

compose() 构造复合函数。

corr2cov() 将标准差和线性相关系数转化为协方差。

cos(*X*) 返回***X***每个元素余弦。

cov(***X***,***Y***) 返回X和Y协方差矩阵。

cross() 计算向量叉乘。

cumsum() 如果**A**是一个向量，将返回一个包含**A**各元素累积连加结果向量，元素个数与原向量相同。

cylinder() 函数获得圆柱面数据。

D-E

daspect([*x* *y* *z*]) 设置图像刻度比例；daspect([1 1 1]) 轴刻度比例关系为1:1:1。

dateshift 推移日期或生成日期与时间序列。

datetime 创建时间值数据。

deg2rad() 将角从以度为单位转换为以弧度为单位。

diff() 求解符号表达微分式。

diff() 函数可计算输入向量或矩阵特定维度上相连元素差值。

dot(A,B) 返回 ***A*** 和 ***B*** 标量点积。

double() 转换为双精度浮点数，即8个字节

(64位)浮点值。

double() 转换为双精度浮点数，即8个字节(64位)浮点值。

eig() 计算特征值和特征向量；[***V***, ***D***] = eig(***A***)返回特征值对角矩阵***D***和矩阵***V***，其列是对应右特征向量，使得***A********V*** =***V********D***。

ellipsoid() 得到椭球表面数据。

estimateAssetMoments() 投资组合优化对象函数，计算风险资产收益率均值和方差-协方差矩阵。

estimateFrontier() 投资组合优化对象函数，计算有效前沿上投资组合资产权重。

estimateFrontierByReturn() 投资组合优化对象函数，根据目标回报率在有效前沿上找到对应投资组合。

estimateFrontierByRisk() 投资组合优化对象函数，根据目标风险在有效前沿上找到对应投资组合。

estimateMaxSharpeRatio() 投资组合优化对象函数，得到夏普比率最大投资组合风险资产权重。

estimatePortMoments() 投资组合优化对象函数，计算Portfolio对象收益期望和均方差。

eval() 计算字符向量或者函数数值。

expand() 将符号表达展开为多项式表达。

extractfield(S,name) 从结构体***S***中抓取名为name数据。

ezpolar() 在极坐标中绘制符号表达图像。

F-G

factor() 对数字做质因数分解，对于符号表达式做因式分解。

fcontour() 在平面绘制符号表达等高线图，结果类似contour()。

fcontour(*f*,[xmin xmax ymin ymax]) 绘制符号方程表达*f*等高线图。

feval(f_x,x_p,y_p) 根据函数f_x输入x_p和y_p计算函数值。

fill3() 填充三维多边形。

fimplicit(*f*) 在默认区间[-5 5](对于*x*和*y*)上绘制*f*(*x*,*y*)=0定义隐函数。

fimplicit3(*f*) 在默认区间[-5 5]上绘制*f*(*x*,*y*,*z*)=0定义三维隐函数。

finverse() 求解反函数。

fitlm() 函数用来构建线性和非线性最小二乘法回归模型。

fmesh() 在三维空间绘制符号表达网格，结果类似mesh()。

fmesh(*f*,[xmin xmax ymin ymax]) 绘制符号方程表达*f*网格图。

fmincon() 约束非线性优化问题寻找最小值。

fminsearch() 使用无导数法计算无约束多变量函数最小值。

fminunc() 无约束非线性优化问题寻找最小值。

fplot() 在二维平面绘制符号表达图像，结果类似plot()。

fplot3() 在三维空间绘制符号表达图像，结果类似plot3()。

fsurf() 在三维空间绘制符号表达曲面图像，结果类似surf()。

ga() 遗传算法求解单目标优化问题。

gamultiobj() 用遗传算法得到多目标优化函数帕累托最优前沿Pareto front。

gaoptimset() 创建遗传算法选项结构。

gradient() 计算多元函数梯度。

H-N

hessian() 计算多元函数Hessian矩阵。

hilb() 函数返回Hilbert矩阵。

int() 求解符号函数不定积分和定积分。

int16() 将数据转换为2个字节(16位)有符号整数。

int32() 将数据转换为4个字节(32位)有符号整数。

int64() 将数据转换为8个字节(64位)有符号整数。

int8() 将数据转换为1个字节(8位)有符号整数。

integral() 求解函数积分。

interp1(**x**,**v**,xq,'linear','extrap') 线性外插插值。

interp2(**X**,**Y**,**V**,**X**q,**Y**q) 二维内插值，根据**X**-**Y**-**V**对应关系，二维插值获得(**X**q，**Y**q)处值。

intlinprog() 混合整数线性规划优化函数。

inv(**A**) 计算方阵逆矩阵，相当于**A**^(-1)。

islocalmax() 计算局部最大值。

islocalmin() 计算局部最小值。

issymmetric() 确定矩阵是对称矩阵还是斜对称矩阵；如果方阵**A**是对称的，则tf=issymmetric(**A**) 返回逻辑值1(true)；否则返回逻辑值0(false)。

jacobian() 计算多元函数Jacobian矩阵。

latex(f) 函数将*f*变成Latex字符串。

limit() 求解符号表达极限值。

linprog() 线性规划优化函数。

linsolve() 求解线性方程。

logical() 数值转换为逻辑值。

matlabFunction() 将符号代数式转换为函数。

norm() 返回向量**v**欧几里得范数。此范数也称为2-范数、向量模或欧几里得长度。

norm(**v**,**p**) 返回广义向量 **p**-范数。

num2str(num) 将数字num转化为字符串格式。

numden() 提取符号数值和表达式中分子和分母。

numel(**A**) 返回数组**A**中元素数目*n*等同于prod(size(**A**))。

O-Q

optimoptions() 对各种优化函数进行设置。

optimproblem() 创建优化问题。

optimvar() 创建优化变量。

pareto() 绘制帕累托图。

particleswarm() 粒子群云华求解优化问题。

patternsearch() 用模式搜索寻找最小值。

pca() 原始数据主成分分析。[coeff,score,latent]=pca(X)返回**n**×**p**数据矩阵**X**主成分系数coeff，也称为载荷。**X**行对应于观测值，列对应于变量。系数矩阵是**p**×**p**矩阵。coeff每列包含一个主成分系数，并且这些列按成分方差降序排列。score中返回主成分分数，在latent中返回主成分方差。在默认情况下，pca将数据中心化，并使用奇异值分解(SVD)算法quiver(***x*, *y*, *u*, *v***) 绘制速度图，在每一个二维点(***x*, *y***)绘制箭头矢量，矢量方向和幅值由(***u*, *v***)定义。

pie(*X*) 绘制饼图。

plotyy() 绘制双*Y*轴图fitlm()函数用来构建线性和非线性最小二乘法回归模型。

plsregress() 偏最小二乘回归。

poly2sym() 用系数构造多项式。

polyder() 计算多项式微分。

polyfit() 以最小二乘方式与一组数据拟合多项式系数。

polyint() 计算多项式积分。

polyval() 计算多项式在每个点处值。

polyvalm() 按照矩阵预算规则计算多项式值。

Portfolio 投资组合优化对象，风险指标是收益率均方差。

PortfolioCVaR 投资组合优化对象，风险指标是条件风险价值(预期亏空)。

PortfolioMAD 投资组合优化对象，风险指标是平均绝对偏差。

price2ret() 将价格数据转化为收益率。

price2ret() 将价格数据转化为收益率。

quadprog() 二次规划优化函数。

quiver(***x*, *y*, *u*, *v***) 绘制箭头图将速度向量显示为箭头，其中分量 (***u*, *v***) 位于点(*x*, *y*) 处。

quiver3(***x*, *y*, *z*, *u*, *v*, *w***) 在(*x*, *y*, *z*)确定点处绘制向量，其方向由分量(***u*, *v*, *w***)确定。矩阵***x***、***y***、***z***、***u***、***v***和***w***必须具有相同大小并包含对应位置和向量分量。

R-S

reshape(***A***, ***s***z) 使用大小向量***s***z重构***A***以定义size(***B***)。例如，reshape(***A***, [2,3])将***A***重构为一个2×3矩阵。

ret2price() 将收益率转化为价格。

roots() 求解多项式根。

sec(***X***) 返回***X***元素正割。

setAssetMoments() 投资组合优化对象函数，给Portfolio对象设置风险资产赋值收益率均值和方差矩阵。

setBounds() 投资组合优化对象函数，设置资产权重上下界约束。

setBudget() 投资组合优化对象函数，设置预算约束。

setCosts() 投资组合优化对象函数，定义资产买卖比例费用。

setDefaultConstraints() 投资组合优化对象函数，设置Portfolio对象约束条件。

setEquality() 投资组合优化对象函数，设置资产权重线性等式约束。

setGroups() 投资组合优化对象函数，设置资产组群线性约束。

setInequality() 投资组合优化对象函数，设置资产权重线性不等式约束。

setInitPort() 投资组合优化对象函数，给Portfolio对象设置风险资产初始权重。

setOneWayTurnover() 投资组合优化对象函数，设置单向流动率约束。

setTrackingError() 投资组合优化对象函

数，设置跟踪误差约束。

setTurnover() 投资组合优化对象函数，设置买卖流动率平均值。

simplify() 用来化简表达式。

sin(*X*) 返回*X*元素正弦。

single() 转换为单精度浮点数，即4个字节(32 位)浮点值。

solve(prob,solver,options) 优化问题求解器。

stem(*x*,*y*) 绘制火柴梗图/针状图。

struct() 转换为结构体类型。

subs(original_fcn,*x*,*x*0) 将符合表达式original_fcn中变量*x*替换为x0。

sym() 定义符号变量、数值、代数表达式、方程和矩阵。

sym2poly() 提取符号多项式各项系数。

symprod() 符号表达求乘积。

syms 创建符号变量或函数。

symsum() 符号表达求和。

T-Z

tan(*X*) 返回*X*每个元素正切。

taylor() 求解符号表达泰勒展开。

tic 启动秒表计时器。

toc 从秒表读取已用时间。

transpose(***A***) 是执行***A***.'另一种方式。

uint16() 将数据转换为2个字节(16位)无符号整数。

uint32() 将数据转换为4个字节(32位)无符号整数。

uint64() 将数据转换为8个字节(64位)无符号整数。

uint8() 将数据转换为1个字节(8位)无符号整数。

view(az,el) 为当前坐标区设置照相机视线方位角和仰角。

view(***x***,***y***,***z***) 函数输入为三元素数组时，其值是从图框中心点到照相机位置所形成向量***x***、***y***和***z***坐标。

whos 罗列workspace当前变量。